W0063525

Matthew R. Simmons

Wenn der Wüste das Öl ausgeht

Matthew R. Simmons

Wenn der Wüste das Öl ausgeht

Aus dem Amerikanischen von Horst Fugger

FinanzBuch Verlag

Bibliografische Information der Deutschen Bibliothek:
Die Deutsche Bibliothek verzeichnet diese Publikation in der
Deutschen Nationalbibliografie; detaillierte bibliografische Daten
sind im Internet über http://dnb.ddb.de abrufbar.

Copyright © 2005 by Matthew R. Simmons. All rights reserved.

Die Originalausgabe erschien 2005 unter dem Titel "Twilight in the Desert"
bei John Wiley & Sons, Inc.

All rights reserved. This translation published under license.

Übersetzung: Horst Fugger
Covergestaltung: Angelika Feldwieser
Gesamtbearbeitung: Agentur MCP, Holzkirchen
Lektorat: Dr. Renate Oettinger
Druck: Druckerei Joh. Walch, Augsburg

GERMAN language edition published by FINANZBUCH VERLAG
1. Auflage 2007
© 2007
FinanzBuch Verlag GmbH
Frundsbergstraße 23
80634 München
Tel. 089 651285-0
Fax 089 652096

Alle Rechte, einschließlich derjenigen des auszugsweisen Abdrucks sowie der photomechanischen
und elektronischen Wiedergabe, vorbehalten.

Für Fragen und Anregungen:
simmons@finanzbuchverlag.de

ISBN-10: 3-89879-227-7
ISBN-13: 978-3-89879-227-1

Weitere Infos zum Thema:
www.finanzbuchverlag.de

Inhalt

Vorwort   11
Danksagung   19
Einführung   21

Teil I
Vom Beduinen zur Bourgeoisie   37

Kapitel 1 ■ Die Geburt einer Nation   41
Kapitel 2 ■ Die Geschichte der großen Ölfunde
             in Saudi-Arabien   61
Kapitel 3 ■ Saudi-Arabiens Aufstieg zur dominanten Ölnation   81
Kapitel 4 ■ Der Schleier der Geheimhaltung über Ölreserven
             und Produktion in Saudi-Arabien   109

Teil II
Der Überfluss an Öl in Saudi-Arabien geht zur Neige   141

Kapitel 5 ■ Saudi Aramco   145
Kapitel 6 ■ Öl ist kein Rohstoff wie jeder andere   175

Teil III
Wankende Giganten   197

Kapitel 7 ■ Ghawar, König der Ölfelder   199
Kapitel 8 ■ Die Ölfelder der zweiten Reihe   231

Kapitel 9   ▦ Das Beste vom Rest   249

Kapitel 10   ▦ Mangelnde Explorationserfolge   281

Kapitel 11   ▦ Die Hinwendung zum Erdgas   297

Teil III
Wenn der Wüste das Öl ausgeht   313

Kapitel 12   ▦ Zweifel an den angeblichen Ölreserven
                 Saudi-Arabiens   317

Kapitel 13   ▦ Dem Unvermeidlichen ins Auge blicken   335

Kapitel 14   ▦ Lesen zwischen den Zeilen der neuesten
                 Aramco-Berichte   365

Kapitel 15   ▦ Aramco beschwört „unklare Logik",
                 um die Zukunft des saudischen Öls zu managen   383

Kapitel 16   ▦ Auf der Suche nach klareren Wahrheiten
                 in den zuversichtlichen Behauptungen der Saudis   393

Kapitel 17   ▦ Die Konsequenzen: Wie wir mit sinkender
                 Ölversorgung leben können   401

             Anhang A: Methodologie   415

             Anhang B: Technische Daten   425

             Anhang C: Die Senatsanhörungen
             von 1974 und 1979   439

             Literaturverzeichnis   453

             Stichwortverzeichnis   473

Illustrationen

Abbildungen

	Das Königreich Saudi-Arabien und der Nahe Osten	36
1.1	König Abdul Aziz Ibn Saud	44
1.2	König Abdul trifft Präsident Roosevelt auf der USS Quincy	48
2.1	Die Dammam-Region	66
2.2	Die Ölfelder in Saudi-Arabiens Ostprovinz: Die reichhaltigste Ölregion der Welt	71
3.1	Die US-Rohölproduktion von 1945 bis 2000	83
3.2	Das Wachstum der weltweiten Rohölnachfrage von 1945 bis 2002	82
3.3	Produktionsanstieg in Saudi-Arabien von 1950 bis 1982	85
3.4	König Faisal und Scheich Zaki Yamani	91
3.5	Die Preise des Öls aus dem Nahen Osten	93
4.1	Ahmed Zaki Yamani. Scheich Yamani war saudischer Ölminister und das „Gesicht" der OPEC während der Ära steigender Produktion und Preise in den 1970er- und 1980er-Jahren	119
4.2	Ali Bin Ibrahim Al-Naimi, saudischer Ölminister am Beginn des 21. Jahrhunderts	127
5.1	Die grundlegende Dynamik in einem Ölfeld	147
5.2	Wie das produzierte Öl vom Förderschacht bis zum Export Aramcos Verarbeitungssystem durchläuft	151
5.3	Die Beiträge der sechs größten Felder zur saudischen Ölproduktion	162

5.4   Der Kern der saudischen Produktionsregion bedeckt
      nur 17.140 Quadratmeilen und passt in eine Ecke des
      US-Bundesstaats Utah   163
6.1   Der Entwicklungs- und Produktionszyklus eines Ölfelds   177
6.2   Typische Veränderungen der geförderten Flüssigkeitsmengen   181
6.3   Ölförderung mit aktivem Wasserzufluss   183
6.4   Wie Wasser die Ölfördertechnik verändert   192
7.1   Das Ölfeld von Ghawar und seine sechs Fördergebiete   201
7.2   Die verschiedenen Zonen der Arab-D-Formation   207
8.1   Das Abqaiq-Ölfeld   233
8.2   Die Wiederbelebung toter Quellen mit einer
      Mehrphasenpumpe   237
8.3   Das Offshore-Ölfeld Safaniya   238
8.4   Das Berri-Ölfeld   242
9.1   Die Offshore-Felder Zuluf und Marjan   251
9.2   Das abgelegene Shaybah-Ölfeld   255
9.3   Modell eines Maximum-Reservoir-Contact (MRC)-Schachts   259
9.4   Das Khurais-Ölfeld   262
9.5   Die Felder von Qatif und Abu Sa'fah   266
9.6   Khursaniyah, Abu Hadriyah und Fadhili   271
9.7   Die Ölfelder des Hawtah-Trends   273
9.8   Die Ölfelder in der neutralen Zone   276
10.1 Die jüngsten Explorationsaktivitäten in Saudi-Arabien   292
11.1 Das Wachstum der saudischen Gasproduktion   299
12.1 Wachstum der nachgewiesenen Reserven, 1973 – 2003   322
13.1 Die Produktionsprofile von acht Giganten- oder
      Super-Giganten-Feldern   343
B.1   Die Ölpyramide – die Bedeutung der Giganten-Felder   436

Tabellen

1.1   Nachgewiesene Rohölreserven im Nahen Osten   42

1.2   Ölproduktion im Nahen Osten   43

4.1   Ölproduktion und Reserven der vier großen
      saudischen Felder, 1976   112

4.2   Ölproduktion der einzelnen Felder in Saudi-Arabien, 1994   130

5.1   Berichtete Höchstmengen der Förderung und die
      entsprechenden Jahre in den wichtigsten saudischen Feldern.
      Jahresdurchschnitt in Barrel pro Tag.   165

10.1 Die bekannt gegebenen Öl- und Gasfunde von 2002 bis 2004   291

11.1 Die drei Kernprojekte der saudischen Gasinitiative   308

B.1   Bis 2000 in Saudi-Arabien entdeckte Ölfelder   426

B.2   Vereinfachter Überblick über die geologischen Formationen
      in Saudi-Arabien   428

B.3   Beiträge der einzelnen Ölfelder zur saudischen Ölproduktion,
      1951 – 1981 (in 1.000 Barrel pro Jahr)   429

B.4   Parameter der Arab-D-Produktivität in einzelnen
      Gebieten Ghawars   430

B.5   Parameter der Produktivität in den Öl-Reservoirs von
      Abqaiq, Safaniya und Zuluf   431

B.6   Schritte zur Etablierung nachgewiesener Reserven   432

B.7   Die Fluktuation der berichteten Reserven und die Produktion
      der wichtigsten saudischen Ölfelder, 1973 – 1977   433

B.8   Produktion der größten Giganten-Felder der Welt,
      1971 und 2000, in 1.000 Barrel pro Tag   434

B.9   Alter und Produktionsbeitrag der Giganten-Felder 2000   437

VORWORT

Dieses Buch handelt vom Öl Saudi-Arabiens. Es analysiert den gegenwärtigen Zustand der saudischen Ölexplorations- und -produktionsindustrie, und es erzählt die wahre Geschichte von der kleinen Anzahl rapide alternder großer und riesiger Ölfelder, auf die fast die ganze Produktion des Königreichs entfällt. Es stellt die höchst dringende Frage, ob Saudi-Arabien in den nächsten Jahrzehnten in der Lage sein wird, das Öl zu liefern, von dem die Verbrauchernationen dieser Welt abhängig geworden sind.

Jahrelang nahm jedes wichtige Energieversorgungsmodell an, dass saudisches Öl *so reichlich* vorhanden ist und *so billig* produziert werden kann, dass die Förderung bis auf jedes erdenkliche Niveau erhöht werden kann, das die Welt braucht, und zwar mindestens bis zum Jahr 2030. Viele angesehene Versorgungsmodelle (zum Beispiel das von den Energieplanern der US-Regierung und der Internationalen Energiebehörde angewendete) gehen davon aus, dass Saudi-Arabien in den nächsten zwei bis drei Jahrzehnten pro Tag 20 bis 30 Millionen Barrel Öl produzieren kann. In Wirklichkeit lag die nachgewiesene Produktionskapazität des Königreichs 2004 im Bereich von zehn Millionen Barrel pro Tag – mit anderen Worten: die Hälfte der Schätzung.

Saudische Offizielle haben ihre Öl verbrauchenden Kunden dazu ermuntert, an das Szenario von den reichlichen Vorräten zu glauben, und sich gleichzeitig dagegen gewehrt, ihre Lieferfähigkeit von neutraler Seite *prüfen* zu lassen. Ende 2004 kündigte der saudische Ölminister an, das Königreich könne seine Ölreserven innerhalb weniger Jahre um fast 77 Prozent auf mehr als 461 Milliarden Barrel erhöhen, und zwar durch eine Kombination neuer Funde und verbesserter

Fördertechniken. Diese Ankündigung machte er bei der Einweihung einer neuen
Ölförderstätte. Saudi Aramco, das staatliche Ölunternehmen des Königreichs,
behauptet, dass dieses neue Vorkommen die saudische Produktionskapazität auf
elf Millionen Barrel pro Tag erhöhen wird, wodurch wieder eine Produktions-
reserve von zwei Millionen Barrel pro Tag entsteht. Wenn das stimmt, könnte
Saudi-Arabien noch 140 Jahre lang neun Millionen Barrel pro Tag fördern, bevor
seine Ölvorkommen erschöpft sind.

Man muss lobend hervorheben, dass Saudi-Arabien stets das nötige Öl zur
Verfügung gestellt hat, um Angebotsverknappungen an den Märkten zu verhindern. Das Königreich hat seinen Teil (und manchmal mehr) dazu beigetragen,
das Gleichgewicht zwischen Angebot und Nachfrage beim Rohöl zum allgemeinen Vorteil der Förder- und Verbrauchernationen zu wahren. Es war ein verantwortungsvoller Teilnehmer am Weltölmarkt. Auf Basis dieses Verhaltens in der
Vergangenheit gäbe es also gute Gründe, den Aussagen der Saudis über die künftige Verfügbarkeit ihres Öls zu glauben. Es gibt jedoch wesentliche Unterschiede
zwischen den Gegebenheiten der Vergangenheit und denen der Gegenwart, die
eine genauere Untersuchung der saudischen Aussagen über die Ölvorräte erfordern. Die Ölnachfrage ist so hoch wie noch nie, und die wichtigsten saudischen
Ölfelder werden jedes Jahr älter.

Es steht außer Zweifel, dass das Öl Saudi-Arabiens wichtig für die Welt ist.
Aber dies ist eine der *wenigen* Tatsachen, Behauptungen und Annahmen über die
saudische Ölindustrie, die keine weitere Untersuchung erfordern. Trotz der Bedeutung des saudischen Öls für das Wohlergehen der Weltwirtschaft weiß man
erstaunlich wenig über die Exploration und Produktion im Königreich. Solche
Details sind unentbehrlich, wenn man die Angaben über die enormen Reserven
überprüfen will. Vor über zwei Jahrzehnten verschwanden die Produktionsberichte der einzelnen Ölfelder hinter einer Mauer des Schweigens. Informationen
über den Anteil der einzelnen Ölfelder an den angeblich 261 Milliarden Barrel nachgewiesener Reserven werden als Staatsgeheimnis behandelt. Es ist nicht
einmal klar, wie viel Öl Saudi-Arabien eigentlich produziert. Angekündigte Erhöhungen und Kürzungen der Produktion sind in den letzten Jahren kaum in
den Berichten über Ölimporte aus dem Königreich aufgetaucht. Diese Berichte
werden von den OECD-Ländern erstellt, die bei weitem den größten Teil des von
Saudi-Arabien und den anderen Förderländern produzierten Öls importieren.

Dieses Buch erzählt eine Geschichte über das Öl Saudi-Arabiens, die sich
stark von der offiziellen saudischen Version unterscheidet. Im Gegensatz zum
Überfluss an Öl der offiziellen Version behauptet es, dass die saudische Produk-

tion *den Höhepunkt ihres auf Dauer aufrechtzuerhaltenden Volumens* erreicht hat
oder kurz davor steht (wenn dieser Höhepunkt nicht schon vor 25 Jahren erreicht wurde) und dass diese Produktion wahrscheinlich in sehr naher Zukunft
sinken wird. Die Wahrscheinlichkeit ist sehr gering, dass Saudi-Arabien jemals
die Mengen an Rohöl liefern wird, die ihm in allen bedeutenden Prognosen zu
Produktion und Verbrauch von Öl zugeschrieben werden. Wesentlich für das
Anliegen dieses Buchs sind technische Informationen über die alternden Riesen-
ölfelder, die die wahre Bedrohung der Förderkapazität des Königreichs erklären.
Dies wiederum zeigt, welche Risiken der Welt durch das Nachlassen der saudischen Ölexporte drohen könnten. Dies wiederum würde auch den endgültigen
Höhepunkt der weltweiten Ölversorgung bedeuten, gerade zu einem Zeitpunkt,
da die Nachfrage in vielen Ländern massiv steigt. Das in diesem Buch geschil-
derte Versiegen des saudischen Öls ist keine weit entfernte Phantasie. 90 Prozent
allen Öls, das Saudi-Arabien jemals produziert hat, kamen aus sieben gigantischen Feldern. Sie alle sind nun gealtert, liefern aber immer noch etwa 90 Prozent der gegenwärtigen saudischen Ölproduktion Die drei wichtigsten Felder
liefern schon seit über 50 Jahren riesige Mengen Öl. Die Produktion auf diesen
entscheidenden Ölfeldern, zu denen auch das größte der Welt gehört, wird schon
seit Jahrzehnten aufrechterhalten, indem man enorme Mengen Wasser hinein-
pumpt. Damit wird der Druck in den riesigen unterirdischen Lagerstätten hoch
gehalten und das Öl zu den Förderanlagen geschwemmt. Wenn man aufhört,
Wasser in die Felder zu pumpen, sind massive Produktionsrückgänge fast unvermeidlich.

   Seit einigen Jahren beschäftigen sich zwei Gruppen intensiv mit der These,
dass die Ölversorgung ihren Höhepunkt erreicht haben und absinken könnte.
Zur ersten Gruppe gehören einige hochrangige Manager von Ölfirmen. In der
Regel hören sie diese Botschaft gern, auch wenn sie nicht fest daran glauben, dass
dies je passieren wird. Denn es lässt sie hoffen, dass die Ölpreise dann steigen
werden – was immer Musik in den Ohren eines Ölproduzenten ist. Die zweite
Gruppe besteht aus Umweltschützern, von denen einige die Vorstellung genießen,
dass der Höhepunkt der Ölförderung erreicht sein könnte. Manche sehen voller
Vorfreude auf den Tag, wenn fossile Brennstoffe aller Art endlich verschwinden
und durch erneuerbare Energien ersetzt werden: Wind, Solarenergie, Biomasse
und schließlich Wasserstoff. Diese beiden kleinen Gruppen waren aus völlig ge-
gensätzlichen Gründen die Einzigen, die größeres Interesse an dem Argument
zeigten, dass die Ölversorgung eines Tages absinken würde. In den letzten ein,
zwei Jahren, ausgelöst durch den dramatischen und unerwarteten Anstieg der
Ölpreise, ist dieses Interesse allerdings stark gestiegen. Am skeptischsten zur Fra-

ge eines bevorstehenden Produktionshöhepunkts äußerten sich die Ökonomen, vor allem diejenigen, die sich auf Energiethemen spezialisiert haben. Unter den angesehensten Energiewissenschaftlern der Welt herrscht immer noch weitgehende Einigkeit, dass die Versorgung mit jeglicher Energie, vor allem mit Öl, noch mindestens 20 bis 30 Jahre lang reichlich sein wird. Einige meinen sogar, wir würden 2100 mehr Öl haben als heute. Insgesamt machen sich diese Wissenschaftler weit mehr Sorgen, dass die Ölnachfrage bald zurückgehen könnte, als dass sie ernsthaft die Angebotsseite der Ölgleichung analysieren würden.

Der Verdacht, die saudischen Ölvorräte könnten geringer sein als die Angaben über nachgewiesene Reserven und Produktionskapazitäten, keimte erstmals in mir, als ich als Gast von Saudi Aramco 2003 das Königreich besuchte. Meine Zweifel veranlassten mich zu einem Forschungsprojekt, dass das intensive Studium von mehr als 200 technischen Studien über die Ölvorkommen und die Produktion in Saudi-Arabien umfasste. Diese Unterlagen stammten von Ingenieuren und Wissenschaftlern, die die wichtigsten saudischen Ölfelder genau kannten. Veröffentlicht wurden sie von der Society of Petroleum Engineers (SPE). Die hier dokumentierten Probleme bestärkten meinen ursprünglichen Verdacht und führten zu den in diesem Buch präsentierten Schlussfolgerungen. Die Probleme sind detailliert beschrieben, und es bleibt dem Leser selbst überlassen, ob er meine Schlussfolgerungen für stichhaltig hält. Würde ein Gericht darüber befinden, hätte es wohl Probleme dabei, meine Sorgen über die künftige Stabilität der hohen Ölförderung in Saudi-Arabien nicht zu teilen.

Manchmal geben saudische Öl-Offizielle zu, dass ihre älteren Felder im Abschwung begriffen sind, aber sie fügen schnell hinzu, dass der reduzierte Output der älteren Felder durch eine Reihe bereits entdeckter, aber noch nicht in Produktion befindlicher Felder und durch neue Funde in den vielen noch nicht explorierten Gebieten des Königreichs kompensiert werden kann. Mit diesen Quellen, so behaupten sie, könne man noch mindestens 50 Jahre lang 15 Millionen Barrel am Tag produzieren. Leider haben die Offiziellen niemals Belege für diese Behauptung geliefert. Die meisten Felder auf Aramcos Liste von Neuentdeckungen haben niemals für längere Zeit bedeutende Ölmengen geliefert. Außerdem sind nur wenige Teile des Landes bisher nicht intensiv exploriert worden.

Saudi-Arabien und die anderen großen Ölproduzenten weigern sich seit mehr als zwei Jahrzehnten, Daten vorzulegen, die ihre angeblichen Vorräte und das Volumen ihrer Produktion belegen. Angesichts des aktuellen rapiden Anstiegs der Ölnachfrage und des Mangels an zusätzlichen Förderkapazitäten außerhalb Saudi-Arabiens muss sich bald ein internationales Gremium diesem Mangel an überprüfbaren Daten widmen. Es ist unerlässlich, dass wir ein glaubwürdiges und zuverlässiges System zur Sammlung und Dokumentation von Energiedaten einrichten.

Es ist unmöglich, zuverlässig zu prognostizieren, wann die Probleme auf Saudi-Arabiens Ölfeldern schließlich unlösbar werden und die tägliche Ölproduktion des Königreichs irreversibel sinken wird. Der Zugang zu genaueren Informationen über Vorräte und Produktion der Saudis würde genauere Schätzungen ermöglichen. Aber dieses Ereignis ist keine weit hergeholte Phantasie, und es liegt nicht so weit in der Zukunft, dass man sich heute nicht darum kümmern müsste. Zudem sind die Folgen eines solchen Ereignisses – manche davon klar prognostizierbar, andere völlig unklar – von so monumentaler Bedeutung für die Weltwirtschaft, dass es naiv wäre, die Möglichkeit seines Eintretens zu ignorieren.

Früher oder später muss der weltweite Ölverbrauch seinen Höhepunkt erreichen, weil Öl – wie die beiden anderen fossilen Brennstoffe, Kohle und Erdgas – nicht erneuerbar ist. Der Hauptgrund, warum viele Experten die Möglichkeit eines Produktionshöhepunkts verneinen, ist ihr Glaube an die unerschöpflichen saudischen Ölreserven. Dieses Buch zieht diese Denkweise in Zweifel, und zwar durch eine ausführliche Untersuchung der realen Probleme auf den Ölfeldern, die die Zeit und das Talent einiger der besten technischen Ölexperten der Welt in Anspruch nehmen. Außerdem sollte dieses Buch Lesern mit oder ohne technischem Hintergrund zeigen, dass Öl keineswegs nur „irgendein Rohstoff" ist. Die Versorgung der Welt mit Öl ist überall ein hochkomplexes Geschäft, sogar im Nahen Osten und in Saudi-Arabien, wo nach allgemeiner Meinung Öl leicht zu finden, billig zu produzieren und in fast unerschöpflichen Mengen vorhanden ist. Das Risiko ist hoch, dass die Ölproduktion in Saudi-Arabien bald zur Neige gehen könnte.

Zum Aufbau dieses Buchs

Der einzigartige Beitrag dieses Buchs ist die Analyse der saudischen Öl- und Gasindustrie, basierend auf den von der SPE veröffentlichten Unterlagen. Diese Analyse umfasst Teil III und Teil IV des Buchs. Profis aus der Ölindustrie, die

mit den Gegebenheiten in Saudi-Arabien vertraut sind, können direkt zu Teil III
gehen (dem Kern des Buchs) und sich die Daten der einzelnen Ölfelder ansehen.
Für alle anderen Leser bilden die Teile I und II den Hintergrund und den Kontext
zum Verständnis der Diskussion über die saudischen Ölfelder sowie für deren
Folgen für die Zukunft der Ölproduktion des Königreichs und der weltweiten
Energieversorgung.

Teil I beinhaltet eine kurze Geschichte des Staats Saudi-Arabien und seines
Aufstiegs zum größten Ölproduzenten der Welt. In den Kapiteln 2 und 3 besprechen wir die Ursprünge und das Wachstum der saudischen Ölproduktion sowie
die Schlüsselereignisse, die sie vom Zweiten Weltkrieg bis zur iranischen Revolution geprägt haben. In Kapitel 4 geht es um die reifen Jahrzehnte der saudischen
Ölindustrie. Wir besprechen hier die Themen und Probleme, die Saudi Aramco
seit Mitte der 1970er-Jahre immer mehr beschäftigt haben.

Teil II bringt in Kapitel 5 einen Überblick über die saudische Öl- und Gasindustrie und die Organisation, die sie betreibt: Saudi Aramco, das größte Ölunternehmen der Welt. In Kapitel 6 besprechen wir die wichtigsten technischen
Herausforderungen, denen sich Aramco gegenübersieht, weil seine wichtigsten Felder immer älter geworden sind, und auf die sich das Unternehmen nun
hauptsächlich konzentriert.

Teil III untersucht jedes der bedeutenden riesigen Ölfelder, die den größten
Teil zur saudischen Ölproduktion beigetragen haben, ebenso wie die kleineren
Felder und die neueren Projekte, von denen man sich Ölförderung in der Zukunft erhofft. Hier diskutieren wir zudem die Öl- und Gasexploration in Saudi-Arabien während der letzten 35 Jahre und Aramcos Anstrengungen, neue
Erdgasquellen zu finden, um den steigenden Energiebedarfs des Königreichs zu
decken.

In Teil IV ziehen wir die Schlussfolgerungen aus den Analysen in Teil III hinsichtlich des gegenwärtigen Zustands und der künftigen Aussichten der Öl- und
Gasproduktion in Saudi-Arabien. In Kapitel 12 unterziehen wir die saudische Behauptung einer kritischen Prüfung, das Land verfüge über 260 Milliarden Barrel
an nachgewiesenen Ölreserven und über riesige Erdgasvorkommen. Kapitel 13
beinhaltet Informationen über riesige Ölfelder in anderen Rohölprovinzen unter
der Annahme, dass die Produktionsgeschichte dieser großen Felder Rückschlüs-
se darauf zulässt, was wahrscheinlich in Saudi-Arabien passieren wird. Kapitel 14
fasst die große Zahl an technischen Studien zusammen, die Autoren über Saudi
Aramco bei SPE-Konferenzen Ende 2003 und 2004 vorgelegt haben. Die Kapitel

15 und 16 verwenden die analytischen Erkenntnisse, um über die wahrscheinliche Zukunft der Ölproduktion in Saudi-Arabien zu spekulieren. Das letzte Kapitel spricht eine Reihe entscheidender Themen an, die beachtet werden müssen, wenn die Länder der Welt mit den Auswirkungen schrumpfender Ölversorgung fertig werden und den Übergang zu einer Wirtschaft schaffen wollen, die auf alternativen Brennstoffen und Energiequellen basiert.

Die SPE-Unterlagen sind die wichtigsten Informationen dieses Buchs und die Basis seines einzigartigen Werts. Ein Anhang am Ende des Buchs beschreibt meine Methode bei der Auswertung von über 200 solcher Unterlagen. Es gibt natürlich noch viel mehr großartige Quellen, die mir bei meinen Nachforschungen geholfen haben. Vor allem sind hier das Allgemeinwissen und die Menge an Detailinformationen zu nennen, die ich mir als interessierter Beobachter und Geschichtsforscher der internationalen Energieindustrie – und als aktiver Teilnehmer am Finanzmarkt – seit den frühen 1970er-Jahren erworben habe. Weitere Informationen kommen aus meinen früheren Forschungsprojekten, vor allem aus einer Studie mit dem Titel „The Worlds Giant Oilfields", die ich im Jahr 2000 erstellt habe. Außerdem habe ich großzügigen Gebrauch von Saudi Aramcos allgemeineren Publikationen gemacht – Broschüren, Geschäftsberichten und Zwischenberichten. Unschätzbar wertvolle Erkenntnisse erlangte ich bei meinem Besuch in Saudi-Arabien und durch die Informationen, die ich durch Offizielle von Saudi Aramco erhielt. Und schließlich profitierte ich enorm von Informationen, die ich durch Korrespondenz und Gespräche mit vielen ausgewiesenen Experten für verschiedene Aspekte der Öltechnologie erhielt, sowie durch einige frühere Angestellte von Saudi Aramco, die ihr Wissen großzügig mit mir teilten. Ich hoffe, dass sie die Informationen in diesem Buch ebenso wertvoll finden werden.

Danksagung

Ich möchte zahlreichen Freunden aus der Ölindustrie und einigen Industrieorganisationen für die Hilfe danken, die sie mir beim Schreiben dieses Buchs gewährt haben. An der Spitze der Liste steht die Society of Petroleum Engineers (SPE), die mir ihre bemerkenswerte Bibliothek von technischen Studien zur Verfügung gestellt hat, darunter mehr als 200, die von Ingenieuren und Managern geschrieben wurden, die bei Aramco und später bei Saudi Aramco gearbeitet haben, nachdem die Firma verstaatlicht worden war.

Die detaillierten Informationen über die Ölproduktion auf jedem wichtigen saudischen Ölfeld und die dortigen Herausforderungen und Probleme erwiesen sich beim Schreiben dieses Buchs als unverzichtbar. Einige der besten technischen Experten und Ölanalysten der Welt halfen mir dabei, mein Wissen über Ölexploration, Geologie, Management von Lagerstätten, die Probleme beim Einpumpen von Wasser und das Thema Erdgas in Ölförderanlagen besser zu verstehen – also genau die Themen, die das Management von Ölreserven auch 2005 zu einer so komplexen Aufgabe machen.

Besonders hervorheben möchte ich unter all diesen Experten Dr. David Donohue und seine Kollegen bei der International Human Resources Development Corporation (IHRDC), Professor Kenneth Deffeyes, Carl Thorne, Herbert Hunt, Bruce Hunt, Darab Ganji, George Spaid, Dr. Tom Hamilton, Dr. Richard D. Chimblo, Michael Lynch (früherer Bohringenieur bei Aramco), Dr. Ali Bakhtiari (Experte für Technologie und Entwicklung bei der nationalen iranischen Ölgesellschaft), Michael Talbert, Dr. Herman Franssen, Dr. Fatih Birol und Jeff Gerth von der *New York Times*.

Zwei Personen verdienen besondere Anerkennung: Meine Assistentin Judy Gristwood, die unermüdlich meine handschriftlichen Notizen zu einem Manuskriptentwurf verarbeitet und den komplizierten Prozess der Überarbeitung und Herausgabe gemanagt hat. Und Dr. Charles McCabe, früherer Herausgeber von *Ocean Industry*, der mir eine große Hilfe war. Chuck wusste wahrscheinlich nicht, worauf er sich einließ, als ich ihn im Frühjahr 2004 um seine Unterstützung bat. Sein enormes Wissen über die Öl- und Gasindustrie, sein journalistisches Geschick und sein kritisches Auge waren für mich von unschätzbarem Wert. Ohne Chuck und Judy wäre dieses Buch nie entstanden.

Und schließlich möchte ich mich für die Anerkennung, Geduld und Ermunterung durch meine liebe Frau Ellen und unsere fünf Töchter während der Zeit bedanken, als ich an diesem Buch arbeitete.

Einführung

Es ist schwer zu glauben, dass ich nun eine Einführung zur Paperback-Ausgabe von *Wenn der Wüste das Öl ausgeht* schreibe, nur sechs Monate nach der Erstveröffentlichung. Auf dem Gebiet der Energie ist seither viel passiert, und ich habe sehr viel Feedback von Experten erhalten, die das Buch aufmerksam gelesen haben. Daher freue ich mich darüber, an dieser Stelle sagen zu können, was im Energiebereich geschehen ist und was ich von meinen Lesern gelernt habe.

Diese Paperback-Ausgabe schildert genauer als die erste Ausgabe die Senatsanhörungen von 1974 und 1978/79 (siehe Anhang C), in denen es um die Ölreserven und Produktionskapazitäten Saudi-Arabiens geht. Diese wichtigen Nachforschungen, fast drei Jahrzehnte lang in vergessenen Archiven begraben, waren bemerkenswert, weil die darin enthaltenen Daten erstmals darauf hinwiesen, dass die Ölreserven des Nahen Ostens vielleicht nicht ausreichen werden, um den ständigen Nachfrageanstieg aus den Konsumentennationen zu decken. Vielleicht würde unsere Weltwirtschaft heute ganz anders aussehen, hätten wir Anfang der 1980er-Jahre verstanden, dass die Spitzenproduktion von 1981 aus einer Hand voll gigantischer Ölfelder in den folgenden 25 Jahren nicht mehr erreicht würde.

Ich habe auch das Kapitel 17 neu geschrieben, mit dem dieses Buch endet. Als ich das Originalmanuskript fertigstellte, wollte ich wirklich nicht darüber schreiben, wie die Weltwirtschaft mit einer sinkenden Ölproduktion zurechtkommen könnte. Das Thema ist sehr komplex und erfordert eine gründliche Erforschung durch einen echten Experten auf diesem Gebiet. Als das Buch fertig war, war ich allerdings mit dem Ende nicht zufrieden. Daher versuchte ich die

Konsequenzen einer rückläufigen Ölproduktion in Saudi-Arabien für die Welt
gründlich zu überdenken.

In den folgenden sechs Monaten verbrachte ich viel Zeit mit der Untersuchung von Daten über Ölnachfrage und mit den verschiedenen Strategien und
Lösungen, die vorgeschlagen wurden, um den Energiebedarf zu decken, wenn
Öl immer rarer wird. Mit jeder Stunde, die ich dem Thema widmete, wurden die
Ideen klarer, wie ich das Buch mit einer positiven Note enden lassen konnte. Je
mehr Informationen ich über die entsprechenden Möglichkeiten sammle, desto mehr wächst meine Überzeugung, dass wir eine gesunde Weltwirtschaft aufrechterhalten können, wenn die Ölproduktion ihren Höhepunkt überschritten
haben wird. Diese Ideen sind in das neue Kapitel 17 eingeflossen.

Ein antizyklischer Weg zum Wissen über Energiefragen

Auf die Publikation von *Wenn der Wüste das Öl ausgeht* folgte eine endlo-
se Reihe von Gesprächen und Interviews über die Botschaft des Buchs und die
ernste Energiekrise, von der es handelt. Bei diesen Gelegenheiten bin ich immer
wieder gefragt worden, warum ich dieses Buch geschrieben habe.

Die Geschichte ist ganz einfach. Es begann schon vor etwa 15 Jahren, als ich
mir erstmals darüber Sorgen machte, die Ölabhängigkeit der Weltwirtschaft
werde uns schnell in eine Sackgasse führen. Meine Besorgnis wuchs, als ich
mehr Informationen sammelte und analysierte, was in der weltweiten Öl- und
Gasindustrie vor sich ging. Je mehr ich mich mit den besten verfügbaren Daten
beschäftigte, desto überzeugter wurde ich, dass wir auf dem Weg in eine ernste
Energiekrise waren.

Ironischerweise begann ich mir Sorgen zu machen, als die große Ölkrise der
1980er- und frühen 1990er-Jahre gerade endete. Die massiven Überkapazitäten,
die diese grässliche Krise verursacht hatten, schrumpften rapide. Die Öl- und
Gasnachfrage stieg wieder an, angetrieben von den extrem niedrigen Preisen,
in Verbindung mit steigendem Verbrauch in den Entwicklungsländern. Mir war
klar: Wenn die Öl- und Gaspreise nicht auf ein genügend hohes Niveau steigen, um zusätzliche Bohrungen nach neuen Vorkommen zu stimulieren und die
Expansion des weltweiten Pipeline- und Raffineriesystems anzutreiben, würden
wir uns eines Tages mit einer derart hohen Nachfrage konfrontiert sehen, dass
sie nicht einmal durch die riesigen existierenden Versorgungssysteme befriedigt
werden könnte.

Als ich die Notwendigkeit ansprach, die Anstrengungen zur Erhöhung der Ölversorgung zu erhöhen, erzählten mir sogenannte Energieexperten immer wieder, die moderne Ölfeldtechnologie würde zu einer Ära eines ständig größer und billiger werdenden Ölangebots führen. Viele der wichtigsten Meinungsbildner der Branche begannen zu glauben, dass die Öltechnologie trockene Schächte zu einem Phänomen der Vergangenheit machen werde. Angebliche Autoritäten begrüßten die These, dass eine Bohranlage in den 1990er-Jahren ebenso viele produktive Schächte bohren könne wie acht solche Anlagen ein paar Jahre zuvor. Dieselben Optimisten versicherten, der Anstieg der Energienachfrage werde sich verlangsamen oder sogar zurückgehen. Hunderte von angesehenen Analysten und Prognostikern erzählten mir, die Bedrohung hoher Ölpreise sei vorbei. Die Ölpreise würden niedrig bleiben oder noch weiter fallen. Ein Hauptargument dieser These der „ewig niedrigen Energiepreise" war die Überzeugung, der Nahe Osten verfüge über so gut wie grenzenlose Ölvorräte, die man so billig fördern könne, dass sie für ihre Besitzer quasi kostenlos wären.

Ich wusste, dass diese Behauptungen weit übertrieben waren. Ich hatte in den 1980er-Jahren viel Zeit mit Investmentbanking-Aktivitäten verbracht, und zwar mit genau den Firmen, die alle diese neuen Technologien erfunden hatten. Ich wusste also sehr gut, was diese neuen Systeme und Techniken leisten konnten – und was nicht. Ich war sicher, dass sie zwar vorübergehende Vorteile bringen würden, unseren langfristigen Energiebedarf aber nicht sichern konnten.

Als meine Sorgen über die Energieversorgung wuchsen, wusste ich noch nicht viel über die wahre Geschichte der Ölressourcen im Nahen Osten, weil die für eine gründliche Analyse nötigen Daten nicht verfügbar waren. In den zurückliegenden 30 Jahren habe ich zahlreiche Experten immer wieder über die grenzenlosen Mengen billigen Öls reden hören, die noch immer unter dem Wüstensand des Nahen Ostens liegen. Daher nahm ich bis Ende 2001 an, das sei korrekt. Wenn ich heute an die 30 Jahre zurückdenke, in denen ich mich mit der Analyse der globalen Öl- und Gasbranche beschäftigt habe, kann ich mich nicht erinnern, dass jemals jemand die Annahme der Unendlichkeit des Öls im Nahen Osten in Frage gestellt hätte. Meine Freunde und Geschäftspartner glaubten allesamt, das Öl im Nahen Osten sei so reichlich vorhanden und so leicht zu fördern, dass es letztlich für alle Zeiten reichen würde.

Meine einzige Sorge über das Öl im Nahen Osten war, dass diese kleine Gruppe Öl produzierender Länder sich weigern würde, das nötige Kapital aufzuwenden, um 50 bis 100 Prozent mehr Öl zu fördern, es für Exportzwecke aufzuarbeiten und es dann zu den Verbrauchermärkten zu bringen. Damals ahnte ich noch nicht, dass die gesamte Struktur der Sicherheit des Öls aus dem Nahen Osten nur auf Annahmen statt auf harten Fakten beruhen könnte.

Mitte der 1990er-Jahre studierte ich gründlich den immer stärker werdenden Produktionsrückgang auf den Öl- und Gasfeldern der Welt. Als ich mich intensiver mit diesen Problemen beschäftigte, wuchs meine Überzeugung, dass die Technologie, die das Finden und Fördern des Öls erleichterte, im Prinzip ein zweischneidiges Schwert war. Sie ermöglichte es, Öl und Gas schneller zu fördern, aber sie führte auch zu deutlich höheren Rückgangsraten auf den existierenden Ölfeldern. Das war eine unbeabsichtigte Folge der neuen Technologie. Da es sehr schwierig war, tatsächliche Daten über die Produktion und den Rückgang auf den einzelnen Feldern zu erhalten, ignorierten die meisten Analysten dieses Thema ganz einfach. Und deshalb waren fast alle Modelle der künftigen Ölversorgung bei weitem zu optimistisch.

Im Herbst 2001 begann ich mit dem Anlegen einer Liste der weltweit produktivsten Ölfelder. Das Endprodukt dieser Arbeiten war ein Blatt Papier mit dem Titel „Die Giganten-Felder der Welt", das ich an viele erfahrene Leute aus der Ölbranche verteilte. Diese Arbeit brachte drei verwirrende Ergebnisse (einige Details finden Sie in Anhang B). Zunächst gab es nur 120 Ölfelder, die mehr als 100.000 Barrel pro Tag lieferten. Auf diese Felder entfiel die Hälfte der weltweiten Ölversorgung. Zweitens entfielen auf die 14 größten Ölfelder 20 Prozent der weltweiten Ölversorgung, obwohl diese Felder im Durchschnitt etwa 50 Jahre alt waren. Die dritte und erstaunlichste Erkenntnis war, dass die fünf wichtigsten Produzentenländer des Nahen Ostens die Welt aus nur einer Hand voll von Feldern versorgten. Vor Aufnahme meiner Nachforschungen hatte ich angenommen, dieses Öl käme aus Hunderten, wenn nicht Tausenden einzelner Ölfelder.

Dieses neue Wissen über die Quellen der Ölförderung im Nahen Osten war extrem wertvoll, als ich Anfang 2003 endlich Gelegenheit hatte, Saudi-Arabien zu besuchen. Als die kleine US-Delegation, deren Mitglied ich war, den Vorträgen über die derzeitigen Operationen auf den saudischen Feldern lauschte, wurde ich durch das Wissen, dass so wenige Felder den weltweit höchsten Output eines einzelnen Landes liefern, besonders aufmerksam, was die Bedeutung des riesigen Felds von Ghawar betraf.

Man zeigte uns auch Illustrationen, um uns zu demonstrieren, wie wenige Schächte für die saudische Ölförderung benötigt wurden und wie intensiv diese Hand voll Ölfelder genutzt wurde. Mit diesen Lektionen im Hinterkopf kam ich aus Saudi-Arabien zurück. Ich interessierte mich für einige unbeantwortete Fragen und auch dafür, die Geheimnisse des saudischen Ölsystems zu lüften. Meine Beobachtung, dass viele Schächte in Ghawar, dem größten Ölfeld der Welt, sich auf ein kleines Gebiet in dessen Norden konzentrierten, wurde wirklich zu einem „rauchenden Colt". Heute weiß ich, dass dieses kleine Gebiet, nur etwa 38 Kilometer lang und 18 Kilometer breit, 4,5 bis fünf Millionen zur Spitzenproduktion Ghawars von über 5,8 Millionen Barrel pro Tag von 1979 bis 1981 beisteuerte.

Als ich im Februar 2003 die Aramco-Präsentationen hörte, hatte ich hastig eine Skizze gezeichnet – die Schächte im Norden von Ghawar, die alle etwa einen Kilometer voneinander entfernt waren. Dies war Ghawars Filetstück, und derzeit wird es rapide ausgebeutet. Für die künftige Exploration bleibt der Rest von Ghawar, ein großes, aber weniger produktives Gebiet mit weit weniger günstigem Gestein und dickerem Öl von höherer Viskosität.

Wenige Wochen nach meiner Rückkehr aus Saudi-Arabien wurde aus meiner Neugier ein mächtiger Appetit. Um ihn zu stillen, begann ich mit dem ausführlichen Studium technischer Papiere über Saudi-Arabiens Ölfelder in der Bibliothek der Society of Petroleum Engineers (SPE). Je gründlicher ich recherchierte, desto klarer wurde mir, dass die allgemeine Annahme nicht stimmte, die saudischen Ölvorräte seien unendlich. Das war der Grund, warum ich dieses Buch schrieb. Das Projekt dauerte fast zwei Jahre.

Aufnahme, Reaktionen und Antworten

Ende 2004 sah ich allmählich Licht am Ende des Tunnels. Ich begann Kontakt mit Verlagen aufzunehmen, wäre aber auch bereit gewesen, das Buch im Selbstverlag herauszugeben, um seine besorgniserregende Botschaft so rasch wie möglich ins öffentliche Bewusstsein zu tragen. Mit einer einzigen Ausnahme hatte kein Verlag Interesse, sich mit diesem kontroversen Buch zu befassen. Man sagte mir, das Buch sei „zu technisch", zu eng fokussiert, oder es werde kein großes Leserinteresse auf sich ziehen. Zudem sagten mir Freunde, die bereits Bücher publiziert hatten, es dauere etwa anderthalb Jahre, aus einem akzeptablen Manuskript ein publiziertes Buch zu machen.

Am Thanksgiving-Wochenende 2004 veröffentlichte *Barron's* einen zweiseitigen Artikel über meine Nachforschungen und das geplante Buch. Ein paar Tage später nahm Kevin Commins von *John S. Wiley and Sons* mit mir Kontakt auf. Er erkundigte sich nach dem Buch und fragte, warum ich es im Selbstverlag publizieren wollte. Innerhalb weniger Wochen war klar, dass Wiley das Buch publizieren würde, und zwar schnell, schon im folgenden Frühjahr.

Von Anfang 2005 bis zum 1. Mai war ich dann hauptsächlich damit beschäftigt, das Buch in seine endgültige Fassung zu bringen.

Im vorherigen Jahr hatte ich bei wichtigen Energiekonferenzen Vorträge über die Themen gehalten, die in *Wenn der Wüste das Öl ausgeht* ihren Ausdruck finden sollten. Diese Aktivitäten begannen mit Präsentationen in Kuwait und Qatar Mitte Februar 2004, gefolgt von einer wichtigen Debatte im Center for Strategic and International Studies (CSIS) in Washington. In einer mehrere Stunden dauernden Präsentation legte ich dort meine Zweifel an der künftigen saudischen Ölproduktion dar. Nach meiner Präsentation gaben zwei Manager von Saudi Aramco die gewissermaßen offizielle Antwort: In keinem ihrer Ölfelder gebe es ungewöhnliche Produktionsprobleme. 2004 und Anfang 2005 wurden etwa 45 PowerPoint-Seiten auf der Website meiner Firma *Simmons & Company* veröffentlicht. Dort wurden die Gründe für meine Besorgnis dargelegt, Saudi-Arabien habe nicht die nötigen Ressourcen, seine Produktion auf das Niveau zu heben, von dem die meisten langfristigen Ölversorgungsstudien ausgingen. Und noch schlimmer: dass in jedem der saudischen Super-Giganten-Felder bald ein Produktionsrückgang einsetzen könnte.

Seit Anfang 2004 und lange vor Veröffentlichung dieses Buchs wurde die Debatte um die Wahrheit über das saudische Öl immer intensiver geführt. Das saudische Ölministerium und das Aramco-Management veranstalteten immer mehr öffentliche Präsentationen, die darlegen sollten, dass es in Saudi-Arabien kein Ölproblem gibt und dass man für weitere 50 Jahre zehn bis 15 Millionen Barrel pro Tag fördern könne.

Ich wusste, dass die Debatte noch weit intensiver werden würde, wenn das Buch erst einmal publiziert wäre. Meine Schlussfolgerungen würden dann nicht mehr auf ein paar Dutzend PowerPoint-Darstellungen beschränkt bleiben. Stattdessen würde jeder 400 Seiten detaillierter Fakten überprüfen können.

Anfang Mai 2005 konnte ich nichts mehr tun, um Inhalt oder Klarheit des Buchs zu verbessern. Bald würde ich die Resultate meiner Arbeit sehen, besser oder schlechter, schwarz oder weiß. Einige Monate lang dachte ich darüber nach, wie hart man die Grundthesen des Buchs attackieren und wie ich auf negative Rezensionen reagieren würde. Schließlich wusste niemand besser als ich, wie sehr mein Buch die allgemeine Meinung über die Energieversorgung in Frage stellte.

Nachdem ich fast 300 technische Papiere über die wichtigsten Ölfelder Saudi-Arabiens studiert hatte, war ich zuversichtlich, deren Implikationen für die künftige saudische Produktion ehrlich und korrekt interpretiert zu haben. Ich wusste aber auch, dass meine Expertise nicht auf technischem, sondern auf finanziellem Gebiet lag. Daher würde es Ölwissenschaftlern und Ingenieuren leicht fallen, einzelne Kritikpunkte zu finden und sich über die Art und Weise lustig zu machen, wie ich einige extrem technische Daten interpretierte.

Als das Buch Mitte Juni 2005 endlich vorlag, wurden seine Thesen von Energieexperten auf der ganzen Welt eingehend diskutiert. Viele Medien hatten Artikel über mein Buch und meine Ansichten über das saudische Öl geschrieben, noch ehe sie die Details des Buchs kannten. Gleichzeitig stiegen die Ölpreise von einem Hoch zum nächsten, obwohl viele Experten beteuerten, die Preise seien viel zu hoch und würden bald sinken. Aus 40 Dollar je Barrel wurden bald 50 Dollar. Nach der zweiten Hurrikan-Katastrophe 2005 stieg der Preis auf über 71 Dollar je Barrel. Das erhöhte das Medieninteresse für die Ölmärkte noch mehr. Meine Fragen zur Nachhaltigkeit der saudischen Ölproduktion und die Risiken eines plötzlichen Produktionsrückgangs waren plötzlich auf jedermanns Radarschirm.

Zu der Flut an negativen Rezensionen, die ich erwartet hatte, kam es nie. Das war die erste angenehme Überraschung. Die zweite war der kommerzielle Erfolg des Buchs. Bis Ende November 2005 waren in der ganzen Welt 80.000 Exemplare verkauft. Viele bedeutende Zeitungen und Zeitschriften hatten Rezensionen veröffentlicht; *Barron's* und die *Financial Times* zählten es zu den wichtigsten Büchern 2005. Ich erhielt tausende Briefe und E-Mails von Menschen, die mein Buch sorgfältig gelesen hatten. Einige Briefe kamen von Menschen, die wenig über Ölproduktion wussten, aber *Wenn der Wüste das Öl ausgeht* von Anfang bis Ende durchgelesen hatten. Anerkennung erhielt ich auch von einigen der weltweit führenden Experten für Öltechnologie, von Profis aus der Explorationsbranche bis zu den Leitern einiger der bedeutendsten Ingenieurschulen.

Zudem weckte das Buch Erinnerungen an einige der wichtigsten Figuren der Ereignisse in den 1970er-Jahren, als Regierungsbeamte nach Hinweisen dafür suchten, dass die saudischen Felder überstrapaziert wurden. Die Veröffentlichung detaillierter Daten über alle wichtigen saudischen Felder erschütterte auch den „Code des Schweigens" unter derzeitigen und ehemaligen Aramco-Angestellten. Diese Leute sind am vertrautesten mit dem Ölgeschäft in Saudi-Arabien, und sie sprachen nun offener über Probleme, mit denen sie auf diesen alternden Ölfeldern zu kämpfen hatten.

Bis Ende 2005 haben erstaunlich viele wichtige Aramco-Mitarbeiter offiziell oder inoffiziell Kontakt mit mir aufgenommen und mir dazu gratuliert, wie ich die wahre Natur der saudischen Ölprobleme geschildert hatte. Noch wichtiger: Einige saudische Regierungsvertreter sagten mir, ich könnte mich einmal als einer der besten Freunde erweisen, die Saudi-Arabien je hatte, weil mein Buch das Bewusstsein für die Risiken schärft, die Saudi-Arabien eingeht, wenn es seine Ölfelder überstrapaziert, um so viel Öl zu fördern, wie die Welt verlangt. Es gibt jedoch auch noch viele Aramco-Offizielle, die jedes Problem auf ihren Ölfeldern strikt leugnen. Ich weiß aber jetzt, dass diese Meinung im Aramco-Management nicht sehr weit verbreitet ist.

Natürlich gab es auch einige negative Rezensionen. Fast alle gehen aber von der irreführenden Interpretation aus, das Buch prognostiziere einen baldigen, steilen und irreversiblen Rückgang der saudischen Ölförderung. Ich habe dies als eine Möglichkeit unter mehreren beschrieben, aber die wirkliche These ist qualifizierter. Das Buch behauptet, dass jedes Ölfeld, sei es ein Super-Gigant oder ein ganz normales Feld, zu einem einigermaßen gut vorhersagbaren Zeitpunkt an Produktivität verliert. Das Risiko für die ölverbrauchende Welt liegt darin, dass dieser Produktionsrückgang auf den saudischen Feldern eher früher als später einsetzen wird.

Was das Buch rundweg bestreitet, ist der völlig falsche Eindruck, die saudische Förderung könne problemlos auf 15, 20 oder 25 Millionen Barrel pro Tag steigen und jahrzehntelang so hoch bleiben. Leider kann man das Risiko eines unmittelbar bevorstehenden Rückgangs nicht völlig von der Hand weisen, wie im Buch ausführlich dargelegt wird. Es steht aber auch nicht fest, dass die saudische Gesamtproduktion überhaupt zusammenbrechen wird, vom Zeitpunkt ganz zu schweigen. Was das Buch klar schildern will, ist, wie unrealistisch die Annahme ist, Saudi-Arabien könne seine Produktion in den nächsten zehn bis 25 Jahren verdoppeln. Zudem wird festgestellt, dass man nicht einmal von einer stabilen Produktion auf heutigem Niveau für mehrere Jahrzehnte ausgehen kann.

Nichts, was ich in den negativen Rezensionen gesehen, gehört oder gelernt habe, hat an meinen Überzeugungen etwas geändert. Im Gegenteil: Alle soliden neuen Daten, die ich erhalte, vergrößern meine Sorgen.

Einige negative Rezensionen attackieren die Validität der SPE-Papiere als Basis meiner Analyse, weil diese technischen Studien lokal begrenzte Probleme beleuchten oder übertrieben darstellen, die auf allen Ölfeldern vorkommen. Einige Kritiker waren auch der Ansicht, ein Nicht-Techniker, zum Beispiel ein

Investmentbanker mit einem MBA-Abschluss in Harvard, könne solche Papiere weder verstehen noch die richtigen Schlussfolgerungen daraus ziehen. Wenn dem so wäre, dann wäre dies traurig, denn Analysten dürften sich dann nie mit technischen Fragen beschäftigen, nur weil sie keine technische Ausbildung haben. Meine 35 Jahre als Investmentbanker in der Energiebranche haben mir oft gezeigt, dass die besten Analysen technischer Themen oft von Menschen ohne entsprechende Vorbildung kommen, weil sie extrem gründlich und diszipliniert vorgehen, um sicherzustellen, dass sie die Themen wirklich voll und ganz verstehen.

Einige Kritiker weisen darauf hin, dass diese technischen Studien an Profis aus der ganzen Welt gerichtet waren und dass keiner von diesen in den Informationen etwas Alarmierendes gefunden hatte. Das ist aber nicht so ungewöhnlich, wie es klingt. Genau deshalb ist die allgemeine Meinung so oft falsch.

Ein weiterer Kritikpunkt lautete, es sei nichts Ungewöhnliches an den aktuellen Problemen der saudischen Ölfelder wie steigenden Wasseranteilen, Korrosion und nachlassendem Förderdruck, denn solche Probleme träten in alten Ölfeldern ständig auf. Ich stimme zu, dass dies nicht alarmierend wäre, handelte es sich bei den saudischen Super-Giganten einfach um typische, gealterte Ölfelder. Aber im Schema der weltweiten Energieversorgung sind sie das nicht. Saudi-Arabien ist der eine Ölversorger, den fast jeder Energieexperte auf der Welt für die Ausnahme von der Regel hielt. Man nahm an, diese Altersprobleme würden für die großartigen saudischen Felder noch für viele Jahre keine Rolle spielen. Doch das Ignorieren dieser häufig auftretenden Probleme oder die Tatsache, dass man sie nicht versteht, führt zu der verbreiteten Meinung, dass Saudi-Arabien seinen Output um weitere 50 bis 100 Prozent steigern und für mindestens 50 Jahre auf diesem Niveau halten könne.

Einige Kritiker merkten schließlich noch an, Saudi-Arabien manage seine Ölfelder möglicherweise zu zurückhaltend. Das Königreich könne die Produktion in Ghawar verdoppeln, wenn man die Zahl der Schächte um einen Faktor von fünf bis zehn erhöhte. Das könnte zum gewünschten Resultat führen, aber die Risiken wären fast absurd hoch. Eine solche Maßnahme hat in den USA nicht zu einer Umkehrung des Produktionsrückgangs geführt, nachdem 1970 das Maximum überschritten worden war, obwohl in den folgenden Jahren die Zahl der Schächte fast um das Fünffache stieg.

Ich habe versucht, alle negativen Kommentare sorgfältig zu lesen und mich zu fragen, ob ich ernsthafte analytische Fehler begangen habe. Bislang bin ich überzeugt, dass dies nicht der Fall war. Das einzige technische Thema, das ich unzureichend geschildert habe, betrifft die Rolle des „Taupunkts" beim Rückgang des Reservoirdrucks. In dieser Paperback-Ausgabe habe ich diesen Mangel ausgebessert. Dieses Thema hat aber keine Auswirkungen auf die Schlussfolgerungen des Buchs.

Auf der Suche nach der Zukunft

Für uns alle wäre es heute zumindest beruhigend, die künftige Richtung der saudischen Ölförderung zu kennen, weil die Weltwirtschaft so stark von der Antwort auf diese Frage abhängt. Leider gibt es aber immer noch keine genaue Antwort. Wie in Kapitel 16 ausgeführt, sollten die wichtigsten Beteiligten der Energiebranche eine echte Öldatenreform anstreben. Um wirklich von Nutzen zu sein, sollte diese Reform zu vierteljährlichen Berichten über die Produktion der weltweit wichtigsten Ölfelder führen, inklusive Daten über einzelne Schächte auf diesen Feldern. Mit diesen Daten könnten Analysten solide Trendanalysen über die Produktion erstellen. Bis es so weit ist, kann man die künftige Produktion von Ölfeldern nicht abschätzen, ganz zu schweigen von der Produktion der fünf wichtigsten Felder, die immer noch fast 90 Prozent des saudischen Öls liefern. Es ist erschreckend, dass Daten, die für die weltweite wirtschaftliche Sicherheit so wichtig sind, als Staatsgeheimnis gelten, das nur wenigen im saudischen Ölministerium und bei Aramco zugänglich ist.

Wenn wir nicht wesentlich bessere Produktionsdaten der einzelnen Felder erhalten, wird es bei der „theologischen" Debatte darüber bleiben, ob die saudische und damit die weltweite Ölproduktion zurückgehen wird. Vielleicht wird die Welt durch neue technologische Durchbrüche von diesem Ereignis verschont bleiben – bis es klare Beweise dafür gibt, dass das Produktionsmaximum überschritten ist. Aber dann wird es vielleicht zu spät sein, Lösungen und Strategien zu entwickeln, um ein ökonomisches Chaos zu verhindern, weil die Ölförderung irreversibel sinken wird.

Im Sommer 2005 sagte ich dem Publikum bei einer Energiekonferenz im Hart Senate Building in Washington, D. C., es sei für die Welt weniger riskant, für einige Jahre auf Verkehrsampeln und Flugsicherungssysteme zu verzichten, als nur ein weiteres Jahr mit unzuverlässigen Daten vergehen zu lassen, wie nahe das Produktionsmaximum schon ist. Das glaube ich wirklich. Die Energiedatenreform ist eine Idee, deren Zeit gekommen ist. Sie MUSS Wirklichkeit werden.

Ich kann mich noch gut an den Tag erinnern, als ich die erste Präsentation über meine Gedanken zu den saudischen Ölproblemen abhielt. Sie fand am 21. Februar 2004 im Vorstandsraum der Kuwait Petroleum Corporation statt. Der Vorstandsvorsitzende der KPC hatte ein Zimmer voller erfahrener kuwaitischer Ölexperten versammelt. Die erste Frage nach meinem Vortrag lautete: „Wie soll das alles enden?" Meine Antwort war simpel und hoffentlich brutal ehrlich. Ich stellte fest, dass wir mit dem Verständnis der Tatsache beginnen müssten, dass das „bestmögliche" Szenario einer künftigen saudischen Ölproduktion von 20 bis 25 Millionen Barrel pro Tag extrem unwahrscheinlich ist. Ich sagte den Zuhörern auch, dass es nicht einmal sicher sei, dass Saudi-Arabien seine gegenwärtige Produktion von acht bis 8,5 Millionen Barrel pro Tag noch für Jahrzehnte aufrechterhalten könne. Zuletzt sagte ich, es gebe ein reales, aber angesichts des Mangels an Daten nicht quantifizierbares Risiko, dass es in einem saudischen Super-Giganten-Feld nach dem anderen zu Produktionsrückgängen kommen könnte.

20 Monate sind vergangen, seit ich diese erste Rede über die Öl-Zukunft Saudi-Arabiens in Kuwait gehalten habe. Den jüngsten Statistiken des saudischen Ölministeriums zufolge hat das Königreich weiterhin „seine Güter geliefert". Es hat seine Ölproduktion um fast 1,5 auf 9,5 Millionen Barrel pro Tag erhöht. Zudem hatte man der Welt ständig versichert, die Saudis hätten weitere 1,5 Millionen Barrel pro Tag an zusätzlichen Kapazitäten. Allerdings handelt es sich dabei durchwegs um schweres, saures Öl. Es gibt auf der Welt keine übrigen Raffineriekapazitäten, um es in leichte Petroleumprodukte zu verwandeln. Die Welt wird also nie erfahren, ob diese Kapazitäten real oder nur imaginär sind. So beruhigend dieser Produktionsanstieg klingen mag, finde ich es doch erstaunlich, dass die saudischen Ölexporte seit 2001 nicht gestiegen sind. Es ist schwierig, pro Tag zwei Millionen Barrel zusätzlich zu produzieren und die OECD zu „boykottieren".

Saudi Aramco hat auch vier große „neue Projekte", die nun schnell vorangetrieben werden. Es sind aber keine neuen Felder, sondern alte Funde, die man früher in Produktion gebracht und dann aufgegeben hatte. Hoffentlich werden sie bis 2009 zusätzliche zwei Millionen Barrel an Kapazitäten bringen. Das größte und ehrgeizigste dieser Rehabilitationsprojekte ist ein Programm zur Expansion des Khurais-Ölfelds von derzeit 150.000 auf 1,2 Millionen Barrel pro Tag bis Ende 2009. Die derzeitigen Kostenschätzungen für dieses ehrgeizige Projekt liegen bei elf Milliarden Dollar. Das Ölministerium gibt heute offen zu, dass man 800.000 Barrel pro Tag benötigt, um die Produktionsrückgänge der alternden

Felder zu kompensieren. Das scheint zu implizieren, dass die saudische Produktion nur um zwei Prozent pro Jahr sinkt. Die typischen Rückgangsraten in der Ölbranche sind wesentlich höher und steigen von Jahr zu Jahr. Bedeutet das, dass Saudi-Arabien eine Ausnahme von der Regel ist?

Derzeit gibt es in Saudi-Arabien schon doppelt so viele Bohranlagen wie bei meinem Besuch im Februar 2003. Irgendwann im Jahr 2006 soll die Zahl auf mindestens 100 steigen, was gegenüber 2003 einer Verdreifachung entsprechen würde.

Aber diese ehrgeizigen Pläne werden von einigen saudischen Insidern offen in Frage gestellt, unter ihnen Aramcos führende technische Autorität, der kürzlich in Pension gegangene Executive Vice President Dr. Sada al-Husseini. Er erzählte einigen Journalisten, die neuen Projekte zur Produktionssteigerung würden sich verzögern, weil es zu wenig Bohrgeräte gibt, und es sei ein gefährlicher Irrglaube, Saudi-Arabien könne für längere Zeit zwölf Millionen Barrel pro Tag fördern ohne das Risiko, seinen Reservoirs dauerhaften Schaden zuzufügen. Das saudische Ölministerium hat den Mangel an Bohranlagen heftig bestritten, obwohl der saudische Außenminister in der Rice University in Houston Ende September 2005 seinen Zuhörern sagte, es sei sehr wichtig, dass „internationale Ölfirmen" nicht die Bohranlagen beanspruchen, die Saudi-Arabien braucht.

Andere wichtige Ölexperten aus dem Nahen Osten sprechen laut über die Alterung wichtiger Ölfelder. Anfang November 2005 stellte der neue Vorsitzende der Kuwait Petroleum Corporation fest, dass der Burgan-Komplex, das zweitgrößte Ölfeld der Welt, das zwei von den 2,5 Millionen Barrel pro Tag der kuwaitischen Ölproduktion liefert, nun „erschöpft" sei und eine Ruhepause brauche, weshalb man die Tagesproduktion auf 1,7 Millionen Barrel pro Tag reduzierte. Ist das ein Warnsignal? Die Zeit wird es zeigen, aber die Zeit lässt alte Ölfelder noch weiter altern.

Ich hatte den Luxus, fast drei Jahre lang über die möglichen Folgen eines bevorstehenden Produktionsrückgangs in Saudi-Arabien und auch darüber nachdenken zu können, was wir tun können, um die Effekte eines wahrscheinlichen Maximums der globalen Ölproduktion abzumildern. Ich bin überzeugt, dass in diesen drei Jahren mein Verständnis dieser Themen um ein Vielfaches gewachsen ist.

Ich bin nun fest davon überzeugt, dass es für Saudi-Arabien unmöglich ist, für längere Zeit 20 bis 25 Millionen Barrel pro Tag zu fördern, wenn das Königreich nicht eine große Zahl neuer Giganten-Felder findet. Ein Output von 15 Millionen Barrel pro Tag ist wahrscheinlicher, aber es erfordert schon viel Optimismus zu glauben, dass man dieses Niveau ein Jahrzehnt lang aufrechterhalten kann. Zudem bin ich sicher, dass die produktivsten Teile der wichtigsten saudischen Felder ihre beste Zeit hinter sich haben. Insider von Saudi Aramco haben mir versichert, dass die produktivsten Teile der drei wichtigsten Felder, Ghawar, Abqaiq und Berri, ihren Produktionshöhepunkt schon vor Jahren überschritten haben. In Saudi-Arabien gibt es immer noch riesige Ölreserven. Man muss aber wissen, dass das leicht zu fördernde Öl, das in den Öl verbrauchenden Nationen am gefragtesten ist, mittlerweile verschwunden ist. Das verbliebene Öl ist schwerer, die Reservoirgesteine sind weniger porös und weit weniger durchlässig. Vorbei sind die Zeiten, als große Mengen leichten Öls in Mengen von 5.000 pro 20.000 Barrel pro Schacht aus dem Boden gesprudelt sind.

Seit etwa 50 Jahren nehmen die Beobachter der Ölindustrie an, das Öl des Nahen Ostens sei so reichlich vorhanden und so billig zu fördern, dass die Welt dieses Energiewunder für unbegrenzte Zeit genießen könne. Seither ist diese Annahme die Grundlage jeder seriösen Energieprognose. Dieses Konzept löste in den westlichen Verbraucherländern nur zwei Besorgnisse aus. Zunächst machten wir uns Sorgen, das billige Öl aus dem Nahen Osten würde die westlichen Produzenten in die Pleite treiben und die Welt somit zu abhängig von einer einzigen Ölquelle machen. Zweitens sorgten wir uns über immer mehr geopolitische Themen, die den Nahen Osten zu einem immer komplizierteren Teil der Welt machten und die dauerhafte Ölversorgung bedrohten.

Was wir fast völlig ignorierten, war die Alterung der Giganten-Felder, den einfachen Ablauf eines natürlichen Vorgangs mitten in diesem strahlenden Energiewunder. Die Ölprobleme Saudi-Arabiens sind nicht anders als die aller anderen Ölproduzenten im Nahen Osten. Die Region besitzt nicht genug Giganten-Felder, und sie alle sind alt und erschöpft.

Man kann kaum ernsthaft daran zweifeln, dass der Öl-Output in Kuwait, Iran, Oman, Syrien und Yemen ebenfalls rückläufig ist. Wenn sich aus den Ruinen des Irak nicht ein Wunder entwickelt, hat die dortige Ölproduktion wohl schon vor Jahrzehnten ihr Maximum überschritten.

Heute debattiert man ernsthaft darüber, wann die saudische Ölproduktion sinken wird. In der Wüste des Nahen Ostens hat sich die Abenddämmerung ausgebreitet. Wir haben keinen Zeitplan, wann die Dämmerung in die Dunkelheit übergehen wird. Und es gibt auch keinen Plan, wie die Welt damit zurechtkommen wird, weniger Öl zu verbrauchen und sicherzustellen, dass es eine neue Morgendämmerung geben wird. Stabile politische Verhältnisse vorausgesetzt, wird die weltweite Ölproduktion nicht schlagartig sinken, sondern allmählich nachlassen. Leider gibt es keine Synchronität zwischen der Weltwirtschaft und den Prinzipien der Öl-Geologie. Eine größer werdende Lücke zwischen der Energienachfrage und dem Angebot wird zu akuten, heftigen Verwerfungen führen, die in keinem angemessenen Verhältnis zum tatsächlichen Ausmaß des Angebotsrückgangs stehen.

Das Königreich Saudi-Arabien und der Nahe Osten
Quelle: Simmons & Company International

TEIL I

Vom Beduinen zur Bourgeoisie

Von den vielen Nationen, die im 20. Jahrhundert in das Licht der Geschichte und der Modernität traten, hat sich keine so schnell von der Obskurität zur Prominenz entwickelt wie Saudi-Arabien. In den 1890er-Jahren wurde die arabische Halbinsel von den ottomanischen Türken und kriegerischen Stammeshäuptlingen beherrscht. Die Region war politisch ungeordnet, und die Familie Saud, seit Mitte des 15. Jahrhunderts die traditionellen Herrscher der Region um Riad, befand sich in Kuwait im Exil. Die Briten versuchten ihren Einfluss auszuüben, indem sie Protektorate einrichteten, die an die traditionellen Monarchien entlang der Süd- und Ostküste Arabiens vergeben wurde. Die derzeitige Nation entstand erst 1932, als Abdul Aziz Ibn Saud das Königreich Saudi-Arabien ausrief, nachdem er den früheren Besitz seiner Familie zurückerobert, rivalisierende Stämme 25 Jahre lang bekämpft und die Herrschaft über den größten Teil der Halbinsel errungen hatte. Er herrschte über ein weit verstreutes Volk, das wie schon vor Jahrhunderten als Bauern und nomadische Hirten Schafe, Ziegen und Kamele durch die Weiten der Wüste trieb. Sie gehörten der Wahabi-Glaubensrichtung an, die die strikte Befolgung der Gesetze des Korans verlangte, von der Familie Saud Mitte des 18. Jahrhunderts übernommen wurde und sich dann im Zuge von deren Eroberungen über ganz Arabien verbreitete. Das neue Königreich war arm und wies keinerlei industrielle Entwicklung auf.

Anfang der 1970er-Jahre, knapp 40 Jahre nach der Gründung, nahm Saudi-Arabien plötzlich eine bedeutende Rolle in der wirtschaftlichen und politischen Entwicklung ein, die die ganze Welt betraf. Der dringende und praktisch unstillbare Bedarf an Öl katapultierte das Königreich ins Zentrum des Weltgeschehens und bescherte ihm einen Reichtum, den man so noch nie gesehen hatte. Die Saudis zogen in nagelneue Städte und entdeckten ihre Vorliebe für westliche Güter und Unterhaltung. Die saudische Ölindustrie nahm in technologischer Hinsicht eine weltweite Spitzenposition ein. Aber Saudi-Arabien war in den frühen 1970er-Jahren keineswegs ein modernen Staat, und das gilt auch heute noch. Als Monarchie ohne gewählte Volksversammlung oder Parlament wird das Land noch immer ebenso wie während seiner gesamten Geschichte von der Familie Saud beherrscht – von Ibn Saud und seinen fünf ältesten Söhnen als seinen Nachfolgern. Diese sechs Männer beherrschen seit 103 Jahren ein riesiges Berg- und Wüstengebiet. Das Öl hat Saudi-Arabien zwar großen Reichtum und eine beneidenswerte Vielfalt an öffentlichen Dienstleistungen und Wohlfahrtssystemen gebracht, aber es hat keine Wirtschaft geschaffen, die genug Arbeitsplätze für eine rapide wachsende Bevölkerung bietet. Die saudische Gesellschaft ist extrem konservativ, und aus westlicher Sicht sind die Rechte der Frauen massiv eingeschränkt. Der wahabitische Klerus tritt für die strenge Auslegung muslimischer Gesetze ein und verhängt Strafen, die im Westen als barbarisch gelten. Das früher symbiotische Verhältnis zwischen Staat und Religion scheint heute durch Rivalitäten bedroht, die das Volk in mehrere Lager teilen. Und vor kurzem musste die Welt auch feststellen, dass die besondere saudische Kombination von Monarchie, konservativem Islam, sozialen Einschränkungen und wirtschaftlichen Widersprüchen ein fruchtbarer Nährboden für Unzufriedenheit, Opposition und Terrorismus ist.

Saudi-Arabien war auch ein extrem zuverlässiger Eigentümer der weltweit größten Ölvorkommen. Das Königreich steht in enger Verbindung zu den USA und hat allgemein großes Verständnis für die Interessen der OECD-Nationen bewiesen. Als größter Produzent unter den OPEC-Ländern hat sich Saudi-Arabien aus politischen Auseinandersetzungen herausgehalten, faire Ölpreise und eine sichere, zuverlässige Ölversorgung gewährleistet.

Man kann die entscheidenden Fragen zur saudischen Ölindustrie ohne ein gewisses Verständnis Saudi-Arabiens und seiner Bevölkerung nicht wirklich einschätzen. Wie kam es, dass eine verstreute Ansammlung von Wüstenstämmen in der Welt eine derart wichtige Stellung einnimmt? Wie sehen die Zusammensetzung und die Organisation der saudischen Gesellschaft heute aus? Vor welchen

Problemen und Herausforderungen steht das Land? Welche Kräfte treiben die innere Dynamik dieser Wüstennation an? Welchen Einfluss haben demografische Entwicklungen und ökonomische Tatsachen auf die Zukunft der Ölproduktion in Saudi-Arabien? Teil I beantwortet diese Fragen und liefert das nötige Hintergrundwissen für das Verständnis der aktuellen Situation der saudischen Ölindustrie.

Kapitel 1

Die Geburt einer Nation
Ein Jahrhundert außergewöhnlicher Veränderungen und wirtschaftlicher Herausforderungen

Im Westen weiß man wenig über die reiche Geschichte und Kultur des gesamten islamischen Nahen Ostens. Über Saudi-Arabien war fast nichts bekannt, bis man 1938 dort Öl entdeckte. Selbst in den folgenden drei Jahrzehnten blieb das Königreich weitgehend unbekannt. Erst als das Land die Aufmerksamkeit der Welt auf sich zog, kamen einerseits Glanz und andererseits negative Stereotypen auf. Heute weiß man zwar viel mehr über Saudi-Arabien, aber Ignoranz und Vorurteile weichen dem Verständnis nur langsam.

> Über Saudi-Arabien war fast nichts bekannt, bis man 1938 dort Öl entdeckte.

Nur eine Hand voll geopolitischer Experten und Männer aus der Ölbranche hat diesen entlegenen Teil der Welt je bereist. Trotz der entscheidenden Rolle, die Saudi-Arabiens Öl heute für die Weltwirtschaft spielt, meinen viele Leute heute noch, das Land bestehe aus ein paar tausend reichen Prinzen, die einen endlosen Zufluss an Petrodollars in selbstverliebter Dekadenz verprassen. Diese Sichtweise traf vielleicht einmal tatsächlich zu. Heute aber sieht die Realität ganz anders aus. Saudi-Arabien wurde in den späten 1930er-Jahren zu einem Ölproduzenten, aber der Aufstieg des Königreichs zu einer globalen ökonomischen Energiemacht erfolgte erst, als die amerikanische Ölproduktion 1970 überraschend zurückging.

Dies geschah in einer Zeit, als die weltweite Ölnachfrage rapide anstieg, und verursachte die unmittelbare Gefahr eines zu knappen Angebots. Saudi-Arabien war der einzige Produzent mit genügenden Kapazitäten, um den Ölhunger der Welt zu stillen. Das Königreich nutzte seine Chance. Von einem führenden Ölproduzenten mit einem Ausstoß von 2,5 Millionen Barrel pro Tag 1965 wurde es zum Superstar der Ölindustrie, der 1974 über acht Millionen Barrel pro Tag produzierte. In den folgenden drei Jahrzehnten wurde Saudi-Arabien zum wichtigsten Öllieferanten der restlichen Welt, der seine Produktion den Schwankungen der weltweiten Nachfrage anpasste. Die Tabellen 1.1 und 1.2 zeigen die Bedeutung von Produktion und Ölreserven im Nahen Osten; der wichtigste Grund, warum Saudi-Arabien und der Rest des Nahen Ostens auch in Zukunft zu den wichtigsten geopolitischen Regionen der Welt gehören werden.

Tabelle 1.1: Nachgewiesene Rohölreserven im Nahen Osten

	Ende 2003	
	Öl	Erdgas
	(Milliarden Barrel)	(Billionen m³)
Saudi Arabien	262,7	6,68
Iran	130,7	29,69
Irak	115,0	3,11
Vereinigte Arabische Emirate	97,8	6,06
Kuweit	96,5	1,56
Quatar	15,2	25,77
Oman	5,6	0,95
Syrien	2,3	0,30
Jemen	0,7	0,48
Bahrain		0,09
Andere	0,1	0,05
Gesamt	**1.147,7**	**175,78**
Mittlerer Osten (Vergleich weltweit in Prozent)	63,3 %	40,8 %
Saudi Arabien (Vergleich weltweit in Prozent)	22,9 %	3,8 %
Saudi Arabien (Vergleich Mittlerer Osten in Prozent)	31,2 %	9,3 %
Gesamt weltweit	**1.147,7**	**175,78**

Quelle: BP Statistical Review of World Energy

Tabelle 1.2: Ölproduktion im Nahen Osten

	in 1.000 Barrel pro Tag		
	1992	1997	2003
Saudi Arabien	9.098	9.361	9.817
Iran	3.523	3.726	3.852
Vereinigte Arabische Emirate	2.516	2.490	2.520
Kuweit	1.077	2.137	2.238
Irak	531	1.166	1.344
Quatar	495	694	917
Oman	748	909	823
Syrien	518	582	594
Jemen	184	375	454
Andere	54	50	48
Gesamt Mittlerer Osten	**18.738**	**21.490**	**22.607**
Gesamt weltweit	**65.705**	**72.024**	**76.777**
Saudi Arabien (Vergleich Mittlerer Osten in Prozent)	49 %	44 %	43 %
Saudi Arabien (Vergleich weltweit in Prozent)	13,8 %	13,0 %	12,8 %
Mittlerer Osten (Vergleich weltweit in Prozent)	28,5 %	29,8 %	29,4 %

Quelle: BP Statistical Review of World Energy

Warum sollte man sich angesichts dieser reichlichen Ölvorräte Sorgen um Saudi-Arabien machen? Abgesehen von Bedenken über politische Unruhen scheinen die meisten Energieexperten die Möglichkeit nicht bedacht zu haben, dass Saudi-Arabiens Ölwunder eines Tages enden könnte. Dieses Kapitel fasst die Geschichte des saudischen Öls zusammen, um einen Rahmen für ein besseres Verständnis der heutigen weltweiten Ölversorgungssituation zu bieten.

Die Herrschaft des Kriegerkönigs: 1902 – 1953

Die Wurzeln des Königreichs Saudi-Arabien reichen bis zum 15. Januar 1902 zurück, als Abdul Aziz, (auch bekannt als König Ibn Saud, Abbildung 1.1) eine große Schar von Kriegern um sich versammelte, um Riad einzunehmen.

Abbildung 1.1: König Abdul Aziz Ibn Saud
Quelle: Foto: Hulton Archive; Sammlung: Getty Images

Vor dieser Attacke war der größte Teil des Landes jahrhundertelang vom Clan Rashid beherrscht worden, der mit dem sich im Niedergang befindlichen ottomanischen Reich in Verbindung stand. Der siegreiche Abdul Aziz vertrieb die Rashid-Dynastie für immer aus dem Gebiet, das schließlich zu Saudi-Arabien werden sollte.

Nach der Eroberung Riads führte Abdul Aziz eine Reihe von Feldzügen durch, um weitere Städte zu unterwerfen und seine Macht zu festigen. Im Januar 1926 wurde Abdul Aziz König von Hadja und Sultan von Naijid. So etablierte er seine Herrschaft über den größten Teil des saudischen Territoriums.

Als Abdul Aziz die arabische Halbinsel eroberte, gehörten die Ikhwan zu seinen mächtigsten Unterstützern, die strengste und eifrigste Gruppe innerhalb der islamischen Wahabi-Sekte. Nachdem seine Macht gesichert war, wandte sich Abdul Aziz gegen diese strengen, aber politisch unzuverlässigen Wahabiten. Nach vier blutigen Jahren mit zahlreichen Schlachten brachte er sie unter seine Kontrolle. Aber der religiöse Fanatismus dieser Gruppe ließ niemals nach und spielte eine dominante Rolle dabei, die strikte religiöse Kontrolle aufrechtzuerhalten, die in Saudi-Arabien noch heute herrscht.

Nach fast drei Jahrzehnten der Kriege und der politischen Konsolidierung verkündete Abdul Aziz schließlich am 22. September 1932 die Gründung des Königreichs Saudi-Arabien, indem er die Reiche von Hadja und Naijid miteinander vereinigte. Er herrschte noch 21 weitere Jahre über sein Königreich. Zwar blieb er sein Leben lang außerhalb seines Königreichs ziemlich unbekannt, aber in Wahrheit war er einer der dynamischsten und faszinierendsten Persönlichkeiten des 20. Jahrhunderts.

Historiker diskutieren immer noch darüber, inwieweit Abdul Aziz an der Entwicklung der Ölproduktion in Saudi-Arabien beteiligt war. Wir werden noch erörtern, dass eine ganze Reihe von Beratern eine wichtige Rolle dabei spielte, Abdul Aziz dazu zu bringen, die Ölkonzession zu vergeben, die schließlich zur Entdeckung der weltweit größten Ansammlung riesiger Ölfelder führte. Zu diesen Männern gehörten der neuseeländische Major Frank Folmes, der Arabist Harry St. John Philby, der amerikanische Philanthrop Charles Crane, der Mineningenieur Karl Twitchell aus Vermont und einige Geologen, die für Standard Oil of California tätig waren. Der König spielte aber eine wichtige Rolle bei den Anfängen der saudischen Ölindustrie. Konnte er vermuten, dass dieses karge Land derart reiche Ölvorkommen barg, oder waren Schicksal und Glück entscheidend? Da es kaum Berichte gibt und nur wenige schriftliche Aufzeichnungen über die frühen Jahre Saudi-Arabiens, wird man diese Fragen niemals endgültig beantworten können.

Klar ist allerdings, dass das neue Königreich extrem arm war, als Abdul Aziz seine Macht endgültig festigte. Die einzige echte Geldquelle waren Gebühren, die den Moslems abverlangt wurden, die nach Mekka pilgerten. Als Aziz schließlich König wurde, hatte die Weltwirtschaftskrise die Zahl der Pilger stark schrumpfen lassen, und die Königsfamilie lebte am Rand der Insolvenz. Der Bedarf an harter Währung war so dringend, dass ein Ölunternehmen eigentlich klar am längeren Hebel saß, wenn es um die Erteilung einer Ölkonzession ging. Dass sich ein Ölunternehmen damals überhaupt auf ein Abenteuer mit der unbekannten Geologie Arabiens einlassen wollte, ist ein wenig erstaunlich, weil die meisten Ölfirmen seinerzeit kurz vor der Insolvenz standen, nachdem die Ölpreise während der Weltwirtschaftskrise auf zehn Cent pro Barrel gefallen waren.

Der Widerstand gegen jüdische Einwanderer lässt die erste Ölkrise schon erahnen

Während seines Kampfs um die politische Kontrolle über Arabien war sich Abdul Aziz sehr bewusst, welche politischen Umwälzungen und wie viel Gewalt in seinem Königreich und im gesamten Nahen Osten durch die Bemühungen der Zionisten entstehen könnten, in Palästina eine Heimat für die Juden zu schaffen. Er gehörte zu den ersten arabischen Führern, die warnten, ein jüdisches Land in dieser von Moslems dominierten Region könne große Risiken für den Nahen Osten und die ganze Welt verursachen. Die prominente Rolle, die Abdul Aziz während der entscheidenden Jahre der zionistischen Kampagne zu spielen versuchte, wurde von vielen Historikern übersehen. Die Sache hat zwar mit der Entwicklung der saudischen Ölindustrie wenig zu tun, wirft aber ein bezeichnendes Licht auf König Faisals Zücken des „Öl-Schwerts", das die Ölkrise von 1973 verursachte.

1937 hielt Abdul dem britischen Gesandten Dickson einen langen Vortrag über den Jahrtausende alten Hass zwischen gläubigen Moslems und Juden, und er drängte die britische Regierung, Palästina unter britischer Herrschaft zu halten und es lieber noch 100 Jahre lang zu regieren, als es aufzuteilen, um einen jüdischen Staat zu schaffen. Im März 1943 lud Abdul Aziz Vertreter des Magazins *Life* nach Riad ein, um seinen starken Widerstand gegen jüdische Einwanderung nach Palästina zu erklären. Während dieses Besuchs erzählte er noch einmal die Geschichte dieser Region und begründete, warum er alle Argumente zurückwies, die die Juden vorbrachten, um in diesem Gebiet eine Heimat zu beanspruchen.

Zu Begegnungen zwischen Abdul Aziz und führenden Weltpolitikern kam es nur selten. Die bedeutendsten Treffen fanden 1945 statt, als er im Geheimen mit Präsident Franklin D. Roosevelt und Premierminister Winston Churchill konferierte. Diese Besuche fanden gegen Ende seines Lebens anlässlich Roosevelts letzter Auslandsreise zwei Monate vor dessen Tod statt. Nach dem Treffen der Führer der Alliierten in Jalta im Februar 1945 flog er heimlich nach Ägypten und bestieg ein Kriegsschiff, die *USS Quincy*. Zweck war ein Treffen mit drei Königen: Faruk von Ägypten, Haile Selassie von Äthiopien und Abdul Aziz Ibn Saud von Saudi-Arabien.

Die Reise zum Treffen mit Roosevelt war eine der wenigen Auslandsreisen, die Abdul Aziz je unternahm. Auf dem Weg dorthin teilte der König im Marrat-Gebiet in Saudi-Arabien seinen eifrigsten Unterstützern mit, wie vehement er einen Judenstaat ablehnte. Er erzählte ihnen vom Verlauf des Weltkriegs und von der Position, die die arabischen Nationen nach dessen Ende in der Welt beanspruchen würden. Er warnte seine Anhänger vor den Gefahren für den Fall, wenn die Zionisten die kleine und schwache Nation der Palästinenser aus ihrem Land vertreiben würden. Diese Ansichten spielten auch bei der Begegnung mit Roosevelt eine wichtige Rolle.

Am Valentinstag brachte man König Ibn Saud in seinem Rollstuhl auf die *USS Quincy*, um dort den amerikanischen Präsidenten zu treffen, den mächtigsten politischen Führer der Welt, der ebenfalls im Rollstuhl saß (Abbildung 1.2). In seinem Buch *FDR's Last Year* beschreibt Jim Bishop diese historische Begegnung anschaulich: „Zwei kranke Männer saßen einander in ihren Rollstühlen gegenüber." Roosevelt eröffnete die Diskussion, indem er über die Wunder sprach, die sich ereignen könnten, wenn man all das trockene Land in Saudi-Arabien und Ägypten zum Blühen bringen könnte. Der König antwortete respektvoll, er sei an Wasser nicht interessiert. Er sprach zu Roosevelt über seine Liebe zur Wüste. Dann erklärte er, dass er nur ein Krieger sei – nicht mehr und nicht weniger. Er hatte sein Leben damit verbracht, aufrührerische Stämme zu bekämpfen, um sein Königreich zu errichten, und nun sah er das Ende seiner Tage kommen. Es sei ein schöner Gedanke, sagte er, die Wüste zum Blühen zu bringen. Für Wüsten müsse aber dennoch Platz sein. Wüsten seien gut, nicht schlecht! Hier sprach ein echter Beduine aufrichtig zu einem echten Aristokraten.

Abbildung 1.2: König Abdul trifft Präsident Roosevelt auf der USS Quincy
Quelle: Foto: Hulton Archive; Sammlung: Getty Images

Das Treffen zwischen diesen beiden alten Kriegern dauerte mehrere Stunden, und es entwickelte sich eine Freundschaft. Roosevelt sagte, er interessiere sich ganz besonders für die Palästina-Frage. König Ibn Saud sagte: „Sie meinen die Juden?", und dann sagte er: „Wenn der Frieden kommt (das heißt, wenn der Weltkrieg endet), sollte man die Juden wieder in die Länder bringen, aus denen sie vertrieben wurden, aber nicht nach Palästina." Der König machte sich ernsthafte Sorgen über das Tempo, mit dem Juden Land in Palästina und Waffen kauften, um die palästinensischen Araber zu bekämpfen. Nach dem Krieg, so warnte Abdul Aziz den Präsidenten, würden die Juden, die nach Palästina kamen, eine völlig andere Kultur aufbauen als die Araber. Dies würde schließlich zu bewaffneten Konflikten zwischen der muslimischen Welt und dem jüdischen Volk führen. Als gläubiger Moslem, so sagte Abdul Aziz dem Präsidenten, sei er dann gezwungen, auf Seiten der Araber zu kämpfen. Um ein solches Chaos zu verhindern, drängte Ibn Saud darauf, in Europa eine Heimat für die Juden zu schaffen.

Nachdem sich der König verabschiedet hatte, soll Roosevelt Harry Hopkins gesagt haben, er habe von Ibn Saud in fünf Minuten mehr über die Situation zwischen Juden und Arabern gelernt als von anderen in seinem ganzen Leben. Nach Berichten von Jim Bishop sagte Hopkins anderen noch lange nach dem Ende der Reise gerne: „Das Einzige, das der Präsident wirklich gelernt hat, war, dass die Araber keine weiteren Juden in ihrer Nachbarschaft haben wollen."

Sprachen König Ibn Saud und Präsident Franklin Roosevelt über Öl?

Es ist nicht bekannt, ob die beiden während des fünfstündigen Treffens auch über Öl gesprochen haben. Es wäre aber seltsam, wenn sie das nicht getan hätten. Eine amerikanische Ölfirma hatte einige Jahre zuvor die ersten beiden signifikanten Ölfunde in Saudi-Arabien gemacht, und eines dieser Ölfelder war schon in Produktion. Abdul Aziz war sehr daran interessiert, die Beziehungen zu den USA auszubauen, um ein Gegengewicht zum starken britischen Einfluss in der Region zu schaffen. Der Zugang zum Öl des Nahen Ostens war ein Ziel der Achsenmächte im Zweiten Weltkrieg und der Grund des Afrika-Feldzugs. Und Roosevelt wusste gut, welches Potenzial im saudischen Öl steckte. Am Höhepunkt des Kriegs 1943 beauftragte Roosevelt den Innenminister Harold S. Ickes, eine Delegation der Petroleum Reserves Corporation, der für die Ölversorgung für Kriegszwecke zuständigen Insitution, nach Saudi-Arabien zu schicken, um dort die Ölvorkommen zu inspizieren. Die Alliierten bereiteten sich auf massive Offensiven in Südostasien vor, und dafür brauchte man das Öl aus dem Nahen Osten. Die US-Reserven waren für den kriegsbedingten Bedarf von zwei Millionen Barrel pro Tag zu gering.

> Abdul Aziz war sehr daran interessiert, die Beziehungen zu den USA auszubauen, um ein Gegengewicht zum starken britischen Einfluss in der Region zu schaffen.

Der Leiter dieser Delegation war Everett Lee DeGolyer, einer der angesehensten Geologen der Welt. Nach seiner Rückkehr in die USA berichtete er dem Präsidenten, der Schwerpunkt der Ölproduktion würde sich bald von der amerikanisch-karibischen Region zum Nahen Osten und zum Golf von Persien verlagern. Er schätzte die Ölressourcen des Königreichs auf zwei Milliarden Barrel an nachgewiesenen Reserven, fünf Milliarden Barrel an wahrscheinlichen und 20 Milliarden Barrel an möglichen Reserven.

Am Tag nach seiner Begegnung mit Roosevelt traf sich Abdul Aziz mit Winston Churchill in Kairo. Aus Reisenotizen geht hervor dass Churchill Abdul Aziz vielleicht mit einem Mitglied der irakischen Königsfamilie verwechselt hat. Diese Unsicherheit verdeutlicht das geringe Wissen über Saudi-Arabien, das noch am Ende des Zweiten Weltkriegs herrschte.

Öl hin oder her – Roosevelt war von Abdul Aziz offenbar sehr beeindruckt. Nach seiner Rückkehr in die USA schickte er dem König am 4. April 1945 eine handgeschriebene Notiz, in der er sein Versprechen erneuerte, über die Palästina-Frage werde keine Entscheidung getroffen, ohne zuvor sowohl die Araber als auch die Juden zu konsultieren. Am Ende des Briefs versicherte er dem König: „In meiner Funktion als Regierungschef werde ich nichts unternehmen, was sich als feindliche Aktion gegenüber dem arabischen Volk erweisen könnte." Acht Tage später starb Roosevelt.

Während dieser kurzen, aber möglicherweise tiefen Freundschaft zwischen Abdul Aziz und Roosevelt ist es unwahrscheinlich, dass einer der beiden die mächtige Position des Königreichs erahnen konnte, die es als weltweit wichtigster Öllieferant einnehmen würde, und ebenso wenig die Gewalt, die die Politik im Nahen Osten prägen sollte. Wären diese beiden alten Krieger bei ihrer ersten Begegnung 20 Jahre jünger gewesen, wäre ihre Bekanntschaft schon in ihrer Jugend zur Blüte gelangt, dann kann man sich leicht ausmalen, dass die Geschichte des Nahen Ostens einen anderen Verlauf genommen hätte.

Wenige Wochen vor seinem Tod soll Roosevelt seiner Frau Eleanor gesagt haben, er wolle nach dem Ende seiner Amtszeit wieder in den Nahen Osten reisen und den Aufstieg dieses Teils der Welt beobachten. Abdul Aziz sah die mit dem Entstehen eines zionistischen Staats im Nahen Osten verbundenen Gefahren mit großer Leidenschaft. Um seine Ansichten bekannter zu machen, schickte er seinen Lieblingssohn, Prinz Faisal, zur internationalen Versammlung nach San Francisco, die zur Entstehung der UNO führte. Faisal appellierte an die USA, Roosevelts Versprechen zu respektieren, die Sorgen Saudi-Arabiens über die Schaffung eines jüdischen Staats in Palästina anzuhören. Sein Appell wurde ignoriert, und als er nach Saudi-Arabien zurückkam, nährte Faisal einen tiefen Groll gegen die USA, weil sie einen wichtigen Verbündeten nicht unterstützt hatten und stattdessen die Gründung eines weltlichen Judenstaats förderten. Dieser Groll mag 25 Jahre später Faisals Aktionen beeinflusst haben, als er als König von Saudi-Arabien das „Öl-Schwert" benutzte, um die USA für ihre Unterstützung Israels im Krieg von 1973 zu bestrafen, was zur ersten US-Ölkrise und zu langen Schlangen an den Tankstellen im ganzen Land führte.

> „In meiner Funktion als Regierungschef werde ich nichts unternehmen, was sich als feindliche Aktion gegenüber dem arabischen Volk erweisen könnte."
> Franklin D. Roosevelt

In den letzten acht Jahren seines Lebens zog sich Abdul Aziz aus dem öffentlichen Leben zurück und übertrug die meisten seiner Amtspflichten auf seine
Söhne, vor allem auf die beiden ältesten, Saud und Faisal. Nach seinem Tod 1953
brach ein heftiger Machtkampf zwischen den beiden ältesten Söhnen aus. Saud
wurde der neue König, Faisal wurde Kronprinz.

Als Abdul Aziz starb, war die saudische Ölproduktion auf fast 840.000 Barrel
pro Tag gestiegen. Bis dahin hatte man fünf große Ölfelder entdeckt, doch nur
zwei davon, Abqaiq und Ghawar, waren voll in Produktion. Die Einnahmen des
Königreichs waren allerdings auf 110 Millionen Dollar gestiegen.

König Saud und Kronprinz Faisal hätten, was persönliche Vorlieben, Verhalten und Stil betrifft, nicht unterschiedlicher sein können. Saud liebte seinen riesigen Palast, Luxus und einen ausschweifenden Lebensstil. Faisal war bekannt für
seine Nüchternheit, Frömmigkeit, Reinheit und finanzielle Bescheidenheit. König Saud erfüllte seine Aufgabe als Verwalter des Reichtums der Nation schlecht,
und in den 1950er-Jahren stand die saudische Wirtschaft mehrmals am Rande
des finanziellen Zusammenbruchs. König Saud hatte von seinem Vater überraschend hohe Schulden geerbt, die 1953 auf etwa 200 Millionen Dollar geschätzt
wurden. Bis 1958 waren die Schulden des Königreichs um weitere 250 Prozent
gestiegen.

In den frühen 1960er-Jahren reiste König Saud zu medizinischen Behand-
lungen ins Ausland. Nach seiner Abreise bildete Faisal ein neues Kabinett und
übernahm faktisch die Kontrolle über das Königreich. 1964 kehrte Saud zurück
und drohte die königliche Garde gegen Faisal zu mobilisieren. Nach wenigen
Wochen erwies sich diese Drohung als Eigentor. Am 28. März 1964 willigte König Saud ein, seinem Bruder den Thron zu überlassen. Er reiste nach Kairo und
starb fünf Jahre später in Griechenland.

Die Ölproduktion und die Einnahmen steigen

Faisals Krönung fand zu einem glücklichen Zeitpunkt statt, denn die Öleinnahmen begannen rapide zu steigen. Dank Faisals Sparsamkeit und der wachsenden Ölproduktion versank die Finanzkrise, die er geerbt hatte, bald im Dunkel der Geschichte. Saudi-Arabien war dabei, eine finanzielle Supermacht zu
werden.

Im ersten Monat seiner Herrschaft ernannte Faisal seinen Halbbruder Khalid zum neuen Kronprinzen. Ein weiterer Halbbruder, Sultan, wurde Verteidigungsminister. Zaki Yamani wurde Ölminister und löste Al-Tariqi ab, der diesen Posten seit 1960 innegehabt hatte. Al-Tariqi gilt heute noch als einer der Väter der OPEC, der heute berühmten Organisation zur Interessenvertretung der wichtigsten Ölexporteure.

König Faisal spielte in Saudi-Arabiens Geschichte eine einzigartige Rolle, und sein unerwarteter Tod 1975 wurde von vielen als Tragödie bewertet. Im Gegensatz zu den meisten Mitgliedern seiner Familie unternahm Faisal während seiner Regierungszeit viele Reisen. 1934 besuchte er die UdSSR. Seine erste Reise in die USA unternahm er 1943. Wie schon erwähnt, war er Leiter der saudischen Delegation bei der UN-Konferenz in San Francisco 1945.

König Faisal herrschte, als das unbekannte Königreich an die Spitze der Ölbranche aufstieg. Der plötzliche Anstieg der Öleinnahmen öffnete Faisal ökonomisch die Türen und begann mit dramatischen Veränderungen, um sein Königreich zu modernisieren. Seine Neuerungen im Bildungsbereich, inklusive der Bildung für Frauen, brachten das Königreich auf den Weg zu einer offeneren Gesellschaft – ein Weg, der nach Faisals Tod steiniger und langsamer wurde.

In die Geschichte ist König Faisal vor allem deshalb eingegangen, weil er 1973 das „Öl-Schwert" zog und das erste Öl-Embargo der OPEC auslöste. Knapp zwei Jahre später wurde er von einem geistig verwirrten Cousin ermordet. Sein Nachfolger wurde der nächstälteste Sohn von Abdul Aziz, Khalid, der später von einem weiteren Sohn, Faud, abgelöst wurde. König Faud erlitt in den späten 1990er-Jahren einen Schlaganfall, der ihn sehr schwächte. Der nächstälteste Sohn, Kronprinz Abdullah, wurde de facto zum neuen Staatschef. 2005 war Kronprinz Abdullah schon über 80 Jahre alt.

Eine Bevölkerungsexplosion führt zu wirtschaftlichen Problemen

Jahrelang war die Bevölkerung Saudi-Arabiens winzig und betrug noch 1970 nur sechs Millionen Menschen. Etwa ein Drittel davon waren Gastarbeiter. 1980 war die Bevölkerung um 50 Prozent auf neun Millionen gewachsen. 1990 waren es 14 Millionen und 2000 fast 22 Millionen, darunter etwa 5,5 Millionen Ausländer. In nur 30 Jahren hatte sich die Zahl der saudischen Bürger von vier Millionen auf über 16 Millionen vervierfacht. Die Bewertung der verschiedenen

Folgen dieser Bevölkerungsexplosion ist entscheidend für das Verständnis der Probleme, vor denen die saudische Monarchie am Beginn des 21. Jahrhunderts steht.

Wie im gesamten Nahen Osten ist auch in Saudi-Arabien die Mehrheit der Bevölkerung sehr jung. Nach den UN-Statistiken von 2003 sind nur 2,5 Prozent der Bevölkerung über 65 Jahre alt, 43 Prozent sind jünger als 14. Die Geburtenrate beträgt erstaunliche 6,3 Kinder pro Frau. Wenn sich der saudische Bevölkerungstrend nicht schnell ändert, wird die Bevölkerung bald auf 40 Millionen steigen.

Die Universität Utrecht, die für ihre Bevölkerungsstudien bekannt ist, prognostiziert, dass die saudische Bevölkerung 2010 auf über 30 Millionen steigen und 2030 bei etwa 50 Millionen liegen wird. Ein derartiger Anstieg ist fast sicher, denn alle potenziellen Eltern, die nötig sind, um weitere 15 bis 20 Millionen Menschen zu schaffen, sind schon am Leben. Angesichts der hohen Geburtenrate und der vielen jungen Leute, die nun ins Fortpflanzungsfähige Alter kommen, könnten sich die Schätzungen sogar als zu niedrig erweisen.

Die wirtschaftlichen Probleme in Verbindung mit der Bevölkerungsexplosion in Saudi-Arabien sind enorm.

Die wirtschaftlichen Probleme in Verbindung mit der Bevölkerungsexplosion in Saudi-Arabien sind enorm. Nicht nur die Zahl der Jobs aller Art muss rapide steigen, sondern auch der inländische Energieverbrauch. Allein der Aufbau eines zuverlässigen Stromnetzes und neuer Entsalzungsanlagen, um weitere zehn bis 20 Millionen Bürger mit Wasser zu versorgen, wird zu einem enormen Anstieg des Energieverbrauchs führen.

Saudi-Arabien ist immer noch reicher als die anderen großen Länder im Nahen Osten. Aber vom Überfluss, den das Königreich vor 25 Jahren genossen hat, ist man weit entfernt. Auf Pro-Kopf-Basis ist das gegenwärtige Bruttoinlandsprodukt (BIP) Saudi-Arabiens um 50 Prozent niedriger als in den ärmsten OECD-Staaten. Saudi-Arabiens Reichtum pro Kopf verblasst im Vergleich zu einigen Nachbarn wie Kuwait, den Vereinigten Arabischen Emiraten und Qatar, die alle davon profitieren, dass die Bevölkerungszahlen im Verhältnis zu den Öleinnahmen sehr niedrig sind.

Öl war schon immer das Rückgrat der saudischen Wirtschaft. Es steht immer noch für 40 Prozent des BIP, 70 bis 80 Prozent der Staatseinkünfte und etwa

95 Prozent der gesamten Exporterlöse. Öl *ist* die saudische Wirtschaft, und das wird auf absehbare Zeit auch so bleiben.

Auf Pro-Kopf-Basis ist das gegenwärtige Bruttoinlandsprodukt (BIP) Saudi-Arabiens um 50 Prozent niedriger als in den ärmsten OECD-Staaten.

Problem 1: Die Notwendigkeit, die Ölindustrie zu modernisieren und die Wirtschaft zu diversifizieren. 1975 begann Saudi-Arabien mit dem Aufbau einer modernen chemischen und petrochemischen Industrie, um einen Teil seines Öls und Erdgases zur Diversifikation seiner Wirtschaft zu nutzen. Die Saudi Arabia Basic Industries Corporation (SABIC) wurde 1976 gegründet. In den folgenden beiden Jahrzehnten stieg SABIC zum elftgrößten petrochemischen Unternehmen der Welt auf. Heute steht es in einer Reihe mit E. I. DuPont als ein petrochemisches Unternehmen von Weltklasse. Diese dringend benötigte Diversifizierung war wichtig, aber sie änderte nichts an der völligen Abhängigkeit des Königreichs von der Fähigkeit, riesige Ölmengen aus einer Hand voll gigantischer, aber alternder Ölfelder zu gewinnen, denn alle petrochemischen Grundstoffe basieren auf Gas und leichteren Flüssigkeiten, die aus dem produzierten Öl gewonnen werden. Zudem ist die Petrochemie, ebenso wie die Ölindustrie, keine arbeitsintensive Unternehmung. Es bleibt ein großes Problem, gute und hochbezahlte Jobs für Saudis zu schaffen, die nicht der königlichen Familie angehören.

Problem 2: Die Notwendigkeit, soziale Dienstleistungen zu schaffen. Die saudische Wirtschaft genoss einen Überfluss an Geld, als die Ölpreise hoch waren und nur sechs Millionen Menschen im Königreich lebten. Mit diesem Reichtum konnte die Regierung viele soziale Wohltaten wie Krankenversicherung, Bildung, Elektrizität und Wasser finanzieren und den Bürgern kostenlos oder zu stark subventionierten Preisen anbieten.

Problem 3: Die Notwendigkeit, die Verschuldung zu bewältigen. Gerade als die saudische Bevölkerung stark zu wachsen begann, brachen die Ölpreise ein, und die Produktion wurde zurückgefahren. Heute hat die saudische Wirtschaft wenig Ähnlichkeit mit dem Reichtum und Glanz, den man im Westen vermutet. Die Schulden der saudischen Regierung beliefen sich Ende 2003 auf etwa 170 Milliarden Dollar. Auf Pro-Kopf-Basis waren die Schulden höher als die Argentiniens. In 19 der 20 Jahre vor 2003 gab es ein Haushaltsdefizit. Das BIP pro Kopf lag nun unter 8.000 Dollar jährlich. Obwohl der Ölpreisanstieg 2004 zu einem Haushaltsüberschuss führte, blieb die Verschuldung sehr hoch, vor allem für ein Land, das als außergewöhnlich reich gilt.

Problem 4: Die Notwendigkeit, die Arbeitslosigkeit zu senken und neue Jobs zu schaffen. Es gibt unterschiedliche Schätzungen zur gegenwärtigen Arbeitslosigkeit in Saudi-Arabien. Die zuverlässigsten belaufen sich auf 15 bis 25 Prozent. Ein noch größeres Problem ist, dass viele junge Saudis in den Arbeitsmarkt drängen und dass man in vielen Branchen wegen kultureller und religiöser Restriktionen keine Frauen einstellt. Zudem gibt es keine saudischen Industrieunternehmen von nennenswerter Größe, abgesehen von der staatlichen Ölfirma Aramco und von der staatlichen petrochemischen Firma SABIC. Beide können nicht immer mehr jungen Leuten Arbeit geben, nicht einmal denen mit einschlägiger Ausbildung. Die saudische Bevölkerungsexplosion erfordert dringend die Schaffung neuer, arbeitsintensiver Industrien.

Problem 5: Die Notwendigkeit des Wirtschaftswachstums. Wenn Saudi-Arabien ein gesundes und stabiles wirtschaftliches Fundament findet, muss die Wirtschaft mindestens so stark wachsen, dass das Pro-Kopf-BIP das Niveau der ärmeren OECD-Länder erreicht. Weil die demografischen Trends zu einer Bevölkerung führen werden, die so groß ist wie die Spaniens, müsste das BIP pro Kopf von 8.900 Dollar 2004 bis 2015 auf 15.000 Dollar steigen, um in zehn Jahren den bescheidenen Wohlstand zu erreichen, den es in Spanien heute schon gibt.

Problem 6: Die Notwendigkeit, neue Industrien zu entwickeln. Es ist unwahrscheinlich, dass Saudi-Arabien schnell genug neue Industrien entwickeln wird, um seine Abhängigkeit vom Öl zu reduzieren. Das Königreich kann den Wohlstand Spaniens im Jahr 2000 (und für jeden, der es nicht weiß: Spanien ist immer noch eines der ärmeren Länder in Westeuropa) nur auf dem Rücken seines Öls erreichen. Wenn die Gewinne aus den Ölexporten mit Verstand investiert werden, kann Saudi-Arabien dieses Minimalziel des Wirtschaftswachstums erreichen.

Manche glauben, Saudi-Arabien werde die Weltmärkte absichtlich mit Öl überschwemmen, um die Preise weit genug sinken zu lassen, dass seine Wettbewerber Pleite gehen. Ein solches Szenario wird in globalen Wirtschaftsforen immer wieder beschrieben. Doch wer das glaubt, kennt weder die demografischen noch die wirtschaftlichen Fundamentaldaten des Königreichs. Es handelt sich nicht mehr um ein Land von 7.000 Prinzen, die sämtlich Milliardäre sind, und ein paar Gastarbeitern, sondern um ein Land mit einer explodierenden Bevölkerungsbasis und dringendem Bedarf an Jobs, Wasser, Elektrizität, Bildung und Gesundheitsvorsorge sowie mit einer Verschuldung, die viel zu hoch ist. Ohne sprudelnde Öleinnahmen und günstige Marktbedingungen sieht die Zukunft der saudischen Wirtschaft düster aus. Wir werden nun die Öl- und Gasressourcen Saudi-Arabiens analysieren, um zu untersuchen, wie stark und substanziell die ökonomische Basis wirklich ist.

Tatsachen über das Öl Saudi-Arabiens

Wie schon erwähnt, ist die Bezeichnung „Tatsachen" problematisch, wenn es um die saudische Ölindustrie geht. Was wir über das Öl des Königreichs wissen, ist größtenteils das, was Saudi Aramco, das Ölministerium und die königliche Familie an Wissen zulassen. Die „bekannten Fakten" über das saudische Öl sind daher spärlich und simpel. Ende 2004 beliefen sich die „nachgewiesenen Ölreserven" auf insgesamt 259,4 Milliarden Barrel, plus weitere 2,5 Milliarden Barrel in der neutralen Zone zwischen Saudi-Arabien und Kuwait. Wenn diese Zahlen zutreffen, dann heißt dies, dass Saudi-Arabiens Öl bei den gegenwärtigen Fördermengen von acht bis neun Millionen Barrel pro Tag noch 90 Jahre reichen wird.

Über 100 entdeckte Öl- und Gasfelder

Die konventionelle Meinung lautet, dass der saudische Teil der arabischen Halbinsel noch kaum exploriert worden ist, weil die vorhandenen Ölfelder für die absehbare Zukunft ausreichen und die Suche nach neuen Feldern daher nicht sehr dringlich ist. Einige Ölexperten argumentieren, sogar bei geringer Exploration in der Zukunft gebe es kaum einen Bedarf an neuen Erfolgen, weil Saudi-Arabien bereits über einen Vorrat von mehr als 80 bekannten Ölfeldern verfügt. Zudem gebe es 20 bis 22 weitere Öl- und Gasfelder, wo noch gar keine Produktion stattfindet (siehe Tabelle B.1 in Anhang B). Es heißt, dass die entdeckten saudischen Ölfelder über 315 separate und ausbeutbare Öl- und Gasreservoirs enthalten.

Fünf der bekannten Ölfelder ragen in jeder Hinsicht heraus. Sie sind Super-Giganten, die riesige Mengen Öl und Gas enthalten. Von 1950 bis zum Ende des 20. Jahrhunderts haben sie 90 Prozent der saudischen Ölproduktion geliefert. Ghawar, das alles überragende Feld, ist das größte Ölvorkommen, das je entdeckt wurde. Nach mehr als 50 Jahren Förderung behauptet Saudi Aramco, Ghawar enthalte immer noch 70 Milliarden Barrel an nachgewiesenen Reserven. Eine kürzlich erschienene Aramco-Broschüre besagt, Ghawar enthalte immer noch ein Achtel der weltweiten Gesamtreserven. Wenn das zutrifft, entspricht es etwa 125 Milliarden Barrel.

Fast alle der 101 Öl- und Gasfelder Saudi-Arabiens liegen in einer kompakten Zone in der Ostprovinz des Königreichs. Die meisten dieser Felder liegen auf dem Festland. Nur 13 sind Offshore-Felder am oberen Ende des Golfs von Persien, innerhalb und knapp südlich der neutralen Zone. Dabei handelt es sich um ein Gebiet, das sich Saudi-Arabien mit Kuwait teilt.

Als Super-Gigant wird ein Ölfeld in der Regel auf Basis der nachgewiesenen Reserven oder der Menge des ursprünglich vorhandenen Öls bezeichnet. Aber die nachgewiesenen Reserven können bei Feldern dieser Größe ein ungenaues und leicht irreführendes Konzept sein, und daher ziehe ich eine andere Definition vor. Nach meiner Definition ist ein Super-Gigant ein einzelnes Ölfeld, das einige Jahrzehnte lang mindestens 400.000 bis 500.000 Barrel Öl pro Tag produzieren kann. Ein Giganten-Ölfeld ist folglich ein Feld, das für längere Zeit mehr als 100.000 Barrel pro Tag hervorbringt.

Felder dieser Größe waren schon immer eine Seltenheit. In den letzten 30 Jahren hat man auf der ganzen Welt nur eine Hand voll Giganten-Ölfelder gefunden. Die meisten davon waren die ersten entdeckten Felder in der Nordsee vor der Küste Westeuropas. Sehr wenige nach 1980 entdeckte Felder – wahrscheinlich weniger als fünf – liefern heute mehr als 250.000 oder 300.000 Barrel pro Tag.

Die Entwicklung neuer Ölfelder

Derzeit werden auf der ganzen Welt einige gigantische Ölfelder entwickelt, deren Spitzenproduktion hoffentlich bei mehr als 150.000 oder 200.000 Barrel pro Tag liegen wird. Am bemerkenswertesten sind dabei die beiden riesigen Projekte im Kaspischen Meer – der Drei-Felder-Komplex in Aserdaidschan und das Kashagan-Feld in Kasachstan. Aber diese Felder enthalten komplexe Lagerstätten. Im Fall von Kashagan haben drei der ursprünglichen Eigentümer schon verkauft oder den Verkauf ihrer Anteile angekündigt. Derzeit werden geschätzte 29 Milliarden Dollar investiert, und am Beginn der Produktion 2009 sollen nur 75.000 Barrel pro Tag gefördert werden. Kashagans Ölproduktion soll später bei über einer Million Barrel pro Tag liegen, aber das wird nicht vor 2015 der Fall sein.

Die anderen neuen „Giganten"-Entwicklungen finden in den Tiefwasserregionen im Golf von Mexiko und in Westafrika statt. Von keinem dieser Projekte

erwartet man eine höhere Tagesproduktion als 200.000 oder 250.000 Barrel.
Die Felder im Golf von Mexiko werden ihren Förderhöhepunkt wahrscheinlich
rasch erreichen und dann deutlich weniger Öl liefern. Es ist unwahrscheinlich,
dass sie auch nur ein Jahrzehnt lang ihre jeweiligen Höchstmengen hervorbringen werden.

Die geologische Analyse der saudischen Ölfelder

Innerhalb Saudi-Arabiens wurden etwa ein Dutzend geologische Formationen erforscht, und es handelt sich hier um ein sehr technisches Thema. Aus Sicht
eines Laien ist das wichtigste Merkmal der Geologie des Landes, dass so wenige
der verschiedenen Felsformationen, in denen man fossile Brennstoffe vermutete,
jemals Öl in nennenswerten Mengen geliefert haben. Die geologischen Formationen Saudi-Arabiens sind in Tabelle B.2, Anhang B, aufgelistet, geordnet nach
der Tiefe.

Die saudische Kohlengesteinsformation aus der Kreidezeit hat fast das gesamte wertvolle leichte und extra leichte Rohöl des Landes geliefert. „Leicht"
bezieht sich auf die Dichte des Öls, die in API-Graden (American Petroleum
Institute) angegeben wird. Leichte Öle (38 bis 34° API) sind wertvoller, mittelschwere Öle weisen etwa 32° auf, schwere beginnen bei etwa 29° API. Bei weiter
sinkenden API-Graden verdickt sich das Öl, bis es zu Teer wird, der bei normalen Temperaturen nicht fließfähig ist. Auf der langen Liste der geologischen
Formation in Saudi-Arabien ist die Arab-Formation nicht leicht zu finden.

Diese bemerkenswerte Reservoirformation ist in die Zonen A, B, C und D
unterteilt. Fast das gesamte Öl der Super-Gigantenfelder Ghawar und Abqaiq
kommt aus der Arab-D-Ölsäule. Diese Säule war in der Mitte des Feldes etwa
80 Meter stark und wurde zu den Randbereichen hin dünner, wo sie in Kontakt mit dem Grundwasser stand, was als Öl/Wasser-Kontaktschicht bezeichnet
wird. Die ersten 50 Meter dieser Säule wurden in der Regel ausgebeutet, ehe
Aramco die Anlagen zur Trennung von Öl und Wasser errichtete.

Fast das gesamte Arab-D-Öl wurde aus den obersten 25 Metern der kon-
tinuierlichen Ölsäule gewonnen, eine spezielle Reservoirformation, die man
Arab D, Zone 2-B nennt. Der Großteil der restlichen Ölreserven liegt allerdings
im tieferen Teil von Arab D. Einige jetzt im Ruhestand befindliche Angestellte
Aramcos sagen, dieses Öl sei extrem schwer zu fördern.

Diese zwei riesigen Felder auf dem Festland und das Berri-Feld liefern einen hohen Anteil von Saudi-Arabiens leichtem und extra leichtem Öl. Zwei andere Felder, Shaybah und Hawtah, liefern den Rest. Das mittelschwere und schwere saudische Öl kommt aus drei Offshore-Ölfeldern. Sie liegen in Sandsteinformationen der Wasia-Region.

Saudi-Arabiens Behauptung, man habe die niedrigsten Produktionskosten der Welt, wird immer noch allgemein akzeptiert. Ob sie stimmt oder nicht, bleibt ein Geheimnis, da das Land sehr wenige Informationen über die Wirtschaftlichkeit seiner Öl- und Gasindustrie veröffentlicht. Das Königreich gibt kaum Einzelheiten über seine jährlichen Etats für Exploration und Produktion bekannt. Man erfährt auch nicht, wie das Geld investiert wird, und genaue, auf die einzelnen Felder bezogene Daten fehlen völlig. Angesichts dieses Mantels des Schweigens war es schon überraschend offen, als Saudi-Arabien Anfang 2004 bekannt gab, man erwarte bis 2007 Investitionen von 18 Milliarden Dollar, um die gegenwärtigen Produktionskapazitäten aufrechterhalten zu können.

Schlussfolgerung

Viele Branchenbeobachter akzeptieren die wenigen bekannten Tatsachen, obwohl es keine Möglichkeit gibt, die Qualität der Informationen zu bewerten. Das führt zu der Annahme, Saudi-Arabien werde immer dazu in der Lage sein, billiges Öl in stetig steigenden Mengen zu produzieren. Diese Informationen stützen auch die These, es sei für Saudi-Arabien leicht und schmerzlos, schnell Marktanteile hinzuzugewinnen, indem es seine Produktion stark steigert und viel mehr Öl billig verkauft, egal wie tief die Preise in Folge einer solchen Aktion fallen würden.

Der Großteil der technischen Informationen in den Veröffentlichungen der Society of Petroleum Engineers (SPE) über alle wichtigen produzierenden Ölfelder in Saudi-Arabien spricht eine völlig andere Sprache. Diese Geschichte ist wahr und beruht auf nicht zu leugnenden Tatsachen, aber sie wurde noch nie in ihrer Gesamtheit erzählt. Bevor wir uns den Details dieser Geschichte zuwenden, ist es hilfreich, sich zunächst die Entwicklung der saudischen Ölindustrie vor Augen zu führen, denn dies wird uns helfen zu verstehen, warum das Königreich heute vor so vielen Problemen steht.

Kapitel 2

Die Geschichte der großen Ölfunde in Saudi-Arabien

In den 1950er-Jahren begann die Welt den Nahen Osten mit Öl in Verbindung zu bringen, obwohl Ölvorkommen in Teilen dieses riesigen Gebiets schon seit Jahrhunderten bekannt waren. In den letzten Jahrzehnten des 20. Jahrhunderts war der Nahe Osten die weltweit wichtigste Energiequelle, wobei Saudi-Arabien die Führungsposition einnahm. Die Geschichte von Saudi-Arabiens Aufstieg zum führenden Ölförderer der Welt gewährt Einblick in die heutigen Probleme des Königreichs: Es versucht eine rapide wachsende Bevölkerung mit den Einnahmen aus einer Hand voll schnell alternder Ölfelder zu versorgen und gleichzeitig seine stillschweigenden Verpflichtungen gegenüber den Kunden und den weltweiten Ölmärkten zu erfüllen.

Sehr wenige Menschen außerhalb der Ölbranche wissen überhaupt etwas darüber, wie Öl gefunden, gefördert und zu den Märkten transportiert wird. Der Nahe Osten und Saudi-Arabien gelten allgemein als Region, wo das Öl ohne große menschliche Anstrengungen oder Interventionen einfach so aus dem Boden sprudelt. Insbesondere Saudi-Arabien gilt als mythisches Reich, wo Überfluss an Öl herrscht: monolithisch, undifferenziert und einem bestimmten Schicksal folgend. Wie könnte es überhaupt dazu kommen, dass an einem solchen Ort kein Öl mehr fließt? In diesem Kapitel will ich die verbreiteten Ansichten über Saudi-Arabien korrigieren, indem ich die Geschichte der Ölgewinnung in dieser Region untersuche. Das Ölsystem Saudi-Arabiens ist in keiner Weise monolithisch, sondern besteht aus vielen unterschiedlichen Teilen mit einem Überfluss an Komplexität und Unsicherheiten, selbst wenn man menschliche Irrtümer und den geologischen Prozess außer Acht lässt.

Der erste größere Ölfund im Nahen Osten datiert 1908 im Iran, wo man schon 1880 kleinere Ölmengen entdeckt hatte. Schon seit Jahrtausenden kannte man im Nahen Osten Feuer, die von Ölausflüssen und Gasblasen an der Oberfläche verursacht wurden. Die ewigen Feuer in der Regierungszeit Nebukadnezars wurden zweifellos von Erdöl genährt.

Der erste Ölfund auf der Westseite des Persischen Golfs fand 1920 in Bahrain statt. Dieser kleine Fund zog ein Team erfahrener Explorer der Standard Oil Company of California an. Auch sie fanden nur kleine Mengen kommerziell nutzbaren Öls. Aber sie sahen genug von der dortigen Gegend, um ihr mögliches Potenzial als Öllagerstätte zu erkennen.

Das erste Ölfeld größeren Umfangs auf der arabischen Halbinsel war Kirkuk im Irak, das man 1927 fand, kaum drei Kilometer entfernt von den ewigen Feuern aus der Zeit Nebukadnezars. Diese Entdeckung löste im ganzen Nahen Osten eine intensive Suche nach Öl aus. Kirkuk ist seit fast fünf Jahrzehnten eines der besten Super-Gigantenfelder im Nahen Osten und hat in dieser Zeit 50 bis 70 Prozent der gesamten irakischen Ölproduktion geliefert. Auch heute sind es noch 30 bis 40 Prozent, obwohl das Feld in den letzten 20 Jahren sehr schlecht gewartet wurde und schon fast 80 Jahre alt ist. Sabotageschäden nach dem zweiten Irak-Krieg haben die Produktion inzwischen fast zum Stillstand gebracht.

In den 1930er- und 1940er-Jahren wurden einige der größten Ölfelder Irans gefunden, darunter Gach Saran 1935 und Agha Jari 1944. Die Produktion beider Felder erreichte in den frühen 1970er-Jahren ihren Höhepunkt. Heute liefern diese früher so großartigen Felder nur noch zehn bis 15 Prozent der damaligen Mengen.

Die frühen Jahre der Ölaktivitäten in Saudi-Arabien

Die Funde im Iran, in Bahrain und im Irak machten den Nahen Osten zu einem großen Öllieferanten, 30 Jahre, bevor die Ölexploration in Saudi-Arabien überhaupt erst begann. Die ersten Diskussionen über Ölexploration in Saudi-Arabien gab es 1923, als ein Neuseeländer, Major Frank Holmes, König Abdul Aziz besuchte und der festen Meinung war, es müsse auf der arabischen Halbinsel Öl geben. Major Holmes war eine faszinierende Persönlichkeit in den aufstrebenden Ölreichen des Nahen Ostens. 1874 auf einer Schaffarm in Neuseeland geboren, kam er als Quartiermeister der britischen Armee während des Vormarschs auf Jerusalem und Damaskus im Ersten Weltkrieg in den Nahen Osten. Er hörte Gerüchte über Ölfunde im Persischen Golf, und nach dem Krieg stellte er verschiedene Syndikate zusammen, um in der Region Öl zu finden.

> Die Funde im Iran, in Bahrain und im Irak machten den Nahen Osten zu einem großen Öllieferanten, 30 Jahre, bevor die Ölexploration in Saudi-Arabien überhaupt erst begann.

Holmes erhielt nicht nur die erste Ölkonzession in der saudischen Ostprovinz, sondern auch in derjenigen Region Kuwaits, wo schließlich das riesige Burgan-Feld gefunden wurde. Zudem besaß er eine Ölkonzession für Bahrain. Holmes borgte sich ständig Geld von Abdul Aziz, dessen Kassen bestenfalls mager gefüllt waren. Im Lauf der Zeit verschwand er aus der Ölbranche. Mit einer besseren Finanzbasis und ein wenig Glück hätte er einer der reichsten Männer der Welt werden können. Heute kennt man selbst unter Historikern kaum noch seinen Namen.

Seine Konzession für Bahrain erhielt Holmes 1925. Er verkaufte sie bald an Gulf Oil, aber Gulfs Geologen berichteten wenig später, dass die im Irak und im Iran Öl enthaltende Formation aus dem Oligizän/Miozän in Bahrain fehle. Gulf verkaufte die Rechte an Standard Oil of California (SOCAL), was zur Entstehung einer neuen Tochterfirma namens Bahrain Petroleum Company führte. Ihr erster örtlicher Repräsentant war kein anderer als der allgegenwärtige Major Frank Holmes. Dieser Konzessionshandel, der vom neuseeländischen Schaffarmer ausging, brachte SOCAL erst in den Nahen Osten.

SOCAL schickte Fred Davies, einen seiner besten Geologen, und William Taylor, den Generalbevollmächtigten für das Auslandsgeschäft, nach Bahrain. Sie identifizierten die besten Stellen für Probebohrungen, fanden aber nur wenig Öl. Vielleicht machte sie der Misserfolg in Bahrain neugieriger auf das arabische Festland. Sie konnten aber keine Kontakte zu wichtigen Mitgliedern der königlichen Familie herstellen, trotz Major Holmes angeblich enger Bekanntschaft mit König Abdul Aziz.

Eine weitere faszinierende Persönlichkeit am Ölhorizont Saudi-Arabiens war der britische Agent Harry St. John Bridger Philby, der 1917 nach Arabien kam. Später wurde er als Vater von Kim Philby bekannt, Stalins wichtigstem Spion in England während des Zweiten Weltkriegs.

Philby wurde als britischer Gesandter nach Arabien geschickt, um Abdul Aziz davon abzuhalten, seinen Feind Hussein Sherif von Mekka anzugreifen und sicherzustellen, dass Abdul Aziz ein Verbündeter der Briten blieb. Philby baute schnell eine enge Freundschaft zu Abdul Aziz auf, die 35 Jahre lang Bestand hatte.

Nach der Gründung Saudi-Arabiens durch Abdul Aziz überzeugte dieser Philby davon, zum moslemischen Glauben überzutreten. Bald gehörte Philby zu den engsten Vertrauten des Königs. Inzwischen hatte Abdul Aziz bemerkt, dass einige amerikanische Unternehmen interessiert waren, den möglichen Ölreichtum seines Landes zu prüfen. Außerdem brauchte er dringend neue Einnahmequellen, weil immer weniger Gläubige nach Mekka pilgerten und die Einnahmen damit geringer wurden. Philby überzeugte den König davon, Saudi-Arabien sei „wie ein Mann, der auf einem vergrabenen Schatz schläft", und schlug vor, der König solle die Mineralvorkommen des Landes entwickeln. Dieser antwortete, für eine Million britische Pfund würde er jedem eine Mineralien- oder Ölkonzession erteilen.

Philby arrangierte ein Treffen zwischen dem arabischen König und Charles Crane, einem amerikanischen Multimillionär und Philanthropen, der einer der führenden Arabisten Amerikas war und oft den Nahen Osten bereiste. Als Crane schließlich Saudi-Arabien besuchte und Freundschaft mit dem König schloss, meinte er, die Entdeckung von Wasser sei die beste Möglichkeit, das Königreich voranzubringen. Crane bot an, einen seiner besten Mineningenieure, Karl S. Twitchell, von Vermont nach Saudi-Arabien zu schicken, um Wasser zu finden und eine gesunde landwirtschaftliche Basis für das neue Land zu schaffen. Twitchell durchquerte später die gesamte arabische Halbinsel auf der Suche nach Wasser, Mineralien und Öl.

In der Zwischenzeit hatte SOCAL zwei seiner besten Geologen nach Bahrain geschickt, wo sie Twitchell trafen und sich mit ihm anfreundeten. Gemeinsam überzeugten die drei Amerikaner König Abdul Aziz, SOCAL die Konzession zur Ölsuche in der Region zu erteilen, die der heutigen Ostprovinz des Königreichs entspricht.

Die Gewährung der ersten Ölkonzession

In der ersten Jahreshälfte 1933 gab es schwierige Verhandlungen zwischen den Saudis und dem SOCAL-Team, die dreieinhalb Monate dauerten. In dieser Zeit veränderte sich das weltweite ökonomische Umfeld extrem. Es muss von

Seiten SOCALs einigen Mut erfordert haben, in einem derart abgelegenen Teil der Welt eine so riskante Exploration durchzuführen. Die USA hatten gerade den Goldstandard abgeschafft. Roosevelt hatte die meisten amerikanischen Banken geschlossen. Rohöl kostete zehn Cent pro Barrel. Das war eigentlich nicht die richtige Zeit für ein Ölgeschäft in Texas oder Oklahoma, ganz zu schweigen von einem so abgelegenen und unbekannten Land wie Saudi-Arabien.

Trotz aller ökonomischen Risiken unterzeichneten SOCAL und das Königreich Saudi-Arabien am 29. Mai 1933, zehn Jahre, nachdem Major Holmes erstmals behauptet hatte, unter dem saudischen Wüstensand sei Öl zu finden, eine zunächst wenig spektakuläre Konzession. Es war die einzige Ölkonzession, die das Königreich jemals an einen ausländischen Partner vergab, abgesehen von der Vereinbarung mit Holmes, die später zurückgezogen wurde. SOCAL verpflichtete sich, Saudi-Arabien den Gegenwert von 50.000 Pfund Sterling zu leihen und ein Pfund Sterling pro Tonne produzierten Öls zu zahlen, zuzüglich einer Pacht von 25.000 Pfund Sterling pro Jahr. Zudem sollte die saudische Regierung eine Vorauszahlung von 50.000 Pfund erhalten, sobald man auf Öl stoßen würde. In weniger als zehn Jahren wurde SOCAL klar, dass es sich mit dieser gewöhnlichen, aber riskanten Übereinkunft die Rechte gesichert hatte, eine Region mit außergewöhnlichem Ölpotenzial zu explorieren und auszubeuten.

Saudi-Arabiens und SOCALs Entscheidung, 1933 diese Vereinbarung zu treffen, veränderte das von Abdul Aziz gegründete Königreich für immer. Sie legte die Saat zur Entstehung des wichtigsten Ölexporteurs der Welt.

Nachdem Abdul Aziz die letzte Fassung des Vertrags gelesen hatte, wandte er sich zu seinem Finanzminister Abdullah Sulaiman und sagte: „Vertraue auf Gott und unterschreibe". Wie sich herausstellte, unterstützte Gott nicht nur Abdul Aziz und dessen Untertanen. Er muss sich auch um all die industriell fortgeschrittenen Nationen gekümmert haben, denn nur zwei Jahrzehnte später entwickelten diese einen Heißhunger und einen dringenden Bedarf an dem Öl, das in SOCALs Konzessionsgebiet unter dem Sand verborgen lag.

Die Vereinbarung von 1933 gab SOCAL das Exklusivrecht, in der gesamten Ostprovinz nach Öl zu suchen und es zu fördern. Um 1970 wurde diese Konzession auf ein kleineres Gebiet beschränkt. Die ursprüngliche Lizenz wurde dann noch einmal um sechs Jahre verlängert, um die Zeit des Zweiten Weltkriegs auszugleichen, als alle Explorationsarbeiten ruhten. SOCAL erhielt sogar ein Vorkaufsrecht auf Lizenzen zur Ölsuche außerhalb der engen Grenzen der Ostprovinz. Saudi-Arabiens und SOCALs Entscheidung, 1933 diese Vereinbarung zu treffen, veränderte das von Abdul Aziz gegründete Königreich für immer. Sie legte die Saat zur Entstehung des wichtigsten Ölexporteurs der Welt. Der Erfolg kam nicht über Nacht, und in diesem Ausmaß war er eigentlich auch nicht zu erwarten.

Einige langjährige Kenner Saudi-Arabiens haben behauptet, der König hätte die Vereinbarung niemals unterzeichnet, wenn er an die Existenz des Öls geglaubt hätte. Andere sagen allerdings, Abdul Aziz hätte die Ölrechte in jedem Fall verkaufen müssen, selbst wenn er gewusst hätte, wie groß die Vorkommen sind, weil er dringend harte Währung brauchte.

Eifrige Bohrungen in Dammam

Bald nach Abschluss der Vereinbarung kam Frank Davies, Chef von SO-CALs Operationen in Bahrain, nach Saudi-Arabien um zu bestimmen, wo man die ersten Probebohrungen durchführen sollte. Instinktiv entschied er sich für Dammam, die seltsame Struktur, die man vom SOCAL-Camp in Bahrain jeden Abend bei Sonnenuntergang sehen konnte (Abbildung 2.1)

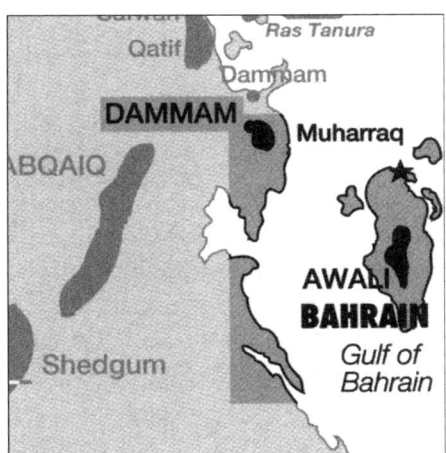

Abbildung 2.1: Die Dammam-Region
Quelle: Gulf Publishing/World Oil

Als die Bohrungen in Saudi-Arabien begannen, bestand das amerikanische SOCAL-Team aus 13 Männern, darunter Max Steinecke, der beste Geologe des

Unternehmens. Steinecke wird von vielen Experten für die frühe arabische Exploration für denjenigen gehalten, der die Stratigrafie oder die vertikale Abfolge von Gesteinsschichten sowie die geologischen Strukturen unter diesem kargen Land am besten verstand. Moderne seismische Techniken waren damals noch viele Jahre entfernt. Top-Geologen wie Steinecke studierten an der Oberfläche sichtbare Teile der unterirdischen Felsschichten und versuchten dann zu bestimmen, wie sie sich unterhalb einer Meile oder mehr von überlagerndem Gestein und Sand fortsetzen könnten.

Das erste Bohrloch in Dammam produzierte anfangs über 6.000 Barrel Öl pro Tag, trocknete aber bald aus. Der zweite Schacht traf auf ein reiches Ölvorkommen, aus dem es so reichlich sprudelte, dass man den Schacht bald schließen musste, weil die Lagertanks überzulaufen drohten. Dieser Erfolg führte an der Bohrstelle zu großer Begeisterung. Und das galt auch für das SOCAL-Hauptquartier in San Francisco, wo sich viele nervöse Manager fragten, ob das Unternehmen nicht einen zu großen Teil seiner wertvollen und schwindenden Ressourcen in einem derart abgelegenen Teil der Welt aufwendete.

Als die Schächte 3 bis 6 gebohrt wurden, gab es in Schacht 2, der so viel versprechend ausgesehen hatte, einen Wassereinbruch. Es wurde zehn Mal mehr Wasser als Öl gefördert. Die Schächte 3 bis 6 blieben entweder trocken oder förderten nur geringe Ölmengen. Die Bohrung von Schacht 7 begann im Hochsommer 1936. Es kam beinahe sofort zu Problemen.

Fred Davies und Max Steinecke wurden nach San Francisco gerufen, wo man eine detaillierte Auswertung erstellte, damit der SOCAL-Vorstand entscheiden konnte, ob es an der Zeit war, den Stecker herauszuziehen und das Abenteuer in Saudi-Arabien zu beenden. Die Bohrkosten in Dammam waren hoch, und die Resultate waren entmutigend. Der Aktienmarkt sank fast täglich auf ein neues Tief. Es war nicht die richtige Zeit für hoch riskante Unternehmungen.

Am 3. März 1938 trafen sich die SOCAL-Manager, um die betreffende Entscheidung zu fällen. Da traf in San Francisco die Nachricht ein, dass Dammam 7 fast 1.600 Barrel am Tag produzierte. Nach wenigen Tagen waren es 4.000 Barrel. Dammam 7 förderte noch 44 Jahre lang Öl, ehe der Schacht 1982 schließlich mit Beton versiegelt wurde, nachdem dort 32,5 Millionen Barrel gefördert worden waren. Diese großartige Ölquelle läutete das Zeitalter des Öls in Saudi-Arabien ein.

Die Entdeckung von Super-Giganten-Feldern
führt zu Investitionen von Texaco, Exxon und Mobil

In den späten 1990er-Jahren arrangierte die SCE-Vereinigung in Dhahran, Saudi-Arabien, eine Besprechung ihrer Mitglieder mit Nestor „Sandy" Sander. Sander war damals 85 Jahre alt und der letzte noch lebende Geologe, der vor dem Zweiten Weltkrieg für Aramco gearbeitet hatte. Sein Verdienst ist es, die Studie über die Abqaiq-Struktur verfasst zu haben. Er empfahl darin diese 30 Kilometer westlich von Dammam gelegene Region als viel versprechendes Gebiet für eine Probebohrung. Später war er auch der erste Geologe in Saudi-Arabien, der das an der Oberfläche liegende Gestein bemerkte, das zur Entdeckung Ghawars führte, des größten Ölfelds der Welt, dessen Nordgrenze nicht einmal 16 Kilometer südwestlich von Abqaiq liegt. Seine Erinnerungen zeigen, wie unerforscht die arabische Halbinsel damals noch war und welche elementaren geologischen Kenntnisse in den späten 1930er- und frühen 1940er-Jahren angewendet wurden, um die großen saudischen Ölfelder zu finden.

In seinem Vortrag wies Sander einen großen Teil des Verdiensts, die Öl-Geheimnisse Saudi-Arabiens aufgedeckt zu haben, den überragenden geologischen Kenntnissen Max Steineckes zu. Sobald Steinecke und seine Kollegen ein Flugzeug zur Verfügung hatten, um sich einen Überblick über die saudische Landschaft zu verschaffen, entdeckten sie die nächsten 14 Felder, indem sie einfach aus dem Fenster schauten und nach Felsnasen und topografischen Strukturen suchten, die in der Regel auf unterirdische Ölvorkommen hindeuten.

Sander kam 1938 in Saudi-Arabien an, nur sechs Monate nach der Entdeckung von Dammam 7. Er gehörte zu einer Gruppe extrem talentierter junger Geologen, die Steinecke engagiert hatte. Dieses Team führte bald eine umfassende Untersuchung der Schwere des Öls im gesamten Gebiet durch.

Es dauerte weitere zwei Jahre, bis ein Bohrteam auf Sanders Empfehlung hin nachwies, dass es in der Abqaiq-Struktur Öl gab. Die Größe dieses Funds war anfangs nicht klar. Während sich Dammam als ein bescheidenes Vorkommen erwies, zeigten spätere Bohrungen, dass es sich bei Abqaiq um einen Super-Giganten handelte. Nachdem Abqaiq entdeckt war, kam das Öl-Wunder Saudi-Arabiens in Gang. In den folgenden Jahrzehnten trug das Öl das unbedeutende Königreich Saudi-Arabien an die Spitze der weltweiten Energiebranche und rückte es ins geopolitische Zentrum des 21. Jahrhunderts.

Als SOCAL sein Engagement in Saudi-Arabien verstärkte, nahm es bald Texaco als Partner mit ins Boot, um die teuren Bohrungen in Dammam zu finanzieren und auch die Vertriebseinrichtungen Texacos für das Öl zu nutzen, das man zu entdecken hoffte. Der Name der operierenden Firma wurde im Januar 1944 von California Arabian Standard Oil Company (CASOC) in Arabian America Oil Company oder Aramco geändert.

Die letzten beiden Aramco-Anteilseigner, Standard Oil Company of New Jersey (später in Exxon umbenannt) und Socony-Vacuum (später Mobil Oil Company), wurden 1946 angeworben, um zusätzliches Kapital zu mobilisieren. Beiden bot man gleiche Anteile an, denn auf alle vier Partner sollten jeweils 25 Prozent entfallen. Mobil war konservativer als Standard Oil und wollte seine Beteiligung wegen des damit verbundenen politischen Risikos auf zehn Prozent begrenzen. Daher entfielen auf die anderen drei Partner schließlich je 30 Prozent. Mobils Entscheidung sollte sich als einer der größten Managementfehler des 20. Jahrhunderts erweisen.

Diese vier von den ursprünglichen „sieben Schwestern" (Exxon, Shell, BP, Mobil, Chevron, Texaco und Gulf) wurden zu Alleineigentümern von Aramco, ehe die saudische Regierung in den späten 1970er-Jahren begann, die Kontrolle zurückzukaufen. (Nachdem die Kontrolle längst bei der saudischen Regierung lag, wurde der offizielle Name 1989 oder 1990 in Saudi Aramco geändert.)

Der Krieg verzögert die Suche nach Giganten-Feldern

Der Zweite Weltkrieg brachte die Expansion der saudischen Ölgeschäfts zum Stillstand, obwohl es immer noch eine gewisse Explorationstätigkeit gab. Saudi-Arabien förderte etwa 60.000 Barrel am Tag.

Kurz vor dem Krieg wurde Abqaiq gleich neben dem ursprünglichen Dammam-Feld entdeckt. Dieses Gebiet wurde dann zu einem der ergiebigsten und zuverlässigsten Öllieferanten der Welt. Abqaiq (der Name bedeutet „Vater eines Sandflohs") war geradezu perfekt, vielleicht das beste Ölfeld, das es hinsichtlich der Größe, der Produktivität und der extrem hohen Ölqualität je gegeben hat. Ein kleineres Feld, Abu Hadriya, das Abqaiq wesentlich unterlegen war, wurde ebenfalls 1940 entdeckt.

Zu selben Zeit vervollständigten Aramcos Geologen die erste Oberflächenkarte einer sichtbaren geologischen Struktur namens Haradh, weit im Süden von Abqaiq und Dammam. Aber die Karte fand bis Kriegsende keine Verwendung.

Damals, als Dammam und Abqaiq entdeckt, einige andere Projekte identifiziert, aber noch nicht angebohrt waren, lobte Everette DeGolyer das Ölpotenzial Saudi-Arabiens. Sie berichtete von zwei Milliarden Barrel nachgewiesenen, fünf Milliarden Barrel wahrscheinlichen und 20 Milliarden Barrel möglichen Reserven. In den 1940er-Jahren waren diese Zahlen sehr aufregend, aber selbst DeGolyers Zahlen unterschätzten das wahre Potenzial um ein Vielfaches.

Gleich nach Kriegsende begann man wieder mit Bohrungen. Bald wurde ein neues Feld gefunden, Qatif, etwa 23 Kilometer nördlich von Dammam. 1948 nahm man eine Probebohrung in der Struktur vor, die man zu Kriegsbeginn kartografiert hatte. Diese Bohrung, Ain Dar 1, war ein Erfolg. Damals wusste niemand, dass diese Bohrung das Nordende von Ghawar durchdrungen hatte. 1949 entdeckte man ein weiteres Vorkommen in der Haradh-Region, 280 Kilometer südlich von Ain Dar. Diese Haradh-Quelle sollte schließlich das Südende der massiven Ghawar-Struktur bezeichnen (siehe Abbildung 2.2).

Es dauerte noch einige Jahre, bis Aramcos Explorationsteam, ausgerüstet mit der neuen, umfassenden DeGolyer-Studie, herausfand, dass diese beiden Funde, Ain Dar und Haradh, tatsächlich Teile derselben enormen geologischen Struktur sind, die sich 280 Kilometer von Nord nach Süd und 25 Kilometer von West nach Ost erstreckt. Obwohl Ghawar später als zusammenhängende Struktur bezeichnet wurde, teilte es Aramco in verschiedene Operationsgebiete ein. Die Namen, die man diesen Regionen gab, wurden seither für Studien, Quellen und Trennungsanlagen für Gas und Öl verwendet. 1951 entdeckte man Öl in der Uthmaniyah-Region, 1952 in Shedgum, 1953 in Hawiyah und 1957 in Fazran. Die jüngsten SPE-Studien bezeichnen die Operationsgebiete heute wieder als getrennte Felder. Diese neue Bewertung zieht die Ansicht in Zweifel, dass Ghawar ein großes, zusammenhängendes Ölfeld ist. Wir werden dieses Thema wesentlich detaillierter in Kapitel 7 besprechen, das vom mysteriösen und komplexen Ghawar-Feld handelt.

Weitere Entdeckungen und ein Anstieg der Produktion: die 1950er- und 1960er-Jahre

Abqaiq und Ghawar waren die wichtigsten Ölfunde in den 1940er-Jahren.

Abqaiq und Ghawar waren die wichtigsten Ölfunde in den 1940er-Jahren. Damals wurden auch Abu Hadriya, Qatif und Fadhili entdeckt, aber deren Produktion war geradezu unbedeutend, verglichen mit Abqaiq, dem Nordteil Ghawars und den anderen Super-Giganten-Feldern Aramcos.

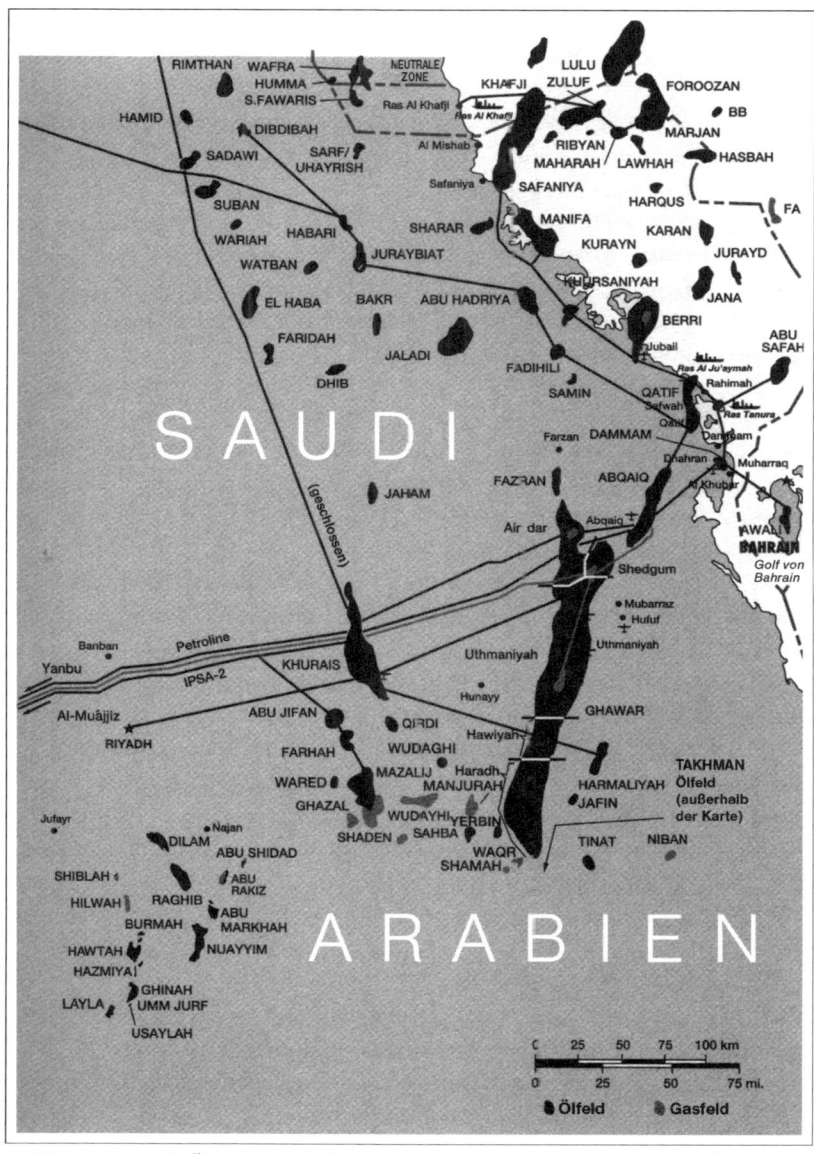

Abbildung 2.2: Die Ölfelder in Saudi-Arabiens Ostprovinz: Die reichhaltigste Ölregion der Welt
Quelle: Gulf Publishing/World Oil

Das Haradh-Ölfeld. Im Ain Dar-Feld am Nordende Ghawars begann die Förderung 1951. Haradh, das am Südende Ghawars liegt, wurde 1964 in Produktion gebracht. Die weitere Förderung blieb jedoch sporadisch, weil der Druck bald auf ein Niveau sank, das keinen Ölfluss mehr ermöglichte. In den nächsten Jahrzehnten kam ein sehr hoher Prozentsatz von Ghawars Ölproduktion aus Quellen in einer Region, die als „Nord-Ghawar" bezeichnet wurde und Ain Dar, Shedgum und Nord-Uthmaniyah umfasst.

Zusammen entfallen auf diese drei Gebiete nur 15 bis 20 Prozent der gesamten Ghawar-Struktur. Die Produktion im unteren Drittel Haradhs soll 2006 beginnen. Dabei sollen hochmoderne multilaterale und horizontale „intelligente Schächte" angewendet werden, und man hofft dort auf eine Ölproduktion von 300.000 Barrel pro Tag.

Das Abu-Hadriya-Ölfeld. In Abu Hadriya wurde 1963 erstmals Öl gefördert. Die Höchstproduktion betrug 130.000 Barrel am Tag im Jahr 1977. 1982, als Aramco die Veröffentlichung der Produktionsdaten einzelner Felder einstellte, befand sich das Feld im Niedergang. 1979 produzierte es 95.000 Barrel am Tag, 1980 69.000 und 1982 nur noch 29.000 Barrel. Der wahrscheinlichste Grund dieses Rückgangs war der Mangel an Anlagen zur Wasserabscheidung, weil der Wasseranteil an der Produktion stetig stieg. Heute wartet Abu Hadriya auf eine gründliche Überarbeitung.

Das Qatif-Ölfeld. In Qatif begann die Produktion 1951. In den folgenden zehn Jahren lag die Produktion zwischen 20.000 und 40.000 Barrel pro Tag. In den 1970er-Jahren erreichte sie im Durchschnitt 70.000 bis 90.000 Barrel täglich. 1977 begann Aramco damit, Qatif als unterirdische Lagerstätte für überschüssiges Naphta zu nutzen, ein volatiles, flüssiges Hydrokarbon-Produkt aus der nahe gelegenen Ras Taruna-Raffinerie, weil die Ölqualität schlecht und das Reservoir sehr komplex war. Während der saudischen Höchstproduktion von 1979 bis 1981 stieg die Produktion in Qatif schließlich auf 100.000 bis 150.000 Barrel täglich.

Paradoxerweise traf Saudi Aramco 2001 die Entscheidung, Qatif zu seinem nächsten großen Entwicklungsprojekt zu machen. Derzeit investiert man mehrere Milliarden Dollar, um Qatif zu verjüngen, weil man hofft, dass dieses Feld bis zu 500.000 Barrel pro Tag liefern kann. Die neuere Produktion begann Ende 2004.

Das Fadhili-Ölfeld. Fadhili begann 1964 mit der Produktion und lieferte zwischen 30.000 und 60.000 Barrel pro Tag. Später fiel die Fördermenge von 46.00 Barrel 1979 auf 20.000 Barrel 1982.

Die Exploration verlässt das Festland: das Safaniya-Ölfeld. Bis 1950 war die saudische Ölförderung auf etwa 550.000 Barrel Öl pro Tag gestiegen. Die gesamte Produktion kam immer noch aus einer Hand voll Feldern auf dem Festland in einem relativ kleinen Gebiet in Saudi-Arabiens Ostprovinz. Aramco beschloss damals, die Exploration auf den nahe gelegenen Persischen Golf auszudehnen. Damals war die Offshore-Exploration die neueste Entwicklung in der Ölbranche und auch die aufregendste, weil Kerr McGee 1947 zum ersten Mal Öl abseits des Festlands in den seichten Gewässern des Golfs von Mexiko gefunden hatte.

Schon kurz nach Beginn von Aramcos Offshore-Explorationsprogramm wurde Safaniya gefunden, das zweitgrößte Ölfeld in Saudi-Arabien. Safaniya lieferte Öl aus den Sandsteinschichten in der Wasia-Formation und wurde später zum größten Offshore-Ölfeld der Welt. Die Produktion begann 1957 mit einem Output von 25.000 Barrel am Tag. Die Förderung stieg stetig, in den späten 1960er-Jahren waren es über 500.000 Barrel täglich. 1980/81 erreichte die Produktion mit 1,5 Millionen Barrel am Tag ihren Höhepunkt, was 15 Prozent der Rekordproduktion Saudi-Arabiens entsprach.

Safaniyas Öl war von weit schlechterer Qualität als das Rohöl in Ghawar und Abqaiq; es war viel schwerer (28° API) und enthielt wesentlich mehr Schwefel. Es enthält aber (ebenso wie jedes Öl aus dem Wasia-Gebiet) keinen Schwefelwasserstoff. Daher gilt es als „süß", lässt sich sicherer fördern und verursacht weit weniger Korrosion als andere schwere Öle.

Weniger produktive Ölfelder. Nach der Entdeckung Safaniyas wurden 1956 und 1957 drei weitere Ölfelder gefunden – Khursaniyah, Khurais und Manifa. Alle sahen sehr viel versprechend aus, aber keines lieferte jemals auch nur annähernd so viel Öl wie Abqaiq, Safaniya und vor allem Ghawar.

- *Manifa.* Nach der ersten Entwicklung wurde Manifa wegen schlechter Ölqualität immer wieder stillgelegt.

- *Khurais.* Dieser viel versprechende Fund wurde stillgelegt, nachdem man etwa 90 Förderschächte gebohrt hatte. Hauptgründe waren die abgelegene Lage mehr als 160 Kilometer von den wichtigsten Fördergebieten entfernt und die relativ geringe Produktivität. Den Förderdruck durch Einpumpen von Wasser aufrechtzuerhalten war nicht möglich, weil es in der Nähe keine ausreichenden Wasservorkommen gab.

■ *Khursaniyah*. Nach ein, zwei Jahrzehnten der Produktion gab es ständig Probleme mit „vertikaler Kommunikation" zwischen den verschiedenen Reservoirzonen durch Gesteinsbrüche und Verwerfungen. Das führte früh zu unkontrollierbarem Wasserzufluss und anderen Produktionsproblemen.

Mitte der 1960er-Jahre wurden vier weitere Offshore-Felder entdeckt: Abu Sa'fah, Zuluf, Berri und Marjan. Abgesehen von einigen späteren Funden in der neutralen Zone, der Grenzregion, die Saudi-Arabien und Kuwait gemeinsam gehört, waren dies die letzten Offshore-Felder, die man im nördlichen Golf von Persien entdeckte.

Eine neue Entdeckung im Süden. Das Shaybah-Feld wurde 1968 im Süden der Ostprovinz entdeckt, ganz in der Nähe der Grenze zu den Vereinigten Arabischen Emiraten. In den folgenden Jahren war Shaybah das Objekt intensiver Probebohrungen und Wirtschaftlichkeitsstudien wegen der Größe des dort vermuteten Ölvorkommens: 25 Milliarden Barrel. Angesichts der Abgelegenheit dieses Gebiets, das inmitten riesiger Sanddünen liegt, und der Komplexität des Reservoirs ließ man es in den folgenden drei Jahrzehnten unangetastet. Es wurde schließlich 1998 in Produktion genommen, ganz am Ende des 20. Jahrhunderts – als erstes neues und großes saudisches Ölfeld seit fast 30 Jahren. Shaybah könnte sich auch als letztes in Saudi-Arabien gefundenes Giganten-Feld erweisen, trotz kontinuierlicher Exploration und der Anwendung immer höherwertiger Technologie.

Einige weitere Konzessionen und Vereinbarungen

Neben der SOCAL-Konzession wurden nur wenige weitere Vereinbarungen mit Dritten geschlossen. Sie betrafen zwei Gebiete in der neutralen Zone, die sich Saudi-Arabien und Kuwait teilen.

Neutrale Zone, Festland: 1949 erhielt die Getty Oil Company eine Konzession auf dem Festland, um dort nach Öl zu suchen. Danach kam es zu seltsamen Fusionen. Getty wurde schließlich von Texaco aufgekauft, wodurch Texaco Bankrott ging. Nachdem Texaco die Pleite überwunden hatte, wurde es von Chevron aufgekauft. ChevronTexaco operiert noch heute in der neutralen Zone, was SOCAL fast zufällig wieder nach Saudi-Arabien gebracht hat.

Neutrale Zone, Offshore: 1957 gewährte Saudi-Arabien einer japanischen Gruppe namens Arabia Oil Company Explorationsrechte im Offshore-Gebiet der neutralen Zone. Die Konzession war auf zwei Jahre beschränkt, falls kein Öl gefunden würde. Falls doch, würde sich die Konzession automatisch um weitere 40 Jahre verlängern. Man fand Öl, aber 1999 lief die Konzession schließlich aus.

Fünf Gaslizenzen aus jüngerer Zeit: Die nächste Konzession, bei der es mehr um Erdgas als um Öl ging, wurde erst 2003 gewährt, als Royal Dutch/Shell und TotalFinaElf ihre Kräfte mit Saudi Aramco vereinigten, um rund um das Shaybah-Feld nach Gas zu suchen. Im Januar 2004 wurden vier weitere neue Erdgaskonzessionen angekündigt. Ironischerweise ging keine davon an eine amerikanische Firma. Zunächst wurde eine Gaskonzession an Lukoil vergeben, eine der führenden russischen Ölfirmen. Die zweite ging an Chinas SINOPEC, die dritte an die italienische ENI und die vierte an die spanische Repsol. Bei allen diesen Konzessionen ging es um Gas, nicht um Öl.

Viele weitere Ölfelder, aber darunter sind keine großen Produzenten

Shaybah war das 28. in Saudi-Arabien gefundene Ölfeld und das letzte von wirklich bedeutender Größe. Zwei weitere Felder, Barqan und Marzouk, wurden 1969 gefunden. In den 1970er-Jahren fand man noch 27 weitere Felder und sieben in den 1980er-Jahren. Mit einer einzigen Ausnahme erbrachte keiner der Funde von 1970 bis 1990 nennenswerte Ölmengen. Die Ausnahme war das Hawtah-Feld, das 1989 entdeckt wurde. Die Entdeckung Hawtahs führte zum Fund weiterer elf oder zwölf nahe gelegener Felder in Zentralarabien. Gemeinsam erreichten diese Felder, Hawtah-Region genannt, in der Spitze eine Produktion von 200.000 Barrel Öl pro Tag.

> Shaybah war das 28. in Saudi-Arabien gefundene Ölfeld und das letzte von wirklich bedeutender Größe.

Ein weiteres Dutzend oder mehr Öl- und Gasfelder wurden in den 1990er-Jahren gefunden. Auch von diesen wurde keines zu einem bedeutenden Produzenten. Wartet Saudi Aramco nur auf den richtigen Zeitpunkt, um diese Felder in Produktion zu bringen? Oder hat man nach Tests und der anfänglichen Produktion davon abgesehen, diese Felder auszubeuten? Die Antwort könnte in den Wasserzuflüssen liegen, mit denen Saudi-Arabien schon seit Jahrzehnten zu kämpfen hat. Mehr dazu in Kapitel 6 und in Teil III dieses Buchs.

Die wirkliche Geschichte der saudischen Ölexploration war also ganz anders, als man gemeinhin annimmt. Der Mangel an weiteren bedeutenden Funden seit Ende der 1960er-Jahre lag nicht an mangelnden Bemühungen. Die Mühe war da. Das Öl war es nicht.

Neue Techniken zur Verbesserung der Ölförderung

In der Frühphase jedes Ölfelds, in dem es hohen Druck gibt, ist das geförderte Öl wasserfrei. Es enthält zwar gelöstes Gas, wenn der Druck hoch genug ist, um die Bildung einer Gasblase am oberen Ende des Reservoirs zu verhindern. So waren die Förderbedingungen in allen großen saudischen Ölfeldern. Das im saudischen Öl enthaltene Gas war zunächst ein unerwünschtes und wertloses Nebenprodukt für die Saudis, das abgefackelt wurde. Aramco brauchte aber nicht lange, um eine Verwendung für dieses Gas zu finden, und schließlich war es fast so geschätzt wie das Öl.

Gasinjektion zur Verbesserung der Ölförderung

Mitte der 1950er-Jahre waren in vielen der wichtigsten saudischen Felder so hohe Ölmengen gefördert worden, dass der Förderdruck nachzulassen begann. Um den Druck zu stabilisieren, begann Aramco damit, das produzierte Gas wieder in die Lagerstätten einzuführen. Diese Maßnahme kann das Nachlassen des Drucks zwar nicht völlig verhindern, und Aramco musste andere Verwendungszwecke für das geförderte Gas finden. Man ging aber dazu über, Wasser statt Gas einzupumpen, um einen hohen Druck aufrechtzuerhalten, damit weiterhin „trockenes" Öl aus den ergiebigsten Quellen der Welt fließen würde.

Die erste Gaseinleitungsanlage des Königreichs wurde 1954 am Abqaiq-Feld gebaut, um das geförderte Gas wieder in das Feld zu injizieren. 1959 wurde in Ain Dar eine zweite solche Anlage gebaut. Diese Projekte markierten den Beginn eines ständigen und immer härter werdenden Kampfes, um den Förderdruck in den wenigen Giganten- und Super-Giganten-Feldern des Landes hoch zu halten.

Nach einem halben Jahrhundert bemüht man sich auch heute noch um die Aufrechterhaltung des Förderdrucks. Der Erfolg dieser Maßnahmen hat viele Beobachter zu der Ansicht verleitet, dass der Druck für immer hoch bleiben wird. Aus vielen SPE-Papieren, die die Förderprobleme in allen wichtigen saudischen Feldern beschreiben, geht klar hervor, dass es in entscheidenden Abschnitten dieser Felder kein leicht zu förderndes Öl mehr gibt. Andere Teile nähern sich diesem Zustand.

In Abqaiq gab es ursprünglich keine Gasschicht oder freies Gas in den obersten Schichten des Reservoirs. Wegen eines frühen Druckabfalls vor dem Beginn der Wassereinpumpung begann sich eine Gasblase zu bilden. Diese Entwicklung trug bald zu den wachsenden Schwierigkeiten bei der Maximierung der Gesamtfördermenge in Abqaiq bei. Einige Jahrzehnte später bildeten sich auch in Ain Dar und Shedgum, die beide zum Ghawar-Gebiet gehören, Gasblasen.

1960 baute Aramco seine erste große Anlage zur Trennung und Verarbeitung von Gas und Öl und begann das Gas so aufzuarbeiten, dass man es auch für andere Zwecke als zur Zurückführung in das Reservoir verwenden konnte. Aramco war zwar sehr zufrieden mit den Ergebnissen dieser Maßnahmen in Abqaiq und im Norden von Ghawar, kam aber zu dem Schluss, es sei wirtschaftlich wesentlich sinnvoller, Flüssiggas zu exportieren und trockenes Gas für den ständig steigenden inländischen Energiebedarf zu nutzen. Als Saudi-Arabien begann, Wasser einzupumpen, um den Druck hoch zu halten, endete die Gasrückführung in Ghawar und Abqaiq.

Wasser ersetzt Gas

Saudi-Arabiens erste Experimente mit dem Einpumpen von Wasser begannen 1956 am Nordende von Abqaiq. Das war wohl der erste diesbezügliche Versuch in den gigantischen Ölfeldern des Nahen Ostens.

Experimentelle Anfänge. Das Einpumpen von Wasser in einer so frühen Produktionsphase war ein Experiment. Fast alle solchen Programme auf der ganzen Welt wurden als Methode der sekundären Ölförderung eingesetzt. In der Regel beginnen sie erst, nachdem der ursprüngliche Förderdruck stark nachgelassen hat. Aramcos ungewöhnliches Experiment, Wasser in ein Reservoir zu pumpen, aus dem längst noch kein Gas austrat, erwies sich als extrem erfolgreich. Gleich bleibender Druck wurde einige Jahrzehnte lang aufrechterhalten, die Bildung einer Gasschicht wurde verhindert, und die Förderraten blieben sehr hoch. Die Wasserzufuhr ließ auch die Öl/Wasser-Kontaktschicht wirksam ansteigen, was dafür sorgte, dass das Öl effektiv zu den Förderanlagen und von den Außenbereichen der Felder in deren Zentren gespült wurde. Bald ließ die Angst vor fallendem Druck nach, der zu sinkenden Fördermengen führt.

Ende 1956 wurden in Abqaiq 40.000 Barrel Wasser pro Tag eingepumpt. In den frühen 1960er-Jahren begann ein ähnliches Programm in Ghawar.

Die eingepumpten Wassermengen in Abqaiq und Ghawar stiegen in den 1960er- und 1970er-Jahren ständig. 1998 erreichte das Volumen nach Aramcos eigenen Berichten etwa zwölf Millionen Barrel pro Tag. Das stark salzhaltige

Wasser für diese Programme kam aus den beiden gigantischen Schichten Wasia und Diyadh. Beide liegen über den Ölfeldern der Ostprovinz. Es war eine einfache Entscheidung, diese Wasservorkommen auf diese Weise zu nutzen, denn wegen des hohen Salzgehalts war das Wasser weder für Haushalte noch für die Landwirtschaft zu gebrauchen.

Meerwasserinjektion. Als die Salzgehalte in den frühen 1970er-Jahren sanken, begann Aramco, Möglichkeiten zu prüfen, Meerwasser einzupumpen. Ansonsten, so befürchtete die Regierung, würde man halbwegs trinkbares Wasser verschwenden und es unabsichtlich zu Salzwasser machen. Es gab kaum Erfahrungen, was geschehen würde, wenn man verschiedene Wasserarten miteinander mischt, aber die Risiken erschienen gering im Vergleich zur Gefahr, eventuelle Trinkwasservorräte zu verschwenden. 1978 war die größte Meerwasserpumpanlage der Welt an der Küste des Persischen Golfs fertig gestellt.

Diese Anlage sollte ursprünglich 4,2 Millionen Barrel aufbereitetes Meerwasser pro Tag in die mittlere Region von Ghawar einleiten. Das Wasser wurde über 100 Kilometer durch doppelte, 1,80 Meter starke Pipelines gepumpt und begann das Grundwasser zu ersetzen. Ein solch massives Pumpprogramm hatte es noch nirgends auf der Welt gegeben, aber die Welt hatte ja auch noch nie ein derart großes und produktives Ölfeld wie Ghawar gesehen.

In den Offshore-Feldern (Safaniya, Zuluf etc.) waren solche Maßnahmen nicht nötig, weil es einen massiven natürlichen Wasserzufluss in der Wasia-Schicht gab. Diese Formation war in der Regel über 100 Meter dick, als die Felder entdeckt wurden. Am Beginn der Förderung war der Sand dort so kompakt, dass die Produzenten auf Kiesfilterung verzichten konnten. Später wurde es schwieriger, die Probleme mit dem Sand zu kontrollieren, weil sich die Sandsteinschichten leerten. Zwischen 1972 und 1975 bohrte Aramco mehr als 1.000 weitere produzierende Schächte und baute noch 24 Anlagen zur Trennung von Öl, Gas und Wasser. 1978 waren 58 große Trennungsanlagen in Betrieb.

Fast 60 Jahre lang produzierten die „Großen Sieben" (Ghawar, Safaniya, Abqaiq, Berri, Marjan, Zuluf und Abu Sa'fah) fast die gesamten riesigen Ölmengen, die Saudi-Arabien für die globale Versorgung so bedeutsam machten. Eigentlich kam der Großteil des Öls nur aus den fünf größten Feldern, wobei Ghawar und Safaniya 75 Prozent lieferten.

Ein Öl-Gigant entsteht

Obwohl die saudische Ölproduktion aus bemerkenswert wenigen Feldern kam, wurde das Königreich bis 1970 zum drittgrößten Ölförderer der Welt, hinter der UdSSR und den USA, die ihre Ölproduktion aus mehr als 500.000 einzelnen Feldern bezogen, von denen die meisten nur ein Rinnsal hervorbrachten, verglichen mit den Förderraten in Saudi-Arabien. Russland und die USA hatten ihre führende Stellung durch Pionierarbeit in der Ölbranche erreicht. Saudi-Arabien war der „Emporkömmling".

> Eigentlich kam der Großteil des Öls nur aus den fünf größten Feldern, wobei Ghawar und Safaniya 75 Prozent lieferten.

Es spielte in der Ölbranche erst mehr als ein Jahrhundert nach den ersten Ölfunden von Colonel Drake in Pennsylvania eine Rolle, und 70 bis 80 Jahre, nachdem die Brüder Nobel Russland auf den Weg zur Ölmacht gebracht hatten. Kapitel 3 zeigt, wie dominant Saudi-Arabien schließlich wurde, als es die amerikanische Ölproduktion übertraf.

Kapitel 3

Saudi-Arabiens Aufstieg zur dominanten Ölnation

Im goldenen Zeitalter der Ölfunde in Saudi-Arabien, das von 1941 bis 1965 dauerte, war die Ölproduktion des Königreichs noch begrenzt. Im Vergleich zu den USA war sie unbedeutend. Dies sollte aber nicht von Dauer sein. Dieses Kapitel beginnt mit einer Geschichte der Ölbranche in den USA, einem Vergleich mit der Entwicklung in Saudi-Arabien, und diskutiert dann die politischen und ökonomischen Auseinandersetzungen zwischen beiden Ländern in den 1970er- und 1980er-Jahren.

Die Geschichte der Ölförderung in den USA: vom Überschuss zum Niedergang

Die USA wurden 1901 zum größten Ölproduzenten der Welt, als das Spindletop-Feld im Süden von Texas entdeckt wurde. Andere sehr große Felder wurden in Texas, Oklahoma und Kalifornien gefunden. Nach 1930 gab es in den USA so viel Öl, dass die staatlichen Stellen in Texas und Oklahoma die Produktion zwischen allen Förderern rationierten: Jeder durfte nur für wenige Tage im Monat fördern. Diese Maßnahmen wurden eingesetzt, um zu verhindern, dass die Preise so stark sinken, dass sich die US-Ölbranche auflösen würde, und sie blieben bis in die 1960er-Jahre in Kraft. Ein positiver, wenn auch unbeabsichtigter Nebeneffekt war die Verlängerung der Lebensdauer der großen Felder in den USA, die ansonsten viel früher erschöpft gewesen wären.

Diese Maßnahmen waren der einzige Eingriff der Politik bis 1959, als Präsident Eisenhower ein Importlimit verhängte und die Ölmengen begrenzte, die Ölfirmen in die USA einführen durfte. Damit wollte er sicherstellen, dass die USA ein mächtiger Ölproduzent bleiben und den inländischen und militärischen Bedarf decken konnten.

Als der weltweite Ölverbrauch stieg, war es allmählich nicht mehr nötig, die inländische Förderung zu begrenzen. Ende der 1960er-Jahre wurde die Nachfrage so groß, dass die Einschränkungen in Texas ganz aufgegeben wurden. Die US-Ölfirmen konnten so viel produzieren, wie ihre Schächte hergaben, ohne Angst vor einem Preiseinbruch haben zu müssen.

Ölfunde in Alaska

1968 fand man an der Atlantikküste Alaskas ein Super-Giganten-Feld. Dieses Feld, Prudhoe Bay, schien sicherzustellen, dass die USA noch jahrelang der weltweit größte Ölproduzent bleiben würden. Damals gab es auch große Hoffnungen, man werde im arktischen Alaska noch weitere riesige Vorkommen finden. Keine dieser optimistischen Erwartungen erfüllte sich, und eine Reihe unglücklicher Ereignisse führte dazu, dass sich die öffentliche Meinung in den USA allmählich gegen die Ölbranche wandte.

Ölkatastrophen in Europa wirken sich auf die Exploration in den USA aus

Das erste Unglück geschah 1968, als ein Tankerunfall zu einer schlimmen Ölpest an europäischen Küsten führte. Dies war das erste große ökologische Ereignis, das die Schattenseite des steigenden Ölkonsums in das Bewusstsein von hunderten Millionen Menschen rückte.

Ende Januar verursachte ein Ölausbruch eine tragische Ölpest im Santa-Barbara-Kanal vor der kalifornischen Küste. Die Sensationsberichterstattung in der Presse und die heftige Reaktion der Öffentlichkeit auf diesen Vorfall leiteten den Beginn der Umweltschutzbewegung ein, wie wir sie heute kennen. Nach diesem Ereignis führten Umweltschützer immer härtere und immer besser finanzierte Attacken gegen weitere Ölexploration und Ölentwicklung in den USA. Dieser starke Widerstand blockierte die Produktion in Alaska fast zehn Jahre lang, ehe eine Pipeline gebaut wurde.

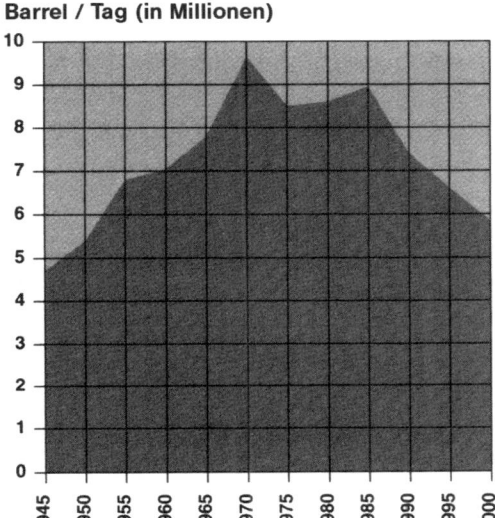

Barrel / Tag (in Millionen)

Abbildung 3.1: Die US-Rohölproduktion von 1945 bis 2000
Quelle: Übernommen aus Twentieth Century Petroleum Statistics 2003, DeGolyer & MacNaughton

In der Zwischenzeit kam auch die Offshore-Exploration von Öl und Gas in sämtlichen Küstenregionen außer dem Golf von Mexiko zum Stillstand. Schließlich verbot der politische Widerstand jede weitere Explorationstätigkeit nach Gas und Öl an der Pazifik- und der Atlantikküste und sogar im östlichen Drittel des Golfs von Mexiko. Nur die Küstengewässer von Texas, Louisiana und Alabama waren noch offen für Exploration.

Die US-Ölproduktion erreichte ihr Allzeithoch im Dezember 1970, als der Output (ex Alaska und inklusive dem Golf von Mexiko) kurze Zeit bei über zehn Millionen Barrel am Tag lag (siehe Abbildung 3.1). Dann, aus heiterem Himmel und völlig unerwartet, begann ein ständiger, unaufhörlicher Rückgang. Damit war die jahrhundertelange Vorherrschaft der USA auf dem Ölmarkt beendet.

Der Produktionsrückgang war so steil, dass der Rekord von 1970 weiterhin Bestand hatte, nachdem die Produktion in Alaska begonnen hatte. Die verspätete Produktionsaufnahme in Alaska und das Verbot jeder neuen Förderung vor der Küste Kaliforniens verstärkte die Auswirkungen dieses unerwarteten Niedergangs. Ironischerweise erreichte die Ölproduktion exakt zu dem Zeitpunkt ihren Höhepunkt, den der Ölwissenschaftler Dr. M. King Hubbert 14 Jahre zuvor prognostiziert hatte. Seine Prognose war fast einstimmig zurückgewiesen und ins Lächerliche gezogen worden.

Der Rückgang der US-Produktion verschärfte sofort den Druck auf die anderen wichtigen Ölförderer, das Defizit auszugleichen. Vor allem traf dies auf Saudi-Arabien zu, das neben dem Iran der einzige globale Ölproduzent war, der diese Lücke füllen und die steigende weltweite Nachfrage befriedigen konnte. Um dies zu schaffen, musste der Ölausstoß Saudi-Arabiens massiv ansteigen. Abbildung 3.2 zeigt das Wachstum der weltweiten Rohölnachfrage von 1945 bis 2002.

Seit Anfang der 1970er-Jahre wuchs die weltweite Ölnachfrage so stark wie nie zuvor. 1960 lag sie bei nur 20 Millionen Barrel am Tag. Zehn Jahre später war sie auf fast 50 Millionen gewachsen.

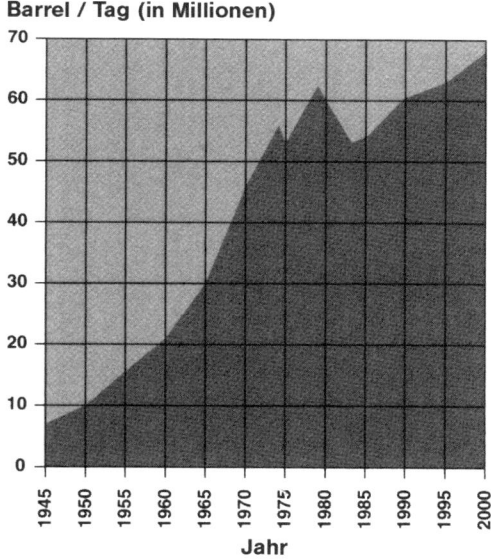

Abbildung 3.2: Das Wachstum der weltweiten Rohölnachfrage von 1945 bis 2002
Quelle: Übernommen aus Twentieth Century Petroleum Statistics 2003, DeGolyer & MacNaughton

Saudi-Arabien löst die USA als Öl-König ab

Als die US-Produktion ihren Höhepunkt erreichte, lag die saudische Förderung bei knapp über drei Millionen Barrel täglich. Fünf Jahre zuvor war sie
erstmals über zwei Millionen gestiegen (siehe Abbildung 3.3).

Zu Beginn der 1970er-Jahre bildeten einige hundert extrem produktive
Quellen in den drei besten Feldern, Ghawar, Abqaiq und Safaniya, das Rückgrat
der gesamten saudischen Ölproduktion. Diese drei Felder lieferten gemeinsam
88 Prozent oder 2,973 Millionen Barrel der Gesamtmenge (3,296 Millionen) pro
Tag; eine erstaunliche Konzentration der Kapazitäten, wenn man dies mit der
extrem weiten Streuung der amerikanischen Produktion vergleicht.

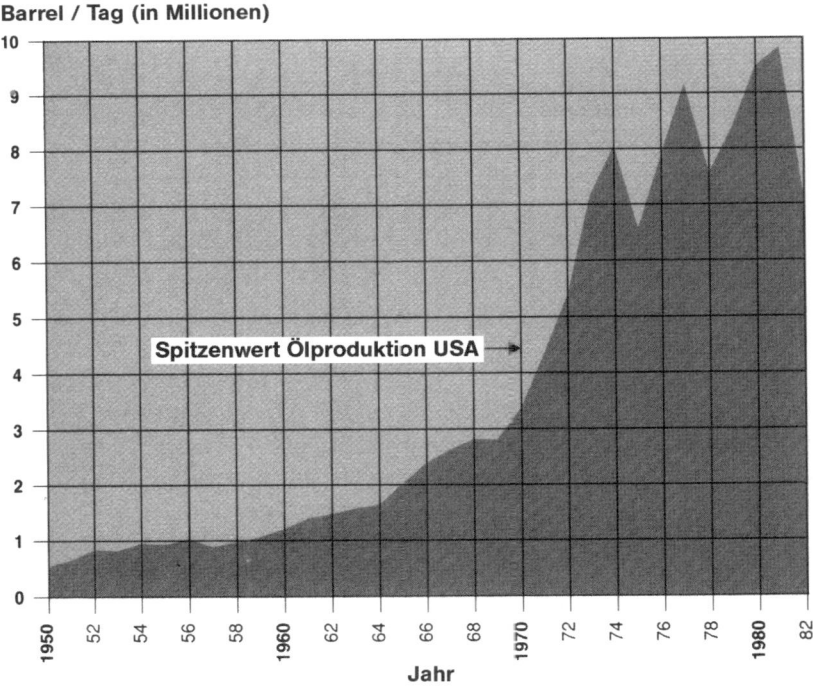

Abbildung 3.3: Produktionsanstieg in Saudi-Arabien von 1950 bis 1982
Quelle: Übernommen aus Twentieth Century Petroleum Statistics 2003,
DeGolyer & MacNaughton

Auf geradezu klassische Weise stieg die Ölproduktion in Saudi-Arabien, während sie in den USA fiel. Der Rückgang der US-Produktion ermöglichte Saudi-Arabien die Nutzung seines Reservenpotenzials. Als der weltweite Ölhunger größer wurde, bot sich Saudi-Arabien die Gelegenheit und gleichzeitig die Notwendigkeit, seine Förderung so schnell wie möglich zu erhöhen. Zum Glück hatte das Königreich die Kapazitäten, um die Führungsrolle auszufüllen, in die es ohne eigenes Zutun geraten war. Seine Produktion kam aus einer kleinen Zahl von Feldern mit bislang gedrosselter Förderung, und daher konnte Saudi-Arabien tatsächlich die Fördermenge so stark erhöhen, dass die Nachfrage befriedigt wurde.

Es lässt sich schwer schätzen, wie hoch der Ölpreis gestiegen wäre, hätte Saudi-Arabien seinen Output zwischen 1970 und 1974 nicht so schnell steigern können. Es war ein Segen, dass der Ölpreis *nur* von etwas mehr als einem Dollar 1970 auf etwa zwölf Dollar Ende 1973 stieg, und zu verdanken war dies der Fähigkeit Saudi-Arabiens, so schnell so viel zusätzliches Öl zu produzieren.

Da die Förderung stieg und die Preise ebenfalls, flossen Saudi-Arabien Gewinne zu, wie sie nur einmal in 1.000 Jahren vorkommen. Das Land hatte aber gar keine andere Wahl, als das Vakuum zu füllen, das durch den unerwarteten Rückgang der US-Produktion entstanden war. Ansonsten hätte sich ein globales Ungleichgewicht entwickelt, das die Weltwirtschaft schwer geschädigt hätte. Außer Saudi-Arabien gab es im Nahen Osten und in Nordafrika keinen Produzenten mit so riesigen Zusatzkapazitäten.

Ohne den Rückgang in den USA wäre der Produktionsanstieg in Saudi-Arabien zweifellos viel gemäßigter verlaufen. Die Aramco-Eigner hätten weniger Geld verdient, vor allem weil die unerwartete und komplette Übernahme der Ölfelder durch den saudischen Staat schnell näher rückte. Der schnelle Anstieg brachte Saudi-Arabien und den vier Aramco-Eignern zwar großen Reichtum, aber den Ölfeldern hätte es wahrscheinlich gut getan, wäre die Steigerung geordneter verlaufen.

Während dieses noch nie da gewesenen Anstiegs lieferten die drei großen Felder Abqaiq, Safaniya und Ghawar beständig 80 bis 90 Prozent der Gesamtproduktion. Die Beiträge dieser Felder finden Sie in Anhang B, Tabelle B.3. Ghawars Output allein stieg von 906.000 Barrel pro Tag 1965 auf 4,653 Millionen Barrel 1974. Dieser Zuwachs ist nie übertroffen worden, nicht einmal, wenn man die beiden nächstgrößeren Felder der Welt zusammenfasst.

Die Einnahmen Saudi-Arabiens waren nicht weniger beeindruckend als der Produktionsanstieg, obwohl die Ölpreise zu Beginn der 1970er-Jahre noch immer bei einem bis zwei Dollar pro Barrel lagen. Da die Bevölkerungszahl noch gering war, wurde das Königreich über Nacht enorm reich.

Die dramatische Schattenseite der erhöhten saudischen Ölproduktion

Wie erreichte Saudi-Arabien diese bemerkenswerte Produktionssteigerung? Was tat Aramco, um diese zusätzlichen Barrels so schnell aus dem Boden zu bekommen? Diese Fragen stellen nicht nur eitle Neugier dar, denn die Art, wie die Förderung erhöht wurde, könnte langfristig ernste Folgen haben.

Es gibt keine zuverlässigen Daten über die Zahl zusätzlicher Schächte, die Aramco bohrte, während die Produktion von weniger als zwei Millionen Barrel pro Tag 1965 auf mehr als drei Millionen Barrel fünf Jahre später stieg. Da es damals nur wenige Bohrgeräte in Saudi-Arabien gab, können es nur recht wenige Schächte gewesen sein. Der Großteil der Produktionssteigerung muss also entstanden sein, indem man einfach und ohne Zusatzkosten die Ventile der existierenden Schächte öffnete *und so die tägliche Fördermenge jedes einzelnen Schachts erhöhte.*

Als die saudische Produktion über drei Millionen Barrel täglich stieg, war dies nur eine Zwischenstation. Vier Jahre später waren es acht Millionen. In weniger als zehn Jahren hatte sich die saudische Ölförderung um den Faktor vier erhöht! Noch nie in der langen Geschichte des Öls hatte ein einzelnes Land seinen Output so schnell hochgefahren. Dieser Rekord war umso bemerkenswerter, als diese enormen Ölmengen aus relativ wenigen Feldern kamen, wo es auch nur wenige Förderschächte gab.

Dieser rasante Produktionsanstieg war aber nicht ohne verborgene Nachteile und Kosten zu haben. Die Eile, so viel Öl zu fördern, wie die Welt verlangte, ging an die physischen Grenzen der Reservoirs, und in einigen Teilen der drei großen Felder begann der Förderdruck zu sinken. Das bezeichnet man zuweilen als „Überproduktion" eines Feldes.

Neben dem Druckabfall kam es auch zu verstärkten Wasserzuflüssen in einigen der ergiebigsten Schächte. Zu vergleichen ist dies mit einem Weltklasse-

Athleten, der plötzlich in Atemnot gerät, weil sich seine Arterien langsam, aber sicher verhärten. Im Rückblick scheint es klar, dass Saudi-Arabien in den drei folgenden Jahren viel technischen Aufwand betrieben hat, um das wahre Ausmaß des Wasserproblems zu verstehen und nach Produktionstechniken zu suchen, mit denen man weiterhin große Mengen Öl ohne nennenswerte Wasseranteile fördern konnte.

Die ersten Informationen über potenzielle Nachteile der schnellen Produktionssteigerung in den frühen 1970er-Jahren gelangten erst Jahre später an die Öffentlichkeit. Im März 1979 schließlich publizierte Seymour Hersh, einer der herausragenden investigativen Journalisten der USA, in der *New York Times* einen Artikel mit der Überschrift: „Die saudischen Ölkapazitäten sind zweifelhaft". Er schrieb, Aramco habe in den großen saudischen Feldern von 1970 bis 1973 eine systematische Überproduktion gefahren, weil die ranghöchsten Manager (fast alle Angestellte von Chevron, Texaco, Mobil und Exxon) eine bevorstehende Verstaatlichung befürchteten. Die Anteilseigner wollten daher so viel Reichtum wie möglich aus diesen Feldern ziehen und produzierten so schnell sie konnten.

Hershs Geschichte war der einzige jemals gedruckte Report über die Ergebnisse einer 1974 durchgeführten Senatsuntersuchung nach dem Ölschock von 1973. Bei dieser geheimen Anhörung sagte der investigative Reporter Jack Anderson unter Eid aus, dass Aramcos Eigentümer 1972 bemerkt hatten, dass die hohe Produktion die Felder schädigte. Da sie ihr Eigentum aber bald verlieren würden, wurde beschlossen, „jeden Tropfen aus diesen Feldern herauszumelken und so wenig wie möglich dort zu investieren" (Anhang C fasst einige wichtige Daten aus zwei Bänden der Anhörung zusammen, die am Ende öffentlich geführt wurde).

Nach diesen Anhörungen wurden einige Aramco-Manager abgesetzt, denn der Firmensitz war immer noch in Delaware. Was diese Manager dem geschockten Senatskomitee erzählten, erregte nie große öffentliche Aufmerksamkeit, obwohl die Daten im August 1974 veröffentlicht wurden. Hersh zufolge hörten die verblüfften Senatoren, wie die Aramco-Manager in aller Ruhe aussagten, Saudi-Arabien habe zwischen 1970 und 1974 die erhöhte Nachfrage nur decken können, weil man die Ventile der produktivsten Schächte weit öffnete und somit viel mehr Öl fördern konnte. Ende 1973 war den erfahrensten Technikern von Aramco klar, dass diese Ölquellen eine Pause brauchten und die Fördermengen reduziert werden mussten. Sonst würden die zuströmenden Wassermengen bald die Gans umbringen, die in Saudi-Arabien goldene Eier legte.

Hersh sprach von einem heftigen Streit im saudischen Ölministerium zu Beginn der 1970er-Jahre, als die Förderung gesteigert wurde. Der Streit wurde zwischen Ölminister Zaki Yamani und seinem wichtigsten Stellvertreter Abdulhady Taker ausgetragen. Es ging dabei um die Ölmengen, die die Giganten-Felder Saudi-Arabiens sicher produzieren konnten. Taker argumentierte wiederholt für ein geringeres Produktionsniveau, um die wertvollen Ölfelder zu bewahren und die beginnenden Wasserzuflüsse zu bremsen. Yamani dagegen begrüßte die Chance, diese zusätzlichen Mengen fördern zu können. Man wird wohl nie erfahren, ob das alles stimmt, denn kaum ein Ölexperte hat Mr. Hershs vorausschauenden Artikel wirklich zur Kenntnis genommen.

Wie Hersh berichtet, zeigen Aufzeichnungen, dass sowohl Yamani als auch Taker anderer Meinung waren als die Aramco-Manager, was die Förderdruckprobleme in den wichtigsten Feldern betraf. Beide sorgten sich, der zunehmende Wasserzufluss könne die Folge einer Überproduktion sein. Aramcos amerikanisches Management versicherte den nervösen Saudis immer wieder, alles sei in Ordnung. Man wird nie erfahren, ob diese Manager, was den angerichteten Schaden betraf, einfach naiv waren, oder ob sie ohne Rücksicht auf die Folgen die Produktion kurzfristig steigern wollten, um ihren Profit zu maximieren.

Die Ergebnisse dieser Senatsanhörung wurden zwar veröffentlicht, blieben aber unbeachtet. Wahrscheinlich überlagerte damals die Watergate-Affäre das öffentliche Interesse an diesen fast 1.400 Seiten Dokumentation. Leider wissen die meisten Energieexperten wenig darüber, dass die Überproduktion der saudischen Ölfelder schon einmal diskutiert worden ist.

Hershs Arbeiten deckten erstmals auf, dass Anfang der 1970er-Jahre die möglicherweise schädlichen Auswirkungen der hohen Produktionsraten in Ghawar, Abqaiq und Safaniya bereits ernsthaft diskutiert wurden. Entscheidendes Thema der Anhörungen war die Sensitivität eines Ölreservoirs gegenüber der Fördermenge. Felder mit hohem Förderdruck, die große Ölmengen produzieren können, sind wahrscheinlich besonders empfindlich gegen Überproduktion. Wenn der Druck sinkt, beginnt sich Wasser mit dem Öl zu mischen, Gas strömt aus und bildet eine Gasblase am oberen Ende des Reservoirs, und bald danach fließt kein Öl mehr. Man kann es herauspumpen, aber auch dabei wird viel mehr Wasser und Gas als Öl gefördert. Je schneller ein unter hohem Druck stehendes Ölfeld ausgebeutet wird, desto schneller geht der Vorteil des hohen Drucks verloren. Man spricht in diesem Zusammenhang von der „Fördersensitivität" eines Ölfelds.

Nach Lage der Dinge waren die frühen Warnungen übertrieben, Saudi-Arabien könne seinen wichtigsten Ölfeldern durch die extrem hohen Fördermengen großen Schaden zufügen. Saudi-Arabien behielt seine weltweite Dominanz für weitere 25 Jahre. Es gibt jedoch eine wichtige Einschränkung: Hätte Saudi-Arabien während des Rests des 20. Jahrhunderts weiterhin neun bis zehn Millionen Barrel pro Tag gefördert, statt die Mengen zu reduzieren und einen Teil seiner besten Felder stillzulegen, könnte das Königreich seine produktivsten Reservoirs bereits vollständig ausgebeutet haben.

König Faisal löste zufällig für kurze Zeit das Problem einer möglichen Überproduktion, indem er das Nahost-Öl-Embargo initiierte. Ohne dieses politische Embargo aber, das scheint heute klar, hätte man die saudische Ölproduktion bald aus ganz anderen Gründen drosseln müssen.

1973: Saudi-Arabien zückt sein Öl-Schwert

Abgesehen von den Wasserproblemen in den Ölfeldern machte sich König Faisal (Abbildung 3.4) auch noch über ein völlig anderes Thema zunehmend Sorgen: die Gleichgültigkeit der amerikanischen Regierung gegenüber den wachsenden Problemen in der islamischen Welt. Der reale Preis des Öls aus dem Nahen Osten war schon seit Jahren wegen der sich abschwächenden Dollars gefallen – eine Folge der Entscheidung der Nixon-Administration, den Wechselkurs des Dollars freizugeben. Nixons Preiskontrollen, die auf Lyndon Johnsons „Gewehre und Butter"-Politik folgten, hatte inzwischen zu wirtschaftlicher Stagnation und stark steigender Inflation in den USA gesorgt, was von den Medien als „Stagflation" bezeichnet wurde. Der kumulative Effekt dieser Veränderungen begann alle Volkswirtschaften im Nahen Osten zu belasten, obwohl jedes dieser Länder die Möglichkeit hatte, weit höhere Mengen seines billigen Öls zu verkaufen.

Während dieser Zeit wachsender ökonomischer Probleme und drängender werdender Schwierigkeiten auf den Ölfeldern hatte König Faisal vor allem mit politischen Widrigkeiten zu kämpfen. Er machte sich große Sorgen, die USA könnten ihr spezielles Verhältnis zu Saudi-Arabien vergessen haben. Verbittert erinnerte er sich an das Versprechen Franklin D. Roosevelts an seinen Vater Abdul Aziz, Saudi-Arabien werde immer einen Sitz an dem Tisch haben, an dem über die Lösung des Palästina-Problems entschieden wird. Er sorgte sich, dass kein amerikanischer Offizieller mehr an dieses Versprechen dachte.

Abbildung 3.4: König Faisal und Scheich Zaki Yamani
Quelle: Foto: Hulton Archive; Sammlung: Getty Images

König Faisals Sorgen waren berechtigt. Als Präsident Truman erklärte, er werde die UN-Resolution zur Gründung des Staats Israel unterstützen, soll sein Staatssekretär George Marshall gesagt haben: „Herr Präsident, das können Sie nicht tun. Die Araber werden uns das niemals verzeihen." Truman soll geantwortet haben, dass Araber in den USA nicht wählen, Juden aber sehr wohl. Im Rückblick hatte Marshall leider Recht mit seiner Einschätzung der arabischen Unnachgiebigkeit.

Als König Faisals Frustration wuchs, brach ohne Vorwarnung der Yom-Kippur-Krieg aus. Während die Feindseligkeiten zunahmen, war es für Faisal schmerzlich zu sehen, dass sich die USA deutlich auf die Seite Israels schlugen.

Das saudische Öl-Embargo beendet die Ära niedriger Preise

König Faisals Frustration schlug in eine zornige Aktion um, als die Nixon-Administration Ende Oktober 1973 erklärte, man werde Israel Waffen liefern. Da er den Absichten der USA nicht länger trauen konnte, reagierte Faisal, indem er quasi das Öl-Schwert zückte. Er hatte schon mehrmals damit gedroht, um eine ausgeglichenere US-Politik im Nahen Osten zu erreichen. Ein, zwei Tage später trafen sich zehn arabische Ölminister in Kuwait. Alle waren schnell einig, ihre gemeinsame Ölproduktion um monatlich fünf Prozent zu senken, bis der Nahostkonflikt gelöst werde. Am nächsten Tag kündigte Saudi-Arabien eine Produktionssenkung um zehn Prozent an, zudem einen vollständigen Stopp aller Öllieferungen in die USA und die Niederlande. Die Niederlande waren wohl deshalb betroffen, weil Rotterdam ein wichtiger Zielhafen für Öl aus dem Nahen Osten war.

Diese Kürzung entsprach zwar nur einem winzigen Prozentsatz der weltweiten Produktion, aber er führte zu einer regelrechten Panik in allen ölverbrauchenden Nationen. Vielen Volkswirtschaften wurde drastisch vor Augen geführt, wie abhängig sie von reichlichen Mengen importierten Öls geworden waren, ohne strategische Vorräte, ohne umfassende Daten über die kommerziellen Vorräte in den einzelnen Ländern und mit wenigen Alternativen, auf die man zurückgreifen konnte, falls die Ölzufuhr abgeschnitten würde.

Schnell senkte sich eine Wolke nervöser Unsicherheit über die ölverbrauchenden Länder.

Man diskutiert heute noch darüber, wie viel Öl dem Weltmarkt damals tatsächlich vorenthalten wurde. Viel kann es nicht gewesen sein, weil Saudi-Arabien der einzige Produzent war, der kein Öl mehr in die USA und nach Rotterdam lieferte. Dieses kleine Öl-Embargo dauerte auch nur ein paar Monate. Während des Embargos war der Iran aktiv bemüht, die Ölmärkte zu stabilisieren, indem man die Ölproduktion steigerte, um die von König Faisal verhängten Kürzungen zu kompensieren. Aber in einem engen Ölmarkt kann schon ein kleiner Angebotsrückgang unterhalb des Nachfrageniveaus große Auswirkungen haben, vor allem durch die Wahrnehmung des Mangels, den er verursachen kann.

> Obwohl die Menge des zurückgehaltenen OPEC-Öls gering war, waren die Auswirkungen auf den Ölpreis enorm und wesentlich dramatischer, als die meisten arabischen Ölminister erwartet hatten.

Obwohl die Menge des zurückgehaltenen OPEC-Öls gering war, waren die Auswirkungen auf den Ölpreis enorm und wesentlich dramatischer, als die meisten arabischen Ölminister erwartet hatten. Während des größten Teils der vorangegangenen vier Jahrzehnte hatte Öl einen bis zwei Dollar je Barrel gekostet. Im Jahr vor dem Embargo hatte der Preis zeitweise drei Dollar und mehr erreicht, aber das hielt man für einen Spitzenpreis, der sich bald wieder normalisieren würde. Die Preisstabilität der früheren Jahrzehnte erklärt vielleicht diese Erwartung.

Die meisten heutigen Branchenbeobachter wissen wenig über die lange Ära, als sich die Ölpreise nicht alle paar Minuten änderten, weil Rohstoffhändler an der New York Mercantile Exchange (NYMEX) oder an der Londoner Rohstoffbörse Rohölkontrakte kaufen oder verkaufen. Damals gab es nur gelegentliche Schwankungen durch die Anpassung eines offiziell festgelegten Preises. Während des größten Teils der 1960er-Jahre lag Aramcos offizieller Preis bei 1,80 Dollar je Barrel. Der größte Teil des Öls anderer Herkunft wurde zu niedrigeren Preisen verkauft. Aramcos Vertrag mit der saudischen Regierung verpflichtete das Unternehmen zu einer Lizenzgebühr von einem Sechstel des Preises und einer Steuerzahlung von 0,32 Dollar je Barrel. Die Kosten für die Anlage der Schächte beliefen sich auf 0,45 Dollar je Barrel auf dem Festland und 0,06 Dollar in Offshore-Feldern. Die Kosten der gesamten Infrastrukturinvestitionen von 450 Millionen Dollar entsprachen 0,12 Dollar je Barrel. Nach Abzug all dieser Kosten betrug Aramcos Nettogewinn somit 0,40 Dollar je Barrel. Damals kostete eine Produktionssteigerung in Ghawar anfänglich 100 Dollar je Barrel. Die Entwicklung der Nordsee-Ölfelder kostete mindestens 25-mal so viel.

Die Ölpreise waren über so lange Zeit derart niedrig, dass Ende der 1960er-Jahre kein angesehener Energieanalyst annahm, sie würden jemals steigen. Die Mehrheit der Experten glaubte, er werde beständig sinken. Diese Annahme wird durch ein Ereignis in den letzten Tagen der Niedrigpreisära lebhaft illustriert. Der Schah von Persien, ein starker Verbündeter der USA, kam 1969 zur Beerdigung Präsident Eisenhowers. Während dieses Besuchs bot er dem neuen Präsidenten Richard Nixon einen Zehnjahresvertrag an, die USA mit Öl zum Preis von einem Dollar je Barrel zu versorgen. In Henry Kissingers Erinnerungen über die Nixon-Administration kann man lesen, dass die USA das Angebot des Schahs höflich ablehnten, weil kein erfahrener Regierungsbeamter glaubte, die Ölpreise auf einem freien Markt würden über einen so langen Zeitraum so hoch bleiben wie ein Dollar je Barrel.

Wenige Tage nach der Verkündigung des Öl-Embargos von 1973 begann der Ölpreis rasant zu steigen. Ende 1973 hatte er sich fast vervierfacht und lag schließlich bei 11,65 Dollar je Barrel. Das Embargo wurde bald aufgehoben, aber auch als man es schon längst vergessen hatte, stiegen die Ölpreise weiter. Mitte 1978 lagen sie in einem stabilen Bereich zwischen 16 und 17 Dollar je Barrel.

Ich war schon immer der Meinung, dass das Öl-Embargo von 1973 – ein Ereignis, das Kissinger in seinen Erinnerungen über die Ford-Administration als größte Bedrohung der Industrieländer seit dem Zweiten Weltkrieg bezeichnet hat – nie wirklich verstanden wurde. Die Ursache des Ölpreisanstiegs um das Vier- bis Sechsfache war *nicht* König Faisals kurzes Öl-Embargo. Der wahre Grund war das Verschwinden ungenutzter Kapazitäten, während die globale Ölnachfrage extrem anstieg. Diese konvergierenden Trends – steigende Nachfrage, schrumpfende Marktliquidität – schufen die Formel für steigende Ölpreise.

Der Nutzen des Öl-Embargos von 1973 für Saudi-Arabien

Noch kurz vor dem Ölschock von 1973 war Saudi-Arabien für die meisten Menschen auf der Welt ein unbekanntes, geheimnisvolles Land. Danach waren die saudischen Scheichs zu Medienstars geworden. Scheich Yamani, Saudi-Arabiens Ölminister, erhielt von den Medien Aufmerksamkeit wie ein Rockstar, weil er zum öffentlichen Gesicht der OPEC und zu einem der wichtigsten Sprecher geworden war, was die globale Ölversorgung betraf. Plötzlich stand Saudi-Arabien im Rampenlicht, man schrieb dem Land die Aura einer Öl-Supermacht und grenzenlosen Reichtum zu. Dies führte zu der Überzeugung, auch Saudi-Arabiens Ölressourcen seien grenzenlos. Dieser Eindruck gewann bald beinahe mythischen Status und hielt für weitere drei Jahrzehnte an.

In all dem Tumult nahm man bald allgemein an, man könne in Saudi-Arabien zusätzliches Öl finden, indem man einfach noch ein, zwei zusätzliche Schächte bohrt. Die Produktionskosten lagen damals extrem niedrig, weil alle produzierenden Felder schon zehn bis 30 Jahre zuvor gefunden und entwickelt worden waren. Aber 1973 waren die realen Kosten zur Entwicklung neuer Ölfelder längst auf ein recht hohes Niveau gestiegen. Außerdem war es plötzlich ziemlich schwierig geworden, große neue Felder zu entdecken, aber dieses Geheimnis blieb noch drei Jahrzehnte lang verborgen.

Die Wohlstandsexplosion in einem derart kurzen Zeitraum war wohl die am stärksten komprimierte ökonomische Veränderung, die jemals eine Nation erlebt hat.

Ein enormer Anstieg des Reichtums in Saudi-Arabien

Saudi-Arabiens Reichtum wuchs enorm, weil die Ölpreise um den Faktor 4 stiegen (Abbildung 3.5). 1970 erzielte Saudi-Arabien 2,2 Milliarden Dollar an Öleinnahmen, obwohl die Produktion „nur" drei Millionen Barrel täglich betrug und der Ölpreis bei „nur" zwei Dollar pro Barrel lag. Geteilt durch sechs Millionen Menschen entsprach dies 365 Dollar pro Kopf. 1974 war Saudi-Arabiens Ölproduktion auf acht Millionen Barrel pro

Tag gestiegen, und die Ölpreise hatten sich auf zwölf Dollar je Barrel vervierfacht. Diese beiden Veränderungen hatten die Einnahmen auf 35 Milliarden Dollar gesteigert, ein Anstieg um knapp das 16fache. Obwohl die saudische Bevölkerung um eine oder zwei Millionen Menschen gewachsen war, entsprach das einem Gewinn pro Kopf von 4700 Dollar.

Die Wohlstandsexplosion in einem derart kurzen Zeitraum war wohl die am stärksten komprimierte ökonomische Veränderung, die jemals eine Nation erlebt hat. Kein Volk hatte je zuvor ein solch enormes Vermögen in so kurzer Zeit angesammelt.

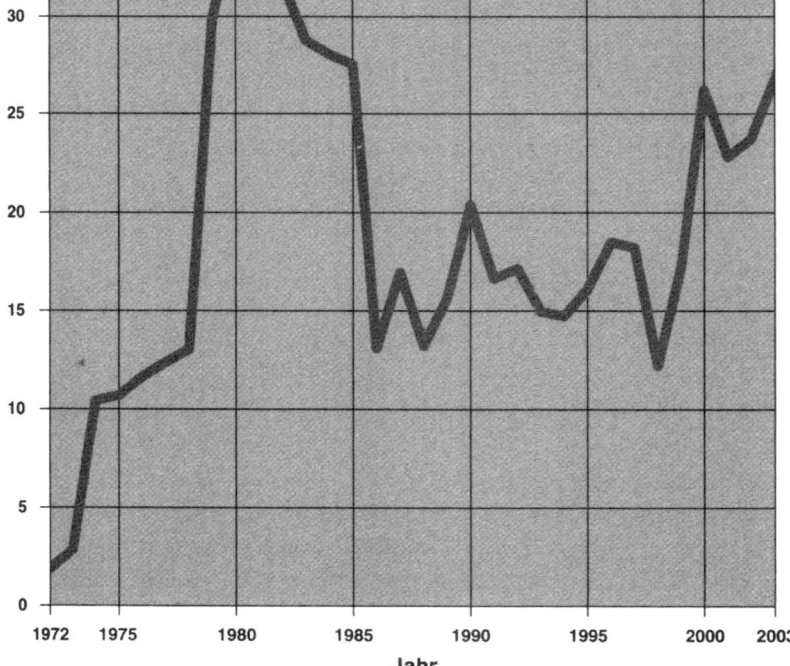

US $ / Barrel

Abbildung 3.5: Die Preise des Öls aus dem Nahen Osten
Quelle: Übernommen aus BP Statistical Review of World Energy 2003

Die Ölnachfrage übersteigt das Angebot

Ironischerweise wurde Saudi-Arabien oft hart kritisiert und manchmal sogar bedroht, weil es das Öl-Schwert gezogen hatte. Ohne einen Anstieg der Ölpreise hätte die globale Nachfrage den Markt allerdings völlig aus dem Gleichgewicht gebracht. Mit zwei oder drei Dollar je Barrel war Öl so billig, dass niemand einen Grund sah, es nicht bis zum Letzten auszunutzen. Die Nachfrage überstieg bald das Angebot, was den Konsum einschränkte. Daher sank der Ölpreis nie wieder in den Bereich von zwei, drei Dollar, den so viele Branchenbeobachter für normal hielten und dessen Rückkehr sie erwarteten.

Im Rückblick erscheint es ganz offensichtlich, dass eine Ölpreisexplosion Anfang bis Mitte der 1970er-Jahre unvermeidlich war. Das Embargo von 1973 war nur der Auslöser. Das Kerosin stand der Welt schon bis zu den Knöcheln. Saudi-Arabien ließ nur das brennende Streichholz hineinfallen.

Die Auswirkungen steigender Ölpreise auf neue Ölprojekte

Es gibt einen faszinierenden und wichtigen Aspekt des dramatischen Ölpreisanstiegs, den die Energiehistoriker ignoriert haben. Indem es einen Preisanstieg auslöste, rettete Saudi-Arabien viele der großen internationalen Ölkonzerne vor dem Ruin. Wären die Ölpreise bei drei Dollar geblieben, von einem Rückgang auf einen Dollar ganz zu schweigen, dann wären die Investoren in fast jedem größeren Energieprojekt, das damals im Gang war, in die Pleite getrieben worden.

Zum Beispiel waren die Pipeline in Alaska und der größte Teil der ersten Ölfeldergeneration in der Nordsee schon geplant oder im Bau, als die Ölpreise explodierten. Die meisten dieser extrem teuren Projekte standen kurz vor der Aufgabe, bevor der Ölpreis zu seinem langen Anstieg ansetzte. Die Kosten vieler dieser Projekte waren fünf bis zehn Mal so hoch wie ursprünglich geschätzt. Es wäre schwierig gewesen, diese Projekte einfach deshalb zu stoppen, weil sie zu viel kosteten. Wären die Ölpreise niedrig geblieben, dann hätten die massiv steigenden Kosten dieser neuen Energieprojekte ihre Eigentümer wirtschaftlich in die Knie gezwungen. Viele extrem teure Projekte wurden plötzlich vernünftig und wirtschaftlich sinnvoll, nur weil die Ölpreise so stark stiegen.

Im Rückblick scheint es klar, dass der Anstieg der Ölpreise neben vielen Problemen auch zu segensreichen Entwicklungen führte. Als Saudi-Arabien mit dem Öl-Schwert zuschlug, half dies ganz zufällig, den enormen Anstieg der globalen

Ölnachfrage zu bremsen. Zudem entstanden einige sehr wichtige Ölprojekte, die ansonsten ihre Eigentümer in den Ruin getrieben hätten.

Die Auswirkungen der Ölpreise auf die Weltwirtschaft

Es gibt noch einen weiteren Mythos, der in den späten 1970er- und in den 1980er-Jahren zu einer allgemein akzeptierten Weisheit wurde, ohne dass echte Fakten diese Ansicht gestützt hätten. Er lautet, die hohen Ölpreise hätten eine bereits geschwächte Weltwirtschaft schwer geschädigt und einen starken Rückgang der Ölnachfrage verursacht. Die Untersuchung der realen Zahlen erzählt eine völlig andere Geschichte.

1969, im letzten Jahr, als Öl wirklich billig war, belief sich die Ölnachfrage auf nur 45 Millionen Barrel pro Tag. Der Preis lag knapp über einem Dollar je Barrel, und viele Experten hielten ihn für um den Faktor drei bis vier überhöht. Als 1979 die Revolution im Iran begann, lag der Preis bei etwa 18 Dollar, was den zweiten Ölschock der 1970er-Jahre auslöste. Als die Probleme im Iran begannen, stiegen die Preise noch einmal, von 18 auf über 40 Dollar je Barrel. Aber inwieweit hat diese Preisexplosion wirklich die Nachfrage beeinflusst? Zwischen 1969 und 1978 wuchs die weltweite Ölnachfrage von 45 auf 65 Millionen Barrel pro Tag – ein Anstieg um 44 Prozent in zehn Jahren, obwohl der Ölpreis in dieser Zeit um das 14fache gestiegen war.

Ganz offensichtlich hat der phänomenale Preisanstieg den Ölkonsum nicht eingeschränkt, obwohl fast alle Ölhistoriker das immer und immer wieder behauptet haben. Stattdessen lieferte der Preisanstieg einen deutlichen Hinweis auf den wahren Wert des Ölkonsums für die Konsumenten, für Dienstleistungen und für die Steigerung der Lebensqualität. Das Ausmaß der Nachfragesteigerung deutet stark darauf hin, dass die Weltwirtschaft damals wuchs und expandierte, als das Bruttoinlandsprodukt (BIP) weit stärker vom Öl abhing als heute, und zwar trotz dieser unerwarteten, erstaunlichen Preisexplosion.

Saudi-Arabien nach dem Ölschock von 1973

Bis 1975 hatte Aramcos Management die saudische Ölproduktion auf 6,6 Millionen Barrel pro Tag zurückgefahren, um das Vordringen von Wasser zu stoppen und den Förderdruck aufrechtzuerhalten. Der Luxus dieser Produktionsverminderung erwies sich jedoch als vorübergehend, weil ein erneuter Anstieg der globalen Nachfrage Saudi-Arabien dazu zwang, die Produktion wieder auf acht Millionen Barrel pro Tag hochzufahren. 1976 waren Saudi-Arabien und der Iran die einzigen Ölproduzenten weltweit, mit genügend Kapazitäten, zusätzliches Öl zu fördern, indem sie einfach die Ventile an den Förderschächten öffneten.

Der größte Ölproduzent weltweit

1977 stellte Aramco einen neuen Produktionsrekord von 9,2 Millionen Barrel pro Tag auf. Um dies zu erreichen, produzierte Aramco in allen 15 seiner aktiven, entwickelten Ölfelder. Gemeinsam förderten diese wenigen Felder fast so viel Öl wie die USA am Produktionshöhepunkt 1970.

Aber das Ghawar-Feld blieb das Rückgrat der saudischen Produktion und trug 58 Prozent oder 5,3 Millionen Barrel pro Tag des gesamten Outputs Saudi-Arabiens bei. Auf die beiden anderen Super-Giganten-Felder, Safaniya und Abqaiq, entfielen weitere 24 Prozent. Das einzige neue Feld, das damals vergleichbare Dimensionen erreichte, war Berri, das 1964 entdeckt wurde. Diese vier Felder förderten 91 Prozent der gesamten Ölproduktion Saudi-Arabiens.

Die restlichen neun Prozent entfielen auf acht kleinere Felder. Vier davon produzierten jeweils mehr als 100.000 Barrel pro Tag. Das Fördervolumen der vier kleinsten Felder betrug 57.000 Barrel pro Tag. Es gibt keine Hinweise auf weitere Felder, die vorübergehend nicht in Produktion waren. Diese 15 produzierenden Felder wurden nicht übermäßig beansprucht, um sicherzustellen, dass die globalen Ölmärkte im Gleichgewicht blieben. Saudi-Arabien kontrollierte nun die Angebotsschwankungen auf dem Ölmarkt.

Drohende Produktionslimits: Es gibt keine neuen Ölfelder

Manche argumentieren immer noch, diese extrem hohe Konzentration der Produktion auf nur vier Super-Giganten-Feldern sei nur zustande gekommen, weil man in diesen wenigen Feldern so leicht und effizient fördern kann. In der Theorie, so das Argument, hätte Aramco auch die Produktion in einigen anderen saudischen Feldern erhöhen können, falls man mehr Öl benötigt hätte. Das Unternehmen aber habe sich einfach für die einfachste und billigste Methode entschieden.

Dieses Argument verlor viel an Plausibilität, als später klar wurde, dass es in den frühen 1970er-Jahren alarmierend schnelle Druckabfälle in allen vier Super-Giganten-Feldern und zunehmende Wasserzuflüsse gegeben hatte. Diese Probleme machen das Argument unglaubwürdig, Saudi-Arabien habe lediglich sein billigstes Öl zuerst gefördert.

Damals war das Königreich, gemessen am Pro-Kopf-Einkommen, eines der reichsten Länder der Welt. Aramcos Probleme mit den Wasserzuflüssen sind in zahlreichen SPE-Papieren aus dieser Zeit klar dokumentiert. Natürlich wäre es vernünftig gewesen, die Produktion auf eine größere Zahl von Ölfeldern zu verteilen (wenn es sie denn gegeben hätte), um die Last auf den Giganten- und Super-Giganten-Feldern zu vermindern. Klar ist aber, *dass es keine solchen zusätzlichen Ölfelder gab.*

Die Probleme der Überproduktion wurden ignoriert

Es gibt noch eine weitere Frage, die man legitimerweise stellen kann: Könnten die Eigentümer von Aramco die saudischen Ölfelder übermäßig ausgebeutet haben, weil sie wussten, dass ihnen dieses Öl nicht mehr lange gehören würde? Ende der 1970er-Jahre war es dem Aramco-Management klar, dass diese Quelle überbordenden Reichtums bald in das Eigentum Saudi-Arabiens übergehen würde. Könnten die Manager nicht versucht gewesen sein, bis zu ihrem Abschied noch so viel Öl wie möglich zu fördern, selbst wenn diese Strategie den großen Ölfeldern schaden könnte? Diese Frage wird wohl nie definitiv beantwortet werden. Heute sind viele der wichtigsten Entscheidungsträger von damals nicht mehr am Leben. Aber die Vorwürfe während der komplett vergessenen Anhörung von 1974, diese Felder seien absichtlich überproduziert worden, wirken sich 30 Jahre später insofern aus, als sie die künftige Ölversorgung der Welt bedrohen.

Die Stabilisierung der saudischen Ölproduktion

Bekannt ist, dass Aramco 1978 aggressiv neue Methoden testete, um die Wasserprobleme zu kontrollieren und dem gefährlichen Druckabfall in seinen wichtigsten Ölfeldern entgegenzuwirken. Die Probleme wurden aus vielen verschiedenen Blickwinkeln untersucht. Die einzige offensichtlich funktionierende Lösung war, Teilen dieser gigantischen Ölfelder eine Pause zu gönnen, indem man die Förderquoten reduzierte. Diese Praxis wurde dann angewendet, und die saudische Ölproduktion sank auf 7,6 Millionen Barrel pro Tag.

Dieser Produktionsrückgang um 18 Prozent muss, wieder einmal, für die Aramco-Manager und die Techniker eine große Erleichterung gewesen sein, die diese Super-Giganten-Felder zu bewahren versuchten, um die Gesamtfördermenge jedes einzelnen Felds zu maximieren. Von der Reduzierung von 1,6 Millionen Barrel pro Tag entfiel eine Million auf das Feld von Ghawar. Etwa die Hälfte des Rests von 600.000 Barrel pro Tag entfiel auf die Felder Abqaiq und Berri.

Hätte Aramcos Management gewusst, wie sich die Performance der Reservoirs nach längerer Produktionskürzung entwickeln würde, und hätte man dabei einen Rückgang der Wasserzuflüsse und eine Druckstabilisierung beobachtet, dann hätte dies in den folgenden beiden Jahrzehnten wohl zu einer anderen Produktionsphilosophie geführt. Leider war die Zeit zur Beobachtung der Resultate ein Luxus, den Saudi-Arabien niemals hatte. Unruhen im Iran zwangen die saudische Regierung erneut, die Ventile zu öffnen und die Produktion hochzufahren. Wieder einmal opferte Saudi-Arabien die langfristige Produktivität seiner Ölfelder, um den extrem nervösen Weltmarkt für Öl zu beruhigen. Wir werden nie erfahren, wie viel die Verantwortlichen über die Auswirkungen auf langfristig hohe Produktionsmengen wussten.

Die Rolle des Produzenten, der die Marktschwankungen ausgleichen musste, kam Saudi-Arabien wirtschaftlich und politisch teuer zu stehen. Das Wüstenreich war zwar zum Öl-König gekrönt worden, aber wie Shakespeare im zweiten Akt seines Dramas Heinrich IV. schrieb: „Unruhig ist der Kopf, der eine Krone trägt."

Die saudische Ölproduktion erreicht während der Iran-Krise 1978 bis 1981 ihren Höhepunkt

Unter der modernisierenden Führung Schah Rezah Pahlevis galt der Iran jahrzehntelang als stabilstes Land im Nahen Osten. In dieser Zeit wuchs die geopolitische Bedeutung der gesamten Region. In dieser chronisch instabilen Weltgegend galt der Iran als „sicherer Hafen". Am Neujahrstag 1978 schien die Gefahr einer Revolution im Iran weit entfernt zu sein. Der Schah stand fest an der Seite des Westens. Teheran galt als fortschrittlichste und modernste Stadt des Nahen Ostens. Doch nur zehn Monate später begannen Unruhen und Streiks die iranische Ölproduktion lahm zu legen. Weihnachten 1978 floh der Schah aus seinem Land. Im folgenden Frühjahr lag die gesamte Ölförderung brach.

Die Schnelligkeit des Zusammenbruchs war ebenso erstaunlich wie die Tatsache, dass es überhaupt dazu kam. Nie zuvor war die Produktion einer Öl-Supermacht von voller Kapazitätsauslastung auf null gefallen, und sicher nicht in derart kurzer Zeit.

1978, im letzten Jahr seiner politischen Stabilität, förderte der Iran fast sechs Millionen Barrel pro Tag. Ein Jahr später war die Produktion auf 2,5 Millionen Barrel pro Tag gefallen und lag über Monate völlig brach. 1980 lag die Förderung dann bei nur 1,9 Millionen Barrel pro Tag. Der Zusammenbruch des Iran führte zu neuen und noch heftigeren Turbulenzen auf dem globalen Ölmarkt. Diesmal war die Panik wesentlich schlimmer und auch viel gerechtfertigter als 1973. Die Ölpreise, die vor dem Fall des Schahs allmählich auf 18 Dollar je Barrel gestiegen waren, explodierten geradezu. Als 1980 der Krieg zwischen Iran und Irak ausbrach, lag er kurzfristig bei 40 Dollar. Wieder einmal bildeten sich in den USA lange Schlangen vor den Tankstellen.

1974, als die Preise zunächst von drei auf zwölf Dollar stiegen, hielt kein ernsthafter Branchenkenner diesen Anstieg für dauerhaft. Im Gegensatz dazu führten die Turbulenzen, die 1978 begannen und 1981 einen Höhepunkt erreichten – eine Kombination aus der Revolution im Iran und dem folgenden Krieg zwischen Iran und Irak –, zu der weit verbreiteten Annahme, die Preise würden nun auf ein extrem hohes Niveau steigen und für immer dort verharren. Die Definitionen von „extrem hoch" reichten dabei von 50 bis 200 Dollar je Barrel. Die allgemeine Meinung vollzog eine Kehrtwende und besagte nun, Öl sei auf Dauer knapp, der Nachfrageanstieg sei unaufhaltsam, und die Macht der OPEC über die Weltwirtschaft sei unwiderstehlich.

Als sich die Unruhen im Iran verstärkten, konnte nur Saudi-Arabien den Ölmärkten helfen. Das Königreich hatte keine andere Wahl, als mehr Öl zu liefern, wenn es seine Kontrolle über die Weltölmärkte behalten wollte auch wenn diese Reaktion die wenigen riesigen Ölfelder wieder der Gefahr einer Überproduktion und irreversibler Schäden aussetzen würde.

Einige saudische Führer fürchteten, ohne diese Reaktion Saudi-Arabiens würden die ohnehin schon rekordverdächtig hohen Ölpreise die Weltwirtschaft zerstören. Als Irans Ölsystem kollabierte, gab es nur in Saudi-Arabien entsprechende Kapazitäten, um die Lücke zu schließen. Plötzlich musste eine Hand voll Ölförderländer versuchen, den iranischen Produktionsausfall wenigstens teilweise zu kompensieren. Und das war eine große Menge Öl.

Die exzessive Produktion belastet die saudischen Ölquellen enorm

Wieder einmal öffnete Saudi Aramco die Förderventile weiter, als es klug gewesen wäre, um die höchste Produktion aller Zeiten zu erzielen. Diese Aktion belastete die Quellen und Reservoirs bis ans Limit. 1980 förderte Saudi-Arabien 9,5 Millionen Barrel pro Tag. 1981 wurde der Rekord von durchschnittlich 9,839 Millionen Barrel pro Tag erreicht. Kurzfristig soll die Förderung sogar bei über 10,5 Millionen Barrel pro Tag gelegen haben!

Als die Produktion diese neuen Rekordmengen erreichte, hörte man zuweilen von Leuten, die in enger Verbindung zu Aramco standen, dass es in den produktivsten Gebieten Ghawars zu riesigen Wasserzuflüssen gekommen war. Die meisten aber haben davon nie gehört oder es ignoriert. Stattdessen wurde die Produktionsausweitung von drei Millionen Barrel pro Tag 1970 auf über zehn Millionen Barrel pro Tag als Beleg dafür interpretiert, das Königreich könne noch jahrzehntelang so viel billiges Öl liefern, wie die Welt brauchte.

Am Höhepunkt der Produktion und der globalen Ölturbulenzen wurde ein Dokument von Saudi Aramco mit dem Titel „Das Aramco-Handbuch", das 1951 erschien und von Zeit zu Zeit aktualisiert wurde, völlig umgeschrieben und in „Aramco und seine Welt" umbenannt. Das lange Kapitel, das die Ölentwicklung in Saudi-Arabien beschreibt, endete mit einer überraschend offenen Schilderung der Gefahren, die mit der extrem hohen Produktion verbunden waren. Die beiden wichtigsten Absätze lauten:

„Die Regierung steht vor schwierigen Entscheidungen. Der hohe Finanzbedarf zur Modernisierung des Königreichs führt zur Notwendigkeit, maximale Ölmengen zu produzieren. Dennoch kann Aramco nicht die extrem hohen Mengen liefern, die die Welt heute verlangt, *weil dies die Erschöpfung seiner Reserven unnötig beschleunigen würde.* (Hervorhebung durch den Autor)

Es ist einerseits sicher nicht im besten Interesse Saudi-Arabiens, die hohen Mengen zu fördern, die von einigen Seiten verlangt werden. Andererseits ist sich das Königreich darüber im Klaren, dass eine drastische Reduzierung unserer Produktion den ölverbrauchenden Ländern Schaden zufügen würde."

Das Königreich Saudi-Arabien war ohne eigenes Zutun in ein klassisches Dilemma geraten. Nach dem Zusammenbruch der iranischen Produktion und angesichts der anhaltend hohen Nachfrage hätten die Preise auf ein Niveau steigen können, das die Nachfrage dauerhaft *reduziert* hätte, wäre Saudi-Arabien nicht willig gewesen, seine extrem hohe Produktion aufrechtzuerhalten.

Aber je länger die Produktion derart unvernünftig hoch war, desto schneller würde der Tag kommen, an dem seine fünf gigantischen Felder vor dem fatalen Problem nachlassenden Drucks, höherer Gasanteile und ständig steigender Wasserzuflüsse stehen würden.

In diesem kaum beachteten Zusammenhang bleibt die Frage unbeantwortet, ob Saudi-Arabien andere wichtige Ölfelder hätte in Produktion bringen können, wenn mehr Zeit geblieben wäre, sich auf diesen Produktionsanstieg vorzubereiten. Das nötige Investitionskapital wäre da gewesen, weil das Königreich so riesige Mengen zu noch nie da gewesenen Preisen förderte.

Als Saudi Aramco den Produktionsgipfel erreichte, war nur ein „neues Giganten-Feld", das 1965 entdeckte Zuluf, zu den ursprünglichen „Großen Vier" hinzugekommen. Zuluf war auch das letzte saudische Ölfeld mit einer Produktion von mehr als 200.000 oder 250.000 Barrel pro Tag, bis 1998 die Förderung auf dem Shaybah-Feld aufgenommen wurde.

Wie schon von Anfang an, so dominierte Ghawar mit einem Anteil von 58 Prozent an der Förderung von 1981 immer noch die saudische Produktion. Zusammen trugen die fünf größten Felder 92 Prozent zur Rekordproduktion von 1981 bei. Damals waren noch zehn weitere Felder in Produktion, aber sie lieferten nur magere acht Prozent der Gesamtmenge. Die durchschnittliche Förderung auf den kleineren Feldern lag bei 72.000 Barrel pro Tag.

Die schädlichen Auswirkungen der Überproduktion von Ölfeldern

Die Geschichte der Ölbranche ist reich an Beispielen, wie leicht man ein Feld überstrapazieren kann. Dies führt zur Bildung von Gasschichten und vorzeitigen Wasseransammlungen. Nach einer Überproduktion bleibt viel mehr Öl im Boden als bei einer stetigen, langsameren Förderung, denn diese verlängert den Vorteil des natürlichen Drucks, der als Primärantrieb bei der Ölförderung dient. Dieses Risiko ist bei Laien kaum bekannt, aber erfahrene Ölgeologen und Ölingenieure werden bestätigen, dass die Überproduktion für jedes Ölfeld ein echtes Risiko darstellt, unabhängig von seiner Größe.

Wegen seines lang gehegten Wunsches, ein verantwortungsvoller und zuverlässiger Öllieferant zu sein, hat Saudi-Arabien seinen großartigen Ölfeldern wahrscheinlich unabsichtlich langfristigen, wenn nicht irreparablen Schaden zugefügt, weil es mit der steigenden globalen Nachfrage Schritt halten wollte. Der Preis dafür war die beschleunigte Ansammlung von Gas und Wasser. Es war ein ehrenwertes Unterfangen, die Schwankungen auf dem Ölmarkt auszugleichen zu wollen. Aber diese Rolle konnte, trotz des damit verbundenen Prestiges, nur auf Kosten langfristigen Schadens für die fünf großen Felder erreicht werden.

Wegen seines lang gehegten Wunsches, ein verantwortungsvoller und zuverlässiger Öllieferant zu sein, hat Saudi-Arabien seinen großartigen Ölfeldern wahrscheinlich unabsichtlich langfristigen, wenn nicht irreparablen Schaden zugefügt, weil es mit der steigenden globalen Nachfrage Schritt halten wollte.

Produktionskürzungen

Als die Anspannung auf den Ölmärkten nachließ und die Preise zu sinken begannen, fuhr Saudi-Arabien seine Produktion so schnell wie möglich herunter und untersuchte die Möglichkeit, große Teile der drei größten Felder vorübergehend stillzulegen, um den Förderdruck wieder ansteigen zu lassen. Beobachter von außen hielten diese Kürzungen lediglich für den vergeblichen Versuch, die Preise nach oben zu treiben. Vielleicht dachten einige saudische Entscheidungsträger tatsächlich über diese Option nach. Die wichtigsten Techniker aber drängten auf diese Kürzungen, um die Felder zu schützen und die Schäden durch die Überproduktion womöglich zu heilen.

Viele Energiehistoriker machen sich heute noch über die angebliche Naivität Saudi-Arabiens lustig, das die Förderung von 1982 bis 1986 einseitig reduzierte, während andere OPEC-Mitglieder weiter an der Kapazitätsgrenze arbeiteten und neues Öl aus Nicht-OPEC-Ländern auf den Markt kam. Die damals erschienenen technischen Studien legen jedoch nahe, dass völlig andere Überlegungen hinter diesen Maßnahmen standen. Die Förderung wurde vor allem gekürzt, um den riesigen saudischen Feldern eine dringend benötigte Erholungsphase nach einem Jahrzehnt extremen Outputs zu gönnen. Höchstwahrscheinlich war also nicht Naivität der Grund dieser Maßnahmen, sondern eine technische Notwendigkeit.

Zwischen Ende 1982 und Anfang 1986 gab es in der saudischen Ölproduktion eine echte Erholungspause. Zeitweise sank die Produktion auf zwei Millionen Barrel pro Tag. Diese Kürzung in Saudi-Arabien ersparte den anderen

OPEC-Staaten ähnliche Maßnahmen. Das linderte die finanziellen Schmerzen, die einige dieser Länder verspürten, als die Ölpreise sanken.

Dennoch erwies es sich für Saudi-Arabien als Fehler, sich von den anderen OPEC-Ländern zu isolieren, weil es einen Präzedenzfall schuf: Ein einzelnes OPEC-Land hatte von nun an die Marktschwankungen auszugleichen, anstatt dass alle gemeinsam ihre Produktion wenn nötig gesenkt oder erhöht hätten. Das war aber ein unabsichtlicher Fehler, denn die Kürzungen waren ja offenbar wegen der Bemühungen des Königreichs vorgenommen worden, seine Ölvorkommen zu schützen und sie zu revitalisieren.

Die Produktionskürzungen führen zu höheren Preisen: der Preiskrieg von 1986

Im Herbst 1985 war die saudische Ölproduktion so niedrig, dass die politischen Führer entschieden, es sei nun genug. Da die wichtigsten Felder „ruhten", schien es nun an der Zeit, den deutlich gesunkenen Marktanteil an der OPEC wieder zu steigern. Anfang 1986 leitete Scheich Yamani, die Galionsfigur Saudi-Arabiens und der OPEC gleichermaßen, einen Preiskrieg ein, um die anderen OPEC-Länder davon zu überzeugen, die Schmerzen einer reduzierten Produktion gemeinsam zu tragen.

Diese Auseinandersetzung ließ den Ölpreis kurzfristig wieder auf zehn Dollar pro Barrel steigen. Yamanis Preiskrieg erfüllte jedoch seinen Zweck, die Produktionsdisziplin innerhalb der OPEC zu erhöhen und den meisten anderen Mitgliedern die Gefahren einer absichtlichen Überproduktion vor Augen zu führen.

Diese schmerzliche Erinnerung prägte das Verhalten der OPEC während des größten Teils der folgenden 20 Jahre. Ironischerweise wurde der erfolgreiche Architekt dieser Aktion, Scheich Yamani, wenig später auf unzeremonielle Weise gefeuert. Aber seine Aktion war im Rückblick betrachtet richtig.

Als alle OPEC-Mitglieder die Produktion zügelten, erholten sich die Ölpreise schnell. Von 1987 bis 1990 verharrten sie in einer relativ engen Zone von 17 bis 20 Dollar. Im Sommer 1990 war auch die saudische Produktion wieder über fünf Millionen Barrel pro Tag gestiegen. Die Probleme mit Wasser, Gas und Förderdruck waren zwar immer noch vorhanden, schienen sich aber nicht weiter zu verschlimmern.

Das US-Embargo gegen den Irak
erhöht die Ölförderung in Saudi-Arabien

Im Nahen Osten ist Stabilität jedoch selten von langer Dauer. Im Juli 1990
marschierte der Irak plötzlich in Kuwait ein. Innerhalb von Wochen bildete sich
unter der Führung der USA eine bemerkenswerte Koalition, die beschloss, ein
Embargo gegen die irakischen Ölexporte zu verhängen, die nun nicht mehr nur
Iraks drei Millionen Barrel pro Tag umfassten, sondern auch den gesamten früheren Output Kuwaits. Diese Entscheidung fegte augenblicklich fünf Millionen
Barrel pro Tag vom weltweiten Ölmarkt. Alle anderen Ölproduzenten wurden
dazu gedrängt, die Produktion auf volle Kapazitätsauslastung hochzufahren.
Zum ersten Mal seit der iranischen Revolution und dem Krieg zwischen Irak
und Iran drohte wieder ein Ölpreis von 40 Dollar.

Saudi-Arabien reagierte auf diese Bedrohung mit einer Produktionssteigerung von 5,3 Millionen Barrel pro Tag Mitte September 1990 auf mehr als acht
Millionen Barrel pro Tag Ende Dezember. Wegen der Kürze der Zeit und der
Tatsache, dass keine zusätzlichen Bohranlagen eingesetzt wurden, muss Saudi-
Arabien diese rasche Ausweitung erreicht haben, indem es einfach die Ventile
öffnete und einige stillgelegte Teile der wichtigsten Felder wieder in Produktion nahm. Die Ölmengen stiegen, aber die stärkere Förderung führte erneut zu
einem deutlichen Nachlassen des Förderdrucks, stärkeren Wasserzuflüssen und
wahrscheinlich auch zu erhöhter Freisetzung von Gas.

In der „Operation Desert Storm" wurde der Irak rasch unterworfen, und Kuwait war wieder frei. Die Militäraktion führte zu keinen großen oder bleibenden
Schäden für die Ölproduktion und die Exportkapazitäten des Nahen Ostens,
abgesehen von den Feuern in Kuwait und dem Embargo gegen irakische Ölexporte. Saudi-Arabien konnte seine Förderung wieder drosseln. In den nächsten
zehn Jahren musste Saudi-Arabien manchmal wieder über acht Millionen Barrel
pro Tag fördern, doch die von Aramco veröffentlichte Produktion blieb in einer
recht engen Spanne zwischen 6,5 und 7,5 Millionen Barrel pro Tag.

Nach der Produktionssteigerung von 1990 konzentrierte sich Aramco wieder
auf die „Abweichungen" auf seinen wichtigsten Ölfeldern. Unerwartete, vorzeitige Wasserzuflüsse wurden zum täglichen Thema hitziger Diskussionen zwischen
Aramcos Technikexperten. Das Wasser stieg wieder an, und nun bildeten sich in
den Reservoirs auch Gasschichten. Nach Ansicht einiger aufmerksamer Beobachter, aber unbemerkt vom Rest der Welt, begann sich das saudische Ölwunder

dem Ende zuzuneigen. Wenn dies eher früher als später geschieht, könnte man es als Teil des unglückseligen Erbes betrachten, welches das militärische Abenteurertum Saddam Husseins der Welt auferlegt hat.

Ende der 1990er-Jahre förderten alle OPEC-Länder mit Ausnahme Saudi-Arabiens am oberen Ende der nachhaltigen Kapazitätsgrenzen. Die Ölproduktion in jedem OPEC-Land des Nahen Ostens kam immer noch aus einer Hand voll gigantischer Felder. In den vorangegangenen 30 Jahren waren im ganzen Nahen Osten nur wenige neue Felder von nennenswerter Größe gefunden worden. Am Beginn des 21. Jahrhunderts kam der Großteil der OPEC-Produktion immer noch aus wenigen, alternden Ölfeldern. Aber diese Felder hatten über so lange Zeit so viel Öl hervorgebracht, dass selbst die heutigen Aramco-Manager zu glauben begannen, ihr reichlicher Output könne gegen die normalen Alterungsprobleme aller anderen Ölfelder immun sein.

Kapitel 4

Der Schleier der Geheimhaltung über Ölreserven und Produktion in Saudi-Arabien

Ende der 1970er-Jahre hatte sich Saudi-Arabien seinem neuen Status als wichtiger Akteur im Weltgeschehen angepasst. Es war voll in der Lage, seine eigenen Interessen zu definieren und zu verfolgen, war aber auch bereit, eine Rolle in der Staatengemeinschaft zu akzeptieren, die Rücksichtnahme auf andere erforderte. Als weltgrößter Ölproduzent, der zudem für den Marktausgleich sorgte, als reichstes Land im Nahen Osten und wohl einflussreichstes OPEC-Mitglied hatte Saudi-Arabien Macht und Verantwortung, die in keinem Verhältnis zu seiner kurzen Landesgeschichte, kleinen Bevölkerungszahl, geringen militärischen Bedeutung und archaischen Regierungseinrichtungen standen.

Der Reichtum, die Macht und die Verantwortung waren ganz allein aus dem Öl erwachsen. Würde sich Saudi-Arabien entscheiden, ein *guter Verwalter* dieser wertvollen Ressourcen zu sein oder ein *leichtsinniger Verschwender*? Mitte der 1970er-Jahre wiesen die Giganten- und Super-Giganten-Felder des Königreichs schon die ersten normalen Alterungserscheinungen auf, vielleicht auch Zeichen von Schäden, die die rasche Produktionssteigerung wegen der wachsenden weltweiten Nachfrage verursacht hatte. Aber Saudi Aramco erhöhte die Fördermengen weiterhin, entweder wegen steigender Nachfrage oder als Reaktion auf die eine oder andere Krise. Ironischerweise verletzte Saudi-Arabien einerseits wahrscheinlich die Pflichten eines guten Verwalters seiner Ölfelder, indem es seine Aufgaben als der für den Marktausgleich verantwortlicher Produzent ernst nahm. Andererseits ist klar, dass Saudi-Arabien einen anderen Teil seiner Verantwortung nicht erfüllte, obwohl es keineswegs der einzige Ölproduzent war, der das tat.

Die Geheimnistuerei der Saudis verbarg den wahren Zustand und das Ausmaß der Alterung der wichtigsten saudischen Ölfelder.

Indem sie Operationsdaten geheim hielten und keine glaubhaften Zahlen lieferten, die ihre Behauptungen über Reserven, Produktionsraten und Kosten stützten, erwiesen Saudi-Arabien und andere Ölproduzenten den ölverbrauchenden Nationen einen Bärendienst. Energieplaner auf der ganzen Welt waren gezwungen, ihre Berechnungen auf Basis von *Annahmen* statt nachprüfbaren Informationen durchzuführen, ein Umstand, der zweifellos schädliche Folgen für alle Beteiligten im Energiebereich, für Produzenten und Konsumenten gleichermaßen hatte. Der wichtigste Nachteil war, dass diese Geheimnistuerei den wahren Zustand und das Ausmaß der Alterung der wichtigsten saudischen Ölfelder verbarg.

Die Geschichte hat es schon oft gezeigt: Wenn es Geheimnisse über die Kultur eines Unternehmens oder eines Landes gibt, sind nach Aufdeckung dieser Geheimnisse diejenigen Insider am meisten überrascht, die deren Entstehen überhaupt erst ermöglicht hatten. Möglicherweise kam es bei Aramco und sogar im saudischen Ölministerium zu solchen Überraschungen.

Durch das Studium zahlreicher SPE-Veröffentlichungen wissen wir heute, dass einige Technikteams von Aramco schon vor mehr als 30 Jahren ernsthafte Alterserscheinungen auf den großen Ölfeldern bemerkt haben. Seither kämpfen sie gegen die damit verbundenen Probleme. Die Veröffentlichungen ziehen die ständigen Versicherungen Saudi-Arabiens in Zweifel, seine Ölreserven und Produktionssysteme reichen aus, um seiner expliziten und impliziten Verantwortung gerecht zu werden.

Als die saudischen Ölfelder alterten, wurden die Probleme gravierender. Die saudischen Öloperationen sind heute weit komplexer, technisierter und teurer als vor Mitte der 1970er-Jahre. Daher begann das Königreich das 21. Jahrhundert und das 72. Jahr seiner Landesgeschichte mit verschiedenen Problemen – technischer, ökonomischer und politischer Natur –, die die Ölexporte unterbrechen oder reduzieren könnten. Für diese Probleme gibt es keine einfachen Lösungen.

1978 warnt ein US-Report vor der Abhängigkeit von saudischen Öllieferungen

Mitten während Saudi-Arabiens selbst auferlegter „Ruhepause" für Aramcos überstrapazierte Ölfelder machte sich die US-Regierung, die erkannte, wie abhängig die Welt vom saudischen Öl geworden war, Sorgen über die Zuverlässigkeit der Ölproduktion und die Versorgungskapazitäten des Königreichs. Der Senat bat daher das General Accounting Office (GAO), die Fähigkeit und den Willen Saudi-Arabiens zu untersuchen, die steigende Nachfrage zu befriedigen.

Am 13. Mai 1978 überreichte Generalkontrolleur Elmer B. Staats dem Kongress einen Bericht über die Nachforschungen der GAO, der die kritischen Faktoren zur Zukunft der saudischen Öllieferungen enthielt.

Am Beginn des Reports wurde die einzigartige Position Saudi-Arabiens als dominanter Öllieferant hervorgehoben. Der Report bemerkte auch, die USA müssten sich noch „auf Jahre hinaus" mit einer steigenden Abhängigkeit von Ölimporten abfinden, um ihre Wirtschaft am Laufen zu halten. Mr. Staats warnte ausdrücklich, die saudische Dominanz und die Abhängigkeit der USA würden in den kommenden Jahren weiter zunehmen.

Ein großer Teil des Berichts beschäftigte sich mit geopolitischen Faktoren, vor allem mit den wirtschaftlichen Interessen und der militärischen Sicherheit Saudi-Arabiens. Er bot aber auch einen seltenen Einblick in den Kern der Öloperationen Saudi Aramcos am Ende der Ära, als Aramco noch von Exxon, Mobil, Texaco und SOCAL gemanagt wurde.

Die Lage des saudischen Öls

Das Aramco-Management hatte bereitwillig erklärt, wie das Ölsystem Saudi-Arabiens damals funktionierte. Aramco förderte 97 Prozent des gesamten saudischen Outputs. Der Rest kam aus der neutralen Zone und aus Abu Sa'fah, das man sich mit Bahrain teilte. 93 Prozent der Aramco-Gesamtproduktion kamen aus nur vier Feldern: Ghawar, Safaniya, Abqaiq und Berri. Der Report stellte fest, dass alle vier inzwischen alterten (obwohl sie damals im Vergleich zu heute noch jung waren).

Die Menge der Ölreserven

Der GAO-Report enthielt auch detaillierte Statistiken über die nachgewiesenen Reserven, von denen Aramco damals annahm, dass sie in Saudi-Arabien existierten; zudem auch Daten zu den vier großen Feldern. Die Methode zur Bestimmung der nachgewiesenen Reserven war die gleiche, die von der SEC auch für alle anderen Berichte der vier Anteilseigner vorgeschrieben war, denn die Aramco-Reserven machten einen großen Anteil der Gesamtreserven aus, die in den Jahresberichten der vier Anteilseigner aufgelistet wurden.

Dem Regierungsbericht zufolge lagen die insgesamt in Saudi-Arabien entdeckten, nachgewiesenen Reserven bei 110 Milliarden Barrel, davon 70 Milliarden in den vier größten Feldern. Allein auf Ghawar entfiel fast die Hälfte der Gesamtmenge. Bis 1976 waren in diesen vier Feldern 25 Prozent der nachgewiesenen Reserven bereits gefördert worden.

Tabelle 4.1 enthält die Daten über berichtete Produktion, kumulative Produktion und geschätzte verbliebene Reserven in den vier größten Feldern Ende 1976. Wenn die Daten stimmen, zeigt schon die einfache Mathematik, dass Abqaiq, Ghawar und Berri sich Ende 2005 dem Ende der Zeit hoher, frei fließender Ölförderung näherten.

Geringe Zahl von Förderschächten

Das GAO-Untersuchungsteam berichtete, dass in Saudi-Arabien 15 Ölfelder die gesamte Menge von 9,2 Millionen Barrel pro Tag liefern. Zudem kam dieses Öl aus weniger als 800 Förderschächten, im Durchschnitt lieferte ein Schacht

Tabelle 4.1: Ölproduktion und Reserven der vier großen saudischen Felder, 1976

Feld	Tagesproduktion 1976 (in 1.000 Barrel pro Tag)	Gesamtproduktion (Milliarden Barrel)	Geschätzte verbliebene Reserven (Milliarden Barrel)
Ghawar	5.353	15,5	46
Safaniya	1.436	4,0	14
Abqaiq	831	5,5	4
Berri	766	1,3	6
Gesamt	8.386	26,3	70

Quelle: GAO-Report

also 11.500 Barrel täglich. Der Report verglich diese winzige Zahl hochproduktiver Schächte mit den über 500.000 Schächten, die für die US-Produktion von 9,9 Millionen Barrel pro Tag nötig waren. Er besagte zudem, dass Aramco 23 weitere nachgewiesene Ölfelder besitze, die „noch nicht in Produktion" seien.

Die Suche nach neuen Ölfeldern oder Ölquellen

Der Report schilderte die Bemühungen Aramcos, neue Ölfelder zu finden. Das GAO-Untersuchungsteam erfuhr, dass „die Aussichten auf weitere Ölfunde gut sind". Damals führten sieben Seismografie-Teams geophysikalische Untersuchungen auf dem neuesten Stand der Technik durch, um geeignete Gesteinsstrukturen für Probebohrungen zu finden. Vier Bohreinrichtungen führten auf dem Festland Probebohrungen durch und eine auf dem Meer.

Das gesamte Aramco-Bohrprogramm von 1977 hatte jedoch zum Ziel, neue Schächte in den bereits existierenden Feldern anzulegen. Aramcos Manager sagten dem GAO-Team, etliche noch zu entwickelnde Reservoirs in den Super-Giganten-Feldern enthielten wahrscheinlich einige zusätzliche hundert Millionen Barrel Öl. Wie erwähnt wurden die nachgewiesenen Reserven in denselben Ölfeldern Ende 1979 um 50 Milliarden Barrel nach oben revidiert, nachdem ein saudisches Managementteam Aramco übernommen hatte. Acht Jahre später stiegen sie auf geheimnisvolle Weise um weitere 100 Milliarden Barrel

Im Rückblick erwies sich Aramcos Optimismus über weitere Explorationsprojekte als unbegründet. Nach 25 Jahren immer intensiver werdender geologischer und geophysikalischer Arbeiten und ebenso intensiver Probebohrungen hat Saudi-Arabien keine wichtigen neuen Felder gefunden, mit Ausnahme der komplexen und wenig produktiven Reservoirs in der Hawtah-Formation. Wenn es nach 2005 keine großen neuen Funde mehr gibt, wäre das letzte große Ölfeld in Saudi-Arabien schon etwa zehn Jahre vor Veröffentlichung des GAO-Reports entdeckt worden.

Die Produktionsraten

Der Report ging dann noch auf einige technische Themen ein, die die endgültigen Fördermengen Saudi-Arabiens beeinflussen könnten. Der wichtigste Punkt dabei waren die Produktionsraten der einzelnen Schächte. Wenn eines der Reservoirs empfindlich auf zu hohe Fördermengen reagierte, dann würde das die Ölmenge beeinflussen, die insgesamt produziert werden konnte.

Aramcos Management versicherte den GAO-Inspektoren jedoch, dass die meisten Ölfelder in Saudi-Arabien in dieser Hinsicht nicht empfindlich seien und dass die Fördergeschwindigkeit die endgültigen Ölmengen nicht beeinflussen würde. Das einzige Risiko, das Aramcos Manager in einer zufälligen Überproduktion sahen, war ein Anstieg der Gesamtproduktionskosten des Feldes.

Die Aramco-Experten machten dem GAO-Team die vertrauliche Mitteilung, dass man die aktuelle Produktion zumindest in den wichtigsten Feldern um bis zu 50 Prozent oder mehr steigern könne, ohne die endgültige Menge des förderbaren Öls zu beeinflussen. Auch dieser Optimismus erwies sich als unbegründet.

Man kann sich schwer vorstellen, warum die Aramco-Leute so zuversichtlich waren, die Produktion ebenso schnell wie in den frühen 1970er-Jahren hochfahren zu können, ohne dem Förderdruck zu schaden, oder wie sie behaupten konnten, die saudischen Felder seien nicht sensitiv gegenüber hohen Fördermengen. Soweit man heute weiß, reagieren alle Ölvorkommen empfindlich darauf.

Später fand man heraus, dass die Arab-D-Reservoirs besonders empfindlich auf hohe Förderraten reagieren. Das liegt an einer besonderen lithologischen Eigenschaft, die man als Super-K-Zonen kennt; ein selten vorkommendes, extrem durchlässiges Gestein, das eine sehr hohe Ölproduktivität erlaubt. Als diese Felder alterten, ebneten die Super-K-Zonen Wassereinbrüchen den Weg. Aramcos Äußerungen zur Produktionssensitivität in einer Zeit, als das Unternehmen noch von Amerikanern geführt wurde, waren wohl als Zeichen politischer Korrektheit gegenüber den saudischen Gastgebern gemeint. Aus technischer Sicht waren sie jedoch völlig falsch und ziemlich irreführend.

Interessanterweise vermerkt der GAO-Report die Warnung der Aramco-Manager, ihr Optimismus bezüglich der Dauerhaftigkeit hoher Produktionsraten beruhe auf zwei Grundannahmen:

1. Der hohe Förderdruck, den die riesigen saudischen Ölfelder schon seit mehr als zwei Jahrzehnten genossen, kann zeitlich unbegrenzt aufrechterhalten werden.

2. Die aktuelle Praxis der Wassereinpumpung zur Druckstabilisierung und zum Schwemmen des Öls von den Seiten der Felder ins Zentrum kann noch jahrelang weitergeführt werden.

Wo der 1978er-Report über die saudischen Ölreserven irrte

27 Jahre später ist klar, dass sich keine der Grundannahmen, die den GAO-Report so „beruhigend" machten, langfristig als zutreffend erwies. Stattdessen lehrten bittere Erfahrungen, dass ein ständiger Anstieg der Wasserinjektionen die Wassereinbrüche in einigen Teilen der Ölfelder tatsächlich erleichterte und dass sich dieses Problem verschlimmern wird, weil man immer mehr Wasser einpumpt und die Felder zunehmend altern. 1976 wurden in Ghawar täglich 9,2 Millionen Barrel Wasser eingepumpt, um 5,9 Millionen Barrel Öl zu gewinnen.

Der GAO-Report stellte fest, dass alle Super-Giganten-Felder „seit mehr als zwölf Jahren in Produktion sind und merklich altern". Massive Injektionen von Wasser und Gas waren nötig, um den natürlichen Wasserstrom zu verstärken und den hohen Druck aufrechtzuerhalten. Aber jede Besorgnis über die zunehmende Alterung wurde mit Hinweis auf den „Lebenszyklus" jedes Ölfelds abgetan, der nicht auf die Felder Saudi-Arabiens beschränkt sei. Eigentlich eine wenig beruhigende Vorstellung.

Die GAO-Studie enthielt eine interessante Warnung. Das optimistische Aramco-Team prognostizierte, andere Fördermethoden würden eventuell nötig werden, um das Wassereinpumpungsprogramm zu ergänzen.

Nach Ansicht der GAO verlagerte die Einpumpung die „Notwendigkeit, schließlich künstliche Hebetechniken anzuwenden" nur in die Zukunft. Die Anwendung alternativer Förderungsmethoden würde aber neue Programme, neue Ingenieurtechniken und enorme Investitionen erfordern.

Die GAO-Inspektoren lobten Aramcos Bemühungen, diesen „Tag der Abrechnung" zu vermeiden. Dann vermerkte der Bericht, Aramco habe damit begonnen, die Reservoirleistungen aller wichtigen Felder alle drei Monate zu überprüfen, doppelt so oft wie es auf der ganzen Welt üblich ist.

Bisher hatten diese Prüfungen keine Anzeichen eines exzessiven Druckverlusts ergeben, keine ungewöhnlichen Wassereinbrüche und keine unkontrollierbare Gasschichtbildung. Aber die Sorge, diese „Teufel" könnten rasch erscheinen, war schon vor 25 Jahren bei erfahrenen Beobachtern verbreitet.

Das GAO-Team vermerkte zu seiner Erleichterung, dass der Druck in den wichtigsten Feldern in der Regel durch wirksame Wassereinpumpungssysteme aufrechterhalten wurde. Der Report räumte jedoch ein, dass der Überblick des Untersuchungsteams beschränkt sei und „es in einzelnen Regionen dieser vier Felder Druckprobleme geben könnte".

Die GAO-Untersuchungen fanden keine Hinweise auf innere Korrosion infolge des intensiven Wassereinspritzungsprogramms, obwohl der Salzgehalt des eingepumpten Wassers bis zu sechs Mal so hoch lag wie bei normalem Meerwasser. Man sagte den Inspektoren, ein Schacht werde sofort geschlossen, wenn im geförderten Öl ein hoher Salzgehalt festgestellt werde, um Korrosionsschäden zu vermeiden.

Als ich den GAO-Report von 1978 las, hatte ich die gesammelten Informationen aus über 200 SPE-Studien schon verdaut, die verschiedene Aspekte derselben technischen Probleme und ihre Entwicklung in 25 Jahren behandelten. Die Widersprüche zwischen den Zusicherungen, die den GAO-Inspektoren gegeben wurden, und den folgenden Erfahrungen auf den Ölfeldern, die die SPE-Papiere schilderten, sind eine ernste Mahnung, wie wenig selbst die besten Branchenexperten 1977 über die tatsächlichen Eigenschaften dieser einzigartigen Reservoirs wussten. Die Lagerstätten erwiesen sich als viel heterogener und komplexer, als Saudi Aramco annahm, selbst noch zehn Jahre nach der GAO-Inspektion.

Nach Lektüre dieses Reports von 1978 fragte ich mich auch, ob die Managementphilosophie bei der Produktion auf diesen gigantischen Feldern in den entscheidenden 1970er-Jahren eine andere gewesen wäre, hätten damals Saudis Aramco gemanagt. Das war aber nicht der Fall.

In den gesamten 1970er-Jahren bestand das führende Management ausschließlich aus Ölexperten aus dem Westen. Von den Eigentümern waren sie beauftragt worden, die aktuellen Profite zu maximieren. Außerdem war schon vereinbart, dass das Eigentum an Aramco an die saudische Regierung übergehen sollte. Der Übergang zu den neuen Eigentümern war schon im Gang. Man kann sich unschwer ausmalen, dass Aramco in diesem entscheidenden Jahrzehnt, als die Produktion Saudi-Arabiens sich mehr als verdreifachte, die Strategie verfolgte, so viel Öl wie möglich zu fördern. Weil man die Uhr niemals zurückdrehen kann, lässt sich diese Frage nicht beantworten. Aber es ist faszinierend, darüber nachzudenken.

Ein Senatsreport vom April 1979 enthüllt weitere Geheimnisse um das saudische Öl

Knapp ein Jahr nach dem GAO-Report gewährte ein US-Senatsreport einen weiteren Einblick, was die Nachhaltigkeit der saudischen Öloperationen und den Status – so gut man ihn 1979 eben kannte – der nachgewiesenen, wahrscheinlichen und möglichen Ölreserven im Königreich betraf.

Als dieser Report vorbereitet wurde, dachten führende Aramco-Manager und hohe saudische Regierungsbeamte noch einmal über die Frage der maximalen und nachhaltigen Ölproduktion im Königreich nach. Noch ein paar Jahre zuvor hatten Aramco-Manager angenommen, man könne die Produktion in der Spitze bis auf 20 Millionen Barrel pro Tag steigern. Als während des Produktionsanstiegs der 1970er-Jahre die Probleme der wichtigsten Ölfelder offensichtlicher wurden, senkte man diese geschätzte Spitzenmenge auf 16 Millionen Barrel pro Tag. Ende 1978 und Anfang 1979 senkte Aramco diese Zahl noch einmal, diesmal auf zwölf Millionen Barrel pro Tag. Man nahm an, man könne dieses Niveau für 15 oder 20 Jahre halten, ehe es zu einem irreversiblen Rückgang käme.

Der Senatsreport bemerkte mit einiger Sorge, in Saudi-Arabien gebe es starke umweltschützerische Bedenken, dieser Zeitraum der Spitzenproduktion sei unangenehm kurz. Der Report bemerkte, eine nachhaltige Spitzenproduktion liege wahrscheinlich näher bei 9,8 Millionen Barrel pro Tag, sehr nahe an der im ersten Quartal 1979 erreichten Produktionsrate. Der Report warnte, bei einer so hohen Fördermenge würden sich selbst bei optimistischen Annahmen über die Höhe künftiger Investitionen alle bedeutenden Felder Aramcos „noch vor Ende des Jahrhunderts im Niedergang befinden".

Der Senatsreport schätzte das Ausmaß Aramcos nachgewiesener Reserven auf 110 Milliarden Barrel, ebenso wie der GAO-Bericht. Wenn man die wahrscheinlichen Reserven hinzufügte, stieg die Menge auf 177,9 Milliarden Barrel. Die möglichen Reserven fügten weitere 70,7 Milliarden zu den gesamten förderbaren Reserven von ursprünglich vorhandenen 530 Milliarden Barrel hinzu.

Im Report hieß es auch, dass die vier wichtigsten Felder –Ghawar, Abqaiq, Safaniya und Berri – 87 Prozent der Gesamtproduktion von 1979 lieferten, aber nur 61 Prozent der nachgewiesenen und wahrscheinlichen Reserven enthielten.

Zudem präsentierte der Bericht eine Reihe von Zahlen über die Produktions-niveaus aller wichtigen Förderregionen Ghawars – Zahlen, die ich in zwei Jahren der Forschungsarbeit nur einmal anderswo gefunden habe. Von Ghawars nach-haltiger Spitzenkapazität (5,3 Millionen Barrel pro Tag), könnten Ain Dar 1,0 Millionen, Shedgum 1,255 Millionen, Nord Uthmaniyah 1,9 Millionen und Süd-Uthmaniyah 400.000 Barrel pro Tag produzieren. Den Senatsbeauftragten wurde jedoch auch mitgeteilt, so hohe Fördermengen würden in den betreffenden Re-gionen schon 1989 bis 1992 zu einem irreversiblen Rückgang führen. Selbst *hohe Investitionen* würden diesen Rückgang nur um zwei bis vier Jahre verzögern.

Wie der GAO-Report geriet auch dieser Senatsbericht schnell in Vergessen-heit, obwohl er sehr deutlich die Risiken hoher Produktionsraten und die ge-ringe Wahrscheinlichkeit beschrieb, dass Saudi-Arabien in absehbarer Zukunft derart viel Öl fördern würde. Leider sind die Quellendokumente der Daten in diesem wenig beachteten Report 50 Jahre lang nicht öffentlich zugänglich. Wie in Anhang C erklärt, waren die von dieser Untersuchung aufgedeckten Daten zu alarmierend, um sie der Öffentlichkeit zu präsentieren.

Die OPEC stoppt 1982 die Veröffentlichung von Ölproduktionsdaten

Mindestens von 1950 bis Anfang 1982 veröffentlichten die wichtigsten Öl exportierenden und Öl produzierenden Länder, die die OPEC bildeten, jährlich oder sogar halbjährlich detaillierte Ölproduktionsdaten in Medien wie dem *Oil & Gas Journal*. Leider wurde diese Praxis während der Ära Zaki Yamanis (Ab-bildung 4.1) als saudischer Ölminister und dominante Figur der OPEC einge-stellt. Seither haben OPEC-Mitglieder nur selten Daten über einzelne Ölfelder bekannt gegeben. Keinerlei Daten gab es über die nachgewiesenen Reserven ein-zelner Felder. Jedes OPEC-Land liefert routinemäßig Daten über die landesweite Produktion und die nachgewiesenen Reserven an das OPEC-Sekretariat. Diese Daten werden dann an die Öffentlichkeit weitergegeben.

Seit Einzeldaten nicht mehr veröffentlicht werden, fehlt jede Transparenz der Ölproduktion. Seither sind die Produktions- und Reservendaten der OPEC spär-lich und letztlich nicht überprüfbar. Daher glauben wenige Branchenbeobachter den veröffentlichten Zahlen der OPEC. Die meisten OPEC-Mitglieder glauben

Abbildung 4.1: Ahmed Zaki Yamani. Scheich Yamani war saudischer Ölminister und das „Gesicht" der OPEC während der Ära steigender Produktion und Preise in den 1970er- und 1980er-Jahren
Quelle: Foto: Hulton Archive; Sammlung: Getty Images

nicht einmal die veröffentlichten Zahlen der anderen OPEC-Länder. Diese haben viele gute Gründe, ihre wahren Reserven, Produktionsraten und maximalen Kapazitäten zu verschleiern, und wenige Anreize, die Wahrheit zu sagen.

Öldaten aus Quellen außerhalb der OPEC

Diese Geheimnistuerei führte zu einem Datenvakuum. Wenn die Natur ein Vakuum verabscheut, dann tun dies Journalisten, Händler, Raffineriebetreiber, Regierungen und Verbraucher erst recht. Daher entstand ein stetiger Strom von Daten und Informationen über die OPEC-Produktion aus außenstehenden Quellen. Dieser Strom füttert die Print- und die elektronischen Medien wie Dow Jones, Bloomberg und Reuters. Das führte in erster Linie zu einem undurchdringlichen Sandsturm von Daten, der es bald unmöglich machte, irgendetwas exakt zu bestimmen oder gar zu erkennen, welche der vielen Daten gut und solide waren.

Daten Dritter versus Aramco-Daten

Saudi-Arabien bietet ein klassisches Beispiel dafür, was in einem solchen Datensturm passiert. Saudi Aramco liefert Daten über seine jährliche Ölproduktion, obwohl der Bericht erst Mitte des folgenden Jahres veröffentlicht wird und wenig Aufmerksamkeit findet.

Selten wird diskutiert, ob diese Daten die saudische Produktion zutreffend und genau darstellen, weil die außenstehenden Quellen schon detailliert dargestellt haben, was Aramco produziert „hat", und weil sich jeder schon seine Meinung darüber gebildet hat. Daher werden die offiziell veröffentlichten Daten des Unternehmens selbst von den eifrigsten Branchenbeobachtern kaum zur Kenntnis genommen.

In den zurückliegenden 20 Jahren gab es praktisch keinerlei Daten über die Produktionsraten und -mengen der wichtigsten saudischen Ölfelder und die Gesamtzahl der produzierenden Förderschächte im Königreich. Es ist zwar möglich, wie dieses Buch beweist, harte Informationen über den physischen Zustand jedes einzelnen wichtigen Felds zu erhalten, aber das ist nur mit hartnäckigen Nachforschungen in obskuren Quellen zu schaffen.

Saudi-Arabien schweigt zur Ölproduktion einzelner Felder

Zufällig oder absichtlich hat Saudi-Arabien diesen Datensturm gefördert, weil es die Details seiner Ölindustrie verschweigt. Dieser Schleier des Schweigens zieht sich durch alle OPEC-Länder. Die Entscheidung der OPEC, schweigsam zu bleiben, führte zu ständigen Gerüchten unter Produzenten und Analysten, dass die OPEC-Mitglieder betrügen und entweder zu viel oder zu wenig produzieren. Viele Beobachter beschreiben die OPEC heute als globale Institution.

Die Entscheidung, die Informationen nicht mehr zu veröffentlichen, war ein kolossales Unglück für alle Beteiligten der Energiebranche. Früher stellten die Daten der einzelnen Felder einen hohen Grad an Zuverlässigkeit der von jedem Land gemeldeten Gesamtproduktion sicher. Es fällt schwer, die Gesamtmenge des produzierten oder nicht produzierten Öls zu manipulieren, wenn die Förderung aller Einzelfelder veröffentlicht wird. Vor allem, wenn dies Jahr für Jahr geschieht, weil dann dynamische Vergleiche möglich sind.

Energiebeobachter und -analysten haben nie ernsthaft nach Gründen geforscht, warum Saudi-Arabien und die anderen OPEC-Mitglieder plötzlich keine Daten über einzelne Ölfelder mehr veröffentlichten. Eine These, die von einem nun pensionierten Bohringenieur Aramcos stammt, schreibt das Schweigen wachsender Besorgnis über die steigenden Wassermengen zu, die auf den großen Feldern Saudi-Arabiens plötzlich gefördert wurden. Die meisten Beobachter haben schon immer angenommen, dass die OPEC die Datenveröffentlichung eingeschränkt hat, um es den einzelnen Mitgliedern zu erleichtern, die ihnen zugewiesenen Produktionsquoten zu manipulieren.

Was auch der wahre Grund sein mag: Seit keine Berichte über einzelne Ölfelder mehr veröffentlicht wurden, begannen die weltweiten Ölmärkte allen von der OPEC publizierten Produktionsdaten zu misstrauen. Dieses Misstrauen wuchs im Lauf der Jahre, bis sogar das OPEC-Sekretariat in Wien begann, Medienberichte von dritter Seite zu verwenden, um die wahrscheinliche Produktion der Mitglieder einzuschätzen, statt den von diesen eingesandten Berichten zu vertrauen.

Daten von Energieberatern

Ein Teil des Informationsstroms in das Datenvakuum kam von einer neuen Klasse von Energieberatern. Zum Marktführer auf diesem Gebiet entwickelte sich eine Firma aus Genf mit dem Namen Petrologics. Sie behauptet immer noch, in allen wichtigen Ölhäfen Spione zu beschäftigen, die die Entladung der Tanker beobachten und die Zielhäfen zu ermitteln versuchen. Die Berichte von Petrologics über die geschätzten Exportvolumina wurden eine erste Informationsquelle über die OPEC-Produktion.

Für Menschen außerhalb der internationalen Ölindustrie mag es seltsam klingen, aber soweit man weiß, hat Petrologics einen entscheidenden Mitarbeiter, Conrad Gerber. Er leitet die Firma, zählt den Tankerverkehr und gibt die Daten an verschiedene Medien weiter. Mr. Gerber führt sein Geschäft vom Welthauptquartier der Firma aus, das oberhalb eines kleinen Lebensmittelgeschäfts in Genf liegt. Er behauptet, Petrologics beschäftige mehr als 20 oder 30 „Hafenspione" als heimliche Angestellte. Aber die Namen dieser Spione sind nie veröffentlicht worden.

Weil niemand prüfen kann, ob es diese heimlichen Datensammler überhaupt gibt, kann man nicht ausschließen, dass Mr. Gerber lediglich die Schätzungen vieler anderer Beobachter auswertet und dann einfach den Konsens verwendet oder schlicht ein paar Zahlen aus der Luft greift. Dennoch sind Gerbers OPEC-Ölexportdaten zur „ursprünglichen" Quelle der meisten in den Medien veröffentlichten Daten zur monatlichen OPEC-Produktion geworden, darunter der extrem wichtige und hoch angesehene monatliche Öl-Report der IEA. Man kann darüber streiten, ob dies der beste Weg für die ganze Welt ist, die Ölmengen zu verfolgen, die die OPEC produziert oder nicht produziert. Jedenfalls ist es eine absurde, möglicherweise unbeabsichtigte Folge der Entscheidung der OPEC-Staaten, die Details ihrer jeweiligen Produktion zu verschweigen. Die Ironie dieser Situation illustriert das Ausmaß des Datensturms, den Saudi-Arabien und die anderen OPEC-Länder verursacht haben.

Hätte Saudi-Arabien in den letzten 20 Jahren gute Daten über die Produktion der einzelnen Felder veröffentlicht, dann wären Energieanalysten in der Lage gewesen, den Produktionsrückgang in einigen der Super-Giganten-Felder zu beobachten, und zudem entdeckt, dass wenig Öl aus den anderen 75 entdeckten Feldern kam.

Ohne diese detaillierten Daten nährte eine Generation leichtgläubiger Energieexperten die Annahme, Saudi-Arabien sei das einzige Land, das so viel Öl produzieren kann, wie die Welt jemals brauchen wird. Da man zudem annahm, die Produktionskosten in Saudi-Arabien lägen praktisch bei Null, hatte die Welt den Luxus zu glauben, das Königreich könne für immer billiges Öl produzieren. Die Skepsis verschwand.

Die Entschlossenheit Saudi-Arabiens, die Ölbranche zu dominieren

In der Zwischenzeit blieb Saudi-Arabien fest entschlossen, ja fast besessen davon, der einzige stabilisierende Faktor auf den weltweiten Ölmärkten zu sein. Das Königreich gab einen immer größeren Teil einer schwindenden Ressource – nämlich seines Geldes – dafür aus, sicherzustellen, dass stets 1,5 bis zwei Millionen Barrel pro Tag an zusätzlichen Kapazitäten vorhanden waren, falls die Welt große Mengen zusätzlichen Öls benötigen würde.

Seltsamerweise wurde Saudi-Arabien selten von einem Öl verbrauchenden Land, ja nicht einmal von einer prominenten Einzelperson dafür gelobt, diese entscheidende Rolle bei der Sicherung der Energieversorgung zu spielen. Stattdessen wurde das Land nur zu oft beschuldigt, den Ölpreis nach unten zu treiben, um Konkurrenten auszuschalten, oder im Gegenteil den Preis nach oben zu jagen, um seine Geldkoffer zu füllen und die Verbraucherländer ihres Wohlstands zu berauben. Keine dieser Beschuldigungen hat sich je als zutreffend erwiesen.

Der Mangel an Informationen über Öl drückt auf die Preise

Der Mangel an zuverlässigen Daten über die Ölproduktion der OPEC fügte den globalen Ölmärkten großen Schaden zu. Ein klassisches Beispiel für die unbeabsichtigten Folgen unzuverlässiger Daten begann Ende 1997 und dauerte bis Anfang 1999, als die Ölbranche den stärksten Preisrückgang seit 50 Jahren erlebte. Als Grund wurde eine massive Ölschwemme angegeben, die angeblich die Weltmärkte überflutete. Die wurde der chronischen Überproduktion der OPEC zugeschrieben. Die meisten Beobachter hielten den vor kurzem ernannten saudischen Ölminister Ali Naimi für den Hauptverantwortlichen dieser offensichtlichen Dummheit. In Wirklichkeit hatte Naimi bei einem OPEC-Treffen im November 1997 in Jakarta nur dazu ermutigt, höhere Produktionsquoten zu ratifizieren, die den von ihnen zusätzlich geförderten und exportierten Ölmengen entsprachen, weil die prognostizierten Produktionsmengen aus Nicht-OPEC-Ländern ausgeblieben waren.

Sobald diese revidierten OPEC-Daten veröffentlicht waren, begannen die Ölpreise zu sinken. Bald nahm man an, die neuen Quoten hätten zu einem massiven Überschuss an Öl geführt. Je tiefer die Preise sanken, desto stärker wurde angeblich die Ölschwemme. Und doch waren die erhöhten Quoten von 1997 keine Produktionsanstiege. Diese neuen Quoten stellten lediglich die höheren Mengen dar, die die OPEC produziert hatte, um die weltweite Nachfrage zu befriedigen. Ein Anstieg der Förderung wurde während dieser angeblichen Ölschwemme nie verifiziert, und das weist darauf hin, dass der Überschuss hauptsächlich in der Phantasie von Energieanalysten und Ölhändlern existierte.

Dennoch setzte sich am Markt ein Mythos von einer kolossalen Überversorgung fest und war nicht mehr zu vertreiben. Während die Ölvorräte der OECD 1996 von einem sehr niedrigen Niveau aus ein wenig anstiegen, war dies doch nur ein Bruchteil der wahrgenommenen Ölschwemme. Der monatliche Öl-Report der IEA begann bald, dieses mysteriöse Missverhältnis zwischen dem Glauben des Markts an eine Überversorgung und dem Mangel an Beweisen dafür als „die fehlenden Barrels" zu beschreiben. Fast 18 Monate lang spekulierten verschiedene IEA-Reports darüber, wo diese „fehlenden Barrels" versteckt sein mochten. Genannt wurden langsam fahrende Tanker, Salzstöcke in Schweden oder das strategische Öllager Südafrikas in Sultana Bay. Während der ganzen peinlichen Saga von den „fehlenden Barrels" wurde Saudi-Arabien oft beschuldigt, der Hauptschuldige an diesem schädlichen Überschuss zu sein.

Am Tiefpunkt dieses historischen Ölpreisrückgangs in der ersten März-Woche 1999 brachte *The Economist* eine Titelgeschichte mit der Überschrift: „Wir ertrinken in Öl". Dieser lange Artikel behauptete, Saudi-Arabien wolle nicht länger für den Marktausgleich sorgen, während neuere Teilnehmer am Ölmarkt wie die Nordsee, Angola, Russland und Zentralasien ihm ständig seine rechtmäßigen Marktanteile abspenstig machten. Und daher, so dieser berühmt-berüchtigt gewordene Artikel weiter, habe sich Saudi-Arabien dazu entschlossen, die Welt mit genug zusätzlichem Öl zu überschwemmen, um den Preis auf fünf Dollar je Barrel zu drücken. Außerdem sei es wahrscheinlich, dass die Preise dann mindestens fünf Jahre lang auf diesem niedrigen Niveau bleiben würden.

Ich hatte Gelegenheit, mit dem Autor dieses Artikels zu sprechen, wenige Tage bevor der Beitrag veröffentlicht wurde. Als er mir seine Fünf-Dollar-These unterbreitete und mich nach meiner Meinung fragte, sagte ich ihm, diese Vorstellung sei absurd, weil so niedrige Preise die saudische Wirtschaft an den Rand der Zahlungsunfähigkeit bringen würden. Meiner Meinung nach konnte Saudi-Arabien einen Ölpreis von fünf Dollar nicht einmal ein Jahr lang aushalten, von fünf Jahren ganz zu schweigen.

Der Autor war über meine Antwort verblüfft. Er sagte: „Mr. Simmons, Sie müssen vollkommen falsch liegen. Ich habe wochenlang an dieser Geschichte gearbeitet. Jeder, der in der Ölbranche etwas gilt, stimmt meiner These absolut zu." Was der Autor entdeckt hatte, war, dass fast alle erfahrenen oder zumindest zitierbaren Öl-„Experten" fest daran glaubten, Saudi-Arabien habe genug Öl und könne zu so niedrigen Kosten produzieren, dass das Königreich selbst eine Einnahmeflaute von fünf Jahren aushalten könnte, wenn die Ölpreise auf fünf Dollar sinken würden. Vielleicht glaubten sie sogar, dass die Vorteile, denen sie den Saudis zusprachen, eine Niedrigpreisstrategie so gut wie unvermeidlich machten.

Es gab nie eine Ölschwemme. Es gab nur eine Flut an schlechten Daten.

Wenige Tage nach Erscheinen dieser Titelgeschichte vereinbarten die Ölminister von Saudi-Arabien, Venezuela und Mexiko eine OPEC-Produktionskürzung um 2,1 Millionen Barrel pro Tag, weil Preise von zehn bis zwölf Dollar die wirtschaftlichen Grundlagen aller drei Länder zerstörten. Die Produktionskürzung war dringend nötig, um den starken Rückgang der Ölpreise zu stoppen. Das Problem bei dieser starken Kürzung war aber, dass die globalen Ölmärkte damals in Wirklichkeit im Gleichgewicht waren. Folglich stiegen die Preise in nur 18 Monaten um mehr als das Dreifache. Es gab nie eine Ölschwemme. *Es gab nur eine Flut an schlechten Daten.*

Zur Ehrenrettung des schlecht beratenen *Economist*-Redakteurs sei gesagt, dass die letzte im 20. Jahrhundert erschienene „Millennium-Ausgabe" eine wunderbare und humorvolle Geschichte enthielt, die diesen „Ölschwemmen"-Artikel gründlich revidierte. Der Titel lautete: „Wir lagen falsch". Und es hieß darin: „Selten in der Geschichte des Journalismus lag ein Magazin mit einer Geschichte und deren Erscheinungsdatum so falsch, weil schon Tage später Saudi-Arabien eine Produktionskürzung von zwei Millionen Barrel pro Tag organisierte, die den Ölpreis enorm ansteigen ließ!"

In der dritten September-Woche 2000 stieg der Preis für Öl der Sorte West Texas Intermediate (WTI) auf 37 Dollar je Barrel. 30 Millionen Barrel aus den strategischen Ölreserven der USA waren nötig, um kurz vor den US-Präsidentschaftswahlen 2000 einen extrem angespannten Ölmarkt „abzukühlen".

Dieser gefährliche Ölpreiseinbruch von 1997 bis 1999 brachte nicht nur die saudische Wirtschaft an den Rand der Insolvenz, sondern destabilisierte auch die vom Öl abhängigen Volkswirtschaften von Mexiko, Venezuela, Russland, Nigeria und der anderen Produzenten im Nahen Osten.

Die Wahrnehmung einer Ölschwemme hätte sich am Markt sicher nicht festsetzen und die Preise nach unten treiben können, hätten die OPEC-Länder (und insbesondere Saudi-Arabien) die Welt mit regelmäßigen Daten über die einzelnen Felder versorgt, geprüft von einer vertrauenswürdigen Instanz. Die ganze Episode ist sozusagen der Höhepunkt der Verrücktheiten, die von der Geheimnistuerei der OPEC und vom Mangel an zuverlässigen Daten über die einzelnen Ölfelder verursacht worden sind.

Als Saudi-Arabien und seine OPEC-Verbündeten die Transparenz der Öldaten abschafften, hatten sie keine Vorstellung von den kontraproduktiven Konsequenzen. Letztlich überließen sie die finanzielle Lebensfähigkeit ihrer Volkswirtschaften der Gnade von Ölhändlern und Hedge-Fonds, die heute eifrig Wetten auf die künftige Richtung der Ölpreise abschließen.

Diese Spekulanten haben natürlich nur eine wenig solide Basis für ihre Wetten, aber es ist eben der Mangel an zuverlässigen Informationen, der den Ölmarkt zu einer Art Spielcasino macht. So wird der Verlust der Kontrolle über die Märkte und über ihr eigenes wirtschaftliches Schicksal zur bedeutendsten und schmerzlichsten Folgeerscheinungen des Datensturms, der aus der Geheimhaltungspolitik der OPEC resultiert.

Das neue Jahrhundert bringt Überraschungen über Ölangebot und -nachfrage

Als das 21. Jahrhundert begann, machten sich viele Energiebeobachter öffentlich Sorgen, weil der Anstieg der weltweiten Ölnachfrage nachließ – ein Problem, das einigen Leuten schon seit zehn oder mehr Jahren Kopfzerbrechen bereitete. Viele dieser Bedenkenträger waren auch überzeugt, die Ölproduktion der Nicht-OPEC-Länder werde kräftig steigen. Diese These wurde vom weit verbreiteten Glauben an die Fähigkeiten der modernen Ölfeldtechnologie gestützt, die Exploration und die Produktion von Öl völlig zu verändern. Viele informierte Beobachter hielten trockene Bohrlöcher für ein Ding der Vergangenheit, wegen der Wunder der 3-D-Seismografie, die den Geologen nun ein wesentlich klareres Bild der unterirdischen Strukturen mit Ölpotenzial lieferte. Horizontale Bohrungen ermöglichten eine weit höhere Produktion in alten, reifen Ölfeldern. Das führte zu „konstanter Erhöhung der Reserven", ein Ausdruck, der kontinuierliches Wachstum der nachgewiesenen Reserven unabhängig von neuen Ölfunden oder der Ausbeutung alter Reserven durch die Förderung bezeichnet. Dieser Technologie sollte es den Ölfirmen angeblich erlauben, auch kleine, zuvor unwirtschaftliche Felder auszubeuten. Dank der Technologie schien überall mehr Öl produziert zu werden.

Dieser allgemeine Eindruck von zu geringer Nachfrage und zu hoher Förderung in der Zukunft wurde zum Mantra der globalen Öl- und Gasindustrie am Beginn des neuen Jahrtausends. Obwohl die Ölpreise am Beginn des neuen Jahrhunderts höher waren, als fast jeder erwartet hatte, hielten viele Branchenbeobachter diese hohen Preise nicht für dauerhaft. Man war allgemein überzeugt, dass die Ölpreise bald wieder auf 18 bis 20 Dollar fallen würden, also auf ihr historisch „normales" Niveau.

Diese pessimistischen Aussichten für Öl hatten wichtige Implikationen für alle OPEC-Länder. Und keines davon stand vor größeren Herausforderungen als Saudi-Arabien:

■ Seine Wirtschaft lag am Boden, verglichen mit der finanziellen Stärke, die es 20 Jahre zuvor genossen hatte.

■ Haushaltsdefizite waren zur Normalität geworden, auch wenn der Ölpreis hoch war.

- Die Arbeitslosigkeit stieg, schon vor dem enormen Zustrom junger Menschen auf den Arbeitsmarkt.

- Stromausfälle und Wassermangel wurden in Saudi-Arabien ebenso zur Normalität wie in Mexiko oder Indonesien.

- Die hohen Geburtenraten in Saudi-Arabien führten zu einem Bevölkerungsanstieg, der die wirtschaftlichen und sozialen Ressourcen des Königreichs schnell überstrapazierte.

Der saudische Ölminister Ali Al-Naimi (Abbildung 4.2) begann eine sehr aktive Rolle innerhalb der OPEC einzunehmen, um einen Weg zu finden, die zunehmende Volatilität der Ölpreise zu bremsen und einen sogenannten fairen Ölpreis im Interesse von Produzenten und Verbrauchern zu schaffen. Man schuf auf Drängen Saudi-Arabiens ein offizielles OPEC-Preisband zwischen 22 und 28 Dollar. Das führte zum ersten Mal seit Jahrzehnten zu Bemühungen der OPEC-Führer, den Preis im oberen Ende dieses Bereichs zu halten. Ökonomen auf der ganzen Welt machten sich über dieses Preisband lustig und warnten, Preise von mehr als 20 Dollar seien zu hoch. Sie sprachen ständig darüber, „hohe Ölpreise"

Abbildung 4.2: Ali Bin Ibrahim Al-Naimi, saudischer Ölminister am Beginn des 21. Jahrhunderts
Quelle: Foto: Jorge Uzon; Sammlung: Getty Images

(nach der Ansicht vieler Beobachter Preise zwischen 25 und 30 Dollar je Barrel) könnten die wohlhabenden, Öl verbrauchenden Volkswirtschaften als Kunden der OPEC schädigen und somit womöglich die Gans töten, die der OPEC goldene Eier bescherte.

Saudi-Arabien war drei Jahrzehnte lang der wichtigste Ölproduzent der Welt und der bei weitem wichtigste Ölexporteur. Von größter Bedeutung war aber, dass Saudi-Arabien nun zum *einzigen* Ölproduzenten geworden war, der über genug ungenutzte Kapazitäten verfügte, um Nachfrageanstiege abzufedern oder Produktionsrückgänge eines anderen Lieferanten zu kompensieren.

Die ungenutzten Kapazitäten Saudi-Arabiens waren vermutlich drei bis sechs Mal so hoch wie die ungenutzten Kapazitäten aller anderen Ölproduzenten der Welt zusammen. Der Ölminister und andere wichtige Energiesprecher im Königreich erinnerten die Welt wiederholt daran, dass es Saudi-Arabien viel Geld kostete, diese Kapazitäten zu schaffen. Sie warnten auch, die saudische Produktion könnte durch das Bohren weniger neuer Schächte auf zehn bis 10,5 Millionen Barrel pro Tag hochgefahren werden.

Das Konzept der überschüssigen Kapazitäten wird allgemein nicht sehr gut verstanden. Viel zu viele Beobachter haben angenommen, wenn die Welt zusätzliches Öl benötigen würde, dann müsse sie „nur danach fragen, und es wird kommen". In Wahrheit umfassten die zusätzlichen Kapazitäten Saudi-Arabiens:

■ die physischen Grenzen seiner produzierenden Schächte,

■ die Kapazitäten seiner Anlagen zur Trennung von Gas und Öl,

■ das maximale Durchflussvolumen seiner Pipelines und

■ die Produktionslimits jeder Sorte von Rohöl – das heißt: Zusätzliche Kapazitäten zur Produktion von *schwerem* Rohöl haben wenig Bedeutung in einem Markt, der nach *leichten* und *mittleren* Ölen verlangt.

Hinzu kommt: Wenn die Ölverarbeitungskapazitäten des Königreichs auf 10,5 Millionen Barrel beschränkt sind, dann ist dies eine physische Grenze, selbst wenn die Schächte dort viel mehr Öl fördern könnten.

Die Hervorhebung der Kosten überschüssiger Kapazitäten unterstrich die deutlich vorgetragene Botschaft Saudi-Arabiens, dass sich die Ölpreise auf einem für Produzenten und Konsumenten fairen Niveau stabilisieren müssten. Die extreme Preisvolatilität der vorangegangenen Jahre hatte zu einem schlechten Investitionsklima geführt und bedrohte Saudi-Arabiens Fähigkeit, diese wichtigen zusätzlichen Kapazitäten vorzuhalten, die die Energieversicherung der Welt darstellten. Kein Ölproduzent, sei er unabhängig, ein internationaler Konzern oder eine staatliche Gesellschaft, hat einen ökonomischen Anreiz, Kapazitäten aufzubauen, die nur sporadisch oder womöglich überhaupt nicht genutzt werden. In Saudi-Arabien ist es nicht anders. Das Investitionskapital zum Aufbau zusätzlicher Kapazitäten muss also aus zusätzlichen Einnahmen aus dem Ölverkauf kommen.

Die Ereignisse von 2003 und 2004 begannen die weit verbreitete Ansicht bald zu widerlegen, die Ölnachfrage werde nachlassen, das Angebot aus Nicht-OPEC-Ländern werde steigen, und die Ölpreise würden wieder auf ihr historisch normales Niveau fallen. Nach einem starken Preissturz nach den Terrorattacken vom 11. September 2001 zogen die Notierungen beständig an und stiegen schließlich erstmals über 50 Dollar.

In den turbulenten ersten vier Jahren des 21. Jahrhunderts blieb die Menge der tatsächlichen täglichen Ölproduktion Saudi-Arabiens so geheimnisvoll wie immer. Produktionsschätzungen von Petrologistics, Middle East Economic Survey, International Energy Agency und der Energy Agency of the United States, die in verschiedenen Medien regelmäßig publiziert wurden, variierten oft um eine Million Barrel pro Tag. Ein Beispiel:

- Der Jahresbericht 2002 von Saudi Aramco besagte, die Produktionsvolumina von 1998 bis 2002 reichten von acht Millionen Barrel pro Tag in 1998 bis lediglich 6,8 Millionen Barrel pro Tag in 2002.

- Die von Aramco publizierte offizielle durchschnittliche Tagesproduktion belief sich auf 7,5 Millionen Barrel pro Tag.

- In diesen fünf Jahren schätzte die IEA die saudische Ölproduktion um 300.000 Barrel pro Tag höher ein.

- 2002 differierten die von Aramco veröffentlichte Produktion und die Schätzung der IEA um 580.000 Barrel pro Tag.

Es gibt große Unterschiede zwischen den einzelnen Produktionsmengenangaben und -schätzungen. Die Unterschiede zwischen den einzelnen Quellen verdeutlichen die Unsicherheit, was die tatsächliche Produktion in Saudi-Arabien betrifft.

Mitten in dieser Datenkonfusion berichteten die Medien ständig, Saudi-Arabien könne seine Produktion problemlos auf zehn oder sogar zwölf Millionen Barrel pro Tag erhöhen. Manchmal höre ich Energiewirtschaftler im Brustton der Überzeugung sagen, Saudi-Arabien könne sogar 16 bis 20 Millionen Barrel pro Tag erzeugen, in einigen Jahren, wenn das Königreich das wirklich wollte. Es gab aber nie harte Belege für diesen gesegneten Optimismus. Wenn es keine realen Daten gibt, tragen Gerüchte weit mehr zur Wahrnehmung der Fundamentaldaten des Marktes bei als offizielle Produktionsberichte der OPEC.

Gelegentlich drang ein Report in den halböffentlichen Bereich vor und enthielt Produktionsdaten aus ein, zwei einzelnen saudischen Feldern. Aber das war selten. Ich habe über 200 technische Studien über die Ölexploration und -produktion in Saudi-Arabien gelesen und fand dabei nur eine, die spezifische Daten aller wichtigen saudischen Ölfelder enthielt. Dieses 1999 veröffentlichte Papier beschäftigte sich mit den Erfolgen horizontaler Bohrungen in Saudi-Arabien und enthielt detaillierte Produktionsschätzungen aus 1994. Eine Zusammenfassung zeigt Tabelle 4.2.

Diese Studie besagte, die Produktion 1994 sei um 160.000 Barrel pro Tag höher gewesen als die IEA-Schätzung von 7,9 Millionen Barrel pro Tag. Wenn man annimmt, dass die Daten der Studie allgemein korrekt waren, bedeutet dies, dass

Tabelle 4.2: Ölproduktion der einzelnen Felder in Saudi-Arabien, 1994

Feld	Barrel pro Tag
Ghawar	5.000.000
Safaniya	960.000
Abqaiq	650.000
Berri	400.000
Zuluf	500.000
Marjan	400.000
Abu Sa'fah	150.000
Gesamt	8.060.000

Quelle: SPE #57322

diese sieben Ölfelder fast den gesamten Öl-Output Saudi-Arabiens hervorbrachten. Diese Produktionszahlen zeigen auch, dass die „Großen Drei" (Ghawar, Safaniya und Abqaiq) 1994 noch immer 84 Prozent der gesamten Ölförderung ausmachten, wobei 62 Prozent der Gesamtmenge auf Ghawar entfielen.

Aramco gewährt Einblick in die Probleme und die Komplexität seines Öls

Exakte Produktionsdaten sind nicht die einzige Information, die Saudi-Arabien der Öffentlichkeit vorenthalten hat. Die saudischen Behörden waren generell nicht dazu bereit, ihre Probleme bei der Aufrechterhaltung der Fördermengen und der Entdeckung neuer Vorkommen zu diskutieren. Diese Zurückhaltung und anhaltende Beteuerungen haben den Mythos vom unerschöpflichen saudischen Öl bestärkt. Die einzigen harten Fakten, die diesen Mythos bekräftigten oder ihn in Frage stellten, finden sich in technischen Studien, publiziert von Wissenschaftlern und Ingenieuren Aramcos.

Die SPE-Papiere sind aber nicht die einzigen Dokumente, die etwas über die zunehmende Komplexität der saudischen Öl-Operationen aussagen. Einige der besten diesbezüglichen Informationen liefern einige sehr professionell produzierte Broschüren, die das Unternehmen selbst in den letzten fünf, sechs Jahren veröffentlicht hat.

Diese Broschüren schildern die technische Expertise, die Aramco erreicht hat. Es ist nicht ihr Zweck, die Probleme darzustellen, die in den letzten zwei, drei Jahrzehnten in den saudischen Ölfeldern entstanden sind. Dennoch tun sie das, was einer gewissen Ironie nicht entbehrt, denn die dort beschriebenen Techniken in den Giganten- und Super-Giganten-Feldern sind typisch für die Herausforderungen, die Ölfelder bieten, wenn sie altern und einen hohen Reifegrad erreicht haben.

Die Notwendigkeit massiver Wasserzuführungen. Eine solche Broschüre beschrieb detailliert die massiven Wassereinpumpungen zur Stützung der Produktion auf den drei großen Festland-Ölfeldern Ghawar, Abqaiq und Berri. Darin hieß es, dass *zwölf Millionen Barrel pro Tag an Wasser in diese Felder gepumpt werden*. Mit sieben Millionen Barrel pro Tag entfiel der größte Teil davon auf aufbereitetes Meerwasser, weitere drei Millionen Barrel pro Tag auf Wasser aus den Trennungsanlagen. Zwei Millionen blieben übrig, die offensichtlich aus nahe gelegenen Grundwasservorkommen stammten. Allein in Ghawar wurden acht Millionen Barrel pro Tag eingepumpt, vier Millionen in Berri und Abqaiq.

Das ist eine ganze Menge Wasser, sogar für Super-Giganten-Felder. Diese Wassermenge zeigt an, wie groß die Probleme der Aufrechterhaltung des Förderdrucks
inzwischen sein müssen.

Ölmangel in vertikalen Schächten. Eine andere Broschüre stellt fest, dass
horizontale Schächte nun der Standard für alle neuen Förderanlagen in Saudi-
Arabiens produzierenden Ölfeldern sind. Darin heißt es, dass man in Abqaiq
horizontale Schächte bohrte, um die verbliebenen, viel schwerer zu erreichenden
Ölvorkommen in „dünnen" Reservoirs von Arab D, Zone 1, und in einer Schicht
geringerer Durchlässigkeit in Arab D, Zone 2, anzuzapfen. Die Broschüre stellte
weiter fest:

> „Da Zone 1 in vertikalen Schächten nicht viel Öl lieferte, fanden horizon-
> tale Schächte Verwendung. Die ursprünglichen 30 Meter langen horizon-
> talen Schachtsektionen drangen in diese engen Schichten vor und förder-
> ten für einige Zeit 8.000 bis 9.000 Barrel pro Tag." Entweder stellte diese
> Broschüre die derzeitige Fördermenge in Abqaiq unbeabsichtigt niedrig
> dar, oder sie beschrieb zutreffend, wie schwer es inzwischen ist, das letzte
> frei fließende Öl in Abqaiq zu gewinnen.

Der Niedergang von Abqaiq. Die Broschüre schilderte auch, wie horizontale
Schächte in Abqaiq Öl aus „einer dünnen Säule direkt unter der Gasschicht" fördern. Diese verbliebene Ölschicht wurde als schwer förderbar beschrieben, weil
es keine Barriere zwischen der Gasschicht und dem Öl gab. Die Beschreibung
macht deutlich, dass „eine dünne Säule" wahrscheinlich das einzige Öl ist, das
man in dieser Region Abqaiqs noch gewinnen kann, abgesehen von kleinen Vorkommen unterhalb der Öl/Wasser-Kontaktschicht.

Der Niedergang von Ghawar. Da auf Ghawar immer noch ein derart enor-
mer Anteil der gesamten saudischen Ölproduktion entfällt, ist es besonders aufschlussreich zu lesen, was die Aramco-Broschüren von 2003 und 2004 über die
neuen Bohrungen sagen, die heute dort stattfinden:

> „Die horizontalen Schächte im Super-Giganten-Feld Ghawar dringen in
> dünne Ölvorkommen ein, wie die Ausläufer von Zone D, Areale von ge-
> ringer Durchlässigkeit in Zone 2-B und in Zone 3, wo eine 30 bis 50 Me-
> ter dicke Schicht noch 30 Prozent des ursprünglich dort vorhandenen Öls
> enthält. Vertikale Schächte, die früher dort Anwendung fanden, brachten
> nur „marginale Beiträge".

Außerdem wurden viele der alten, vertikalen Schächte in Ghawar mit horizontalen, einen Radius von 300 Metern erfassenden Zusatzschächten versehen, um Öl in einem höheren Bereich einer ständig schrumpfenden Ölsäule zu fördern. Einige der neuen Horizontalschächte sollen die Produktivität in Zone 3 zeitweise um das Dreifache gesteigert haben. Dort waren die Mengen immer viel geringer gewesen als in der berühmten Zone 2-B, der Hauptquelle von Ghawars großartiger Performance.

Die Broschüre stellte dar, dass zusätzliche horizontale Schächte in der „Zone ausgeprägter Teervorkommen" in Süd-Uthmaniya geplant waren, denn Teer hatte früher den normalen Ölschwemmprozess durch Wasserinjektionen behindert. Ausgefeilte Simulationsmodelle zeigten nun, dass unterhalb dieser Teerschicht noch Ölvorkommen vorhanden waren, die mit konventionellen Vertikalschächten aber nicht gefördert werden konnten, weil die Ölsäule so dünn war. Der erste Horizontalschacht in diesem Gebiet stieß auf ein Ölvorkommen und führte zu einer anfänglichen Förderung von 6.000 Barrel pro Tag. Vertikale Schächte in diesem Gebiet erwiesen sich als „tot".

Die Broschüre beschrieb auch die „anderen geplanten Horizontalschächte in einem Gebiet Nord-Uthmaniyahs, wo es zuvor frühzeitige Wassereinbrüche gegeben hatte, verursacht durch nicht identifizierte Verwerfungen. Diese hatten zu erratischem Verhalten der Flutfront geführt, die das leicht zu fördernde Öl bereits aus diesem Teil Ghawars geschwemmt hatte."

Viele dieser Aramco-Broschüren erschienen erstmals 1998 und 1999, als Aramco und die saudische Wirtschaft wegen des Ölpreiseinbruchs von 1998 ernsthafte Cashflow-Probleme hatten. Die beschriebenen horizontalen Schächte waren viel teurer als die alten Vertikalschächte. Es ist unwahrscheinlich, dass Aramco diese kostspieligen Schächte in so komplexen Gebieten gebohrt hätte, wäre noch eine große Menge leicht zu fördernden Öls in Ghawar oder Abqaiq vorhanden gewesen, das man mit konventionellen Methoden gewinnen konnte.

Die Bedeutung dieser Schilderungen der technischen Errungenschaften Aramcos liegt in der anschaulichen Beschreibung der Probleme, die die Anwendung teurer, hochmoderner Bohrmethoden erforderlich machten. Diese technischen Diskussionen in von Aramco autorisierten Broschüren bestätigen die wachsenden Schwierigkeiten, die hohen Fördermengen im gesamten saudischen Öl- und Gaskomplex aufrechtzuerhalten.

Jede einzelne dieser Broschüren oder sogar eine kleine Gruppe davon könnte man als isolierte Information oder als aus dem Zusammenhang gerissene Daten abtun. Dennoch gibt es zu denken, dass eine von Aramco selbst herausgegebene Publikation so viele technische Probleme so anschaulich darstellt. Die Probleme dürften real sein. Den Aramco-Broschüren fehlt es zudem nicht an einem relevanten Kontext. Die hier beschriebenen Probleme bekräftigen die detaillierteren technischen Informationen in der langen Liste von SPE-Papieren, die die Grundlage meiner Recherchen bildeten.

Alle diese Reports dokumentieren, dass die Probleme in allen bedeutenden saudischen Ölfeldern immer gravierender werden. Und sie zeigen auch, dass die Komplexität dieser Probleme in den letzten 30 Jahren ganz erheblich gestiegen ist. Die erratischen Produktionsmengen in diesem Zeitraum haben Saudi-Arabien nicht nur einen immer größeren Teil seiner nachgewiesenen, wirtschaftlich förderbaren Reserven gekostet, sondern sie haben wegen zeitweiliger Überproduktion vielleicht auch das Ausmaß reduziert, in dem diese Reservoirs ausgebeutet werden können, ehe man Pumptechniken zur Förderung einsetzen muss.

Gleichzeitig mit den Alterungsproblemen seiner wichtigsten Ölfelder wuchs auch die Bedeutung des Königreichs für die Ölversorgung der Welt. 2004 war Saudi-Arabien das einzige Land der Welt mit nennenswerten Kapazitätsreserven. Jeder andere Ölproduzent rund um den Globus produzierte an der Grenze der nachhaltigen Kapazität, ein paar hunderttausend Barrel pro Tag hin oder her. Zudem gab es auf vielen der wichtigsten Ölfelder und in einigen Ländern der OPEC einen stetigen und permanenten Produktionsrückgang. Zum Beispiel musste Indonesien Anfang 2004 zum ersten Mal in seiner Geschichte Öl importieren.

Öl aus Nicht-OPEC-Ländern: Russland

Obwohl die Ölpreise in der Zwischenzeit weit über das prognostizierte Niveau hinaus gestiegen waren, ließ der lange erwartete „Anstieg" der Produktion in Nicht-OPEC-Ländern auf sich warten. Die einzig nennenswerten Mengen kamen 1977 bis 2003 aus den Ländern der früheren UdSSR. Und diese überraschenden, nicht erwarteten Zuwächse waren hauptsächlich das Resultat einer erneuten Förderung in existierenden Feldern, wo fehlerhaftes Einpumpen von

Wasser große Mengen Öl zurückgelassen hatte. Solche Maßnahmen können vorübergehend die Produktion eines alten Felds erhöhen, aber dies war noch nie eine dauerhafte Methode zur Erhöhung des Ölangebots.

Viele Branchenbeobachter sahen Russlands Fähigkeit zur Steigerung seiner Fördermengen sehr optimistisch, aber dabei wurde übersehen, dass eine durchschnittliche Ölquelle in Russland nur 60 Barrel Öl am Tag liefert, zudem die doppelte bis vierfache Menge Wasser. Ein großer Teil von Russlands erhöhter Ölproduktion kommt aus Ölvorkommen, die zuvor nicht ausgebeutet wurden. Mit anderen Worten: Die Steigerung kam aus sekundären Förderprogrammen, nicht aus neu entdeckten Vorkommen.

Mitte 2004 verlor auch das russische Ölwunder an Glanz. Die Pipeline-Kapazitäten für den Ölexport waren nun voll ausgeschöpft. Der Fall des Ölriesen Yukos führte zu politischen Turbulenzen. In manchen Kreisen machte man sich zudem Sorgen, die börsennotierten russischen Ölfirmen könnten ihre Felder nun überstrapazieren, um die aktuelle Förderung zu maximieren.

Die weltweiten Ölmärkte blicken erneut auf die saudische Produktion

Angesichts geringer ungenutzter Kapazitäten und gleich bleibender Förderung in den Nicht-OPEC-Ländern, auch wegen der Unsicherheit, ob Russland seine Produktionsmengen steigern könnte, wurden die Ölmärkte 2004 sehr nervös. Die wichtigsten Fragen dabei waren die nach der Nachhaltigkeit und den Wachstumsaussichten der saudischen Ölförderung:

■ Würde sich die allgemeine Meinung als richtig erweisen, dass Saudi-Arabien seinen Output so schnell erhöhen kann, wie die weltweite Nachfrage es erfordert?

■ Könnte Saudi-Arabien weiterhin unerwartete Öldefizite ausgleichen, wenn andere Produzenten Schwierigkeiten haben?

■ Würde Saudi-Arabien in die Bresche springen können, falls Unruhen oder politische Veränderungen im Irak, in Nigeria oder Venezuela die dortige Produktion behinderten?

■ Was würde geschehen, wenn politische Unruhen oder Terrorismus die eigene Ölproduktion des Königreichs vorübergehend stoppen oder gar zerstören würden? Das Gespenst von Al-Qaida geht in der saudischen Wüste um.

Trotz der Dringlichkeit dieser Fragen wehren sie nur zu viele Ölexperten mit den üblichen Sprüchen ab oder wenden sich ihnen gar nicht erst zu, weil die Antworten allzu ernüchternd ausfallen könnten. Die Ansicht, die saudischen Ölreserven würden die weltweite Nachfrage noch bis 2020 oder gar 2050 decken können, ist in zu vielen Gehirnen zu stark verankert.

Fast jeder, der für langfristige Energieplanung verantwortlich ist, nimmt immer noch an, Saudi-Arabien werde einspringen, wann immer die Welt zusätzliches Öl benötigt – fast ohne Rücksicht darauf, wie viel mehr Öl das sein könnte. Nur wenige haben sich je Gedanken darüber gemacht, was geschehen würde, falls sich diese Annahme als falsch erweisen sollte. Es gibt keinen „Plan B", wenn sich das saudische Ölwunder dem Ende zuneigt. Erst Ende Februar 2004 begann eine ernsthafte Debatte über dieses Problem.

Die Zukunft des saudischen Öls: Der Schleier des Geheimnisses über die Kapazitäten wird gelüftet

Die meisten Branchenbeobachter gehen davon aus, dass Saudi-Arabien immer in der Lage sein wird, seine Ölproduktion zu erhöhen. Aber sind die Experten bei Saudi Aramco und im saudischen Ölministerium diesbezüglich ebenso optimistisch? Wissen sie überhaupt gründlich Bescheid über die Kapazitäten ihrer Ölsysteme und den Zustand ihrer alternden Ölfelder? Und, falls ja, basiert ihr Optimismus auf relevanten Tatsachen oder mehr auf den historischen Daten?

Jahrelang hat die Führung Saudi Aramcos der Welt versichert, Saudi-Arabien verfüge über mindestens 1,5 bis zwei Millionen Barrel pro Tag an zusätzlichen Förderkapazitäten. Zudem haben sie steif und fest behauptet, zusätzliches Öl könne kurzfristig problemlos gewonnen werden, indem man einige vorübergehend stillgelegte Ölfelder reaktiviert, um eine Nachfrageschwankung von einer, zwei oder gar drei Millionen Barrel pro Tag auszugleichen, ohne die Felder damit zu schädigen. Als dies letztmals nötig war, vor der Operation „Desert Storm" 1990 und 1991, sahen die Aramco-Offiziellen mit Vergnügen, wie schnell sie stillgelegte Kapazitäten wieder in Produktion bringen konnten.

Das aber war im letzten Quartal 1990, und der größte Teil der stillgelegten Kapazitäten von einiger Bedeutung lag innerhalb der sechs bis acht größten Ölfelder, die schon so viele Jahre in Produktion waren – nicht Regionen, wo zuvor kaum Öl gefördert worden war. Wenn Saudi Aramco jedoch gefragt wird, wie schnell es zusätzliches Öl fördern kann, verweisen die Offiziellen der Firma auf den Erfolg im letzten Quartal 1990 als Beweis, dass dies jederzeit wieder möglich wäre.

Vielleicht funktioniert diese Methode des Marktausgleichs, stillgelegte Kapazitäten bei Bedarf in Produktion zu nehmen und sie dann wieder ruhen zu lassen, immer wieder. Da aber die fünf größten saudischen Felder nun schon den letzten Rest ihres leicht zugänglichen Öls fördern, wird die Annahme für die Welt immer gefährlicher, man könne jederzeit einige stillgelegte Felder wiederbeleben. Das Risiko, dass diese Strategie scheitert, wird von Jahr zu Jahr größer. Die Folgen eines solchen Scheiterns aber wären immens.

Es gibt verschiedene Gründe, warum Saudi-Arabien gezwungen sein könnte, seine Produktion schnell zu erhöhen:

- Ein Zusammenbruch der Produktion in einem anderen Teil der Welt.

- Ein plötzlicher Anstieg der Nachfrage.

- Ein dauerhafter Anstieg der Nachfrage (Das ist die größte Gefahr).

2004 erschütterte der scheinbar unstillbare Appetit der Welt auf mehr Öl den Glauben vieler Energiewissenschaftler, dass das Wachstum der Ölnachfrage aufhören würde. Der Nebel über diesem Thema begann sich zu lichten. Die Ölnachfrage stieg plötzlich weltweit. Chinas Hunger nach Öl war erstaunlich, aber die Nachfrage in den USA, dem energieversessensten Land der Welt, stand dem in nichts nach.

Saudi-Arabiens gut gemeinte Anstrengung, die entscheidenden zusätzlichen Kapazitäten vorzuhalten, beginnt auch seine normale, nachhaltige Produktion zu gefährden ...

Anfang 2005 prognostizierte man eine weltweite Ölnachfrage am Ende des Jahres von 86 Millionen Barrel pro Tag oder mehr, und die Nachfrageprognosen hatten sich jedes Jahr zwischen 2002 und 2004 fast verdoppelt. Seit die weltweite Nachfrage 1995 erstmals über 70 Millionen Barrel pro Tag stieg, wuchs sie in den folgenden neun Jahren um weitere 12,5 Millionen Barrel pro Tag. Wenn sich die Nachfrageschätzungen für 2005 bestätigen, stehen die saudischen Ölkapazitäten vor einem echten Härtetest.

Saudi-Arabiens gut gemeinte Anstrengung, die entscheidenden zusätzlichen Kapazitäten vorzuhalten, beginnt auch seine normale, nachhaltige Produktion zu gefährden – mit einem Domino-Effekt:

- Immer wenn Marktkräfte das Königreich dazu zwingen, seine Förderung zu stark zu steigern, beschleunigt dies den Erschöpfungsprozess, weil wertvolle Reserven hohen Förderdrucks aufgebraucht werden.

- Wenn zusätzliches Öl gefördert wird, fließt zusätzliches Wasser in die schrumpfenden Ölsäulen.

- Das alles verkürzt die Zeit, bis die massiven, durch Wassereinpumpung an-getriebenen Schwemmprogramme dem saudischen Ölwunder ein Ende set-zen werden. Jeder Zeitraum mit extrem hoher Produktion lässt zusätzliches Wasser in die einzigartigen Schächte der großen Ölfelder Saudi-Arabiens fließen.

Seit mindesten 20 Jahren haben sich Branchenbeobachter in Schätzungen gefallen, wie viel Öl Saudi-Arabien produzieren könnte, wenn es alle Ventile voll öffnen würde. Grund dieser Spekulationen war oft die Ansicht, Saudi-Arabien könne eines Tages der Versuchung nicht widerstehen, die Welt mit Öl zu über-schwemmen und so Hochpreisproduzenten, die nicht der OPEC angehören, ein für allemal aus dem Geschäft zu drängen.

Eine weit wichtigere Frage wurde offenbar kaum gestellt: Wie viel Öl sollte Saudi-Arabien täglich produzieren, um vorzeitige Wassereinbrüche zu minimie-ren und den Förderdruck aufrechtzuerhalten? Werden wir eines Tages erfahren, dass alle fünf größten Ölfelder Saudi-Arabiens empfindlich auf eine Erhöhung der Produktion reagieren? Sehr hohe Förderquoten führen offensichtlich zu er-höhten Wasseransammlungen, verkürzen die Zeit, in der frei fließendes, leicht zu förderndes Öl produziert werden kann, und vielleicht reduzieren sie auch die Gesamtmenge des Öls, das dort gefördert werden kann.

Ölwissenschaftler beschäftigen sich seit Jahren damit, das richtige *Gleichge-wicht* zwischen Gesamtfördermenge und Förderquoten zu finden. Es gibt hier keine einfache Formel. Jedes Reservoir hat seine eigene Charakteristik. Jedes je-mals entdeckte Reservoir frei fließenden Öls hat eine optimale Fördermenge oder ein Produktionsprofil zur Schonung des Vorkommens, das eine Maximierung der Gesamtfördermenge ermöglicht. Eine Überproduktion wird in der Regel durch den Wunsch des Eigentümers verursacht, das Öl in einer Menge zu fördern, die den aktuellen Nettowert der nachgewiesenen Reserven oder die Rendite auf das eingesetzte Kapital maximiert. Man kann ein Ölfeld aber auch aus nicht-ökonomischen Gründen überstrapazieren. Zum Beispiel aus Unkenntnis oder wegen des Wunsches, den Markt zu stabilisieren.

Die Ölfelder Saudi-Arabiens waren nie immun gegen die Schäden einer Überproduktion. Das bringt unweigerlich den Tag näher, an dem Druckabfall und Wassereinbrüche entweder die Produktionskosten erhöhen oder dazu führen, dass ein Ölfeld nicht mehr wirtschaftlich ausbeutbar und somit tot ist.

Ebenso wie alternde Männer können auch die Ölfelder Saudi-Arabiens noch Wettrennen laufen. Aber wie sich alternde Männer überstrapazieren können, fordern übermäßige Strapazen ihren Tribut. Um die Analogie noch einen Schritt weiter zu führen: Alternde Männer können manchmal so viel leisten wie Jugendliche, aber was man in der Jugend mühelos schaffte, kann man im Alter nur mit steigendem Aufwand tun, und auf Dauer hält man es in keiner Weise durch. Wie hoch werden die *Kosten* sein, um die Ölreserven Saudi-Arabiens in einem Zustand zu halten, dass ein maximaler Anteil der verbliebenen Ölmengen gefördert und in eine Welt exportiert werden kann, die immer mehr nach Öl dürstet?

Die Frage der Nachhaltigkeit entwickelte sich plötzlich zum weltweit wichtigsten Energiethema. Leider haben wir diese Frage zu spät gestellt, um den Lauf der Dinge noch wesentlich zu ändern, einfach weil sie so lange ignoriert wurde, während die Sterblichkeit der saudischen Ölfelder von drei Schleiern verborgen wurde: Geheimhaltung, staatliche Souveränität und Selbsttäuschung. Die ersten beiden wurden von Saudi-Arabien selbst verursacht. Die Energieexperten waren wohl selbst für den Schleier der Selbsttäuschung verantwortlich, wegen des Mangels an skeptischer Neugierde, wegen Leichtgläubigkeit und wohl auch wegen der Unwilligkeit, unangenehme Wahrheiten zur Kenntnis zu nehmen.

Die Frage nach der Nachhaltigkeit ist viel zu lange ignoriert worden, weil man allgemein mit Sicherheit annahm, das Öl Saudi-Arabiens sei reichlich vorhanden, billig und unerschöpflich. Diese Vorstellung erstickte jede Neugier und stärkte den Glauben. Leider gab es nie verlässliche Daten, die diesen Glauben stützten.

Schlussfolgerung: Informationen von der Society of Petroleum Engineers (SPE)

Ironischerweise waren die realen Informationen, die Licht in diese komplexen Themen brachten, längst öffentlich zugänglich, wenn auch nicht leicht zu finden. Die wichtigsten und aufschlussreichsten Informationen enthielten einige hundert technische Studien, die sich mit den Öl-Operationen in Saudi-Arabien beschäftigten. Die meisten dieser Studien wurden von deren Autoren auf verschiedenen, von der Society of Petroleum Engineers gesponserten Foren vorgestellt. Viele Studien wurden auch in SPE-Magazinen oder auf Konferenzen publiziert. In der SPE-Bibliothek in Richardson, Texas, waren alle diese Studien zugänglich. Aber wer die relevanten Informationen haben wollte, musste sich immer noch alle diese Papiere herunterladen oder Monate in der SPE-Bibliothek verbringen. Jedes SPE-Mitglied kann sich für fünf Dollar pro Kopie eine solche Studie herunterladen. Diese Ausgabe könnte das größte Schnäppchen in der heutigen Energiebranche sein.

Kein einzelnes SPE-Papier liefert genug Information, um ein klares Bild der künftigen Öl- und Gasproduktion in Saudi-Arabien zu vermitteln, aber jedes liefert wertvolle Beiträge. Wenn man diese Informationen aus einzelnen Studien sammelt und sie wie ein gigantisches Puzzle zusammenfügt, beginnt sich allmählich ein kohärentes Bild zu entwickeln. Es entwickeln sich Themen, die ihre Bedeutung aus dem Kontext der Studien selbst gewinnen. Ebenso ist es mit all den wissenschaftlichen Nachforschungen und den Untersuchungen zum Verhalten der Öl-und Gasfelder, der Technologien und Praktiken bei Exploration und Produktion. Insgesamt öffnen diese Studien ein Fenster, durch das man die saudische Ölindustrie im gesamten Spektrum ihrer Produktionsgeschichte sehen kann. Ich muss nicht betonen, dass die Dinge, die wir durch dieses Fenster sehen, wesentliche Auswirkungen nicht nur auf die Zukunft des saudischen Öls haben werden, sondern für die zukünftige Energieversorgung der ganzen Welt.

Ehe wir uns den Informationen über jedes einzelne wichtige saudische Ölfeld zuwenden, wollen wir uns einen allgemeinen Überblick darüber verschaffen, wie Saudi Aramco arbeitet. Wenden wir uns also Teil II dieses Buchs zu.

TEIL II
Der Überfluss an Öl in Saudi-Arabien geht zur Neige

Es lag schon immer etwas Geheimnisvolles über dem schieren Überfluss des Öls in Saudi-Arabien und ebenso über dem Aufstieg einer der unbekanntesten Regionen der Welt zu einer Nation von weltweiter Prominenz in nur 40 Jahren. Dieses Wunder wurde aber durch menschlichen Unternehmergeist sorgfältig genährt und gepflegt. Die Entwicklung der Ölindustrie in Saudi-Arabien profitierte zunächst vom Know-how von vier der weltweit führenden Ölfirmen.

Nach der Verstaatlichung baute Saudi-Aramco auf diesem Fundament auf und wurde zum größten Ölunternehmen der Welt, mit hochmoderner Technologie und hervorragendem Management. Das Unternehmen hat sich in Jahrzehnten als *verantwortungsvoller Verwalter* der Ölvorräte des Landes erwiesen (obwohl es nicht besonders erfolgreich dabei war, diese Vorräte zu mehren) und für den Ausgleich an den Ölmärkten der Welt gesorgt.

Es ist ein Glück, dass Saudi Aramco eine so erstklassige technische Expertise und Geschäftstüchtigkeit erworben hat, denn die jetzigen Herausforderungen sind ganz anders und viel schwieriger als diejenigen, mit denen die amerikanisch geführte Aramco in den glorreichen Zeiten der Vergangenheit zu tun hatte.

Die Gesetze der Natur begannen sich in den 1970er-Jahren auf den saudischen Ölfeldern bemerkbar zu machen und drohten, die Ära des reichlich fließenden Öls zu beenden. Die Realität machte sich auf den Giganten- und Super-Giganten-feldern bemerkbar, zum Beispiel in Form von Wassereinbrüchen und als Nachlassen des Förderdrucks. In den 1980er- und 1990er-Jahren wogen diese Probleme immer schwerer, was die Anwendung modernster Technologien erforderlich machte und Saudi-Arabiens Produktionskosten erhöhte. Noch ist es eine offene Frage, ob diese Technologie ohne unerwünschte Folgen die erwünschten Resultate bringen wird.

Die Probleme auf den saudischen Ölfeldern sind von Aramcos führenden Managern und vom Ölministerium nie offiziell anerkannt worden. Im Gegenteil. Frühe Berichte, dass dieses Buch in Vorbereitung war, riefen eine unerwartete PR-Kampagne des Aramco-Managements und sogar des Ölministeriums hervor, die versicherten, in Saudi-Arabiens Ölfeldern gebe es keine Probleme. „Unsinn", antwortete Minister Al-Naimi auf die Frage eines Reporters des *Wall Street Journal*, der den Minister nach seiner Meinung über die ersten Berichte zu meinen Bedenken befragte.

Die Probleme sind allerdings in den zahlreichen technischen Studien der SPE-Bibliothek gut dokumentiert. Die Technikmanager und die Ölingenieure Saudi Aramcos haben schon vor Jahren auf Konferenzen über diese Probleme und die Art des Umgangs mit ihnen berichtet. Dort präsentierten sie die Studien und tauschten Informationen mit ihren Kollegen aus, wie es Experten auf allen Gebieten auf der ganzen Welt tun. Man muss nicht gesondert erwähnen, dass diese Studien nur mit dem Einverständnis der Aramco-Führung und des saudischen Ölministeriums veröffentlicht werden konnten; daher tragen sie ein offizielles Siegel.

Diese Papiere, die bis in die frühen 1960er-Jahre zurückreichen, von denen viele nicht gerade einladende Titel tragen und sich mit geheimnisvollen Themen beschäftigen, ermöglichen einen Einblick in die Ölbranche, der Laien in der Regel vorenthalten bleibt. Die dort beschriebenen Probleme sind real, und das daraus entstehende Bild widerspricht den optimistischen, aber nicht belegten Behauptungen saudischer Offizieller. Die Papiere deuten auf *Komplexität* hin, wo die Offiziellen Einfachheit sehen; *Schwierigkeiten*, wo die Offiziellen keine Probleme sehen, *Dringlichkeit*, wo die Offiziellen keinen Handlungsbedarf sehen. Im Zusammenhang und richtig interpretiert, zeigen sie uns, dass die geologischen Phänomene und die natürlichen Kräfte, die das saudische Öl-Wunder schufen, sich jetzt auf normale und vorhersagbare Weise dazu verschwören, es zu beenden, und zwar in einem weit kürzeren Zeitraum, als man uns glauben machen möchte.

Die beiden Kapitel in Teil II liefern Hintergründe über die saudische Öl- und Gasindustrie und über die technischen Herausforderungen ihres wichtigsten Unternehmens, Saudi Aramco.

Kapitel 5

Saudi Aramco
Ein Unternehmen, das mehr Öl produziert als jedes Land der Welt

So gut wie das ganze Öl und Gas Saudi-Arabiens ist unter Kontrolle des vollständig in Staatsbesitz befindlichen Ölunternehmens Saudi Aramco, einer der am weitesten fortgeschrittenen Öl-Organisationen der Welt. Aramco fördert jeden Tag mehr Öl als jedes Öl produzierende Land der Welt und doppelt so viel wie der nächstgrößte Ölkonzern. Das alles geschieht durch eine extrem komplexe logistische Kette der Ölverarbeitung. Aramco ist heute einer der aktivsten und fähigsten Nutzer der allermodernsten Ölfeldtechnologien.

Ende 2002 hatte Saudi Aramco fast 54.000 Mitarbeiter, darunter Geologen, Ingenieure, Computer- und Laborwissenschaftler sowie Fabrikarbeiter, von denen 86 Prozent saudische Staatsbürger waren. Die restlichen 14 Prozent waren ausländische Mitarbeiter, etwa 8.000 Menschen, mit einem gesundem Gleichgewicht zwischen Amerikanern, Europäern und Asiaten.

Die Zahl der saudischen Förderschächte

Alle wichtigen saudischen Ölfelder produzieren große Mengen Öl aus recht wenigen Förderschächten. Die exakte Zahl wird geheim gehalten, aber es gibt einige Hinweise:

■ Manche Berichte besagten noch 2004, die Zahl der Schächte liege unter
  2.000.

■ Andere Berichte sprachen von 5.000 produzierenden Schächten.

■ Ein 2004 erschienenes SPE-Papier, das ein neues, digitalisiertes Archiv zur
  Erfassung aller je in Saudi-Arabien erstellten Förderschächte beschreibt, berichtet von insgesamt 8.700 Förderschächten in Saudi-Arabien.

■ Angesichts des Übergangs in den letzten zehn Jahren zu fortgeschrittener
  Bohrtechnologie, zum Beispiel zu ausgedehnten horizontalen Schächten mit
  multilateralen Ausdehnungen, kommt ein Teil der Verwirrung wohl aus der
  Tatsache, dass ein neuer Schacht bis zu acht oder zehn Verzweigungen aufweisen kann.

Wie erwähnt, veröffentlicht Saudi Aramco die tatsächliche Zahl produzierender Schächte in seinen Ölfeldern nicht. Dass die Schätzungen in den Reports bei
5.000 bis 8.700 liegen, legt jedenfalls einen starken Anstieg seit dem GAO-Report
von 1978 nahe, als 800 produzierende Schächte in etwa die gleiche Menge Öl
geliefert haben (wie in Kapitel 3 beschrieben). Es ist nicht bekannt, ob die verschiedenen Schätzungen *alle* Arten von Schächten umfassen oder nur die *produzierenden* Schächte. Aramco unterhält eine Reihe von „Beobachtungsschächten"
(„tote" Schächte, die kein Öl mehr fördern, aber zur Beobachtung der Entwicklung in einem bestimmten Gebiet
des Reservoirs verwendet werden), eine große Zahl von
Schächten zur Wassereinspritzung und eine schnell steigende Menge technologisch fortgeschrittener multilateraler Schächte mit bis zu zehn Verzweigungen.

**Aramco fördert
jeden Tag mehr Öl
als jedes Öl produ-
zierende Land der
Welt und doppelt so
viel wie der nächst-
größte Ölkonzern.**

So gut wie alle neuen Schächte in Saudi-Arabien gehören zu diesem Typ. Ein solcher Schacht ersetzt acht bis
zehn konventionelle Schächte. Wenn jede Verzweigung
als eigenständiger Schacht gezählt wird, könnte Aramcos Produktion heute aus
mehr als 10.000 Förderanlagen stammen.

Wie hoch die Zahl auch sein mag, jedenfalls können wir sicher sein, dass sie
wesentlich höher ist als die Zahl der konventionellen, vertikalen Schächte, die
Saudi-Arabiens Rekordproduktion von über zehn Millionen Barrel pro Tag im
Jahr 1981 hervorbrachten.

Die Grundlagen der Ölförderung

Die folgenden Abschnitte beschreiben, wie in Saudi-Arabien Öl produziert wird. Diese Methoden, Prozesse und Technologien beschränken sich in keiner Weise auf Saudi-Arabien und auf Aramco.

Vergleichbare Strategien werden in vielen Öl produzierenden Regionen angewendet, wo man ähnliche Anlagen verwendet. Das Ausmaß der Öl-Operationen in Saudi-Arabien ist allerdings immens. Kein anderes Unternehmen produziert derart große Ölmengen aus einer Hand voll alternder Felder wie Aramco.

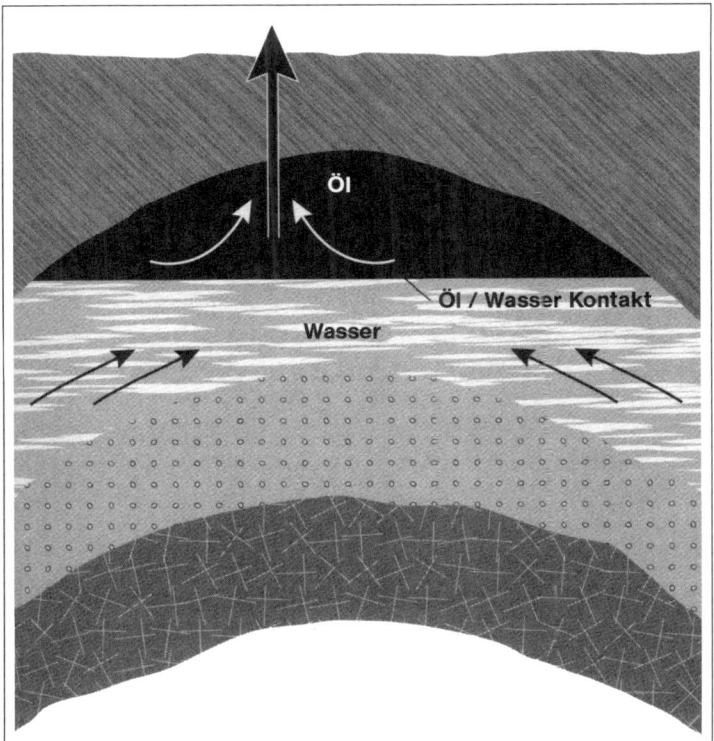

Abbildung 5.1: Die grundlegende Dynamik in einem Ölfeld
Quelle: Simmons & Company International

Die Produktionsmengen hängen vom Förderdruck ab

Bis vor recht kurzer Zeit floss das Öl in den saudischen Feldern frei und ohne mechanische Hilfsmittel (Abbildung 5.1). Die einem Pferdekopf ähnlichen Öl-pumpen, die die Ölproduktion in den alternden Feldern der USA symbolisieren, hat es in der saudischen Wüste nie gegeben. Dennoch hat Aramco kürzlich da-mit begonnen, mechanische Techniken anzuwenden, die im Jargon der Ölbran-che als *künstliche Hebetechniken* bekannt sind, um in einigen neueren Feldern schwer zugängliches Öl zu fördern.

Die Produktionsraten, mit denen das saudische Öl immer noch an die Ober-fläche strömt, werden durch unter hohem Druck stehende Schächte, Ventile und Drosselung bestimmt. Das Öl fließt allein wegen des vorhandenen Drucks, der durch massive Wassereinpumpungen aufrechterhalten wird.

Als die Giganten- und Super-Giganten-Felder noch jung waren, produzier-ten manche Einzelschächte 40.000 bis 80.000 Barrel pro Tag, und fast jeder Trop-fen davon war reines Öl. Man musste es vor dem Export oder der Raffinierung kaum bearbeiten; lediglich ein wenig gelöstes Gas musste separiert und abge-fackelt werden. Ein typischer saudischer Schacht liefert immer noch zwischen 2.000 und 5.000 Barrel Flüssigkeit pro Tag Diese Menge gilt in der ganzen Öl produzierenden Welt als sehr hoch. Aber das heute geförderte Öl enthält hohe Anteile von Salzwasser, Gas und Schwefelverunreinigungen. Ein großer Teil da-von enthält zudem gefährliche Konzentrationen von hoch giftigem Schwefelwas-serstoffgas.

Trotz der immer noch hohen Produktionsraten der saudischen Felder ist die Verarbeitung der geförderten Flüssigkeit zu brauchbarem Rohöl, das exportiert oder sicher in eine saudische Raffinerie gebracht werden kann, zu einer Serie komplizierter Arbeitsschritte in sehr großen, sehr teuren Anlagen geworden. Nur um das Rohöl von den Förderanlagen zu den Verarbeitungsanlagen transportie-ren zu können, betreibt Saudi-Arabien ein Pipeline-System mit einer Länge von etwa 17.000 Kilometern.

Der Transport des Öls zu den Verarbeitungsanlagen

Wenn Öl, Wasser und Gas aus dem Schacht fließen, wird dieser Flüssigkeits-Mix mit Hilfe des immer noch hohen Förderdrucks zu einer Gasabtrennungs-anlage (GOSP) gepumpt. Hier werden das Gas und das enthaltene Wasser vom Öl separiert. Diese Prozesse können das Öl reinigen und den Druck auf ein beinahe atmosphärisches Niveau reduzieren. Saudi Aramco betreibt derzeit etwa 60 GOSPs, allein 25 davon in der Ghawar-Region. Diese GOSPs unterscheiden sich kaum von entsprechenden Anlagen anderswo auf der Welt. Der einzige Unterschied ist ihre enorme Größe. In den meisten Ölfeldern der Welt sind GOSPs nur kleine Anlagen neben dem Fördergebiet. In Saudi-Arabien ähneln sie eher einem Raffineriekomplex.

Die ersten GOSPs wurden in Abqaiq und Ain Dar errichtet. Ende 1992 gab es solche Anlagen auch in Berri, Shedgum und Uthmaniyah. Aramcos dichtes Netz von GOSPs ist für seine Öl-Operationen nicht weniger wichtig als die Förderschächte und die Wassereinpumpung.

Das saubere Öl wird stabilisiert

Das saubere Öl aus der GOSP wird dann zu einer Stabilisierungsanlage wie der gigantischen Fabrik in Abqaiq gebracht, die bei voller Kapazitätsauslastung zwischen sechs und sieben Millionen Barrel pro Tag aufnehmen kann. Dort wird das gesamte leichte und extra leichte Öl Saudi-Arabiens verarbeitet.

Der größte Teil des auf dem saudischen Festland gewonnenen Öls ist sauer, was bedeutet, dass es Schwefelwasserstoff enthält, ein giftiges Gas, das in flüssiger Form eine korrosionsfördernde Säure bildet. Der Stabilisierungsprozess reduziert den Öldruck weiter, damit man den Schwefelwasserstoff und andere verbliebene Gase abkochen kann. Danach werden weitere Schwefelbestandteile oder Schwefelverbindungen in Stabilisationstürmen entfernt. Dort wird Wasserstoff zugeführt, der mit dem Schwefel zu Schwefelwasserstoff reagiert. Dieser steigt nach oben, wird abgesaugt und zu kommerziell nutzbarem Schwefel verarbeitet.

Die Gasaufbereitung

Das Gas aus den Ölfeldern wird zu Verarbeitungsanlagen gebracht, die die schwereren Kohlenwasserstoffe (Ethan, Propan, Butan etc.) vom Trockengas (oder Methan) trennen. Das vom Öl und Gas separierte Wasser wird aufbereitet und wieder in die Ölfelder gepumpt. Das Trockengas, dem nun alle Wasser- und Schwefelwasserstoffanteile entzogen worden sind, wird zu Aramcos Raffinerie- und Distributionsanlagen gebracht und findet im Inland für etliche Zwecke Verwendung. Die Flüssiggase werden zu SABICs petrochemischen Anlagen transportiert oder als flüssiges Erdgas exportiert.

Das Wassereinpumpungssystem

Saudi Aramco betreibt das weltweit größte und komplexeste Wasserinjektionssystem, um die Fördermengen der Ölschächte hoch zu halten. Das benötigte Wasser stammt aus verschiedenen Quellen. Ein Teil davon kommt aus den GOSPs. Grundwasserschichten, die in der Nähe oder in den Reservoirs selbst unterhalb oder oberhalb der Ölsäule liegen, sind ebenfalls eine wichtige – früher die einzige – Wasserquelle.

Heute kommt der größte Teil des eingepumpten Wassers aus dem Meer. In Ghawar ist ein ausgedehntes Einpumpungssystem, bei dem aufbereitetes Meerwasser zum Einsatz kommt, ein wichtiges Hilfsmittel zur Aufrechterhaltung des Förderdrucks. Qurayyah, die größte Anlage zur Meerwasserinjektion, bereitet pro Tag sieben Millionen Barrel Meerwasser aus dem Golf von Persien zur Einpumpung in Ghawar auf.

Die weitere Verarbeitung des extrahierten Gases

Anfang der 1980er-Jahre wurden in Saudi-Arabiens bei den petrochemischen Zentren zwei Anlagen zur Gasaufbereitung errichtet. Sie unterstützen die Anlagen in Berri und Ghawar.

Diese fünf Fabriken wurden zum Rückgrat des saudischen Gassystems, bis 2001 in Ghawars Regionen Hawiyah und Haradh zwei gigantische neue Anlagen gebaut wurden. Ihr Zweck ist die Verarbeitung großer Mengen nicht im Öl gelösten Trockengases, das Saudi-Arabien zu finden und dann zu fördern plant.

Das große Bild der Ölproduktion

Abbildung 5.2 illustriert den Fluss des geförderten Öls durch Aramcos Verarbeitungssystem vom Förderschacht durch eine GOSP und eine Stabilisationsanlage zu einer Raffinerie, wo das saubere, stabilisierte Öl entweder zu Endprodukten verarbeitet oder gelagert und dann für den Export in Tanker verladen wird. Jeder Schritt in diesem Prozess ist mit operationalen Herausforderungen verbunden.

Jeder Schritt kennt auch eine physische Kapazitätsgrenze. Diese Komplexität und die physischen Kapazitätsgrenzen muss man berücksichtigen, wenn man

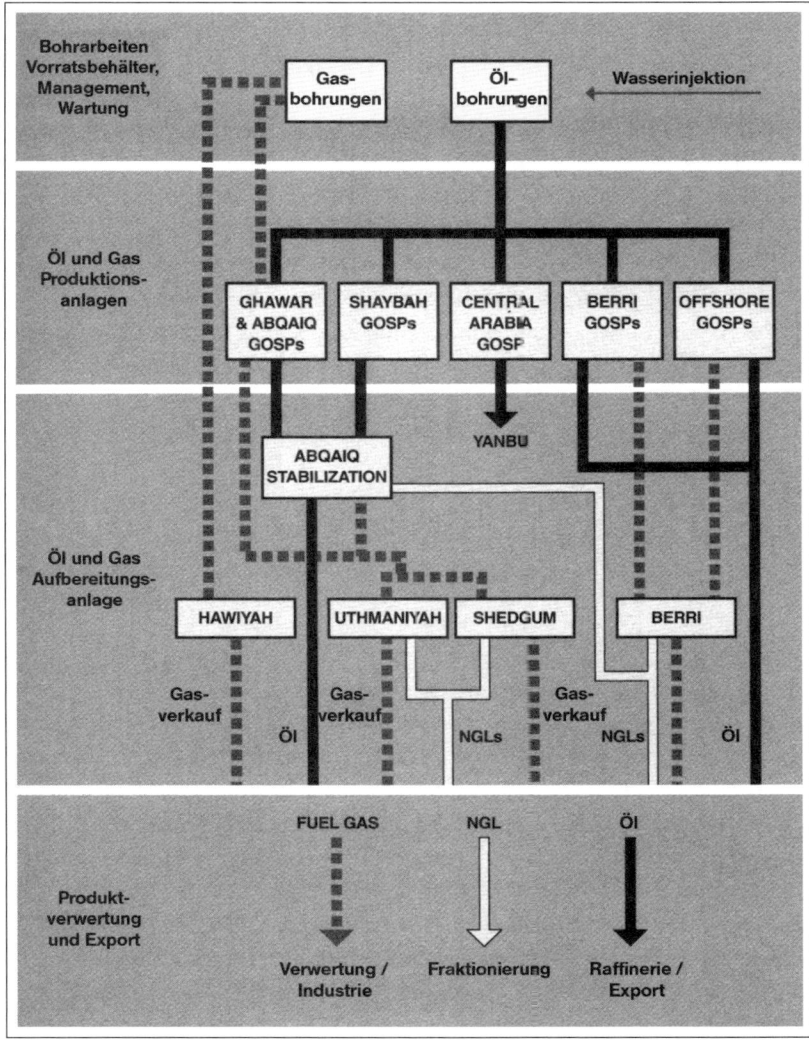

Abbildung 5.2: Wie das produzierte Öl vom Förderschacht bis zum Export Aramcos
Verarbeitungssystem durchläuft
Quelle: Saudi Arabian Oil Company, Exploration and Production Organization,
„Upstream Operations"

die Probleme verstehen will, vor denen Saudi Aramco steht, und die Kosten, die
das Unternehmen tragen muss, um das weltweit größte Ölproduktionssystem zu
betreiben und aufrechtzuerhalten.

Die Qualität des Rohöls beeinflusst die Verarbeitung

Die Verarbeitungskapazitäten und ihre Begrenzungen werden zudem von der Sorte und der Qualität des angelieferten Rohöls beeinflusst. Dr. Sada A-Husseini, kürzlich pensionierter Vizepräsident und Aufsichtsratsmitglied von Aramco, hat die ungenutzten Kapazitäten und die Produktionsgrenzen Saudi-Arabiens häufig kommentiert. Wiederholt hat er vor Publikum gesagt, 40 Prozent der nachgewiesenen Reserven Saudi-Arabiens und fast die gesamten ungenutzten Kapazitäten bestünden aus mittelschwerem oder schwerem Rohöl. Die Verarbeitung dieser Qualitäten ist schwieriger als bei leichtem Rohöl. Dies macht die logistischen Grenzen von Aramcos Ölsystem wesentlich rigider, als es die meisten Branchenbeobachter immer wahrhaben wollten.

Die lange Kette der Verarbeitungsschritte und die unterschiedlichen Ölqualitäten wirken sich direkt auf das Thema der überschüssigen Kapazitäten aus, die zu besitzen Saudi Aramco der Welt immer wieder versichert hat. Eine echte, sofort einsetzbare Zusatzkapazität erfordert wesentlich mehr als nur die Schächte, um das Öl aus dem Boden zu holen. Diese Kapazität muss jeden einzelnen Schritt der logistischen Kette umfassen, jedes Stück der benötigten Ausrüstung und Infrastruktur – Öl- und Gasverarbeitungsanlagen, Pipelines und Verladeterminals.

Wenn die Wasser- und Gasanteile an der geförderten Flüssigkeitsmenge steigen, benötigt man auch größere Verarbeitungskapazitäten, um sie zu entfernen und das Öl zu stabilisieren – nur um konstante Mengen an raffinierbarem, exportfähigem Öl zu produzieren. Um acht Millionen Barrel exportfähigen Öls aus einem Schacht mit 25-prozentigem Wasseranteil zu gewinnen, muss Saudi Aramco zum Beispiel 10,66 Millionen Barrel Gesamtflüssigkeitsmenge verarbeiten. Wenn der Wasseranteil auf 50 Prozent steigt, müssen 16 Millionen Barrel Flüssigkeit aufbereitet werden, um acht Millionen Barrel exportfähiges Öl zu erhalten.

Das Gehirn Aramcos: das Zentrum für Exploration und Ölingenieurwesen

Das strahlendste Juwel in Aramcos Krone ist das Exploration and Petroleum Engineering Center (EXPEC) in Saudi Aramcos Hauptquartier nahe der Stadt Dahran. In den vergangenen 25 Jahren ist EXPEC zu einem der größten und fortschrittlichsten Zentren für Geologie und Reservoirsimulation in der Welt geworden. Bestens ausgebildete EXPEC-Techniker setzen dort Supercomputer der neuesten Generation, Datenkommunikationsnetzwerke, Workstation- und Anwendungssoftware ein, um jeden Aspekt der wichtigsten Lagerstätten zu verstehen, die Saudi-Arabien zum Öl-König der Welt gemacht haben.

Diese Technologie erschafft bemerkenswert detaillierte Modelle jedes wichtigen Ölfelds, in der Regel mit anschaulichen visuellen Darstellungen der unterirdischen Gesteins- und Flüssigkeitsschichten sowie Projektionen oder Simulationen der künftigen Performance. Die Ergebnisse werden dazu eingesetzt, komplexe Ölfördertechniken und Bohrmethoden auszuwählen und anzuwenden, die die Performance jedes einzelnen Reservoirs hoffentlich verbessern werden

Die Technologie zur Simulation der Performance von Ölreservoirs

Die Anwendung von Simulationen zur Prognose der künftigen Performance eines Ölfelds ist für Aramco keine neue analytische Technik. Schon 1960 wurde diese Technologie von SOCAL-Technikern eingesetzt. 1970 hatten Exxon und Mobil Forschungsprojekte initiiert, um die Simulation der wichtigsten saudischen Ölfelder zu verbessern. In den 1970er-Jahren brachte man Kopien der Modelle der Aramco-Eigner ins neue EXPEC-Zentrum, damit diese Prognoseprojekte in Dharan durchgeführt werden konnten. Dabei verwendete man Daten aus den amerikanischen Labors der Anteilseigner.

Als die riesigen saudischen Felder alterten, stiegen die Anforderungen an die Simulationstechnik, und die Standardmethoden zur Erstellung von Reservoirmodellen lieferten immer weniger zuverlässige Daten. Zunächst suchte Aramco nach einer bestehenden Simulationstechnologie, die man einfach fertig kaufen konnte, aber man kam zu dem Schluss, dass kein existierendes System die komplexen Modellbildungskapazitäten aufwies, die man nun benötigte.

Saudi Aramcos Techniker stellten sich dieser Herausforderung und entwickelten einen eigenständige Reservoirsimulator. Dieses System, genannt Parallel Oil, Water and Gas Reservoir Simulator (POWERS), ermöglicht es den saudischen Technikern heute, für jedes bedeutende Ölfeld weit detailliertere und ausgefeiltere Simulationsmodelle zu erhalten. Sie entstehen durch Integration aller harten und geschätzten Daten über das Zusammenspiel von Reservoirmechanik, Gesteinsbrüchen, Ölfluss und Wasserströmen. Die Techniker versuchen auch zuverlässige Daten über das Gas zu erhalten, das jetzt aus dem Rohöl entweicht und in allen wichtigen Ölfeldern sekundäre Gasschichten bildet. Vor der Entwicklung dieses neuen Systems waren viele Annahmen, die in die alten Modelle eingeflossen waren, „absurd", wie es ein führender Aramco-Manager ausdrückte.

Hochentwickelte Computer unterstützen die Simulatoren

Um diese ausgefeilten Reservoirmodelle erstellen zu können, hat sich EXPEC zu einem der fortschrittlichsten Rechenzentren der Welt entwickelt. Es steht bezüglich Größe und Kapazitäten in einer Reihe mit den Lawrence Livermore National Laboratories des US-Energieministeriums, mit Sandia National Labs und Los Alamos National Laboratories. Die Rechnerkapazität EXPECs reicht aus, um eine Billion Rechenoperationen pro Sekunde durchführen und speichern zu können. Die Online-Speicherkapazität liegt bei 600 Billionen Bytes (oder 600 Terabytes). In einer Sekunde können Berechnungen durchgeführt werden, für die die gesamte Belegschaft Aramcos früher ein ganzes Jahr gebraucht hätte – bei Arbeitstagen von 24 Stunden.

Dieses hochmoderne Hochgeschwindigkeits-Simulationssystem bestimmt heute die Art und die Anzahl der Schächte, die Aramco jedes Jahr bohrt, und auch die Platzierung der Schächte, damit sie oberhalb der stetig ansteigenden Öl/Wasser-Kontaktschicht und unterhalb der Gasschicht auf die immer dünneren Ölsäulen stoßen.

Die Simulation der Performance von Ghawar

Die Anwendung dieser neuen Techniken begann 1990, teilweise auch wegen der steigenden Fehlerquote früherer Produktionsprognosen. Ein kleiner Teil der Region Nord-Uthmaniyah in Ghawar wurde für das erste komplexe Reservoirmodell ausgewählt. Dieses Gebiet war früher das produktivste in Ghawar. Dem Senatsreport von 1979 zufolge erreichte die Spitzenproduktion dort erstaunliche drei Millionen Barrel pro Tag. Der Erfolg des Projekts, Daten verschiedener Art – Geophysik, Reservoirperformance, Bohrungen usw. – in ein einziges Modell zu integrieren, führte zur Entstehung von POWERS.

Das neueste und ausgefeilteste POWERS-Modell des Super-Giganten-Felds Ghawar umfasst das gesamte Feld sowie die nahe gelegenen Felder Abqaiq und Harmaliyah. Es enthält die Produktionsperformance von fast 3.400 Schächten, die seit 1940 in dieser Region gebohrt wurden. Das POWERS-System weist eine noch nie da gewesene Skalierbarkeit auf. Die erste Simulation, die ein das gesamte Feld umfassendes Modell verwendete, erforderte 48 Rechenstunden von 128 großen Zentralprozessoren (CPUs). Allein dieses Modell enthielt zehn bis elf Millionen Einzeldaten. Man braucht all diese Daten, um ein Computermodell zu schaffen, das – so hofft man zumindest – die künftige Ölproduktion in Ghawar prognostizieren kann.

Ironischerweise war es auf einer hoch informativen technischen Präsentation bei EXPEC im Februar 2003, als ich darüber nachzudenken begann, ob die saudischen Ölreserven wirklich so unerschöpflich waren, wie die Welt glaubte. Was meine Nachforschungen auslöste, war letztlich eine einzige PowerPoint-Darstellung des POWERS-Modells von Ghawar. Sie zeigte eine dichte Ansammlung produzierender Schächte am Nordende des Felds. Diese Darstellung weckte meine Neugier. Es war ebenfalls auf dieser Veranstaltung, als ich zum ersten Mal die Bezeichung „Fuzzy Logic" hörte, die sich auf die zunehmend komplexer werdenden Entscheidungen bezüglich der dortigen Ölförderung bezog. Diese Bezeichnung war eine weitere Initialzündung für meine Neugier.

... diese neue Generation simulierter Modelle lieferte endlich einen tieferen Einblick in die großen, produktiven Reservoirs und die Auswirkungen verschiedener Produktionstechniken auf ihre Performance.

Wegen der enormen Rechnerkapazitäten von POWERS und dem anschaulichen Material, das es lieferte, waren Saudi Aramcos technische Experten überzeugt, diese neue Generation simulierter Modelle liefere endlich einen tieferen Einblick in die großen, produktiven Reservoirs und die Auswirkungen verschiedener Produktionstechniken auf ihre Performance. Dieses neue Wissen enthüllte, dass alle diese großartigen Felder wesentlich komplizierter (im Geologen-Jargon: „heterogener") aufgebaut waren als zuvor angenommen. Damals waren alle diese Felder aber schon seit drei, vier Jahrzehnten in Produktion. Wir werden wohl nie erfahren, wie der Ausbeutungsplan eines Feldes wie Ghawar ausgesehen hätte, wäre die Modelltechnik von POWERS schon vor Jahrzehnten verfügbar gewesen. POWERS kam für Saudi-Arabiens alternde Ölfelder reichlich spät. Das ist etwa so, als würde man bei einem alten, ausgemergelten ehemaligen Weltklasse-Athleten eine Kernspintomografie vornehmen.

Die ausgefeilten Simulationsmodelle Aramcos kann man sich heute in verschiedenen Zentren anschauen. Dreidimensionale Projektionen schaffen dort die Illusion, man befinde sich mitten im Reservoir. Diese Visualisierungen helfen den Entscheidern natürlich, besser zu verstehen, wie die Reservoirs tatsächlich aussehen. Aber in der Welt der Hochtechnologie lauert auch eine Gefahr. Wie bei allen Simulationen gibt es auch hier keine Garantie, dass die Visualisierung genau genug für die auf ihr basierenden Entscheidungen ist. Sie ist nur so genau wie die Annahmen, die in sie einfließen. Die Genauigkeit des Modells bleibt daher eine Frage der Wahrscheinlichkeit, wie bei jedem anderen Prognosemodell, sei es nun ein Modell über Finanzthemen oder über die künftige Performance eines Ölvorkommens. Die Annahme, POWERS oder jede andere Art der Modellbildung garantiere die nächsten 50 Jahre Performance in einem Feld wie Ghawar, basiert nicht auf solider Wissenschaft, sondern auf Glauben und Hoffnung.

Die Erhebung seismischer Daten

Neben den Reservoirmodellen beherbergt EXPEC auch das Gehirn von Aramcos Explorationsbemühungen: das weltgrößte Zentrum zur Verarbeitung seismischer Daten. Es umfasst 1900 einzelne Computereinheiten. Zusammen können sie 1,65 Billionen Fließkomma-Operationen pro Sekunde durchführen. Saudi-Arabien kann heute 20-mal mehr seismische Daten am Tag verarbeiten als vor ein paar Jahren. Seismische Erhebungen von Weltklasse wurden im ganzen Königreich durchgeführt. Die Verarbeitung dieser Daten entspricht dem modernsten Stand der Technik. Die Zahl der verarbeiteten seismischen Spurdaten ist von etwa 150 Millionen pro Monat (1998) auf zwei Milliarden pro Monat (2002) gestiegen.

Wäre es wahr, dass Saudi-Arabien keine neuen Ölvorkommen zu finden braucht, wären für diese Verarbeitungskapazitäten viel Geld und Zeit verschwendet worden.

Wie man die Modellbildungstechniken auf die Ölfelder bringt

Die Kapazitäten zur Verarbeitung seismischer Daten und POWERS sind nun die entscheidenden Kräfte hinter Saudi Aramcos neuen Projekten und den immer ausgefeilter werdenden Fördertechniken. Die Anwendung verschiedener Pläne und der Einsatz ausgefeiltester Technologien bringt Aramco einigen Erfolg bei seinen Bemühungen, die Öl- und Gasförderkapazitäten des Landes zu erhalten und vielleicht sogar zu steigern.

2003 feierte Saudi Aramco den 70. Jahrestag der Unterzeichnung des Konzessionsvertrags zwischen dem Königreich und SOCAL. In diesem Jubiläumsjahr listete Aramcos Jahresbericht einige kürzlich erreichte Ziele auf:

- Die nachgewiesenen Erdgasreserven waren innerhalb von fünf Jahren um zehn Prozent gestiegen.

- Die Gasverarbeitungskapazitäten waren um 40 Prozent gestiegen.

- Aramcos neue Gasverarbeitungsanlage in Hawiyah, die größte des Landes und eine der größten weltweit, war im Oktober 2002 eingeweiht worden.

- Aramcos Explorationsteam hatte drei (wenn auch kleine) neue Öl- und Gasfelder entdeckt.

Der Jahresbericht von 2003 bemerkt auch, dass Planung und Ingenieursarbeiten im Qatif-Projekt fieberhaft vorangetrieben wurden. Ziel war die Verbesserung zweier alter und komplexer Felder, Qatif und Abu Sa'fah. Qatif wurde 1945 entdeckt und liegt an der Küste des Persischen Golfs, wenige Kilometer südöstlich von Berri. Die Produktion begann 1951. Qatif lieferte 1979 150.000 Barrel am Tag, bis 1982 sank der Output auf 40.000 Barrel pro Tag, und später wurde das Feld stillgelegt. Abu Sa'fah, 1963 entdeckt, liegt als Offshore-Feld gleich neben Qatif.

Qatif soll später 500.000 Barrel leichtes Rohöl pro Tag liefern. Weitere 100.000 Barrel mittelschwerer Qualität sollen aus Abu Sa'fah kommen, das schon 200.000 Barrel pro Tag förderte. Insgesamt 100 neue elektrische Unterwasserpumpen (ESPs) sind in Abu Sa'fah schon installiert worden. Es handelt sich um das weltweit größte ESP-Projekt und Saudi Aramcos ersten Einsatz künstlicher Hebetechniken.

Ältere Offizielle Saudi Aramcos bemerkten Ende 2003, dieses Entwicklungsprojekt, das dem Königreich pro Tag 600.000 Barrel zusätzliches Öl einbringen soll, *würde die gesamten Förderkapazitäten Saudi-Arabiens nicht erhöhen.* Dieses große Projekt, sagten sie, diene nur dazu, „die normalen Rückgänge in bestimmten alternden Felder zu kompensieren". Im Frühjahr 2004 beschrieben viele Offizielle Saudi Aramcos und des Ölministeriums Qatif und Abu Sa'fah allerdings als neue Entwicklungen zur Schaffung zusätzlicher Kapazitäten. Nur eine von beiden Aussagen kann stimmen.

Das Qatif-Projekt beinhaltet den Bau von drei neuen GOSPs, einen Ausbau der Gasverarbeitungsanlage in Berri, die Installation von fünf neuen Offshore-Plattformen, eine weitgehende Überholung der existierenden Plattformen in Qatif und den Bau von 30 neuen Bohrinseln.

Wenn die neue Anlage in Berri fertig ist, dürfte die gewonnene Schwefelmenge aus dem Gas in Berri, Qatif und Abu Sa'fah von 1.600 auf 3.300 metrische Tonnen pro Tag steigen. Man hofft, dass dieses Projekt neben dem zusätzlichen Öl auch 370 Millionen Kubikfuß Erdgas pro Tag liefern wird.

Das neue Design der Ölschächte

Auch das Design der Schächte und die Bohrmethoden haben von Aramcos gestiegenen technischen Fähigkeiten profitiert.

- Vertikale Schächte, wie sie früher gebohrt wurden, gelten heute schon als Schächte aus Saudi-Arabiens „frühen Tagen".

- Eine zweite Generation von Schächten, definiert als ausgedehnte Horizontalschächte, begann die Vertikalschächte vor etwa neun Jahren zu ersetzen.

- Eine dritte Generation, „Maximum Reservoir Contact"- oder MRC-Schächte, die eine Verbesserung der horizontalen Fördertechnik darstellt, begann bald die anderen beiden Schachttypen zu ersetzen.

Ein Diagramm dieser Schächte der dritten Generation ähnelt einer Flaschenreinigungsbürste oder dem Skelett eines Fisches. Es gibt bis zu zehn Abzweigungen vom Hauptschacht. Diese Schächte funktionieren besonders gut in schnell dünner werdenden Ölsäulen, weil sie weder mit Wasser noch mit Gas in Kontakt kommen.

Bei der Offshore Technology Conference 2004 kündigten Aramco-Offizielle eine weitere technische Neuerung an: intelligente Schächte, bei denen jede produzierende Verzweigung eines MRC-Schachts mit Sensoren und automatischen Verschlussventilen ausgestattet ist. Damit sollen die Produktionseffizienz und die Fördermenge gesteigert werden, indem die Förderung von Wasser und Gas vermieden wird.

Neue Bohrtechnologien

Auch andere fortschrittliche Technologien wurden bei Aramco zum Standard. Dazu gehören:

- Mit Diamanten bestückte Bohrköpfe, die um Lichtjahre effektiver sind als Bohrköpfe früherer Generationen.

- Ausziehbare Röhren.

- Bohrsysteme der neuesten Generation.

- Hochtemperatur- und Hochdruck-Bohrgeräte.

- Satellitenkommunikation zwischen der Bohranlage und dem Computerzentrum in Dhahran.

Die Durchlässigkeit in tiefen Ölschächten wird standardmäßig erhöht, indem man Säuren und Hydraulik zum Aufbruch von Kanälen in engen Gesteinsformationen einsetzt.

Viele dieser Technologien werden heute auch in einigen Regionen der besten Ölfelder Aramcos eingesetzt. Die Reservoirs der Arab-D-Zone, Abschnitt 2-B in Ghawar und Abqaiq waren früher höchst produktiv, nähern sich aber der endgültigen Ausbeutung. Daher zapft Aramco nun die weniger hochwertigen und weniger durchlässigen Reservoirs an (zum Beispiel Arab-D, Zonen 1, 2-A und 3). Ob die Durchlässigkeit durch diese Maßnahmen tatsächlich dauerhaft erhöht werden kann, wird die Zeit zeigen. Neue Technologien und Mehrphasenpumpen verändern die Art und Weise massiv, wie Aramco seine großen, aber alternden Felder managt. Heute ist es entscheidend für die Aufrechterhaltung der derzeitigen Produktionsmengen, dass die neuen Technologien so schnell wie möglich eingesetzt werden.

Anstrengungen zu Wasser und in der Luft

Anfang 2004 stellten Aramcos Explorer die weltweit umfassendste aeromagnetische Studie mit neun speziell ausgerüsteten Flugzeugen fertig. In großen Teilen des Königreichs wurde das Magnetfeld der Erde gemessen, um Abweichungen festzustellen, die auf unterirdische Ölvorkommen hindeuten könnten. Auch dies zeigt, wie intensiv Aramco nach neuen Vorkommen sucht. Einige erfahrene Explorer haben allerdings die Zuverlässigkeit der Daten bezweifelt, die dieses teure Projekt liefert.

Zudem betreibt Aramco VELA, die modernste Öltankerflotte der Welt. Etwa 35 bis 40 Prozent der saudischen Ölexporte werden mit eigenen Tankern verschifft. Wenn Tanker-Broker erfahren, dass VELA auf dem Chartermarkt aktiv ist, wird dies ironischerweise meist als Anzeichen interpretiert, dass Saudi-Arabien seine Ölproduktion erhöht. Im Gegensatz dazu chartert VELA ständig Tanker von anderen Anbietern, einfach um die Stetigkeit seiner Ölexporte zu gewährleisten.

Technologie ist keine Garantie für Resultate

Mit Recht ist die Führung Aramcos stolz auf die heutigen technischen Fähigkeiten des Unternehmens. Nach ihrer Meinung hat es kein anderes staatliches Ölunternehmen jemals zu vergleichbarer Expertise gebracht, was Management und Technik betrifft. Saudi Aramco hat große Fortschritte erzielt seit den Tagen, als die Unternehmensführung in amerikanischer Hand lag. Das Projekt einer umfassenden „Saudisierung" Aramcos ist nun abgeschlossen. Heute arbeitet Aramco nicht anders als ExxonMobil, ChevronTexaco oder Shell. Und das ist auch nötig, weil das Management dieser gigantischen Ölfelder von Jahr zu Jahr anspruchsvoller wird.

> Nur zu oft aber kam es lediglich zu vorübergehenden Steigerungen – und dann zu einem steileren Produktionsabfall, als man ihn in der Ölbranche je gesehen hatte.

Eine ganz andere Frage ist, ob diese technischen Errungenschaften dazu führen werden, dass die alternden Felder weitere 20 bis 50 Jahre lang große Mengen Öl liefern werden, wie es das PR-Programm von 2004 so zuversichtlich verkündet hat. Fast alle früheren Anwender der Techniken, die Aramco heute einsetzt, hatten unrealistische Erwartungen und zogen falsche Schlüsse aus den ersten Ergebnissen.

In den letzten Jahren kam es oft vor, dass die besten technischen Experten führender westlicher Öl- und Gasfirmen annahmen, die neuen technischen Werkzeuge würden es leichter machen, die künftige Produktion zu steigern. Nur zu oft aber kam es lediglich zu vorübergehenden Steigerungen – und dann zu einem steileren Produktionsabfall, als man ihn in der Ölbranche je gesehen hatte. Die Zuwächse waren kurzlebig, und wahrscheinlich *reduzierten* sie die Gesamtfördermenge der betreffenden Ölfelder.

Zum ersten Mal seit Jahren veröffentlichte Saudi Aramco 2004 Details über die geplanten Aufwendungen für Exploration und Produktion, in diesem Fall für den Zeitraum von 2004 bis 2007. Aramco plante 18 Milliarden Dollar aufzuwenden, fast ein Drittel mehr als die durchschnittlichen Ausgaben der vorangegangenen zehn Jahre. Diese Ausgaben sollen fünf zusätzliche Förderkapazitäten ermöglichen, um die Ausbeutung in Aramcos Feldern zu *ersetzen*, nicht um den Output zu *erhöhen*.

Die genannten Projekte umfassen die Entwicklungen in Qatif und Abu Sa'fah, die Flüssiggasanlage in Hawuyah, die Expansion des gesamten Gasverarbeitungssystems und die Modernisierung der Raffinerien und der Distributionsanlagen.

Die Ressourcenbasis von Öl und Gas in Saudi-Arabien: konzentriert, gealtert, nicht verifiziert

Außerhalb der arabischen Welt wird Saudi Arabien vor allem wegen seiner bemerkenswerten Öl- und Gasreserven beachtet – angeblich ein Viertel der weltweiten nachgewiesenen Ölreserven und die viertgrößten nachgewiesenen Gasreserven der Welt. Da Saudi-Arabien seit Jahrzehnten auch der weltweit größte Ölproduzent ist, meinen viele Beobachter der Energiebranche, mehr bräuchten sie über dieses Land und seine Ölressourcen nicht zu wissen.

Es kann aber aufschlussreich sein, sich diese Ressourcenbasis etwas näher anzusehen. Schon eine mäßig kritische Untersuchung deckt ein auffälliges Merkmal auf – die Asymmetrie. Wenn man die verstreuten Daten zusammenfügt, kann man erkennen, dass etwa 90 Prozent der saudischen Ölproduktion noch immer aus seinen sechs riesigen Ölfeldern kommen – Ghawar, Safaniya, Abqaiq, Berri, Zuluf und Marjan –, die alle in einer winzigen Ecke des Königreichs liegen (siehe Abbildung 5.3). Und dies ist seit mindestens 30 Jahren der Fall.

> ... etwa 90 Prozent der saudischen Ölproduktion kommen noch immer aus seinen sechs riesigen Ölfeldern – Ghawar, Safaniya, Abqaiq, Berri, Zuluf und Marjan –, die alle in einer winzigen Ecke des Königreichs liegen.

Über die etwa 80 weiteren von Saudi Aramco aufgelisteten Felder ist wenig bekannt. Alle wichtigen Vorkommen liegen in einem kleinen Gebiet, das nun ein halbes Jahrhundert alt ist.

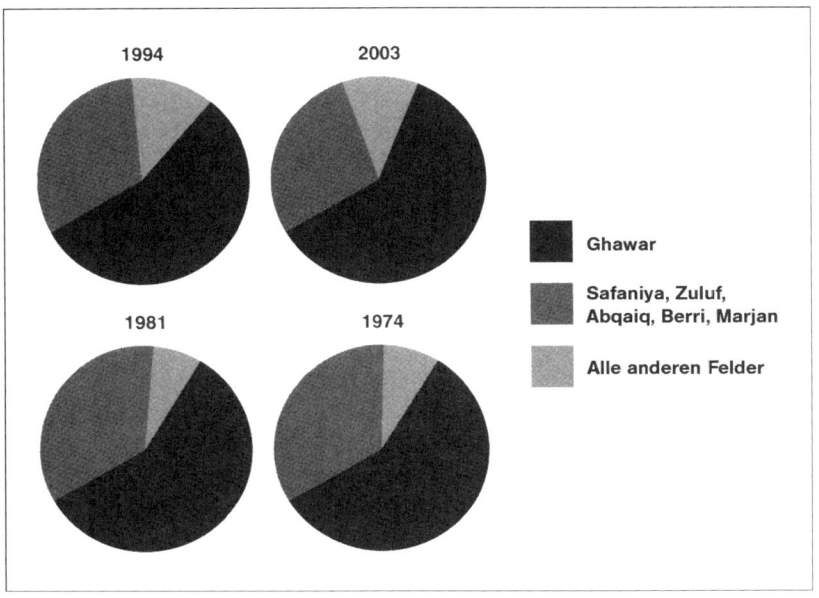

Abbildung 5.3: Die Beiträge der sechs größten Felder zur saudischen Ölproduktion

Quellen: Verschiedene Ausgaben des Oil & Gas Journal, 1950 – 1982; SPE # 57322; Simmons & Company International

Alle anderen Felder

Anfang 2004 veröffentlichte Saudi Aramco ein Verzeichnis von 101 Öl- und Gasfeldern. Von diesen sollen 83 Öl enthalten. Insgesamt weisen sie 351 getrennte, „produktionsfähige" Reservoirs in ungefähr einem Dutzend geologischer Formationen auf. Doch das meiste heute produzierte Öl kommt nur aus einer oder zwei Formationen. Auf die bemerkenswerte Arab-D-Zone 2-B entfallen mindestens 70 Prozent der aktuellen saudischen Ölförderung. Mit Ausnahme einiger kleiner Felder etwa 75 Kilometer südlich von Riad und dem Shaybah-Feld liegt jedes andere bedeutende Ölfeld am Ostrand der Ostprovinz am Persischen Golf oder direkt vor der Golfküste. Dieses enge Band erstreckt sich von der kuwaitischen Grenze aus südwestlich über gut 300 Kilometer. Das gesamte Territorium der ursprünglichen SOCAL-Lizenz, innerhalb dessen dieses schmale Band liegt, umfasst etwa 85.000 Quadratmeilen. Und nur ein kleiner Teil dieses Gebiets war jemals produktiv. Abbildung 5.4 zeigt die extreme geografische Konzentration der saudischen Ölproduktion.

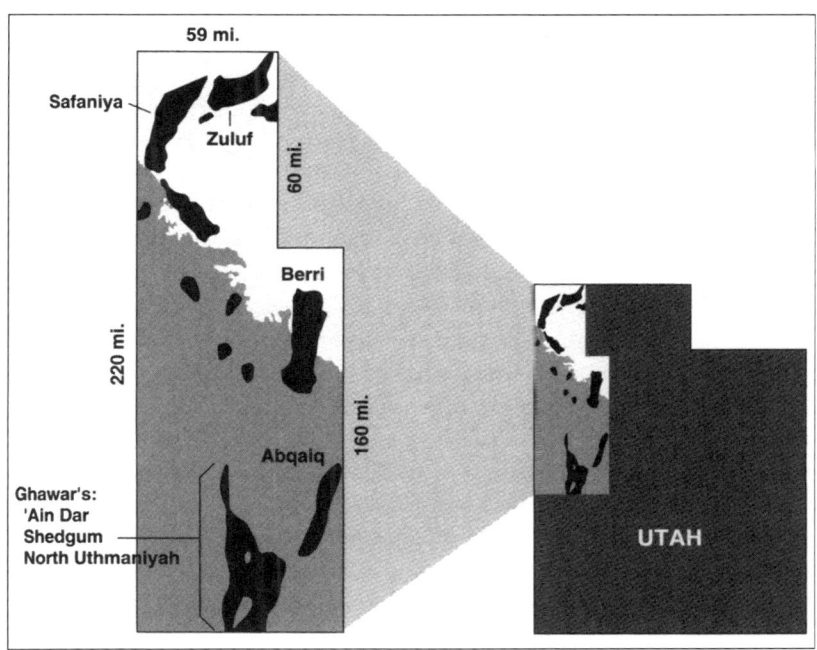

Abbildung 5.4: Der Kern der saudischen Produktionsregion bedeckt nur 17.140 Quadratmeilen und passt in eine Ecke des US-Bundesstaats Utah Quelle: Simmons & Company International

Von den acht Ölfeldern, die 2004 fast das gesamte saudische Öl gefördert haben, liegen sechs in einem kleinen Teil der Ostprovinz. Sie alle wurden in den ersten drei Jahrzehnten der Ölentwicklung des Landes entdeckt. Seit Ende der 1950er-Jahre wurde in diesem Gebiet kein wichtiges neues Vorkommen gefunden.

Mit Ausnahme der Felder im Hawtah-Gebiet wurde in ganz Saudi-Arabien seit Shaybah 1967 kein anderes großes Ölfeld gefunden, trotz der unermüdlichen Anstrengungen Aramcos bei der Suche nach einer neuen Generation von Ölfeldern.

Neue Strukturen wurden identifiziert, einige davon enthielten Öl oder Gas. Keine von ihnen war aber produktiv genug, die alternden Giganten-Felder zu ersetzen.

> Mit Ausnahme der Felder im Hawtah-Gebiet wurde in ganz Saudi-Arabien seit Shaybah 1967 kein anderes großes Ölfeld gefunden, trotz der unermüdlichen Anstrengungen Aramcos bei der Suche nach einer neuen Generation von Ölfeldern.

Die vier Super-Giganten-Felder

Der bei weitem größte Teil der saudischen Ölproduktion kommt aus vier Super-Giganten-Feldern. Dort begann die Förderung in Tiefen zwischen 1.500 und 3.300 Metern.

▪ Das größte und produktivste dieser Felder, Ghawar, ist der „König" in der Welt des Öls. Seit Förderbeginn 1951 hat Ghawar der nach Öl dürstenden Menschheit mehr als 55 Milliarden Barrel leichten Öls von höchster Qualität geliefert. (Zum Vergleich: Das größte US-Ölfeld, Prudhoe Bay, hat etwas mehr als zehn Milliarden Barrel geliefert und enthält weitere geschätzte 13 Milliarden Barrel förderbaren Öls.)

▪ Safaniya, das größte Offshore-Ölfeld der Welt, lieferte den zweitwichtigsten Beitrag. Es produziert den Großteil des schweren Rohöls in Saudi-Arabien. Die Förderung begann in den frühen 1950er-Jahren und erreichte bis heute ungefähr zehn Milliarden Barrel. Die Tatsache, dass das zweitgrößte Feld des Königreichs *weniger als ein Fünftel der Ölproduktion des größten erreichte*, ist ein weiterer Hinweis auf die Konzentration der Vorkommen in Saudi-Arabien und die außergewöhnliche Bedeutung Ghawars.

▪ Die beiden anderen Super-Giganten-Felder, Abqaiq und Berri, haben weniger Öl hervorgebracht als Ghawar und Safaniya, aber es handelt sich um extrem wertvolle leichte und extra leichte Qualitäten.

Seit fast 40 Jahren liefern diese vier Felder 80 bis 90 Prozent der gesamten saudischen Ölproduktion. Drei, vier kleinere Felder – „klein" allerdings nur nach saudischen Maßstäben – lieferten fast den gesamten Rest.

Alle diese Felder erreichten ihren wahrscheinlichen Produktionshöhepunkt (oder zumindest das Höchstniveau einer vernünftigen Ausbeutung) schon vor langer Zeit (siehe Tabelle 5.1). In Ghawar und Safaniya wurde dieses Top 1981 erreicht, in Abqaiq 1973 und in Berri 1976.

Das soll nicht heißen, dass keines dieser Felder mitten in einer Versorgungskrise das Höchstniveau nicht wieder erreichen könnte. Aber da die Höchstmengen schon vor 20 bis 30 Jahren gefördert wurden, erscheint es sehr unwahrscheinlich, dass solche Produktionsmengen über längere Zeit wieder erreicht werden könnten.

Tabelle 5.1: Berichtete Höchstmengen der Förderung und die entsprechenden Jahre in den wichtigsten saudischen Feldern. Jahresdurchschnitt in Barrel pro Tag.

Feld	Barrel pro Tag	Jahr
Ghawar	5.694.000	1981
Safaniya	1.544.000	1981
Abqaiq	1.094.061	1973
Berri	807.557	1976
Zuluf	658.000	1981
Khursaniyah	208.000	1979
Qatif	150.000	1979
Abu Sa'fah	139.000	1979
Abu Hadriya	130.000	1977
Harmaliya	129.877	1974
Marjan	108.000	1979
Dammam	61.000	1977
Fadhili	57.560	1977
Manifa	57.179	1966

Quelle: Oil & Gas Journal, verschiedene Ausgaben, 1950 bis 1982.

In Ghawar, Abqaiq und Berri wird aus riesigen Karbonreservoirs gefördert. Dort wurde vor Produktionsbeginn in Shaybah 1998 das gesamte leichte und extra leichte Rohöl des Landes gewonnen. Dieses hochwertige Öl kommt hauptsächlich aus der in der späten Kreidezeit entstandenen Arab-D-Formation. Die einzige weitere Formation in diesen Feldern, die je signifikante Mengen leichten Rohöls geliefert hat, ist Hanifa, das direkt unterhalb von Arab-D liegt. Die anderen Formationen, Arab-A, B und C haben nie große Ölmengen hervorgebracht.

Arab-D ist in vier Zonen unterteilt:

■ Zone 1 weist eine sehr geringe Durchlässigkeit auf. Das heißt: Im Gestein fehlt es an Hohlräumen, die Öl enthalten, und Flüssigkeiten können diese Zone nicht durchfließen.

■ In Zone 2 gibt es nur stellenweise eine hohe Porosität.

■ Zone 2-B weist außergewöhnlich poröses und extrem durchlässiges Gestein auf. Das heißt, dass das Gestein viele Öl enthaltende Hohlräume aufweist. Zudem kann das Öl problemlos durch das Gestein fließen.

▣ Wie Zone 1 besteht Zone 3 aus Gestein von weit schlechterer Reservoir-qualität.

Zonen mit außergewöhnlicher Ölflusskapazität

Jede Gesteinsformation, auch ein Hydrokarbon-Reservoir, weist spezifische, messbare Eigenschaften auf, die in der ganzen Formation mehr oder weniger gleichförmig sind. Man spricht hier von den *Matrix-Eigenschaften*, und ihre Werte stellen die durchschnittlichen Charakteristika der Feldformation dar. Die generelle Matrix-Porosität und -Durchlässigkeit in Arab-D, Zone B, hätten schon ausgereicht, um ein hervorragendes Reservoir zu bilden. Hinzu kamen aber Schichten von noch wesentlich höherer Durchlässigkeit, die man als „Super-K-Schichten" bezeichnet.

Diese Bezeichnung wurde erstmals Mitte der 1970er-Jahre verwendet und kennzeichnet Gebiete innerhalb der Zone 2-B *mit außergewöhnlich hoher Flusskapazität aus relativ dünnen Felsschichten.* „K" ist das bei Ingenieuren gängige Symbol für Durchlässigkeit. *Super-K* (auch *Super-Perm* genannt) bezeichnet Schichten extrem hoher Durchlässigkeit im Gestein von Arab D, Zone B. Manche Experten meinen, diese bestünden aus Dolomitgestein innerhalb des vorherrschenden Kohlegesteins.

Super-K-Zonen gibt es in allen drei Super-Giganten-Feldern, Ghawar, Abqaiq und Berri. Die für solche Zonen typischen Flussraten können 40.000 Barrel pro Tag erreichen.

Reservoirexperten und Geologen haben sich in den letzten 30 Jahren bemüht, diese Super-K-Zonen besser zu verstehen – was sie sind und wie sie funktionieren. 2003 und 2004 erschienene SPE-Papiere zeigen, dass es immer noch viel über diese Zonen zu lernen gibt – warum sie dort liegen, wo sie liegen und wie sie den Fluss von Öl und Wasser beeinflussen. Aramco definiert eine Super-K-Zone als eine Reservoirsektion, die pro 30 Zentimeter ihrer Dicke mehr als 500 Barrel pro Tag liefert. Die Dicke dieser Zonen variiert, aber sie liegt zwischen einem und mehr als drei Metern.

Die Techniker von Aramco haben allerdings entdeckt, dass die großen Vorteile von Super-K-Zonen auch mit Nachteilen verbunden sind. Wenn man in einem Reservoir fördert, wo es aktiven Wasserzufluss gibt oder wo Wasser eingepumpt wird, findet die stetig steigende Wassersäule schließlich ihren Weg zu einer Super-K-Zone. Dann erreicht das Wasser einen Kanal, in dem es ungehindert fließen kann. Wenn Wassereinpumpungsprogramme wie in Saudi-Arabien angewendet werden, erreicht das Wasser durch die Super-K-Zonen sehr schnell die Förderschächte und vermischt sich dort mit Öl und Gas. Wie so viele Eigenschaften saudischer Ölfelder sind auch die Super-K-Zonen sowohl ein Segen als auch ein potenzieller Fluch.

Die Produktionskapazitäten der Sandstein-Felder vor der Küste

Safaniya, Zulu und Marjan, die wichtigsten Offshore-Felder, liefern fast das gesamte mittelschwere und schwere Rohöl Saudi-Arabiens. Man nennt diese Vorkommen auch die „nördlichen Felder". Alle liefern Öl aus einer Sandsteinformation, nicht aus Kohlegestein wie in Ghawar. Die Offshore-Felder teilen sich eine massive Grundwasserschicht in der Wasia-Formation, die unterhalb des ölhaltigen Sandsteins liegt und nach oben drückt und somit den hohen Druck stabilisiert, der den Ölfluss zu den Förderschächten aufrechterhält. (Die gleiche Grundwasserschicht erstreckt sich auch unter den Ölfeldern der neutralen Zone und dem hochproduktiven Burgan-Komplex in Kuwait.)

Weil diese Schicht den Druck auf natürliche Weise stabilisierte, waren auf den Offshore-Feldern niemals Wasserinjektionen erforderlich. Ein erfahrener kuwaitischer Hyrologe sagte mir vor kurzem, er mache sich Sorgen, die Wasserschicht könne kurz vor ihrer Erschöpfung stehen und damit die Fähigkeit verlieren, den Druck auf die darüber liegenden Ölvorkommen aufrechtzuerhalten. Das könnte schlimme Folgen nicht nur für die nördlichen Ölfelder Saudi-Arabiens, sondern auch für die Ölproduktion in der neutralen Zone und im Burgan-Komplex in Kuwait haben. Eine Erschöpfung der Wasserschicht wäre für die Produktion großer Ölmengen nicht weniger schädlich als die Erschöpfung der Ölvorräte selbst. Zum Glück scheinen große Wasservorkommen aber nahezu unerschöpflich zu sein.

Man stößt selten auf Produktionsdaten einzelner saudischer Felder, aber verschiedene außenstehende Beobachter schätzen folgende Produktionskapazitäten der drei großen Offshore-Felder:

■ Safaniya: 500.000 bis 600.000 Barrel pro Tag

◼ Zuluf: 500.000 Barrel pro Tag

◼ Marjan: 270.000 Barrel pro Tag

Saudi-Arabien besitzt auch einige Offshore-Felder gemeinsam mit seinen Nachbarn Bahrain und Kuwait. Das Abu Sa'fah-Feld liegt im Meer an der Grenze zu Bahrain. Die Produktion in Abu Sa'fah wird von der aktiven Grundwasser-schicht des Feldes unterstützt. Zwei andere Felder liegen in der sogenannten neutralen Zone, die Saudi-Arabien und Kuwait gemeinsam gehört.

Begrenzte Erfolge bei der Suche nach neuen, hochproduktiven Öl- und Gasfeldern

Neben dieser Hand voll von Giganten und Super-Giganten hat Saudi-Arabien auch etliche andere Öl- und Gasfelder entdeckt. Wie schon erwähnt, lag die Gesamtzahl Ende 2003 bei 101. Fünf bis zehn dieser Felder haben die Fähigkeit gezeigt, zwischen 100.000 und 150.000 Barrel Öl pro Tag zu fördern. Leider konnte keines davon dieses Niveau auf Dauer halten. Ein Ölfeld mit einer Produktion von 100.000 Barrel pro Tag wäre in fast allen anderen Weltgegenden ein Grund zum Feiern. Für den Nahen Osten und Saudi-Arabien ist es aber nicht besonders spektakulär.

Mittels seismischer Untersuchungen hat man viele attraktive Strukturen entdeckt, wo es Öl und Gas geben könnte. Verschiedene SPE-Papiere und andere Dokumente Saudi Aramcos weisen darauf hin, dass viele oder die meisten dieser unproduktiven Strukturen angebohrt wurden, um zu bestimmen, ob sie Öl enthalten, um Durchlässigkeit, Porosität und das Vorhandensein einer Wasserschicht zu prüfen. Das Ziel dabei ist natürlich, neue Felder zu entdecken, die große Mengen frei fließenden Öls produzieren können, ohne dass man auf künstliche Hebetechniken zurückgreifen muss. Bisher hat Saudi Aramco nichts publiziert, das einen auch nur mäßig skeptischen Beobachter davon überzeugen könnte, dass die lange Liste „noch zu produzierender" Ölfelder das Potenzial bewiesen hat, signifikante Ölmengen zu liefern. Eigentlich sagt Aramco über diese Felder nur: „Vertraut uns!". Ansonsten herrscht Schweigen.

1989 fand man Öl 75 Kilometer südwestlich von Riad. Man nannte dieses Feld Hawtah. In der Umgebung fand man später noch fünf kleinere Felder, und man sprach dann von der Hawrah-Formation. Wenige Jahre später wurde dort die Produktion aufgenommen. Diese sechs Ölfelder produzieren sehr leichtes Öl, das die Schwere natürlichen Gaskondensats erreicht. Die sechs Felder liefern nur 200.000 Barrel Öl pro Tag, die aufgrund ihrer guten Qualität aber hohe Preise bringen. Die schlechte Nachricht: Die Hoffnung hat sich nicht bestätigt, es gebe große neue Ölfelder außerhalb des Ostrands der Ostprovinz. Zudem gibt es in Hawtah keinen natürlichen Förderdruck. Daher sind die Schächte mit versenkbaren Elektropumpen ausgestattet, etwa 1.200 Meter unter der Erdoberfläche. Man braucht nicht zu betonen, dass dies die Förderkosten erhöht.

Außer dem Hawtah-Gebiet fand man in Saudi-Arabien außerhalb der Ostprovinz kaum Ölvorkommen, nicht einmal kleine. Zuweilen gab es einige neue Funde innerhalb der Ostprovinz. Keines davon scheint groß zu sein, von einem Giganten- oder Super-Giganten-Feld ganz zu schweigen. Die Historiker der Zukunft werden sich damit beschäftigen müssen, ob es in Saudi-Arabien noch ein großes, unentdecktes Vorkommen gibt.

Im Februar 2004 sagte Mr. Baqi, Leiter der Exploration bei Aramco, drei Gebiete Saudi-Arabiens seien noch so gut wie unerforscht:

1. Das untere Drittel des „Leeren Viertels", oder Rub al Khali, eine riesige Wüste, die etwa ein Fünftel der arabischen Halbinsel bedeckt.

2. Die Tiefwassergebiete im Roten Meer.

3. Ein Landstrich von der Größe Kaliforniens, entlang der Wüste im Westen des Irak.

Alle drei Gebiete umfassen nur einen Bruchteil des saudischen Festlandes. Kann es dort noch große Ölvorkommen geben? Bisher ist dort wenig gebohrt worden, aber weist dies darauf hin, dass in diesen Gebieten große Mengen Öl liegen, die man problemlos fördern könnte? In der Geschichte der Ölbranche gibt es zahlreiche Beispiele, dass wagemutige Explorer in Gebieten auf Öl gestoßen sind, wo man dies für unwahrscheinlich hielt. Niemand kann oder sollte die Möglichkeit ausschließen, dass in diesen relativ kleinen, kaum explorierten Gebieten der arabischen Halbinsel Öl zu finden ist. Ein Skeptiker würde aber darauf verweisen, dass man im Rest dieser Halbinsel intensiv nach Öl geforscht hat, auch im Jemen, in Oman und in den Vereinigten Arabischen Emiraten. Explorationen in Gebieten Jordaniens und Syriens, die an das westliche Wüstengebiet des Irak grenzen, haben enttäuschende Ergebnisse gebracht.

Endlich kommt das Gas zu seinem Recht

Historisch gesehen spielten die saudischen Erdgasressourcen im Vergleich
zum Öl nur eine Nebenrolle. Jahrelang fand nur dasjenige Gas Beachtung, das
im Öl gelöst war. Zunächst wurde es nach der Trennung vom Öl einfach abge-
fackelt. In den späten 1950er- und frühen 1960er-Jahren experimentierte man
kurz damit, dieses Gas wieder in die Reservoirs einzuleiten, um den Förderdruck
zu stabilisieren. Diese Maßnahmen wurden bald durch Einpumpen von Wasser
ersetzt.

In den frühen 1960er-Jahren begann Aramco damit, das überschüssige Gas
in Ras Tanura zu flüssigem Erdgas (NGL) zu verarbeiten, das man exportieren konnte. Das führte zur Gründung der einzigen nennenswerten Industrie
Saudi-Arabiens außerhalb der Ölbranche, zur bemerkenswert erfolgreichen
Petrochemie.

1975 begann man ein System zur Nutzung des nassen und oft sauren Gases
zu entwickeln, das als Nebenprodukt der Ölförderung anfiel. (Erdgas, das Unreinheiten enthält, vor allem Schwefelwasserstoff, nennt man „sauer". Gas ohne
solche Einschlüsse nennt man „süß". Nasses Gas enthält Kohlenwasserstoffe, die
normalerweise flüssig sind, zusätzlich zum „trockenen Gas" Methan.)

Man schuf die nötige Infrastruktur, um dieses Gas zu Anlagen zu transportieren, wo man den Schwefelwasserstoff und andere Unreinheiten entfernte und
das Gas „trocknete", indem man Wasser und Flüssiggase wie Butan und Propan
abtrennte. Neben NGL sind die Endprodukte trockenes Erdgas, oder reines Methan und Ethan, die Grundlagen einer florierenden petrochemischen Industrie.
Diese großen Verarbeitungsanlagen erlaubten es dem Königreich zudem, seine
NGL-Exporte signifikant zu erhöhen, weil man die Flüssigkeiten nun aus dem
Gas extrahieren konnte. Das wichtigste Exportprodukt, verflüssigtes Erdgas, ver-
schaffte dem Königreich eine neue Einkommensquelle.

In den frühen 1990er-Jahren wurde es den für die langfristige Planung in
Saudi-Arabien Verantwortlichen klar, dass der Bevölkerungszuwachs zu steigendem Erdgasverbrauch im Inland führen würde. Trockenes Erdgas würde man
benötigen, um die Stromproduktion und die Kapazitäten zur Wasserentsalzung
zu erhöhen. Dieses neue Denken führte zu ehrgeizigen Plänen, die Gasverarbeitungskapazitäten zu verdreifachen und tiefe Schächte zu bohren, um natürliche
Gasvorkommen unterhalb von Ghawar anzuzapfen. Diese Pläne führten schließ-

lich zur unglücklichen „Gasinitiative", wobei das Königreich führende Ölkonzerne davon zu überzeugen versuchte, 25 bis 30 Milliarden Dollar zu investieren, um Gasreserven zu erschließen und einen modernen Elektrizitäts- und Entsalzungskomplex zu schaffen. Nach einigen Jahren großer Bemühungen wurde dieses neue Programm schließlich eingedampft, weil sich die meisten großen Ölkonzerne daraus zurückzogen.

2003 belief sich die jährliche Erdgasproduktion auf nur 1,9 Billionen Kubikfuß. Die nachgewiesenen Reserven sollen bei 225 Billionen Kubikfuß liegen. Etwa zwei Drittel dieser nachgewiesenen Reserven umfassen das in Ölreservoirs gelöste Gas, das größtenteils in Ghawar, Safaniya und Zuluf zu finden ist.

Ein Drittel der Erdgasreserven ist nicht mit der Ölförderung verbunden, obwohl ein großer Teil dieses Gases offenbar in tiefen Reservoirs unterhalb der produzierenden Formationen der großen Ölfelder liegt. Diese tiefen Trockengasreserven liegen in drei geologisch komplexen Formationen, 4.000 bis 6.500 Meter unter der Erdoberfläche, die es sehr schwierig machen, Schächte von hoher Qualität zu bohren.

Schlussfolgerung: Es gibt keinen Anlass zu Optimismus, was die Entdeckung eines neuen Giganten-Feldes in Saudi-Arabien betrifft

Die Geschichte der Ölexploration in Saudi-Arabien folgte einem Muster, das aus vielen anderen großen Ölvorkommen auf dieser Welt bekannt ist. Veteranen des französischen Ölinstituts (IFP) sprachen in diesem Zusammenhang von „König, Königin und Lords" in einem Ölvorkommen. Erstmals hörte ich diese Bezeichnungen von Jean Laherrère und Jean Francois Gianasini, zwei Autoren, die sich schon früh mit diesem Thema beschäftigt haben. Basierend auf einer ausführlichen Studie aller bekannten Ölfelder beschrieb das IFP-Papier, dass jede Ölregion, unabhängig von ihrem Ausmaß, Ölfelder verschiedener Größe enthält, die man in eine vorhersagbare Hierarchie einordnen kann:

- Ein König: Ein Feld, dessen Größe alle anderen in der Region deutlich übertrifft.

- Eine Königin, vielleicht auch zwei oder drei (manche Könige haben eben das Glück, dass es mehr als eine Königin gibt). Königinnen sind in der Regel viel kleiner als der König, wobei ihre Größe zwischen 50 und 20 Prozent von dessen Volumen erreicht.

▓ Einige Lords oder andere Adelige, vielleicht fünf bis zehn, die wesentlich kleiner sind als die Königinnen.

▓ Eine große Zahl von Bürgerlichen oder Bauern – kleine Öl- und Gasfelder sowie Reservoirs oberhalb und unterhalb der „adeligen" Formationen.

In aller Regel werden die größten Felder einer Ölregion zuerst entdeckt. Die kleineren folgen später im Rahmen erweiterter Explorationstätigkeiten. Die IFP-Studie kommt zu dem Schluss, dass es zwischen drei und acht Jahre dauert, in einem zuvor unerforschten Hydrokarbongebiet eine Königin zu finden. Ganz selten stößt man schon zu Beginn auf den König. Er wird meist erst nach einigen Jahren gefunden. Danach dauert es zehn bis 15 Jahre, bis der Rest der Adelsfamilie versammelt ist.

Bis heute bestätigt die Geschichte der Exploration in Saudi-Arabien diese Einschätzung:

1. Der König, Ghawar, wurde 1948 entdeckt.

2. Als Königin erwies sich Abqaiq, das acht Jahre zuvor entdeckt worden war.

3. Eine weitere Königin (oder vielleicht die beste saudische Prinzessin) war Safaniya, 1951 entdeckt. Safaniya ist sicher die größte Königin, was die Menge der Reserven betrifft, aber Abqaiq ist ebenso sicher die schönste Königin, wegen der Qualität seines Öls und der Homogenität seiner Reservoirs.

4. Danach kamen die restlichen Adeligen.

5. Die Adeligen niedrigerer Hierarchiestufen fand man zwischen 1951 und 1968, nachdem es keine Könige und Königinnen mehr zu entdecken gab.

6. Seit 1968 wurden nur noch Bürgerliche und Bauern gefunden.

Eines ist klar: Viele dieser Bürgerlichen wären in anderen Ländern Könige. Diese Kriterien beziehen sich auf globale Vergleiche. Aber Saudi-Arabien ist kein gewöhnliches Land. Sein gigantisches Ölfeld in Ghawar ist der König der Könige.

Insgesamt ist diese königliche Familie die nobelste Ansammlung von Ölfeldern, die es auf der Welt jemals gab.

Es ist sehr unwahrscheinlich, dass man in Saudi-Arabien noch einmal ein königliches Ölfeld finden wird, einen Giganten oder Super-Giganten. Die Geschichte der Ölexploration auf dem Festland oder in seichtem Wasser kennt kein Beispiel für die Entdeckung eines wirklich großen Felds, nachdem eine Ölregion gereift und gealtert war.

So etwas hat es nur in Tiefwassergebieten gegeben. Dazu gehören Westafrika, das Campos-Vorkommen in Brasilien und der Golf von Mexiko. Auf Saudi-Arabien treffen diese Merkmale nicht zu.

> Es ist sehr unwahrscheinlich, dass man in Saudi-Arabien noch einmal ein königliches Ölfeld finden wird, einen Giganten oder Super-Giganten.

In Kapitel 6 werden wir die technischen Herausforderungen der Ölexploration und -produktion in Saudi-Arabien näher untersuchen. Darin gehen wir auch auf die wissenschaftlichen Methoden ein, wie man Öl und Gas findet und fördert.

Kapitel 6

Öl ist kein Rohstoff wie jeder andere

Eine Einführung in die Wissenschaft der Öl- und Gasproduktion

Ohne ein gewisses Verständnis der „Wissenschaft und Mechanik" der Entdeckung und Produktion von Öl und Gas fällt es schwer, die technischen Herausforderungen zu erfassen, mit denen sich Saudi Aramco nun konfrontiert sieht.

In diesem Kapitel versuchen wir, in allgemein verständlichen Worten die wichtigsten technischen Faktoren zu beschreiben. Wenn möglich, werde ich die technischen Begriffe zur Geologie und zu den Ölreserven in die Alltagssprache übersetzen.

Diese Vereinfachungen mögen manchem technisch versierten Leser vielleicht überzogen vorkommen. Definitionen der einschlägigen Fachbegriffe finden Sie im Internet auf der Website von Schlumberger unter *http://www. glossary.oilfield. slb.com*, detailliertere Erklärungen in den Büchern von Charles F. Conway und Norman J. Hyne (siehe Literaturverzeichnis).

Ein kurzer Überblick:
Die extreme Komplexität der Ölexploration

Zunächst muss man verstehen, dass in diesem Geschäft nichts einfach ist. Der gesamte Prozess der Ölversorgung, von den Anfängen in der geologischen Exploration bis zur abschließenden Distribution und zum Verbrauch, ist fürchterlich kompliziert. Die Bemerkung, Öl sei „ein Rohstoff wie jeder andere", ist Ausdruck einer absurden Phantasie, hervorgebracht von Tradern, die sich selbst maßlos überschätzen!

Die Entdeckung neuer Öl- und Gasvorkommen ist eine enorme Herausforderung, sogar auf der arabischen Halbinsel. Nachdem ein Vorkommen entdeckt ist, muss es durch Abschätzung der vorhandenen Öl- und Gasmengen bewertet werden. Dies erfordert eine Reihe sehr komplexer Datenerhebungen und Berechnungen. Nach dieser Abschätzung ist eine zweite und noch schwierigere Prüfung erforderlich, um zu bestimmen, welcher Prozentsatz dieser Ressourcen gefördert werden kann. Und dann muss abgeschätzt werden, welcher Anteil dieser theoretischen Menge wirtschaftlich sinnvoll ausgebeutet und als nachgewiesene Reserven ausgewiesen werden kann.

Nach dieser Prüfung ist eine Reihe von Berechnungen erforderlich, um die Produktionsrate zu bestimmen. So wird die optimale Balance zwischen zwei Zielen ermittelt: die Förderung der größtmöglichen Mengen und die gleichzeitige Maximierung der Renditen auf das eingesetzte Kapital. Das Problem: Beide Ziele sind schwer miteinander vereinbar. Die Planung des Bohrprogramms und der Förderanlagen erfordert ingenieurtechnische Lösungen zahlreicher Probleme, die mit den physischen Parametern und der Geologie des Ölfelds, mit den Eigenschaften der geförderten Flüssigkeiten, der verfügbaren Technologie und natürlich auch mit Budgetbeschränkungen zu tun haben. Abbildung 6.1 stellt die Komplexität dieses Gesamtprozesses in einem stark vereinfachten Diagramm dar.

Die moderne Technologie hat dazu geführt, dass den Betreibern eines Ölfelds wesentlich mehr Informationen über ein Feld zur Verfügung stehen, und es zudem leichter gemacht, dieses zu entwickeln und auszubeuten. Aber auch die modernen Hilfsmittel haben die Komplexität der Entscheidungen nicht verringert, die getroffen werden müssen. Heute wie in früheren Jahrzehnten leiden Explorations- und Produktionsprojekte zuweilen unter Irrtümern der Ingenieure und Fehlentscheidungen des Managements. Fortschrittliche Technologie und

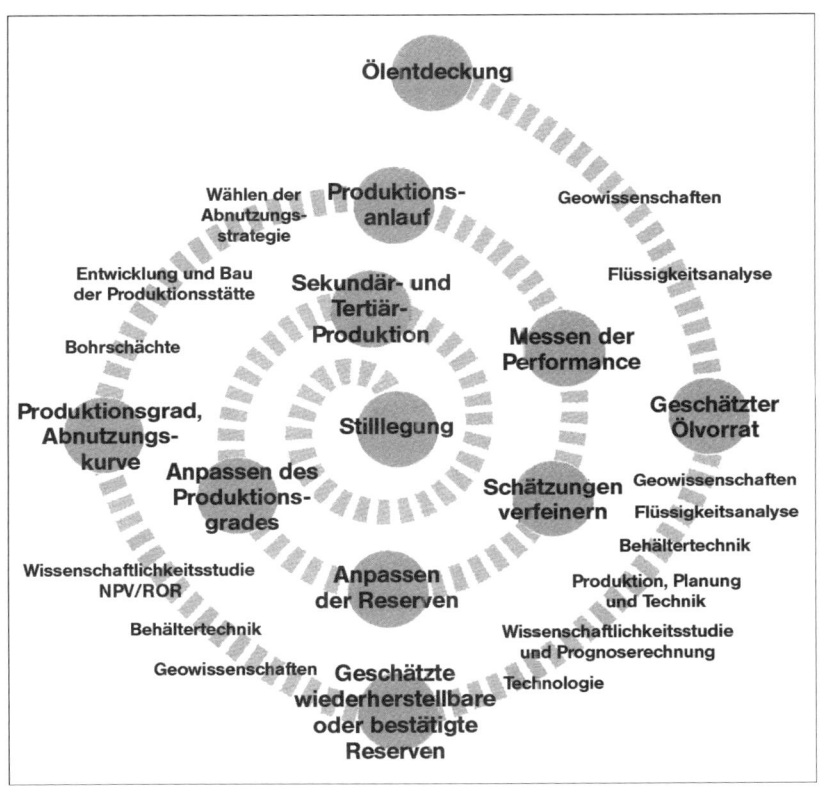

Abbildung 6.1: Der Entwicklungs- und Produktionszyklus eines Ölfelds
Quelle: Simmons & Company International

150 Jahre Erfahrung haben die technischen und wirtschaftlichen Risiken nicht eliminiert, und viele Entscheidungen sind mit Unsicherheiten verbunden.

Schätzungen der Ölmengen, die in verschiedenen Zeitabschnitten der Ausbeutung eines neuen Vorkommens gefördert werden können, sind immer problematisch. Nach Ansicht einiger der weltweit qualifiziertesten Experten wird der Prozess der Einschätzung, wie viel Öl und Gas problemlos gefördert werden kann, durch unser Unvermögen behindert, die Eigenart der geologischen Gegebenheiten zu verstehen – nicht anders als vor vier oder acht Jahrzehnten. Diese Unsicherheit führte dazu, dass Ölfirmen jahrelang zunächst einmal sehr konservative Schätzungen der endgültigen Fördermengen abgaben. Bei großen Ölfeldern auf dem Festland beschränkte sich die ursprüngliche Schätzung der nachgewiesenen Reserven oft auf eine Summe, die sämtliche Kosten abdeckte.

Im Lauf der Zeit, als mehr Förderanlagen installiert wurden, konnte man die tatsächliche Größe eines Vorkommens genauer und sicherer abschätzen. Diese Praxis führte dazu, dass die nachgewiesenen Reserven oft um das Drei- bis Achtfache stiegen.

Im Zug der Ölexploration und -förderung auf See, vor allem in tieferem Wasser und unter widrigen Bedingungen, wurde es weit wichtiger, das wirkliche Förderpotenzial eines Vorkommens so exakt wie möglich abzuschätzen, um sicherzustellen, dass die Einnahmen die Kosten der sehr teuren Förderanlagen abdeckten. Es war nicht mehr möglich, die Öl- und Gasmengen eines großen Ölfelds zunächst einmal gering anzusetzen.

Die Revolution der Ölfördertechnologie, die begann, als die Bohrungen auf See in schwierigeres Gebiet vordrangen, verleitete viele übermäßig optimistische Manager dazu, die konservative Zurückhaltung zugunsten der Annahme aufzugeben, die Technologie werde es ermöglichen, nun einen viel höheren Prozentsatz des vorhandenen Öls zu fördern.

Nur zu oft wurden (und werden) die Probleme bei jedem dieser entscheidenden Schritte als „überholt" eingestuft, weil die Technologie alles einfacher macht. Die von der Industrie entwickelten technischen Geräte werden allzu oft als endgültige Lösung vieler traditioneller Probleme der Ölbranche präsentiert. Bei den meisten heutigen Öl- und Gasprojekten ist dieser naive Optimismus völlig fehl am Platz. Fast alle neuen Öl- und Gasprojekte von einiger Größe erfordern den Entwurf und die Konstruktion komplexer Anlagen zur Entwicklung problematischer Vorkommen. Wären die jetzt in der Entwicklung befindlichen Projekte leicht zu finden und auszubeuten gewesen, dann hätte man sie längst in Produktion gebracht.

Die technischen Herausforderungen alternder Riesen-Ölfelder

Um richtig abschätzen zu können, wie lange die riesigen Ölfelder Saudi-Arabiens noch mit relativ wenigen Förderanlagen riesige Ölmengen produzieren können, müssen wir zunächst prüfen, ob die ursprünglichen Schätzungen der vorhandenen Reserven korrekt waren. Dann müssen wir beurteilen, ob diese Mengen tatsächlich mit den verschiedensten Methoden gefördert werden können.

Wie die Daten des GAO-Reports von 1978 und der detailliertere Senatsbericht vom April 1979 beweisen, lag die Schätzung der Aramco-Experten bei realistischen, womöglich sogar konservativen 110 Milliarden Barrel Gesamtreserven.

Schon Ende 1979 hob Saudi-Arabien die Schätzung der nachgewiesenen Reserven auf über 150 Milliarden Barrel an. 1988 sprangen sie auf mehr als 250 Milliarden Barrel – ohne dass große neue Vorkommen entdeckt worden wären. Später wuchs das Volumen der geschätzten Reserven stetig an, obwohl Saudi-Arabien fast drei Milliarden Barrel im Jahr produzierte. Diese Zahlen führen zu einigen berechtigten Fragen:

Wie ist es möglich, dass die Reserven in den vergangenen 17 Jahren effektiv gleich geblieben sind, obwohl Saudi-Arabien in dieser Zeit weitere 46,5 Milliarden Barrel produziert hat?

■ Welche Kriterien wandte Aramco an, als die nachgewiesenen Reserven in weniger als zehn Jahren um den Faktor 2,5 stiegen?

■ Aus welcher Quelle speist sich die Validität dieser Schätzungen?

■ Wie ist es möglich, dass die Reserven in den vergangenen 17 Jahren effektiv gleich geblieben sind, obwohl Saudi-Arabien in dieser Zeit weitere 46,5 Milliarden Barrel produziert hat?

Die Schwierigkeit, Ölreserven einzuschätzen

Eine intensive Analyse der „Großen Fünf" unter den saudischen Ölfeldern hat in den zurückliegenden 15 Jahren zu einem wesentlich besseren Verständnis der wahren Natur dieser ungewöhnlichen geologischen Formationen geführt.

Aber das aus diesen Forschungen erwachsene Wissen verstärkte noch die Probleme bei der Ausbeutung dieser alternden Vorkommen, statt den Weg zu leichter zu förderndem Öl zu weisen. Die riesigen Ölfelder Saudi-Arabiens erwiesen sich als weit komplexer und heterogener, als Aramco bis weit in die 1970er-Jahre hinein angenommen hatte.

Weitere Studien mit noch neuerer Technologie deckten weitere Unsicherheiten und Komplexitäten bei jedem dieser wichtigen Felder auf. Da man diese Felder in den 1970er-Jahren für weniger problematisch hielt, als es sich jetzt herausgestellt hat, ist es schwer zu glauben, dass die damals berechneten Reservemengen wirklich so konservativ waren, dass sie das förderbare Volumen um mehr als 150 Prozent unterschätzten.

Diese Schätzungen können auch durch finanzielle und Karriereinteressen verzerrt sein, ebenso durch politische Erwägungen.

Trotz jahrzehntelangen technischen Fortschritts sind Schätzungen nachgewiesener Reserven noch immer ungenau, unterliegen Irrtümern und signifikanten Änderungen. Diese Schätzungen können auch durch finanzielle und Karriereinteressen (eine Versuchung bei kommerziellen Ölfirmen) verzerrt sein, ebenso durch politische Erwägungen (eine Versuchung für staatliche Ölfirmen und OPEC-Mitglieder). Wenn finanzielle oder politische Faktoren den Abschätzungsprozess beeinflussen, sinkt die Wahrscheinlichkeit weiter, dass die Zahlen die Realität wiedergeben.

Die Schwierigkeit, die optimale Ölproduktionsrate zu berechnen

Noch wichtiger als die Schätzung der Reserven eines Ölfelds ist die Berechnung der angemessenen Fördermengen. Die Manager solcher Vorkommen versuchen, einen Ausbeutungsplan zu entwickeln und eine Ausbeutungskurve zu entwerfen, die die erwartete Lebensdauer des Feldes und die Fördermengen zu jedem Zeitpunkt während dieser Lebensdauer beschreibt. Dieser Plan hängt stets davon ab, wie viele Reserven an jedem Punkt dieser Kurve noch vorhanden sind. In den Ausbeutungsplan gehen auch andere Parameter wie die Rendite auf das investierte Kapital und die Gesamtfördermenge ein.

Diese Arbeit umfasst auch Faktoren wie Zahl, Typ und Platzierung der Bohrlöcher, die Fördermenge pro Bohrloch und deren Lebensdauer, bis der Förderdruck nachlässt und das Loch sich mit Wasser zu füllen beginnt. In diese komplexen Berechnungen gehen zahlreiche Variablen ein. Von der Kontrolle dieser Variablen durch gute Ingenieurleistungen hängt es in hohem Maß ab, ob es gelingt, die Performance eines Öl- oder Gasvorkommens vorherzusagen, sei es groß oder klein, neu oder alt.

Die Schwierigkeit, einen hohen Förderdruck aufrechtzuerhalten

Der wichtigste Punkt bei der Bestimmung der Fördermengen ist die entscheidende Rolle, die das Einpumpen von Wasser dabei gespielt hat, den Förderdruck in den großen saudischen Ölfeldern konstant zu halten. Die Aufrechterhaltung dieses hohen Drucks ist entscheidend für die künftige Produktivität der Felder. Wenn der Druck zu fallen beginnt, steigt allmählich Gas aus dem Öl auf, es wird

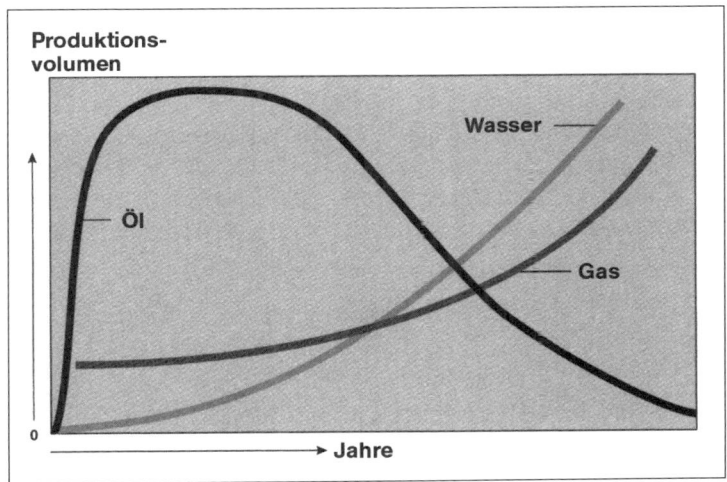

Abbildung 6.2: Typische Veränderungen der geförderten Flüssigkeitsmengen
Quelle: Simmons & Company International

mehr Wasser und weniger Öl gefördert. Diese Beziehung besteht bei jedem Vorkommen mit natürlichem Wasserdruck, mehr noch bei solchen, bei denen man Wasser eingepumpt hat, um die natürliche Energie der Lagerstätte zu erhöhen. Abbildung 6.2 zeigt die Anteile der geförderten Flüssigkeiten, wenn ein Ölfeld altert.

Mit Ausnahme des Shaybah-Felds gab es zu Produktionsbeginn bei keinem der größten saudischen Ölfelder eine Gasschicht im obersten Bereich des Vorkommens. Daher erleichterte das im Vorkommen gelöste Erdgas die Produktion auf diesen Feldern. Das Gas liefert die Energie, um große Mengen Flüssigkeit nach oben pumpen zu können.

Die Kombination dreier Faktoren – Unterstützung durch Wasserschichten unterhalb der Ölsäule, Wasserinjektionen an den Flanken des Ölfelds und das im Rohöl gelöste Gas – half dabei, den Rückgang des Förderdrucks zu vermindern, als Öl aus dem Boden gepumpt und von den Rändern des Felds zu Gebieten mit vermindertem Förderdruck rund um die produzierenden Schächte geschwemmt wurde.

Aber die Effizienz dieser Maßnahmen hing schon immer stark davon ab, ob ein hoher Reservoirdruck aufrechterhalten werden konnte. Wenn mehr Öl gefördert wird, fällt der Druck, und die Wasserzuflüsse steigen an. In einem Reservoir gibt es niemals einen leeren Bereich.

Wenn der Druck unter den „Bubble Point" fällt, beginnt sich das Gas aus dem Öl zu lösen und eine Gasschicht über dem Öl zu bilden. Der Reservoirdruck kann fallen, ohne dass sich dies stark auf die Ölförderung auswirkt, solange er auf dem Sättigungsniveau oder darüber liegt.

Wenn der Druck unter das Sättigungsniveau sinkt, löst sich das Gas, dessen Viskosität weit niedriger liegt als die des Öls und das daher leichter fließt, aus dem Öl, wodurch sich der Druckabfall weiter beschleunigt. Am Ende hört der Gasaustritt auf, und das verbleibende Öl ist mit einer Cola ohne Kohlensäure vergleichbar, deren „Expansionsenergie" größtenteils verschwunden ist.

Die Ölfördermengen in allen großen saudischen Ölfeldern werden massiv vom ständigen Wasserzufluss am Boden des Vorkommens und von Wassereinpumpungen an dessen Seiten in Richtung der obersten Schichten des Vorkommens beeinflusst, wo die besten Förderanlagen liegen. Das ausströmende Gas sammelt sich zudem allmählich oberhalb der Ölschichten.

In den Ölfeldern Abqaiq und Berri gibt es nun offensichtlich große Gasschichten. Im Ain-Dar-Gebiet von Ghawar sind zwei Gasschichten vorhanden, eine im Norden und eine im Süden. Und im Shedgum-Gebiet gibt es wahrscheinlich ebenfalls eine umfangreiche Gasansammlung. Man kann sich das vordringende Wasser und das sich ansammelnde Gas wie einen Horrorfilm-Effekt vorstellen, wenn sich Wände, Fußboden und Decke eines Zimmers plötzlich alle auf die Mitte zubewegen.

Saudi-Arabien untersucht nun, wie man verbesserte Fördertechniken in den dortigen riesigen Ölfeldern und bei der Suche nach tief gelegenen Erdgasvorkommen einsetzen kann. Seit kurzem wird die Notwendigkeit diskutiert, neuartige Techniken einzusetzen, um in diesen großartigen, aber alten Riesenfeldern noch bisher unentdeckte Ölmengen zu finden.

Da sich viele SPE-Papiere mit der Bedeutung des Themas Wasser für sämtliche saudischen Ölfelder beschäftigen, werden wir im nächsten Abschnitt einige wesentliche Punkte dieses Themas erörtern.

Wasser: Der Verbündete und der Feind des Öls

In einem Ölfeld mit einem aktiven Wasserzufluss wirkt das Wasser unter einer Ölsäule wie ein Kolben, der das Öl nach oben pumpt (Abbildung 6.3). Solange die Schicht, in der sich das Öl sammelt, nicht angetastet wird, bleibt das

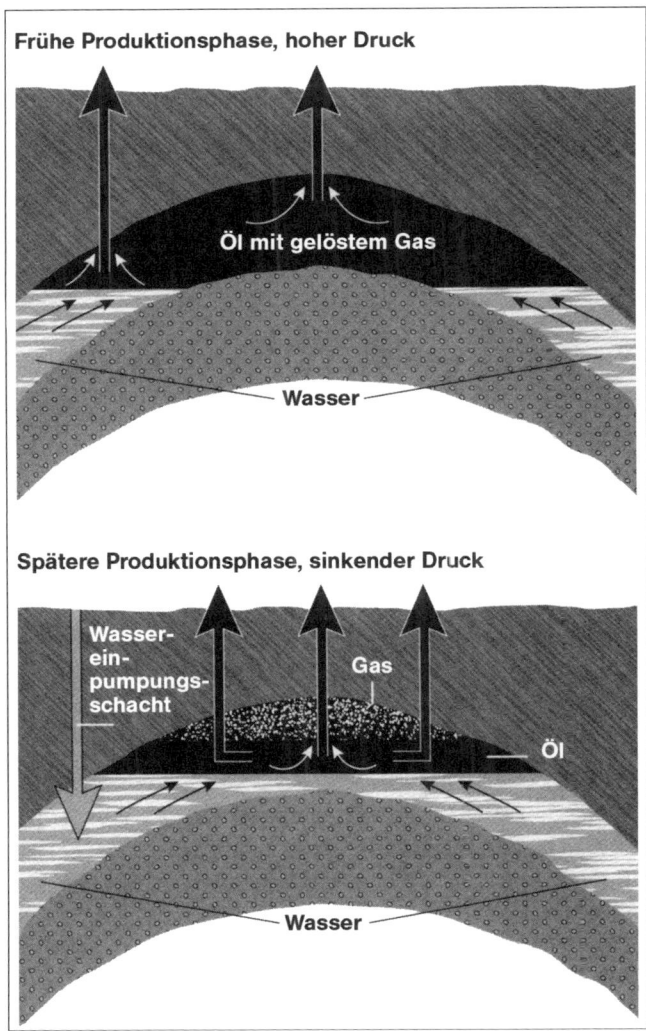

Abbildung 6.3: Ölförderung mit aktivem Wasserzufluss
Quelle: Simmons & Company International

System aus Öl und Wasser statisch. Wenn die Formation aber angebohrt und Öl herausgeholt wird, kommt es zu einem dynamischen System und zu einer Interaktion zwischen Öl und Wasser. Für Produktionsmanager und Ingenieure auf dem Ölfeld kann diese Interaktion ein Segen oder ein Fluch sein.

Erfahrene Ölingenieure wissen, wie komplex die Relation zwischen Öl und Wasser ist. Aber die Rolle des Wassers bei der Ölproduktion ist bei vielen Beobachtern der Ölbranche kaum bekannt und findet kaum Erwähnung, wenn in den Medien über Öl diskutiert wird. Außerhalb von Fachzeitschriften ist kaum etwas geschrieben worden über Wassereinpumpprogramme, die Verwendung von Wasserzufluss zur Steigerung der täglichen Ölproduktion oder das delikate Gleichgewicht, das ein Produktionsmanager anstrebt, wenn er Wasser verwendet, um den Förderdruck aufrechtzuerhalten, während er gleichzeitig so lange wie möglich zu verhindern versucht, dass dieses Wasser in das Bohrloch eindringt. Wasser ist allgemein das Medium, das für den Druck in einer Öllagerstätte sorgt – und in den meisten Fällen ertrinkt das Vorkommen in eben dem Wasser, das ihm früher den Druck geliefert hat.

> Wasser ist allgemein das Medium, das für den Druck in einer Öllagerstätte sorgt – und in den meisten Fällen ertrinkt das Vorkommen in eben dem Wasser, das ihm früher den Druck geliefert hat.

Das Verhalten von Wasser in Ölvorkommen ist in Saudi-Arabien besonders wichtig. Wenn Öl der Star des saudischen Petroleum-Dramas ist und den Preis für den besten Hauptdarsteller verdient, kommt dem Wasser sicher der Preis für den besten Nebendarsteller zu.

Wasser gehört von Natur aus zur Ölproduktion – schafft aber Probleme

Wer Öl fördert, der fördert im Allgemeinen zwangsläufig auch Wasser. In der ersten Phase der Ausbeutung eines unter hohem Druck stehenden Ölfelds wird in der Regel völlig wasserfreies, „trockenes Rohöl" gefördert. Mit der Zeit steigt allerdings der Wasseranteil. Am Ende der ökonomischen Lebensdauer des Ölfelds steigt das Wasser in den Förderschacht und nimmt einen höheren Anteil an der Förderung ein als das verbliebene Öl. Neben dem Aufsteigen des Gases ist dies der Grund, warum sich ein Ölfeld irgendwann nicht mehr wirtschaftlich ausbeuten lässt. Sobald Wasser in den Förderschächten eines Öl- oder Gasfelds aufzutauchen beginnt, steigen die Kosten, weil der Wasseranteil ständig höher wird. An einem bestimmten Punkt übersteigen die Kosten die Erlöse aus der Ölproduktion, und die Förderung wird beendet.

Das Thema „Wasser in Ölfeldern" ist zwar recht obskur, doch die auf den Ölfeldern dieser Welt geförderten Wassermengen werden auf 200 Millionen Barrel pro Tag geschätzt, was fast dem Dreifachen der Ölmenge entspricht. In den USA fallen pro Barrel geförderten Öls mehr als sieben Barrel Wasser an. Die jährlichen Kosten der amerikanischen Produzenten, die für die Beseitigung dieses Wassers anfallen, betragen fünf bis zehn Milliarden Dollar. Weltweit werden diese Kosten auf etwa 40 Milliarden Dollar geschätzt.

Sobald Wasser in einem Förderschacht auftaucht, folgt eine ganze Litanei weiterer Probleme wie Bodenbewegungen, Sand, Korrosion und andere. Wenn die Förderung wegen zu großer Wassermengen aufgegeben wird, verbleibt stets noch eine große Menge Öl im Boden. Die wichtigsten Entscheidungen beim Entwurf einer Ausbeutungsstrategie beziehen sich fast bei jedem Ölfeld auf die Frage, wie man das Wasserproblem effizient und wirtschaftlich lösen kann.

Im Lauf der Zeit übersteigt der Wasseranteil die Menge aller anderen geförderten Flüssigkeiten (siehe Abbildung 6.2). Die Trennung dieses Wassers vom geförderten Öl wird für die Ingenieure zu einem immer größeren Problem. Ein bestimmter Wasseranteil bei der Ölförderung ist unvermeidlich. Öl und Wasser kommen immer gemeinsam vor, und das Öl/Wasser-Gesteinssystem jedes einzelnen Ölfelds ist komplex. Die Herausforderung für die Manager besteht darin, den Wasseranteil auf das unvermeidliche Niveau zu begrenzen und kein *zusätzliches* Wasser in die Förderanlagen zu lassen.

Jedes Ölvorkommen ist einzigartig, aber es gibt in der Ölbranche einige allgemein anerkannte Prinzipien zum Verständnis von Ölfeldern. Die meisten porösen Gesteine sind mit Wasser gesättigt. Wasser, das vom Öl oder Gas verdrängt werden kann, bezeichnet man als „freies Wasser". Der größte Teil des Wassers, das nicht verdrängt werden kann, befindet sich in Gesteinsporen, die für Hydrokarbonmoleküle zu klein sind. Das Wasser haftet an der Oberfläche von Sandkörnern. Dieses Wasser besetzt in der Regel zehn bis 40 Prozent der Gesteinsporen in den meisten Ölfeldern. Wenn der Wasseranteil über 50 Prozent liegt, spricht man von einem Wasser- statt von einem Ölvorkommen.

Wasser kann in Ölfeldern auch noch weitere Probleme verursachen. Wenn in ein Ölfeld eingepumptes Wasser zum Beispiel freien Sauerstoff enthält, kann dies bei den Förderanlagen zu einer Vielzahl von Korrosionsproblemen führen. Wenn aerobe Oxidationsbakterien in ein Vorkommen gelangen, kann es zum biologischen Abbau des Öls kommen. Das eingepumpte Wasser muss mit speziellen Chemikalien und anderen Mitteln sorgfältig und gründlich behandelt werden, um diese schädlichen Nebenwirkungen zu vermeiden.

Die Wasserprobleme auf Ölfeldern lassen sich bis zu einem bestimmten Punkt in den Griff bekommen. Aber dies erfordert ständige Kontrolle und Analyse des geförderten Wassers und die Aufbereitung des eingepumpten Wassers. In der Frühphase der Ausbeutung sind die Wasserprobleme eher theoretischer Natur. Sobald aber Löcher gebohrt sind und die Förderung beginnt, werden sie schnell zu realen und ernsthaften Problemen, die einem Ölfeld bleibenden Schaden zufügen können. Außerdem werden diese Probleme ständig größer, wenn das Feld altert.

Für lange Zeit fehlten der Ölbranche gute Werkzeuge, um die relativen Mengen von Öl und Wasser in einem Vorkommen und den Anstieg des Wasseranteils genau zu prognostizieren. In den vergangenen Jahren sind einige neue Techniken zu diesem Zweck entstanden. Aber es gibt noch immer viele Unsicherheiten, was die Relation zwischen Öl und Wasser betrifft. Man hat allerdings auch einige neue Techniken entwickelt, um die Vermischung von Wasser und Öl im Vorkommen besser zu kontrollieren.

Das Wasser unter einer Ölsäule steht in der Regel unter hohem Druck. Wenn dieses Wasser in die Nähe eines Förderschachts gelangt, findet es in der Regel schnell den Weg in das Gebiet niedrigeren Drucks in der Nähe des Schachts und fließt mit dem Öl an die Oberfläche.

Sogar wenn das Vordringen des Wassers nicht unerwartet kommt, führt es zu vielen weiteren Problemen. Diese Probleme wurden auf den gigantischen Ölfeldern Saudi-Arabiens mit ihren hohen Fördermengen besonders akut. Zu den schwerwiegendsten Problemen zählen:

■ Der Umgang mit dem geförderten Wasser und dessen Beseitigung. In der Regel muss das Wasser gereinigt und behandelt werden, ehe es abgeleitet oder wieder eingepumpt werden kann.

■ Die chemische Behandlung von Feststoffen, die mit der Zeit die Förderanlagen verstopfen und die Ölförderung behindern.

■ Korrosionsprobleme in Verbindung mit sehr salzhaltigem Wasser, das für alle aus Stahl hergestellten Förderanlagen tödlich ist. Leider werden fast alle diese Anlagen nach wie vor aus Karbonstahl hergestellt, und die Verwendung rostbeständiger Materialien lässt die Entwicklungskosten erheblich steigen. Ein gewisses Maß an Korrosion ist wohl unvermeidlich, wenn salzhaltiges Wasser in einen Förderschacht vordringt.

Das Einpumpen von Wasser bringt zusätzliche Risiken mit sich. Man weiß wenig darüber, ob und wie sich Wasser führende Schichten erneuern. Manche scheinen wieder aufgefüllt zu werden, bei anderen ist das ganz offensichtlich nicht der Fall. Die Wasserschichten, die für den Druck in Ölreservoirs sorgen, können überbeansprucht oder völlig erschöpft werden. Dieses Risiko ist nicht weniger schwer wiegend als die Erschöpfung der Ölvorkommen, außer wenn man Meerwasser als unerschöpfliche Quelle zur Auffüllung verwenden kann. In diesem Fall steigt allerdings das Korrosionsrisiko wegen Problemen mit Bakterien und Sauerstoff, weil verschiedene Arten von Wasser miteinander vermischt werden.

Den Druck bewahren: Wie in saudischen Ölfeldern Wasser eingepumpt wird

Saudi Aramco operiert mit einem der komplexesten und extensivsten Wassereinpumpungssysteme der Welt. Dieses System dient eigentlich nur einem Ziel: Der Druck in der Ölfeldern muss aufrechterhalten werden. Das eingepumpte Wasser sorgt für gleich bleibend hohen Druck, weil es die Flüssigkeiten ersetzt, die dem Vorkommen bei der Ölförderung entzogen werden. Man sollte meinen, dass ein Hohlraum entsteht, wenn Öl gefördert wird. Aber in einem Ölvorkommen kann es nie einen Hohlraum geben. Wenn kein Wasser eingepumpt wird und das Grundwasser nicht schnell genug steigt, füllt aufsteigendes Gas den Platz des geförderten Öls, was zu nachlassendem Druck und zur Bildung einer Gasblase führt. Pro Barrel geförderten Öls muss man in der Regel 1,4 Barrel Wasser einpumpen, aber dieses Verhältnis schwankt von 1 zu 1 bis 5 zu 1.

Wenn Grundwasser und Gas nicht ausreichen, um das geförderte Öl zu ersetzen, verändern sich in manchen Fällen die Gesteinsformationen, was die Größe des Vorkommens verringert. Das geschah bekanntlich mit den Kalksteinformationen des Ekofisk-Ölfelds in der Nordsee. Eine unerwartete Verdichtung des Reservoirs gewährleistete den nötigen Druck für die Ölförderung, führte aber auch zu einer Absenkung des Meeresbodens und somit zu ernsthaften und kostspieligen Problemen mit den Förderanlagen an der Oberfläche.

Als Aramco mit seinem Einpumpungsprogramm begann, lag der einzige Zweck in der Aufrechterhaltung des Förderdrucks. Aramco gewann dabei an Erfahrung und beobachtete die Resultate. Man konnte damit Öl zu den Förderanlagen schwemmen oder befördern. Man nahm an, das eingepumpte Wasser könne das Öl zu den Förderanlagen schwemmen, indem es den vertikalen und horizontalen Grundwasserzufluss erhöht und somit mehr Öl in Richtung der Bohrlöcher befördert. Dieser Effekt war quasi eine Nebenwirkung der Notwendigkeit, den Förderdruck aufrechtzuerhalten.

Neueste Studien von Ölwissenschaftlern ziehen die Theorie in Zweifel, dass Wasser Öl durch ein Reservoir befördern kann. Wasser hat sich als ungeeignetes Transportmedium für Öl erwiesen. Zudem können komplizierte Gesteinsstrukturen dazu führen, dass Wasser weit schneller fließt als Öl, statt es an die Oberfläche der Struktur zu transportieren.

Wenn das Einpumpen von Wasser die Produktivität eines Vorkommens scheinbar *erhöht*, dann liegt das wahrscheinlich allein daran, dass der Druck bewahrt wird und das Gas im Öl gelöst bleibt.

Jüngste Studien haben klar erwiesen, dass Gas den Ölfluss in einem Reservoir erhöht. Es hat sich also bewährt, gefördertes Gas dem Reservoir wieder zuzuführen. Das zeigt auch, wie dumm es ist, das geförderte Gas abzufackeln, wie man es in Saudi-Arabien lange Zeit praktiziert hat. Man verschwendet damit nicht nur wertvollen Brennstoff, sondern reduziert auch die Gesamtölförderung, weil man mehr „totes" Öl im Reservoir belässt.

Das Einpumpen von Wasser in Saudi-Arabien findet auf drei Stufen statt:

1. Zunächst wird das Wasser – Meerwasser oder Grundwasser – durch speziell gebohrte Schächte an den Seiten des Ölfelds eingepumpt. Nach einiger Zeit kommt es zusammen mit dem geförderten Öl wieder an die Oberfläche.

2. Nun muss das Wasser vom geförderten Öl getrennt werden.

3. Das Wasser wird wieder eingepumpt, um den Druck zu erhöhen. Dies ist eine wesentliche Maßnahme, um den Druck möglichst lange so hoch zu halten, dass eine wirtschaftlich sinnvolle Ausbeutung möglich ist.

Zusätzlich zu allen normalen, mit Wasser verbundenen Problemen in den gigantischen Ölfeldern Saudi-Arabiens schuf die Entscheidung, Grundwasser aus mehreren Quellen zu mischen und dann Meerwasser hinzuzufügen, weitere schwere Probleme mit Bakterien, Sauerstoff und Korrosion, die heute sowohl den Reservoirs als auch den Anlagen an der Oberfläche schaden.

Aramco begann in den Ölfeldern von Abqaiq und Ghawar schon in einer frühen Produktionsphase mit dem seitlichen Einpumpen von Wasser, um einem raschen Druckabfall entgegenzuwirken. Als diese relativ neue und wenig erprobte Technik funktionierte, wurde sie als Kernelement der primären Produktionsphase übernommen, statt abzuwarten, bis der natürliche Druck des Grundwassers nachließ. Das war damals keineswegs eine erprobte Technik, sondern eher ein Experiment.

Vor diesem Experiment wurde die Wassereinspritzung in der ganzen Ölbranche typischerweise als *sekundäre* Fördertechnik verwendet, sobald der natürliche Druck nachließ. In den späten 1970er- und in den 1980er-Jahren wurde die Wassereinspritzung zu einer *primären* Produktionstechnik (die manchmal gleich von Anfang an verwendet wurde) in Gebieten wie der Nordsee. Sie ließ die Produktion auf Höchstniveaus steigen und sorgte für eine schnellere Amortisierung der beträchtlichen Investitionen. Das mit dem Öl geförderte Gas kann ebenfalls zurückgepumpt werden, um den Druck aufrechtzuerhalten. Diese Technik wurde in der Nordsee und im North-Slope-Gebiet in Alaska zum Standard; dadurch wurde nicht nur der Druck hoch gehalten, sondern auch das Gas für eine spätere Förderung konserviert.

Falsche geologische Annahmen führen zu einer Ressourcenverschlechterung durch Einpumpen von Wasser

Die Strategie des Wassereinpumpens in Abqaiq und Ghawar beruhte zunächst auf der Annahme, die hochproduktiven Reserven in jedem Ölfeld seien gleichförmig und homogen. Wo es eine solche Homogenität gibt, sollte das eingepumpte Wasser die Öllagerstätte gleichförmig durchfließen, den Druck aufrechterhalten und das Öl aus allen Winkeln der Lagerstätte zu den Förderanlagen spülen, wo der geringere Druck das Öl in die Quelle und an die Oberfläche fließen lässt.

Das erwies sich leider als Irrtum. Die meisten Ölfelder, vor allem die großen, enthalten mehrere Ölschichten und weisen komplexe Strukturen auf. Wenn ein

Ölfeld sehr produktiv ist, entstehen die hohen Fördermengen meist in bestimmten Abschnitten mit einer heterogenen Porosität (zehn bis 25 Prozent). Die Fähigkeit des Wassers, Öl zu den Förderanlagen zu schwemmen, und das Ausmaß, in dem das Öl ersetzt werden kann, hängen von drei wesentlichen Faktoren ab:

1. Die mikroskopische Verdrängung des im Gestein eingebetteten Öls.

2. Ein effizienter Wasserzufluss.

3. Ein effizienter vertikaler Zufluss.

Diese drei Faktoren variieren in Abhängigkeit von den Gegebenheiten in jedem einzelnen Reservoir. Und sie begrenzen die Effizienz des Wasserzuflusses und somit die Menge an Öl, die wirtschaftlich gefördert werden kann.

In allen je gefundenen Ölfeldern mit Ausnahme der allerbesten und in sämtlichen saudischen Feldern unterscheiden sich die Faktoren, die die Effizienz des Wassermanagements bestimmen, auch von einem Teil eines Felds zum anderen. In den meisten Feldern eignen sich einige Ölschichten perfekt dazu, vom Wasser nach oben geschwemmt zu werden, während es bei anderen keine effektive Verbindung von den Einpumpungspunkten zum Öl gibt. Das Wasser wird oft horizontal oder vertikal an dem Öl vorbeigeführt, das es zur Förderanlage spülen soll. Das liegt nicht an schlechtem Management – obwohl es natürlich auch hier Fehler gibt –, sondern an fehlendem Wissen über die Bodenstruktur. Das betreffende Öl kann zwar mit speziellen Hebetechniken gefördert werden, aber die Kosten sind wesentlich höher und die Mengen wesentlich niedriger – in der Regel deshalb, weil Wasser einen hohen Anteil am geförderten Flüssigkeitsvolumen hat.

Ein weiterer wichtiger Faktor beeinflusst das Produktionsprofil eines Ölfelds. Ein Feld mit hohem Druck liefert hohe Fördermengen, solange das Gestein durchlässig und die Viskosität des Öls niedrig ist. Wenn der Druck nachlässt, und vor allem nach Erreichen des Taupunkts, beginnt sich das Wasser mit dem Öl zu vermischen. Beide Flüssigkeiten können nur getrennt werden, solange der Druck hoch ist.

Das verbreitetste Öl-Wasser-Problem tritt auf, wenn die „Perforation" – der Punkt, wenn das Öl tatsächlich in eine produzierende Förderanlage fließt – zu nahe an den Kontaktpunkt von Öl und Wasser gerät. Das kann zufällig geschehen, wenn die ursprüngliche Förderanlage nahe an einem Wasservorkommen oder zu nahe am Kontaktpunkt zwischen Öl und Wasser liegt. Wenn ein Öl-feld ausgebeutet wird, steigt die Kontaktschicht zwischen Öl und Wasser immer mehr an, weil die Ölsäule schrumpft. Auch das führt dazu, dass Förderanlagen zu nahe am Wasser liegen. Da Wasser in der Regel schneller als Öl zur Quelle fließt, verdrängt es die Ölförderung.

Zu verstärkten Wasseransammlungen kommt es, wenn der Druck in der Nähe des Förderschachts im Vergleich zum Umgebungsdruck ungewöhnlich niedrig ist. Im Verlauf der Förderung wird der Druck natürlich stets geringer, und dies führt dazu, dass sich Flüssigkeiten in den Raum mit dem niedrigeren Druck bewegen. Der Manager eines Ölfelds muss sich folgende Frage stellen: Wie hoch ist der optimale Druckunterschied zwischen dem Reservoir im Allgemei-nen und in den Förderschächten? Je größer der Unterschied, desto stärker ist der Zufluss. Ein großer Unterschied mag wünschenswert sein, wenn die Flüssigkeit in der Nähe der Quelle ganz oder überwiegend aus Öl besteht. Wenn aber Wasser zufließt, kann es klug oder notwendig sein, den Druckunterschied zu *reduzieren*, indem man die Produktion zurückfährt. Die Frage nach der optimalen Förder-geschwindigkeit zur Aufrechterhaltung eines *beständigen maximalen Outputs* stellt sich Ölmanagern immer wieder.

Das bringt uns erneut zum Thema der Produktionssensitivität eines Ölfelds. Ihre Bestimmung war schon immer eine der größten Herausforderungen für Ölmanager, und sie ist heute nicht weniger problematisch als vor Jahrzehnten. Letztlich geht es um das Gesamtziel des Besitzers eines Ölvorkommens – die För-derung großer Ölmengen *so schnell wie möglich* (sei das Motiv nun politisch oder ökonomisch) oder die Maximierung der *Gesamtfördermenge* über einen langen Zeitraum. Wenn man die Fördermenge in einem alternden Vorkommen erhöht, wo schon Wasser zufließt, steigt die Menge des geförderten Wassers wahrschein-lich stärker als die des Öls. Die Rate der Ölproduktion sinkt daher. Wichtiger noch: Dies schadet dem Vorkommen meist so, dass die Gesamtfördermenge *re-duziert* wird.

Ein vertikaler Wasserzufluss kann leicht gestoppt werden, indem man die Perforationszone mit Beton oder anderen Mitteln schließt. Dann bohrt man an höherer Stelle ein neues Loch, an dem die Wahrscheinlichkeit des Wasserzuflus-ses geringer ist. Je nach der Dicke der Ölsäule kann man dies mehrmals wieder-holen. Aber jedes Mal verkürzt sich die Zeit, in der man „trockenes" Öl fördern kann. Am Ende wird die Quelle dann für tot erklärt, und man bohrt an einer anderen Stelle ein neues Loch, wo man trockenes Öl vermutet.

Bei horizontalen Quellen stellt sich das Problem eindringenden Wassers anders dar. Man kann hier während des gesamten Förderprozesses oberhalb der
Kontaktschicht arbeiten und für längere Zeit trockenes Öl fördern als bei einer
vertikalen Ölsäule.

Letztlich kann man aber nicht verhindern, dass Wasser eindringt, und dann
wird die ganze Quelle für tot erklärt, falls man nicht eine benachbarte horizontale Quelle anbohren kann. Abbildung 6.4 zeigt, wie sich während der Alterung
eines Ölfelds die Fördertechnik ändert, weil man das Eindringen von Wasser verhindern muss.

Die Korrosion wird einerseits durch Wasser verursacht und fördert andererseits das weitere Vordringen von Wasser. In fast allen Ölfeldern des Nahen
Ostens, wo Wasser eingepumpt wird, ist Korrosion in den Pumpsystemen ein
ständiges Problem. Verursacht wird es durch gelösten Sauerstoff, Kohlendioxid

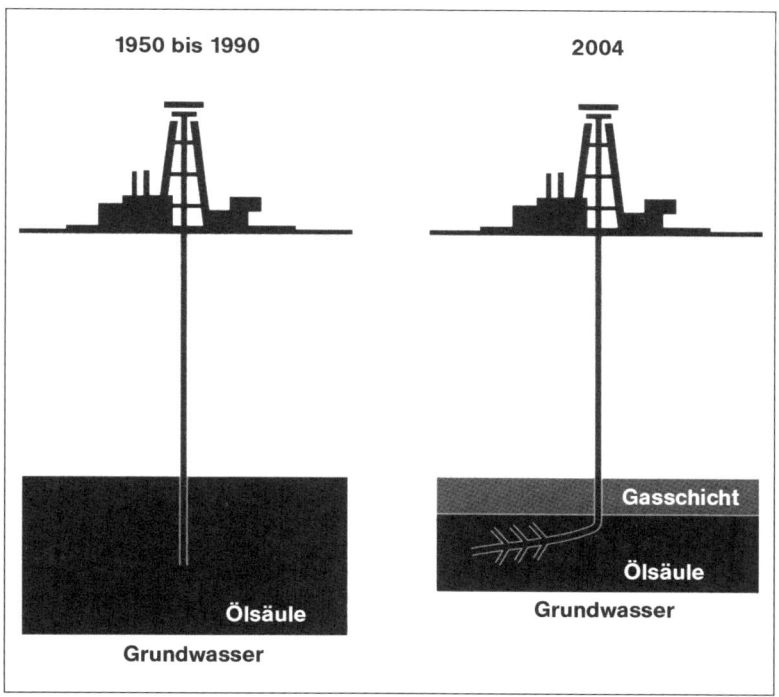

Abbildung 6.4: Wie Wasser die Ölfördertechnik verändert
Quelle: Simmons & Company International

und Schwefelwasserstoff im aufbereiteten Wasser. Durch Lecks fließt das Öl in Zonen, wo es nicht mehr gefördert werden kann, und zusätzliches Wasser gerät in die Förderanlagen.

Das Problem des Wassers in Ölfeldern zu verstehen und richtig zu managen ist keine neue Herausforderung. Aramco beschäftigt sich seit den frühen 1960er-Jahren damit und hat das Problem jahrelang erfolgreich bewältigt. Die Wasserprobleme sind allerdings wesentlich größer geworden, weil die gigantischen Ölfelder des Nahen Ostens altern. Das Wissen über die Dynamik und das Zusammenspiel von Öl und Wasser in den Ölvorkommen ist allerdings durch intensive Integration von Daten ebenfalls größer geworden.

> Die Wasserprobleme sind wesentlich schwieriger geworden, weil die gigantischen Ölfelder des Nahen Ostens altern.

Saudi Aramco war sich der Wasserprobleme schon früh bewusst

Als die Ingenieure von Saudi Aramco die Wassereinpumpungsprogramme für Abqaiq und Ghawar planten, wollten sie nicht die Fördermengen erhöhen, sondern den Druck aufrechterhalten. Es war nur eine Nebenwirkung, dass Öl zu den Förderschächten gespült wurde. Aber auch die Risiken dieses Programms entgingen einigen Führungskräften von Aramco nicht.

Eine der frühesten SPE-Veröffentlichungen über Ingenieuraufgaben auf Ölfeldern wurde 1962 von J. J. Rebold geschrieben, der als Ingenieur für Aramco arbeitete. (Um zu zeigen, wie früh dieser Artikel erschien: Es handelte sich um die Nummer 84. Heute nähern wir uns im elektronischen Archiv der SPE der Nummer 90.000.) In diesem Papier diskutierte Mr. Rebold, was man damals über die Effizienz des Ersetzens von Öl durch eingepumptes Wasser wusste oder zu wissen glaubte. Die drei großen Ölfelder Saudi-Arabiens – Ghawar, Abqaiq und Safaniya – waren damals noch jung und etwa seit zehn Jahren in Produktion. Auf erstaunliche Weise nimmt der Artikel einige der Themen vorweg, die die Ingenieure und Wissenschaftler von Aramco in jüngster Zeit beschäftigt haben.

Rebold schrieb, auf Ölfeldern, wo Wasser eingepumpt wird, seien die folgenden Aktionen wünschenswert (heute könnte man auch das Wort „entscheidend" verwenden):

1. Beobachtung und Analyse der Effizienz, mit der das Wasser das Öl aus den Gesteinsporen verdrängt.

2. Bestimmung der tatsächlichen und endgültigen Ölsättigung dieses Gesteins.

3. Bestimmung des Anstiegs der Kontaktschicht zwischen Öl und Wasser.

Wenn diese Faktoren nicht bekannt sind, so warnte Rebold, sei es schwierig, die potenzielle Gesamtfördermenge zu bestimmen, ganz zu schweigen von einem Plan, die großen Ölfelder Saudi-Arabiens effizient auszubeuten. Als Rebold diesen Artikel schrieb, planten Aramcos Manger in Ghawar, Abqaiq und Safaniya schon die Bohrung von Schächten zur besseren Beobachtung der Wasserströme in allen drei Feldern.

Außerdem zeigte sich Rebold besorgt über die möglichen Folgen anderer unbekannter Faktoren. Er bemerkte, dass alle Beschreibungen des Verhaltens von Wasser in Öl nur dann stimmen, wenn ein Reservoir oberhalb des Punktes ausgebeutet wird, an dem Gas austritt. Wenn diese Schwelle überschritten wurde, so warnte er, begäben sich die Ingenieure auf unbekanntes Terrain, und die Zukunft des Ölfelds stehe auf dem Spiel.

Rebold bezog sich vor allem auf eine bestimmte Ölquelle als Beispiel für diese Unsicherheiten; Uthmaniyah Nr. 13 an der Westflanke von Ghawar. Die Bohrung wurde 1952 fertig gestellt. In den folgenden sechs Jahren schrumpfte die dadurch angezapfte Ölsäule vertikal um gut 13 Meter, weil Öl gefördert wurde und die Kontaktschicht zwischen Öl und Wasser anstieg. Bei dieser Geschwindigkeit würde eine Ölsäule von 65 Metern in 20 bis 25 Jahren auf Null schrumpfen.

Die wesentliche Frage Rebolds lautete, was man tun soll, wenn der Wasserzufluss endet. Die Phase der leichten Förderung bei hohem Druck wäre dann vorbei. Die Gewinnung des verbleibenden Öls wird dann schwierig und erreicht niemals die gleichen hohen Produktionsvolumina oder die Förderdauer einer beständigen Förderung.

Vier Jahrzehnte sind vergangen, seit J. J. Rebold sein prophetisches SPE-Papier veröffentlicht hat. Wahrscheinlich war er seiner Zeit weit voraus, was sein Gespür für die künftigen Wasserprobleme betraf. Seither hat ein exponentieller Anstieg von Forschungen und neuer Techniken die Fähigkeiten der Branche verbessert, die Geheimnisse der Ölreservoirs abzuschätzen. Trotz aller Fortschritte ist Rebolds Schlüsselfrage von 1962 immer noch relevant, nicht klar beantwortet und wesentlich dringlicher als damals.

Zusammenfassung

Man sollte die Bedeutung der mit Wasser verbundenen Probleme heute aus zwei offensichtlichen Gründen anerkennen:

1. Auf jedem großen saudischen Ölfeld wurde inzwischen seit weiteren vier Jahrzehnten Wasser eingepumpt.

2. Jedem Feld wurden inzwischen Milliarden Barrel Wasser zugeführt.

Heute ist es weit schwerer als damals, den Druck so hoch zu halten, dass kein Gas austritt. Und das Risiko einer nachlassenden Ölversorgung, sobald diese Schwelle überschritten wird, ist wesentlich höher.

Teil III zeigt, wie diese Versorgung heute von Vorgängen auf den wichtigsten Ölfeldern Saudi-Arabiens bedroht wird.

TEIL III
Wankende Giganten
Eine Einschätzung von zwölf saudischen Ölfeldern

Branchenbeobachter und Politiker, die seit langem daran gewöhnt sind, Saudi Aramcos Angaben über seine Reserven und Förderkapazitäten zu glauben, könnten dazu neigen, die bisher präsentierte historische Einschätzung der saudischen Öl- und Gasindustrie abzulehnen, sie entweder als bewusste Polemik oder als alarmierende Analyse zu sehen. Daher präsentiere ich in den Kapiteln 7 bis 9 die Ergebnisse mehrerer hundert technischer Studien aus 40 Jahren, die von den Herausforderungen auf den wichtigsten saudischen Ölfeldern handeln. Jeder Leser kann selbst entscheiden, ob die daraus bezogenen Informationen die wichtigsten Thesen dieses Buchs stützen. Skeptiker, die diese Beweise nicht zur Kenntnis nehmen möchten, müssen auch das allgemein anerkannte Paradigma ignorieren, das definiert, wie alle Ölfelder altern.

In den Kapiteln 7 bis 9 beschreibe ich detailliert die spezifischen Probleme, vor denen jedes dieser wichtigen Ölfelder steht. Die Primärdaten stammen aus SPE-Berichten über die Öl-Aktivitäten in Saudi-Arabien. Fast alle wurden von technischen Experten geschrieben, die dort arbeiteten; entweder als Angestellte oder Berater von Aramco oder als Angestellte von Öldienstleistern. Die meisten dieser Artikel haben mehrere Autoren, von denen über 80 Prozent Angestellte von Aramco waren. Jeder Artikel wurde mit Erlaubnis von Aramco und des saudischen Ölministeriums veröffentlicht. Der gesamte Untersuchungszeitraum beträgt zwar 40 Jahre, aber die meisten Artikel wurden erst in den zurückliegenden Jahren geschrieben.

In der Regel behandelt jede SPE-Veröffentlichung ein spezifisches technisches Problem auf einem bestimmten Ölfeld. Oft wird auch beschrieben, wie ein erkanntes Problem gelöst wurde. Es war äußerst aufschlussreich, eine so lange Serie von Veröffentlichungen zu studieren und dabei zu erkennen, dass ein Problem, das man gelöst zu haben glaubte, in Wirklichkeit immer schlimmer wurde.

In Kapitel 10 wird die unermüdliche Suche nach neuen gigantischen Ölfeldern und zusätzlichen Gasreserven beschrieben. Man bemüht sich seit 35 Jahren darum, und die Suche hat nur zu mageren Ergebnissen geführt. In Kapitel 11 beschließen wir die gerichtsmedizinische Untersuchung der Ölreserven Saudi-Arabiens, indem wir das Bedürfnis des Königreichs nach zusätzlichem Erdgas und die damit verbundenen Herausforderungen diskutieren.

Beginnen wir mit einer Einschätzung des größten saudischen Ölvorkommens, Ghawar.

Kapitel 7

Ghawar,
König der Ölfelder

Ghawar ist das größte Ölvorkommen, das die Welt je gekannt hat. Kein Superlativ ist hier übertrieben. Es ist unwahrscheinlich, dass ein neu entdecktes Ölfeld jemals die enorme Produktion übertreffen wird, die Ghawar Saudi-Arabien und den internationalen Ölmärkten geliefert hat.

Ghawars Größe

Wenn man annimmt, dass Ghawar ein zusammenhängendes Ölfeld ist, dann ist es das größte der Welt. Seit Produktionsbeginn 1951 hat Ghawar um das Zwei- bis Dreifache mehr Öl hervorgebracht als die nächstgrößten Ölfelder zusammengenommen, nämlich mehr als 55 Milliarden Barrel.

Im letzten Jahrzehnt lag die Gesamtmenge bei etwa 18 Milliarden Barrel, wenn man eine Fördermenge von durchschnittlich fünf Millionen Barrel pro Tag annimmt. In der zweiten Hälfte des 20. Jahrhunderts lieferte Ghawar 55 bis 65 Prozent der saudischen Gesamtproduktion. Ghawar ist in jeder Hinsicht der „König der Könige".

Ghawar erstreckt sich auf der sogenannten En-Nala-Achse von Nord-Nordwest nach Süd-Südost. Vom nördlichsten bis zum südlichsten Punkt weist die

Ghawar ist das größte Ölvorkommen, das die Welt je gekannt hat. Es hat mehr als 55 Milliarden Barrel Öl hervorgebracht. In der zweiten Hälfte des 20. Jahrhunderts lieferte Ghawar 55 bis 65 Prozent der saudischen Gesamtproduktion.

Struktur eine Länge von etwa 280 Kilometer auf. Die größte Breite von Westen nach Osten beträgt etwa 48 Kilometer. Auf der Landkarte erinnert die Form der Struktur an das Bein eines Balletttänzers. Das Fördergebiet umfasst über 5.000 Quadratkilometer.

Als man die ersten erfolgreichen Probebohrungen auf der En-Nala-Achse durchgeführt hatte, nahm das Explorationsteam von Aramco noch an, man habe mehrere voneinander getrennte Ölfelder entdeckt. Mit der Zeit setzte sich aber die Überzeugung durch, dass es sich um ein zusammenhängendes und außergewöhnlich großes Ölfeld handelte. Wie in Abbildung 7.1 zu sehen ist, legte das Unternehmen von Aramco von Nord nach Süd sechs Fördergebiete fest. Alle gehören zu Ghawar, aber sie unterscheiden sich beträchtlich hinsichtlich ihrer Produktivität. Hierzu zählen:

- Fazran, eine unbekannte Größe, was die Produktivität betrifft.

- Ain Dar und Shedgum, die produktivsten Teile von Ghawar.

- Uthmaniyah, mit extrem hoher Produktivität im Norden, die nach Süden hin dramatisch abnimmt.

- Hawiyah im Zentrum der Struktur.

- Haradh, dessen Produktivität nachgelassen hat.

Neuere technische Artikel über Ghawar behandeln diese sechs Gebiete als getrennte Ölfelder.

Die in Ghawar produzierten Ölmengen

Der Anteil Ghawars an der saudischen Gesamtproduktion wurde seit 1982 etwa 20 Jahre lang als Staatsgeheimnis behandelt. Nur 1999 erschien ein SPE-Bericht, in dem die Produktion der einzelnen Felder erwähnt wurde. Darin steht, dass Ghawar 1994 noch fünf Millionen Barrel pro Tag oder 63 Prozent der saudischen Gesamtproduktion förderte.

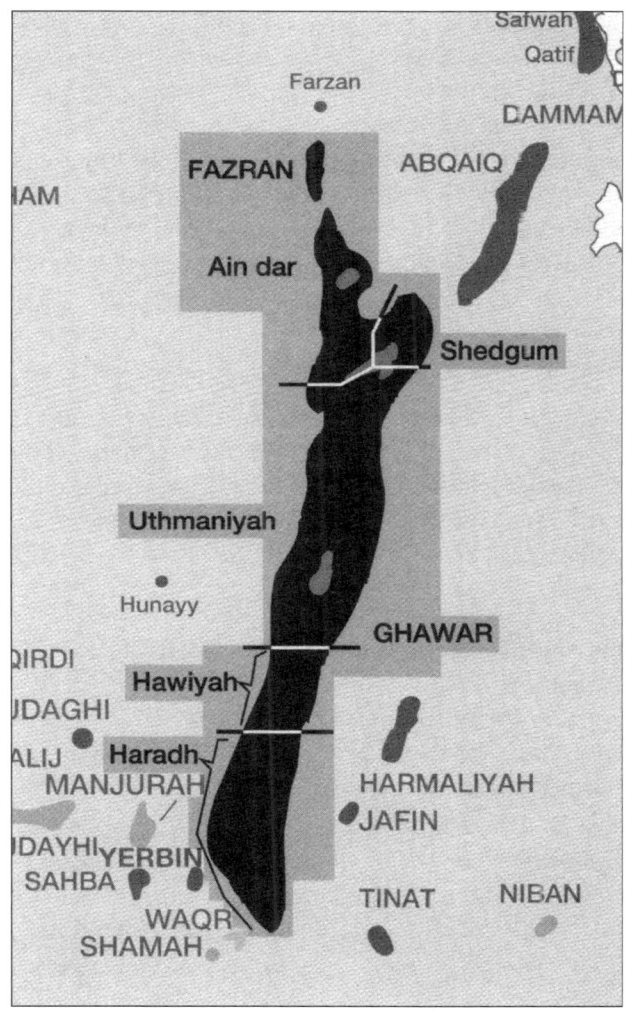

Abbildung 7.1: Das Ölfeld von Ghawar und seine sechs Fördergebiete
Quelle: Gulf Publishing/World Oil

Im Herbst 2003 legte Jeff Gerth, Reporter der *New York Times*, der über die Ölsituation in Saudi-Arabien recherchierte, saudischen Offiziellen eine lange Liste mit detaillierten Fragen vor. In der schriftlichen Antwort wurde die Produktion in Ghawar mit etwa fünf Millionen Barrel pro Tag angegeben.

Die ersten detaillierten Informationen über Ghawar seit 1982 legte Aramco beim „Workshop on Saudi Arabian Oil" am 24. Februar 2004 im Center for

Strategic and International Studies (CSIS) in Washington, D. C., vor. Ich hatte die Ehre, dort die Diskussion zu eröffnen, indem ich meine Forschungsergebnisse betreffs der Nachhaltigkeit der saudischen Ölproduktion präsentierte (Teil III dieses Buchs). Nach meiner Präsentation sprachen zwei der besten Explorations- und Produktionsexperten Aramcos sehr vertraulich über die langfristige Zukunft der saudischen Ölindustrie. Unter anderem legten sie die durchschnittlichen jährlichen Fördermengen und die Wasseranteile für Ghawar von 1993 bis 2003 vor, zudem die vollständige Produktionsgeschichte in Ain Dar und Shedgum seit 1951.

Von 1993 bis 2003 lag Ghawars durchschnittliche tägliche Fördermenge zwischen 4,6 und 5,2 Millionen Barrel. Es gab einen langsamen Anstieg von 1993 bis 1997, einen scharfen Rückgang von 1997 bis 1999, einen weiteren Anstieg 2000 und 2001, einen Rückgang 2002 und eine Steigerung auf 5,2 Millionen Barrel 2003. Der Wasseranteil stieg von 26 Prozent 1993 auf etwa 29 Prozent 1996 und erreichte 1999 über 36 Prozent, was mit dem zweijährigen Produktionsrückgang zusammenfiel. Dann fiel er bis 2003 beständig auf 33 Prozent, als die Produktion wieder anstieg.

Die Aramco-Sprecher behaupteten, man habe das Wasserproblem im Griff, und wenn der Wasseranteil wirklich stabil bei 33 Prozent liegt, haben sie vielleicht Recht. Aber der steigende Wasseranteil zwischen 1996 und 1999, begleitet von einem scharfen Rückgang der Produktion, muss beträchtliche Sorgen über die Zukunft dieses altehrwürdigen Feldes ausgelöst haben. Höchstwahrscheinlich hat diese bedenkliche Entwicklung den Wechsel von den alten vertikalen zu horizontalen und multilateralen Strukturen ausgelöst oder beschleunigt.

Die Aufgabe der vertikalen Quellen und deren Ersetzung durch horizontale Konfigurationen würde es Aramco ermöglichen, oberhalb der Öl/Wasser-Kontaktschicht zu fördern und den Wasseranteil noch für einige weitere Jahre zu minimieren. Das Niveau, auf dem sich der Wasseranteil offenbar stabilisiert hat, ist 33 Prozent, liegt aber dennoch um sieben Prozent höher als 1993.

In verschiedenen Präsentationen saudischer Offizieller, seit der CSIS-Workshop die Debatte über das saudische Öl ausgelöst hat, wurden die aktuellen Produktionsraten in Ghawar nicht mehr erwähnt. Und niemand hat Stellung bezogen, was die oft zitierten Fördermengen von fünf Millionen Barrel pro Tag betrifft. Wenn diese Zahl ungefähr zutrifft, dann produziert dieses Ölfeld, das schon seit 53 Jahren ausgebeutet wird, noch immer vier bis fünf Mal mehr Öl als das zweitgrößte Ölfeld der Welt. Wenn Ghawar fünf Millionen Barrel pro Tag produziert, dann liefert dieses riesige Feld zwischen sechs und acht Prozent der gesamten Rohölversorgung der Welt.

(Es gibt auch Hinweise darauf, dass die Produktion in Ghawar heute näher bei vier Millionen Barrel pro Tag liegt. Die Tatsache, dass diese entscheidende Information nur geschätzt werden kann, zeigt den Mangel an realen Daten über zahlreiche Aspekte des Öls in Saudi-Arabien.)

Ghawars Performance und Produktivität

In der Ölbranche, unter Analysten und Energiejournalisten, ist Ghawar als weltgrößtes Ölfeld wohl bekannt. Aber nur wenige, nicht einmal die angesehensten Energieexperten der Welt, wissen mehr über Ghawar als seine kolossale Größe. Zur *Performance* und den *Parametern* des weltgrößten Ölfelds sind kaum Daten veröffentlicht worden.

Das exakte Volumen der aktuellen Produktion, seien es nun täglich fünf Millionen Barrel oder etwas weniger, ist vielleicht weniger interessant als die Beiträge der einzelnen Fördergebiete:

■ Die 2004 von Aramco veröffentlichten Daten legen nahe, dass Ain Dar und Shedgum gemeinsam immer noch etwa zwei Millionen Barrel pro Tag produzieren.

■ Die spärlichen anderen Daten weisen darauf hin, dass Uthmaniyah wohl eine weitere Million Barrel am Tag liefert.

■ Möglicherweise liefern Hawiyah und Haradh je eine Million Barrel pro Tag.

Man kann nur schätzen, ob diese Zahlen zutreffen.

Einige nützliche technische Daten über Ghawar findet man auf der Website einer geologischen Beratungsfirma, *www.gregcroft.com/ghawar.iuru*. Ein Aufsatz über Ghawar fasst Geschichte, Geologie und Performance dieses Ölfelds kurz zusammen. Zudem gibt es eine Serie von fünf Tabellen, die die relative Produktivität der fünf Hauptfördergebiete zeigen. Eine Auswahl dieser Daten finden Sie in Tabelle B.4, Anhang B.

Diese entscheidenden Daten werden von jedem erfahrenen Ölingenieur als die wichtigsten Parameter anerkannt, die die Produktivität bestimmen. Wenn man annimmt, dass die Daten korrekt sind, liefern sie eine sehr lehrreiche Sichtweise auf Ghawar und die Erfahrungen Saudi Aramcos mit diesem Feld in den zurückliegenden Jahrzehnten. Dies zeigt auch, warum die besten Fördergebiete in Ghawar, nämlich Aun Dar, Shedgum und Nord-Uthmaniyah, so produktiv sind:

- enorm durchlässiges Gestein

- Öl von niedriger Viskosität

- hohe Porosität

- sehr dicke Ölsäulen

Alle diese Merkmale tragen zu hoher Produktivität bei.

Im Gegensatz dazu weisen die anderen Felder im Zentrum und im Süden Ghawars, also Süd-Uthmaniyah, Hawiyah und Haradh, völlig andere Parameter auf, die nicht mit hoher Produktivität verbunden sind. Zum Beispiel beträgt die Permeabilität in Ain Dar und Shedgum im Durchschnitt 628 Millidarcies. Dies ist das Zehnfache der höchsten Durchlässigkeit, die man in Hawiyah, Haradh und wahrscheinlich auch in Süd-Uthmaniyah findet.

Die Unterschiede dieser Parameter erklären einen großen Teil der Produktivitätsunterschiede von einem Feld in der riesigen Ghawar-Struktur zum nächsten. In den vergangenen 50 Jahren kam ein hoher Prozentsatz der Gesamtförderung in Ghawar aus Ain Dar und Shedgum. Ein großer Anteil kam auch aus Nord-Uthmaniyah. 1979 lieferten diese drei Gebiete zusammen 4,2 Millionen der 5,3 Millionen Barrel Gesamtförderung in Ghawar, wobei Süd-Uthmaniyah weitere 400.000 Barrel beitrug. Selbst Aramcos Experten haben 2004 anerkannt, dass diese Gebiete schon bis zu zwei Dritteln ihrer nachgewiesenen Reserven geliefert haben.

> Ghawars Langlebigkeit als größter Öllieferant der Welt ist der Kern der Debatte über die Nachhaltigkeit der Ölförderung in Saudi-Arabien

Ghawars Langlebigkeit als größter Öllieferant der Welt ist der Kern der Debatte über die Nachhaltigkeit der Ölförderung in Saudi-Arabien. Daher ist es entscheidend, die physischen Bedingungen in den verschiedenen Fördergebieten des Ölfelds zu verstehen. Je mehr man über die Parameter, die Performance und die Probleme der verschiedenen Felder in Ghawar weiß, desto besorgniserregender wird das Thema der Nachhaltigkeit.

Die Beurteilung der einzelnen Felder, aus denen Ghawar besteht

Die frühen Bemühungen Aramcos, Ghawar zu verstehen, glichen ein wenig der Geschichte vom blinden Mann, der einen Elefanten beschreiben soll. Diese Bemühungen begannen, als Aramcos Geologen 1940 die erste Oberflächenkarte von Haradh fertig stellten, das später zu Ghawars südlichster Struktur werden sollte. Neun Jahre später wurde endlich eine Probebohrung, HRDH-1, durchgeführt, und im Juni 1949 stieß man im aus der Kreidezeit stammenden Arab-D-Reservoir auf Öl.

Schon ein Jahr zuvor hatte man in Ain Dar am Nordende der En-Nala-Achse Öl gefunden. Später stießen verschiedene weitere Bohrungen in diesem nördlichen Gebiet auf extrem viel Öl in eben dieser Arab-D-Formation, was zu weiteren Funden im nahe gelegenen Abqaiq-Feld führte. Eine Reihe weiterer Probebohrungen entlang der Struktur führte Aramco zu der Annahme, dass die einzelnen Funde Teile eines zusammenhängenden Ölvorkommens waren.

Dieses Konzept von „einem Feld" wurde in Saudi-Arabien bald als Tatsache betrachtet. Selbst als die hoch produktiven Fördergebiete im Norden von Ghawar hohe Wasseranteile aufwiesen, muss das Wissen, dass so wenige Bohrungen in die unteren 70 bis 80 Prozent des Feldes vorgenommen wurden, die von Aramco-Angestellten so oft ausgedrückte Zuversicht bestärkt haben, dass dieses Feld weiterhin zeitlich fast unbegrenzt große Mengen Öl liefern werde.

Die beiden nördlichen Strukturen Ghawars, Ain Dar und Shedgum, liefern große Mengen Öl und sind seit 1951 in Produktion. Beide Gebiete profitierten von einer starken wasserführenden Schicht unter der Arab-D-Formation.

Dieses Grundwasser trug zum extrem hohen Druck im Norden von Ghawar bei. Auch im Zentrum und im Süden von Ghawar gibt es Wasserschichten, aber die geringere Durchlässigkeit in diesen Gebieten führte zu einer weit niedrigeren Produktivität als am nördlichen Ende dieses erstaunlichen Ölvorkommens.

Haradh-1, die zweite in Ghawar entdeckte Ölquelle, förderte nur wenig Öl. Einige Quellen im Gebiet von Haradh lieferten größere Mengen von 1965 bis 1983. In dieser Zeit sank der Druck um etwa ein Drittel. Folglich wurden Mitte 1983 der zentrale und der mittlere Sektor Ghawars komplett stillgelegt.

Die Geologie des Arab-D-Reservoirs

Die Arab-D-Gesteinsformation, die praktisch die gesamte saudische Ölproduktion geliefert hat, liegt in der Ostprovinz des Königreichs zwischen 2.000 und 2.500 Meter unter der Erdoberfläche. Eine große, undurchdringliche Schicht über dieser Formation hat verhindert, dass das Öl in tiefere Formationen absinken konnte. Sie verhinderte auch die Bildung sekundärer Gasblasen, bis die besten Teile Ghawars allmählich erschöpft waren.

Geologen teilen Arab D in drei separate Zonen ein, 1, 2 und 3. Innerhalb der einzelnen Zonen und unter den Zonen gibt es große Unterschiede, was die Dicke und die Qualität der Felsformation betrifft. Die Zone 2 wird in 2-A und 2-B eingeteilt. Das Gestein in der Zone 2-B ist für ein Ölvorkommen von herausragender Qualität. Alle anderen Zonen bestehen aus komplizierten Felsformationen, die entweder für Ölvorkommen ungeeignet oder nicht in der Lage sind, hohe Produktionsraten zu gewährleisten. Abbildung 7.2 zeigt die verschiedenen Zonen.

Jahrelang dachten Aramcos Ingenieure und Geologen, das Reservoir in der Zone 2-B sei gleichmäßig aufgebaut und enthalte eine gleichförmige, homogene Felsstruktur. Diese Annahme beruhte hauptsächlich auf den hohen Produktionsraten der einzelnen Quellen, die hohe Fördermengen mit wenigen Förderanlagen ermöglichten. Derart hohe Produktionsraten, so dachte man, könnten nur aus einer gleichförmigen Felsstruktur kommen. Solange das Öl so reichlich aus dem 2-B-Reservoir sprudelte, war es nicht nötig, die Gleichförmigkeit des Gesteins in Frage zu stellen.

Die schiere Größe Ghawars und seine weiteren Qualitäten machten es zu einem sehr produktionsfreundlichen Ölfeld. Was die Ölbohrer und die Ingenieure nicht wussten, richtete keinen großen Schaden an. Es erforderte eine Reihe unerwarteter Wassereinbrüche, um eine intensivere Analyse der zunehmend überraschenden Performance des Arab-D-Reservoirs auszulösen.

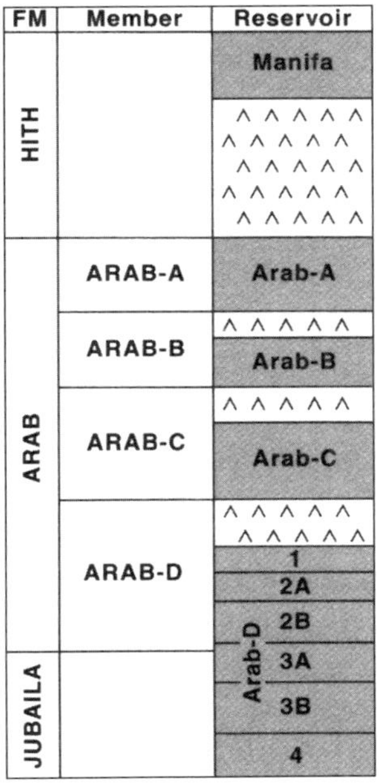

Abbildung 7.2: Die verschiedenen Zonen der Arab-D-Formation
Quelle: Simmons & Company International

Als die Wassereinbrüche begannen, fiel es den technischen Experten Aramcos nicht leicht, mit dem plötzlichen problematischen Verhalten dieses Ölfelds zurechtzukommen. Traditionelle Simulationen künftiger Muster der Öl- und Wasserförderung erwiesen sich in den 1980er-Jahren zunehmend als irreführend. Um die Genauigkeit der Simulationen zu verbessern, waren Aramcos Techniker gezwungen, zurückzublicken und über 40 Jahre Produktionsgeschichte der einzelnen Quellen zu erforschen. Man wandte modernste dreidimensionale seismische Untersuchungsmethoden an. Das Ergebnis war ein wesentlich detaillierteres Bild der Arab-D-Formation.

Dabei kam es zu einer Reihe von Überraschungen. Es stellte sich heraus, dass die Arab-D-Formation keine einförmige, homogene Struktur ist. Ganz im Gegenteil: Sie ist ein extrem komplexes, heterogenes Reservoir mit zahlreichen vertikalen und horizontalen Brüchen, mit Gestein unterschiedlicher Durchlässigkeit und Öl verschiedener Viskositätsgrade. Die großen Unterschiede im Gestein und in der Ölqualität sind der Grund für die unterschiedliche Produktivität der einzelnen Gebiete in Ghawar.

Verschiedene technische Studien und andere in den letzten zwei, drei Jahren erschienene Literatur beschreiben die Arab-D-Zone anders als früher. Heute wird sie allgemein als „komplexes Reservoir eingebetteter körniger und schlammiger Karbonate, deren Zusammenstellung nicht genau beschrieben ist" bezeichnet. Ein Teil dieser komplexen Geologie führte zu der extrem hohen und seltenen Produktivität, die für dieses Ölfeld charakteristisch ist. Dieselbe Komplexität führte aber auch zu Problemen mit Wassereinbrüchen, als das Ghawar-Feld alterte und die Gesamtmenge des geförderten Öls stieg.

Die Analyse anderer Eigenschaften des Ghawar-Reservoirs

Da auf Ghawar seit so vielen Jahren ein derart hoher Anteil der saudischen Ölproduktion entfällt, wäre die Annahme nur natürlich, dass die wichtigen Eigenschaften dieses Vorkommens heute restlos verstanden werden. Das ist ganz klar nicht der Fall.

Nehmen wir zum Beispiel die Durchlässigkeit. Sie variiert nicht nur von einer Region zur anderen, sondern auch innerhalb einzelner Regionen. Auch Gesteinsbrüche und Verwerfungen wirken sich auf den Ölfluss aus. Diese Eigenschaften kann man heute anhand der gesammelten Daten identifizieren, aber ihr Vorkommen und ihre Variationen kann man immer noch nicht genau bestimmen. Das Ölfeld weist auch mehrere andere Eigenschaften auf, die immer noch geheimnisvoll und Thema intensiver Analysen sind.

Eine besondere Kuriosität ist die einzigartige Neigung der Kontaktschicht zwischen Öl und Wasser. Zwischen dem höchsten und dem niedrigsten Niveau liegen etwa 300 Meter. Ein 1999 erschienener SPE-Artikel diskutiert vier verschiedene Methoden der Reservoirsimulation, mit denen man untersucht hat, woher diese Neigung kommt, und zu verstehen versucht, wie sie die Flüssigkeitsverteilung in Ghawar beeinflusst.

Zunächst heißt es in diesem Papier, der tatsächliche Grund dieser Neigung werde „noch erforscht". Jahrelang nahm man an, der Grund sei eine riesige regionale Wasserschicht, die von Westen nach Osten fließt, aber neuere Studien ziehen diese These in Zweifel.

Jede der vier diskutierten Simulationsmethoden führte zu unterschiedlichen Prognosen über die Wasserbewegungen in Ghawar, die mal als sehr rasch, mal als sehr langsam bezeichnet wurden. Klar war allenfalls, dass die beiden Grundwasservorkommen wohl keinen Kontakt zueinander haben.

Die erste Studie über die verwirrende Neigung in Ghawar wurde 1959 von einem Team aus Geologen und Ölingenieuren erstellt. Ende der 1960er-Jahre führten Aramco-Techniker eine ähnliche Studie durch. In keiner der Untersuchungen über diese Neigung wird wirklich erklärt, warum Aramco so großen Wert darauf legt zu verstehen, wie sie funktioniert.

Selbst in den jüngsten SPE-Veröffentlichungen wird klar, dass diese Neigung ein Geheimnis bleibt. Aber heute betrachtet man sie als entscheidenden Faktor für die Planung und Platzierung künftiger Anlagen zur Ölförderung und zum Einpumpen von Wasser. In den zurückliegenden 40 Jahren hat man Faktoren wie Schwerkraftveränderungen, Erdbeben, dynamische Wasserschichten, thermische Veränderungen und Dichteveränderungen der Flüssigkeiten als Gründe für die Ursprünge und Auswirkungen der Neigung in Ghawar erörtert.

Diese Anomalie ist entscheidend für das Verständnis des ungewöhnlichen Verhaltens des Ghawar-Ölfelds. Solange dies ein Geheimnis bleibt, wird Saudi Aramco in seinen Anstrengungen gehindert bleiben, die Wasserzuflüsse und die hohe Produktion im Arab-D-Reservoir zu managen.

Beim Lesen der Fachartikel über diese Anomalie versuchte ich zu begreifen, was sie tatsächlich bedeutet und warum sie so wichtig zu sein scheint. Als ich feststellte, dass keiner von Aramcos Technikern dieses Phänomen wirklich verstand, gab ich es auf, mehr darüber in Erfahrung zu bringen. Und ich kam zu dem Schluss, dass der saudische Anspruch, seine Experten würden nun die Produktion der nächsten 50 Jahre einschätzen können, eher von prahlerischem Optimismus zeugt als von wissendem Verständnis.

Von der wasserfreien Produktion zu immer größeren Wasserproblemen

1951 floss in Ghawar das erste Öl. Im folgenden Jahrzehnt brachte Ghawar allein durch den natürlichen Wasserdruck riesige Mengen „trockenen" Öls hervor, ohne jede Art von technischer Unterstützung. In den späten 1950er-Jahren, als der Druck ein wenig nachließ, begann Aramco, mit Gasinjektionen in der Shedgum-Region zu experimentieren, um den Druck aufrechtzuerhalten. Das war natürlich auch eine bessere Verwendung des Gases, als es einfach abzufackeln. Als der Druck weiter nachließ, wurde die Gaszufuhr erhöht.

Um einem weiteren Druckverlust vorzubeugen, begann Aramco in den frühen 1960er-Jahren mit einem Programm zu experimentieren, an den Rändern
des Ölfelds Wasser einzupumpen. Neben der Aufrechterhaltung des Drucks hoffte Aramco auch darauf, das eingepumpte Wasser werde das Öl von den Rand-
gebieten zu den Förderanlagen spülen. In einem idealen Ölfeld sollte dies dazu
führen, die Effizienz der Ausbeutung zu maximieren.

In den 1950er-Jahren, dem ersten Jahrzehnt der Förderung in Ghawar, wurden aus manchen Quellen mehr als 40.000 Barrel pro Tag produziert. Die meisten
Quellen wurden jedoch auf ein Maß reduziert, das dazu beitrug, einen konstanten Druck aufrechtzuerhalten. Im Lauf der Zeit bemerkten die Aramco-Techniker, dass Fördermengen oberhalb eines bestimmten Niveaus zu ungewöhnlich
schnellem Druckabfall in den betreffenden Teilen des Reservoirs führten. Diese
Beobachtungen waren Aramcos erster Schritt zum Verständnis, dass seine riesigen Ölfelder sehr sensibel auf Veränderungen der Fördermengen reagierten.

Das Programm zur Wassereinpumpung war zunächst dazu gedacht, einem
weiteren Nachlassen des Förderdrucks entgegenzuwirken. Dass das Wasser auch
das Öl zu den Förderanlagen spülte, war ein überraschender und glücklicher
Nebeneffekt. Die Wassereinpumpung funktionierte über Jahrzehnte fast perfekt
und sorgte für hohe Fördermengen.

Mittlerweile hat sie sich als problematischer erwiesen. Abgesehen von diesen
Ergebnissen war die Wassereinspritzung in den 1950er-Jahren jedoch eine verbreitete sekundäre Fördermethode, die man anwendete, nachdem nachlassender
Druck die primäre Produktionsphase beendet hatte. Die derart frühe Wassereinpumpung in Ghawar hat die primäre Produktionsphase zweifellos verlängert.
Aber sie hat auch die Möglichkeit verbaut, jemals eine sekundäre Förderung einzuleiten, wenn die Phase des frei fließenden Öls endet. Nach einem sehr guten
und langen ersten Akt wird es für Ghawar keinen zweiten Akt geben.

Wie auf allen saudischen Ölfeldern werden auch in Ghawar die geförderten Flüssigkeiten durch Anlagen zur Trennung von Öl und Gas geleitet. Vor den
1970er-Jahren waren größere Wasseranteile in Ghawar selten. Daher gab es in
diesen Anlagen keine Vorrichtungen zur Trennung von Wasser und Öl.

Das bedeutete, dass Aramco eine Förderanlage schließen musste, wenn der
Wasseranteil stieg, um einen Qualitätsverlust des trockenen Öls aus anderen
Quellen zu verhindern, wenn die Produktion vermischt wurde. Wasser füh-
rende Quellen wurden zudem geschlossen, um zu verhindern, dass sich das

Wasser auf andere Quellen in der Umgebung ausbreiten konnte. Geschlossen wurden zudem solche Quellen, bei denen der Salzgehalt zehn Pfund pro 1.000 Barrel Öl überstieg, um kostspielige Korrosionsschäden zu verhindern. Jahrelang war das Wasserproblem kaum von Bedeutung. Als die Ölproduktion Ende der 1970er-Jahre stieg, wurden die zunehmenden Wasseranteile jedoch zum Problem. Die steigende Ölnachfrage zwang Aramco dazu, selbst Ölquellen mit hohem Wasseranteil in Produktion zu halten. Daher musste das Aufbereitungssystem erneuert werden, um während der Verarbeitung das Wasser vom Öl trennen zu können.

Spezifische Wasserprobleme

Seit Mitte der 1970er-Jahre stieg der Wasseranteil an der Produktion in Ghawar beständig an. Da einige Gebiete in Ghawar weit mehr Öl förderten als andere, waren die Wasseranteile sehr unterschiedlich. Die Manager fanden sich mit folgenden Herausforderungen konfrontiert:

■ Lokalisierung neuer Förderanlagen, um die von steigenden Wasseranteilen betroffenen Quellen zu ersetzen.

■ Schnelle Maßnahmen, wenn Wasser in einen Förderschacht vordrang.

■ Ständiger Ausbau der Anlagen zur Trennung von Wasser und Öl.

Wachsende Korrosionsprobleme durch das Einpumpen von Meerwasser warfen ein weiteres nachteiliges Licht auf die Pumpprogramme.

Die Ölproduktion in Ghawar stieg in den 1970er-Jahren, weil auch die saudische Gesamtproduktion dramatisch wuchs. Die durchschnittlichen Produktionsraten in diesem Jahrzehnt illustrieren den erstaunlichen Anstieg:

■ etwa 1,5 Millionen Barrel pro Tag 1970

■ 5,2 Millionen Barrel pro Tag 1976/77

■ 5,7 Millionen Barrel pro Tag 1981 (was den Höhepunkt darstellte)

Dieser nie zuvor da gewesene Anstieg machte das Wasserthema zu einem extrem wichtigen Problem.

Versuche zur Lösung des Wasserproblems

Als der Öldurst der Welt 1982 nachließ, führte Saudi Aramco die Produktion in Ghawar schnell zurück, um diesem großen Feld „Ruhe" zu gönnen in der Hoffnung, die steigenden Wasseranteile unter Kontrolle zu bringen. Im letzten nach einzelnen Förderstätten geordneten Produktionsbericht von 1982 war die Produktion in Ghawar schon um fast zwei Millionen Barrel pro Tag gesunken.

Wenn man annimmt, dass Ghawar weiterhin etwa 50 Prozent des saudischen Öls produzierte, könnte die Förderung irgendwann 1985 auf eine Million Barrel pro Tag gesunken sein. Von 1982 bis zum Herbst 1990 schwankte die Produktion in Ghawar wohl zwischen 2,5 und drei Millionen Barrel am Tag. Diese dringend benötigte „Ruhephase" half sicher dabei, den vom Senatsreport von 1979 für die frühen 1990er-Jahre prognostizierten Rückgang hinauszuzögern – wahrscheinlich um ein Jahrzehnt oder mehr.

In den 2004 veröffentlichten Daten legte Saudi Aramco die Produktionsgeschichte in Ain Dar und Shedgum dar, den produktivsten Gebieten von Ghawar. Es zeigte sich, dass Ain Dar und Shedgum zwischen etwa 1973 und 1981 rund 2,5 bis 2,7 Millionen Barrel am Tag produzierten. 1986 sank der Output bis auf 800.000 Barrel, ehe er in den späten 1980er-Jahren wieder auf etwa 1,5 Millionen Barrel stieg. Interessanterweise wurde in diesem plötzlichen Ausbruch von Transparenz 2004 nichts über die Produktionsgeschichte in Nord-Uthmaniyah berichtet. War das ein Versehen, oder hätten die historischen Produktionsdaten den starken Rückgang in diesem Gebiet bestätigt?

Als der Irak 1991 in Kuwait einmarschierte, war Saudi-Arabien plötzlich gezwungen, seine Gesamtproduktion von etwa fünf Millionen Barrel am Tag 1990 bis auf mehr als acht Millionen Barrel täglich Ende 1991 zu erhöhen. Um dies zu erreichen, stieg die Förderung in Ain Dar und Shedgum wieder auf ein Niveau von 2,2 bis 2,5 Millionen Barrel. Dieser rasche Anstieg führte zu einer Verdoppelung des Wasseranteils. Als die horizontalen Quellen allmählich die vertikalen ersetzten, stabilisierte sich der Wasseranteil bald, lag aber beständig bei 35 bis 36 Prozent der Gesamtfördermenge.

Dieser schnelle Anstieg des Wasseranteils war der Auslöser für Aramcos intensive neue Bemühungen, sein Modellierungsprogramm zu fördern, um diese erratischen Entwicklungen beim Wasser unter Kontrolle zu bekommen. Ende 1992 zeigten revidierte und erneuerte Simulationsmodelle, dass Wasser als Nebenprodukt von Ghawars Öl bald die Kapazitäten wichtiger Verarbeitungsanlagen in Ghawar sprengen würde. Eine spezielle Arbeitsgruppe wurde gebildet, um eine Lösung des Wasserproblems zu finden, das sich bald als fatal erweisen konnte.

Die Gruppe kam schnell zu dem Schluss, dass Arbeiten an den Förderanlagen erforderlich waren, um den Anstieg des Wasseranteils zu verlangsamen. Eine wichtige Empfehlung lautete, neue Schächte sollten mit einer veränderten Methode gebohrt werden, sodass sie von gebrochenen Gesteinsformationen so weit wie möglich entfernt lagen, denn diese Formationen führten offensichtlich Wasser in ansonsten trockene Teile von Ghawar. Doch auch nach diesen Veränderungen kam die Gruppe zu dem Schluss, die Wasserförderung in den existierenden Förderanlagen von Ghawar werde weiter steigen, bis das Wasser schließlich zur Neige gehe.

Die Gruppe empfahl auch Effizienzverbesserungen bei den Wasserabscheidungsprozessen in Ghawar und einen Ausbau der betreffenden Kapazitäten. Die Pipelines, die Meerwasserpumpen und anderes Equipment wurden aufgestockt. Das wichtigste Ergebnis der Arbeit dieser Gruppe war allerdings der Ausbau des Meerwasser-Einpumpungsprogramms 1979, dessen ursprüngliche Kapazität von vier auf sieben Millionen Barrel pro Tag aufgestockt wurde.

Als diese Notfallmaßnahmen abgeschlossen waren, folgte schnell eine angenehme Überraschung: Der Anstieg des Wasseranteils fiel geringer aus als erwartet. Drei Korrekturmaßnahmen scheinen dabei ungewöhnlich erfolgreich gewesen zu sein:

1. Alle Ölquellen mit hohem Wasseranteil wurden auf niedrigere Produktion zurückgefahren, um frühzeitigen Wasserzufluss zu bremsen.

2. Neue Quellen wurden an Stellen angelegt, wo die Wahrscheinlichkeit eines frühzeitigen Wasserzuflusses gering war.

3. Sobald der Wasseranteil stieg, wurden Wassersperren eingesetzt. Da die meisten Quellen in Ghawar (und in Saudi-Arabien insgesamt) als offene Bohrlöcher angelegt worden waren, setzte man die Sperren ein, um den Flüssigkeitszustrom zu blockieren. Dann wurden diese an einer höheren Stelle durchbohrt, um wieder den Zufluss wasserfreien Öls zu ermöglichen.

Neue Wasserprobleme führen zu neuen Untersuchungen

Schon kurze Zeit später wurden die Wasserprobleme wieder größer. Daher prüfte Aramco horizontale und multilaterale Quellen. Man hoffte, damit Öl aus seichteren Intervallen an höheren Stellen fördern und die großen Wassermengen entweder stark reduzieren oder ganz eliminieren zu können, die in die tieferen, vertikalen Abschnitte dieser Ölquellen vordrangen. Als die Technik verstärkt angewendet wurde, lieferte sie einen überraschenden zusätzlichen Vorteil – in den meisten Quellen stieg die Ölproduktion. Es wurde aber nie erforscht, ob die Technik tatsächlich die Förderung erhöhte oder das Öl einfach nur schneller ansaugte.

Einige SPE-Papiere in den frühen 1990er-Jahren weisen darauf hin, dass die meisten Technikteams von Aramco mit immer stärkeren Wasseransammlungen rechneten. Diese Teams planten die Bohrung zusätzlicher Löcher zum Einpumpen von Meerwasser näher am Zentrum von Ghawar, sodass das in den Aufbereitungsanlagen verwendete Wasser wieder ins Grundwasser gepumpt werden konnte.

Als das Einpumpungssystem bis auf sieben Millionen Barrel pro Tag angewachsen war, begann Aramco zu erforschen, ob es technisch möglich sei, ein Trennungssystem zu entwickeln, um das geförderte Wasser wieder in den Boden zu pumpen und so die Kosten zu reduzieren, die entstanden, wenn man all dieses Wasser an die Oberfläche brachte. Bis heute wurde diese möglicherweise kosteneffektive Lösung aber nicht kommerziell angewendet.

Die Erforschung der Gesteinsbrüche und Verwerfungen in Ghawar

Die größer werdenden Wasserprobleme zeigten den Technikern Aramcos, dass sie dringend mehr über die exakte geologische Gestalt der gesamten Ghawar-Struktur erfahren mussten. Wie schon erwähnt, wurde es immer klarer, dass das Ghawar-Reservoir nicht aus homogenen Felsstrukturen mit gleichförmigen Produktionsmerkmalen besteht. Seine Komplexität, Heterogenität, Gesteinsbrüche und Verwerfungen konnten jedoch erst verstanden werden, als dreidimensionale seismische Aufnahmen verfügbar wurden. Außerdem wurde absolut klar, dass die Gesteinsformationen in verschiedenen Teilen Ghawars völlig unterschiedlich sind. Diese Erkenntnis dürfte Diskussionen darüber ausgelöst haben, ob Ghawar ein zusammenhängendes Ölfeld ist oder aus fünf oder sechs getrennten Vorkommen innerhalb einer einzigen, riesigen Struktur besteht. Auch die mysteriöse Neigung wurde wieder zum Thema. Man musste diese Frage beantworten, um zu wissen, ob das erratische Verhalten des Wassers dadurch beeinflusst wurde.

In vielen Ölvorkommen spielen Gesteinsbrücke und Verwerfungen eine wichtige Rolle für die Performance einzelner Quellen. Gesteinsbrüche können die Ölgewinnung in engen Formationen erleichtern, weil sie sehr durchlässige Wege für das Öl schaffen. Auf diesen Wegen kommen aber auch andere Flüssigkeiten, und sie können ein frühzeitiges Vordringen von Wasser und Gas in produzierende Ölquellen erleichtern. Bis in die frühen 1990er-Jahre wusste man wenig über das Verhalten und die Lage solcher komplexer Gesteinsbrüche.

Da der Wasseranteil in Ghawar stetig stieg und das Wissen über die geologische Struktur der Reservoirs wuchs, begann Aramco seine vertikalen Quellen durch ausgedehnte horizontale Quellen zu ersetzen. In den späten 1990er-Jahren wurde das Bohren neuer vertikaler Schächte durch diese horizontalen Schächte beinahe obsolet. Diese Veränderungen gab es nicht nur in Ghawar, sondern auch in den anderen alternden Ölfeldern. Bald kamen multilaterale Schächte hinzu, und diese fortgeschrittene Technik wurde zur neuen Norm.

Klar wurde auch, dass die Manager die Lage aller Gesteinsbrüche und Verwerfungen in einem Vorkommen besser identifizieren mussten, ehe neue Schächte gebohrt oder vorhandene ausgebaut wurden. Ansonsten gab es ein hohes Risiko, dass diese teuren, technisch hochwertigen Schächte die Förderung des verbleibenden Öls nicht verbessern und darüber hinaus zufällig unbekannte Verwerfungen durchdringen und so das Wasserproblem verschärfen, das sie eigentlich lindern sollten.

Am Ende der Ära der vertikalen Schächte in Ghawar erreichte der stetig steigende Wasseranteil zeitweise 36 bis 38 Prozent der Gesamtflüssigkeitsmenge. Als man fortschrittliche horizontale und multilaterale Schächte bohrte, sank der Anteil auf 33 Prozent. Das verleitete einige Offizielle zu der Annahme, man habe das Wasserproblem nun im Griff. Die Produktionsgeschichte anderer Ölfelder auf der ganzen Welt, wo man ebenfalls die neuen Techniken anwendet, legt allerdings nahe, dass das Absinken des Wasseranteils ein vorübergehendes Phänomen ist und ein umso stärkerer Anstieg folgen könnte.

Ein 1997 erschienenes SPE-Papier diskutierte ein 15 mal 15 Kilometer großes Segment in Nord-Uthmaniyah, das unter einem extrem hohen Anstieg des

Wasseranteils litt. Durch intensive Anwendung dreidimensionaler Seismografie erkannte Saudi Aramco schließlich, dass dieses Gebiet mit 99 Produktionsanlagen wesentlich stärkere Brüche und Verwerfungen aufwies als angenommen. In diesem Papier wurde die Geschichte mehrerer Quellen geschildert. Die Autoren legten dar, dass der Wasseranteil in zwei bis fünf Jahren von 20 auf 60 bis 70 Prozent angestiegen war.

Ein weiteres, 2001 erschienenes SPE-Papier beschäftigte sich mit der Komplexität der Reservoirs in Ghawar. Es beschrieb drei einzelne Schächte, die immer noch aus Schichten mit leicht förderbarem Öl produzierten, während andere ganz in der Nähe nur noch Zonen mit niedriger Durchlässigkeit und Porosität zur Verfügung hatten.

Eine der Quellen war seit 1948 in Produktion und damit eine der ältesten in Ghawar. Jahrelang hatte sie wunderbar funktioniert und pro Tag 4.000 bis 5.000 Barrel erbracht. Als es jedoch zum Wassereinbruch kam, dauerte es nur vier bis fünf Jahre, ehe der Wasseranteil an der Gesamtfördermenge 40 bis 60 Prozent ausmachte. Etwa 80 Prozent des Wassers kamen offensichtlich aus einer natürlichen Verwerfung, die fast direkt neben dem Schacht lag. Dieses Phänomen illustriert die hohe Durchlässigkeit in Ghawar.

Das Verständnis von Ghawars Komplexität

Die riesige Ghawar-Struktur ist nicht in ihrer gesamten Ausdehnung gleich produktiv. Wie schon angemerkt, waren Ain Dar, Shedgum und Nord-Uthmaniyah von Anfang an die besten Stellen. Ain Dar und Shedgum nehmen etwa zehn Prozent der Gesamtfläche ein, aber sie haben zusammen 27 von den 55 Milliarden Barrel hervorgebracht, die in den letzten 50 Jahren in Ghawar gefördert wurden. In den ersten beiden Jahrzehnten der Produktion förderte man in allen Quellen in Shedgum und Ain Dar reines, „trockenes" Öl, weil sie im Herzen des Vorkommens lagen, weit entfernt von der Kontaktschicht zwischen Öl und Wasser, und weil das Wasser seitlich in das Vorkommen einströmte.

Ein 2003 erschienenes SPE-Papier berichtet über einen der ersten anormalen Wassereinbrüche in Ghawars Kronjuwel. Es beschreibt eine Reihe von Quellen im inneren Trockenölgebiet von Shedgum, wo die Wasseranteile in den späten 1960er-Jahren plötzlich stark stiegen. Aramco begann sofort mit der Untersuchung dieses Phänomens, das als Shedgums „Leckgebiet" bekannt wurde.

Wasserlecks

Das Leckgebiet sagt eine Menge über die extreme Komplexität des Wassermanagements in großen Ölvorkommen aus. Die Wassereinpumpung an den Seiten von Shedgum begann 1968, weil man einen weiteren Rückgang des Förderdrucks verhindern wollte. Bald kam es zu Wassereinbrüchen in den Schächten, die den Wasserpumpschächten am nächsten lagen. Das hatte man erwartet. Es war aber eine Riesenüberraschung, als es auch bei etlichen weit entfernten Schächten, die an hohen Stellen der Ölsäule förderten, zu Wassereinbrüchen kam.

Die Produktionsgeschichte der sechs Quellen, die Shedgums „Leckgebiet" bilden, wirft ein bezeichnendes Licht auf die gegenwärtige Bedrohung der langfristigen Produktion in Ghawar. Diese Quellen hatten in der Regel lange Zeit trockenes Öl produziert; von 29,5 Jahren bei den ersten, die 1954 in Produktion gingen, bis zu elf und 14 Jahren bei zwei 1968 gebohrten Schächten. Und dennoch blieb ein dritter 1968 gebohrter Schacht nur ein Jahr lang trocken. Zwei weitere 1972 und 1977 gebohrte Schächte blieben 2,4 Jahre beziehungsweise nur einen Monat lang trocken. Als es in den produktivsten Gebieten Ghawars zu Wassereinbrüchen kam, stieg der Wasseranteil in der Regel sehr schnell, während die Ölförderung entsprechend sank.

Nach dem ersten Auftreten des rätselhaften „Leckgebiet"-Problems dauerte es 30 Jahre, bis die Techniker von Aramco endlich zu wissen glaubten, wie es dazu gekommen war. Nach Tausenden von Stunden Computersimulation und intensiver Anwendung dreidimensionaler seismischer Analyse erkannte Aramco schließlich, dass der vorzeitige Wassereinbruch durch den Zufluss eingepumpten Wassers aus tieferen Reservoirs verursacht worden war, vor allem aus Hanifa, und zwar durch eine bislang unbekannte Abfolge von Verwerfungen.

Sobald das Wasser nach Arab D vorgedrungen war, bewegte es sich seitwärts auf die produzierenden Quellen zu, was den vorzeitigen Wassereinbruch verursachte. Kurz gesagt: Die gleichen Verwerfungen, die das Gebiet zu einem der weltweit produktivsten machten, waren schnell und ohne Vorwarnung zu sehr effizienten Kanälen für den Wasserzufluss geworden.

Als Aramcos Wissen über die Eigenschaften der komplexen Gesteinsbrüche und Verwerfungen in Ghawar wuchs, machten es die Unternehmensführer zu einem vordringlichen Ziel, diese Kanäle zu lokalisieren und so exakt wie möglich aufzuzeichnen.

Die Resultate neuer Untersuchungstechniken und dreidimensionale seismische Daten ließen Aramcos Techniker annehmen, dass sie endlich einen Weg gefunden hatten, Hunderte zuvor noch nicht beobachtete Verwerfungen auf dem ganzen Gebiet von Ghawar aufzuzeichnen. Die Schachtplaner lernten, dass solche Verwerfungen für eine horizontale Quelle tödlich sein konnten und dass man sie meiden musste. Wenn man beim Bohren auf eine dieser Verwerfungen stieß, wurde der Bohrkreislauf unterbrochen. Das bedeutet, dass die Bohrflüssigkeit, die durch das Bohrloch zur Bohrerspitze gepumpt wird, in die angebohrte Formation sickerte, statt wieder an die Oberfläche zu kommen. Wenn ein solcher Schacht fertig gestellt und in Produktion gebracht wurde, kam es in der Regel zu vorzeitigen Wassereinbrüchen. Manchmal kam es gleich am Beginn der Produktion dazu.

Wenn die Bohrer mit neuen horizontalen Schächten solche Verwerfungen meiden konnten, so hofften Aramcos Ingenieure, dann würde man lange Zeit wasserfreies Öl fördern können. Vertikale Schächte, die durch solche Brüche oder Verwerfungen führten, förderten Mitte der 1960er-Jahre innerhalb von zwei, drei Jahren Wasser, Ende der 1980er-Jahre schon nach zwei Monaten. Die Aramco-Ingenieure wussten aber, dass sie ein Programm zur Platzierung der Schächte entwerfen mussten, das sich genau an komplexen Modellannahmen und Simulationen orientieren musste, wenn sie über lange Zeit wasserfreies Öl fördern wollten. Wenn sich die Annahmen in diesem Modell als falsch erwiesen, könnte ein Schacht leicht eine Verwerfung durchdringen und sich mit Wasser füllen.

Die Ingenieure wussten auch, dass der Wassereinbruch sich nicht auf einen bestimmten Bereich in einer horizontalen Quelle beschränken würde. Das Wasser würde sich oft auf der ganzen horizontalen Länge ausbreiten und in mehrere oder alle Bereiche eindringen. Das bedeutete, dass es zu einer enormen Herausforderung geworden war, im produktivsten Abschnitt des reichhaltigsten Ölfelds der Welt trockenes Öl zu fördern.

Ein Modell der Geologie des Uthmaniyah-Reservoirs

Als sein Wissen über Modellbildung wuchs und petrophysikalische Teams begannen, alle wissenschaftlichen und geologischen Erkenntnisse über Ghawar zusammenzufügen, machte Saudi Aramco große Fortschritte beim Verständnis der Komplexität des Ölfelds. Je mehr Wissen die Techniker jedoch erwarben, desto herausfordernder wurde das Thema der künftigen Produktion in Ghawar.

In einem 2001 erschienenen SPE-Papier diskutierten die beiden Autoren – einer von Aramco, der andere von Baker Atlas – die Schwierigkeit, die vertikalen Brüche und die dünnen Schichten hochproduktiven Gesteins („stratiforme Strukturen") richtig zu verstehen geschweige denn präzise aufzuzeichnen, die das nördliche Uthmaniyah-Gebiet von Ghawar charakterisieren.

Obwohl man in diesem Teil Ghawars seit fast 40 Jahren Wasser einpumpt, um den Druck hoch zu halten, waren verschiedene Versuche, anhand von Daten aus der Produktionsgeschichte die künftige Performance einer Anlage korrekt zu prognostizieren, niemals erfolgreich. Die Unfähigkeit, künftige Wasserbewegungen vorherzusagen, wurde in diesem Teil Ghawars zu einem echten Handicap.

Nach ausführlichen Analysen und Modellbildungen kamen Aramcos Geologen zu dem Schluss, dass es im nördlichen Teil des Uthmaniyah-Reservoirs vier geologische Komponenten gab:

1. Gesteinsbrüche und Verwerfungen

2. Verwerfungen im Hintergrund

3. Hoch durchlässige Schichten (K-Spikes genannt)

4. Matrix-Schichten im Hintergrund

Jede dieser vier „Komponenten" führte zu einem unterschiedlichen Fließverhalten von Öl und Wasser.

Der fortgeschrittene Modellierungsprozess zur Einschätzung dieses Teils von Uthmaniyah erforderte über eine Million Dateneingaben. Das Wunderbare an diesen Modellen war ihre Geschwindigkeit, die Fähigkeit, schnell eine Million Annahmen und Einzeldaten in eine überzeugende visuelle Darstellung des Reservoirs zu verwandeln. Dann wurden diese Daten auf einen Bildschirm projiziert. Mit 3-D-Brillen konnten die technischen Integrationsteams dann das Reservoir quasi von innen sehen.

Das muss für jeden Ingenieur, der sich mit diesen Komplexitäten seit Jahrzehnten herumgeplagt hatte, eine berauschende Erfahrung gewesen sein. Diese Experten hätten aber auch wissen müssen, dass diese Bilder nur Kreationen des Modells waren, basierend auf einer Million Einzeldaten. Wenn man einige Annahmen veränderte, würde sich auch das wundervoll realisierte Bild ändern.

Als wie exakt sich die Ergebnisse auch erweisen mögen, die enorm verbesserten Simulationsmodelle erlauben es Saudi Aramco nun, Verwerfungen in den Reservoirs aufzuzeichnen, damit die Bohringenieure ihnen ausweichen können. Das wiederum sollte die Bohreffizienz erhöhen und die Gesamtproduktionskosten senken. Selbst wenn diese Modelle der neuesten Generation nicht völlig präzise sind, wird sich die neue Fähigkeit zweifellos als sehr nützlich erweisen, wenn Aramco nach dem Rest des leicht zu fördernden Öls in den ergiebigsten Teilen Ghawars sucht.

Entwicklung und Einsatz von High-Tech-Anlagen sollten bei der weiteren Ausbeutung Ghawars und der anderen alternden, gigantischen Felder sicher von Nutzen sein. Aber das Vertrauen auf diese Anlagen signalisiert auch, dass für die saudische Explorations- und Produktionsindustrie eine neue Ära begonnen hat. In der früheren Ära brauchte man nicht mehr als die Standardtechnologie und die Praktiken der 1950er- und 1960er-Jahre, um enorme Ölmengen von bis zu zehn Millionen Barrel pro Tag aus einer relativ kleinen Anzahl offener, vertikaler Schächte zu holen. In der jetzigen Ära ist die alte Technologie fast wertlos. Die neue Technologie bedeutet nicht nur weitere Werkzeuge in Aramcos Werkzeugkasten; sie *ist* der Werkzeugkasten. Diese Dinge sind für Aramco nicht optional. In der neuen Ära sind sie unentbehrlich, um das noch vorhandene Öl in Ghawar und den anderen wichtigsten Feldern Saudi-Arabiens zu finden und zu fördern.

Förderdruck-Anomalien im südlichen Ghawar

SPE-Veröffentlichungen, die sich auf irgendwelche Regionen Ghawars südlich von Nord-Uthmaniyah beziehen (ein Gebiet also, das die „anderen" 80 Prozent des gesamten Felds umfasst), stimmen darin überein, dass diese Regionen weit herausfordernder und komplexer sind als die sagenhaft produktiven nördlichen 20 Prozent. In der Tat ist die Geschichte der südlichen Region selbst komplizierter als die der nördlichen.

Saudische Techniker beobachteten in den 1970er-Jahren, als Ghawars Ölproduktion rapide stieg, ein ständiges Nachlassen des Förderdrucks in der gesamten südlichen Region. Der Druck sank, obwohl es in den Gebieten Ghawars südlich von Ain Dar, Shedgum und Nord-Uthmaniyah wesentlich weniger produzierende Anlagen gab und die Produktionsmengen viel geringer waren. Das Nachlassen des Drucks war deutlich genug, um alarmierend zu sein.

Mitte 1983, als Saudi-Arabien nicht mehr die maximalen Mengen produzieren musste, konnte das Königreich damit beginnen, das ganze Ghawar-Gebiet südlich von Nord-Uthmaniyah zusammen mit einigen anderen Anlagen stillzulegen, wo die Kosten hoch und die Produktivität niedrig war. Die Stilllegung von 50 bis 70 Prozent Ghawars muss die Reservoir-Ingenieure sehr erleichtert haben, die sich ernsthafte Sorgen über eine Überproduktion gemacht hatten. Das ganze südliche Gebiet lag dann bis 1990 brach, als der Irak in Kuwait einmarschierte. Daraufhin wurde die Produktion in den stillgelegten Teilen Ghawars und in verschiedenen anderen Regionen schnell wieder aufgenommen, um die Produktionsverluste im Irak und in Kuwait auszugleichen.

Ein anderes SPE-Papier deckte auf, dass Aramco während der Jahre der Stilllegung einige seltsame neue Dinge über den Süden Ghawars lernte. Ein Team von Aramco hatte sorgfältig (und freudig) einen stetigen Anstieg des Drucks und der Temperatur in einem großen Teil des stillgelegten Felds bemerkt. Sobald die Ölproduktion in Haradh in den frühen 1980er-Jahren aufgehört hatte, stellte man im ganzen Gebiet ein Ansteigen des Drucks fest. Der Druckaufbau war ein rein natürliches Phänomen. Kein Wasser wurde eingepumpt, kein Öl wurde produziert. Als man die Produktion in Haradh nach der irakischen Invasion wiederaufnahm, ließ der Druck rapide nach.

Der Druckaufbau war aber weder überall noch ohne Unterbrechungen aufgetreten. Ein signifikanter, örtlich begrenzter Druckabfall trat in einem Teil Nord-Haradhs während vier Wochen zwischen April und Juli 1988 auf. Dieses Phänomen war logisch nicht zu erklären. Nach intensiven Studien kamen die Wissenschaftler von Aramco zu dem Schluss, dass die Ölproduktion in diesem Gebiet wegen des nachlassenden Drucks zur Schließung der dortigen Verwerfungen geführt hatte. Diese Schließung erhöhte wiederum die Belastung der Verwerfungen im ganzen Gebiet.

Als dieser Teil Ghawars stillgelegt wurde, begann der Druck zu steigen, was die effektive tektonische Belastung senkte. Nach Ansicht der Wissenschaftler, die dieses seltsame Phänomen untersuchten, führte der Druckaufbau dann zu einer Reihe unerwarteter Ereignisse, was schließlich ein Erdbeben auslöste, das stark genug war, den erwähnten Druckabfall zu verursachen, aber nicht stark genug, einen physischen Schaden auszulösen.

Wenn diese Analyse zutrifft, bedeutet dies, dass nicht einmal die lange Stilllegung dieses Teils von Ghawar das Druckabfallproblem lösen konnte, mit dem es die südliche Region des weltweit größten Ölfelds zu tun hat. Dies zeigt auch, dass es beim Verhalten dieses Feldes komplexe Kausalitätszusammenhänge gibt, die die Fähigkeiten der besten Geologen und Reservoir-Ingenieure der Welt auf die Probe stellen. (Dr. M. King Hubbert hat in den 1950er- und 1960er-Jahren über einige Themen geforscht, die mit Verwerfungen, Wasserdruck und Reibung zu tun hatten.)

Als in dem Teil Nord-Haradhs, wo das Erdbeben stattgefunden hatte, 1996 die Produktion wiederaufgenommen wurde, wurden neue Schächte in einer Entfernung von etwa zwei bis vier Kilometern von der identifizierten Kontaktschicht zwischen Wasser und Öl gebohrt. Dennoch kam es auch dort schon nach wenigen Monaten zu Wassereinbrüchen.

Was man nicht messen kann, das kann man auch nicht managen

Die hohen Wasseranteile verdrängten nicht nur das Öl, bis die Produktion eines Schachts unwirtschaftlich wurde, sondern verursachten auch noch weitere Probleme für Saudi-Aramco. Ein 2001 erschienenes SPE-Papier beschrieb Probleme, die es schwierig machten, im „reifen zentralen Teil Ghawars" zuverlässige Tests der Schächte durchzuführen. Gemeint war wohl Nord-Uthmaniyah.

Dieser Studie zufolge hatte es im untersuchten Gebiet zuvor einen reichen Ölfluss gegeben, nun aber war von einem „Mangel an Öl" die Rede. Extrem hohe Wasseranteile in dieser Region machten es zudem schwierig, die Zuflussraten der einzelnen Schächte zu messen und zu bestimmen, ob es sich um Wasser oder um Öl handelte.

Als die Wasseranteile in dieser Region auf über 40 Prozent stiegen, versagten die üblichen Methoden zur Messung der Zuflussraten. In den frühen 1990er-Jahren waren Wasseranteile von 40 Prozent üblich, was die traditionellen Messmethoden nutzlos machte.

Das Papier diskutiert die Messerfolge, die man schließlich erzielte, indem man wieder alte, längst für obsolet gehaltene Messmethoden wie das Coriolis-Flussmeter anwendete. Diese Art der Messung war teuer und erforderte große Mengen von Chemikalien, um eine angemessene Trennung von Wasser, Öl und Gas zu erreichen, aber sie lieferte recht genaue Ergebnisse für die Anlagen im untersuchten Gebiet. Folglich wurde diese komplizierte Testmethode bald zum

wichtigsten Messsystem für alle Schächte in der Zentralregion von Ghawar, wo
sehr hohe Wasseranteile die Norm waren.

Auch der steigende Gasanteil schuf Probleme für die traditionellen Messmethoden. Konventionelle Messmethoden waren in Ghawar kaum mit Zuverläs-
sigkeitsproblemen im Zusammenhang mit Gas konfrontiert gewesen, weil der
Gasanteil dort sehr gering war. Nun stieg der Gasanteil aber, wie es in alternden Ölfeldern eben der Fall ist. Die durch den höheren Gasdruck verursachte
Dichteveränderung wurde vom Messsystem oft fälschlicherweise als Abnahme
des Wasseranteils interpretiert. Sogar die Coriolis-Flussmeter lieferten ungenaue
Ergebnisse, wenn der Wasseranteil auf über 75 Prozent stieg.

Diese Messprobleme sehen auf den ersten Blick recht unbedeutend aus, wie
ein lösbares technisches Nebenthema. Aber diese Probleme wurden von hohen
Wasser- und Gasanteilen in der geförderten Flüssigkeit verursacht, die aus dem
zweitproduktivsten Fördergebiet des gesamten Ghawar-Komplexes kam. Und
das macht sie wichtig. Es handelt sich um die klassischen Anzeichen von Alterungsproblemen eines Ölfelds. Wenn es schwierig ist, das Ausmaß und den
Rahmen dieses Problems zu *messen*, wie wahrscheinlich ist es dann, dass Saudi
Aramco es effektiv *managen* kann, um seine gegenwärtigen Fördermengen aufrechtzuerhalten? Könnten einige der elf Millionen Dateneingaben falsch sein, die
heute für Ghawars neueste Reservoir-Simulationen verwendet werden?

Unerwartete Enthüllungen über die schwache Ölproduktivität im Osten Ghawars

Abgesehen von den allerproduktivsten Regionen wies der Rest der gigantischen Ghawar-Struktur im Allgemeinen viele verwirrende Phänomene auf. Eines davon war die geringe Produktivität entlang eines großen Teils von Ghawars
Ostflanke. Seit Jahren ist bekannt, dass die Wassereinpumpung in diesem Gebiet
noch nie wirkungsvoll war, weil das Wasser an großen Mengen Öl vorbeifließt.
Der Grund dieses Scheiterns war den Experten von Aramco jedoch stets entgangen und blieb bis in die 1990er-Jahre ein Geheimnis. Dann, bei der Middle East
Oil Conference in Bahrain 1997, brachte eine wichtige Studie eine entscheidende
Enthüllung, die das Geheimnis ein für allemal löste.

Das Papier beschrieb die Untersuchung eines 15 mal 15 Kilometer großen,
heterogenen Segments an der Ostflanke von Ghawar. Dort war es zu raschen und

erratischen Anstiegen des Wasseranteils gekommen. Nun sah es so aus, als sei es durch die seitliche Wassereinpumpung bald völlig erschöpft. Aramcos Offizielle befürchteten, dabei würden substanzielle Mengen Öl im Boden verbleiben, die man zu den förderbaren Reserven gezählt hatte.

Um das Rätsel der schwachen Performance an der Ostflanke zu lösen, führten die Wissenschaftler von Aramco intensive prä-seismische Modellstudien durch. Diese beinhalteten eine umfassende petrografische Studie von etwa 20 Schächten und eine detaillierte Analyse aller historischen Aufzeichnungen und Performance-Daten der Reservoirs. Dann wurde eine ausführliche seismische 3-D-Studie durchgeführt, um die Struktur der unterirdischen Lagerstätten wesentlich genauer zu erfassen.

Man erkannte eine wesentlich höhere strukturelle Komplexität der Reservoirs als zuvor angenommen, was es unwahrscheinlich machte, dass dieses Gebiet jemals riesige Ölmengen liefern würde. Das intensiv untersuchte Gebiet war zwar nicht sehr groß, aber die Ergebnisse schienen auf die gesamte Ostflanke Ghawars anwendbar zu sein, die sich knapp 40 Kilometer von Osten nach Westen und 80 Kilometer von Norden nach Süden erstreckt.

Zum ersten Mal begannen die Wissenschaftler und Ingenieure Aramcos, das Ausmaß schwer wiegender Brüche und wahrscheinlich auch Verwerfungen zu erkennen, die das ganze Gebiet kennzeichnen. Die Struktur erleichterte vorzeitige Wassereinbrüche. Die äußerst durchlässigen Kanäle schienen hauptsächlich dafür verantwortlich zu sein, dass das Wasser so leicht in die Einpumpungsflanke floss. Das eingepumpte Wasser raste durch die durchlässigen Schichten wie ein Porsche über die Autobahn.

Die Entdeckung dieses komplexen Systems von Brüchen und Verwerfungen muss die Experten vor große Probleme gestellt haben. Seit Jahren hatten sie herauszufinden versucht, warum die Produktivität in diesem Teil Ghawars so gering war. Aber das Bild verdunkelte sich schnell. Weitere Untersuchungen deckten ein noch überraschenderes Hindernis für höhere Produktivität auf.

Zwischen dem Öl in Arab D und der Formation, die das eingespritzte Wasser aufnahm, lag eine Teerschicht von bis zu 170 Metern Dicke. Diese undurchdringliche Schicht hatte das eingepumpte Wasser daran gehindert, das Öl zu erreichen, das es zu den Förderschächten spülen sollte. Es war seit langem bekannt, dass Teer die Ölproduktion in bestimmten Gebieten der Uthmaniyah-Region behinderte. Aber man wusste wenig über die Ausmaße und die Dauerhaftigkeit einer solchen Barriere. Teerschichten bestehen aus Bitumen oder aus gehärtetem Teer. Als die Teerschicht in Ghawar erstmals entdeckt wurde, hoffte man, sie durch Einleitung von Benzol entfernen zu können. Selbst nach der Extraktion mit chlorierten Lösungsmitteln oder der Behandlung mit Dampf blieben aber noch Teerkomponenten übrig. Als man mehr über die Teerbarriere wusste, beschrieben sie die Techniker von Saudi-Aramco als „Bitumen, das wohl größtenteils *unlöslich* ist" (Hervorhebung durch den Autor).

Einschätzung aller Probleme in ganz Ghawar

Die intensiven technischen Arbeiten seit den frühen 1990er-Jahren (also die Integrationsteams und der massive Einsatz von Computermodellen, die Sammlung und Analyse neuer seismischer Daten, die erneute Untersuchung von Aufzeichnungen und Daten aus 40 Jahren) lieferten ein völlig neues Bild von Ghawar – und dieses Bild war nicht schön. Welche Region von Ghawar man auch untersucht, die Probleme und Herausforderungen scheinen zuzunehmen.

Ein besonders aufschlussreiches Papier wurde 2001 bei der Annual Technical Conference in New Orleans, Louisiana, vorgelegt. Geschrieben wurde es von vier erfahrenen Experten in Diensten von Aramco, die freimütig die technischen Probleme einräumten, die verbleibende Produktion in Ghawar zu managen. Den Autoren zufolge war es immer noch eine offene Frage, wie man die weitere Produktion dort gestalten sollte, obwohl das Feld schon seit 50 Jahren in Produktion war. Das Papier legte ganz offen dar, dass die produktivsten Regionen des Feldes bereits sehr reif waren und die üblichen Alterserscheinungen zeigten – sinkenden Druck, steigende Wasser- und höhere Gasanteile.

Die Experten rätselten auch immer noch über die ungewöhnliche Neigung der Wasser/Öl-Kontaktschicht in Ghawar. Diese Neigung scheint ein Haupthindernis für die Förderung großer Ölmengen zu sein. Die Neigung und die Dynamik der Wasserbewegungen scheinen auf komplexe Weise miteinander in Beziehung zu stehen.

Das Grundwasser unter Haradhs Westflanke enthält sehr wenig Salz, das unter der Ostflanke wesentlich mehr. Am Nordende von Ghawar liegt der Salzgehalt sogar acht Mal so hoch. Die Wissenschaftler, die die Studie von 2001 veröffentlichten, nahmen nun an, dass die Neigung so etwas wie einen Damm oder eine steile Treppe quer durch das Feld geschaffen hat. Der Autor der Studie bemerkte, dass lediglich 5.000 Barrel Wasser pro Tag an der Westflanke

226

226

von Haradh eingepumpt werden. Bei dieser Menge würde es *nur* 20.000 Jahre dauern, die Öl/Wasser-Kantaktschicht auf das Niveau von Ghawars südlichem Ende zu heben.

Eine 2002 erschienene Studie beschäftigt sich mit Saudi Aramcos Problemen bei der Förderung des noch vorhandenen Öls in Haradh, ganz am Südende von Ghawar. Dieses Gebiet ist ein wichtiges neues Produktionsziel geworden, das den vorhersehbaren Rückgang in Ghawars hochproduktiver Nordregion kompensieren soll. Dem Papier zufolge ist Haradh nun in drei Abschnitte unterteilt worden: Nord, Mitte und Süd. In Abschnitt I begann die Produktion 1996. In Abschnitt II, mit dem sich diese Studie beschäftigte, war dies 2003/2004 der Fall, und Abschnitt II wurde als „noch zu entwickelndes Gebiet" bezeichnet. Der Entwicklungsplan steht nun fest. Diese letzten 20 Prozent des Ghawar-Ölfelds gehen 2006 in Produktion.

Haradhs „Abschnitt I". Als die besagte Studie erschien, bohrte Saudi Aramco in Abschnitt I noch vertikale Schächte. Die Absicht war, den Wasseranteil auf 50 Prozent oder weniger zu beschränken, vor allem an der Westflanke, wo die Wasserzuflüsse so erratisch verliefen. Erfahrungen mit produzierenden Schächten in Abschnitt I legten nahe, dass ein Schacht, der eine Gesteinsverwerfung durchdrang, sehr schnell viel Wasser fördern würde und bald stillgelegt werden müsste.

Haradhs „Abschnitt II". Die jüngsten Modellsimulationen legten nahe, dass vertikale Schächte in Abschnitt II nicht einmal zwei Jahre lang produktiv bleiben würden. Wenn man stattdessen horizontale Schächte anlegte, sowohl für die Ölförderung als auch für das Einpumpen von Wasser, wäre die Produktion dagegen für 15 Jahre gewährleistet (unter der Annahme, man würde genügend Wasser einpumpen, um das geförderte Öl zu ersetzen). Das war allerdings nur eine Schätzung, denn ein vollwertiges Feldmodell war nicht verfügbar. Die optimale Länge der geplanten horizontalen Schächte war eine ungelöste Frage. Theoretisch müsste die Produktivität mit der Länge der Schächte steigen.

Haradhs „Abschnitt III". Die letzte Entwicklung in Ghawar begann 2004, um Abschnitt III in Produktion zu bringen, die südlichsten 75 Kilometer von Ghawar (den Fuß am Bein des Balletttänzers). Wie schon erwähnt, soll die Produktion dort im Juli 2006 beginnen. Alle Förderschächte werden multilaterale Horizontalschächte sein, ausgestattet mit der neuesten Technik der „intelligenten Schächte". In jeder Verzweigung wird es Ventile geben, die sich sofort schließen, wenn es zu einem Wasserzufluss kommt. Wird dieses technisch anspruchsvolle

System im letzten Abschnitt Haradhs funktionieren? Einer PR-Kampagne Aramcos zufolge wird es problemlos 30 Jahre lang 300.000 Barrel pro Tag fördern. Als erfahrener Investmentbanker halte ich es jedoch für naiv, so etwas auch nur für einen Zeitraum von fünf Jahren zu prognostizieren.

Haradh unterscheidet sich wesentlich von Air Dar oder Shedgum. Die Durchlässigkeit im Untergrund von Ghawar ist sehr gering. Wenn man sich die gesammelten Informationen über Ghawar aus 60 Jahren ansieht, erscheint es immer unwahrscheinlicher, dass Haradh im Süden und Ain Dar, Shedgum und Nord-Uthmaniyah jemals Teile eines einzigen Ölfelds waren.

Dennoch ruhen wohl die größten Hoffnungen Saudi-Arabiens, was die zukünftige Ölförderung betrifft, auf Haradh. Die neuesten Daten über Ain Dar und Shedgum zeigen, dass fast alle nachgewiesenen Reserven in diesem berühmten Teil Ghawars inzwischen gefördert sind. Die neuen Daten deckten auch auf, dass dort nun 50 Prozent des ursprünglich vorhandenen Öls (Original Oil-in Place oder OOIP) gefördert wurden. Noch 2004 sagte Aramco zuversichtlich voraus, dass man dort 70 Prozent des OOIP fördern könne. Es hat aber selten ein hochfragmentiertes Ölfeld gegeben, wo die primäre und die sekundäre Produktion die Prozentsätze übertraf, die in Ain Dar und Shedgum inzwischen erreicht sind. Falls man in „Nord-Ghawar" (Ain Dar, Shedgum und Nord-Uthmaniyah) tatsächlich einen derart hohen Prozentsatz erreicht, würde dies fast mit Sicherheit viele Jahre dauern und künstliche Hebetechniken erfordern. Derzeit kann man auf Nord-Ghawar nicht bauen, was die Zukunft betrifft. Man wird sehen, ob das südliche Gebiet den Produktionsrückgang kompensieren kann.

Zusammenfassung: Man muss akzeptieren, dass es in den einzelnen Regionen Ghawars keine einheitliche Ölförderung gibt

Die Landkarte Saudi-Arabiens enthält Merkmale, die einem Ölexperten oder einem Branchenanalysten sofort auffallen:

- Fast alle Felder liegen nur wenige Kilometer von der Westküste des Golfs von Arabien entfernt.

- Sie sehen so zahlreich aus – eine wahre Galaxie von ölhaltigen Strukturen.

■ Ein Feld, Ghawar, ragt wegen seiner schieren geografischen Größe heraus. Es ist der König unter vielen Adeligen. Die Landkarte vermittelt ein beruhigendes Gefühl.

Als ich im EXPEC-Center von Saudi Aramco das beeindruckende 3-D-Modell von Ghawar betrachtete, entdeckte ich ein Merkmal, das auf den meisten üblichen, die Ölfelder zeigenden Landkarten des Königreichs nicht zu sehen ist. Ich bemerkte all die Punkte, von denen ich mit Recht annahm, dass sie die Ölquellen Ghawars darstellten.

Ich fragte den Aramco-Manager, der diese Präsentation abhielt, warum sich so viele dieser Punkte auf das nördliche Ende des Ölfelds konzentrierten. Im Rückblick erscheint mir seine Antwort erstaunlich. Er sagte: „Sie dürfen nicht vergessen, wie lang dieses Feld ist. Es dehnt sich von Norden nach Süden über fast 260 Kilometer aus. Wir arbeiten uns nun vom Norden, wo wir angefangen haben, zu Quellen vor, die weiter südlich liegen." Der Erfolg eines solchen regelmäßigen Vorgehens würde natürlich voraussetzen, dass die großen Gebiete im Zentrum und im Süden Ghawars, wo es nur wenige Quellen gibt, eine mehr oder weniger ähnliche Struktur aufweisen wie das Gebiet im Norden mit seinen vielen Förderanlagen. Wenn schon nicht in geologischer Hinsicht, dann wenigstens in Bezug auf die Produktivität. Es gibt keine Übersichtskarte aller Abschnitte, die Ghawar in fünf Operationszonen teilen, und das stützt die *Annahme* der Gleichförmigkeit.

Wenige Stunden später las ich sorgfältig den Text über Ghawar in Aramcos Ölmuseum, das gleich neben dem EXPEC-Gebäude liegt. Was mir dabei auffiel, war die Feststellung, dass Durchlässigkeit und Porosität in den Lagerstätten von Ghawar von Nord nach Süd *geringer* werden. Am Ende meiner Nachforschungen über Ghawars verschiedene Regionen verstand ich nun, wie schwierig und verwirrend es in den vergangenen zehn Jahren für einige der besten Förderingenieure, Geologen und Geophysiker der Welt war, Merkmale wie extreme Durchlässigkeit, die Neigung der Öl/Wasser-Kontaktschicht, Gesteinsbrüche und Verwerfungen zu verstehen. Und heute frage ich mich, ob Aramcos Insider wirklich verstehen, wie zerbrechlich Ghawars Ölproduktion jetzt sein muss. War es nur ein Bluff, als der Vortragende im EXPEC-Center Anfang Februar 2003 meine Frage abblockte, warum am Nordende Ghawars eine solche Zusammenballung von Ölquellen besteht? Wusste er es nicht besser, oder wollte er die wahrscheinliche Bedeutung all der komplexen neuen Daten einfach nicht wahrhaben?

Glaubten die beiden Technikexperten von Aramco ihren eigenen Worte, die dem CSIS-Publikum zuversichtlich erzählten, Saudi-Arabien könne zehn, zwölf oder sogar 15 Millionen Barrel pro Tag für mindestens noch 50 Jahre produzieren? Wenn ja, haben dann die beiden Top-Experten die Besorgnis erregenden Studien überhaupt gelesen, die auf der SPE-Website verfügbar sind? Und wie kann Saudi Aramco angesichts all dieser Unwägbarkeiten in Fachzeitschriften wie *Upstream* stolz verkünden, es könne Ghawars Performance in den kommenden 50 Jahren *präzise vorhersagen*?

Die Antworten auf diese Fragen wird die Zeit liefern, aber das muss nicht mehr allzu lange dauern. Sie sind heute schon denjenigen Beobachtern klar, die nicht die Landkarte, sondern die Details betrachten. Es hängt von der Genauigkeit der Untersuchung ab, ob man die Komplexität und die Herausforderungen erkennt. Eines Tages (und dieser Tag könnte bald kommen) werden die bemerkenswert hohen Fördermengen am Nordende Ghawars schrumpfen, weil der Förderdruck nachlässt, Gas ausströmt und der Taupunkt erreicht wird. Dann wird der Höhepunkt der saudischen Ölproduktion definitiv überschritten sein. Der Tod dieses großen Königs hinterlässt keinen Nachfolger von annähernd vergleichbarer Statur. Ghawar nähert sich mit großen Schritten der Abenddämmerung.

Kapitel 8

Die Ölfelder
der zweiten Reihe

Abqaiq, Safaniya und Berri

Angesichts der Größe von Ghawars Beitrag zum Ölwunder Saudi-Arabiens war es wichtig, seine Eigenschaften und Probleme, also die Ergebnisse meiner „gerichtsmedizinischen Untersuchungen", sehr detailliert zu beschreiben. Wenn in Ghawar die gegenwärtige primäre/sekundäre Produktionsphase endet, wird es so gut wie unmöglich sein, seinen nachlassenden Output zu kompensieren, selbst wenn man die Entwicklung einiger kleinerer Ölfelder mit aller Macht vorantreibt. Ghawar ist der König der saudischen Ölfelder, und es gibt keinen „Kronprinzen", der auf die Thronbesteigung wartet. Bei einem Ölfeld ist es ganz ähnlich wie beim Schach: Wenn der König gefallen ist, dann ist die Partie vorbei. Man kann nicht mit Königinnen und Springern weiterspielen, und selbst eine große Zahl von Bauern ändert daran nichts.

Wären all die anderen riesigen Ölfelder noch in hervorragendem Zustand, dann würde die Erschütterung in Ghawar weniger schwer wiegen. Leider sehen sich die Aramco-Teams, die die anderen großen Felder managen (also die Königinnen und Lords), mit den gleichen technischen Problemen konfrontiert wie in Ghawar. Die in den SPE-Studien beschriebenen Probleme sind bemerkenswert ähnlich. Und das ist eigentlich keine Überraschung, denn diese Probleme sind typisch für die Schwierigkeiten, die alle alternden Ölfelder betreffen – und in allen großen saudischen Feldern wird seit Jahrzehnten Öl gefördert.

Es gibt ein hohes Maß an Redundanz in jeder Diskussion der spezifischen Probleme, die sich heute auf den anderen großen saudischen Ölfeldern zeigen: Safaniya, Abqaiq, Berri, Zuluf und Marjan. Die Probleme variieren, weil sich die Offshore-Felder anders verhalten als die auf dem Festland. Aber die Grundprobleme sind die gleichen:

- sinkender Förderdruck

- das Auftauchen einer sekundären Gasschicht

- starke Korrosion nach jahrelangem Einpumpen von Wasser

- erratische Wasserströme

- steigende Wasseranteile

- niedrigere Produktivität in den noch nicht angebohrten Teilen der Felder

Es wäre natürlich einfach zu behaupten, dass alle anderen großen saudischen Ölfelder vor den gleichen Problemen stehen wie Ghawar, und zu sagen: „Vertrauen Sie mir!" Das wäre aber ein Fehler. Um das kolossale Problem der Ölförderung in Saudi-Arabien wirklich zu verstehen, müssen wir diese Analyse fortsetzen und auch die anderen großen Ölfelder untersuchen.

Ghawar ist der König der saudischen Ölfelder ... Wenn der König gefallen ist, dann ist die Schachpartie vorbei.

Das wichtigste Merkmal der Situation in Saudi-Arabien liegt vielleicht in der hohen Gleichartigkeit dieser Probleme. Kein Einzelproblem, keine Gruppe von Problemen erscheint unüberwindlich. Das Ausmaß des Themas wird klarer, wenn man all die zahllosen „Problempunkte" miteinander verbindet.

Wenn Sie meinen, Sie müssten nicht noch mehr über Wassereinpumpung, Korrosion, heterogene Lagerstätten, Gesteinsbrüche und Verwerfungen wissen, dann können Sie den Rest der Darstellung der einzelnen Ölfelder überspringen. Aber wie bei der Gerichtsmedizin muss die Untersuchung umfassend sein, wenn man sichergehen will, dass die Analyse korrekt ist.

Der nächste Abschnitt der Untersuchung beginnt daher mit den beiden „Königinnen" in der saudischen Adelsfamilie von Ölfeldern und bewegt sich dann rangmäßig weiter nach unten.

Abqaiq: Die „alte Königin"

Die wichtigste Tatsache über Abqaiq (siehe Abbildung 8.1) ist für jedermann deutlich und steht außerhalb jeder Diskussion: *Es ist alt*. Alle neueren SPE-Papiere beschreiben dieses einst großartige Feld als extrem gealtert. Obwohl es noch keineswegs erschöpft ist, wurde dort der größte Teil des förderbaren Öls schon gewonnen. Die Hauptfrage lautet nun, wie lange Abqaiq seine aktuell relativ hohe Förderrate noch aufrechterhalten kann und wie stark der bevorstehende Rückgang sein wird.

Die Geschichte der Ölförderung in Abqaiq

Abqaiq wurde 1940 entdeckt, als man nur wenige Kilometer vom ersten Ölfund am Dammam Dome entfernt eine Bohrung durchführte, und nach einem kleinen Beduinendorf benannt, das in der Mitte des Ölfelds lag. Der volle Ausbau und die erste Produktion fanden 1946 statt. Abqaiq ist zwar nicht einmal ein Viertel so groß wie Ghawar, aber es ist Saudi-Arabiens perfektestes Ölfeld, mit dicken Ölsäulen, hoher Porosität durch sauberen Kalkstein und durchgehend hervorragender Durchlässigkeit ohne störende Schiefereinlagerungen. Die wichtigsten Merkmale, was die Produktion betrifft, finden Sie in Tabelle B.5, Anhang B.

Abqaiq hat nie die Mysterien und Rätsel geboten wie Ghawar, wahrscheinlich wegen seiner extrem hohen Qualität und geringeren Ausdehnung. Die meiste Zeit über war es einfach ein hervorragender Öllieferant. Und obwohl es die gleichen Anzeichen von Alterung und Rückgang aufweist wie Ghawar, stellte es die

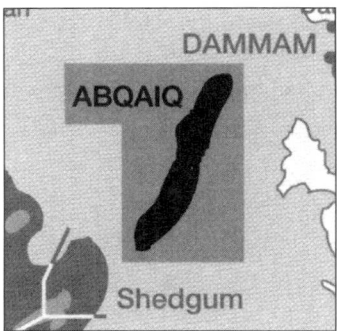

Abbildung 8.1: Das Abqaiq-Ölfeld
Quelle: Gulf Publishing/World Oil

Manager und Techniker nie vor derartige Probleme. Es verhält sich einfach so, wie man es von einem sehr guten Ölfeld erwarten kann, wenn es die späteren Stadien seiner Ausbeutung erreicht hat. Illustriert wird dies durch einige Berichte über seine Performance in den vergangenen drei Jahrzehnten:

- 1973 wurde der Höhepunkt erreicht, als das großartige Feld gut über eine Million Barrel am Tag lieferte.

- 1981, als die saudische Gesamtproduktion auf über zehn Millionen Barrel am Tag stieg, war die Produktion in Abqaiq auf 652.000 Barrel gesunken.

- 2002 sagte der saudische Ölminister Ali Naimi einem Reporter des Fachmagazins *Upstream*, Abqaiq habe schon 70 Prozent seiner Gesamtreserven geliefert, produziere aber immer noch 500.000 Barrel pro Tag.

Fünf Jahrzehnte lang lieferte das Feld den Großteil des extra leichten saudischen Rohöls.

Größe und Geologie

Abqaiq ist etwa 57 Kilometer lang und elf Kilometer breit. Es liegt nur elf Kilometer entfernt vom nordöstlichen Rand des zu Ghawar gehörenden Shedgum-Gebiets. Fast das gesamte äußerst hochwertige leichte Öl kommt aus dem Arab-D-Reservoir. Abqaiq erreicht die Arab-D-Formation in einer Tiefe von 1.950 Metern, etwa 150 Meter höher, als dies in Ghawar der Fall ist. Die durchschnittliche Dicke des Reservoirs beträgt 80 Meter bei einer exzellenten durchschnittlichen Porosität von 20 Prozent und einer Durchlässigkeit von 400 Millidarcies. Die Schwere des Öls beträgt 36° API, mit einem Gas-Öl-Verhältnis von 860 Kubikfuß je Barrel.

Technischen Laien sagen die Zahlen wohl nichts, aber 400 Millidarcies entsprechen 40 Prozent der Flussrate von Wasser durch eine Betonröhre. Eine Millidarcy-Rate von Null bedeutet, dass kein Fluss möglich ist. Rohöl mit einer Schwere von 36° API ist leicht und kann problemlos zu den wertvollsten Raffinerieprodukten verarbeitet werden – Benzin, Flugzeugbenzin und Diesel. Safaniyah, die andere saudische „Königin", liefert wesentlich schwereres Öl mit 27° API. Dieses Öl ist von weit geringerer Qualität und liefert weniger wertvolle Produkte, wenn es in der Raffinerie nicht spezielle (und teure) Einrichtungen zur Verarbeitung schweren Rohöls gibt.

Eine zweite Lagerstätte

Unterhalb von Arab D gibt es ein zweites Reservoir in der Hanifa-Formation, von dem man immer annahm, es enthalte ebenfalls riesige Mengen Öl. Aber die Ölförderung aus diesem Reservoir war von Anfang an schwierig. Das Hanifa-Reservoir ist von Arab D durch eine 100 bis 150 Meter dicke Schicht feinkörnigen, undurchdringlichen Kohlegesteins aus der Jubail-Formation getrennt. Leider weisen Arab D und Hanifa den gleichen Druck und die gleichen Flüssigkeitsströme durch ein Netz vertikaler Brüche durch diese undurchdringliche Kohleschicht auf. Es ist also sehr schwierig, das in der Hanifa-Formation vermutete Öl zu fördern.

Das Hanifa-Reservoir weist keine großen Gesteinsporen auf, sondern nur sehr kleine im Umfang von zehn Micron. Flussmeter haben schon immer angezeigt, dass das Hanifa-Reservoir große Mengen Öl liefern könnte, aber das Verhalten des Öl/Wasser-Zuflusses lässt sich nicht prognostizieren.

In den letzten Jahren ist das Interesse an Abqaiqs Hanifa-Reservoir gestiegen, weil klar wurde, dass sich die Ausbeutung von Arab D dem Ende näherte. Schon in den frühen 1990er-Jahren gab es Pläne, dort horizontale Ölförderschächte und vertikale Schächte zum Wassereinpumpen anzulegen, obwohl Saudi Aramcos Geologen und Ingenieure damals noch nicht viel über die Gesteinsstruktur und anderen Merkmale dieser Lagerstätte wussten.

Ein 2004 erschienenes SPE-Papier erklärte die Probleme der dortigen Förderung. Die Durchlässigkeit liegt bei etwa einem Millidarcy – niedriger geht es nicht. Und dieses Reservoir muss man nun anzapfen, wenn man in Zukunft in Abqaiq noch Öl fördern will. Die extrem niedrige Durchlässigkeit steht in starkem und ernüchterndem Kontrast zu den 400 Millidarcies des Arab-D-Reservoirs.

Über die Hälfte der Hanifa-Abschnitte mit hohem Flusspotenzial liegen in einer oder zwei dünnen stratigrafischen Intervallen oder Schichten. 44 Prozent der förderbaren Flüssigkeiten kommen aus einem Intervall, das nur 1,50 Meter dick ist. 20 Prozent entfallen auf ein weiteres Intervall mit einer Dicke von 1,20 Metern.

Das Feld ist von einem System von Brüchen durchzogen, das den Zufluss von Wasser und Öl aus dem Hanifa- ins Arab-D-Reservoir ermöglicht. Diese Brüche schaffen Kanäle von ungewöhnlich hoher Durchlässigkeit, die für die üppigen Fördermengen in Abqaiq eine wichtige Rolle gespielt haben.

Wassereinpumpungen in Abqaiq zur Aufrechterhaltung der Ölproduktion

Abqaiq war das erste saudische Ölfeld, wo man Wasser einpumpte, um den Druck hoch zu halten. Das Programm begann testweise 1956, wobei durch drei Schächte 300 Barrel pro Tag eingepumpt wurden. Bis Ende 1961 belief sich die Gesamtmenge auf 230 Millionen Barrel Wasser. Das Programm funktionierte gut, der Druck blieb konstant. Im Lauf der Jahre stieg die Wassermenge ständig an. Zum Teil wurde die Einpumpung behindert, weil häufig große Poren, Spalten und andere stark durchlässige Strukturen auftraten.

Ein permanentes Programm zur Wassereinpumpung begann 1963. 30 Jahre später hatte man 83 Injektionsschächte gebohrt, 28 aufgegeben und sechs weitere zu Beobachtungsschächten umfunktioniert. Viele der aufgegebenen Schächte litten unter Korrosionsschäden wegen des chemisch hochreagiblen Meerwassers. In den frühen 1990er-Jahren bestand das Drucksystem des Ölfelds aus 50 schwerkraftgetriebenen Injektionsschächten. Dort fließt Wasser aus dem nahe gelegenen Wasia-System ohne zusätzlichen Druck in die seitlichen Bereiche des Feldes und unter die Öl führenden Schichten. Die tägliche Wassermenge schwankt zwischen 2.000 und 35.000 Barrel. Alle vier bis sechs Jahre werden die Anlagen vorsorglich überholt, nach drei oder vier solchen Überholungen werden die Schächte in der Regel aufgegeben.

Prognosen über die künftige Produktion

Ein 2004 erschienenes SPE-Papier lieferte wichtige Erkenntnisse über Abqaiqs Zukunft. Es beschrieb den experimentellen Gebrauch einer Mehrphasenpumpe im nördlichen Drittel Abqaiqs, einem Gebiet, das früher mit nur 14 Schächten große Mengen Öl produziert hat (Abbildung 8.2). Kurz nach dem Jahr 2000 waren zwölf dieser Schächte effektiv am Ende, weil der Wasseranteil über 75 Prozent lag, und die Anlagen wurden geschlossen. In der Studie heißt es, die Ölsäule „oberhalb des Wassers" sei zwischen zehn und zwölf Meter dick.

Die Mehrphasenpumpe wurde an der Verteilerstation installiert, wo die Flüssigkeiten aus den 14 Schächten vermischt werden. Man wollte damit den Druck auf die Schächte selbst vermindern. Die Pumpe funktionierte wie erhofft, und in die toten Schächte kam wieder Leben. In der einjährigen Testphase gewann man zusätzliche zwei Millionen Barrel bei Förderraten von bis zu 12.000 Barrel pro Tag. Diese Mengen sind natürlich nicht von Bedeutung. Aber dass man solche toten Quellen wie Lazarus wieder zum Leben erwecken konnte, ist ein kleines

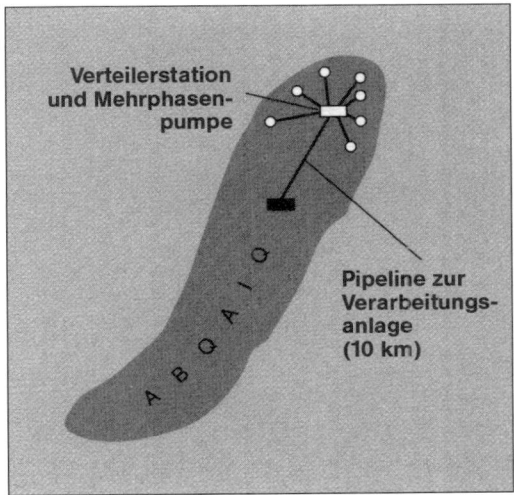

Abbildung 8.2: Die Wiederbelebung toter Quellen mit einer Mehrphasenpumpe
Quelle: Übernommen aus SPE # 83910

Wunder der Technik. Die weitere Anwendung von Mehrphasenpumpen könnte es Saudi Aramco ermöglichen, zusätzliches Öl aus anderen, fast schon aufgegebenen Teilen anderer Ölfelder zu gewinnen.

Einige Aramco-Veteranen sagen immer noch voller Zuversicht, Abqaiq werde bis etwa 2015 etwa 500.000 Barrel pro Tag liefern. Wenn das passiert, wird dieses Feld einen Weltrekord in der langen Geschichte von Ölvorkommen in Kohleformationen aufstellen, was den Prozentsatz des tatsächlich geförderten Öls betrifft. Sehr wahrscheinlich erscheint dies aber nicht. Wenn Aramco plant, dieses Ziel zu erreichen, indem man das enge Hanifa-Reservoir ausbeutet, wird es noch unwahrscheinlicher.

Safaniya: Die „Sandkönigin"

Safaniya (siehe Abbildung 8.3) wurde 1951 entdeckt. Es liegt direkt vor der Küste der arabischen Halbinsel, knapp 200 Kilometer nördlich von Dharan. Einige der frühesten Schächte liegen im Küstengebiet im Südwesten des Feldes. Das Feld ist etwa 65 Kilometer lang und 15 Kilometer breit. Es enthält drei verschiedene Fördergebiete, dessen nördlichstes sich bis in die neutrale Zone zwischen Saudi-Arabien und Kuwait erstreckt.

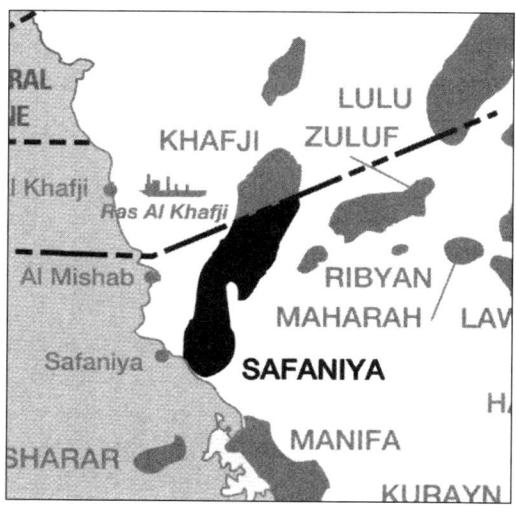

Abbildung 8.3: Das Offshore-Ölfeld Safaniya
Quelle: Gulf Publishing/World Oil

Safaniya ist nicht nur Saudi-Arabiens zweitproduktivstes Ölfeld, sondern auch das größte Offshore-Feld der Welt. Die meisten Geologen glauben, das Safaniya-Feld und das Khafji-Feld in der neutralen Zone lägen auf derselben Wasser führenden Schicht, die sich bis zum riesigen Burgan-Feld in Kuwait erstreckt. Als die Iraker Burgan 1991 in Brand steckten, kam es in Khafji und wohl auch in Safaniya sofort zu einem Druckabfall, obwohl niemals eine Untersuchung darüber veröffentlicht wurde.

> Safaniya ist nicht nur Saudi-Arabiens zweitproduktivstes Ölfeld, sondern auch das größte Offshore-Feld der Welt.

Das Safaniya-Feld weist sieben separate geografische Intervalle mit Produktionspotenzial in vertikalen Tiefen zwischen 1.200 und 2.000 Metern auf. Die Produktion begann 1957 mit etwa 25.000 Barrel pro Tag. Bisher, nach einem halben Jahrhundert der Förderung, kam fast das gesamte Öl Safaniyas aus den Safiniya-Formationsreservoirs. 1993 gab es insgesamt 624 Förderanlagen. Als die saudische Ölproduktion 1980/81 ihren Höhepunkt erreichte, produzierte Safaniya über 1,5 Millionen Barrel am Tag. Heute sind es etwa 600.000 Barrel.

Safaniya ist Saudi-Arabiens wichtigster Lieferant schweren Öls (mit durchschnittlich 27° API). Schwere Öle wie das Safaniyas sind zu Raffineriezwecken leichten Ölen weit unterlegen und bringen daher niedrigere Preise. Ende 2004 bestanden die einzigen freien Produktionskapazitäten des Königreichs aus schwerem Öl. Ein großer Teil dieser Kapazitäten entfällt wahrscheinlich auf das verbliebene Öl in Safaniya.

Geologische Analyse

Im Nordteil des Feldes ist das Safaniya-Reservoir eine Abfolge von Sandstein, Schlick und Schiefer mit dünnen Intervallen von Kalkstein, Kohle und wechselnden Anteilen von Eisenerz. Der Südteil enthält sehr verschiedene und komplexere Sandarten. Das Safaniya-Reservoir besteht aus drei Hauptteilen, die man nach Gesteinsarten unterscheidet:

1. Im unteren Teil herrschen Schiefer und Sände vor, vermischt mit geringen Anteilen von Schlamm, Schlick und Siderit.

2. In der Mitte findet sich eine dicke, homogene Sandsteinschicht. Hier liegt der beste Teil des Reservoirs. Der Sand ist nur teilweise von einer dünnen Schicht Schiefer durchsetzt.

3. Im oberen Teil gibt es wiederum Schiefer und Sände, ähnlich wie im unteren Teil, aber zusätzlich mit dünnen marinen Kalksteinschichten.

Die Qualität der Sände lässt von Südwesten nach Nordosten nach. Unterhalb des Safaniya-Reservoirs liegen die Khafji-Sände. Darüber liegen das obere und das untere Mauddud-Reservoir, das Wara-, das Ahmadi- und das Rumalia-Reservoir. Nur im Wara-Reservoir gibt es eine dünne Sandsteinschicht. Die dicke Sandsteinschicht im Khafji-Reservoir ist den sauberen Safaniya-Sänden weit unterlegen (siehe Tabelle B.5, Anhang B).

Die Geschichte der Ölproduktion und die Prognose für die Zukunft

Trotz seiner sauberen Sände war es eine ständige Herausforderung für Aramco, das komplexe Safaniya-Reservoir und seine Produktionscharakteristik zutreffend einzuschätzen. Jahrelang kam es zu Wasserzuflüssen. Freies Gas tritt nicht aus, da das Öl im Reservoir untersättigt ist. Der natürliche Wasserzufluss aus den Wasia-Sänden, der die Produktion in Safaniya und Khafji stützt, war stark genug, um den Förderdruck hoch zu halten.

Da Safaniya ein Offshore-Ölfeld ist, findet die Produktion auf einer Reihe von Förderplattformen statt, von denen einige nur einen, andere bis zu acht

Schächte enthalten. Die meisten Schächte befinden sich im obersten Bereich des Vorkommens. Daher war es schwierig, die künftige Produktion in Gebieten zu prognostizieren, die weit von den existierenden Schächten entfernt liegen.

Einem 1988 erschienenen SPE-Report zufolge wurde in Safaniya bis in die späten 1980er-Jahre fast wasserfreies Öl gefördert. In diesem Report heißt es: „Bis vor kurzem waren Produktionsprobleme wie der Wasseranteil, Sandförderung, Mangel an Druck usw. kaum ein Thema."

Ab 1988 wurde Safaniya in Fachstudien als ein allmählich alterndes Vorkommen beschrieben. Seither haben sich die Ingenieure ständig bemüht, die Sandmengen in Safaniyas Öl unter Kontrolle zu halten. Filterung durch Kies wurde zur beliebtesten Kontrollmethode. Sie ist zwar kostspielig, aber bei weitem billiger als die Schließung der Schächte. (Diese Probleme sind für Ölvorkommen dieses Typs nicht ungewöhnlich. Sandanteile waren für die Ölbranche schon immer ein Problem, wenn Öl aus Sandsteinformationen gewonnen wurde. Der Sandanteil steigt, wenn der Druck nachlässt.)

Ein 1999 erschienenes SPE-Papier präsentierte die Ergebnisse der ersten vollständigen 3-D-Modellstudie Safaniyas. Ziel war die genauere Prognose der Performance im gesamten Reservoir, der Leistung einzelner Förderanlagen in Bezug auf Wasserzufluss, Ausmaß und Geschwindigkeit des Vordringens von Wasser und der Effizienz der Wasserströme beim Spülen des Öls zu den Förderanlagen.

Das Modell untersuchte auch die Frage, warum ein großer Teil des Öls nicht erreicht werden konnte. Das Papier beschäftigte sich zudem mit Timing und Anzahl zusätzlicher Schächte, die man brauchen würde, wenn das Feld erschöpft wäre, und bezeichnete diejenigen Abschnitte, wo der Wechsel von Freiflussschächten zu künstlichen Pumptechniken erforderlich war. Das bedeutet nicht, dass die Ölförderung in Safaniya enden wird, aber es zeigt, dass die Förderkosten schrittweise ansteigen werden.

Ein 2001 erschienenes SPE Papier zeigte die künftigen Produktionsprobleme in Safaniya noch detaillierter auf. Die Zuflussrate von 350 Quellen wurde über acht Monate untersucht. Die Produktionsmengen dieser Anlagen reichten von 1.300 bis 12.000 Barrel pro Tag, die Wasseranteile von 0 bis 50 Prozent. Das Verhältnis von Gas und Öl reichte von 150 bis 300 Kubikfuß pro Barrel.

Die Beobachtung der Ölquellen

Diese großen Produktivitätsunterschiede zeigten die Notwendigkeit auf, die Schächte sorgfältig zu beobachten und zu testen. Für solche Tests braucht man allerdings Schiffe mit Spezialausrüstung.

Ende der 1990er-Jahre waren die meisten dieser Schiffe fast unbrauchbar und benötigten intensive Wartung. Zudem liegen viele Offshore-Plattformen Safaniyas in Regionen, die für diese alten Schiffe generell nicht zugänglich sind, und daher konnte man die betreffenden Schächte nicht testen.

2001 waren die Tests der Schächte noch dringlicher geworden. Man musste überprüfen, in welchen Tiefen alle drei Bestandteile der Fördermenge – Öl, Wasser und Gas – produziert wurden. In den meisten Gebieten gab es inzwischen sehr hohe Wasseranteile, auch die Gasanteile wuchsen. Immer öfter kam es zu Produktionsfluktuationen. Da es auf vielen Plattformen in Safaniya keine Elektrizität gibt, brauchte man Solarenergieanlagen, um die 30 Watt zu produzieren, die für diese Tests erforderlich waren.

Jüngste Tests haben auch gezeigt, dass immer mehr radioaktive Bestandteile gefördert werden – ein zusätzliches Problem für ein Ölfeld, das früher zu den besten der Welt gehörte und wohl das beste Offshore-Ölfeld ist, das je entdeckt wurde.

Der gegenwärtige Status dieses gealterten Ölfelds

Wie Abqaiq ist auch das zweite saudische „Königinnen"-Ölfeld inzwischen sehr alt. Die Sandprobleme werden nicht verschwinden, sondern schlimmer werden. Safaniya war einmal ein großartiges Ölfeld. Der einzige Nachteil war die Schwere des dortigen Öls. Heute ist das Problem schweres, *altes* Rohöl.

Laut Aramco und dem saudischen Ölministerium gibt es in Safaniya noch immer eine ungenutzte Produktionskapazität von ein bis 1,5 Millionen Barrel pro Tag. Da Safaniya nie mehr als knapp über 1,5 Millionen Barrel geliefert hat, und da dies schon 25 Jahre her ist, erscheint es recht unwahrscheinlich, dass man über längere Zeit wieder einen so hohen Output erzielen kann.

Wenn der Hinweis auf die überschüssigen Kapazitäten überhaupt plausibel ist, dann nur deshalb, weil die meisten Raffinerien das schwere Öl aus Safaniya nicht verarbeiten können, was die Nachfrage auf etwa 600.000 Barrel am Tag beschränkt. Wahrscheinlicher ist, dass die ungenutzten Kapazitäten in der Größenordnung von 500.000 Barrel pro Tag liegen. Wie die genaue Zahl auch aussehen mag: Dieses alte Arbeitspferd hält *die gesamte ungenutzte Förderkapazität von nennenswerter Größe* auf der ganzen Welt.

Berri: Der „Wasserprinz"

Berri (siehe Abbildung 8.4) wurde 1964 entdeckt. Es liegt in den Zonen Arab A, B und C. Leider waren diese Vorkommen nie produktiv. Die bedeutenden Vorkommen, die den gesamten kommerziellen Output in Berri hervorgebracht haben, liegen unter dem Meeresboden: Hanifa, Hadriya und Fadhili. Sie alle wurden 1967 entdeckt.

Berri war einer der letzten großen Ölfunde in Saudi-Arabien. Die Offiziellen von Aramco schätzten die dortigen Gesamtreserven 1978 auf 8,3 Milliarden Barrel.

Ein SPE-Papier von 1991 stellte fest, dass dies die höchste Schätzung geblieben war. Im Nordteil war die Ölsäule weit besser definiert als im Süden, wo sie immer dünner wurde. Anfangs lag der Förderdruck in der Hanifa-Formation bei 3.980 Pounds pro Quadratzoll (psi), das Doppelte des Niveaus, auf dem mit dem Ausströmen von Gas zu rechnen war.

Abbildung 8.4: Das Berri-Ölfeld
Quelle: Gulf Publishing/World Oil

Wasser wird eingepumpt, um einen Produktionsrückgang zu verhindern

Kurz nach Aufnahme der Produktion ging der ursprünglich hohe Förderdruck rapide zurück und sank von fast 4000 psi (1970) auf 2600 psi (1973). Bei einem so schnellen Druckabfall würde schon nach zwei Jahren Gas ausströmen. Um dies zu verhindern, begann man 1975 damit, seitlich Wasser einzupumpen.

Dies ermöglichte eine signifikante Steigerung der Produktion:

- Ehe man mit dem Einpumpen begann, produzierte Berri 1971 155.000 und 1972 300.000 Barrel am Tag.

- Danach stieg die Produktion bis auf 800.000 Barrel im Jahr 1976.

1977, weniger als zwei Jahre nach Beginn des Pumpprogramms, kam es zu Wassereinbrüchen in der ersten Reihe der produzierenden Schächte. Man sperrte sie ab und förderte in geringeren Tiefen. Ein gewisser Wasseranteil war akzeptabel, seit man eine Anlage zur Trennung von Öl, Gas und Wasser installiert hatte. Danach verharrte der Wasseranteil für eine gewisse Zeit bei etwa 20 Prozent.

Die allgemein zugänglichen Produktionsdaten in Berris Geschichte enthalten die folgenden Zahlen:

- 1976 erreichte die Förderung mit 800.000 Barrel pro Tag ihren Höhepunkt und sank danach rapide ab.

- 1981, als die saudische Produktion ihren Höhepunkt erreichte, war die Förderung in Berri schon um 30 Prozent gesunken.

- 1990 waren schon 25 Prozent der Schächte wegen zu hoher Wasseranteile stillgelegt worden.

Geologische Analyse der Berri-Reservoirs

Die Aufrechterhaltung der Förderung in Berri war eine so große Herausforderung, dass Aramco 1988 Mobils Explorations- und Ölserviceteam engagierte, um eine vollständige geologische und ingenieurstechnische Analyse der Reservoirs von Hanifa und Hadriya zu erstellen. Die Ergebnisse dieses Projekts wurden Anfang April 1993 auf der SPE-Konferenz in Bahrain vorgestellt.

Die Geologen von Mobil, die eng mit ihren Kollegen von Aramco kooperierten, entwickelten die erste detaillierte geologische Beschreibung der Sedimente und Gesteine in den Berri-Reservoirs. (Damals war Berri schon seit fast zwei Jahrzehnten in Produktion und litt unter massiven Wasserproblemen.) Ein detailliertes 3-D-Modell der wichtigsten Felsformationen, der Porosität, der Durchlässigkeit und der Wassersättigung wurde erstellt. Anfang 1991 begann sich das erste nachprüfbar korrekte Reservoirmodell für Berri zu entwickeln.

Dieses Projekt war auch das erste wirklich detaillierte 3-D-Modell eines saudischen Ölfelds, bei dem man „sequenzielle Stratigafie" angewendet hatte, um die Geometrie des Reservoirs zu definieren.

Wasserprobleme

Das Projekt profitierte von intensivem Teamwork und der Zusammenarbeit zwischen Experten für die Geologie von Ölfeldern, Ingenieuren und Fachleuten für Simulation. Das führte zu zahlreichen Änderungen der traditionellen Methode, die Aramco zur Modellbildung von Öllagerstätten angewendet hatte. Die neue Methode wurde oft als frustrierend bezeichnet, brachte aber – hoffentlich – exaktere Produktionsprognosen hervor. Die Prozesse zur modellhaften Nachbildung der aktuellen und künftigen Wassersättigung und der vertikalen Durchlässigkeit in Berri waren extrem kompliziert.

In den frühen 1990er-Jahren waren hohe Wasseranteile in Berri zu einem äußerst ernsthaften Problem geworden, und man spekulierte darüber, welcher Anteil des vorhandenen Öls letztlich gefördert werden könnte. Eine 1991 veröffentlichte Studie stellte fest, dass Berri schon 1,7 Milliarden Barrel Öl geliefert hatte, diese Menge aber weniger als 20 Prozent des vorhandenen Öls entsprach. Die steigenden Wasserzuflüsse machten es jedoch nötig, die wahrscheinlichen Gesamtfördermengen zu berechnen. Das geschah dann auch.

Eingehende Studien in Berri deckten auf, dass es dort „Mikroporosität" gibt, die man heute für den Hauptgrund der vielen Zonen mit geringer Durchlässigkeit und hoher Porosität hält, die die Performance des Reservoirs strikt verschlechtern. Die Effektivität des Einpumpens von Wasser zur Aufrechterhaltung konstanten Förderdrucks und zur effizienten Ausbeutung allen wirtschaftlich förderbaren Öls hängt von drei wichtigen Faktoren ab:

1. Mikroskopische Effizienz: Wie einfach kann das Öl aus den Gesteinsporen entfernt werden?

2. Flutungseffizienz: Welcher Anteil des Öls im Reservoir kann mit dem eingepumpten Wasser in Kontakt kommen?

3. Vertikale Flutungseffizienz: Das Ausmaß der Gleichmäßigkeit vertikaler Zuführung von Wasser.

Die Grenzen der künftigen Ölförderung

Ende der 1990er-Jahre wiesen Reservoir-Analysen auf dem neuesten Stand der Technik darauf hin, dass die höchstmögliche Fördermenge in Berri nicht durch die Technologie begrenzt war, sondern durch drei Faktoren: mikroskopische Effizienz (geschätzt auf 60 Prozent), Flutungseffizienz (70 Prozent) und vertikale Flutungseffizienz (50 Prozent).

Wenn man diese drei Faktoren miteinander multipliziert, erhält man denjenigen Anteil des vorhandenen Öls, der theoretisch förderbar ist. Im Fall von Berri errechnet sich ein Anteil von 21 Prozent (0,6 x 0,7 x 0,5) als Limit. Den Autoren der betreffenden Studie erschien die Ansicht sehr unwahrscheinlich, man könne mit moderner Technologie 50, 60 oder gar 70 Prozent des Öls fördern, das in Berri oder ähnlichen Feldern vorhanden ist.

Ein 1997 erschienenes SPE-Papier bezeichnete Berri als „gealtertes Ölvorkommen", das seit mehr als zwei Jahrzehnten in Produktion war. Dieser Studie zufolge hatte Berri keine ursprüngliche Gasschicht und würde auch keine entwickeln, bis die Alterungsphase erreicht sei. Das Öl würde durch seitliches Einpumpen von Wasser zu den Förderanlagen gespült, und es gebe keinen direkten Zusammenhang zwischen Porosität und Durchlässigkeit.

Infolge dieser Probleme und Komplexitäten wurde Berri zu dem Gebiet, in dem erstmals in Saudi Arabien horizontale und multilaterale Schächte erprobt wurden. Berri war das Labor, in dem erforscht wurde welche dieser Kombinationen moderner Ölfördertechnologien das Leben dieses sterbenden gigantischen Ölfelds und anderer großer Felder in Saudi Arabien verlängern könnte.

Horizontale Schächte: Wann sind sie sinnvoll?

2001 beschränkten sich die weiteren Entwicklungsmöglichkeiten in Berri auf Gebiete, wo das Öl noch nicht zu den Förderanlagen gespült worden war, und auf Öltaschen in trockenen Gebieten von geringerer Gesteinsqualität. Der Wasserzufluss in Berris sehr komplexes Hadriya-Reservoir hat dazu geführt, dass große Ölmengen nun von Wasser überlagert sind. Experten nehmen an, dass im Zentrum und im unteren Teil Hadriyas noch große Mengen Öl vorhanden sind. Aber selbst mit modernen Fördertechniken ist es teuer, dieses Öl zu gewinnen, und die Förderraten erreichen selten die Höhe der alten Schächte. Aramco hatte stets angenommen, das Fadhili-Reservoir, das unter den Felsen von Hadriya liegt, sei nicht wirtschaftlich ausbeutbar. Aber im Jahr 2000 begannen die Techniker von Aramco zu erforschen, ob es nicht doch wirtschaftlich sein könnte, dieses Reservoir von minderer Qualität anzubohren und auszubeuten, da die produktiveren Gebiete in Berri allmählich auszutrocknen begannen.

Horizontale Schächte ermöglichen noch immer eine effiziente Produktion aus Berris dünner werdenden Ölsäulen. Diese Schächte werden vorangetrieben, bis sie knapp unterhalb von deren höchstem Punkt auf die Ölsäule treffen. Dann werden die Schächte um 90 Grad in die Horizontale gedreht und fast 500 Meter in die Ölschicht ausgedehnt. So liegt der Anzapfpunkt unterhalb der Öl/Wasser-Kontaktschicht und unterhalb der Gasschicht. Ein solcher Schacht kann für eine Weile eine bescheidene Menge wasserfreien Öls produzieren, ehe das Vordringen von Wasser oder Gas die Förderraten zu senken beginnt.

Ein dramatischer Produktionsrückgang

Abgesehen von diesen technologisch fortgeschrittenen Fördersystemen hat Berri seine beste Zeit deutlich hinter sich. Es ist nur noch ein Schatten des großen Ölproduzenten, der es früher einmal war. Die Tagesproduktion lag 1994 bei 300.000 Barrel, ein Rückgang von 62 Prozent gemessen vom Spitzenwert (800.000 Barrel), den es zwei Jahrzehnte zuvor erreicht hatte.

> Berri hat seine beste Zeit deutlich hinter sich. Es ist nur noch ein Schatten des großen Ölproduzenten, der es früher einmal war.

Wenn man mit Wassereinpumpungen keinen adäquaten Förderdruck mehr aufrechterhalten kann, werden enorme Ölmengen zurückbleiben. Wenn die drei oben genannten Faktoren korrekt berechnet worden sind, werden nur 21 Prozent des vorhandenen Öls gefördert, und 79 Prozent werden übrig bleiben. Ein Teil davon kann natürlich noch gewonnen werden, aber die Fördermengen wären niemals besonders hoch. Und wenn die Anlagen mehr Wasser als Öl fördern, müsste die Zahl der Förderschächte exponentiell steigen. Ab einem bestimmten Punkt werden tertiäre Fördertechniken wie die Einführung von Kohlendioxid erforderlich. Aber dann müsste man erst einmal ein reiches Vorkommen dieses Gases finden.

Ökonomische Herausforderungen

Das Produktionsteam in Berri ist heute mit einem weiteren Problem konfrontiert. Es konkurriert um einen Anteil an Aramcos magerem Investitionsbudget mit anderen Ölfeldern, die weit niedrigere Förderkosten aufweisen. Obwohl es in Berri noch immer große Mengen Öl gibt, bleibt die Frage offen, ob dieses Öl jemals wirtschaftlich gefördert werden kann. Dieses Rätsel wird auch auf den anderen großen saudischen Ölfeldern bald zum Thema werden.

Die jüngste Produktionsstrategie in Berri bezieht sich darauf, den Ölfluss in jedem Schacht mit einem Wasseranteil von mehr als zehn Prozent zu reduzieren, um größere Probleme mit dem Wasserzufluss so weit wie möglich hinauszuzögern. Die Aramco-Manager planen zudem, alle Schächte zu schließen, die weniger als 250 Barrel Öl pro Tag liefern. Vor zehn oder 20 Jahren wäre es einer Lästerung gleichgekommen, eine saudische Ölquelle zu erwähnen, die weniger als 250 Barrel am Tag hervorbringt. Die Worte „saudische Ölquelle" und „250 Barrel pro Tag" waren damals völlig unvereinbar.

2002 schien Berris Zukunft klar. Die ruhmreichen Tage waren vorbei. Ein 2001 erschienenes SPE-Papier beschrieb die Zukunft in klaren Worten: „Entwicklungsmöglichkeiten gibt es hauptsächlich noch in bisher nicht erreichten Gebieten oder in Regionen von minderwertiger Gesteinsqualität." Die Studie ließ keinen Zweifel daran, dass die Aramco-Techniker nun alle ihnen zur Verfügung stehende Computerkapazität darauf verwenden sollten, ein zuverlässiges Modell zu schaffen. Die Studie endet mit einer philosophischen Frage: „War die Komplexität des Modells wirklich die Mühe wert? Hätte ein einfacheres Modell dieselben Ergebnisse erbracht?" Und dann beantwortet die Studie diese Fragen, indem festgestellt wird, dass das komplexe Modell Gebiete entdeckt und umschrieben hat, wo es bislang ungefördertes Öl gibt. Nun soll dieses Öl durch neue Bohrungen gefördert werden Wenn das funktioniert, war der zusätzliche Aufwand die Mühe wert. Es gibt aber auch die andere Seite der Medaille: Ohne diesen zusätzlichen Aufwand gäbe es in Berri keine neuen Produktionsanlagen.

Einigen optimistischen Berichten zufolge könnte es noch weitere Entwicklungsoptionen geben, die es Berri ermöglichen, für viele Jahre in Produktion zu bleiben. In einer perfekten Welt könnte die Förderquote des in Berri vorhandenen Öls auf 24 oder 25 Prozent steigen. Aber nach 30 Jahren, in denen man zusätzliches Wasser eingepumpt hat, scheint diese Wahrscheinlichkeit gering.

Von Zeit zu Zeit gibt es Gerüchte, Berri werde über kurz oder lang vom Öl- zum Gasproduzenten werden, ähnlich wie es im riesigen Brent-Feld in der Nordsee der Fall war. Die Geschichte des Berri-Ölfelds ist vor allem deshalb von Bedeutung, weil es das letzte der großen saudischen Ölfelder war, das in den 1960er-Jahren die Produktion aufnahm. Die Qualität des dort geförderten Öls war spektakulär. Es war das einzige große Ölfeld in der Ostprovinz, das riesige Mengen fossiler Brennstoffe aus einem anderen Gebiet lieferte als aus der berühmten Arab-D-Zone. Das Altern Berris zeigt auf, dass die ganze saudische Ölindustrie vor der Abenddämmerung steht.

Kapitel 9

Das Beste vom Rest
Die Ölfelder mit geringerer Produktion

Das halbe Jahrhundert der wundersamen Ölproduktion in Saudi-Arabien beruhte auf Ghawar, dem größten Ölfeld, das die Welt je gesehen hat, mit starker Unterstützung durch die drei anderen Super-Giganten-Felder Safaniya, Abqaiq und Berri. 1979, als sich die saudische Ölföderung ihrem Allzeithoch näherte, entfielen auf diese vier Felder 8,5 Millionen von 9,8 Millionen Barrel pro Tag nachhaltiger Spitzenproduktion. Safaniya, Abqaiq und Berri haben ihren Produktionshöhepunkt längst überschritten und stehen womöglich vor steil abfallenden Fördermengen. Man könnte sie durch aggressive Bohr- und Simulationsstrategien für eine gewisse Zeit stärken, aber das wäre wie die Überholung eines 30 Jahre alten Buick. Das Auto wird eine Zeit lang besser laufen, aber die Höchstgeschwindigkeit wird nicht mehr bei 95, sondern bei 60 Meilen liegen, und jeder harte Beschleunigungsvorgang wird später seinen Tribut fordern. Nur in Ghawar ist unklar, ob die Produktion ihren Höhepunkt schon erreicht hat oder nicht. Wenn Ghawar aber immer noch über fünf Millionen Barrel pro Tag liefern kann, dann legt die gesamte technische Literatur über dieses Feld nahe, dass eine solch hohe Fördermenge nicht lange aufrechterhalten werden könnte und der künftigen Produktivität schaden würde.

Doch was ist mit den anderen Feldern, die die Produktion der Super-Giganten jahrelang ergänzt haben? Können sie einen Produktionsrückgang der vier großen Felder kompensieren? Die Antwort lautet wohl: nein, aber mit gewissen Einschränkungen. Das vor kürzerer Zeit entwickelte Shaybah-Feld hat vielleicht Steigerungspotenzial, aber es hat schon gezeigt, dass es an Abqaiq oder Berri nicht herankommt. Ansonsten stehen keine neuen Funde vor der Entwicklung.

Stattdessen investiert Saudi Aramco sein Kapital, um etliche Felder wiederzubeleben, wo die Produktion entweder markant gesunken ist oder die längere Zeit stillgelegt waren – wegen schlechter Reservoirqualität, ungenügender Performance oder beidem. Die angestrebten Produktionsmengen dieser Felder sind beeindruckend und liegen weit über den Mengen, die früher dort gefördert wurden. Man wird sehen, ob man diese Hand voll Schweineohren in Seidentäschchen verwandeln kann. Die Produktion in der Vergangenheit ist nicht sehr ermutigend für die Zukunft, wie wir in diesem Kapitel sehen werden.

Bislang war Saudi Aramco ungewöhnlich erfolgreich dabei, modernste Technologie einzusetzen, um Probleme auf seinen Ölfeldern zu lösen, und scheinbar setzt man auf diese Technologie, die neue Wunder bewirken soll. Die neuen Technologien und Förderpraktiken sind jedoch teuer. Die Barrels, die Saudi Aramco mit multilateralen Horizontalschächten und Simulationstechniken gewinnen kann, werden mehr kosten als früher, als das Öl in den Vertikalschächten noch frei floss. Zudem präsentieren sich die nun zu entwickelnden Felder und die verbliebenen Öltaschen in den alten Feldern weit komplexer als alles, womit es Saudi Aramco vor den 1990er-Jahren zu tun hatte.

Die Ölproduktion Saudi-Arabiens ist an einem prekären Wendepunkt angekommen. Aramcos aktuelle Programme und Initiativen können einen Rückgang kurzfristig hinauszögern. Um mehr zu erreichen, muss das Unternehmen entweder sehr gut sein oder sehr viel Glück haben. Eigentlich ist sogar beides erforderlich.

Die kleineren Offshore-Felder

Saudi-Arabien besitzt 13 Offshore-Felder im Persischen Golf. Sie alle liegen in seichtem Wasser vor der Nordküste der Ostprovinz, zwischen dem Westufer des Golfs und der Grenze zwischen Kuwait, Saudi-Arabien und Iran. Das Safaniya-Feld ist klar das größte. Zwei andere haben Giganten-Status erreicht: Zuluf und Marjan (siehe Abbildung 9.1). Die kleineren Felder wie Manifa, Ribyan, Hamur, Maharah und so weiter waren entweder nie oder nur sporadisch in Produktion.

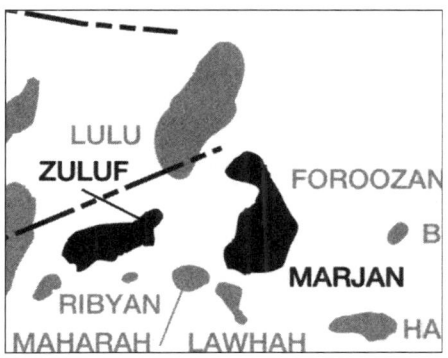

Abbildung 9.1: Die Offshore-Felder Zuluf und Marjan
Quelle: Gulf Publishing/World Oil

Ein kürzlich erschienenes SPE-Papier berichtete, dass in dieser ganzen nördlichen Offshore-Region insgesamt 1.045 produzierende Schächte existieren. Dem Bericht zufolge haben 52 Prozent von ihnen Wasserprobleme. Wenn diese Anzahl steigt, wird die Förderung dort noch komplizierter.

Der fünfte Super-Gigant: das Zuluf-Ölfeld

Zuluf ist das am weitesten nördlich gelegene Offshore-Feld Saudi-Arabiens und sein fünfter Super-Gigant. Die durchschnittliche Wassertiefe beträgt dort knapp 40 Meter. Das Feld wurde 1965 entdeckt und begann 1973 mit der Produktion. 30 Jahre später kommt der Hauptteil der Produktion immer noch aus dem Khafji-Reservoir, einer Sandsteinformation, die aus zwei Produktionszonen besteht. Gelegentliche Berichte weisen darauf hin, dass Zuluf etwa 400.000 bis 500.000 Barrel pro Tag produziert.

Zuluf war das letzte in Produktion genommene Ölfeld Saudi-Arabiens mit einer Fördermenge von etwa einer halben Million Barrel pro Tag. 2004 war das Feld ganz offensichtlich sehr gealtert und zeigte eine ganze Reihe der damit verbundenen Probleme, die sich im Lauf der Zeit wohl noch verschlimmern werden.

> Zuluf war das letzte in Produktion genommene Ölfeld Saudi-Arabiens mit einer Fördermenge von etwa einer halben Million Barrel pro Tag. 2004 war das Feld ganz offensichtlich sehr gealtert und zeigte eine ganze Reihe der damit verbundenen Probleme.

Zulufs Probleme. Die Qualität und Nachhaltigkeit Zulufs wurde am besten in einem 2001 erschienenen SPE-Papier beschrieben. Es listete eine ganze

Litanei operationaler Probleme und Komplexitäten in Zuluf auf, die alle die Genauigkeit der Flussmengenmessung beeinträchtigen. Die daraus resultierende Ungenauigkeit und Unsicherheit erschwert die Messung, wie das Reservoir auf die Maßnahmen reagiert, die zur Lösung der Förderprobleme eingeleitet wurden. Das Papier beschrieb Zuluf als anfällig für plötzliche, mit der Produktion zusammenhängende Druckverluste, auch wenn die Schächte relativ wenig Wasser führten.

Andere in der Studie genannte Probleme in Zuluf waren:

■ Die Porositätswerte variieren stark, weil es verschiedene Mineralien gibt, die die Dichte oft signifikant verändern.

■ Einige Perforationen wurden vorgenommen, um Ansammlungen von Wasser und Gas zu verhindern. Aber das führte zu weiteren Problemen bei der Bestimmung der tatsächlichen Dicke des Reservoirs.

■ Zahlreiche Schieferschichten wirken als vertikale Barrieren.

Die hohe Durchlässigkeit des Khafji-Reservoirs erlaubte früher hohe Fördermengen, wobei es nur geringe Druckverluste gab (siehe Tabelle B.5, Anhang B). Aber es wurde immer wichtiger, diesen Förderdruck genau messen zu können. Messungen dieses Drucks waren meist „missverständlich und schwer zu interpretieren". Zwei kürzlich durchgeführte Schachttests zeigten sehr geringen Druckverlust. Allerdings stellte sich heraus, dass nur einer dieser Schächte Öl förderte, und dies nur gelegentlich. Der andere war schon seit einer Weile „tot".

In allen Zonen des Khafji-Reservoirs haben sich Gasschichten entwickelt. In einigen Regionen ist der Druck so weit gefallen, dass keine natürliche Förderung mehr möglich ist. In manchen Schächten begrenzen Gasansammlungen den Ölfluss.

Dieser Studie zufolge kann das Gasproblem sehr effizient gelöst werden, indem man Dauer und Häufigkeit der Tests aller Schächte Zulufs erhöht, sodass das Problem erkannt wird, ehe es überhand nimmt. Dann kann es gemildert werden, indem man die Fördermengen reduziert. Zudem kann man den Schacht mit Beton versiegeln und einen tieferen Schacht anlegen, der weiter vom Gas entfernt ist. Doch ebenso wie in Safaniya führte ein Mangel an Schiffen zur Durchführung der Tests in Wirklichkeit zu einem Rückgang der Tests statt zu einem Anstieg.

Eine 2004 erschienene SPE-Studie berichtete, dass es damals 270 produzierende Schächte in diesem Feld gab. Danach sind die Sände in Khafjis Zentrum 65 bis 100 Meter dick, aber Bohrungen finden derzeit in den Außenbereichen statt. Das Gute dabei: Diese dünnen Öltaschen sind noch nie ausgebeutet worden. Ehe es die moderne Technologie gab, wäre die Förderung dort unwirtschaftlich gewesen.

Die Marjan-Ölfelder

Marjan war das letzte größere Offshore-Ölvorkommen, das in Saudi-Arabien gefunden wurde. Es ist kein einzelnes Feld, sondern ein Offshore-Komplex, der mittelschweres Rohöl aus vier verschiedenen Feldern liefert: aus dem Marjan-Hauptfeld und den benachbarten Feldern Marjan 2, 3 und 4. Alle fördern aus dem Sandsteinreservoir Khafji.

Das Hauptfeld wurde 1966 entdeckt. Ab 1974 förderte man geringe Ölmengen, die bis 1976 unter 10.000 Barrel pro Tag lagen. Bis Ende der 1970er-Jahre stieg die Produktion auf knapp über 100.000 Barrel pro Tag.

Neben Khafji gibt es in Marjan noch weitere Zonen, die eines Tages Öl liefern könnten. Bisher fand man aber nur in Khafji Gestein von hoher Durchlässigkeit, das hohe Fördermengen ermöglicht.

Das Hauptfeld lieferte zunächst am Nordende süßes und am Südende saures Rohöl. Heute liefern alle vier Felder saures Öl mit hohen Anteilen von Schwefelwasserstoff.

Hohe Mengen dieses giftigen Gases sind für die Khafji-Sände ungewöhnlich, und seine Anwesenheit führt zu großen Korrosionsproblemen in den Verarbeitungsanlagen sowie in den GOSPs, von denen nur zwei darauf eingerichtet sind, saures Rohöl zu verarbeiten. Das giftige Gas erfordert zudem den Einsatz spezieller Werkzeuge und Prozeduren, was Komplexität und Kosten der Operationen erhöht.

Vor drei Jahren führte Aramco eine umfassende Studie durch, um das Schwefelwasserstoffprofil aller vier Marjan-Felder zu ermitteln und die Quellen der zunehmenden Konzentration dieses Gases zu finden. Wahrscheinlich kommt es aus tiefer gelegenen Reservoirs, durch Kanäle, die schlecht zubetonierte Schächte erst geschaffen haben. Im Marjan-Komplex kommt es derzeit zu graduellem Druckabfall, abgesehen vom Südteil der Region.

Aramco experimentiert in den Marjan-Feldern mit multilateralen Schächten, um zu bestimmen, ob diese wesentlich teureren Schächte langfristig wirklich
wirtschaftlicher sind als einfache Horizontalschächte.

Eine Studie, die sich mit den Vorteilen dieser teureren Anlagen beschäftigte,
erwähnte, sie würden dabei helfen, Probleme wie Ansammlungen von Wasser
und Gas, Förderung von Feststoffen (also Sand) und Instabilität der Förderanlagen zu lindern. Früher hat die Anwendung multilateraler Anlagen in anderen
Feldern mit ähnlichen Problemen gezeigt, dass diese hochmodernen Schächte
die Ölflussraten erhöhen, weil sie oberhalb der Öl/Wasser-Kontaktschicht ansetz-
zen. Wenn es aber zu großen Wasserzuflüssen kommt, breiten sie sich meist über
die ganze Länge der horizontalen Anlagen aus.

Eine 2002 erschienene SPE-Studie enthielt die Resultate zweier multilateraler
Schächte, die 2002 in Marjan gebohrt worden waren. In beiden kam es zu technischen und operationalen Problemen wie schlechter Zementierung, stecken ge-
bliebenen Werkzeugen und schwierigen Bohrungen.

Die Bohrkosten pro Meter waren hoch. Verschlimmert wurde dies dadurch,
dass die Bohrziele weiter von der Bohrplattform entfernt waren als bei konventionellen Horizontalschächten. Das führte zu längeren, stärker verwinkelten Bohrungen unter erschwerten Bedingungen. Trotz dieser Probleme sahen die ersten
Ergebnisse dieser Testschächte viel versprechend aus, weil die Förderraten fast
doppelt so hoch lagen wie bei Standard-Horizontalschächten.

Das für die Schächte verantwortliche Technikteam hoffte, die neue Technik
werde die förderbaren Reserven in Marjan erhöhen. Man wird dies erst später erfahren. Allerdings verläuft die Förderung der verbleibenden, leicht zu gewinnen-
den Reserven wesentlich schneller als mit konventionellen Horizontal- oder Vertikalschächten. Ebenso wie in den beiden anderen großen Offshore-Feldern gibt
es auch in Marjan keine einfache Methode, das verbliebene Öl zu gewinnen.

Eine SPE-Studie aus dem Jahr 20044 beschrieb die neuesten Probleme in
Marjan. Asphaltine sind in der geförderten Flüssigkeit aufgetaucht, ein Nebenprodukt der schnellen Bildung von Gasschichten, weil der Förderdruck nachlässt. Leider sind Asphaltine kein Anzeichen für ein robustes Ölfeld, das noch
jahrelang große Mengen liefern wird.

Das Shaybah-Ölfeld –
der schwierige letzte Gigant

Shaybah (Abbildung 9.2), 1968 entdeckt, ist das einzige signifikante Ölvorkommen, das je in Saudi-Arabiens Rub Al-Khali gefunden wurde – was so viel bedeutet wie „Region der Leere". Die meisten Leute aus dem Westen nennen diese Region harscher Gegensätze „leeres Viertel".

Shaybah war das 28. in Saudi-Arabien gefundene Ölfeld und zudem das letzte, das mehrere Milliarden Barrel enthält und 500.000 Barrel pro Tag liefern kann. Und es ist auch das einzige, das wirklich weit entfernt vom Kernfördergebiet in der Ostprovinz liegt. Shaybah ist ein großes Karbonreservoir, enthält geschätzte 14 Milliarden Barrel extra leichtes Rohöl höchster Qualität und einige Billionen Kubikfuß ungelöstes Erdgas. Es ist gut zwölf Kilometer breit und 62 Kilometer lang.

> Obwohl es schon 1968 entdeckt, intensiv entwickelt und mit Probebohrungen überzogen wurde, begann die Ölförderung erst 1999. Shaybah ist das einzige wichtige neue Feld in Saudi-Arabien, das in den zurückliegenden drei Jahrzehnten in Produktion genommen wurde.

Obwohl es schon 1968 entdeckt, intensiv entwickelt und mit Probebohrungen überzogen wurde, begann die Ölförderung in Shaybah erst 1999. Neben dem Hawtah-Feld, das seit 1994 Öl fördert, ist Shaybah das einzige wichtige neue Feld in Saudi-Arabien, das in den zurückliegenden drei Jahrzehnten in Produktion genommen wurde. Seit Ende der 1960er-Jahre war es im ganzen Nahen Osten nur eine Hand voll neuer Felder.

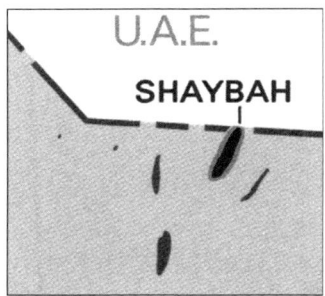

Abbildung 9.2: Das abgelegene Shaybah-Ölfeld
Quelle: Gulf Publishing/World Oil

Die Gründe für die 30-jährige Verzögerung liegen klar auf der Hand: die Lage, das Terrain, die Komplexität des Reservoirs und die Kosten. Wir dürfen zudem annehmen, dass Saudi-Arabien die Produktion Shaybahs nicht brauchte, ehe die Förderung der alternden Felder in der Ostprovinz deutlich sank und nicht durch leichter zugängliche Vorkommen zu ersetzen war. Shaybah zeigt, wie schwierig und teuer es heute ist, sogar ein Giganten-Feld in Saudi-Arabien zu entwickeln. Es liefert einen weiteren Beweis, dass die Ära des billigen, leicht zu fördernden Öls in Saudi-Arabien schon seit Jahren, vielleicht seit Jahrzehnten vorbei ist.

Jeder Entwicklungs- und Produktionsplan in Shaybah musste zahlreiche Probleme lösen. Das Feld liegt in beträchtlicher Entfernung von den anderen Ölproduktionsanlagen Saudi-Arabiens. Die Wüstenlandschaft wird dominiert von roten Sanddünen, die sich bis zu 220 Meter über die weißen Salzflächen, „sabhka" genannt, erheben. Aramco musste buchstäblich ganze Sandberge versetzen, um Platz für Bohreinrichtungen und die restliche Infrastruktur zu schaffen.

Das Reservoir selbst ist ebenfalls sehr komplex und schwierig. Bei einer Präsentation Shaybahs in Aramcos Hauptquartier in Dhahran während meines Besuchs im Februar 2003 wurde die Durchlässigkeit mit durchschnittlich 13 Millidarcies angegeben. Das ist weit niedriger als im Norden Ghawars, in Abqaiq und Berri.

Als Aramco Mitte der 1990er-Jahre ankündigte, man werde Shaybah nun endlich entwickeln, glaubten viele Beobachter, die Entscheidung oder zumindest ihr Zeitpunkt reflektiere politische Aspekte und beruhe nicht allein auf Geologie, Reserven, Produktionspotenzial und Wirtschaftlichkeit des Feldes. Man sagte, Saudi-Arabien wolle Shaybah in Produktion nehmen, solange die damaligen Herrscher in den Vereinigten Arabischen Emiraten (VAR) noch lebten. Die Nordspitze Shaybahs berührt die nicht definierte Grenze zwischen Saudi-Arabien und VAR.

Mehrere pensionierte langjährige Aramco-Manager bezweifeln dies offen. Die Verhandlungen über den Grenzverlauf wurden in aller Offenheit geführt und lösten viele Differenzen. Wahrscheinlicher ist, dass Shaybah schließlich an die Spitze der Prioritätenliste rückte – als attraktivste Investmentoption für ein Unternehmen, das die sinkende Produktion seiner alternden Hauptölfelder kompensieren musste.

Entwicklungsprobleme in Shaybah

Die abgelegene Lage und das gnadenlose Terrain machten die Entwicklung Shaybahs extrem schwierig. Eine Armada von Bulldozern arbeitete ohne Ende, um Berge riesiger Sanddünen zu entfernen. Eine Pipeline mit großem Durchmesser und einer Länge von fast 600 Kilometern musste gebaut werden, um das Rohöl aus Shaybah zu den Verarbeitungsanlagen in Abqaiq zu transportieren. Die Lage der Bohranlagen musste sorgfältig berechnet werden, um eine maximale Effizienz zu erreichen. Fast alles außer der Atemluft für die Arbeiter musste aufwändig nach Shaybah transportiert werden.

> Die abgelegene Lage und das gnadenlose Terrain machten die Entwicklung Shaybahs extrem schwierig.

Shaybahs Öl wird aus dem Shu'aiba-Reservoir gewonnen, einer Karbonformation ähnlich der in Yibal, dem einzigen Giganten-Feld Omans. Nach allen bisherigen Berichten weist das Shu'aiba-Reservoir sämtliche Komplexitäten auf, die in den Arab- D-Reservoirs der Ostprovinz identifiziert wurden. Einige weitere Herausforderungen kommen hinzu.

Das erste Problem: Oberhalb des Öl produzierenden Gesteins gibt es eine massive Gasschicht. Bei den Bohrungen muss man diese Gasschicht meiden, denn sonst würde Gas in die Schächte eindringen und das Öl ebenso wirksam verdrängen, wie es Wasserströme von unterhalb der Ölsäule täten.

Wasserprobleme

Beim zweiten Problem geht es um ein auf den ersten Blick hochtechnisches Thema. Es hat mit einer Gesteinseigenschaft zu tun, die man Durchtränkbarkeit nennt. Öl führende Gesteine sind meist entweder von Öl oder von Wasser durchtränkt:

- In von Öl durchtränkten Reservoirs sitzt das Wasser in der Mitte der Poren, das Öl haftet an den Sandkörnern, was die Ölförderung deutlich erschwert.

- In von Wasser durchtränktem Gestein sitzt das Öl im Zentrum der Poren. Es kann frei durch das Reservoir zu den Förderschächten fließen oder durch Wasserinjektionen dorthin geschwemmt werden.

Im Fall von Shaybah variiert die Durchtränkbarkeit im gesamten Reservoir, was Unsicherheit schafft. Am unteren Ende der Ölsäule ist das Gestein von

Wasser durchtränkt. Die Durchtränkung mit Öl steigt mit der Höhe der Ölsäule an und korreliert mit einem entsprechenden Nachlassen der Wassersättigung des Reservoirs.

Diese Variabilität verursacht große Probleme beim Management der Produktion und bei der Aufrechterhaltung des Förderdrucks. Detailwissen über die Durchtränkbarkeit einzelner Regionen ist für Aramcos Ingenieure und Geologen von größter Bedeutung. Wasserinjektionen in stark von Öl durchtränktem Gestein sind weit weniger effizient als in von Wasser durchtränktem Gestein. Fehlbeurteilungen können zu ernsten Förderproblemen und auch dazu führen, dass sehr viel Öl im Boden verbleibt. Die Ingenieure können diese Varianzen aufgrund von 3-D-Seismik und Computersimulationen abschätzen, aber nur Probebohrungen in bestimmten Gebieten ermöglichen die exakte Beurteilung des Gesteins.

Probleme mit der Gasschicht

Shaybahs Gasschicht führt zu einer Reihe ganz anderer Probleme. Wenn man richtig damit umgeht, können Gasvorkommen dabei helfen, einen hohen Förderdruck aufrechtzuerhalten. Aber der Zustrom von Gas in einen Schacht ist ebenso tödlich für die Produktion wie der Zustrom von Wasser. Die Produktion in einem Hochdruckreservoir ohne Gasschicht ist wesentlich einfacher. Wenn aber von Anfang an Gas vorhanden ist oder sich während der Ölförderung bildet, werden die Produktionsstrategien problematischer.

Aramcos Ingenieure wussten, dass die Komplexität des Reservoirs und die Unterschiede der Durchtränkbarkeit die Anwendung der üblichen Wassereinpumpungsprogramme sehr erschweren würden. Zudem ist die Grundwasserschicht unterhalb Shaybahs zu schwach zur effektiven Stabilisierung des Förderdrucks. Dazu weist der südliche Teil eine geringe Durchlässigkeit und keine Gesteinsbrüche auf. Die Probleme nahmen einfach kein Ende.

Als der ursprüngliche Entwicklungsplan fertig war, hielt man vertikale Schächte für ökonomisch nicht sinnvoll. Zu viele komplexe Schächte wären zu bohren, und das Risiko war zu groß, dass es zu starken Wasserzuflüssen und zur Bildung einer Gasschicht oberhalb der Ölsäule kommen würde. Bei der Planung einer effektiven Ölförderung in Shaybah gab es keine einfachen Lösungen.

Die relativ schwache Grundwasserschicht diktierte die Anwendung horizontaler Schächte, um frühe Gasbildung zu minimieren und ökonomisch sinnvolle

Fördermengen zu erreichen. Dennoch enthalten 4C Prozent der in Shaybah geförderten Flüssigkeit ein wenig Gas. Etwa 85 Prozent dieses Gases werden dann wieder der Gasschicht zugeführt, um den Druck konstant zu halten.

Die Entwicklung multilateraler Horizontalschächte

Schon früh zeigte sich, dass konventionelle Horizontalschächte mit einer Länge von etwa 1.000 Metern weder so effizient noch so produktiv waren, wie man gehofft hatte. Als Folge dieses Rückschlags entschied sich Aramco für sehr komplexe multilaterale Schächte, sodass man mehr Öl fördern konnte, bevor es zu Durchbrüchen von Gas oder Wasser kam. Neun multilaterale Anlagen wurden erstellt. Diese sind zwar teuer zu bohren und fertigzustellen, erbrachten aber Fördermengen von 12.000 Barrel pro Tag, vier bis fünf Mal mehr als ein konventioneller Horizontalschacht. Zudem verhinderten sie so lange, wie es möglich war, Durchbrüche von Wasser und Gas.

Die multilateralen Anlagen, die in Shaybah zum Standard wurden, nennt man Maximum-Reservoir-Contact- oder MRC-Schächte (siehe Abbildung 9.3).

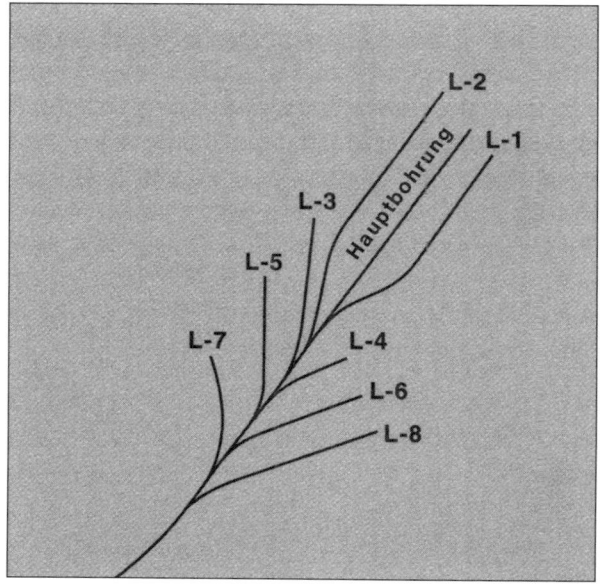

Abbildung 9.3: Modell eines Maximum-Reservoir-Contact (MRC)-Schachts
Quelle: Entnommen aus SPE # 85307

Da MRC-Schächte acht oder mehr Verzweigungen aufweisen, können sie auf einer Länge von bis zu 17 Kilometern Öl ansammeln. Weil es Unterschiede in Porosität und Durchlässigkeit im Fördergebiet eines MRC-Schachts geben kann, dringt Wasser zuweilen an manchen Stellen früher ein als an anderen. Daher gibt es in jeder Verzweigung „intelligente" Ventile, mit denen man den Zufluss drosseln oder stoppen kann, wenn der Wasseranteil ein bestimmtes Niveau übersteigt.

Ende 2002 hatte Saudi-Arabien in Shaybah bereits 60 konventionelle Horizontalschächte durch MRC-Anlagen ersetzt. Die Bohringenieure versuchen, die MRC-Schächte etwa 20 Meter oberhalb der Öl/Wasser-Kontaktschicht und 50 Meter unter der Gas/Öl-Kontaktschicht anzulegen. Die vertikale Tiefe, von der Oberfläche aus gemessen, beträgt etwa 1.600 Meter.

Alle 105 in Shaybah gebohrten Schächte sind vom horizontalen Typ. Viele der letzten 45 Schächte sind vom MRC-Typ, mit acht oder mehr Verzweigungen. Nur durch Anwendung dieser „zerstörerischen Technologie", wie es Dr. Nansen Saleri in einem 2003 erschienenen SPE-Papier ausdrückte, konnte dieses schwierige Ölfeld seine angestrebte Produktion von 500.000 Barrel pro Tag erreichen.

Prognosen über die künftige Produktion

Shaybah ist ein bemerkenswertes Beispiel dafür, wie teuer es für Saudi-Arabien ist, sein Ölwunder aufrechtzuerhalten. In Shaybah ist nichts billig oder einfach. Wegen der starken Gasschicht erscheint es wahrscheinlich, dass dieses Gas wichtiger werden dürfte als das Öl. Dieses Feld wird dann auf Gasproduktion umgestellt werden, alles bis dahin nicht geförderte Öl wird wohl im Boden verbleiben. Die Herausforderung für die Verantwortlichen liegt darin, ein Maximum an hochwertigem Öl zu fördern, ehe der Förderdruck so tief sinkt, dass keine Flüssigkeiten mehr gewonnen werden können.

Anfang Mai 2004 brachten saudische Offizielle ein Flugzeug voller Journalisten zu den Förderanlagen. Das war ein Teil einer PR-Kampagne, die der Welt versichern sollte, dass Saudi-Arabien noch für 50 Jahre oder mehr über reichliche und sichere Ölvorräte verfügen würde. Einige der Gäste schrieben später Berichte über den Besuch in Shaybah. Als die Gruppe zwischen den riesigen Sanddünen stand, sagte man den Gästen: „Sie stehen gerade auf mehr als 13 Milliarden Barrel Öl. Dieses Feld wird mindestens 30 Jahre lang 50.000 Barrel pro Tag liefern. Wenn wir die Förderung hier erhöhen wollen, geben wir einfach ein wenig Geld aus und steigern die Menge um 200.000 oder sogar 500.000 Barrel pro Tag". Zurück in London, rief mich eine Journalistin an, die dabei gewesen war, und fragte: „Woher wissen diese Leute, wie sich ein Feld 30 Jahre lang oder noch länger verhalten wird?" Meine Antwort war, dass jeder alles prognostizieren kann. Der Zuhörer muss entscheiden, ob dieser Anspruch auf Hoffnung oder auf Realität beruht. Es gibt keine Ölwissenschaft, die etwas sicher prognostizieren kann, das so weit in der Zukunft liegt, und schon gar nicht die Ölflüsse in einem so komplexen Reservoir wie Shaybah.

Schweineohren sollen zu Seidentäschchen werden: sieben Ölfelder, die früher in Produktion waren

Sieben weitere Ölfelder, die ganz in der Nähe der Hauptfelder in der Ostprovinz liegen, haben von Zeit zu Zeit bedeutende Ölmengen geliefert. Keines aber erreichte jemals die Produktivität der Königinnen und Lords, über die wir schon gesprochen haben. Einige dieser kleineren Felder haben zeitweise bemerkenswerte Produktionserfolge verzeichnet. Andere müssen einige der besten Techniker der Ölbranche zur Verzweiflung getrieben haben, weil sie keine bedeutenden Ölmengen lieferten.

Die beiden besten „zeitweiligen Produzenten" waren Khurais und Qatif. Saudi Aramco wollte Qatif vor einigen Jahren weiterentwickeln, und die Produktion wurde im August 2004 wieder aufgenommen. Auch eine erneute Produktionsaufnahme in Khurais wird immer wieder diskutiert. 2001 sollte es noch vor Qatif wieder Öl fördern. Ende 2004 sprach man von einer Produktionsaufnahme 2007 oder 2008. Da in beide Felder erheblich investiert worden ist, verdienen sie eine sorgfältige Prüfung und Einschätzung. Sie sind diejenigen Fördergebiete, für die sich das Unternehmen entschieden hat, was seine Investitionen betrifft.

Manche Beobachter sagen immer noch, der einzige Grund, warum diese Felder keine mit den größten Feldern vergleichbaren Ölmengen geliefert haben, sei strikt ökonomischer Natur: Die Giganten-Felder konnten riesige Ölmengen zu weit niedrigeren Kosten fördern. Das scheint jedoch wenig plausibel, wenn man die erratischen Fördermengen dieser kleineren Felder in den 1970er-Jahren betrachtet. Damals erwirtschaftete Saudi-Arabien enorme Einnahmen, und die Ingenieure machten sich allmählich Sorgen über wachsende Wasserprobleme in Ghawar und Abqaiq. Saudi-Arabien hatte überzeugende Gründe – die Entlastung der Super-Giganten-Felder –, um diese anderen Felder zu entwickeln, und es hatte auch die finanziellen Mittel dazu. Was es nicht hatte, waren überzeugende Hinweise, dass diese Felder der Aufgabe gewachsen waren.

Der Khurais-Ölkomplex

Der Khurais-Komplex (siehe Abbildung 9.4) besteht aus vier Feldern – Abu Jifan, Khurais, Qirdi und Mazalij – und liegt etwa 110 Kilometer westlich von Ghawar. In geografischer Hinsicht ist Khurais die zweitgrößte Ölstruktur, die auf dem saudischen Festland je gefunden wurde. Diese Größe ist jedoch keinesfalls ein Hinweis auf die vorhandenen Ölmengen oder auf die geschätzten nachgewiesenen Reserven.

Das Khurais-Feld wurde 1957 entdeckt, als man Schwerkraftmessungen an der Erdoberfläche vornahm. Die Produktion begann 1959 auf sehr niedrigem Niveau, seither hält die Primärproduktion dort an, wenn auch mit Unterbrechungen.

Es gibt vier GOSPs in Khurais und je eine in den drei kleineren Feldern. Sie sind sehr klein und bestehen nur aus einer Separationsanlage und einer Testeinrichtung. In jeder dieser Anlagen, mit Ausnahme der GOSP 4 und der GOSP

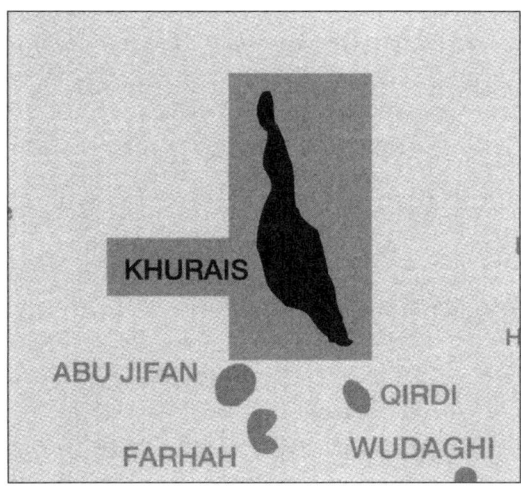

Abbildung 9.4: Das Khurais-Ölfeld
Quelle: Gulf Publishing/World Oil

in Qirdi, gibt es Einrichtungen zur Druckstabilisierung. Das geförderte Gas wird wieder ins Reservoir eingeführt, um den Druck zu stabilisieren. Das dort geförderte Öl wird zu einer Verarbeitungsanlage in der GOSP 3 transportiert und dann zur Raffinerie in Riad gebracht.

Khurais ist ein sehr gutes Beispiel für die Produktionsprobleme in diesen kleineren Feldern. Es gibt dort drei bekannte, Öl enthaltende Reservoirs: Arab D, Hanifa und Fadhili. In Letzterem hat nie eine Förderung stattgefunden. Die Qualität der beiden anderen, vor allem Arab D, lässt nach, je mehr man in die äußeren Bereiche vordringt. Die Grundwasserschicht unter dem Feld ist zu schwach für eine nachhaltige Produktion. Daher müssen sich die Verantwortlichen auf die Wiedereinpumpung des Gases verlassen, um den Druck zu stabilisieren.

In den 1970er-Jahren wurden in sämtlichen Regionen von Khurais 80 Schächte gebohrt. Sie drangen alle ins Arab-D-Reservoir vor, einige auch in das tiefer gelegene Hanifa-Reservoir. Die wichtigsten Schächte lagen im Zentrum der Khurais-Struktur, wo die Reservoirqualität am höchsten ist, und zwar im Abstand von etwa zwei Kilometern. Die restlichen Schächte wurden in Abständen von zwölf Kilometern in Gebieten nachlassender Reservoirqualität gebohrt.

Zu den wichtigsten Ereignissen in der bewegten Produktionsgeschichte in Khurais gehören folgende:

- Von 1959 bis 1961 stieg die Produktion zunächst an. Dann ließ sie nach.

- In den frühen 1970er-Jahren wurde die Produktion wiederaufgenommen. In diesem Jahrzehnt wurden zwischen 20.000 und 40.000 Barrel pro Tag gefördert. Es ist unklar, ob diese Mengen nur aus dem Khurais-Feld oder aus dem gesamten Khurais-Komplex kamen.

- 1980 förderte Khurais 68.000 Barrel pro Tag.

- 1981, als die saudische Ölproduktion ihren Höhepunkt erreichte, förderte Khurais die Rekordmenge von 144.000 Barrel pro Tag. Das war wohl die höchste erreichbare Menge.

Für Khurais' Produktionsmanager und Ingenieure muss es furchtbar frustrierend gewesen sein, dass die zweitgrößte Ölstruktur auf dem Festland Saudi-Arabiens, die nur gut 100 Kilometer westlich von Ghawar lag, keinen mit Ghawar vergleichbaren Output erreichte.

Versuche zur Produktionssteigerung. 1983 wurden einige Schächte zur
Gas-Reinjektion gebohrt, um die Produktion im Khurais-Komplex zu erhöhen
– 50 in Khurais und 22 weitere in Abu Jifa und Mizalij. Diese Schächte waren
aber alles andere als problemlos. Die Förderung und die Wartung der überdi-
mensionierten Gasdrosselungsventile waren ein ständiger Kampf. Wenn man die
Flussrate der Injektionsschächte reduzierte, fiel der Förderdruck in den benachbarten Schächten zu stark. Die Raten der „maximalen Flusseffizienz" wurden
nie vollständig „erforscht". Der Mangel an Konsistenz und Gleichförmigkeit im
Reservoirgestein minderte die Fähigkeit des Gases, das Öl zu bewegen. Die Steigerungsraten infolge der Injektionsprogramme reichten von nur einem bis zu
200 Prozent pro Schacht.

2001 begann Saudi Aramco, Ingenieure von außen zu Hilfe zu holen, um
die Rehabilitationsmöglichkeiten für Khurais und Qatif, das andere historisch
problematische Ölfeld, auszuwerten. Gleichzeitig bestätigten detaillierte Pro-
jektstudien des Khurais-Komplexes alle früher beobachteten Schwierigkeiten
und Probleme, wie das Nachlassen der Reservoirqualität in den Außenbereichen und die generell schwache Grundwasserschicht. Diese vorläufige Einschätzung legte nahe, dass ein aktives Wassereinpumpungssystem genügend Energie
liefern könnte, um große Ölmengen zu fördern. Die Risikofaktoren wurden nie
diskutiert.

Das Forschungsteam testete dann 57 Schächte in Khurais, um die Durchlässigkeit des Reservoirs in den Förderzonen zu prüfen. Weitere 29 Schächte wurden im Arab-D-Gebiet gebohrt. Alle Tests zeigten, dass das Gestein im oberen
Teil des Reservoirs besser war als im unteren.

Die Tests zeigten auch, dass es eine „Verbindung" zwischen Arab D und den
tiefer gelegenen Hanifa-Reservoirs zu geben schien. In den unteren Bereich eingepumpte Flüssigkeiten können durch natürliche Gesteinsbrüche ins Arab-D-
Reservoir eindringen, obwohl eine 100 Meter dicke Schicht aus nicht porösem
Kalkstein die beiden Formationen trennt. Neue Tests bestätigten erneut, dass die
Durchlässigkeit des Felds von Norden nach Süden nachlässt, vom Zentrum zu
den Außenbereichen hin aber konstant bleibt.

Diese neuen Daten wurden in Aramcos Powers-Modell eingegeben, wozu
3,96 Millionen Dateneingaben erforderlich waren. Dieses massive Modell zur
Abschätzung der Gesamtproduktion des Khurais-Komplexes wurde in nur 16
Stunden berechnet. Die historische Prüfung der Simulationsdaten dauerte allerdings zwei Monate.

Am schwierigsten war der Datenabgleich bei den Beobachtungsschächten, die früher Öl gefördert hatten, nun aber „tot" waren, weil sie ganz in der Nähe der Öl/Wasser-Kontaktschicht lagen. Die Aramco-Techniker scheiterten mit dem Versuch, mit historischen Produktionsdaten ein Computermodell des Drucks zu erhalten, das genau den beobachteten Daten entsprach.

Eine Prognose geringer Produktion in der Zukunft. Der Khurais-Komplex wurde auch noch 2005 als neues Entwicklungsprojekt gepriesen, das 2008 in Produktion gehen könnte. Fast beiläufig heißt es in diesen Planungen, Khurais könne jahrzehntelang 800.000 Barrel pro Tag liefern. Ungenannte Quellen sprachen zuweilen sogar von 1,2 Millionen Barrel pro Tag.

Angesichts der vielen in Khurais gebohrten Schächte und der erratischen Produktionsgeschichte in den 1970er-Jahren müssen einige Leute bei Aramco ins Grübeln gekommen sein. Zumindest bestätigte diese Information, dass der gesamte Khurais-Komplex nur oberflächlich Ähnlichkeiten mit Saudi-Arabiens gigantischen Ölfeldern aufwies.

Man kann sich schwer vorstellen, dass Saudi Aramco drei bis vier Milliarden Dollar in Khurais investiert in der Meinung, das Feld könne 800.000 Barrel pro Tag liefern. Es ist ziemlich unwahrscheinlich, dass dieses Produktionsziel erreicht werden kann. Die Tatsache, dass Aramco verkündete, dieses Projekt stehe kurz vor dem Start, nur um wenig später eine Kehrtwende zu vollziehen und das Ausmaß und die Wartung der saudischen Ölreserven in Frage zu stellen, zeigt, welch große Probleme die Expansion in Khurais aufwirft.

Die Anfang 2001 verkündeten Entwicklungspläne für Khurais wurden ohne Erklärung wieder einkassiert. Plötzlich standen Qatif und Abu Sa'fah im Vordergrund und sollten die Produktionsrückgänge der Giganten-Felder kompensieren. Dann, Ende 2004, als Analysten das Ausmaß der ungenutzten Kapazitäten Saudi-Arabiens in Frage stellten, war plötzlich wieder von Khurais als mögliches Projekt für 2008 die Rede. Anfang 2005 hieß es, Saudi-Arabien räume diesem Projekt nun eine hohe Priorität ein.

Die Ölfelder von Qatif und Abu Sa'fah

In den letzten Wochen des Jahres 2004 weihten Kronprinz Abdullah und eine große Entourage altgedienter Ölmanager das jüngste saudische Ölprojekt, Qatif, ein, von dem man hofft, es werde etwa 600.000 Barrel pro Tag liefern. Zusammen

sollen Qatif und Abu Sa'fah (siehe Abbildung 9.5) 14,5 Milliarden Barrel Öl enthalten, 8,4 Milliarden in Qatif und 6,1 Milliarden in Abu Sa'fah.

Bei der Einweihungszeremonie wurde die neue Rohölverarbeitungsanlage in
Qatif als die größte ihrer Art in der Welt beschrieben. (Wie dies damit zusam-
menpasst, dass die gigantische Anlage in Abqaiq eine Kapazität von sechs Millionen Barrel pro Tag hat, ist ein weiteres saudisches Öl-Rätsel.) Allerdings war
das Projekt tatsächlich riesig: Allein die Planung erforderte über drei Millionen
Arbeitsstunden, der Bau über 20 Millionen.

Hintergrundinformationen über Qatif. Neben Khurais ist Qatif, das an der
Westküste des Persischen Golfs liegt, das zweite große, aber problematische Feld,
das früher recht große Mengen Öl geliefert hat. Bei der Entdeckung 1945 muss
seine Nähe zu Abqaiq zu größten Erwartungen geführt haben. Qatif hat sieben
Öl enthaltende Reservoirs und eines, das Gas enthält. Nur drei dieser Reservoirs
haben je nennenswerte Ölmengen geliefert. Ein kurzer Blick auf die Produktionsgeschichte lässt bezweifeln, dass Qatif das Potenzial zu einem Giganten-Feld
hat:

■ Von 1951, kurz nach Produktionsbeginn, bis 1966 schwankte die Ölförderung zwischen 15.000 und 40.000 Barrel pro Tag.

Abbildung 9.5: Die Felder von Qatif und Abu Sa'fah
Quelle: Gulf Publishing/World Oil

■ 1979 erreichte das Feld seinen höchsten Output von 150.000 Barrel pro Tag.

■ 1982, als letztmals Daten veröffentlicht wurden, war die Produktion auf
40.000 Barrel pro Tag gefallen, obwohl sich Saudi-Arabien bemühte, seine
Gesamtproduktion auf dem höchsten Stand aller Zeiten zu halten.

Es scheint unwahrscheinlich, dass Saudi Aramco 1982 lieber zusätzliche
100.000 Barrel pro Tag aus den überstrapazierten Giganten-Feldern gefördert
hat, wenn man das auch in Qatif hätte tun können.

In den gesamten 1970er-Jahren hatte Aramco keinen ökonomischen Grund,
die Produktion in einem seiner Ölfelder zu stoppen. Im Gegenteil: Felder wie
Ghawar wurden fast über die Grenze der Vernunft hinaus strapaziert, um die
ständig steigende Nachfrage zu decken. Produktionsrückgänge in einzelnen Feldern wurden damals durch operationale Probleme verursacht, durch mangelnde
Qualität des Rohöls oder wegen der Erschöpfung eines Vorkommens.

Die Verwendung Qatifs zur Lagerung von Naphta. Als Aramco in den frühen 1980er-Jahren in Reaktion auf sinkende Nachfrage mit der Stilllegung einzelner Felder begann, gehörte Qatif zu den ersten Kandidaten. Schon 1976, als
Aramco seine Felder strapazierte, um die steigende Nachfrage zu decken, hatte
Aramco Teile des Qatif-Felds zur Lagerung von Naphta verwendet einem Zwi-
schenprodukt des Raffinierungsprozesses, aus dem man andere Treibstoffe her-
stellt und das in der nahe gelegenen Ras Tanura-Raffinerie produziert wurde.
Zwischen 1976 und 1983 wurden fast 30 Millionen Barrel überschüssiges Naphta
in zwei hochporöse Karbonreservoirs in Qatif injiziert.

1983 berichtete eine SPE-Studie, dass man inzwischen 50 Prozent des zwi-
schengelagerten Naphta wieder gefördert hatte. Ein Teil davon war im geförderten Rohöl gelöst, wobei die Menge zwischen zehn und 40 Prozent lag. Das Naph-
ta-Injektionsprogramm half auch dabei, einen zuvor registrierten Druckverlust
wieder auszugleichen, der sich im Zentrum eines der beiden Qatif-Reservoirs
gezeigt hatte.

Hätte Qatif eine Weltklasse-Performance oder signifikantes Steigerungspotenzial gezeigt, dann hätte Aramco dieses Feld wohl kaum für das Experiment
mit der Naphta-Lagerung ausgewählt. Vor allem weil das Management wusste,
dass das Naphta einen Teil des förderbaren Rohöls kontaminieren würde.

Qatifs Auferstehung. Als man die Pläne von 2001 und 2002 zur Rehabilitation von Khurais wieder in der Schublade verschwinden ließ, sprang Qatif an die Spitze von Aramcos Projektentwicklungsliste. Bald gab es Pläne, die neuesten technischen Hilfsmittel wie horizontale und multilaterale Schächte einzusetzen, um aus Qatif ein produzierendes Feld vom Kaliber Abqaiqs oder Berris zu machen.

Am 9. August 2004, nachdem Aramco einige Milliarden Dollar dort investiert hatte, begann die neue Produktion in Qatif. Die Unternehmensführung hatte der Öl verbrauchenden Welt versichert, dieses Feld könne nun „mindestens 30 Jahre lang" 500.000 Barrel pro Tag liefern.

Der Versuch, aus Qatif ein Giganten-Feld der nächsten Generation zu machen, ist gewagt und komplex. Vielleicht wird Aramco seine Ziele bequem und fristgerecht erreichen. Aber die veröffentlichten Fakten über dieses große Expansionsprogramm legen nahe, dass das Projekt mit bedeutenden Problemen und Risiken verbunden ist. Allein die Tatsache, dass Saudi Aramco Qatif als nächstes Investitionsprojekt ausgesucht hat, nach der komplizierten und teuren Entwicklung Shaybahs, ist ein weiterer Hinweis auf das begrenzte Potenzial der fast 90 Öl- und Gasfelder, die in Saudi-Arabien gefunden wurden, „aber nie in Produktion waren".

Die Probleme Saudi Aramcos mit dem Qatif-Projekt kann man einem 2003 erschienenen SPE-Papier entnehmen. Es beschäftigte sich mit den technischen Problemen und dem Thema Sicherheit bei der Ausbeutung eines sauren Ölfelds in einem bewohnten Gebiet. Die Studie besagt, die Oberfläche des Felds umfasse eine dicht bevölkerte landwirtschaftliche Region. Nur 15 Prozent des Feldes erstrecken sich in seichtes Wasser vor der Küste.

Die drei produktiven, Öl führenden Reservoirs haben früher geringe Mengen produziert, weil die Unterstützung durch das Grundwasser durch ausgedehnte Teervorkommen unterhalb der Ölschicht begrenzt ist. Periphere Wassereinpumpungen sollen die schwache Wasserschicht verstärken und den Druck in diesen Reservoirs erhöhen.

Zur Verbesserung der Förderquoten und zur Reduzierung der Anzahl der benötigten Schächte werden alle neuen Schächte in Qatif vom multilateralen Typ sein. Zur Erhöhung der Sicherheit werden in den bewohnten Gebieten keine Schächte gebohrt, sondern nur vor der Küste. Einer 2004 erschienenen SPE-Studie zufolge plant Aramco die Förderung von 500.000 Barrel pro Tag aus nur acht Produktionsanlagen. Das bedeutet, dass jeder Schachtkomplex über 60.000 Barrel pro Tag liefern wird.

Sicherheitsprobleme in Qatif. Leider gibt es in allen drei Produktionszonen Qatifs hohe Konzentrationen von Schwefelwasserstoff mit Anteilen von zehn bis 20 Prozent. Die Obergrenze beim Einatmen von Schwefelwasserstoff entspricht der bei Cyanid (Blausäure): ein Millionstel der Atemluft. Das schnelle Wachstum der vorstädtischen und landwirtschaftlichen Regionen rund um das Qatif-Projekt fügt eine ganz neue Dimension hinzu: die Frage um Leben und Tod. Strenge Sicherheitsrichtlinien haben bereits dazu geführt, dass fast die Hälfte der möglichen neuen Bohrpositionen wegen der potenziell hohen Konzentrationen des giftigen Gases als zu gefährlich zurückgewiesen wurde. Wenn das in einem Schacht geförderte Öl auch nur zwei Prozent Schwefelwasserstoffgas enthält, müssen alle dort tätigen Arbeiter Gasmasken tragen, und zwar ständig, weil sonst schon wenige Atemzüge tödlich sein könnten. Würden große Mengen dieses Gases in einem bewohnten Gebiet freigesetzt, könnte es zu einer Katastrophe kommen.

Das Gas verursacht nicht nur extreme Sicherheitsprobleme, sondern führt auch zu operationalen Herausforderungen. Da ist zum Beispiel das Risiko schwerer Korrosionsschäden in den Schächten, die schon während der Testphase auftraten. Dieses Problem kann hoffentlich gelöst werden, indem man alle dem Gas ausgesetzten Oberflächen mit korrosionsbeständigem Epoxidharz versiegelt. Ausgenommen sind nur die Wasserinjektionsanlagen, weil man befürchtet, das Epoxidharz könne sich im Lauf der Zeit ablösen und die Formation verstopfen.

Um die Gefahren der Förderung stark sauren Rohöls in Qatif zu mindern, setzt Aramco ein Überwachungssystem mit hochmodernen Schwefelwasserstoff-sensoren ein. Zudem wurde ein Plan entwickelt, die Probleme der Schächte in den Griff zu bekommen. In den stark besiedelten Gebieten rund um Qatif wurden außerdem bereits Evakuierungsübungen durchgeführt.

Prognosen der künftigen Produktion in Qatif. Das Expansionsprojekt in Qatif ist ein sehr gutes Beispiel für die Herausforderungen, die Saudi-Arabien heute bewältigen muss, wenn es sich darum bemüht – man ist versucht zu sagen: darum kämpft –, die sinkende Produktion seiner einstmals großartigen Ölfelder zu kompensieren. Angesichts der Produktionsgeschichte Qatifs und der Probleme bei seiner Rehabilitation muss man die Wahrscheinlichkeit als sehr gering einschätzen, dass dort dauerhaft 500.000 Barrel pro Tag gefördert werden können.

Hätte jemand einem erfahrenen Aramco-Mitarbeiter 1980 oder 1981 pro-
phezeit, dass Qatif – ein Problemfeld während seiner gesamten Produktionsgeschichte – 2004 als „bestes nächstes Projekt" wieder auftauchen würde und den
Produktionsrückgang in Abqaiq, Berri, Safaniya, Zuluf und Ghawar ausgleichen
sollte, dann hätte er wohl sehr überrascht und mit einem hohen Maß an Skepsis
reagiert.

Hintergrundinformationen über Abu Sa'fah. Abu Sa'fah, das Schwesterfeld,
das als Teil des Qatif-Projekts wieder in Produktion genommen werden soll, liegt
vor der Küste an der Grenze zwischen Saudi-Arabien und Bahrain. Die Produktion Abu Sa'fahs hat Bahrain mit seinem gesamten Rohöl versorgt, und offenbar
trägt Bahrain auch einen großen Teil der Ausgaben für dieses komplexe Feld. Es
gab dort starke Wasserzuflüsse.

Zu den wichtigsten Teilen des Rehabilitationsprogramms gehörten die Installation versenkbarer Elektropumpen in allen existierenden Schächten und das
Bohren einiger neuer Schächte, die ähnlich ausgestattet wurden. Diese Maßnahmen sollen den Output von 195.000 auf 300.000 Barrel pro Tag steigern, wenn
das Feld voll in Betrieb ist. Ebenso wie von Qatif heißt es auch von Abu Sa'fah,
die hohen Fördermengen würden „mindestens 30 Jahre" Bestand haben.

Als 2004 die Ölpreise stiegen, wurden die überschüssigen Produktionskapazitäten Saudi-Arabiens zum Thema, ebenso die Fähigkeit des Königreichs, seine
Förderung in Zukunft zu erhöhen. Saudi Aramco wies in verschiedenen Medien-
Briefings immer wieder auf Qatif und Abu Sa'fah als Beweise hin, seine Produktionskapazitäten erhöhen zu können. Manchmal wurden diese Projekte fast als
brandneue Felder dargestellt.

Khursaniyah, Abu Hadriyah und Fadhili: das nächste große Entwicklungsprojekt

Drei Felder auf dem Festland – Khursaniyah, Abu Hadriyah und Fadhili
– bilden das nächste große Ölentwicklungsprojekt, das Saudi-Arabiens Produktionskapazitäten bis 2007 weitere 500.000 Barrel pro Tag hinzufügen soll. Diese
drei Felder (Abbildung 9.6) liegen 37 bis 60 Kilometer westlich des Berri-Felds
und wurden zwischen 1949 und 1956 entdeckt. In den vergangenen beiden Jahrzehnten war ein großer Teil der dortigen Kapazitäten stillgelegt.

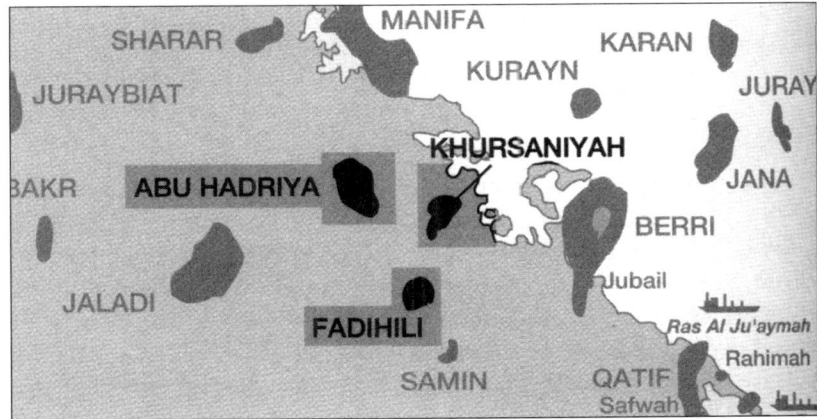

Abbildung 9.6: Khursaniyah, Abu Hadriyah und Fadhili
Quelle: Gulf Publishing/World Oil

Hintergrundinformationen über Khursaniyah. Ursprünglich hielt man Khursaniyah für eine nördliche Ausdehnung des Ghawar-Gebiets, aber später wurde klar, dass das Feld keine Verbindung zu diesem altehrwürdigen Öl-Giganten hat. Die ersten Bohrungen förderten saures Öl in allen vier Segmenten der Arab-D-Formation, und man bohrte vier zusätzliche Schächte.

Gelegentlich erzeugte Khursaniyah bedeutende Mengen Öl, aber es zeigte auch ungünstige Verhaltensmuster. Die Ölproduktion stieg allmählich, nur um bald darauf wieder zu sinken:

- Von 1965 bis 1967 erreichte das Feld eine Produktionsmenge von 100.000 Barrel pro Tag, ehe sie auf 40.000 bis 75.000 Barrel pro Tag sank.

- 1979 wurde die Höchstfördermenge von 208.000 Barrel pro Tag erreicht.

- 1980 waren es 201.000 Barrel pro Tag.

- 1981 fiel die Produktion auf 177.000 Barrel pro Tag. Dies war das Jahr, als Saudi-Arabien alle seine Ventile öffnen musste.

- 1982 war die Förderung auf 107.000 Barrel pro Tag gefallen – die Hälfte der Höchstmenge von 1979.

Khursaniyahs Nähe zu den gigantischen Karbonfeldern legte nahe, dass das Feld die Produktivität von Berri und dem Norden Ghawars erreichen könnte.

Aus irgendeinem Grund war es Khursaniyah aber nicht beschieden, eine solche enorme Performance zu erreichen. Seinen produktiven Zonen fehlte die außergewöhnliche Durchlässigkeit und Porosität von Saudi-Arabiens besten Feldern, trotz des günstigen Aussehens der Reservoirstruktur.

Neue Informationen über Abu Hadriya und Fadhili. Die technischen Studien über Khursaniyah beschreiben ein älteres Ölfeld, das langsam in Vergessenheit zu geraten schien. Daher war es zumindest überraschend, im Oktober 2004 zu lesen, Aramcos nächstes großes Entwicklungsprojekt, das weitere 500.000 Barrel pro Tag an Produktionskapazitäten bringen sollte, konzentriere sich auf Khursaniyah und die nahe gelegenen Felder Abu Hadriya und Fadhili. Wenn dieses neue Projekt 2007 fertig gestellt sein wird, so – dies soll das saudische Ölministerium gesagt haben – „werden diese drei Felder jahrzehntelang beständig 500.000 Barrel pro Tag liefern". Es scheint recht erstaunlich, dass jedes dieser Projekte, alte Felder mit unterdurchschnittlicher Performance aufzupäppeln, für lange Zeit eine Produktion von jeweils 500.000 Barrel pro Tag anstrebt. Noch überraschender ist, dass so viele Ölexperten diese aggressiven Prognosen einfach akzeptieren, ohne sie in Frage zu stellen oder zu kommentieren – so, als wäre die Prognose einer hohen Produktion schon gleichbedeutend damit, sie zu erreichen.

Wie erwähnt, erreichte Khursaniyah vor mehr als 25 Jahren eine Höchstförderung von über 200.000 Barrel pro Tag. Abu Hadriya und Fadhili erreichten 1977 mit 130.000 und 59.000 Barrel pro Tag ihre Spitzenproduktion. Dass diese drei alten und kleinen Felder plötzlich das Wachstum der saudischen Ölversorgung sichern sollen, zwingt den Optimismus an den Rand der Phantasie und erfordert eine Realitätsprüfung.

In seinen Publikationen nennt Saudi-Arabien zahlreiche weitere Öl- und Gasfelder als neue Funde. Über keines dieser obskuren, noch zu entwickelnden Felder gibt es in der SPE-Bibliothek eine Studie. Sollte eines dieser Felder zu Hoffnungen Anlass geben, kann man sich kaum vorstellen, warum Aramco nicht irgendwann in den zurückliegenden 20 Jahren dieses Potenzial genutzt hat, und sei es nur, um Ghawar, Abqaiq, Berri, Safaniya, Zuluf und Marjan zu entlasten, um ihr produktives Leben zu verlängern und die Gesamtfördermenge zu maximieren.

Die einzige substanzielle und wirklich neue Entdeckung, die signifikante Ölmengen geliefert hat, ist das Hawtah-Feld. Um dieses Feld geht es im nächsten Abschnitt.

Der Hawtah-Trend: Große Erwartungen an diese Ansammlung von Ölfeldern

1989, nach drei Jahrzehnten der Exploration, entdeckte Aramco die ersten Vorkommen außerhalb der Ostprovinz, die in Produktion genommen wurden. Kommerziell nutzbare Mengen extra leichten Öls wurden in der Sandsteinformation Unayzah im Zentrum Saudi-Arabiens gefunden. Es war der erste wichtige Ölfund in Saudi-Arabien seit über 20 Jahren und der einzige außerhalb der sechs Regionen der Ostprovinz. Der ursprüngliche Fund wurde als Hawtah-Feld bezeichnet (siehe Abbildung 9.7). In den folgenden Jahren fand man noch fünf kleinere Satellitenfelder in der Nähe. Seither spricht man vom Hawtah-Trend. Der Fund wurde auf der Ölmesse Mitte November 1991 in Bahrain bekannt gegeben.

Ein 1991 erschienenes SPE-Papier beschrieb diese sechs Hawtah-Felder als Reservoirtypen mit Eigenschaften, die eher für dichte Sandölfelder typisch

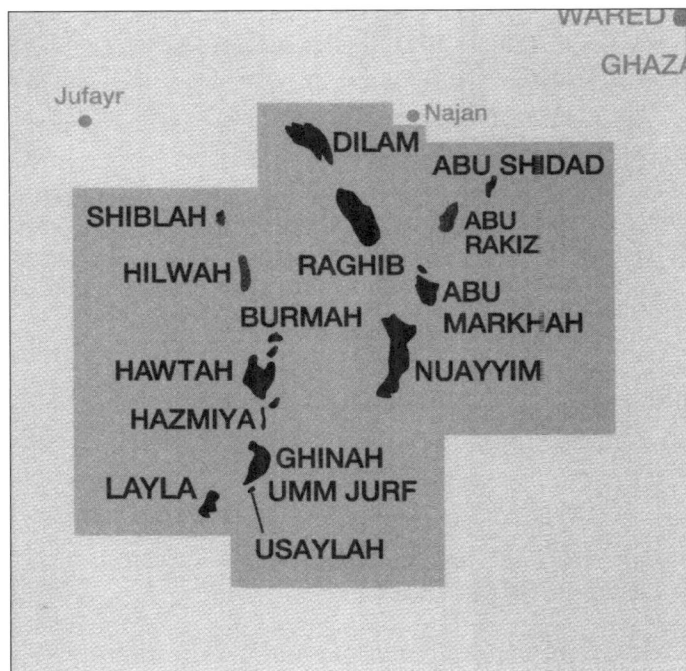

Abbildung 9.7: Die Ölfelder des Hawtah-Trends
Quelle: Gulf Publishing/World Oil

sind, etwa für die Felder im Four Corners-Gebiet der amerikanischen Rocky Mountains, als für die produktiven Giganten- und Super-Giganten-Gelder Saudi-Arabiens. Dennoch galten diese Funde als Beweis dafür, dass es in der Mitte Saudi-Arabiens signifikante Ölvorkommen gibt. Der Ölreichtum des Landes, so verkündeten die Offiziellen, reiche weiter als ein kleiner Teil in der Ostprovinz, auch wenn die neuen Vorkommen schwer zu finden waren.

Das 1991 erschienene Papier beschreibt die Begeisterung in der saudischen Ölbranche über diese Serie neuer Funde. Aber das Papier schildert auch Bedenken über diese neuen Felder. Die Explorationsrisiken waren noch immer hoch. Als weitere Felder entdeckt wurden, dachte man, ihr kommerzielles Potenzial werde wahrscheinlich davon abhängen, ob man in mehreren Reservoirs gleichzeitig fördern kann. Diese Technik war schwierig zu implementieren, denn die Kontinuität der Reservoirs wurde als „bescheiden" beschrieben. Ein Thema war auch die Reservoirqualität der neuen Funde.

Neben der simplen Tatsache, dass kommerziell förderbares Öl entdeckt worden war, bestand die beste Nachricht über diese Funde darin, dass das Öl extrem leicht war. Dies war das Ergebnis eines Prozesses der „natürlichen Raffinierung" im Gestein dieser tiefen Reservoirs, die ungefähr 4.500 Meter unter der Oberfläche liegen, bei Temperaturen von 175 Grad Celsius. Eine weitere gute Nachricht war, dass dieses superleichte Öl kaum Schwefel enthielt.

Wasserprobleme führen schnell zu Verschlechterungen. 1994 begann die Produktion in Hawtah und in drei Satellitenfeldern. Aus einer nahe gelegenen Grundwasserschicht wurde Wasser in die Reservoirs gepumpt, um den Druck zu stabilisieren. Überraschend schnell kam es zu den gefürchteten Wasserproblemen. Schnell wurden Tests durchgeführt, um zu bestimmen, ob die Probleme vom Grundwasser oder vom eingepumpten Wasser verursacht worden waren. Diese Information war entscheidend, um ein effektives System entwickeln zu können, das den Wasserzufluss in diesen Schächten bremste. In der bisherigen Literatur über Hawtah wird nicht erwähnt, dass die Herkunft dieses Wassers geklärt worden sei. Das einzig eindeutige Testergebnis war, dass die Wasserschicht, aus der das eingepumpte Wasser stammt, an ihrem Südende einen niedrigen und am Nordende einen hohen Salzgehalt aufweist.

Ein 1990 erschienenes SPE-Papier beschrieb die ernsten Probleme, die das salzhaltige Wasser in diesen brandneuen Schächten verursachte, die nur drei bis vier Jahre alt waren. Die Ingenieure kamen zu dem Schluss, das eingepumpte

Wasser komme aus einer schlecht konsolidierten Sandsteinformation. Es wies eine hohe Konzentration an gelösten Feststoffen auf und einen Sauerstoffgehalt, der knapp unter der Nachweisgrenze lag. Folglich fand man in allen Einpumpungsschächten Sulfat abbauende Bakterien. Das heißt: Das Wasser, das Öl aus diesen dichten Gesteinsformationen pressen sollte, kontaminierte die Reservoirs und die Schächte.

Eine 2000 erschienene SPE-Studie, die weitere Produktionsprobleme im Hawtah-Trend beschrieb, enthielt Informationen über eines der Satellitenfelder, das 1997 mit der Ölförderung begonnen hatte. Wie in Hawtah wurde Wasser eingepumpt. Leider hatte die entsprechende Wasserschicht „eine schwankende Wasserqualität und Probleme mit Sulfat abbauenden Bakterien". Diese Bakterien produzierten Biomasse und Eisensulfid, die sich beide negativ auf die Effizienz der Einpumpungen auswirkten.

Diese Studie beschrieb auch die Probleme in einem nahe gelegenen Sandsteinfeld (wahrscheinlich Hawtah selbst), wo die Einpumpungsschächte durch Bakterien und Verunreinigungen beschädigt wurden. Schmutz begann die Formationen zu verstopfen. Daraufhin versuchte man, diese Ablagerungen durch Einsatz von Säure, Stickstoff und Spezialschäumen zu entfernen.

Weitere Probleme der Felder im Hawtah-Trend wurden 2002 in einer SPE-Studie erwähnt. Hier wurde der Einsatz einer neuen, auf Säure basierenden Behandlungsmethode beschrieben, um die Verschmutzungen in den produzierenden Schächten des Felds „H" (Hawtah) zu beseitigen. Damals waren die ältesten Schächte Hawtahs noch keine acht Jahre lang in Betrieb. Die Studie schilderte die Probleme dieser Schächte, verursacht durch die Sulfat abbauenden Bakterien im eingepumpten Wasser. Die genaue Herkunft dieser Bakterien wurde nie geklärt, aber sie verbreiteten sich in sämtlichen Schächten.

Ein weiteres Problem kam hinzu: Die Hawtah-Formation erwies sich als sehr heterogen. In verschiedenen Tiefen gab es große mineralogische Unterschiede. In vielen Schächten Hawtahs wurde die Entfernung von Ablagerungen zu einem immer größeren Problem, denn die Ablagerungen verursachten einen weit stärkeren Produktivitätsrückgang, als es ansonsten der Fall gewesen wäre.

Die jüngsten Studien über Hawtah vermitteln den Eindruck, die Entwicklung der neuesten Felder in Saudi-Arabien sei zu einer Kette negativer Überraschungen geworden. Zu Beginn gab es in Hawtah einige wenige positive Überraschungen. Die erste war die Entdeckung kommerziell nutzbaren Öls, mehr als 100 bis

130 Kilometer entfernt vom Persischen Golf, die zweite war die außergewöhnlich hohe Qualität dieses Öls.

Später kamen die Überraschungen in schneller Abfolge, und keine von ihnen war angenehm. Keine SPE-Studie erwähnt positive Ereignisse in Hawtah nach dessen Entdeckung. Die Zeit und immer mehr integrierte technische Daten zeigten, dass der Hawtah-Trend selbst mit den kompliziertesten Feldern weiter östlich kaum etwas gemeinsam hatte.

Die Felder in der neutralen Zone: Öl, das Saudi-Arabien und Kuwait gemeinsam gehört

Saudi-Arabien und Kuwait teilen sich das Öl, das in einem Gebiet zwischen beiden Ländern produziert wird. Offiziell nennt man dieses Gebiet die „neutrale Zone" (Abbildung 9.8).

Man könnte in Versuchung geraten, dieses Gebiet zu ignorieren, denn Saudi-Arabiens Anteil beträgt nur etwa 300.000 Barrel pro Tag und stellt weniger als vier Prozent der gesamten saudischen Ölproduktion dar. Aber Daten aus dieser Region sind durchaus von Relevanz. Die dortigen Probleme entsprechen denen, die auch in allen anderen alternden saudischen Ölfeldern und in Kuwaits gigantischen Feldern im wichtigen Burgan-Komplex auftreten.

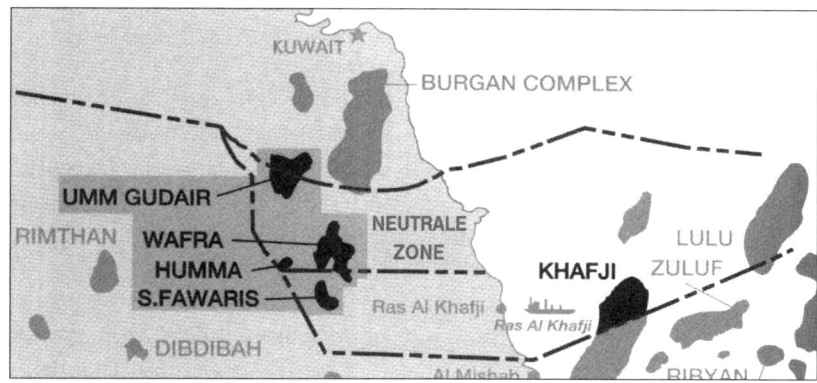

Abbildung 9.8: Die Ölfelder in der neutralen Zone
Quelle: Gulf Publishing/World Oil

Die neutrale Zone enthält drei wichtige Felder: zwei auf dem Festland und eines auf dem Meer. Keines davon wird direkt von Aramco gemanagt. Die beiden Festlandfelder werden von ChevronTexaco und einem Joint-Venture von ChevronTexaco und der staatlichen kuwaitischen Ölgesellschaft betrieben. Alle drei Felder sind schon lange in Betrieb und zeigen die gleichen Alterungsprobleme wie die großen saudischen Felder.

> Saudi-Arabien und Kuwait teilen sich das Öl, das in einem Gebiet zwischen beiden Ländern produziert wird. Man nennt dieses Gebiet offiziell die „neutrale Zone".

Das Khafji-Ölfeld

Wichtigster Produzent in der neutralen Zone ist das Khafji-Feld, ein teilweise konsolidiertes Offshore-Reservoir. Man entdeckte es 1959 in der Burgan-Formation in Tiefen von 1.700 bis 1.900 Metern; das Öl weist 27,4° API auf. Einige Studien gehen davon aus, dass Khafji möglicherweise ein Ausläufer des Safaniya-Felds in die neutrale Zone ist.

Khafjis Primärreservoir hat eine schwache Grundwasserschicht und keine Gasschicht. Zur Druckstabilisierung begann man 1976 mit dem Einpumpen von Wasser aus einer weiter oben gelegenen Schicht. Nur das nördliche und das südliche Ende von Khafji waren jemals produktiv. Im Zentrum gibt es geringe Durchlässigkeit und dichtes Gestein, das zähflüssiges Öl enthält. 30 Jahre nach seiner Entdeckung förderte Khafji mit maximaler Kapazität, wobei der Druck sehr stabil blieb.

In den 1980er-Jahren wurde schließlich immer mehr Wasser gefördert. Das führte zur Einführung von Wasserkontrollmaßnahmen. Man schloss die betreffenden Schächte und bohrte neue, die in höheren Bereichen auf das Öl stießen. Ohne solche Maßnahmen hätten Wasserdurchbrüche die Effizienz vermindert, die Produktion gesenkt, und es wäre sehr viel Öl im Boden verblieben.

1982 beschrieb eine Studie den Erfolg des „Wasser-Dumpings" in Khafjis teilweise erschöpftes Kalksteinreservoir Ratawi. Das Wasser wurde in leichtes Öl (33° API) geleitet, unterhalb einer Schicht von Schweröl mit 8 bis 9° API. Dieses schwere Öl war mit dem natürlichen Wasserdruck des Reservoirs nicht förderbar.

Das Ratawi-Reservoir wurde 1963 entdeckt. Die Produktion des leichten und süßen Öls begann im August 1969 mit 30.000 Barrel pro Tag. Bis Ende 1977 stieg die Menge auf 66.000 Barrel pro Tag, aber das Verhältnis zwischen Öl und Gas verschlechterte sich zusehends. Dadurch wurden fünf der 15 Produktionsschächte außer Gefecht gesetzt, und die tägliche Förderung sank um 50 Prozent. Obwohl man die Fördermengen überall stark senkte, lag der verbleibende Druck um fast 1.000 psi niedriger als zu Produktionsbeginn. Als man Wasser einpumpte, blieb der Druck fünf Jahre lang konstant bei 2.600 psi. Damals lag die Fördermenge zwischen 40.000 und 45.000 Barrel pro Tag.

Anfang der 1990er-Jahre wurden neue Vertikalschächte in Khafji ständig vom Risiko hoher Wasseranteile bedroht, sogar schon zu Beginn der Inbetriebnahme. Diese Wasserdurchbrüche schwächten die Produktivität zusätzlich, die schon unter dem nachlassenden Druck zu leiden hatte.

Probleme mit vertikalen Schächten. Horizontale Schächte begannen bald die vertikalen zu ersetzen, weil man damit ein Jahr oder länger hohe Fördermengen erreichen und Wasseransammlungen vermeiden konnte. Die Probleme mit den Vertikalschächten in Khafji 1990 wurden 1991 in einem SPE-Papier geschildert. Es beschrieb zwei alte Vertikalschächte mit kurzen seitlichen Abzweigungen. Einer davon wurde 1971 errichtet und wies seither ständig sinkende Fördermengen auf. 1980 waren sie auf 500 Barrel pro Tag gesunken. Ein Versuch, die Produktion durch Einführung von Säure zu erhöhen, schlug 1984 fehl.

Ein zweiter Schacht aus dem Jahr 1981 förderte drei Jahre lang 7.000 Barrel wasserfreies Öl pro Tag, ehe die Wasseransammlungen begannen. In den nächsten drei Jahren stieg der Wasseranteil auf 30 Prozent. Als die Förderung auf 2.000 Barrel pro Tag reduziert wurde, stabilisierte sich der Wasseranteil. Laterale Verzweigungen erhöhten die Produktion beider Schächte für kurze Zeit.

Eine weitere, 1991 erschienene Studie beschrieb einen 1981 errichteten Schacht in Khafji. Bis 1984 förderte er 6.500 bis 9.500 Barrel pro Tag an wasserfreiem Öl. Dann machte sich der erste messbare Wasseranteil bemerkbar. Die Förderung wurde sofort gedrosselt, um den Wasserzufluss zu dämmen. Dennoch lag der Wasseranteil drei Jahre später bei 38 Prozent.

Ein neues Reservoir. Ein weiteres Khafji-Reservoir, eine 1960 entdeckte Kalksteinstruktur, wurde 1964 in Produktion genommen. Bis 1990 lieferte sie mit 25 Schächten insgesamt 70 Millionen Barrel Öl. Es gab dort keinen natürlichen Gas- oder Wasserdruck. 1976 begann man mit Wasserinjektionen. Wegen seiner dichten, wenig durchlässigen Struktur blieb der mittlere Teil dieses Reservoirs unangetastet. Schließlich setzte man Säure ein, um dort die Produktion zu ermöglichen. Als man dies mit der Errichtung horizontaler Schächte kombinierte, erhöhte sich der Ölfluss signifikant. Das war aber keine dauerhafte Lösung.

Trotz der vielen technischen Probleme lieferte Khafji viele Jahre lang extrem hohe Mengen, dank der Wassereinpumpungen zur Stabilisierung des Drucks. Aber dieses Feld liefert ein weiteres Beispiel dafür, was mit Feldern passiert, wenn sie altern – unabhängig von ihrer Größe.

Das Wafra-Ölfeld

Wafra, das andere bedeutende Feld in der neutralen Zone, wurde 1956 entdeckt. Das obere Ratawi-Reservoir hat fast das gesamte Öl Wafras hervorgebracht. Die Förderung wurde unterbrochen, als der Irak 1990 in Kuwait einmarschierte, und nach Kuwaits Befreiung wieder aufgenommen. Zuvor hatte das Feld seit den frühen 1960er-Jahren 50.000 bis 60.000 Barrel pro Tag geliefert.

Nach dem ersten Irak-Krieg, als die Förderung wiederaufgenommen worden war, bohrte man eine Reihe horizontaler Schächte in dieses schon halb erschöpfte Reservoir. Studien zeigten, dass ein 700 Meter langer Horizontalschacht am oberen Ende des Reservoirs in fünf Jahren wohl fast sieben Mal so viel Öl liefern würde wie ein Vertikalschacht an derselben Stelle.

Das Südende Wafras ist heute nahezu erschöpft. Der Druck nähert sich dem „Bubble Point" von 1.500 psi, ab dem keine Primärförderung mehr möglich ist. Es wird nicht mehr lange dauern, bis der Tau-Punkt erreicht ist. Dann wird das Öl in diesem Teil Wafras unbeweglich.

Mit hochmodernen Explorationsmethoden fand man am Ostende Wafras ein bisher unentdecktes Reservoir. Einige neue Schächte wurden dort gebohrt. Sie stießen auf eine dicke Sandschicht im oberen Teil des Reservoirs und eine dünne Gesteinsbarriere, die mit dem darunter liegenden Grundwasser für hohen Druck sorgt. In den späten 1990er-Jahren wurden etliche neue Schächte angelegt, wodurch Wafras Gesamtproduktion auf 30.000 Barrel pro Tag stieg. Die Höchstmenge wurde mit 91.000 Barrel pro Tag 1998 erreicht.

Das südliche Umm-Gudair-Feld. Das letzte Ölfeld in der neutralen Zone ist das südliche Umm-Gudair-Feld, das 1966 entdeckt wurde und von Chevron

Texaco sowie der Kuwait Oil Company gemanagt wird. Es bezieht sein Öl aus der Ratawi-Formation, ebenso wie Wafra. Das Reservoir ist 70 bis 100 Meter dick und liegt in einer Tiefe von etwa 3.000 Metern. Das Öl ist mit 24,5° API recht schwer. Die Förderung funktioniert mit natürlichem Wasserdruck; auch versenkbare Elektropumpen werden eingesetzt.

Die Förderung wurde von einem starken Wasservorkommen gestützt, aber der Druck fiel dennoch von zunächst 4.100 psi auf etwa 3.300 psi im Jahr 1995. Man rechnet damit, 40 Prozent des vorhandenen Öls fördern zu können.

Wenn es auf dem südlichen Umm-Gudair-Feld in einem Schacht zu einem Wasseranteil von mehr als 50 Prozent kommt, wird ein neuer Schacht in einem höheren Bereich des Reservoirs gebohrt. Dieses Programm begann 1994. Damals gab es 17 produzierende Schächte auf einer Gesamtfläche von 320 Morgen. Weitere Schächte wurden angelegt, als man andere wegen zu viel Wassers schließen musste. Vor Beginn des Programms lag die Förderung bei durchschnittlich 31.000 Barrel pro Tag und sank pro Jahr um drei Prozent. Der Wasseranteil lag 1994 bei durchschnittlich 48 Prozent.

> Wenn sich ein Ölfeld der Erschöpfung nähert – sogar ein sehr gutes –, können selbst die besten Techniken und die besten Absichten diesen Prozess nicht aufhalten.

Man darf getrost annehmen, dass zunächst Getty, dann Texaco und heute ChevronTexaco ihre besten Techniken und Managementfähigkeiten eingesetzt haben, um die Ölproduktion im südlichen Umm-Gudair-Feld hochzuhalten. Dies würde Saudi-Arabien und Kuwait ja demonstrieren, dass ChevronTexaco technische Fähigkeiten hat, die man bei der Rehabilitation anderer alter Felder mit Erfolg einsetzen kann. Es gibt aber keine Anzeichen für jüngste Produktionserfolge im südlichen Umm-Gudair-Feld. Wenn es sie gab, hat ChevronTexaco sie seltsamerweise geheim gehalten. Wenn sich ein Ölfeld der Erschöpfung nähert, sogar ein sehr gutes, können selbst die besten Techniken und die besten Absichten diesen Prozess nicht aufhalten.

Kapitel 10

Mangelnde Explorationserfolge

Von 1940 bis 1968 erzielte Saudi-Arabien eine bemerkenswerte Kette von Explorationserfolgen, hauptsächlich mit Technologien, die nach heutigen Maßstäben als primitiv gelten. Dann hörten die Erfolge auf. In den folgenden 30 Jahren wandte Saudi Aramco die besten verfügbaren Explorationstechniken der Welt an, um weitere Ölfelder von Weltklasse zu finden.

Wie überall auf dem Globus wurde dies zu einem Spiel mit hohem Einsatz und unsicherem Ertrag. Anders als in anderen Regionen hatten die Explorationsbemühungen in Saudi-Arabien aber nur geringen Erfolg. Dieses Kapitel fasst die Geschichte der saudischen Ölexploration zusammen und beschreibt die wichtigsten von Aramco angewendeten Technologien.

Wie Öl und Gas gefunden wird

Die Entdeckung von Öl und Gas hatte immer auch etwas mit Glück zu tun. Selbst kleine Mengen von Öl zu finden ist ein schwieriges Unterfangen. Ein weit größeres Risiko ist damit verbunden, Öl in Mengen zu suchen, die sich wirtschaftlich ausbeuten lassen. Als in der zweiten Hälfte des 20. Jahrhunderts die Bedeutung des Öls wuchs, suchten viele Ölfirmen und Einzelkämpfer nach Wegen, die Explorationsrisiken zu mindern und die Rolle des Glücks zu reduzieren.

Sie wandten Wissen, Technologie und Werkzeuge an, die ihre Erfolgsaussichten erhöhten.

In der Frühzeit der Ölexploration lernten Geologen Öl zu finden, indem sie beobachteten, dass oft Öl dort aus der Erde sickerte, wo es nach oben ragende Felsnasen gab. Diese Beobachtung führte zu der Annahme, diese Strukturen könnten sich unter der Erdoberfläche fortsetzen. Schließlich sah man solche Formationen als strukturelle „Fallen", die Öl und Gas aufnehmen und lagern konnten – Öl, das ansonsten an die Oberfläche gesickert wäre.

> Von 1940 bis 1968 erzielte Saudi-Arabien eine bemerkenswerte Kette von Explorationserfolgen, hauptsächlich mit Technologien, die nach heutigen Maßstäben als primitiv gelten.

Durch das Gestein strömendes Erdöl, das anderswo entstanden und durch den dortigen Druck in Bewegung gesetzt worden war, floss in poröse Gesteinsschichten solcher Strukturen, die von undurchdringlichen Gesteinsschichten versiegelt wurden, oft durch unterirdische Gesteinsverwerfungen. Ohne eine solche strukturelle Falle würde das Öl nicht zurückgehalten werden. Es würde sich nicht ansammeln, man könnte es nicht finden, danach bohren und es fördern.

Neue, in den 1930er-Jahren entwickelte Forschungsmethoden

In den 1930er-Jahren entwickelten Wissenschaftler eine Reihe neuer geophysikalischer Methoden und Werkzeuge, um das Vorhandensein von Öl genauer und zuverlässiger feststellen zu können. Das ermöglichte es den Explorern, unterirdische Strukturen aufzuzeichnen und in der Regel recht präzise deren Form und Größe zu bestimmen. Die geophysikalische Industrie war geboren.

Bald wandte man drei neue Methoden an: Schwerkraft, Magnetismus und Seismik. Trotz aller moderner Entwicklungen sind diese drei Methoden auch heute noch die einzigen Möglichkeiten, das potenzielle Vorhandensein von Öl und Gas tief in der Erde auch nur entfernt zu spüren – manche würden sagen: zu ahnen.

Methode 1: Die Magnetfeldtechnik. Diese Technik ist die älteste der drei genannten Methoden. Magnetometer entdecken kleinste Abweichungen im Magnetfeld der Erde. Sedimentfelsen, die möglicherweise Öl enthalten, sind praktisch nicht magnetisch, während zum Beispiel Vulkangestein, das niemals Öl enthält, stark magnetisch ist. So kann man leicht Gegenden bestimmen, wo man wahrscheinlich kein Öl finden wird.

Methode 2: Die Schwerkrafttechnik. Das Gravitätsmeter war das zweite neue Explorationswerkzeug. Man kann damit kleinste Unterschiede im Magnetfeld der Erde messen und Sedimentgestein, das Öl enthalten könnte, von Urgestein unterscheiden, das kein Öl enthält.

Methode 3: Die seismische Technik. Auch diese Technik wurde in den 1930er-Jahren entwickelt. Die Seismologie umfasst die Messung und Interpretation akustischer Wellen, die durch die Erde strahlen. Auch nach 70 Jahren ist sie noch das wichtigste Werkzeug der Öl- und Gasexploration und für die erste Identifikation fast aller Funde verantwortlich. Seismische Untersuchungen schicken künstliche Vibrationen tief in die Erde und zeichnen die Wellenenergie auf, die von unterirdischen Strukturen reflektiert wird, um eine visuelle Vorstellung des unterirdischen Gesteins zu erhalten. In jüngster Zeit wurde die seismische Technologie von der Bright-Spot-Analyse und der Sammlung und Auswertung dreidimensionaler Daten dominiert. Die erste Methode identifiziert mit hoher Zuverlässigkeit Gasvorkommen. Die zweite sammelt enorme Datenmengen und trägt viel zur Definition eines möglichen Vorkommens bei. Diese Daten werden dann verwendet, um ein dreidimensionales mathematisches Modell zu erstellen. Diese neuen Modelle sind zwar immer noch Simulationen und nur so gut wie die in sie eingeflossenen Annahmen, aber man hofft dennoch, die Methode könne Geologen und Ingenieuren ein weit genaueres Bild der komplexen Reservoirs vermitteln, in denen heute nach Öl gesucht wird.

Alle drei Explorationstechniken sind in den vergangenen 70 Jahren stark verbessert worden; vor allem in den letzten 30 Jahren, als die Entwicklung der Computertechnologie die Menge der verarbeitbaren Daten vervielfacht hat. Die Entwicklung der geophysikalischen Explorationsfähigkeiten war vielleicht der schnellste technische Fortschritt der Öl fördernden Industrie seit 1950.

Um Öl zu finden, muss man danach bohren

Dennoch liefern die drei Methoden nur Informationen über die unterirdische Geologie der verschiedenen Gesteinsschichten: Gesteinsarten, Form und Struktur der Felsen und ihre Lage. Sie sagen dem Explorer nicht, ob eine Struktur Öl oder Wasser enthält. Wer das wissen will, muss die gleiche Technik anwenden wie Colonel Drake im Oil Creek nahe Titusville, Pennsylvania, 1859: ein

Loch bohren und nachsehen, ob Öl vorhanden ist. Und selbst danach sind noch viele Tests erforderlich, um bestimmen zu können, ob der Fund wirtschaftliches Potenzial hat.

Erst die Bohrung liefert die Bestätigung aller Annahmen und Schlussfolgerungen, die aus den seismischen Untersuchungen resultieren. Wie vor 30 oder 40 Jahren muss man Kernbohrungen durchführen, um die wirklichen Eigenschaften des Öl enthaltenden Gesteins zu verstehen. Diese Bohrkerne müssen dann im Labor auf Durchlässigkeit, Porosität, Durchtränkbarkeit und andere Merkmale untersucht werden. Ohne eine solche Laboruntersuchung basieren Produktionsprognosen auf wackeligen Annahmen.

Zudem enthüllen ein oder zwei Schächte, auch wenn eine Kernanalyse vorgenommen wurde, kaum die wahren Eigenschaften des Reservoirs. Erst nach langer Zeit, wenn viele Schächte große Mengen Öl und Gas hervorgebracht haben, kristallisiert sich ein gründliches, detailliertes Bild des Ölfelds heraus.

Der ganze Prozess ist etwa so, wie wenn man der Entwicklung eines Polaroid-Fotos zuschaut, er dauert nur wesentlich länger. Das Bild ist zunächst so vage und verschwommen, dass man kaum erkennen kann, was es darstellt. Dann beginnt das Bild klarer zu werden. Man erkennt Details, Schärfe und Klarheit nehmen zu, und wir erkennen das Bild als Darstellung von etwas, das wir kennen. In Ölfeldern dauert der entsprechende Prozess Jahre oder Jahrzehnte.

Und je größer das Feld ist, desto länger braucht das „Polaroid-Foto", bis die Entwicklung abgeschlossen ist. Wie wir schon in der Darstellung Ghawars angemerkt haben, können kleine Fehler zu großen Veränderungen der Einschätzung führen. Leider sind diese Veränderungen selten positiver Art.

Die Anwendung fortschrittlicher Techniken zur Exploration von Öl und Gas hat zu einer der größten industriellen Erfolgsstories der vergangenen 30 Jahre geführt. Diese Technologien haben die Entdeckung neuer Vorkommen erleichtert – sowohl in bisher unerforschten Regionen als auch in bereits etablierten Öl- und Gasgebieten.

Der Mangel an bedeutenden neuen Funden in Saudi-Arabien seit Ende der 1960er-Jahre, trotz exzessiver Anwendung dieser Technologien, die anderswo sehr erfolgreich waren, ist kein hinreichender Grund, das Explorationspotenzial des Königreichs völlig zu verurteilen. Aber er ist auch nicht gerade ermutigend, wie der Rest dieses Kapitels zeigt.

Aramcos frühe Explorationsbemühungen von den 1930er- bis zu den 1960er-Jahren

Eine weit verbreitete Meinung lautet, dass in Saudi-Arabien kaum Ölexploration nötig war und so gut wie keine stattgefunden hat, nachdem man die Giganten-Felder entdeckt und in Produktion gebracht hatte. In Wirklichkeit führt Saudi-Arabien seit vielen Jahren intensive Explorationen durch und stand 2004 an vorderster Front der einschlägigen Technologie. Aramco benutzte alle hochmodernen Techniken und beschäftigte einige der weltbesten Experten, um diese anzuwenden und die Ergebnisse zu interpretieren. Aramco sammelt routinemäßig Explorationsdaten mit modernster Magnettechnik aus der Luft und mit seismischer Technik am Boden. Die Daten werden mit den besten und leistungsfähigsten Computersystemen der Branche ausgewertet. Die Meinung, Saudi-Arabien habe sich kaum um Öl- und Gasexploration bemüht, ist nicht mehr als ein Mythos.

> In Wirklichkeit führt Saudi-Arabien seit vielen Jahren intensive Explorationen durch und stand 2004 an vorderster Front der einschlägigen Technologie. Die Meinung, Saudi-Arabien habe sich kaum um Öl- und Gasexploration bemüht, ist nicht mehr als ein Mythos.

Von den 1930ern bis Ende der 1960er-Jahre beschränkte sich die Exploration zunächst auf die Ostprovinz und dann auf das benachbarte Gebiet daneben und im Persischen Golf. Als sich in den wichtigsten Feldern Wasserprobleme zeigten, bemühte sich Aramco intensiv darum, außerhalb dieses Gebiets Öl zu finden.

Ein Ende der 1960er-Jahre erschienenes SPE-Papier berichtete über geologische und geophysikalische Exploration in der Jizan-Ebene, die im Südwesten Saudi-Arabiens und am Ostende des Roten Meers liegt. Man fand ein wenig Erdgas, aber es wurde nie gefördert. Über Ölvorkommen wurde nichts berichtet.

Ein 1981 erschienenes Papier handelte von intensiven seismografischen Studien in den Sanddünen des „leeren Viertels". Zunächst war die Datenqualität so schlecht, dass der größte Teil davon unbrauchbar war. Dann wurde eine neue Technik zu deren Interpretation angewendet, was ihre Brauchbarkeit wesentlich erhöhte. Leider fand man wieder einmal nichts, was für die Ölexploration interessant gewesen wäre.

Eine 1983 erschienene Studie schilderte die stratigrafische Korrelation und regionale geochemikalische Untersuchungen im „leeren Viertel". Darin wurden zwei neue Gesteinszonen mit Ölpotenzial erwähnt, die in derselben Formation liegen wie die seit Jahren produktiven Reservoirs von Safaniya. Diese lithologische Korrelation erhielt man durch das Bohren von 25 Schächten in dieser unwirtlichen Region. Auch diese Bemühungen brachten keinen Erfolg.

Eine Ausweitung der Suche brachte kaum Erfolg

1986 wurde Saudi Aramco vom Ölministerium offiziell autorisiert, im riesigen Gebiet jenseits der Ostprovinz mit ernsthaften Explorationsarbeiten zu beginnen. Der Zeitpunkt dieser Initiative war interessant, denn sie begann exakt dann, als Saudi-Arabiens ungenutzte Kapazitäten ihren höchsten Stand erreichten. Die ganze Welt interpretierte dies als Versuch, einen ungerechtfertigt hohen Ölpreis zu erreichen. Für Saudi-Arabien war dies der am wenigsten wahrscheinliche Zeitpunkt in 30 Jahren, seine Suche nach neuen Vorkommen zu intensivieren. Es gab weltweit vermutlich 15 bis 20 Millionen Barrel pro Tag ungenutzte Kapazitäten, und der Ölpreis war so niedrig, dass die meisten Produzenten vor dem Bankrott standen.

Ausgerechnet jetzt begann Saudi-Arabiens intensivste Suche nach neuem Öl. Man wendete modernste Techniken an, um regionale und lokale Anomalitäten zu entdecken. Die Remote Sensing Group von Chevrons Forschungsinstitut wurde engagiert, um alle bekannten sedimentären Felsnasen im Königreich zu untersuchen. Die Daten wurden dann von Aramcos Explorationsmannschaft interpretiert, um lokale Anomalitäten zu finden, die „an der Erdoberfläche liegende Hinweise auf Öl führende Strukturen" sein könnten. Diese Bemühungen erwiesen sich als erfolgreich: Sie führten zur Entdeckung des Hawtah-Trends.

Die Entdeckung der Hawtah-Ölfelder

Das im November 1991 erschienene SPE-Papier[3], das dieses neue Feld beschrieb, reflektierte die Begeisterung von Aramcos Explorern über diese neue Entdeckung. Man war allmählich davon überzeugt, Aramco habe endlich einen Schlüssel gefunden, außerhalb der Ostprovinz auf Öl zu stoßen. 1991 wurden zwei der vielversprechendsten Strukturen angebohrt, und beide enthielten Öl. Weitere Bohrungen trafen jedoch nicht auf eine stützende Grundwasserschicht. Aramco hoffte, die wesentlich tiefere Khuff-Formation in Hawtah würde ebenfalls Öl enthalten, aber bislang war die Verteilung dort von allen aus dem Perm stammenden saudischen Reservoirgesteinen am schwierigsten vorherzusagen.

Das Papier beschrieb auch die langwierigen Explorationsbemühungen im zentralarabischen Bogen, einem Gebiet, das 204.000 Quadratkilometer umfasst. Dieses Gebiet wurde ausgewählt, weil seine Geologie repräsentativ für den größten Teil des Königreichs war. Die Entdeckung Hawtahs war das erfolgreiche Ergebnis einer intensiven Aramco-Studie über die gesamte geologische Formation aus dem Erdzeitalter des Perm. Sie liegt tiefer und ist älter als die Arab-D-Formation. Die Entscheidung, in diesem Gebiet zu explorieren, basierte teilweise auf historischen Daten aus 120 Probebohrungen in ganz Saudi-Arabien. Die Exploration konzentrierte sich auf ein Gebiet von nur etwa 130.000 Quadratkilometer.

Man fand kein Öl außerhalb der Ostprovinz

Das Papier beschrieb auch eine andere, sehr vielversprechende Struktur nördlich von Riad. Als man dort bohrte und auf keinerlei Öl stieß, muss dies für Aramcos Explorer eine große Enttäuschung gewesen sein: Wieder einmal hatte man außerhalb der Ostprovinz kein Öl gefunden, trotz vielversprechender geologischer Eigenschaften, die mit den modernsten Technologien identifiziert worden waren.

Diese intensiven Explorationsbemühungen wurden durchgeführt, als die Ölpreise sehr niedrig waren und Saudi-Arabien seine Produktion auf die Hälfte der Spitzenmengen von 1980 und 1981 zurückgefahren hatte. Sie sind also ein Anzeichen dafür, dass einige Leute von Aramco schon am Beginn der 1980er-Jahre sehr begierig darauf waren, neue Quellen förderbaren Öls außerhalb der kleinen Ostprovinz zu finden, wo sich praktisch die gesamten Ölreserven des Königreichs befanden.

Der erste Fund im Zentrum Saudi-Arabiens, Hawtah, kam im Juni 1989 etwa 75 Kilometer südlich von Riad zustande. In den folgenden Jahren wurden in der Nähe zehn bis zwölf kleinere Felder entdeckt. Einige davon dienen heute als Satellitenfelder Hawtahs.

Geologen begannen nun die Geschichte dieser Sandsteinreservoirs zu erforschen. Zunächst hoffte man, diese Felsen seien das Äquivalent der Sandsteinformationen oberhalb der Karbonreservoirs der Super-Giganten-Felder in der

Ostprovinz. Weitere Analysen ließen Zweifel an dieser These aufkommen. Seismische Untersuchungen in der gesamten Zentralregion ergaben ebenfalls kein klareres Bild.

Die Entdeckung Hawtahs löste eine Vielzahl neuer technischer Analysen aus, um zu bestimmen, was über die verschiedenen Reservoirformationen bekannt und noch nicht bekannt war, die Saudi-Arabien zum weltweit größten Ölexporteur gemacht hatten. Eine Flut moderner geologischer Tests begann einige dieser Mysterien zu lüften.

Die Erosion des Arab-D-Reservoirs

Das wohl erstaunlichste Ergebnis dieser Studien war das Fehlen der Arab-D-Formation im gesamten Gebiet. Die geologischen Forschungen nach der Entdeckung Hawtahs führten zu dem Ergebnis, dass die Arab-D-Zone schon vor Millionen Jahren erodiert und durch jüngeres Gestein ersetzt worden war. Vor dieser Entdeckung waren viele Explorer davon ausgegangen, dass weitere Forschungen ergeben würden, dass sich die hoch produktive Arab-D-Formation über die Ostprovinz hinaus ausdehnt.

Die Ergebnisse erschütternden diese Hoffnungen. Die großen, produktiven Reservoirgesteine der Giganten-Felder in der Ostprovinz würde man in der Zentralregion niemals finden. Für Aramcos Ölexperten, die intuitiv wussten, dass man bald zusätzliche große Felder finden musste, um den Produktionsrückgang der Giganten zu kompensieren, muss das besonders unwillkommen und enttäuschend gewesen sein.

Dieses Schlüsselergebnis wurde am genauesten in einem 1996 erschienenen Report des Öldienstleisters Schlumberger beschrieben:

„Eines der verblüffendsten Ergebnisse der Studie war, dass die überlagernden Reservoirformationen (hier der Sandstein unterhalb von Ghawar) in der Zentralregion schon vor Urzeiten erodiert und von erdgeschichtlich jüngerem Gestein ersetzt worden war."

Andere neue Explorationsprojekte haben wenig vorzuweisen

Ein SPE-Papier von 1991 lobte das „exzellente Reservoirpotenzial" der Wajid-Sandsteinformation im Südwesten Saudi-Arabiens. Bohrkerne aus diesem Gebiet, die aus Tiefen zwischen 2.150 bis 2.174 Metern stammten, zeigten eine

Porosität von 18 Prozent und eine Durchlässigkeit von 2.120 Millidarcies. Die Studie beschrieb große Hoffnungen, dass dieses qualitativ hochwertige Gestein eine neue Region mit exzellentem Ölreservoirpotenzial im Süden des Landes anzeigen könnte. In einem Gebiet also, das weit entfernt von der Qalibah-Formation liegt, wo man das Hawtah-Feld fand. Nach zehn Jahren sporadischer Exploration wurden keine weiteren Erfolge in dieser riesigen Region dokumentiert. Kein kommerziell ausbeutbares Öl wurde gefunden.

Exploration nebenan im Jemen. Die intensive Ölexploration auf der arabischen Halbinsel erstreckte sich auch jenseits der Grenzen des Königreichs Saudi-Arabien. Im Jemen zum Beispiel, am Südende der Halbinsel, wird seit den 1950er-Jahren aktiv exploriert. Die Liste von Explorations- und Produktionsunternehmen von Weltklasse, die im Jemen nach Öl suchten, umfasst Shell, BP, Total und Texaco. Viele Schächte wurden in Strukturen gebohrt, die durch seismische Studien identifiziert worden waren. Alle diese Unternehmen kamen in den Jemen, um Strukturen anzubohren, die nach seismischen Kriterien vielversprechend aussahen. Außer der Hunt Oil Company fand niemand jemals bedeutende Ölmengen. Es gab viele potenzielle Reservoirformationen. An möglichen Ölvorkommen herrschte kein Mangel. Da es aber keine Felsen gab, die solche „Ölfallen" verschlossen, war alle Mühe vergebens. In einem halben Jahrhundert intensiver Exploration wurde nur eine Hand voll einigermaßen große Ölfelder im südlichen Fünftel der arabischen Halbinsel gefunden.

Die Exploration des Nordwestens. Am anderen Ende der Halbinsel, im Nordwesten Saudi-Arabiens, wurde Midyán entdeckt, ein winziges Erdgasfeld. Es wurde nie in Produktion genommen. Es heißt, die Reserven seien zu gering, um die Verarbeitungsanlagen zu amortisieren und das Feld wirtschaftlich ausbeutbar zu machen.

Das Gebiet um Ghawar. 1999 fand Aramco zwei Gasfelder direkt unterhalb des Südendes von Ghawar. Bemerkenswert daran ist lediglich, dass sie überhaupt gefunden wurden. Die Menge des geförderten Gases ist gering. Selbst in Texas würde man diese Felder als klein bezeichnen.

Im Juli 2000 verkündete Aramco die Entdeckung eines neuen Gasfelds in der Ostprovinz. Das neue Feld, Al Ghazal, das etwa 60 Kilometer westlich von Haradh lag, sollte 17 Millionen Kubikfuß Erdgas und zusätzlich 2.500 Barrel Kondensat liefern. Das Feld könnte sich als bedeutendes Vorkommen von trockenem Erdgas erweisen, aber eine Probebohrung genügt nicht zur Bestimmung, ob dieses Feld genug Gas und Kondensat enthält, um seine Entwicklung ökonomisch sinnvoll zu machen. Al Ghazal war der achte Öl- oder Gasfund südlich von Ghawar. Weitere Bohrungen könnten zwar erweisen, dass es sich um ein neues Giganten-Feld handelt, aber bisher hat man dort nur geringe Mengen gefunden.

Das Yerbin-Feld. Am 30. März 2003 verkündete das saudische Ölministerium die Entdeckung des Yerbin-Felds nach zehn Monaten Bohrtätigkeit. Der Fund lieferte vielversprechende 5.100 Barrel pro Tag sehr leichtes Öl und pro Tag 165 Millionen Kubikfuß assoziiertes Gas. Yerbin liegt südlich des Südendes von Ghawar. Über die potenzielle Größe des Felds wurde nichts veröffentlicht. Aber dieser neue Fund zeigt, wie schwer es geworden ist, auch nur Explorationsschächte in Saudi-Arabien zu bohren. Wenn es zehn Monate dauert, einen Explorationsschacht zu bohren, ist das kein Zeichen für problemlose Bohrungen.

Neun weitere Entdeckungen. Tabelle 10.1 zeigt neun Funde Aramcos von 2002 bis 2004. Diese Funde weisen folgende Eigenschaften auf:

■ Nur ein Fund war ein reines Ölfeld.

■ In drei weiteren gab es Öl und dazu entweder Kondensat oder Gas.

■ In zweien gab es Gas und Kondensat.

■ Zwei dieser Funde scheinen von der Ausdehnung existierender Giganten-Felder zu sein.

Sieben der neun neuen Funde fanden in der Ostprovinz statt. Aus irgendeinem Grund fehlt Yerbin in der Liste. Aramco verkündet ständig neue Funde, zuletzt erst im Dezember 2004. Dennoch scheint mit Ausnahme von Hawtah kein einziges nach 1970 entdecktes Feld ein Kandidat für die Ölproduktion zu sein.

Da es keine Schätzungen der möglichen Mengen gibt, kann man nicht wissen, ob einer der genannten Funde zum neuen Giganten-Feld werden könnte, von dem Aramco träumt. Das Unternehmen hat keinen einzigen von ihnen als besonders bedeutend bezeichnet. Sie könnten auch das saudische Gegenstück zu den marginalen Funden sein, die jedes Jahr im seichten Wasser des Golfs von Mexiko und in vielen anderen etablierten Ölregionen gemacht werden.

Tabelle 10.1: Die bekannt gegebenen Öl- und Gasfunde von 2002 bis 2004

	Feld/Region	Inhalt	Veröffentlichungs-datum
2002	Jafin, Östliche Provinz, 240 km südöstlich von Riyadh	Gas/Kondensat	25. März 2002
	Warid, Östliche Provinz, 140 km südöstlich von Riyadh	Öl/Gas	25. März 2002
	Takhman, Östliche Provinz, 400 km südöstlich von Riyadh	Öl/Süßes Gas	25. März 2002
2003	Mazalij, Zentralproving, 180 km südlich von Riyadh	Öl/Gas	21. Juli 2003
	Abqaiq, Östliche Provinz, 32 km westlich von Dhahran	Gas	21. Juli 2003
	Utad, Zentralprovinz, 180 km südlich von Riyadh	Süßes Gas/Kondensate	22. September 2003
2004	Shaybah, Östliche Provinz, 800 km südöstlich von Riyadh	Gas/Kondensat	29. März 2004
	Abu Sadr, Zentralprovinz, 185 km südlich von Riyadh	Öl	1. November 2004
	Madraka, Östliche Provinz, 270 km südöstlich von Riyadh	Gas/Kondensat	29. November 2004

Quelle: Middle East Economic Survey (MEES)

Die Suche geht weiter

Die Berichte über Explorationstätigkeiten in Saudi-Arabien in den technischen Studien Aramcos bestätigen, dass es in Saudi-Arabien in den zurückliegenden 30 Jahren tatsächlich intensive Exploration gab und dass diese nur zu marginalen Erfolgen geführt hat.

Die Bemühungen haben sich in den vergangenen Jahren fortgesetzt, aber die Steigerungsraten waren gering. Abbildung 10.1 zeigt die drei Schlüsselindi-

katoren von Aramcos Explorationsaktivitäten – seismische Forschungen, Bohranlagen und die gebohrten Schächte – für 2001, 2002 und 2003. Das ist kein
außerordentliches Aktivitätsniveau, aber es ist doch substanziell.

2003 führte Saudi-Arabien zum Beispiel fast 25 Prozent aller seismischen
Studien in allen arabischen Ländern durch, hatte 14 Prozent der Bohranlagen in
Betrieb und bohrte fast 25 Prozent der Explorations- und Entwicklungsschäch-
te. (Alle Daten stammen aus *Arab Oil & Gas* vom 14. Oktober 2004.) 2003 entfielen 41 Prozent des in allen arabischen Ländern geförderten Öls auf Saudi-
Arabien. Nach diesem Maßstab hätte Aramco wahrscheinlich mehr Schächte
bohren sollen.

Aramco macht auch Anstalten, seine Explorationsaktivitäten 2005 und 2006
zu erhöhen. Wie Kevin Morrison in einem Artikel mit dem Titel „Die Saudis
wollen die Ölförderkapazitäten erhöhen" (*Financial Times*, 11. Februar 2005)
schrieb, „plant Saudi Aramco die Zahl der Bohranlagen zu verdoppeln, um neue
Öl- und Gasfelder zu explorieren und zu entwickeln". Morrison zitiert einen

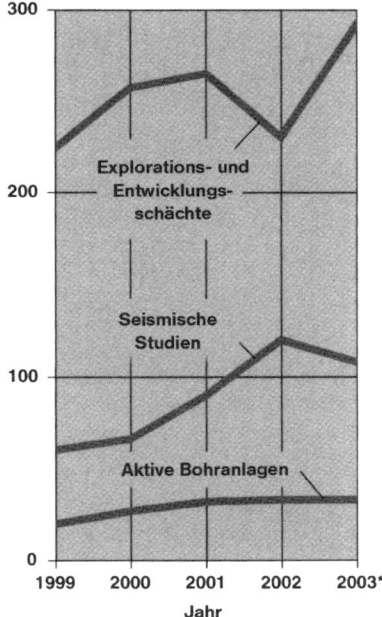

Abbildung 10.1: Die jüngsten Explorationsaktivitäten in Saudi-Arabien
Quelle: Arab Oil & gas, Oktober 2004
*geschätzt

„Offiziellen Saudi Aramcos" mit den Worten: „Saudi Aramco plant Ende 2005 70 Bohranlagen im Einsatz zu haben." Dieser Anstieg soll „eine Strategieveränderung Saudi Aramcos" signalisieren und die Produktionskapazitäten nicht nur aufrechterhalten, sondern erhöhen.

Morrison berichtet auch über die Stellungnahme eines „Ölmanagers, der in der Region tätig ist", Saudi Aramco habe sein Explorations- und Entwicklungsbudget von 2,3 Milliarden Dollar (2004) auf 2,7 Milliarden Dollar (2005) erhöht, ein Anstieg von 17 Prozent. Dieser Anstieg könnte den projektierten Anstieg der Bohrtätigkeit finanzieren. Die Frage ist aber, ob Aramco in der Lage sein wird, 35 bis 40 wüstentaugliche Bohranlagen zu finden, um dieses ehrgeizige Programm ausführen zu können.

Der zweite Schlüsselfaktor, der in Aramcos Veröffentlichungen nicht erwähnt wird, ist die Frage, wo Aramco die zusätzlichen Bohranlagen einsetzen will. Sollen damit existierende Felder weiterentwickelt werden? Sollen Explorationsschächte in deren unmittelbarer Umgebung gebohrt werden? Oder soll ein großer Teil des Bohrprogramms in Regionen mit identifiziertem Potenzial durchgeführt werden, die weit von den jetzigen Produktionsanlagen entfernt liegen? Wahrscheinlich wird das Programm alle drei Optionen umfassen. Der Erfolg wird jedoch weitgehend von der geografischen Mischung der projektierten Felder abhängen.

Schlussfolgerung: Gibt es Gebiete, die noch nicht exploriert worden sind?

Ist schon jeder Quadratkilometer in Saudi-Arabien intensiv exploriert worden? Ahmad-Baqi, Leiter von Aramcos Explorationsprogramm, stellte fest, dass es noch drei nicht explorierte Gebiete in Saudi-Arabien gibt:

1. Das Land entlang der irakischen Grenze, fast so groß wie Kalifornien.

2. Die Tiefwassergebiete im Roten Meer.

3. Das untere Ende des „leeren Viertels".

Für sich genommen sind diese Gebiete zwar groß, aber sie entsprechen nur einem kleinen Teil Saudi-Arabiens.

Es ist unmöglich zu wissen, wie viele neue Öl- und Gasfelder eines Tages in Saudi-Arabien entdeckt werden. In den USA werden mehr als 140 Jahre nach Colonel Drakes erster erfolgreicher Ölbohrung in Pennsylvania noch immer neue Öl- und Gasfelder entdeckt.

Allerdings sind schon viele Jahre vergangen, seit ein wirklich großes Ölfeld irgendwo in den USA außerhalb von Alaska und den Tiefwassergebieten des Golfs von Mexiko gefunden wurde. Der Austin-Chalk-Trend in Texas ist vielleicht die letzte bedeutende Öl- und Gasregion, die auf dem amerikanischen Festland gefunden wurde. Dank horizontaler Bohrungen und multilateraler Schächte wurde der Austin-Chalk-Trend das zehntgrößte Ölfeld in Texas, aber die vielen einzelnen Felder in diesem Gebiet wurden in zehn bis 15 Jahren fast vollständig ausgebeutet.

> Die Chancen, einen neuen Ölgiganten in Saudi-Arabien zu finden, der der Entdeckung bislang entgangen ist, muss man nun als sehr gering einschätzen.

Als der Leiter von Aramcos Explorationsteam im Februar 2004 vor dem Center for Strategic and International Studies sagte, es gebe in Saudi-Arabien noch etwa 200 Milliarden Barrel unentdeckten Öls, zitierte er als wichtigen Beleg für seine These die auf einem Modell basierende Prognose der United States Geological Survey (USGS). Dieses Modell schätzt auch, dass fast 50 Milliarden Barrel Öl unter der Küste und am Kontinentalschelf Grönlands liegen, obwohl in der ganzen Region noch nie ein einziger Schacht gebohrt worden ist. Das USGS ist die verantwortliche Regierungsbehörde, aber seine Computer haben nie einen Tropfen Öl gefunden. Wie jedes von Computern generierte Modell stehen und fallen auch diese Prognosen mit den Annahmen der Menschen, die die Computerprogramme schreiben und die Daten eingeben.

Die jüngste Geschichte der Ölexploration in der ganzen Welt bestätigt, dass die Theorie der „Royalen Hierarchie" der Ölfunde, die vom französischen Ölinstitut stammt, noch immer zutrifft. Saudi-Arabiens enttäuschende Explorationsergebnisse in den letzten 35 Jahren liefern keine Hinweise, die gegen diese Theorie sprechen. Die Chancen, einen neuen Öl-Giganten in Saudi-Arabien zu finden, der der Entdeckung bislang entgangen ist, muss man nun als sehr gering einschätzen.

Man kann allerdings mit großer Sicherheit sagen, dass jeder schlecht informiert ist, der denkt, Aramco habe sich nicht ernsthaft bemüht, neue Ölressourcen in Saudi-Arabien zu finden. Die Anstrengungen waren da, aber sie wurden nicht durch die Entdeckung neuer, großer Mengen Öl oder Erdgas belohnt. Ist das Spiel nun vorbei? Nein. Aber wenn es ein Fußballspiel wäre, dann schrieben wir die 80. Minute, und die Heimmannschaft läge mit zwei Toren im Rückstand.

Wenn sich nicht bald etliche Explorationswunder ereignen, besteht die einzige Sicherheit bezüglich der Zukunft des saudischen Öls darin, dass es nichts gibt, was die fünf, sechs großartigen Ölfelder auch nur annähernd ersetzen könnte, wenn es dort zu starken Produktionsrückgängen kommt.

Kapitel 11

Die Hinwendung zum Erdgas

Seit dem Beginn der Ölproduktion 1938 bis Ende der 1960er-Jahre sah Saudi-Arabien kaum einen Wert in seinem Erdgas und unternahm so gut wie keine Anstrengungen zu dessen Entwicklung. Der inländische Energiebedarf war noch niedrig, und die Kosten des Gasexports waren sehr hoch. Folglich sahen Flugzeugpassagiere, die nachts den Ostteil des Landes überflogen, dass die Wüste mit Flammen überzogen war. Dort fackelte man das zusammen mit dem Öl geförderte Gas ab. Nur ein Bruchteil des Gases wurde für den inländischen Bedarf verwendet. Dieses Kapitel beschreibt, wie sich das änderte: In den vergangenen 40 Jahren wurde Gas zum entscheidenden Faktor für die saudische Industrie und für die Kraftwerke im Land.

Hintergrundinformationen über die Gasverwendung in Saudi-Arabien

Zum ersten Mal wurde Gas Ende der 1950er-Jahre genutzt, als Aramco begann, das geförderte Gas wieder ins Ölfeld von Abqaiq einzuleiten, um den Druck zu stabilieren, was damals noch ein Experiment war. Als die Gasmenge wuchs, verwendete Aramco Gas auch in verschiedenen Verarbeitungsanlagen. Anfang der 1970er-Jahre, als die Ölförderung massiv wuchs, standen immer größere Gasmengen zur Verfügung. Damals wurde vielen führenden saudischen

Offiziellen auch klar, dass man dringend neue Industrien zur Ergänzung der Öl-produktion und des Exportgeschäfts benötigte.

1975 baute die saudische Regierung ihr Master-Gas-System (MGS) auf, um dieses saubere, billige Nebenprodukt der Ölförderung als Basis einer gigantischen petrochemischen und chemischen Industrie zu nutzen. Das neue Unternehmen erhielt den Namen Saudi Basic Industries Corporation oder SABIC.

Innerhalb weniger Jahre wurde SABIC unter Verwendung des aus dem Öl extrahierten Gases ein Petrochemieunternehmen der Weltklasse, mit großen Fabriken am Persischen Golf und am Roten Meer. Das Gas wurde auch anderen industriellen Verwendungszwecken zugeführt, zum Beispiel der Herstellung von Stahl, Zement und Düngemitteln. Manche flüssige Bestandteile des Gases wurden exportiert. Im Lauf der Zeit wurden diese Exporte zu einer immer wichtigeren Einnahmequelle.

Ein Jahrzehnt nach dem Start des Master-Gas-Systems bemerkten die saudischen Wirtschaftsplaner, dass der inländische Erdgasbedarf dramatisch steigen würde. Erdgas wurde schnell zum wichtigsten Treibstoff zur Erzeugung zuverlässiger und preiswerter Energie im ganzen Land, ebenso zur Trinkwassergewinnung durch Entsalzung von Meerwasser. Entsalztes Meerwasser war besonders wichtig, weil es die einzige Möglichkeit war, der rapide wachsenden Bevölkerung genug Wasser zur Verfügung zu stellen. Der wachsende Erdgasbedarf führte zu einem ehrgeizigen Explorationsprogramm, um freies Erdgas neben dem im Rohöl gelösten Gas zu finden. Wenn Saudi-Arabien in mancher entscheidender Hinsicht vom Gas abhängig war, konnte man die Gasversorgung nicht von den Unsicherheiten der weltweiten Ölmärkte und der Nachfrage nach saudischem Öl abhängig machen.

Die Exploration von Erdgas zur Deckung des steigenden Bedarfs

Die logischsten Ziele der Erdgasexploration waren einige tiefe Formationen unterhalb der Ölreservoirs in Arab D. Man nahm an, dort gebe es große Mengen dieses wertvoll gewordenen Treibstoffs. 1986 begann man mit Bohrungen. Nach frühen Explorationserfolgen bezifferte man die saudischen Erdgasreserven auf imposante 224 Billionen Kubikfuß. Über ein Drittel davon war freies, nicht in Öl gelöstes Gas. Die Vorkommen unterhalb der Ölreservoirs in Ghawar sollen

immer noch etwa ein Drittel der gesamten nachgewiesenen saudischen Gasreserven ausmachen. Auch die beiden gigantischen Offshore-Felder Safaniya und
Zuluf (siehe Kapitel 8 und 9) sollen erhebliche Gasmengen enthalten, obwohl es
keine Beweise gibt, dass Probebohrungen in Tiefen vorgedrungen sind, wo sich
dieses Gas befinden könnte.

Als die Bevölkerung in den 1990er-Jahren mit halsbrecherischer Geschwindigkeit wuchs, wuchs der Gasbedarf exponentiell. Abbildung 11.1 zeigt den
Anstieg der saudischen Gasproduktion seit 1981. 2003 prognostizierten Wirtschaftsplaner, das Königreich müsse seine Gasproduktion bis 2009 aus einer Reihe von Gründen mindestens verdoppeln:

■ Ein Drittel dieses Produktionsanstiegs wird zur Elektritizätsgewinnung benötigt.

■ 20 Prozent braucht man zur Meerwasserentsalzung.

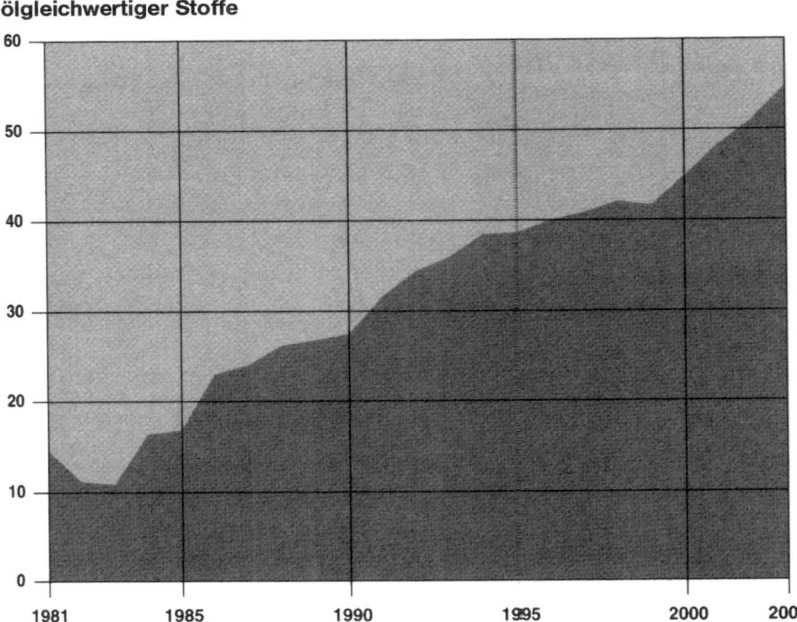

**Millionen Tonnen
ölgleichwertiger Stoffe**

Abbildung 11.1: Das Wachstum der saudischen Gasproduktion
Quelle: Arab Oil & Gas, Oktober 2004

■ Ein Viertel ist zum Aufbau der petrochemischen und chemischen Industrie erforderlich.

■ Der Rest ist als entscheidende Komponente des saudischen Raffineriesektors nötig.

Bald gab es Pläne, alle saudischen Kraftwerke von Öl auf Gas umzustellen. Das würde nicht nur höhere Ölexporte ermöglichen, sondern auch die Wartungskosten der Kraftwerke massiv senken.

In den 1990er-Jahren verarbeitete das Master-Gas-System 2,9 Milliarden Kubikfuß pro Tag. Nasses, saures Gas wird heute in 33 verschiedenen GOSPs vom Rohöl separiert und in eine der drei Verarbeitungsanlagen gebracht:

1. Die Berri-Anlage, die ihr Gas aus vier GOSPs bezieht.

2. Die Shedgum-Anlage (zehn GOSPs in Ghawar und vier in Abqaiq).

3. Die Uthmaniyah-Anlage (14 GOSPs in Uthmaniyah und eine in Harmaliyah).

In diesen Anlagen werden Verunreinigungen wie Schwefelwasserstoff und Kohlendioxid abgetrennt. Damit ist das Gas fertig für den Verbrauch im Inland oder für den Export.

Zwei neue große Gasanlagen, Hawiyah und Haradh, wurden 2001 und Anfang 2004 im Süden von Ghawar errichtet. Die Tageskapazitäten liegen bei 1,4 beziehungsweise 1,5 Milliarden Kubikfuß. Zusammen haben sie die Gaskapazitäten des MGC fast verdoppelt.

Der langfristige Erdgasbedarf in Saudi-Arabien ist fast unermesslich.

Das Königreich hat drei Produktionszentren für verflüssigtes Gas (LPG): den riesigen Komplex in Ras Tanura, gleich in der Nahe von Qatif, in Ju'Aymah weiter nördlich und in Yanbu am Roten Meer. Die jährliche Produktion dieser Anlagen liegt bei 16,5 Millionen Tonnen exportfähigen LPGs und zwei Millionen Tonnen Flüssiggas (NGL). Die verschiedenen Gasflüssigkeiten werden in den Anlagen in Yanbu und Ju'Aymah durch einen Fraktionierung genannten Prozess in brauchbare Produkte umgewandelt. Das produzierte Ethan füttert die petrochemischen Fabriken in Yanbu und Jubail. Das verbleibende NGL wird weiter zu LPG fraktioniert, für Exportzwecke und als natürlicher Treibstoff.

Der langfristige Erdgasbedarf in Saudi-Arabien ist fast unermesslich. Das Gas wird für einige Sekundärbranchen im Königreich benötigt:

■ Erdgas ist heute ein wichtiger, sauberer Treibstoff für die Raffineriebranche, zur Entfernung von Schwefel- und Stickstoffverunreinigungen aus dem Öl.

■ In der Eisen- und Stahlindustrie ist Erdgas ein wichtiger Ersatz für Kohle geworden.

■ Es ist heute der wichtigste Brennstoff für die saudische Aluminiumindustrie, die einen enormen Stromverbrauch hat.

■ Gas wird auch in der wachsenden Zementindustrie verwendet. Zur Produktion einer Tonne Zement braucht man etwa eine Million Kubikfuß Gas.

■ Auch für die saudische Ammoniakindustrie ist Gas wichtig. Für jede Tonne Ammoniak benötigt man 48.000 Kubikfuß Erdgas, um Ammoniak in Kunstdünger umzuwandeln.

Jahrelang war der einheimische Ölverbrauch in Saudi-Arabien ein schmerzloses Vergnügen. Im Vergleich zu den Exporten fiel er kaum ins Gewicht. Heute wird der inländische Gasverbrauch immer wichtiger. Dieser Trend ist in Saudi-Arabien relativ neu. Die wachsende Nachfrage macht die Suche nach freien Erdgasreserven dringlicher, aber die Ergebnisse waren bisher nicht berauschend. Nach den verfügbaren Informationen über die Exploration zu urteilen, liegen die einzigen bisher entdeckten Vorkommen freien Erdgases im Zentrum und im Süden von Ghawar. Da es in Shaybah eine starke Gasschicht gibt, dürfte es auch in dieser Gegend Erdgas geben.

Der Gasbedarf erfordert tiefere Bohrungen

1982 unternahm Saudi Aramco erste ernsthafte Anstrengungen, die tief gelegenen Gasreserven zu erschließen, indem man in Formationen weit unter Ghawars berühmter Formation Arab-D, 2-B, bohrte. Damit wollte man einige Reservoirs in der tiefen Khuff-Formation erreichen. Man wusste, dass diese Reservoirs unter hohem Druck standen und dass das Gas sauer war. Die ersten Bohrungen waren erfolgreich, und im Dezember 1983 wurde das erste trockene Gas in Saudi-Arabien gefördert.

Seit 1984 förderte man neben dem im Öl gelösten Gas relativ geringe Mengen Gas aus der Khuff-Formation, um saisonale Schwankungen auszugleichen. Der Bedarf war meist im Sommer am höchsten, weil mehr Klimaanlagen in Betrieb waren.

Die Khuff-Formation enthält zwei produktive Gebiete:

■ Khuff B weist eine Dicke von etwa 40 Metern auf.

■ Die Khuff-C-Formation ist etwa 65 Meter dick.

Die Formation liegt im Süden Ghawars gut 3.000, im Norden 4.000 Meter unter der Erdoberfläche. Qualität und Quantität des förderbaren Gases variieren im ganzen Feld erheblich.

Die Konzentration der Verunreinigungen im Gas von Khuff stieg, als man die Bohrungen vom Norden in den Süden ausdehnte. Zum Beispiel stieg der Schwefelwasserstoffanteil von 3,05 auf 4,58 Prozent.

Derzeit werden Gasschächte im Zentrum Ghawars gebohrt, wahrscheinlich unterhalb von Hawiyah. Diese Bohrungen treffen auf dichte Gesteinsformationen. Man nimmt heute an, dass einzelne Felszonen dichter Porosität sporadisch im Khuff-Reservoir verteilt sind.

Wasserprobleme

Einige Schächte in Khuff fördern auch große Mengen Salzwasser. Dieses Wasser ist entweder ein Nebenprodukt der Kondensation, ausgelöst durch die Kühlung, wenn Gas in den Schacht strömt, oder es stammt aus Grundwasserschichten. Bisher sind sich die Experten offenbar nicht über die Herkunft einig. Wenn es zu Wasseransammlungen kommt, muss der Schacht chemisch behandelt werden, sonst kommt die Förderung dort vorzeitig zum Erliegen. Die Förderung stark salzhaltigen Wassers führt auch zu Korrosionsproblemen im Schacht und in den Anlagen an der Oberfläche. Die Schächte im Gebiet von Ain Dar fördern besonders große Wassermengen.

Noch tiefere Bohrungen

Die Erdgasexploration in Saudi-Arabien begann zwar 1982, aber nach einiger Zeit endete sie wieder. 1994 wurden die Arbeiten in der Khuff-Formation und in noch tieferen Schichten wiederaufgenommen. Zunächst begann man mit einer Bohranlage, die in besonders große Tiefen vordringen konnte. 2003 waren 22 solche Anlagen in Betrieb.

2004 bohrte man in Tiefen zwischen 3.600 Metern in Khuff und fast 7.000 Metern in den extrem tiefen Reservoirs Jauf und Unayzan. Die Temperaturen an der Spitze des Bohrgeräts können dort 150 bis 180° Celsius erreichen. Der Druck beträgt etwa 6.000 psi. In manchen Gegenden beträgt die Schwefelwasserstoffkonzentration bis zu 20 Prozent. Die noch tiefer reichenden Schächte produzieren zum Glück „süßes" Gas. Tiefe, Temperaturen, Druck und der Schwefelwasserstoff machen diese Bohrungen in der Tat sehr schwierig.

1999 begann Saudi Aramco mit einem Explorationsprogramm am Südende Ghawars, um trockenes Gas aus der Khuff-Formation zu fördern. Um das Gas zum Fließen zu bringen, muss man dort große Mengen Säure unter hohem Druck einpumpen. So öffnet man Kanäle im dichten Gestein.

Bis 2001 wurde Säure in mehr als 20 Schächte im Süden Ghawars eingepumpt. Die Fördermenge stieg dadurch in der Spitze von etwa 14 auf fast 40 Millionen Kubikfuß pro Tag. Nachdem diese Spitzenmengen erreicht waren, kam es jedoch oft zu einem steilen Produktionsrückgang.

Probleme mit der Sandkontrolle

Das Jauf-Reservoir besteht aus einer Sandsteinformation mit einzigartigen Eigenschaften. Die Durchlässigkeit ist gering bis mittelmäßig, der Anteil des geförderten Sands ist hoch. Die Versandung wird durch die Unbeständigkeit des Gesteins unter hohem Druck und hohen Temperaturen verursacht. Das Reservoir weist eine tief hinabreichende Abfolge von dünnen Sandstein- und Schieferschichten auf, mit großen Unterschieden hinsichtlich Durchlässigkeit und Porosität. Auch gibt es dort viele Gesteinsverwerfungen. Ursprünglich lag der Druck bei 8750 psi, die Temperatur bei 150° Celsius.

Die Zusammensetzung des Gases variiert ebenso wie die Kondensaterträge des Reservoirs. Zunächst floss fast das gesamte Gas aus zwei Intervallen, die nur sechs Meter der gesamten Dicke der Gassäule ausmachten. Zunächst wollten Aramco-Ingenieure alle Schächte in Jauf hinsichtlich des Sandgehalts untersuchen, aber die in der ersten Bohrphase entdeckte geringe Durchlässigkeit führte zu der Erkenntnis, diese Maßnahmen seien nicht effektiv.

Das Sandproblem war schwer wiegender als erwartet. Nach einigen frühen Enttäuschungen war klar, dass man eine neue Lösung finden musste. Ansonsten könnte die teure neue Gasverarbeitungsanlage in Hawiyah wegen zu geringer Gasmengen nicht wirtschaftlich betrieben werden.

Ein Team aus Ingenieuren von Aramco und Schlumberger wurde gebildet, um dieses Problem zu lösen, Nach langwierigen Tests bohrte man eine Reihe von Schächten und führte eine hydraulische Frakturierung durch. Zahlreiche Maßnahmen wurden ergriffen, um den Sandzufluss zu minimieren. Nach einiger Zeit schien das Gas aus diesen Schächten tatsächlich „sauber" zu sein. (In Jauf bedeutet „sauber", dass nur etwa 150 Gramm Sand je Million Kubikfuß Gas anfallen.)

Weitere Probleme: Hohe Kosten, Erschöpfung der Vorkommen, schwankende Qualität und Produktivitätsrückgang

Ohne hydraulische Frakturierung erreichten diese Schächte selten eine Produktivität, die ihre hohen Kosten gerechtfertigt hätte. Wenn hydraulische Frakturierung richtig durchgeführt wird, kann man bis zu 50 Millionen Kubikfuß je Schacht an feststofffreiem Erdgas fördern. Aber das ist die Höchstmenge, ehe die Produktion abzusinken beginnt. Die Details der Rückgänge dieser Schächte sind zwar unklar, aber ein Bericht erwähnte, dass die Fördermengen in den ersten sechs Monaten nach Erreichen der Höchstmengen um 60 Prozent sinken.

Ein 2002 erschienenes SPE-Papier lieferte weitere Erklärungen, warum es nötig ist, in Khuff und den noch tiefer gelegenen Feldern Frakturierung mit Säure und Hydraulik einzusetzen. In Jauf und Unayzan waren wegen der steigenden Sandförderung indirekte hydraulische Frakturierungsmaßnahmen nötig, um ein Produktionsniveau zu erreichen, das es erlauben würde, das Reservoir vollständig auszubeuten.

Als die Explorationstätigkeit in Ghawar intensiver wurde, gab es immer mehr Hinweise auf erhebliche Qualitätsunterschiede des Gases. Der Kondensatertrag reichte von 30 bis 300 Barrel pro 1.000 Kubikfuß. Einige andere 2002 erschienene technische Studien beschäftigten sich mit dem Produkivitätsverlust durch die Ansammlung flüssigen Kondensats in der Nähe der Förderschächte.

Der Druckverlust in den Reservoirs führte oft dazu, dass eine große Menge Kondensat zurückblieb, nachdem der Förderdruck unter ein bestimmtes Niveau gefallen war. Man hat den Eindruck, dass selbst der leichteste aller fossilen Brennstoffe nicht mehr restlos gefördert werden kann. Bei der Öl- und Gasproduktion in Saudi-Arabien geht es nicht länger nur darum, ein paar Löcher zu bohren und einige Kontrollventile an der Erdoberfläche zu installieren.

Die Beschreibung dieser Gasschächte in der technischen Literatur ähnelt auf verblüffende Weise den Berichten über die tiefen Gasschächte im Süden von Texas. Auch diese sind schwer zu bohren, teuer zu produzieren und zeigen steile Produktionsrückgänge, nachdem die Höchstfördermengen erreicht worden sind. Die tiefen Gasreservoirs in Texas wurden nur deshalb angezapft, weil die flacheren, leichter zu fördernden Vorkommen schon ausgebeutet worden sind. Für die Öl-Leute im Süden von Texas ist dies die letzte Möglichkeit, Gas zu gewinnen.

Neue Gasverarbeitungsanlagen

Als sich die Exploration nach nicht in Öl gelöstem Gas beschleunigte, baute Aramco zwei große neue Anlagen zur Verarbeitung des Gases, das man zu finden hoffte. Die erste neue Fabrik, Hawiyah, kostete etwa zwei Milliarden Dollar und wurde 2001 in Betrieb genommen. Hawiyah hat eine Verarbeitungskapazität von 1,4 Milliarden Kubikfuß Erdgas pro Tag. Die Anlage liegt mitten im Gebiet von Ghawar und war dazu vorgesehen, die Erdgasreserven aus Khuff und Jauf zu verarbeiten.

Die zweite neue Anlage in Haradh wurde im Januar 2004 fertig gestellt und eingeweiht. Wenn sie voll ausgebaut ist, soll sie 1,5 Milliarden Kubikfuß Erdgas und 300.000 Barrel Kondensate pro Tag verarbeiten. Das Gas soll hauptsächlich aus dem tiefen Khuff-Reservoir am Südende Ghawars kommen.

In dieser Anlage soll auch Schwefel produziert werden. Sie umfasst ein großes Kraftwerk für die Gasverarbeitung und die Infrastruktur der Anlage.

Beide Anlagen waren teuer. Wenn sie ein kommerzieller Erfolg werden sollen, muss Saudi Aramco noch viele langlebige Gasförderanlagen bauen. Wenn das nicht passiert, geht es nicht nur um den kommerziellen Misserfolg. Hinzu kommt der soziale Misserfolg in Form von Mangel an Strom und Trinkwasser. Wenn Aramco die Gasproduktion für diese neuen Verarbeitungsanlagen nicht gewährleisten kann, könnten die Folgen für das Volk Saudi-Arabiens katastrophal sein.

Saudi-Arabien bittet um Hilfe

Ende 1998 bemühte sich Saudi-Arabien offen und unverhohlen um das Kapital westlicher Ölfirmen und deren Expertise, um zusätzliche Erdgasvorkommen zu erschließen. Diese Kampagne wurde bald als „Gasinitiative" bekannt. Es war der erste bekannt gewordene Versuch, große internationale Öl- und Gasfirmen nach Saudi-Arabien zu holen seit der SOCAL-Konzession von 1933. (Ob Saudi-Arabien in diesem Zusammenhang jemals bei anderen Gelegenheiten Gespräche mit westlichen Öl- und Gasfirmen geführt hat, ist eine offene Frage. Jedenfalls wurde nichts dergleichen bekannt.)

Die Gasinitiative begann Ende 1998, als Kronprinz Abdullah Washington, D. C, besuchte. In der amerikanischen Hauptstadt veranstaltete der saudische Botschafter einen Empfang für den Kronprinzen. Erfahrene Manager sämtlicher großer Ölunternehmen waren dazu eingeladen. Und natürlich kamen sie auch alle.

> Die Gasinitiative war der erste bekannt gewordene Versuch, große internationale Öl- und Gasfirmen nach Saudi-Arabien zu holen seit der SOCAL-Konzession von 1933.

Bei diesem Empfang lud Kronprinz Abdullah die Manager ein, Saudi-Arabien zu besuchen. Er schlug vor, diese Unternehmen könnten dabei helfen, die Erdgasreserven des Landes und deren Weiterverarbeitung zu fördern.

Für so manchen auf diesem exklusiven Empfang klang die Einladung des Kronprinzen fast zu schön, um wahr zu sein. Nach Medienberichten gab es in der Ölbranche bald Gerüchte, etwas Außergewöhnliches stehe bevor. Ob man es glaubte oder nicht: Saudi-Arabien lud die Töchter der sieben Schwestern – Exxon, Mobil, Chevron, Texaco, Gulf, BP und Shell – ein, ins Königreich zurückzukommen. Und diese scheinbare Einladung kam zu einem Zeitpunkt, als die großen Ölfirmen unbedingt Zugang zu neuen Vorkommen brauchten, um ihren massiven Produktionsrückgang zu stabilisieren. Aus heiterem Himmel und zur Überraschung aller bei diesem Empfang anwesenden Öl-Moguls schienen sich die Tore zum Königreich zu öffnen, und diese elitäre Gruppe würde wieder Zugang zu einem Land erhalten, wo man problemlos Öl finden konnte. Niemand dachte daran, dass Prinz Abdullah über Gas und dessen Weiterverarbeitung gesprochen hatte. Die amerikanischen Ölmanager schienen etwas gehört zu haben, das ihnen weit besser gefiel.

Schon kurz nach Abdullahs Besuch in den USA sollen Privatjets amerikanischer Ölfirmen für Verkehrsstaus am Flughafen von Riad gesorgt haben. Eine

Delegation einer großen US-Ölfirma nach der anderen strömte nach Riad, um mit den richtigen Ansprechpartnern in der Regierung oder bei Aramco zu reden, ihre Finanzstärke und technische Expertise zu beweisen.

In den Fachmedien wuchs die Aufregung über diese Gasinitiative. Oft wurde sie als die letzte Möglichkeit für eine Ölfirma bezeichnet, in eine Region zurückzukehren, wo Öl und Gas immer noch im Überfluss vorhanden und leicht zu finden waren. Es hieß sogar, die Fusion zwischen Exxon und Mobil sei dadurch befördert worden, dass Mobils CEO Lou Noto ein viel besseres Verhältnis zu entscheidenden saudischen Offiziellen hatte als irgendjemand bei Exxon.

Ein westliches Ölunternehmen nach dem anderen kam ins Königreich. Die saudischen Experten für Erdgas, Strom und Wasser hielten detaillierte Vorträge darüber, welche Investitionsmöglichkeiten der Erdgasbedarf des Landes bieten würde. Die ganze Zeit über sagte der saudische Ölminister immer wieder und in klaren Worten, diese neuen Projekte hätten nichts mit dem Öl des Königreichs zu tun. Offenbar wollte man diese Botschaft nicht hören, oder man hat sie gründlich missverstanden.

In den folgenden ein, zwei Jahren kam es zu intensiven Verhandlungen zwischen den saudischen Gasexperten, Aramco, der Regierung und einigen westlichen Ölfirmen. Drei Kernregionen mit definitivem Gaspotenzial wurden identifiziert, die Rechte wurden an drei Konsortien vergeben, an denen acht westliche Ölfirmen beteiligt waren. Die Gesamtinvestitionen wurden auf 25 Milliarden Dollar geschätzt. Die Gewinner fanden sich bald wieder in Saudi-Arabien ein. Eine Bonanza würde sich entwickeln! Die drei Kernunternehmungen sind in Tabelle 11.1 beschrieben.

Enttäuschung über die Gasinitiative: Zu teuer und kein Öl

Schon wenig später ließ die Begeisterung der Beteiligten deutlich nach. Im Lauf der Zeit und nach Investitionen von angeblich mehr als 150 bis 200 Millionen Dollar für Analysen wurde den Konsortien absolut klar, dass es hier nicht um das saudische Öl ging.

Zudem bemerkten einige Mitglieder der Konsortien, dass diese sehr teuren Projekte nicht nur das Finden und die Entwicklung von Erdgas betrafen. Es ging dabei auch um den Bau von Kraftwerken und Entsalzungsanlagen, so wie es die Saudis schon die ganze Zeit über gesagt hatten.

Tabelle 11.1: Die drei Kernprojekte der saudischen Gasinitiative

Projekt, Konsortium und Wert	Umfang des Projekts
Kernprojekt 1: Nord-Rub, Al-Khahli, Süd-Ghawar, 15 Milliarden Dollar	Explorationsgebiet von 65.000 qkm, geschätzte Gasreserven von 30 Billionen Kubikfuß.
Konsortium: ExxonMobil, Shell, BP, Phillips	Bau von Produktions- und Sammelanlagen, Verarbeitungs- und Fraktionierungsanlagen, Transport von Gas und Flüssigkeiten.
	Bau eines 4.000-Megawatt-Kraftwerks, einer Wasserentsalzungsanlage und zweier petrochemischer Fabriken an der Ost- und Westküste
Kernprojekt 2: Rotes Meer und Nordwesten, fünf Milliarden Dollar	Entwicklung der entdeckten Gasressourcen mit Verarbeitungsanlagen in Midyan und Barqan
Konsortium: ExxonMobil, Occidental, Marathon	Bau von Kraftwerken und Entsalzungsanlagen
	Exploration der Blocks 40 bis 49
Kernprojekt 3: Shaybah, Südosten von Rub Al-Khali, fünf Milliarden Dollar	Explorationsgebiet von 90.000 qkm im Süden von Rub Al-Khali.
	Entwicklung des Kidan-Gasfelds
Konsortium: Shell, Conoco, TotalElfFina	Recycling des Gases von Shaybah und Bau von Pipelines von Shaybah zu den Verarbeitungsanlagen in Haradh und Hawiyah
	Exploration in der Shaybah-Region mit einem geschätzten Potenzial von zehn Billionen Kubikfuß
	Bau einer petrochemischen Fabrik in Jubail, Bau von Kraftwerken und Entsalzungsanlagen

Quelle: Oil & Gas Journal, 29. Juli 2002

Mittlerweile merkten Saudi Aramco und die acht potenziellen westlichen Partner auch, wie komplex und teuer es war, die Tiefenbohrungen auf der Suche nach Gas durchzuführen. Die Bohrungen in der Khuff-Formation und in den noch tiefer gelegenen Reservoirs wurden immer schwieriger. Zu viele Bohrungen stießen nicht auf förderbares Gas, was die ohnehin schon hohen Bohrkosten noch weiter steigerte.

Als man sich der Probleme bewusst wurde, fiel eine Einigung immer schwerer, welche Renditen alle Beteiligten benötigten, die sich an diesem 25-Milliarden-Dollar-Projekt beteiligt hatten. Das große Bild erschien zwar immer noch als zusammenhängend und attraktiv, aber wenn man es detailliert betrachtete, wurde es zu einem gigantischen Rätsel. Trotz langer Verhandlungen fand man keine Einigung. Seit Jahren lag der Preis für saudisches Erdgas bei 0,40 bis 0,50 Dollar pro 1.000 Kubikfuß. Nach langen Debatten erklärte sich das Königreich bereit, den Preis auf 0,75 Dollar zu erhöhen, wegen der hohen Produktionskosten und um zum Gelingen der Gasinitiative beizutragen. Die Regierung war der Ansicht, dies sei der höchstmögliche Preis, wenn man schwere Verwerfungen in der saudischen Wirtschaft vermeiden wollte.

Von außen betrachtet kann man sich kaum vorstellen, wie dieses extrem teure Gas wirtschaftlich gefördert werden soll, wenn der Preis, trotz des 50-prozentigen Anstiegs, so niedrig ist. Zu diesen Preisen wäre im Süden von Texas niemals eine Gasförderung möglich. Die Wirtschaftlichkeit texanischer Gasquellen wurde schon bei Preisen von fünf bis acht Dollar in Frage gestellt.

Das komplexeste finanzielle Rätsel bei dieser Gasinitiative betraf die heftigen Subventionen für Gas und Wasser in Saudi-Arabien. Die saudischen Energieplaner müssen bemerkt haben, dass es keine einfache Möglichkeit gab, einer wachsenden Bevölkerung plötzlich unsubventionierte Preise abzuverlangen, die immer größere Mengen an Strom und Wasser brauchte. Einheimische Energiepreise, hoch genug, um die geforderten Renditen der ausländischen Ölfirmen zu decken, hätten die Finanzmittel des größten Teils der Bevölkerung weit überfordert.

Die saudischen Verhandlungsführer fanden schließlich ein cleveres Angebot, um diesen finanziellen Engpass zu umgehen. Die Regierung schlug vor, eine Gesamtprojektrendite von neun Prozent auf alle drei „Kernprojekte" zu garantieren. Da diese Unternehmungen dadurch (theoretisch) risikofrei geworden waren, konnten die Ölfirmen stärker auf Kredite von Dritten bauen, um die Projekte zu realisieren und eine Eigenkapitalrendite von 15 bis 20 Prozent zu erwirtschaften. Um diese garantierte neunprozentige Rendite zu erreichen, mussten die Ölfirmen aus dem Westen genug Gas finden, um die geplanten Verstromungsprojekte ökonomisch sinnvoll zu machen.

Seit Ende 2002 gab es Gerüchte über Probleme mit den Verhandlungen über die Gasinitiative. Viele Medienbeobachter nannten als Gründe für die Probleme die Verspätungen der Projekte, verursacht durch die saudische Innenpolitik oder durch Angestellte von Aramco und des Ölministeriums, die darüber verärgert waren, dass sie die Probleme nicht selbst anpacken durften. Die Medien begannen sogar darüber zu spekulieren, die mangelnden Fortschritte seien auf

Meinungsverschiedenheiten innerhalb der königlichen Familie zurückzuführen. Nur eine Hand voll zynischer Beobachter brachte eine weit kühnere Idee vor – nämlich dass das Kernproblem dieser Kernprojekte ein Mangel an qualitativ hochwertigen, nachgewiesenen Erdgasreserven sein könnte.

Im Lauf der Zeit wurde völlig klar, dass Saudi-Arabien nie das geringste Interesse daran hatte (und das wohl auch nie behauptet hatte), westliche Firmen seine Ölfelder entwickeln zu lassen. Der Lohn dieser wenig rentierlichen Projekte war es nach Ansicht vieler westlicher Ölmanager, wieder einen Fuß nach Saudi-Arabien zu setzen. Wenn man erst einmal drin sei, so die Theorie, dann könne man auch am Öl des Landes partizipieren. Das erwies sich aber bald als Illusion.

> Im Lauf der Zeit wurde völlig klar, dass Saudi-Arabien nie das geringste Interesse daran hatte (und das wohl auch nie behauptet hatte), westliche Firmen seine Ölfelder entwickeln zu lassen.

Mitte 2003 kollabierten die Kernprojekte eins und zwei. Projekt drei wurde von fünf auf zwei Milliarden Dollar eingedampft. Kurz vor Unterzeichnung des diesbezüglichen Vertrags stieg ConocoPhillips, ursprünglich als 30-prozentiger Teilhaber vorgesehen, aus und wurde von niemand anderem als Saudi Aramco selbst ersetzt.

Die saudische Regierung machte aus dem ganzen Projekt schließlich 30 viel kleinere Programme, um wesentlich mehr Interessenten anzulocken.

Im Januar 2004 wurden vier kleinere Gaskonzessionen an Firmen vergeben, die zunächst nicht auf der Liste für die Kernprojekte eins und zwei standen. Zwei davon gingen an die russische Lukoil und die chinesische SINOPEC. Die beiden anderen gingen an die spanische Repsol und das italienische Energiekonglomerat ENI. Man spekulierte, auch ChevronTexaco habe sich um drei dieser Lizenzen beworben. Ansonsten beteiligte sich aber keine der westlichen Ölfirmen, die noch drei, vier Jahre zuvor so begierig darauf gewesen waren, sich einen Anteil zu sichern.

Kurz nach Bekanntgabe der Gewinner dieser kleineren Lizenzen fragte ich einen erfahrenen Manager einer der ursprünglich vertretenen Firmen, ob er überrascht sei, dass kein großes westliches Unternehmen eine Lizenz erworben habe. „Ich bin überhaupt nicht überrascht", lautete die Antwort, „denn die Reservoirs sind schäbig."

Anfang Dezember 2004 wurde der für das Kernprogramm drei verantwortliche Manager von Shell auf Bloomberg mit der Aussage zitiert, die Gasexploration in Saudi-Arabien sei ein hochriskantes Unterfangen, und die Chancen, große Reserven zu finden, seien gering.

Meiner Meinung nach war dieses ganze Fiasko ein klassisches Beispiel für zwei Schiffe, die sich in der Nacht begegnen und die Signale des jeweils anderen missverstehen. Die westlichen Ölfirmen waren sehr interessiert, einen Fuß in die saudische Ölproduktion zu bekommen. Im Lauf der Zeit, davon waren sie überzeugt, würde ihre bloße Anwesenheit im Königreich den Rest besorgen. Im Gegensatz dazu war Saudi-Arabien daran interessiert, 25 Milliarden Dollar an Auslandsinvestitionen anzulocken, um die riesigen Erdgasreserven des Landes zu erschließen. Wunschdenken war vielleicht die einzige Gemeinsamkeit beider Seiten. Aber Wünsche beruhen nicht unbedingt auf Gegenseitigkeit. Nachdem über 100 Millionen Dollar in Machbarkeitsstudien investiert worden waren, brach die Gasinitiative wie ein schwarzes Loch in sich zusammen.

> Nachdem über 100 Millionen Dollar in Machbarkeitsstudien investiert worden waren, brach die Gasinitiative wie ein schwarzes Loch in sich zusammen.

Der wachsende Bedarf an neuen Erdgasressourcen

All die Schwierigkeiten mit der Gasinitiative änderten nichts daran, dass man dringend neue Erdgasressourcen braucht, um die Kraftwerke und die Entsalzungsanlagen des Landes zu betreiben. Saudi-Arabien scheint nicht in der Lage zu sein, sein explosives Bevölkerungswachstum zu managen. Die wachsende Bevölkerung wird viele Dinge brauchen, vor allem aber Strom und Wasser.

Daten über den Energieverbrauch pro Kopf, veröffentlicht in der Ausgabe vom 14. Oktober 2004 von *Arab Oil & Gas*, zeigen, wie ernst die Herausforderungen für das Land sind. Der Erdgasverbrauch ist von 1999 bis 2003 zwar stetig gestiegen, aber der Anstieg war viel geringer als in anderen arabischen Ländern wie zum Beispiel Ägypten oder Syrien. Und der Pro-Kopf-Energieverbrauch in Saudi-Arabien liegt nicht nur weit unter dem der kleineren, aber reicheren Nachbarn – Bahrain, Qatar, den Vereinigten Arabischen Emiraten oder Kuwait –, sondern er ging zwischen 1999 und 2003 sogar um 3,5 Prozent zurück.

Das Gasproblem ist heute eine ernsthafte Bedrohung für das langfristige Wohlergehen des Landes. Das Ölproblem ist vor allem eine monetäre Bedrohung für das Königreich, obwohl es auch für die Öl verbrauchenden Nationen

ein großes Problem ist. Saudi-Arabiens Bedarf an einer wesentlichen Steigerung der Erdgasförderung ist fundamental, ein weit größeres Problem für Saudi-Arabien als eine stagnierende oder sogar fallende Ölproduktion. Hier geht
es darum, mehr Strom und mehr Trinkwasser zu erzeugen. Ohne wesentliche
Steigerungen der Erdgasproduktion wird es Saudi-Arabien sehr schwer fallen,
diese sozialen Bedürfnisse zu erfüllen, und vielleicht wird es sich sogar als unmöglich erweisen.

Außerhalb des Königreichs weiß man wenig über den Strombedarf und den
Bedarf an Entsalzungsanlagen im Land. Kaum etwas wurde darüber publiziert;
das gilt für den Rest der Welt ebenso wie für Saudi-Arabien.

Ein Artikel im *Oil & Gas Journal* vom 29. Juli 2002 beschrieb das derzeitige
Entsalzungssystem in Saudi-Arabien und enthielt einige grobe, wohl eher konservative Schätzungen über den Wasserbedarf des Königreichs bis 2010. Darin
war zu lesen, dass derzeit etwa 21 Prozent der weltweiten Produktion von entsalztem Wasser auf Saudi-Arabien entfallen. Der Bau der 30 Entsalzungsanlagen
in Saudi-Arabien kostete mehr als 20 Milliarden Dollar. Die jährlichen Wartungskosten belaufen sich auf vier Milliarden Dollar. 2002 kamen 70 Prozent
des in saudischen Städten konsumierten Wassers aus entsalztem Meerwasser.
Die Produktion und der Transport dieses Wassers kosteten das Königreich 1,10
Dollar je Kubikmeter. An die Verbraucher wird es zu 30 Prozent dieser Kosten
abgegeben.

Letztlich fällt es leicht, das Erdgasproblem Saudi-Arabiens zu beschreiben.
Wenn das Königreich über 2010 hinaus sicher und komfortabel funktionieren
soll, muss man enorme Erdgasvorkommen finden und entwickeln. Wenn das
überhaupt funktioniert, dann wird es wohl kaum zu Preisen von 0,75 Dollar pro
1.000 Kubikfuß funktionieren. In den USA würde man eine solche Kalkulati-
on für einen schlechten Witz halten. Der tatsächliche, wirtschaftlich nachhaltige
Gaspreis in Saudi-Arabien könnte leicht höher liegen als der in den USA.

TEIL IV
Wenn der Wüste
das Öl ausgeht

Was fangen wir nun mit den Informationen in allen diesen technischen Reports an? Nachdem wir das Fenster geöffnet und Einblick erhalten haben, was wissen wir nun über Öl und Gas in Saudi-Arabien, das wir zuvor noch nicht wussten? Wofür sollen wir nun plädieren, da wir alle diese Beweise in der Hand halten: Sollen wir anklagen oder verteidigen? In den Kapiteln 12 bis 16 ziehen wir die Schlussfolgerungen aus den Analysen in Teil III.

Zunächst einmal sollten uns alle diese Informationen skeptisch machen, um es zurückhaltend auszudrücken, was zwei Behauptungen betrifft, die saudische Offizielle immer und immer wieder aufstellen:

1. Die nachgewiesenen Ölreserven in den alternden Riesenfeldern und in einigen kleineren Vorkommen liegen bei über 260 Milliarden Barrel.

2. Das Königreich ist in der Lage, die Produktion auf 15, 20 oder sogar 25 Millionen Barrel pro Tag hochzufahren, wie es langfristige Energieprognosen erfordern.

Eine Behauptung ist kein Beweis, Wiederholung ist nicht gleich Überzeugung. Die Welt kann sich nicht länger auf das „Vertraut mir!"-Spiel einlassen. Der Schleier ist gelüftet. Ohne detaillierte und überprüfbare Daten, die die saudischen Behauptungen belegen, müssen wir wie die Kinder in dem bekannten Märchen sagen: „Der Kaiser hat keine Kleider".

Die technischen Studien der SPE enthalten zahlreiche Bereichte über die Probleme, die Saudi Aramco seit Jahrzehnten dabei hat, eine Produktion von sieben bis acht Millionen Barrel pro Tag und Reservekapazitäten von etwa einer Million Barrel pro Tag aufrechtzuerhalten. Fast die gesamte derzeitige Ölförderung Saudi-Arabiens kommt aus Feldern, die nun seit über 40 Jahren in Betrieb sind und mehrmals für längere Zeit an der Kapazitätsgrenze gearbeitet haben. Die Explorationsergebnisse waren nicht ermutigend, und nur wenige der kleineren Felder haben nennenswerte Ölmengen hervorgebracht. Es ist daher sehr unwahrscheinlich, das Saudi-Arabien seine Produktion auf andere Weise erhöhen könnte als durch das Öffnen der Ventile in den existierenden Schächten. Damit würde man wohl mehr Öl produzieren, aber es ist eine andere Frage, wie dauerhaft diese Steigerung sein könnte. Das wäre bestenfalls eine vorübergehende Lösung, und sie würde irreparablen Schaden anrichten. Realistischerweise muss man daher fragen, wann die Produktion zu sinken beginnt und wie schnell der Rückgang verlaufen wird. Wenn der Output der wichtigsten Felder einmal nachlässt, gibt es gute Gründe für die Annahme, dass dieser Rückgang schnell und steil sein wird.

> Wenn der Output der wichtigsten Felder einmal nachlässt, gibt es gute Gründe für die Annahme, dass dieser Rückgang schnell und steil sein wird.

Die Untersuchung der Produktionsgeschichte anderer Giganten- und Super-Giganten-Felder in den wichtigsten Ölregionen der Welt liefert wenige Argumente dafür, dass das saudische Ölwunder noch zehn oder 20 Jahre anhalten wird. Große Ölfelder erreichen ihren Produktionshöhepunkt, dann lässt der Output nach, und das Feld ist ausgebeutet. Wir werden das in Kapitel 13 untersuchen. Eine geringe Produktion kann dort mit genügendem Aufwand noch für fast unbegrenzte Zeit erfolgen. Aber eine solche Situation in Saudi-Arabien wäre nur ein Schatten des Öl-Riesen, den wir gekannt und auf den wir uns seit den späten 1960er-Jahren verlassen haben.

Für einen solchen Ausblick sprechen aber die jüngsten technischen Reports von Saudi Aramco (Kapitel 14) – einer Branche, die sich tertiären Fördermethoden zuwendet. Nichts in den Berichten von 2003 und 2004 widerspricht den Beschreibungen, die in den 40 Jahren zuvor erschienen sind. Saudi Aramco hat sich umfassendes Wissen über seine alternden Ölfelder erworben und wendet modernste Methoden an. Aber dieses Wissen erscheint problematisch und bringt nur wenig Licht in eine düster aussehende Zukunft. Das neue Wissen über die Felder wirft über die künftigen Produktionskapazitäten in der Tat mehr Fragen auf, als es beantwortet, und diese Fragen (siehe Kapitel 15) sind von der Art, auf die es keine klaren Antworten gibt. Sie betreffen komplizierte Themen, die sich aus der zunehmenden Alterung der riesigen Ölfelder ergeben. Die Kraft der Jugend ist einer Situation gewichen, die von Jahr zu Jahr schwieriger zu kalkulieren ist.

Die jüngste Information, die Aramco über seine neuen Entwicklungsprojekte herausgegeben hat, steckt voller zuversichtlicher Behauptungen. Diese Projekte könnten 500.000 bis eine Million Barrel pro Tag neuer Ölproduktion bringen und den Rückgang der alternden Felder ausgleichen. Aber die bisherige Geschichte der Felder, die nun in Produktion gehen sollen, bietet wenig Anlass zu der Annahme, dass diese Produktionsmengen, wenn sie denn erreicht werden, für lange Zeit aufrechterhalten werden können, selbst wenn man die modernsten Technologien einsetzt.

Saudi-Arabien hat seine Ölförderung mit Erfolg aufrechterhalten, indem in den alternden Riesenfeldern moderne Bohr- und Fördertechniken eingesetzt wurden. Man muss allerdings fragen, ob dies die klügste Strategie war, die Aramco anwenden konnte. Haben sich Aramco und das Ölministerium dazu entschieden, hohe Fördermengen in der Gegenwart zu erreichen, auf die Gefahr hin, die Gesamtfördermenge damit zu reduzieren? Wird das Endresultat dieser aggressiven Förderung in einem schärferen Rückgang bestehen, als er sonst erfolgt wäre? Die Form der Kurve des Produktionsrückgangs in Saudi-Arabien gehört zu den Dingen, die man nicht genau prognostizieren kann. Was man aber absolut sicher vorhersagen kann, ist, dass ein Rückgang bevorsteht und dass unsere Öl verbrauchende Welt in keiner Weise darauf vorbereitet ist. Nun muss jemand das Skript für den zweiten Akt verfassen.

Kapitel 12

Zweifel an den angeblichen Ölreserven Saudi-Arabiens

Die technischen Berichte der SPE, die sich mit den riesigen Ölfeldern in Saudi-Arabien beschäftigen, lassen keinen Zweifel daran, dass jedes dieser rapide alternden Felder Aramco vor große Probleme stellt. Keines scheint immun gegen einen bevorstehenden Produktionsrückgang; nicht einmal Shaybah, wo die Förderung erst vor fünf Jahren begonnen hat. Diese Probleme wirken sich direkt auf das zentrale Element der saudischen Vormachtstellung im Energiesektor aus – seine riesigen Ölvorräte – und führen uns zu folgenden Fragen:

- Gibt es wirklich hinreichende Gründe für die Annahme, dass Saudi-Arabien tatsächlich, wie behauptet, Vorräte von mehr als 260 Milliarden Barrel Öl besitzt?

- Könnte diese Behauptung einfach der Ausdruck des wettbewerbsbedingten Bedürfnisses einer ansonsten nicht sehr bedeutenden Nation sein, an der Spitze der OPEC-Hackordnung zu bleiben?

- Oder ist es nur die denkbar optimistischste Schätzung, wie viel Öl tatsächlich produziert werden könnte, ohne eine kritische Überprüfung der tatsächlichen Ölvorkommen im Land?

- Auch wenn man den saudischen Behauptungen glaubt: Könnten die Probleme auf den wichtigsten Feldern dazu führen, dass ein Teil (vielleicht sogar ein großer Teil) dieses Öls am Ende nicht gefördert werden kann?

Wir werden in diesem Kapitel sehen: Selbst wenn Saudi-Arabien strenge Kriterien bei der Schätzung seiner Ölreserven angelegt hat, ist diese Strenge keine Garantie für die Genauigkeit und das Ergebnis.

Abschätzung von Ölreserven: eine Voodoo-Wissenschaft

Wer schon einmal die Schätzungen der Reserven eines Ölunternehmens als Außenstehender (zum Beispiel als Investmentbanker) prüfen musste, weiß nur zu gut, dass hier ein hohes Maß an Skepsis angebracht ist. Die Ölindustrie scheint vom Thema der Reserven besessen zu sein. Wahrscheinlich deshalb, weil die Reserven als bester Maßstab für den tatsächlichen Wert einer Öl- und Gasfirma gelten. Man verfügt aber selten über die nötigen guten Informationen, um genaue Schätzungen abgeben zu können, selbst wenn diese Reserven in Gebieten liegen, wo schon seit Jahren Öl gefördert wird. Es geht hier also eher um Wahrscheinlichkeit als um Sicherheit; man muss sich aus einem Wust von Theorien, Annahmen und Messungen ein Bild machen. Es ist keine Übertreibung zu sagen, dass solche Schätzungen sich nicht besonders stark von Ratespielen unterscheiden.

Sobald aber ein Set von nachgewiesenen Reserven für ein bestimmtes Feld berechnet worden ist, sobald die Zahlen in Veröffentlichungen der Regierung oder des Unternehmens stehen, in einem Jahresbericht oder in den Berichten eines Energieprognostikers, gelten diese Angaben als die reine Wahrheit. An ihnen ändert sich nichts mehr, bis das fragliche Feld entweder das angegebene Ziel übertrifft oder hinter den Erwartungen zurückbleibt.

Auch heute noch umfasst die Schätzung der nachgewiesenen Reserven eines Ölfelds viele Unwägbarkeiten. Tabelle B.6 in Anhang B fasst die wichtigsten Schritte zusammen. Der Prozess beginnt mit der Definition der gesamten vorhandenen Ölmenge in einem Reservoir. Dieser Schätzwert, bekannt als Original-Oil-in-Place oder OOIP, kann in beide Richtungen um 60 Prozent vom tatsächlichen Wert abweichen – zu hoch oder zu niedrig. Dann beginnt eine noch schwierigere Aufgabe: Welcher Anteil dieses OOIP kann zu wirtschaftlichen Kosten und mit den derzeit zur Verfügung stehenden Methoden aus dem Boden geholt werden? Dieser Schätzwert, Ultimate Estimated Recovery (UER), ist immer ein Nebenprodukt des OOIP. Wenn OOIP nicht korrekt berechnet wurde, dann stimmt auch UER nicht. Trotz jahrzehntelanger technologischer Fortschritte hängt der förderbare Anteil des OOIP immer noch hauptsächlich von der Porosität und Durchlässigkeit des Gesteins und von Eigenschaften des Öls wie Viskosität und dem Anteil des gelösten Gases ab.

Reservoirs mit geringer Durchlässigkeit und Porosität sowie mit Öl von hoher Viskosität geben selten mehr als fünf bis 15 Prozent des OOIP frei. Andererseits kann man in sauberen Sandsteinreservoirs, bei hoher Porosität und Durchlässigkeit sowie Öl von niedriger Viskosiät 70 bis 80 Prozent des OOIP fördern. Das East-Texas-Ölfeld, wohl das qualitativ hochwertigste Sandsteinreservoir der westlichen Hemisphäre, soll geschätzte 82 Prozent des OOIP liefern. Ein so hoher Anteil ist sehr ungewöhnlich.

Karbonreservoirs wie Ghawar, Abqaiq und Berri liefern in der Regel zwischen 20 und 45 Prozent des OOIP.

Die Kategorisierung von Ölreserven:
nachgewiesen, wahrscheinlich, möglich

Da die Reservenschätzung eine so schwierige und komplexe Aufgabe ist, wird sie in drei Kategorien unterteilt:

- P1 für nachgewiesene Reserven,

- P2 für wahrscheinliche Reserven und

- P3 für mögliche Reserven.

Zusammen sind sie als „Die drei Ps" bekannt. Natürlich zählt für börsennotierte ebenso wie für staatliche Ölfirmen wie Saudi Aramco die konservativste Kategorie, die nachgewiesenen Reserven. Auf ihrer Basis berechnet man den Wert der Firma und die Erwartungen für die Zukunft.

Um den P1-Status zu erhalten, müssen Reserven mit einer Sicherheit von 90 Prozent vorhanden sein. Wahrscheinliche und mögliche Reserven bezeichnen das weitere Potenzial eines Felds und erklären, warum die Gesamtförderung eines Felds wie Prudhoe Bay in Alaska nun auf 13 nach zuvor zehn Milliarden Barrel geschätzt wird. Wahrscheinliche und mögliche Reserven sind schlicht der Ausdruck unseres begrenzten Wissens über ein bestimmtes Feld zu einer bestimmten Zeit. Wäre das Ölgeschäft eine Poker-Partie (und viele Branchenveteranen halten das für einen guten Vergleich), dann wären die nachgewiesenen Reserven die Karten in der Hand des Spielers, zum Beispiel zwei Zehner und drei Asse. Die wahrscheinlichen und möglichen Reserven sind die noch nicht gezogenen Karten: die dritte Zehn oder das vierte Ass, der fünfte Diamant für einen Flush oder die Sieben für einen Straight. Gute Spieler kennen die Wahrscheinlichkeiten.

Obwohl die Aufteilung der Reserven in die Kategorien P1, P2 und P3 einen wissenschaftlichen Anschein hat, ist es in der Realität doch eine Reihe von unbewiesenen Annahmen, die eine Sicherheit von 90 Prozent und eine von 50 Prozent unterscheiden. Das lässt den Ölfirmen einen weiten Spielraum, die Zahlen der nachgewiesenen Reserven ihren marktbedingten oder finanziellen Bedürfnissen anzupassen.

Auch der Preis wirkt sich auf die Ölreserven aus

In diesem Reservenspiel gibt es auch noch einen Joker – die Veränderung der Öl- und Gaspreise. Der Preis für ein Barrel Öl zum Zeitpunkt der Schätzung ist ein Faktor bei der Bestimmung, welche Ölmengen mit den aktuellen Methoden wirtschaftlich profitabel gefördert werden können – also für die nachgewiesenen Reserven. Preisveränderungen wirken sich auf diese Wirtschaftlichkeitsrechnung aus, und daher können die Reserven steigen oder sinken.

Wenn zum Beispiel die Ölpreise sanken und man ein dauerhaft niedriges Niveau erwartete, mussten Ölfirmen oft bestimmte Reserven aus der Kategorie der nachgewiesenen, wirtschaftlich förderbaren Mengen streichen und deren Wert in ihren Büchern abschreiben. Und selbst in Zeiten hoher und steigender Preise können andere Faktoren Firmen dazu zwingen, ihre Reservenschätzungen zu reduzieren, wie es kürzlich bei Royal Dutch Shell der Fall war.

Die Schätzung der Fördermengen

Wenn schon die Reservenschätzung eines Ölfelds schwierig ist, dann ist es noch viel schwerer, mit einiger Genauigkeit die Ölmenge abzuschätzen, die ein bestimmter Förderschacht zu einem bestimmten Zeitpunkt produzieren kann. Bei jedem Schacht verändern sich Produktionsmengen, Öl- und Gasanteile im Lauf der Zeit, weil der Förderdruck nachlässt und Wasser und/oder Gas das Öl zu verdrängen beginnt. Viele Firmen, darunter auch Aramco, haben mit der geringen Produktion von Schächten, die als sichere Produzenten galten, schon böse

Überraschungen erlebt. Wenn es früh in der Geschichte eines Felds zu mehreren solchen Enttäuschungen kommt, kann sein Potenzial völlig schwinden, was zu seiner Stilllegung führt.

Ende der 1980er-Jahre war dies bei Placid Oils Ölfeld Green Canyon 29 der Fall. Mit einer Tiefe von gut 500 Metern war es das erste Tiefwasserprojekt im Golf von Mexiko. Weitere Enttäuschungen der jüngeren Vergangenheit waren das Sable-Island-Gasfeld im Osten Kanadas und das Tiefwasserfeld Brutus im Golf von Mexiko. Bei beiden kam es früh zu starken Wasserzuflüssen, und die Eigentümer mussten etwa zwei Drittel ihrer „nachgewiesenen Reserven" abschreiben. Wahrscheinlich zeigten einige der von Aramco in den vergangenen Jahren stillgelegten Felder ähnlich enttäuschende Resultate. Aber anders als eine börsennotierte Ölfirma, die den Finanzmärkten Rechenschaft ablegen muss, musste Aramco keine Reserven abschreiben, die es je in seine Bücher aufgenommen hatte, so sehr ein Reservoir auch enttäuscht haben mochte.

Die Technologie ist ein weiterer „Faktor X" bei der Reservenschätzung. Eine bessere Technologie kann ein Unternehmen in die Lage versetzen, Öl zu erreichen und zu fördern, das mit früheren Methoden nicht förderbar gewesen wäre. Moderne Messmethoden und -sensoren können die Fähigkeit eines Unternehmens verbessern, in den Boden zu „sehen" (oder das zumindest zu glauben), und zu besseren Primärdaten zur Abschätzung der Reserven führen.

Viele Ölmanager und Branchenanalysten haben voll Optimismus angenommen, die Genauigkeit der Schätzung von Öl- und Gasreserven habe mit dem technischen Fortschritt der zurückliegenden Jahre massiv zugenommen. Ich habe das nie geglaubt und bin weiterhin sehr skeptisch. Der Strom negativer Überraschungen in letzter Zeit weist darauf hin, dass man die Schätzungen von verschiedener Seite heute mehr denn je als Resultate bloßen Ratens verstehen muss.

Das Mysterium der saudischen Ölreserven: scharfe Rückgänge und wilde Anstiege

Meine Nachforschungen über die bedeutendsten Ölfelder Saudi-Arabiens haben mir einen tiefen Einblick vermittelt, wie ungenau und beliebig diese landesweite Reservenschätzung geworden ist. Als die vier westlichen Anteilseigner die Schätzungen durchführten, waren die Grundannahmen und Parameter noch

konservativ. Sie mussten sich schließlich an die Regeln der amerikanischen Bör-
senaufsicht SEC halten. Im Lauf der Zeit, als Aramco zu Saudi Aramco wurde,
wurden die Reservenschätzungen immer stärker durch Faktoren wie National-
stolz, Wettbewerb innerhalb der OPEC und den Wunsch beeinflusst, die Kunden zu befriedigen und zu beruhigen. Abbildung 12.1 zeigt das Wachstum der
Reserven in Saudi-Arabien, im Nahen Osten und in der Welt zwischen 1973 und
2003.

Das Mysterium, das die nachgewiesenen Reserven Saudi-Arabiens umgibt,
begann mit der Unsicherheit und den Abweichungen in den Berichten der
1970er-Jahre. 1975, als die vier US-Firmen Aramco noch kontrollierten, wies
man nachgewiesene Reserven von 107,9 Milliarden Barrel aus. Dies entsprach
den verbliebenen Reserven aus einer nachgewiesenen Ressourcenbasis von 132,3
Milliarden Barrel in 30 Feldern, abzüglich der bereits geförderten Menge von
24,2 Milliarden Barrel. Aramco legte 1978 bei Anhörungen vor dem US General
Accounting Office eine ähnliche Zahl vor, nämlich 110 Milliarden Barrel. Der
US-Senats-Report vom April 1979 bekräftigte diese Angaben in noch detail-

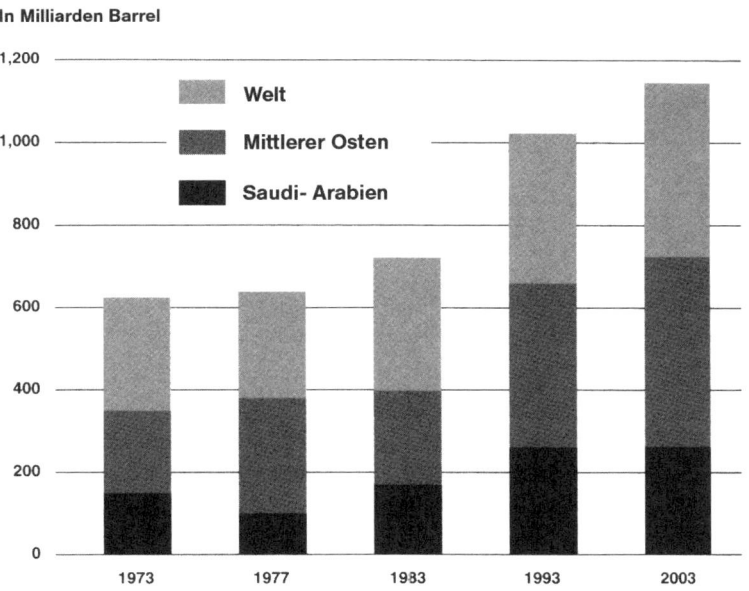

Abbildung 12.1: Wachstum der nachgewiesenen Reserven, 1973 – 2003
Quelle: BP Statistical Review of World Energy

lierterer Form. Die Angaben nach dem Komma geben eine nicht zu erreichende Schätzgenauigkeit vor, wenn man die Größe der Mengen und die Probleme bei der Schätzung bedenkt, aber das ist kein großer Schaden.

In den 1970er-Jahren wurden Berichte über die nachgewiesenen Reserven jedes einzelnen Felds regelmäßig veröffentlicht. Jedes Jahr publizierte das *Oil & Gas Journal* diese Daten als Teil seines Berichts über die globalen Ölreserven. In Tabelle B.7 in Anhang B finden Sie diese Daten für fünf wichtige saudische Felder von 1973 bis 1977. 1976 berichteten Richard C. Hasson, John F. Mason und Quentin M. Moore die nachgewiesenen Reserven der einzelnen Felder an die American Association of Petroleum Geologists. Weil diese Daten nun schon so alt sind, darf man fragen, ob sie noch irgendeine Bedeutung haben. Ich würde sagen, dass sie höchst relevant sind, weil es sich um die letzten Zahlen über einzelne saudische Felder handelt. Sie zeigen auch, wie schwierig es ist, irgendeines der weltgrößten Ölfelder mit vernünftiger Präzision einzuschätzen. Sehen wir uns einige Einzeldaten an:

■ **Ghawar:**

- Anfang 1970 schätzte man die nachgewiesenen Reserven in Ghawar auf 69,6 Milliarden Barrel.

- Bis Ende 1975 verminderte sich die Zahl entsprechend der Ölförderung in Ghawar.

- 1976 betrug die Zahl 63,2 Milliarden Barrel.

- Anfang 1977 gab es eine deutliche Revision nach unten, und die „verbliebenen nachgewiesenen Reserven" sanken auf 45,5 Milliarden Barrel. Es wurde nie offiziell erklärt, was der Grund dieser Revision war. Im Senats-Report von 1979 hieß es aber, das damalige Auftauchen von Wasser in einigen Schächten Ghawars und Probleme bei der Druckstabilisierung könnten Aramco dazu bewogen haben, vorsichtiger bei der Schätzung seiner insgesamt förderbaren Reserven zu werden.

■ **Abqaiq, Abu Sa'fah und Qatif.** Diese Ölfelder weisen ähnliche Muster auf:

- 1970 wurden die nachgewiesenen Reserven dieser drei wichtigen Felder mit 8,9, 6,4 und 8,7 Milliarden Barrel angegeben, insgesamt also mit 24 Milliarden Barrel.

- Anfang 1976 waren es 7,8, 6,3 und 8,6 (insgesamt 22,7) Milliarden Barrel – ein Rückgang, der der berichteten Förderung entsprach.

- Anfang 1977 erfolgte eine starke Revision nach unten auf 3,9 (Abqaiq), 3,7 (Abu Sa'fah) und 2,7 (Qatif) Milliarden Barrel, also insgesamt 10,3 Milliarden Barrel.

■ **Safaniya:**

- Anfang 1970 gab man die nachgewiesenen Reserven mit 25,6 Milliarden Barrel an.

- 1973 waren es 25 Milliarden.

- Anfang 1974 fielen die nachgewiesenen Reserven um 50 Prozent auf 12,6 Milliarden Barrel.

- Anfang 1977 stiegen sie auf 14,4 Milliarden Barrel.

■ **Insgesamt** variierten die nachgewiesenen Reserven (in Milliarden Barrel) der wichtigsten Felder Saudi-Arabiens wie folgt:

- 1970: 146,6

- 1973: 149

- 1974: 116,8

- 1975: 114

- 1976: 133

- 1977: 100

Für die Schwankungen dieser berichteten Zahlen gibt es ebensowenig eine Erklärung wie für die Diskrepanzen zwischen dem Aramco-Report von 1975 und dem GAO-Report von 1978. Liegt es daran, dass es sich einfach um unbewiesene Annahmen handelt? Das wäre schwer vorstellbar. Anfang der 1970er-Jahre arbeiteten einige der weltbesten Ingenieure und Geologen für die vier Aramco-Anteilseigner (Exxon, Mobil, Chevron und Texaco) an den Reservemodellen für alle einzelnen Felder.

„Anhang C: Historische Basis technischer Bedenken" des Senats-Reports „Die Zukunft der Ölproduktion in Saudi-Arabien" von 1979, den ich in Kapitel 4 zitiert habe, lieferte überzeugende Informationen, warum die Schätzwerte so stark schwankten.

Der überraschend offene Bericht begann mit einer Zustandsbeschreibung von Aramcos Feldern vor dem arabischen Öl-Embargo von 1973, als Aramcos Wassereinpumpungsprogramm weniger intensiv durchgeführt wurde als vorgesehen. Dazu kam es zu Druckabfällen, die alarmierend genug waren, dass die saudische Regierung ihre Einschätzung der maximalen Fördermenge in Ghawar änderte. Im Juli 1973 wurden neue Förderkapazitäten in Uthmaniyah in Produktion genommen. Wegen des niedrigen Drucks fiel die Fördermenge enttäuschend aus. Ende 1973 wurden das Niveau und die Methoden der Förderung neu geregelt.

Der starke Produktionsanstieg von 5,4 Millionen Barrel pro Tag im Mai 1972 auf erstaunliche 8,3 Millionen Barrel pro Tag im September 1973 kam hauptsächlich aus Berri und Ghawar. (Abqaiq hatte sein Produktivitätsmaximum damals schon hinter sich.) Berris Output stieg von 300 000 auf 600.000 Barrel pro Tag. In Ghawar stieg die Produktion Shedgums von 1,1 Millionen Barrel pro Tag Ende 1972 auf 1,3 Millionen Barrel pro Tag.

Die Produktion in Ain Dar stieg von 75.000 Barrel pro Tag auf eine Million im letzten Quartal 1972. Am stärksten war der Anstieg in Nord-Uthmaniyah, von 500.000 Barrel pro Tag auf 1,9 Millionen Barrel pro Tag im ersten Halbjahr 1973. Auf Berri und Ghawar entfielen über 5,2 der 8,3 Millionen Barrel pro Tag, die Aramco im September 1973 förderte, einen Monat vor Verhängung des Embargos.

Viele Aramco-Experten waren überzeugt, derart hohe Fördermengen würden Ghawar auf eine Weise schädigen, die zu einer Reduzierung der dortigen Gesamtproduktionsmenge führen musste. Im Senats-Report (siehe Anhang C dieses Buchs) hieß es: „Die Produktionsraten vom September 1973 in Shedgum und Nord-Uthmaniyah, die im dritten Quartal 1973 durchschnittlich 3,2 Millionen Barrel pro Tag erreichten, waren nahe daran, diese großartigen Reservoirs zu schädigen."

Diesem wichtigen, aber fast vergessenen Senats-Bericht zufolge hatte das saudische Ölministerium sich schon beklagt, Abqaiq werde überstrapaziert. Aramcos Management wies diese Beschuldigung „heftig zurück."

Im Juli 1973 wiederholte die saudische Regierung ihr Argument, Abqaiq werde überstrapaziert. Die Regierung drängte darauf, Aramco solle mehr schweres und mittelschweres und dafür weniger leichtes Rohöl fördern.

Als es während des Produktionsanstiegs in Ghawar und anderen wichtigen Feldern zu stärkeren Salzwasserzuflüssen kam, begannen die Reservoir-Ingenieure ihre Schätzungen der Ölmengen herunterzuschrauben, die Ghawar wahrscheinlich hervorbringen könnte. Der vorzeitige Druckverlust und die ebenso vorzeitigen Salzwasseransammlungen in den hochproduktiven Schächten Ghawars, Berris und Abqaiqs veranlassten Aramco, 70 Milliarden Barrel aus den Kategorien „nachgewiesen" und „wahrscheinlich" in die Kategorie „möglich" zurückzustufen.

Der Bericht enthält auch eine aufschlussreiche Notiz über die Aussichten, riesige Mengen neuen Öls in Saudi-Arabien zu finden: „Die Prognose neuer Funde in Saudi-Arabien ist unsicher. Die beteiligten Unternehmen glauben nicht, dass noch große Mengen entdeckt werden."

Das Mysterium um die Reserven wurde wesentlich ausgeprägter, als die Saudis 1979 das Management von Aramco übernahmen:

- 1979 stellte Aramco die Veröffentlichung von Daten über einzelne Felder ein, aber die landesweiten, nachgewiesenen Reserven sprangen auf 150 Milliarden Barrel.

- Bis 1982 stieg die Zahl auf über 160 Milliarden Barrel. Dabei handelte es sich vielleicht einfach um die Übertragung von 65 Milliarden Barrel wahrscheinlicher Reserven, von denen 1980 in mindestens einem Aramco-Dokument die Rede war, in die P1-Kategorie.

- 1988 wurde ein zweiter, noch stärkerer Anstieg um 100 Millionen Barrel verkündet. So erhöhte Aramco das Ausmaß seiner nachgewiesenen Reserven in den ersten neun Jahren nach Übernahme der vollen Kontrolle um fast 150 Milliarden Barrel. Das Ergebnis, 260 Milliarden Barrel, ist eine außergewöhnlich wichtige Zahl für unsere nähere Zukunft; etwa so bedeutend wie Bruttoinlandsprodukte, Erdbevölkerung und Temperaturanstieg in arktischen Breitengraden.

Ein weiteres Reserven-Mysterium ist die Validität der 39 Prozent aller 1979 berichteten nachgewiesenen und wahrscheinlichen Reserven, die auf all die kleineren Ölfelder entfallen und nicht auf die „Großen Vier". Alle diese Felder zusammen haben nie mehr als etwa zwei Millionen Barrel pro Tag produziert. Ist es da realistisch, fast 70 Milliarden Barrel als „nachgewiesen" zu verbuchen?

Das Mysterium wirkt sich bis heute aus, in Form der auf wundersame Weise niemals schrumpfenden Ressourcenbasis. Seit 17 Jahren betragen die von Aramco berichteten Reserven etwa 260 Milliarden Barrel, obwohl seither über 17 Milliarden Barrel gefördert wurden. Und doch hat kaum ein Öl-Analyst den Wahrheitsgehalt dieser Angabe je bezweifelt oder die Frage gestellt, warum diese Zahl so lange so konstant geblieben ist. Stattdessen verbreiteten selbst ernannte Insider Gerüchte, sie hätten vertrauliche Daten gesehen oder man habe ihnen im Geheimen anvertraut, die saudischen Reserven seien viel höher als die veröffentlichten Daten. Erstaunlicherweise haben viele hoch gebildete Öl-Analysten diese Gerüchte dann als Tatsacheninformationen akzeptiert.

Erst im September 2004 hat Saudi Aramco die Korrektheit seiner berichteten Reservenmengen verteidigt und festgestellt, sie seien in der Tat konservativ und beruhten auf ständig wachsendem Wissen und verbesserter Technologie. Zum Beipiel lieferten Simulationsmodelle den Ingenieuren wertvolle Informationen, wie man die neueste Technik einsetzen kann, zum Beispiel multilaterale Horizontalschächte. Damit, so sagt Saudi Aramco, kann das Unternehmen einen größeren Teil des OOIP ausbeuten.

Dieses Argument ist einigermaßen plausibel, wenn es um die Frage geht, warum die saudischen Reserven mit der Produktion der vergangenen Jahre Schritt gehalten haben. Aber es erklärt nicht den 150-prozentigen Anstieg der nachgewiesenen Reserven, den Saudi-Arabien in den 1980er-Jahren verkündet hat. Die modernen Werkzeuge zur Wissenserweiterung über bestehende Reservoirs und die Technologien zu deren Einsatz waren damals noch gar nicht verfügbar.

Saudi Aramco hält seine derzeitige Methode der Reservenschätzung für konservativ. Einigen kürzlich in den Ruhestand getretenen Aramco-Technikern zufolge baut das Unternehmen stark auf Computersimulationsmodelle. Alle Reservenberechnungen der neuen Funde und der noch nicht produzierenden Ölfelder beruhen einfach auf diesen Computerdaten. Diese Technik setzt in der Regel voraus, dass die noch nicht getesteten, nicht produzierenden Felder ähnliche Eigenschaften aufweisen wie diejenigen, wo schon seit Jahren produziert wird. Die Annahme scheint allerdings alles andere als konservativ, dass ein noch nicht geprüftes Feld, selbst in Saudi-Arabien, eine derart großartige Performance erreichen wird wie Abqaiq, Berri, Safaniya oder Ghawar, denn diese gehören zu den besten je entdeckten Feldern weltweit. In der Tat hat sich keines der kleineren Felder je mit der Performance der vier großen messen können.

Die Einschätzung der Ölreserven
wird zum globalen Problem

Die Frage nach der Zuverlässigkeit oder sogar nach der Relevanz der nachgewiesenen Reserven Saudi-Arabiens geht weit über die Grenzen des Königreichs hinaus. Nachdem Royal Dutch Shell 2004 die Menge seiner Reserven um erstaunliche 35 Prozent gesenkt hat, ist die Frage nach der Genauigkeit von Reservenschätzungen zum globalen Thema geworden. In den vergangenen Jahren begann die Explorations- und Produktionsbranche zu glauben, sie mache große Fortschritte beim Verständnis der Faktoren, die für die Einschätzung der aus einem Reservoir förderbaren Öl- und Gasmengen entscheidend sind. Neue Methoden und leistungsfähigere Computer können sicherlich Simulationsmodelle von weit höherer Bildauflösung schaffen.

Modelle sind aber nur so gut wie die Annahmen, die in ihre Erstellung eingeflossen sind. Eine höhere Bildauflösung führt nicht unbedingt zu einer zutreffenderen Darstellung der Realität. Die einzige Methode, die Eigenschaften des Gesteins rund um einen produzierenden Ölschacht festzustellen – zum Beispiel die entscheidende Durchlässigkeit –, ist das Bohren eines Testschachts, die Entnahme des Bohrkerns und dessen Untersuchung im Labor. Diese Prüfung ist heute ebenso unerlässlich wie vor Jahrzehnten.

Ein weiterer Trend, den man über Jahrzehnte nicht beachtet hat, bis es zum Skandal bei Shell kam, wirft ein bezeichnendes Licht auf die Unsicherheit, was die weltweiten nachgewiesenen Reserven betrifft. In den zehn Jahren sehr niedriger Ölpreise nach dem Preiseinbruch von 1986 konnten es sich die Öl- und Gasfirmen nicht mehr leisten, so viele Bohrungen wie früher üblich durchzuführen, um die Größe eines Ölfelds und die dort vorhandenen Ölmengen richtig zu definieren. Das Wissen über die Untersuchung von Bohrkernen aus solchen „Bestätigungsschächten" wäre fast verloren gegangen, weil diese Tests einfach zu teuer waren.

In vielen Formationen ist es auch schwierig, stabile Kerne zu bohren und zu bergen, und das Risiko ist hoch, dass die Kernbohranlage im Gestein stecken bleibt. Daher dachte bald die ganze Branche, seismische 3-D-Untersuchungen und Computersimulationen könnten die alte Methode ersetzen. Viele erfahrene Geologen und Ingenieure stehen dieser Meinung sehr skeptisch gegenüber und sind der Ansicht, die neuen Methoden führten zu einer massiven Überschätzung der förderbaren Ölmengen in vielen Ölfeldern auf der ganzen Welt.

Ein weiteres Problem:
Die Simulationsmodelle versagen

Um 1990, als Saudi-Arabien wieder etwa acht Millionen Barrel pro Tag förderte, begannen die Modelle auf alarmierende Weise zu versagen, mit denen man den künftigen Ölfluss und die Wasserbewegungen in den wichtigsten Reservoirs prognostizierte. Ölfluss und Wasserbewegungen sind die entscheidenden Parameter zur Berechnung der förderbaren Gesamtmenge, und die Prognosen deckten sich nicht mit den Beobachtungen auf den Ölfeldern.

Diese Widersprüche veranlassten Aramco zur Bildung integrierter Teams seiner führenden technischen Experten aus allen relevanten Disziplinen. Diese Disziplinen reichten von seismischer Interpretation und anderen geophysikalischen Analysen über Produktionsgeschichte, Bohrkernanalyse, Datenbanktechnik und Bohrung von Förderschächten bis zum Reservoir-Ingenieurwesen. Die Ergebnisse dieser integrierten Analysen wurden dann in Hochleistungsrechner eingegeben, um eine neue Generation von Reservoirmodellen zu schaffen, die idealerweise genauere Prognosen ermöglichen würde.

Die Vorteile dieses Integrationsprozesses waren enorm. Zuvor waren die einzelnen Disziplinen stark auf sich allein gestellt gewesen. Aramcos Geologen arbeiteten in einem anderen Gebäude als die anderen Techniker. Ihre Arbeiten wurden selten von Reservoir-Ingenieuren zur Kenntnis genommen, die ihre komplexen Analysen ebenso isoliert durchführten.

Als die Integrationsfähigkeit wuchs und die Computertechnologie neue Möglichkeiten zur Verarbeitung der Daten eröffnete, wurden die von den simulierten Computermodellen geschaffenen Bilder anschaulicher und komplexer. Der Prozess ermöglichte schließlich „Visualisierungsräume", wo technische Teams mit Hilfe von 3-D-Brillen fast schon selbst zu glauben begannen, sie blickten in ein echtes Reservoir. (Diese Simulationstechnologie erlaubt es auch Kampfpiloten, mit einer F-17 kopfüber durch die Wall Street zu fliegen.) Aber die Simulationen auf beiden Gebieten waren nie besser als die Genauigkeit der Daten, die in die Modelle einflossen.

Schon seit Jahrzehnten preist man die verbesserten Reservoirmodelle aller wichtigen saudischen Ölfelder. Aber selbst die jüngsten diesbezüglichen Veröffentlichungen besagen, dass der Modellbildungsprozess immer noch so problematisch und fehleranfällig ist wie vor zehn Jahren. Hinzu kommt: Viele der intensiven, in den 1990er-Jahren von den Wissenschaftlern Aramcos und den weltbesten Ölfeld-Experten durchgeführten Analysen führten zu der schlichten Erkenntnis, dass die wichtigsten Reservoirs viel komplexer waren als zuvor vermutet.

Der Zuwachs an Wissen und Technologie war beträchtlich, aber all diese neuen Informationen bestätigten nur, dass die künftige Ölförderung in den alten, gigantischen Ölfeldern eine extreme Herausforderung darstellen würde. Diese Fortschritte führten nicht zu bedeutenden Erhöhungen der nachgewiesenen Reserven in Saudi-Arabien.

Die großen Erhöhungen von 1979 bis 1982 und die noch stärkere von 1988 wurden verbucht, bevor die neuen Technologien verfügbar waren. Stattdessen führten die technischen Fortschritte zu stärkeren Unsicherheiten, was die ausbeutbaren Reserven betraf – Unsicherheiten, die man zuvor hinter optimistischen Behauptungen verborgen hatte.

Probebohrungen erlauben immer noch die besten Prognosen

Eine 2001 erschienene SPE-Studie unterstrich die mit diesen Unsicherheiten verbundenen Risiken. Vereinfacht ausgedrückt hieß es darin, das beste Werkzeug zur Verbesserung von Reserveschätzungen sei immer noch das Bohren von zahlreichen Bestätigungsschächten. Trotz der damit verbundenen Kosten gibt es keine bessere Möglichkeit, die folgenden Risiken zu meiden:

■ Der Entwurf eines unangemessenen Entwicklungsplans für ein neues Feld.

■ Irrtümliche Einschätzung eines kleinen Vorkommens als großes Reservoir.

■ Unangenehme Überraschungen durch unerwartet schlechte Reservoirqualität und Fließeigenschaften.

Das Papier hätte auch noch feststellen können (was es aber nicht tat), dass es zur Bestätigung von Schätzungen und Erwartungen keinen Ersatz für die Förderung in diesen Bestätigungsschächten gibt. Man tut dies für einige Zeit und misst sorgfältig die Performance. Außerdem ist es unerlässlich, dass Bohrkerne geborgen und dann in Speziallabors untersucht werden, damit man die Gesteinseigenschaften versteht. Ansonsten ist die Schätzung der Durchlässigkeit nicht mehr als eine computergestützte Annahme.

Man braucht auch eine lange Produktionsgeschichte vieler Schächte, die über das ganze Feld verstreut sind, um ein Modell zu erstellen und zu bestimmen, welche Mengen Öl man fördern kann – und welche nicht. Das trifft besonders auf Felder zu, die mit Wasserzufluss arbeiten – und in noch höherem Maß auf solche, wo der Druck durch Wasserinjektion stabil gehalten wurde.

Schlussfolgerung: Schätzungen der künftigen Ölproduktion sind unzuverlässig

Die Einschätzung der verbleibenden produktiven Lebenserwartung eines Öl- und Gasfelds ist ebenso problematisch wie die Prognose, wie lange ein alternder Mensch produktiv bleiben wird. In der ersten Hälfte seines produktiven Lebens liefert ein Ölfeld den Großteil seines gesamten Outputs, typischerweise in der Größenordnung von 75 Prozent. Bei einem guten Ölfeld kann dieses Stadium bemerkenswert unproblematisch verlaufen. Erst wenn der Höhepunkt der Produktivität überschritten ist, wird es problematisch, die verbleibende Menge an leicht zu förderndem Öl und Gas zu bestimmen.

Die Einschätzung der verbleibenden produktiven Lebenserwartung eines Öl- und Gasfelds ist ebenso problematisch wie die Prognose, wie lange ein alternder Mensch produktiv bleiben wird.

In den vergangenen Jahren ist ein wahrer Tsunami neuer Technologie über die Öl- und Gasbranche hinweggestürmt und hat die Produktionsmethoden dramatisch verändert, was in der gesamten Branche eine Art von Euphorie ausgelöst hat. Immer mehr verbreitete sich die Vorstellung, die Technologie habe es nun einfach gemacht, aus alten Feldern mehr Öl zu gewinnen. Es war fast so, als hätte jemand eine Art von Öl-Jungbrunnen erfunden.

Angesichts dieser Stimmung in der Branche erstellten viele Beobachter und Analysten Ölangebotsprognosen für einzelne Firmen, große Regionen oder auf weltweiter Basis, wobei sie annahmen, der Produktionsrückgang auf den alten, großen Feldern werde sehr langsam verlaufen. Manche dieser Prognosen ignorierten den Produktionsrückgang sogar komplett.

Die Euphorie über die steigenden Ölvorräte wich allmählich, als der Technologieboom zu Ende ging. An ihre Stelle trat die wachsende, unangenehme Erkenntnis, dass auf Technologie basierende Feldmodell-Produktionsschätzungen unzuverlässig waren und dass sich der Produktionsrückgang der alten Ölfelder beschleunigte. Eine neue Realität verschafft sich nun Platz.

Die Branche beginnt zu verstehen, dass neue Technologien, vor allem weit reichende multilaterale Horizontalschächte und hydraulische Frakturierung im Prinzip Turbo-Strohhalme sind, mit denen man das förderbare Öl schneller aus dem Boden saugen kann – nicht aber Wunderdrogen, die das Leben eines Felds verlängern und die Gewinnung eines weit höheren Prozentsatzes des OOIP ermöglichen. Die Steigerung der Reserven durch technologischen Fortschritt ist vielleicht kein Mythos, aber die Auswirkungen sind wohl weit stärker begrenzt, als man es in der Branche annahm.

Die Aufregung über neue Möglichkeiten durch technischen Fortschritt erklärt auch, warum so viele Ölunternehmen in den zurückliegenden zehn Jahren weit mehr Öl als nachgewiesene Reserven verbucht haben, als sie Jahr für Jahr förderten, obwohl es bei kaum einem dieser Unternehmen zu signifikanten Produktionssteigerungen kam. Einige, die ständig hohe neue Reserven auswiesen, berichteten gleichzeitig über signifikante Produktionsrückgänge. Diese Firmen waren börsennotiert und unterstanden den Bilanzierungsvorschriften der SEC. Von den OPEC-Ländern und den nationalen Ölunternehmen außerhalb der OPEC wurden keine so strengen Bewertungsmaßstäbe verlangt. Sie alle veröffentlichten einfach unüberprüfte Reservendaten, und die Beobachter von außen hatten damit Zahlenmaterial, mit dem sie ihre eigenen Annahmen überprüfen konnten.

Die Wirklichkeit in der Ölbranche sieht 2005 nicht anders aus als vor Jahrzehnten. Die Aufgabe der Schätzung nachgewiesener Reserven ist umfangreich, schwierig und problematisch, weil sie sich zwangsläufig auf Daten stützen muss, die vielen Unsicherheiten und bloßen Annahmen unterliegen. Die geschätzten Flüssigkeitsmengen sind niemals sichtbar oder physisch präsent, der ganze Vorgang wird durch zahlreiche Variablen gestört, die man nicht unter Kontrolle hat.

Letztlich gilt für die nachgewiesenen Ölreserven Saudi-Arabiens, dass die wirkliche Zahl im Dunkeln liegt. Wie bei allen solchen Schätzungen wird man die Wahrheit erst dann mit Sicherheit kennen, wenn der letzte Schacht geschlossen ist. Ohne zuverlässige Produktions- und Reservendaten der einzelnen Felder bleibt jede Schätzung unzuverlässig. Vielleicht liegen die Zahlen aus den 1970er-Jahren in der Nähe der Wahrheit. Dann könnte das Ende schon nahe sein.

Kapitel 13

Dem Unvermeidlichen ins Auge blicken

Die Zukunft der saudischen Ölindustrie trübt sich ein

Das Wort „unvermeidlich" ist in der Regel für Ereignisse und Ergebnisse reserviert, denen wir gern aus dem Weg gehen würden. Handlungen und Schicksal des tragischen Helden sind unvermeidlich – Ödipus wird von Stolz und Arroganz angetrieben, Othello wird von Eifersucht überwältigt. Dieses Kapitel beschreibt den unvermeidlichen Ausgang der Geschichte vom saudischen Öl. Etwas, das wir alle natürlich lieber vermeiden würden.

Aber der Ausgang wird nur dann tragisch sein, wenn wir uns weigern zu erkennen, was passiert, obwohl wir die Beweise in der Hand halten und der historische Ausgang des Öldramas aus anderen Regionen wohl bekannt ist. Die Handlung des Dramas ist überall gleich.

Das geologische Drehbuch wurde schon vor Jahrmillionen geschrieben. Wir kennen das Ergebnis und können zumindest seine möglicherweise schädlichen Konsequenzen vermeiden. Aber wir müssen uns allmählich darauf vorbereiten.

Der heutige Status des saudischen Öls

Beginnen wir mit einem Überblick über die wichtigsten Fakten der saudischen Öl-Saga, so wie sie sich uns heute darstellen:

■ Fast der gesamte tägliche Output kommt aus einer Hand voll Giganten- und Super-Giganten-Felder.

■ Diese standhaften Öllieferanten wurden vor vier bis sechs Jahrzehnten entdeckt und sind fast ebenso lange in Produktion.

■ Von den großen produzierenden Feldern wurde nur Shaybah innerhalb der letzten zehn Jahre in Produktion genommen. Entdeckt wurde es 1967.

■ Alle anderen bedeutenden Felder sind gealtert, und sie werden jedes Jahr älter. Daher stellen sie die für die Aufrechterhaltung der hohen Produktionsraten verantwortlichen Ingenieure und Manager vor große Herausforderungen.

Die produktivsten Teile dieser Felder sind nicht nur alt, sie haben auch die meiste Zeit über hohe Ölmengen geliefert. Saudi Aramco drosselte zwar von Zeit zu Zeit die Produktion, um den Feldern eine Rast zu gönnen, legte einige Felder ganz und andere teilweise still, aber meist suchte das Unternehmen dazu Regionen aus, wo die Produktion ohnehin schwieriger wurde. Es gibt keine Hinweise für längerfristige Stilllegungen im Norden Ghawars, in Berri oder Abqaiq. Die Frage ist berechtigt, ob diese Felder derzeit produziert oder überproduziert werden, mit nicht langfristig aufrechtzuerhaltenden Förderquoten, was zu einer Beschleunigung des Druckabfalls führen wird. Der sicherste Weg zum frühen Tod eines Ölfelds ist, es überzustrapazieren. Andererseits gibt es keine bessere Methode zur Druckstabilisierung als eine Reduzierung der Produktion aller produzierenden Schächte.

Saudi-Arabiens Explorationsbemühungen in den vergangene 30 Jahren waren intensiver, als es die meisten Beobachter wahrhaben wollten. Die Erfolge waren bestenfalls bescheiden.

Saudi Aramco hat 80 bis 90 weitere, kleinere Ölfelder entdeckt. Nur wenige haben je signifikante Ölmengen hervorgebracht. Die meisten lieferten weit weniger oder wurden wieder geschlossen. Aus Gründen, über die wir nur spekulieren können, wurde nie eines dieser „entdeckten, aber nicht produzierenden" Felder als Kandidat genannt, der die Ölförderung erhöhen könnte.

Stattdessen hat sich Aramco der schwierigen Aufgabe gestellt, einige seiner weniger erfolgreichen älteren Felder aufzupäppeln, um den Produktionsrückgang der alternden Giganten zu kompensieren.

Im Gegensatz zum im Öl gelösten Gas aus diesen gigantischen Ölfeldern erwies sich trockenes Erdgas in Saudi-Arabien bislang als schwer zu fördern. Die produzierenden Gasförderanlagen sind in tiefe, komplexe Formationen von geringer Durchlässigkeit vorgedrungen, wo Frakturierung erforderlich ist, um eine ökonomische Produktion zu ermöglichen. Zudem erreicht die Produktion solcher Schächte schnell ihren Höhepunkt und fällt dann rapide ab. Saudi-Arabiens Explorationsbemühungen in den vergangenen 30 Jahren waren intensiver, als es die meisten Beobachter wahrhaben wollten. Die Erfolge waren bestenfalls bescheiden.

Unter der Annahme, dass die von Aramco autorisierten SPE-Studien eine zutreffende Beschreibung der Probleme liefern, vor denen die saudischen Ölfelder stehen (und unter der weiteren Annahme, dass ich diese Studien vernünftig und vorurteilsfrei ausgewertet und analysiert sowie die richtigen Schlüsse daraus gezogen habe), scheint die Schlussfolgerung sicher und angemessen, dass die saudische Ölförderung in den kommenden Jahren wahrscheinlich nicht steigen wird und bald absinken könnte.

Dieser gemäßigte Ausblick steht in scharfem Widerspruch zu den optimistischen Annahmen vieler Branchenbeobachter und Politiker (von den Saudis selbst bestätigt), dass diese gigantischen Ölfelder immer noch Hunderte Milliarden Barrel nachgewiesener Ölreserven enthalten und noch für 50 Jahre oder mehr zehn, zwölf oder 15 Millionen Barrel pro Tag produzieren können. Genau das haben Aramco-Manager bei mehreren Gelegenheiten 2004 behauptet.

Der Optimismus wird nicht durch Fakten untermauert

Wir alle wären gern optimistisch, was die saudische Ölproduktion und ihre Bedeutung für die künftige Energieversorgung der Welt betrifft. Wenn aber die Möglichkeit besteht, dass der Optimismus fehl am Platz ist, wird es uns nicht erspart bleiben, uns auf eine Welt ohne saudisches Öl vorzubereiten. Welche Annahmen liegen der optimistischen Einschätzung zugrunde? Was muss man glauben, um die saudische Ölproduktion als Schlüsselelement einer nationalen oder internationalen Energiepolitik einzukalkulieren?

Die Optimisten, die die verbreitete Meinung über das saudische Öl teilen, müssen eine oder mehrere der folgenden Annahmen teilen:

- Die Geheimnistuerei des saudischen Öl-Establishments und anderer Produzenten aus dem Nahen Osten und aus der OPEC waren kein Teil einer Kampagne, unangenehme Wahrheiten zu verschweigen oder politische Interessen zu fördern.

- Aramco und seine Subunternehmer haben eine einzigartige Technologie entwickelt, Öl aus alternden Feldern zu gewinnen und eine Produktion aufrechtzuerhalten, die weit über derjenigen liegt, die von den bekanntesten börsennotierten Ölkonzernen der Welt in anderen bedeutenden Ölregionen erreicht wird.

- Die Phänomene, die auf Ölfeldern in anderen Teilen der Welt einen beginnenden Produktionsrückgang angezeigt haben und die man auch in Saudi-Arabiens wichtigsten Feldern seit Jahren beobachtet hat, deuten aus irgendwelchen Gründen nicht auf einen Produktionsrückgang in Saudi-Arabien hin.

- Die Saudis haben sich dazu entschieden, die Produktion auf ihre alternden Super-Giganten-Felder zu konzentrieren, trotz des Risikos, diese Felder überzustrapazieren, statt die Last auf mehrere Schultern zu verteilen, indem zusätzliche Felder entwickelt werden. Aber viele andere Felder wurden in Reserve gehalten und könnten einen signifikanten Beitrag leisten, sobald sie in Produktion genommen werden.

- Aramcos Explorationsprogramm hat zusätzliche Giganten- oder Super-Giganten-Felder verpasst, die unter dem Wüstensand liegen, aber künftige Explorationen werden sie mit Sicherheit früh genug finden, um eine Versorgungskrise zu verhindern.

- Die Reserven in Ghawar sind viel größer, als es die Aramco-Schätzungen der 1970er Jahre ausdrückten.

- Schon wegen seiner einmaligen Größe gelten für Ghawar alle Wahrheiten und Prinzipien nicht, die für die Ölförderung und die Ausbeutung von Ölvorkommen in Super-Giganten-Feldern überall sonst auf der Welt gelten.

- Aramco hätte seinen Output in den vergangenen 20 Jahren jederzeit erhöhen können. Aber die Weltmärkte brauchten kein zusätzliches Öl.

Die in den vorhergehenden Kapiteln präsentierten Fakten ziehen einige dieser Annahmen ernsthaft in Zweifel, andere erscheinen objektiv schon auf den ersten Blick als absurd. In diesem Zusammenhang ist es lehrreich, einige Fragen zu stellen und dann die Schicksale von Super-Giganten-Feldern in anderen Teilen der Welt zu untersuchen, die Ghawar und den anderen großen saudischen Feldern ähneln.

Der auffälligste Aspekt der technischen Probleme, vor denen alle bedeutenden saudischen Felder heute stehen, ist die Schwierigkeit, den Output jedes Felds auch nur konstant zu halten. Wenn das Königreich nicht bald eine neue Generation von gigantischen Öl- und Gasfeldern entdeckt, scheint es fast unmöglich, dass Saudi-Arabien seine Produktion nennenswert steigern kann. Und doch geht jede ernsthafte langfristige Energieversorgungsprognose davon aus, dass Saudi-Arabien seine Produktion auf fast jedes Niveau erhöhen kann, das die Welt benötigt.

Wenn es unrealistisch ist, dass Saudi-Arabien seinen täglichen Output langfristig nachhaltig und wesentlich erhöhen kann, stellt sich eine wesentlich drängendere Frage: Wie leicht würde es Saudi-Arabien fallen, einfach eine Produktion von sieben bis acht Millionen Barrel pro Tag aufrechtzuerhalten? So unangenehm das auch für die sichere Energieversorgung der Welt ist: Sogar eine langfristige Produktion auf dem genannten Niveau wäre wohl unrealistisch. Daher müssen wir eine weitere Frage stellen: Wenn die saudische Produktion schließlich abzusinken beginnt, wie schnell wird die Produktion dann nachlassen?

Diese Fragen sind von monumentaler Bedeutung für eine Welt, die von reichlicher und billiger Ölversorgung abhängig ist. Meiner Meinung nach sind es die wichtigsten Energiefragen der Welt. Leider sind sie nicht leicht zu beantworten. Meine Nachforschungen haben mich zu der Überzeugung geführt, dass es unwahrscheinlich ist, dass Saudi-Arabien in Zukunft dauerhaft mehr Öl produzieren kann als heute und dass möglicherweise auch die derzeitigen Fördermengen schon zu hoch sind. Dennoch ist es ein subjektives Unterfangen, genau bestimmen zu wollen, wann der saudische Output seinen Höhepunkt erreichen wird oder ob das schon der Fall war, ebenso wie ähnliche Bemühungen, den Höhepunkt der Förderung in anderen Regionen prognostizieren zu wollen.

Inmitten all dieser Unsicherheiten ist die einzige gesicherte Tatsache folgende: Wenn die Ölproduktion Saudi-Arabiens ihren Höhepunkt erreicht und abzusinken beginnt, wird dies die Energieprognostiker und die Politiker völlig überraschen. Kein ernsthafter Energieplan der zurückliegenden 30 Jahre hat ein solches Szenario einbezogen. Zu viele angeblich erfahrene Ölbeobachter haben angenommen, dass die gigantischen saudischen Ölfelder so groß sind, dass sie sogar dem Phänomen des Produktionsrückgangs widerstehen oder dieses Ereignis noch um Jahre verzögern können. Unwissenheit mag ein Segen sein, aber das Ignorieren eines Rückgangs der saudischen Ölproduktion wird viel gefährlicher sein als die Missachtung der Prognose, die US-Ölproduktion werde in den 1970er-Jahren ihren Höhepunkt erreichen.

2004 behaupteten Aramco-Offizielle und das saudische Ölministerium immer wieder, das Königreich verfüge über die Kapazitäten, täglich bis zu elf Millionen Barrel zu produzieren und werde diese Kapazitäten in wenigen Jahren auf 12,5 Millionen Barrel pro Tag ausbauen. Diese Behauptungen wurden oft von recht prahlerischen Prognosen begleitet, Produktionsmengen von zehn, zwölf oder 15 Millionen Barrel pro Tag seien für mindestens 50 Jahre aufrechtzuerhalten. Die Offiziellen behaupteten zudem, der saudische Output habe im Juli 2004 9,5 Millionen Barrel pro Tag erreicht und sei fünf Monate lang auf diesem Niveau verblieben.

Solche Aussagen mögen für viele Beobachter beruhigend klingen, aber die von der IEA berichteten Rohölimporte, geordnet nach den Ursprungsländern, zeigten nur einen moderaten Anstieg der saudischen Exporte von dem stabilen Niveau von 4,5 bis 4,6 Millionen Barrel pro Tag auf, das in den vorherigen Jahren gegolten hatte. Vom behaupteten Produktionsanstieg auf 9,5 Millionen Barrel pro Tag war in den Importzahlen der OECD-Länder wenig zu sehen. Welchen Zahlen soll man angesichts dieser offensichtlichen Widersprüche glauben?

Ein Vergleich der saudischen Ölfelder mit anderen Giganten-Feldern

Anhand der derzeit erhältlichen Informationen außerhalb von Aramco kann man nicht sicher sagen, ob die saudische Ölproduktion schon ihren Höhepunkt oder ein dauerhaft haltbares Niveau erreicht hat. Diese Entscheidung kann man nur im Rückblick fällen oder mit Informationen, die derzeit nur den Saudis bekannt sind. Daher ist die beste Möglichkeit, Licht in diese Angelegenheit zu bringen, die Untersuchung der Erfahrungen mit anderen Giganten- und Super-Giganten-Feldern auf der ganzen Welt und das Stellen der folgenden Fragen:

▪ Welche Produktionsprofile wiesen diese Felder auf dem Weg vom Förderbeginn bis zur Erschöpfung auf?

▪ Wie viele haben ihren Höhepunkt schon erreicht?

▪ Wie schnell sank daraufhin die Produktion?

▪ Hat irgendein Ölfeld in der Welt Jahr um Jahr Öl geliefert, ohne jemals einen Produktionshöhepunkt zu erreichen?

Tabelle B.8 in Anhang B liefert Informationen über 33 der weltweit größten Ölfelder, die zwischen 1971 und 2000 Öl geliefert haben. Diese Liste der Giganten-Felder ist nicht vollständig. Einige dieser Felder kamen erst nach 1971 in Produktion (zum Beispiel Brent und Forties in der Nordsee). Nur drei nahmen nach den 1990er-Jahren die Produktion auf.

Das begleitende Diagramm, Abbildung B.1 in Anhang B, unterstreicht die entscheidende Rolle der Giganten-Felder für die Ölversorgung der Welt. Die 116 Felder, die mehr als 100.000 Barrel pro Tag fördern, lieferten 47 Prozent des 2000 weltweit verbrauchten Öls. Die mehr als 4.000 kleineren Felder lieferten 53 Prozent. Tabelle B.9 in Anhang B liefert Informationen über das Jahrzehnt der Entdeckung der Giganten-Felder, die zur Konstruktion des Pyramidendiagramms verwendet wurden. Aus diesen Statistiken lässt sich die klare Schlussfolgerung ziehen, dass das Zeitalter der Entdeckung von Giganten- und Super-Giganten-Feldern nahezu vorbei ist.

Optimisten könnten einwenden, dass die Fallstudien anderer Giganten-Felder keinen guten Vergleich mit den saudischen Giganten-Feldern gewährleisten, weil Letztere wesentlich produktiver waren. Selbst wenn das stimmte, legt der gesunde Menschenverstand nahe, dass der Größenunterschied per se kein hinreichender Grund ist, radikale Unterschiede qualitativer Natur zu verursachen.

Zahlreiche Fallstudien belegen die Gemeinsamkeiten der größten Ölfelder der Welt, vor allem wenn es um die Alterungsprobleme geht. Folgende Gemeinsamkeiten fallen bei Vergleichen auf:

▪ Die Flussmechanik der Reservoirs weist Ähnlichkeiten auf.

▪ Die Produktionseffizienz eines einzelnen Feldes ist ein Nebenprodukt des Typs und der Qualität seines Reservoirs oder einer Reihe von ausbeutbaren

Reservoirs, des Ausmaßes, in dem die Reservoirs ausgeschwemmt wurden, als das am leichtesten erreichbare Öl gefördert wurde, und hängt davon ab, ob diese Primärförderung nur mit Hilfe des natürlich vorhandenen Drucks oder durch Injektion von Wasser und/oder Gas erreicht wurde.

■ Der Prozentsatz des OOIP, der mit konventionellen Methoden gewonnen werden kann, variiert von Feld zu Feld, aber diese Unterschiede hängen historisch mehr vom Gestein im Reservoir ab als von der Größe des Feldes.

■ Trotz der Unterschiede von Feld zu Feld deuten alle verfügbaren Produktionsdaten darauf hin, dass jedes jemals gefundene Ölfeld einen Produktionshöhepunkt erreicht und dass die Förderung danach sinkt.

Die Ergänzung des natürlichen Förderdrucks durch Injektion von Wasser oder Gas verlängert zweifellos den Zeitraum der hohen Förderraten der einzelnen Schächte. Dieser Prozess war wesentlich für die langfristig hohe Förderung in den drei gigantischen Karbonfeldern Saudi-Arabiens. Aber er verhindert auch die Möglichkeit einer Sekundärförderung, nachdem der natürliche Förderdruck verschwunden ist. Das Sekundärprogramm hat dann nämlich schon stattgefunden.

Die Litanei exzellenter Fallstudien im Rest dieses Kapitels liefert reichliche Belege für die unangenehme Tatsache, dass alle Giganten-Felder irgendwann ihren Höhepunkt erreichen. Danach kommt es in den meisten Fällen zu scharfen Produktionsrückgängen. Das Ausmaß des Rückgangs hängt offenbar mit den Mengen zusammen, die am Produktionshöhepunkt gefördert wurden, und auch mit einigen anderen Faktoren. Aber trotz aller beobachteten Unterschiede sind die Gemeinsamkeiten der Giganten-Felder unverkennbar. Sie sind irgendwann erschöpft. Und an einem bestimmten Punkt der Ausbeutungskurve beginnt der Output fossiler Energieträger nachzulassen, weil zuströmendes Wasser und Gas das Öl einfach verdrängen.

Abbildung 13.1 zeigt die Produktionsprofile (oder die Ausbeutungskurven) von fünf Giganten- und drei Super-Giganten-Feldern in vier verschiedenen Regionen der Welt. In zwei dieser Felder begann die Förderung in den 1940er-Jahren und wurde mit älterer, konventioneller Technologie betrieben. Die anderen sechs Felder kamen in den 1970er- und 1980er-Jahren in Produktion und profitierten daher von verbesserter Technologie und dem gesammelten Wissen aus früheren Jahrzehnten. Mit Ausnahme des Slaughter-Felds in Texas, wo die Produktion durch Rationierungsmaßnahmen gebremst wurde, erreichten alle Felder den Produktionshöhepunkt recht schnell. Dann verharrte die Förderung auf gleich bleibendem Niveau oder begann zu sinken. Keines der Felder wies eine gleich bleibende Förderung über mehr als zehn Jahre auf. Nur das Brent-Feld belebte sich noch einmal und erreichte einen zweiten, niedrigeren Höhepunkt, nachdem der Rückgang eingesetzt hatte. In jedem Feld sank die Produktion innerhalb von

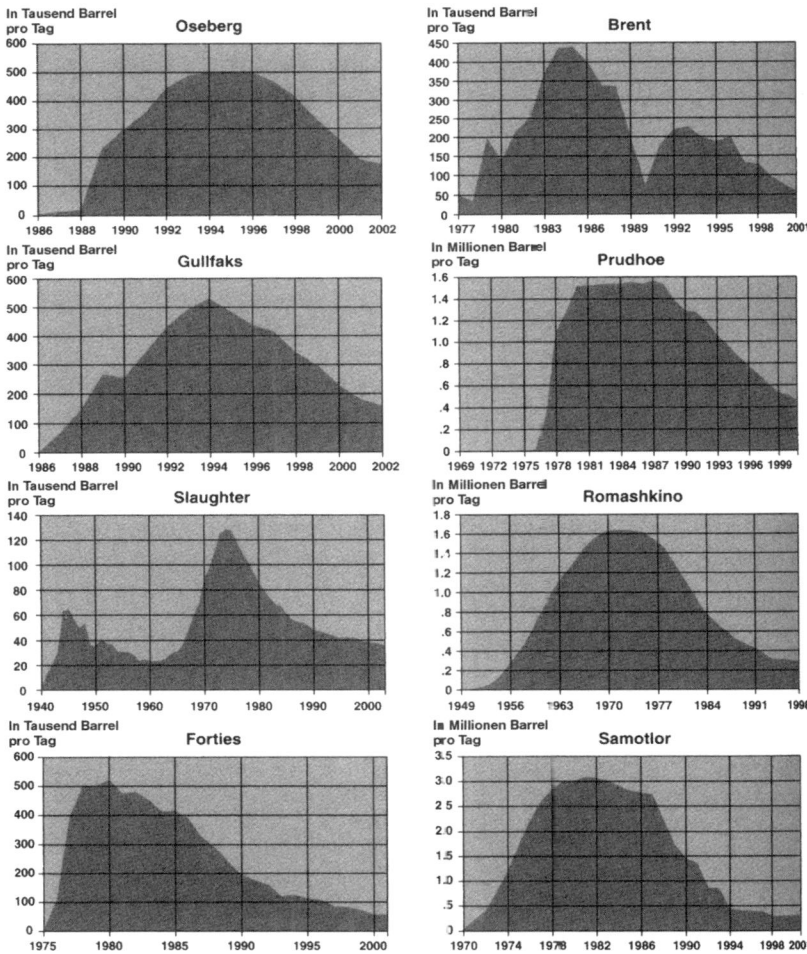

Abbildung 13.1: Die Produktionsprofile von acht Giganten- oder Super-Giganten-Feldern

Quelle: Simmons & Company International

zehn Jahren nach Erreichen des Höhepunkts um mehr als 50 Prozent, manchmal noch schneller. Die geringfügigsten Rückgänge waren auf den drei wahrscheinlich am sorgfältigsten gemanagten Feldern zu verzeichen – Prudhoe Bay im Norden von Alaska und Oseberg sowie Gullfaks vor der norwegischen Küste.

Die Schicksale von Giganten-Feldern außerhalb Saudi-Arabiens

Das letztliche Schicksal von sieben Super-Giganten-Feldern steht zweifelsfrei fest, und Abbildung 13.1 zeigt uns, wie das Rückgangsprofil mehrerer sehr großer Felder aussieht. Wenn Ghawar, ein nach sämtlichen quantitativen Maßstäben außergewöhnliches Ölfeld, keine fünf Millionen Barrel pro Tag mehr liefern kann, wie steil könnte der Rückgang dann ausfallen? Es erscheint logisch, dass die Ausbeutungskurven anderer Giganten- und Super-Giganten-Felder hierfür ein Muster liefern könnten.

In den vergangenen rund 40 Jahren fand man außerhalb des Nahen Ostens nur vier Super-Giganten-Felder. Diese Felder mit einer Ölproduktion von mehr als einer Million Barrel pro Tag waren:

1. Daqing in China, 1961 entdeckt,

2. Samotlor in Russland, 1963 entdeckt,

3. Prudhoe Bay in Alaska, 1967 entdeckt, und

4. Cantarell vor der mexikanischen Küste, 1975 entdeckt.

Das Prudhoe Bay-Feld in Alaska. Prudhoe Bay und Samotlor wurden beide auf zehn bis 15 Milliarden Barrel ausbeutbarer Reserven geschätzt, basierend auf einer OOIP-Menge von 25 bis 30 Milliarden Barrel. Die Manager beider Felder planten ursprünglich, beständig 1,5 bis 1,8 Millionen Barrel pro Tag zu fördern. Hier ein Überblick über die Produktion in Prudhoe Bay:

■ Von 1979 und 1980, als ein anhaltend hohes Produktionsniveau erreicht wurde, bis zum Höhepunkt 1989 verblieb die Förderung in Prudhoe Bay bei 1,5 Millionen Barrel pro Tag.

■ Nach 1989 ging die Produktion stetig zurück, trotz aggressiver Bohrprogramme, um zusätzliche Schächte anzulegen, und trotz der Einleitung sämtlicher zusammen mit dem Öl geförderter Gasmengen.

■ 2004 lag die Ölförderung zwischen 350.000 und 450.000 Barrel pro Tag, aber diese Menge beinhaltete auch die Produktion von fünf bis sieben nahe gelegenen und in Produktion genommenen Satellitenfeldern.

■ Ende 2004 lag die Ölförderung des ursprünglichen Prudhoe-Bay-Felds ohne die Satellitenfelder bei etwa 300.000 Barrel pro Tag.

Vor Produktionsbeginn schätzte man die Reserven auf zehn Milliarden Barrel. 2004 schätzte man das Gesamtförderpotenzial auf 13 Milliarden Barrel. Diese Erhöhung hatte keinen Einfluss auf die täglichen Produktionsmengen während der Plateauphase oder auf dem Förderhöhepunkt. Die zusätzlichen Reserven wurden erst verbucht, als der Output schon einige Zeit gesunken war.

Samotlor (Russland). Die Manager von Samotlor, Russlands Super-Giganten-Feld, verloren eine Schlacht gegen den Kreml, als sie die Produktion auf 1,5 Millionen Barrel pro Tag begrenzen wollten. Da die Sowjetunion Einnahmen brauchte und die hohen Ölpreise eine gute Gelegenheit dazu boten, wurde ein aggressives Wasserinjektionsprogramm gestartet, um den Output zu maximieren. Dieses Programm wurde während der besten Produktionsjahre beibehalten.

Die Förderung stieg dadurch weit über das geplante Maß hinaus an. Als das Feld 1983 seinen Höhepunkt überschritt, lag die Produktion kurzfristig bei fast 3,5 Millionen Barrel pro Tag. 1999 war die Förderung auf 300.000 Barrel pro Tag gesunken.

Daqing (China). Daqing lieferte über 35 Jahre lang täglich mehr als eine Million Barrel, obwohl der Wasseranteil in den meisten Förderschächten ständig stieg und heute bei mindestens 90 Prozent liegen soll. Da es sich um ein Festlandfeld handelt und die Schächte ohne große Kosten gebohrt werden können, wurde die Produktion dadurch aufrechterhalten, dass man immer mehr Schächte in immer geringeren Intervallen bohrte.

Aber früher oder später enden alle guten Dinge. Anfang 2004 diskutierten die chinesischen Energieplaner öffentlich über die Möglichkeit, dass Daqings Ölausstoß bis 2006 oder 2007 um 40 Prozent sinken könnte. Damals lieferte dieses alte Schlachtross – Chinas Haupt-Öllieferant – immer noch etwa 950.000 Barrel pro Tag. Chinas steigender Ölimportbedarf wurde nicht nur von rapide steigender Nachfrage verursacht, sondern auch vom Niedergang Daqings.

Cantarell (Mexiko). Cantarell war das bislang letzte weltweit entdeckte Ölfeld mit einer Produktion von mehr als einer Million Barrel pro Tag. Es wurde 1975 gefunden. Die Höchstfördermenge lag bei über zwei Millionen Barrel pro Tag, was es zum wahrscheinlich produktivsten Ölfeld der westlichen Hemisphäre machte. Um diese Menge zu erreichen, leitete Pemex, das staatliche mexikanische Ölunternehmen, ein 10,5 Milliarden Dollar teures Stickstoffinjektionsprogramm zur tertiären Ölförderung ein. Das Programm begann etwa 1998 und führte 2003 zur Höchstproduktion. Einige Jahre lang versetzte das Programm Cantarell in die Lage, fast 60 Prozent des gesamten mexikanischen Ölausstoßes zu liefern.

Heute schätzt das Pemex-Management, dass es in Cantarell bald zu einem recht steilen Rückgang kommen wird. Eine 2003 von einem führenden Pemex-Manager vorgestellte Grafik legt nahe, dass die Fördermenge von über zwei Millionen Barrel pro Tag 2003 auf etwa 600.000 Barrel pro Tag 2009 sinken könnte. Es ist unklar, ob ein exotischeres Projekt zur tertiären Ölförderung Cantarell noch einmal in Schwung bringen könnte oder ob die Zeit der hohen Produktivität nun vorbei ist.

Alle vier genannten Super-Giganten-Felder haben für längere Zeit große Ölmengen geliefert, ehe das Maximum erreicht war. Aber danach fiel die Produktion recht schnell.

Ölfunde in der Nordsee. Die großen Ölfelder der ersten Generation in der Nordsee liefern jüngere Beispiele dafür, wie riesige Ölfelder altern. Die Betreiber dieser Felder wendeten aggressive Produktionstechniken an, um einen maximalen Output zu erreichen und die enormen Entwicklungskosten schnell wieder hereinzuholen, solange die Ölpreise hoch waren. Von Aramco übernahmen sie die Praxis der Wasserinjektion während der primären Produktionsphase.

Die meisten der größten Felder erreichten ihren Produktionshöhepunkt innerhalb von drei bis sechs Jahren, dann begann ein rapider Rückgang. Die Menge oder der Prozentsatz des OOIP, der in diesen Feldern gefördert werden kann, wird in diesem Kapitel noch diskutiert werden.

Höhepunkt und Niedergang dieser Giganten in der Nordsee liefern weitere deutliche Informationen über das Niedergangsmuster großer Ölfelder. Nach dem Höhepunkt der Förderung kann es zu einem steilen Rückgang kommen. Das heißt nicht, dass die Produktion plötzlich aufhört. Im Gegenteil. Wenn die Produktion eines großen Ölfelds erst einmal um 75 bis 90 Prozent gesunken ist, verlangsamt sich der Rückgang meist deutlich. Eine Produktion auf niedrigem Niveau kann fortgeführt werden, solange dies wirtschaftlich sinnvoll ist.

An diesem Punkt befindet sich aber immer noch eine große Menge Öl im Boden. Obwohl die Produktivität der einzelnen Schächte gering ist und der Wasseranteil stetig steigt, gibt es viele Möglichkeiten, die verbliebenen Öltaschen anzuzapfen. Es ist allein eine Frage des Volumens und der zusätzlichen Kosten einer solchen Förderung. Aber in dieser Phase liegen die Fördermengen stets weit unter den Höchstmengen, es wird immer mehr Wasser gefördert, und die Kosten sowie die physischen Anstrengungen der Produktion sind hoch.

Ältere Ölfelder in den USA. Alle diese Dinge geschahen auch in allen Giganten-Feldern in den USA. Spindletop, das erste US-Giganten-Feld, erreichte schon ein, zwei Jahre nach der Entdeckung seinen Produktionshöhepunkt, weil es konkurrierende Eigentümer mit zahllosen Schächten überzogen. Es gab keine Behörde, die Entwicklung und Ausbeutung des Felds gemanagt hätte. Der größte Teil von Spindletops Öl wurde nie genutzt und raffiniert – es schoss einfach aus schlecht gewarteten Schächten heraus und versickerte wieder im Boden.

Das große East-Texas-Feld, bei weitem das produktivste, das in den USA (mit Ausnahme von Alaska) je gefunden wurde, lieferte extrem hohe Ölmengen, bis die Rationierung, von der Texas Railroad Commission streng überwacht, die monatliche Produktion dieses und aller anderen amerikanischen Ölfelder begrenzte. 2004 produzierte East Texas immer noch etwa 14.000 Barrel pro Tag, aber hinzu kamen mehr als eine Million Barrel Wasser.

Auch die großen Ölfelder im Westen von Texas unterlagen von den 1930er-Jahren bis 1969 der Rationierung. Diese Maßnahme verlängerte das produktive Leben dieser Felder erheblich, und zweifellos erhöhte sie auch die Gesamtfördermenge sehr deutlich. Dennoch sind die Felder im Westen von Texas heute fast erschöpft. Man denkt dort über tertiäre Fördermaßnahmen nach, um das verbliebene Öl aus dem Boden zu holen.

Sobald die Rationierung 1969 aufgehoben wurde, erreichten fast alle großen Felder in Texas schnell ihren Produktionshöhepunkt, weil die Eigentümer den Output steigerten. Kurz danach begann die Produktion überall zu sinken, in einigen Fällen sehr schnell. Danach begannen die Phasen der sekundären und tertiären Ölförderung. Texas ist heute vor allem deshalb noch ein wichtiger Öllieferant, weil es bessere Möglichkeiten gibt, das verbliebene Öl aus dem Boden zu holen. Die weltweit größte Ansammlung von „Stripper Wells" (eine

Bezeichnung von Schächten mit einer täglichen Förderung von weniger als zehn Barrel) gibt es im Westen von Texas. Der Wasseranteil dieser Schächte liegt bei durchschnittlich über 90 Prozent. Zum Glück gibt es einige Hunderttausend dieser Mini-Schächte, und daher beträgt ihre Gesamtproduktion immer noch etwa eine Million Barrel pro Tag.

Ironie der Geschichte: Hätte die Texas Railroad Commission keine Rationierung eingeführt, um die einheimische Ölbranche vor dem Ruin zu retten, dann hätte die Ölförderung in den USA mindestens zehn Jahre vor 1971, als es dann tatsächlich der Fall war, ihren Höhepunkt erreicht. Zu einer Zeit also, als noch kein Explorationsgeologe im Traum an riesige Ölfunde in Alaska oder in der Nordsee dachte.

Die Eigenschaften von Karbonreservoirs erschweren die Ölproduktion

Die Suche nach dem möglichen Schicksal der Super-Giganten-Felder in Saudi-Arabien muss sich nicht auf die Untersuchung von Feldern vergleichbarer Größe beschränken. Es wurden zahlreiche Untersuchungen über die Performance von Reservoirs in Kohlegestein und die dort förderbaren OOIP-Anteile durchgeführt. Eine aufschlussreiche, 2003 erschienene SPE-Studie fasste zusammen, was man diesbezüglich bisher über 250 gealterte Karbonreservoirs weiß. Dieses Thema ist für Saudi-Arabien von besonderem Interesse, weil drei seiner größten Felder – Ghawar, Abqaiq und Berri – und etliche kleinere Felder nach der Beschreibung durch Aramco-Techniker zu dieser Kategorie gehören.

Der Studie zufolge ist der wichtigste Aspekt dieser Felder die Gesteinscharakteristik, die zu komplexem Fließverhalten der dort enthaltenen Flüssigkeiten führt. Diese Komplexität macht es wiederum sehr schwer, die künftige Performance solcher Reservoirs (wie viel Öl von jedem Schacht gefördert wird) und die Effizienz (die Gesamtfördermenge bis zur Produktionseinstellung) zu prognostizieren.

Die Autoren schreiben: „Karbonreservoirs sind berüchtigt für ihre generell niedrigen und variablen Ausbeutungsfaktoren." Diese Unsicherheit erwächst aus der Unvorhersagbarkeit der Reservoirgeometrie, der geologischen Kontinuität und der Gesteinsqualität. Diese Faktoren erschweren es, das wirtschaftliche Potenzial und die ökonomische Lebensdauer eines solchen Reservoirs abzuschätzen.

In der Studie hieß es, man habe jahrelang angenommen, die meisten Karbonreservoirs hätten ein homogenes Porensystem. Heute weiß man, dass die meisten dieser Reservoirs nicht homogen oder gleichförmig aufgebaut sind, sondern zahlreiche Brüche und Verwerfungen aufweisen. (Das bedeutet, dass das Matrixgestein viele große Poren und Kanäle enthält, wie die Löcher in einem Schweizer Käse, zudem Risse, von denen viele recht lang sind.) Das Netzwerk von Brüchen und Verwerfungen führt zur Bildung von Kanälen, die den Fluss des Öls, aber leider auch den des problematischen Wassers erleichtern. Es können sich aber auch Barrieren bilden, die den Fluss in anderen Teilen des Reservoirs behindern. Geologen sprechen hier von Heterogenität im Gegensatz zu Homogenität.

Weil die allgemeine Meinung über die Gesteinsstrukturen in Karbonreservoirs falsch war, sagen die Autoren, führten die standardisierten Methoden der Ingenieure, die vor allem aus dem Studium von Nicht-Karbonreservoirs erwachsen waren, zu irreführenden, unzutreffenden Ergebnissen, wenn sie auf Karbonreservoirs angewendet wurden.

Nach der Untersuchung des Flussverhaltens in 250 gealterten Karbonreservoirs fanden die Autoren heraus, dass die durchschnittliche Gesamtproduktionsmenge in Karbonreservoirs mit mittelschwerem bis leichtem Öl etwa 35 Prozent des OOIP betrug. Bei extrem leichtem Öl oder Gaskondensat können bis zu 72 Prozent erreicht werden. Bei schwerem Öl sind es dagegen in der Regel weit weniger als 30 Prozent. Der insgesamt förderbare OOIP-Anteil in einem Karbonreservat mit mittelschwerem bis leichtem Öl ist letztlich eine Funktion der Heterogenität des Reservoirs und der Art der dortigen Gesteine.

Je zahlreicher und komplexer die Porenstruktur und die Gesteinsbrüche, desto niedriger ist in der Regel die Gesamtfördermenge. Wenn diese Ergebnisse allgemein gelten, wie es die Autoren nahe legen, sind dies keine guten Nachrichten für die gealterten Ölfelder in Saudi-Arabien, denn die meisten dieser Karbonreservoirs haben sich als höchst heterogen erwiesen.

In der Studie hieß es, dass viele Karbonfelder gute Möglichkeiten bieten, zusätzliches Öl in Gebieten zu fördern, die vom Wasser bislang nicht erreicht worden sind. Die Studie besagte auch, dass in Reservoirs mit starken Gesteinsbrüchen die höchste Fördereffizienz erreicht wird, indem man einfach den natürlichen Wasserfluss nutzt, wenn er stark genug ist. Die geringste Effizienz wiesen Felder mit starkem Wasserfluss auf, die während der ersten Produktionsphase schlecht oder falsch gemanagt wurden.

Die Autoren warnten vor den Risiken, die auftreten, wenn man in einem stark durchbrochenen Karbonreservoir einen zu starken Ölfluss zulässt, weil die hohen Fördermengen leicht zu Wassereinbrüchen und zu einem vorzeitigen Produktionsrückgang führen können. Solche Probleme kann man am besten vermeiden, wenn man die Produktion sorgfältig drosselt, sobald der Wasseranteil auch nur zwei Prozent erreicht. So sorgfältig ist man in den Giganten-Feldern Saudi-Arabiens offensichtlich nicht vorgegangen.

Diese wichtige Studie beschäftigte sich mit 250 nach Gattungen geordneten Karbonreservoirs. Es gab keine besondere geografische Referenz, und daher ist nicht bekannt, ob die Autoren Zugang zu Informationen über bestimmte Felder in Saudi-Arabien hatten. Aber die geschilderten Probleme waren genau diejenigen, die aus der Anwendung der Techniken zur Druckstabilisierung resultieren, die 30, 40 Jahre lang in allen Karbonfeldern Saudi-Arabiens üblich waren. Diese Techniken führten zweifellos zu hohen Produktionsmengen pro Schacht. Im Rückblick scheint es aber nicht die optimale Methode gewesen sein, eine stabile Produktion über lange Zeit zu gewährleisten und zudem den höchstmöglichen Prozentsatz des OOIP zu fördern. Vielleicht waren diese Techniken der profitabelste Weg, das leicht erreichbare Öl aus diesen großartigen Feldern zu holen. Die Crux dieses komplexen Themas ist der Unterschied zwischen der Maximierung des aktuellen Werts eines Ölfelds und dem Erreichen einer möglichst langen Zeit beständig hoher Ölproduktion, also der Maximierung der Gesamtfördermenge.

Neues von der Nordsee: Öl in Norwegen und Großbritannien

Optimisten sagen immer wieder, gutes Management und modernste Ölfeldtechnologie werden es Saudi Aramco ermöglichen, aus seinen Feldern wesentlich mehr Öl zu holen, als es vor 20, 30 Jahren möglich gewesen wäre. Diese Optimisten verweisen dann auf die Nordsee als wichtigsten Beweis für die Erfolge, die Technologie und gutes Management gewährleisten können.

In der Tat liefert die Nordsee eine Reihe weiterer Fallstudien über klassische Giganten-Felder sowie über die Ergebnisse der Anwendung fortschrittlicher Technologie und Produktionsmethoden. Viele große Ölfelder in der Nordsee erreichten Giganten-Status, indem sie zwischen 200.000 und 500.000 Barrel pro Tag produzierten.

Die norwegischen Ölfelder

Norwegens Ekofisk, eine Abfolge von Karbon- und Kalksteinreservoirs, war das erste Giganten-Feld in der Nordsee. Es ging 1971 in Produktion und erreichte 1976 mit 280.000 Barrel pro Tag einen ersten Produktionshöhepunkt, worauf sofort ein kräftiger Rückgang einsetzte. Bis 1987 war die Produktion auf nur noch 69.000 Barrel pro Tag gesunken. Dann begann man in allen drei Förderzonen Ekofisks mit Wasserinjektionen. Dieses Programm, das einsetzte, nachdem der natürliche Förderdruck gewichen war, führte zu einer raschen Trendwende der Produktion, indem man auch zwei Reservoirs von geringerer Qualität anbohrte, die zuvor fast unangetastet geblieben waren.

Nach einem Rehabilitationsprogramm im Umfang von mehreren Milliarden Dollar stieg die Produktion leicht über das frühere Maximum von 1976. Derzeit sinkt die Produktion in Ekofisk wieder; man erwartet bis 2010 einen Rückgang auf weniger als 50.000 Barrel pro Tag. Man schätzt, dass dann 35 Prozent des OOIP ausgebeutet sein werden. Die Produktionsprofile der Felder Oseberg und Gullfaks (Abbildung 13.1) zeigen weitere Beispiele für Super-Giganten-Felder im norwegischen Sektor der Nordsee, die ihren Höhepunkt überschritten haben.

Die britischen Ölfelder

Brent und Forties sind die beiden größten Ölfelder des Vereinigten Königreichs und waren die Eckpfeiler der britischen Ölförderung in der Glanzzeit des Nordseeöls. Beide Felder enthalten Sandsteinreservoirs. Forties wurde 1970, Brent 1971 entdeckt. Forties wurde Ende 1975 in Produktion genommen, Brent 1977. Produktionsprofile beider Felder zeigt Abbildung 13.1.

Forties erreichte seinen Produktionshöhepunkt 1980 mit 523.000 Barrel pro Tag, Brent 1985 mit 440.000 Barrel pro Tag. In beiden Feldern begann man schon früh mit aggressiven Wassereinpumpungen, um den Druck zu stabilisieren und das Öl von den Außenbereichen zu den Förderanlagen zu spülen. Wegen der aggressiven Förderpolitik waren beide Felder 2000 weitgehend ausgebeutet und lieferten nur noch Bruchteile ihrer Höchstmengen. 1996, kurz vor Brents 25. Geburtstag, begann man mit einem großem Projekt zur tertiären Produktion, um zunächst in bestimmten Abschnitten verbliebenes Öl zu finden und es dann zu fördern. Solche Ölansammlungen sind kleiner als traditionelle Vorkommen, man kann ihr Volumen nur schwer einschätzen, und sie sind schwer zu erreichen.

Man identifizierte über 70 Millionen Barrel verbliebenen Öls, das man durch horizontale und sehr weit reichende Bohrungen erreichen konnte. Durch komplizierte Bohrungen entstand eine einzige horizontale Schachtstruktur, mit der man das Öl aus verschiedenen Reservoirschichten erreichen konnte.

Danach begann ein Programm zur Druckreduzierung, damit sich das Gas aus dem nicht förderbaren Öl lösen und eine umfangreiche Gasschicht bilden konnte. Diese Gasschicht wird wirtschaftlich ausbeutbar sein und Brents Lebensdauer um zehn Jahre verlängern. Brent, eines der besten Giganten-Ölfelder der Nordsee, wird die letzten zehn Jahre seines produktiven Lebens in Würde als Gasfeld verbringen.

Als das Forties-Feld 25 Jahre alt wurde, waren 90 Prozent seines kommerziell förderbaren Öls bereits erschöpft. Eine sehr mobile Grundwasserschicht unter dem Feld lieferte die Energie für eine exzellente vertikale Schwemmung durch den dort vorherrschenden sauberen Sand. Unterstützt wurde dies durch peripheres Einpumpen von Meerwasser. 1995 war Forties' Ölproduktion vom Maximum (523.000 Barrel pro Tag) schon auf 112.000 Barrel pro Tag gesunken. Acht Jahre später, als BP das Forties-Feld an die Apache Corporation verkaufte, lag sie unter 50.000 Barrel pro Tag.

Durch ein aggressives Entwicklungs- und Überarbeitungsprogramm erhöhte Apache die Produktion wieder auf mehr als 60.000 Barrel pro Tag und hofft noch für viele Jahre auf eine Förderung auf diesem Niveau. Aber auch dieses Programm, so erfolgreich es sein mag, wird die Höchstmengen der Vergangenheit nie wieder erreichen.

Die Analyse von Höchstfördermengen und Produktionsrückgängen in den Ölfeldern der Nordsee

Die Beispiele Brent und Forties zeigen ein weiteres Mal, wie Giganten-Felder ihr Maximum erreichen und dann altern. Die Performance beider Felder beweist, dass es möglich ist, aus solchen Feldern auch dann noch Öl zu holen, wenn sie ihre beste Zeit längst hinter sich haben. Aber die täglichen Fördermengen sind stets winzig im Vergleich zu den Maximalwerten in den Zeiten hohen Förderdrucks – im Fall von Forties sind es etwa zehn Prozent.

Führte die moderne Technologie, die in den besten Zeiten von Brent und Forties eingesetzt wurde, zu höheren Gesamtfördermengen als ursprünglich erwartet? Die klare Antwort: Nein. Die Schätzungen der Gesamtfördermengen in den 1970er-Jahren lagen nur um zehn Prozent unter den neuesten Schätzungen von 2004.

Eine Hand voll Nordseefelder erreichte weit höhere Produktionsmengen als ursprünglich geplant. Das beste Beispiel bietet das norwegische Troll-Feld. Dort fand man dünnen Ölsand unter dem Reservoir der Primärproduktion, bevor man mit Wassereinpumpungen begann. Aber Troll und einige kleinere Felder sind die Ausnahmen von der Regel.

Brent, Forties und fast alle anderen großartigen, aber gealterten Giganten-Felder der Nordsee weisen sehr ähnliche Produktionsprofile auf. Jedes erreichte ein Produktionsmaximum (Brent und Ekofisk noch ein zweites, niedrigeres), gefolgt von einem markanten Rückgang und später einer nahezu konstanten Produktion auf weit niedrigerem Niveau. An einem bestimmten Punkt der Kurve nach unten endete der primäre Förderdruck.

Der spätere, flache Kurvenverlauf zeigt die Förderung immer noch bedeutender Ölmengen, aber mit Produktionsraten, die weit niedriger sind als in der „Jugend" des Ölfelds und die irgendwann auf ein unwirtschaftliches Niveau absinken werden. Das ist nichts anderes als der natürliche Alterungsprozess eines Ölfelds, ein Paradigma der Ausbeutung und der damit verbundenen Phänomene.

Andere Giganten-Felder im Nahen Osten: Öl im Iran und in Oman

Gilt das Paradigma auch im Nahen Osten? Oder macht die extreme Größe der dortigen Felder immun gegen Alterungsphänomene?

Öl im Iran

Die gigantischen Ölfelder im Iran liefern die ersten Beispiele aus dem Nahen Osten, die darauf hindeuten, dass das Paradigma auch auf der nordöstlichen Seite des Persischen Golfs gilt. Fast alle Giganten-Felder im Iran haben ihre besten Zeiten längst hinter sich. Da es unter den meisten von ihnen keine starken Grundwasserschichten gibt, wurde der Förderdruck durch Gas und das Vorhandensein einer primären Gasschicht stabilisiert. In den frühen 1970er-Jahren begann man mit Gasinjektionen, um den Druck hoch zu halten.

Vier Super-Giganten-Felder wurden zwischen 1936 und 1963 im Iran entdeckt. Diese vier Felder sind von der Größe her mit allen saudischen Super-Giganten mit Ausnahme Ghawars vergleichbar:

**Fast alle Giganten-
Felder im Iran
haben ihre besten
Zeiten längst hinter
sich.**

1.   Gach Saran, mit geschätzten 49 Milliarden Barrel
     OOIP, 1937 entdeckt.

2.   Marun, mit 47 Milliarden Barrel OOIP, 1963 ent-
     deckt.

3.   Aghajari, mit 28 Milliarden Barrel OOIP, 1936 ent-
     deckt.

4.   Ahwaz, mit ebenfalls 28 Milliarden Barrel OOIP, 1958 entdeckt.

Zusammen entfielen auf diese vier Super-Giganten 153 Milliarden Barrel
von Irans OOIP. In den Jahren ihres höchsten Outputs lieferten die vier Felder
zusammen 4,5 Millionen Barrel pro Tag.

■ Aghajari erreichte 1973 das Maximum,

■ Gach Saran 1974,

■ Marun 1967 und

■ Ahwaz 1977.

Alle erreichten das Maximum, lange bevor politische Unruhen die Öl- und
Gasoperationen im Iran in Turbulenzen brachten. 2003 produzierten diese vier
Felder gemeinsam weniger als 1,7 Millionen Barrel pro Tag, obwohl auf sie im-
mer noch etwa die Hälfte der gesamten iranischen Ölförderung entfällt.

Die National Iranian Oil Company (NIOC) bereitet nun ein milliardenschwe-
res Gasinjektionsprogramm vor, um die Produktion dieser alternden Felder zu
stabilisieren oder sogar zu steigern. Verwendet werden sollen dabei die enormen
Gasreserven des Süd-Pars-Felds. Man hofft, dass das Programm die Produktion
jedes einzelnen Felds erhöhen wird. Aghajari fördert zum Beispiel etwa 100.000
bis 150.000 Barrel pro Tag. Durch die Injektion von fast zwei Milliarden Kubikfuß Gas täglich soll die Förderung auf 300.000 Barrel pro Tag gesteigert werden
– falls dieses massive und kostspielige Programm funktioniert.

Die Ölgeschichte Irans liefert sehr anschauliche Beweise, wie schnell die Öl-produktion einer Nation sinken kann, nachdem der Höhepunkt überschritten ist. Bei den vier großen iranischen Feldern war dies zwischen 1967 und 1977 der Fall, als der Iran, ebenso wie Saudi-Arabien, seine Förderung ständig erhöhte, um die steigende weltweite Nachfrage zu befriedigen. 1978 lag die Spitzenförde-rung des Iran bei fast sechs Millionen Barrel pro Tag

1981 sank die Produktion infolge politischer Unruhen auf ein extrem nied-riges Niveau und blieb dort bis 1983. Aber nachdem sich die politische Situa-tion stabilisiert hatte und bei der NIOC wieder so etwas wie Normalität ein-gekehrt war, erreichte die Ölproduktion nie wieder auch nur zwei Drittel des Spitzenwerts.

Der Iran hat inzwischen mehrere westliche Ölfirmen wieder ins Land gelockt, um alte Felder zu rehabilitieren oder noch nicht entwickelte Projekte in Produk-tion zu bringen. Irans offizielle Pläne laufen darauf hinaus, die Förderkapazitä-ten bis 2005 von vier auf 4,2 Millionen Barrel pro Tag zu erhöhen, indem alle neuen Explorationsgebiete an internationale Firmen vergeben werden. NIOCs neues Öl kommt aus den von Royal Dutch Shell gemanagten Offshore-Feldern Nowruz und Soroosh im nördlichen Persischen Golf, wo die Produktion 2004 begann. Die Entwicklung ist abgeschlossen, aber das geförderte Öl – 190.000 Barrel pro Tag mit 20° API und hohem Schwefelanteil – ist von so schlechter Qualität, dass nur wenige Raffinerien es zu wertvollen Endprodukten verarbei-ten können.

Die iranischen Projekte nach Überschreiten des Produktionsmaximums beweisen, dass man zurückgebliebenes Öl durchaus noch fördern kann. Doch die Förderprojekte sind teuer und funktionieren manchmal nicht wie geplant. Manchmal erwachen Giganten-Felder durch massive Investitionen zu einem zweiten Leben. Das sind aber Ausnahmen. So gut wie alle Giganten-Felder ver-zeichnen einen irreversiblen Produktionsrückgang, nachdem das Maximum überschritten ist.

Ein Optimist, der die Lehren aus der Geschichte anderer Giganten-Felder nicht wahrhaben will, kann natürlich immer noch argumentieren, dass sich kei-ne dieser Fallstudien, nicht einmal die iranischen Felder, wirklich mit den riesi-gen Feldern Saudi-Arabiens vergleichen lässt. Doch selbst die optimistischsten Saudi-Anhänger müssen einsehen, dass die Annahme zumindest auf wackligen Beinen steht, die Ölfelder im Nahen Osten seien unverwüstlich.

Vielleicht ist ein Beispiel aus einer Region überzeugender, die ebenfalls auf der arabischen Halbinsel liegt. Omans gigantisches Yibal-Feld liegt nicht nur geografisch nahe an den saudischen Feldern, sondern es weist mit diesen auch eine Reihe von Gemeinsamkeiten auf. In Omans Erfahrungen mit Yibal können die Saudis ihre eigene Zukunft erkennen. Yibal zeigt deutlich, dass der aggressive Einsatz von Technologie einen Produktionsrückgang für kurze Zeit bremsen kann, danach aber einen sehr steilen Rückgang verursacht.

Öl in Oman

Yibal wurde in den späten 1960er-Jahren entdeckt, mit geschätzten förderbaren Reserven von 3,8 Milliarden Barrel. Das Feld ist etwa 90 Kilometer lang, es handelt sich um ein Karbonreservoir mit starken Gesteinsbrüchen und Verwerfungen. Das Öl wird aus der Shu'aiba-Formation gewonnen, der Formation, die auch das Öl von Saudi-Arabiens gigantischem Shaybah-Feld enthält. Die Ölförderung begann 1969, 1972 führte man ein Wasserinjektionsprogramm zur Druckstabilisierung ein. Das Feld wird von Omans wichtigster Ölfirma gemanagt, Petroleum Development Oman (PDO), einem Joint-Venture zwischen Oman und Royal Dutch Shell, wobei Shell für das operative Geschäft verantwortlich ist. Yibal ist Omans einziges Giganten-Feld und hat etwa 15 Prozent zur gesamten Ölförderung des Landes beigetragen.

Die Primärproduktion dauerte nur drei Jahre, ehe die Wasserinjektion begann. Von 1972 bis 1980 wurde das Wasser direkt in die Ölsäule gepumpt. Als Studien zeigten, dass man damit große Ölvorkommen gar nicht erst erreichte, pumpte man das Wasser nur noch in die Grundwasserschicht des Felds.

1990 waren die Wasseranteile in den meisten vertikalen Schächten Yibals sehr hoch. Viele neue Schächte waren schon nach weniger als einem Jahr der Förderung „tot". Bald begann man mit intensiven Horizontalbohrungen, um die Auswirkungen des Druckabfalls und der vorzeitigen Wasserdurchbrüche zu minimieren. In Yibal wurde erstmals im Nahen Osten mit Horizontalbohrungen experimentiert. Im Jahr 2000 dachte man, in Yibals Primärreservoir gebe es noch mehr als 600 Millionen Barrel förderbares Öl.

Der aggressive Wechsel von vertikalen zu horizontalen Schächten funktionierte zunächst prächtig. Die weit verzweigten Horizontalschächte vermieden für lange Zeit die Berührung der Kontaktschicht zwischen Öl und Wasser. Die Fördermengen einzelner Schächte stiegen auf ein Niveau, das man seit Jahren nicht mehr gesehen hatte.

1997 und 1998 wurden die Verarbeitungsanlagen an der Erdoberfläche über-
arbeitet, weil man bis 2002 eine Produktionssteigerung um 30 Prozent erwartete.
Insider des Ölministeriums von Oman erzählten mir, Shell habe dem Ölministerium über PDO versichert, die höheren Fördermengen durch diese Expansion
könnten für mindestens zehn Jahre aufrechterhalten werden. Eine Produktionssteigerung erwartete man sich auch dadurch, dass die neuen Schächte mit
versenkbaren Elektropumpen ausgestattet wurden. Die Expansion wurde erfolgreich abgeschlossen, mit beträchtlichen Kosten, und Oman wartete auf die Produktionssteigerungen seines wichtigsten Ölfelds.

Eine 2003 erschienene SPE-Studie beschrieb das Desaster, das dann folgte: Sie legte den Ölmangel und die Probleme mit dem nachlassenden Druck
deutlich dar, mit denen man zumindest 2001 zu kämpfen hatte. Das Papier
schilderte die Nachteile früherer Produktionsmethoden. Als PDO die neueste
Schachttechnologie einsetzte, war es zunächst einfach, das verbliebene Öl in
hohen Mengen zu fördern. Aber diese Vorkommen waren schnell erschöpft. Als
PDO das teure Expansionsprogramm vollendet hatte, zwang das ansteigende
Wasser aus tiefer gelegenen Regionen des Reservoirs das Unternehmen rasch,
viele dieser neuen Schächte zu schließen, was die Kapazitäten der unterirdischen Wasserinjektionen beschränkte. Unsichere Wasserbewegungen in vielen
von Yibals Schächten begannen, Risiken für die Aktivitäten der Produktionsop-
timierung zu verursachen.

Im Rückblick scheint Yibal seinen Produktionshöhepunkt 1997 mit 250.000
Barrel pro Tag erreicht zu haben, gerade als das Expansionsprogramm an der
Erdoberfläche begann. 2001 war die Produktion auf weniger als 90.000 Barrel
pro Tag gesunken. Der einzige Anstieg der geförderten Flüssigkeitsmenge betraf
das Wasser, das in Yibals Schächte vordrang. Die Erwartung eines Produktionsanstiegs über das Hoch von 1997 hinaus war eine übermäßig optimistische Reaktion von Shell und PDO auf den Erfolg der horizontalen Bohrungen in den
frühen 1990er-Jahren. Heute ist klar, dass die vielen neuen Horizontalschächte
lediglich das letzte verbliebene Öl förderten, das nach drei Jahrzehnten der Wasserinjektionen noch vorhanden war – also den Rest des leicht zu erreichenden
Öls. Nicht einmal die versenkbaren Elektropumpen konnten die Produktion des
beinahe erschöpften Felds stabilisieren.

Im Februar 2004, bei der CSIS-Debatte, führte ich Yibal als relevante Feld-
studie der Risiken an, die auftreten, wenn man mit moderner Technologie leicht
zu erreichendes Öl schneller fördert. Führende Manager von Saudi Aramco wiesen die Vorstellung zurück, Yibal könnte ein Vorbote der Zukunft ihrer

eigenen Ölfelder sein. Sie argumentierten, Yibal sei ein völlig anderer Reser-
voirtyp als Saudi-Arabiens „Große Drei", die Wasserinjektionen in Yibal seien
schlecht gemanagt worden und die Hochtechnologieschächte seien ungünstig
platziert gewesen.

Das Argument der Reservoircharakteristik trifft zu, denn das Shu'aiba-Reservoir liegt nicht wie Ghawar, Berri und Abqaiq in der Arab-D-Formation. Ebenso
stimmt es, dass die Wasserinjektionen der 1970er-Jahre im ganzen Feld durchgeführt wurden statt nur an dessen Rändern.

Allerdings trifft ebenso zu, dass PDO, eine Firma mit hohem Ansehen und
großer technischer Expertise, von der hohen Produktivität der neuen Horizontalschächte völlig überrascht wurde und annahm, dieses Wunder werde sich
noch für lange Zeit fortsetzen. Stattdessen extrahierten diese Schächte lediglich
schneller den Rest des leicht zu fördernden Öls – ein weiteres Beispiel für den
Turbo-Strohhalm-Effekt.

Könnten Saudi-Arabiens gigantische Ölfelder das gleiche Schicksal erleiden
wie Yibal? Das werden wir erst später erfahren. Aber Yibal – vor allem, weil einige von Shells besten Experten für das Produktionsmanagement verantwortlich waren – ist eine Fallstudie, die von den Verantwortlichen für Abqaiq, Berri
und Ghawar und von optimistischen Energieprognostikern auf der ganzen Welt
nicht so einfach ignoriert werden kann.

Andere Ölfelder in Oman. Yibal ist nicht das einzige Ölfeld in Oman, aus
dem Saudi-Arabien etwas lernen kann. Omans kleinere Felder könnten als Warnung vor den Problemen dienen, mit denen sich Saudi-Arabien konfrontiert sehen könnte, wenn es versucht, seine entdeckten, aber noch nicht produktiven
Felder auszubeuten und ältere, stillgelegte, wie Qatif und Abu Sa'fah, wieder in
Produktion zu bringen. Hierzu ein kurzer Überblick:

■ Das Nimr-Feld, eines der größten Ölfelder im Süden von Oman, wurde ursprünglich durch eine Reihe vertikaler Schächte erschlossen, die eine Produktionsmenge von 31.000 Barrel pro Tag erreichten. Aber die Gesamtfördermenge wurde nur auf sieben Prozent des OOIP geschätzt. Daher bohrte
   man horizontale Schächte, um die ursprünglichen Vertikalschächte zu ersetzen, ebenso wie in Yibal. Bis 2003 wurden über 140 Horizontalschächte
   gebohrt. Die ursprüngliche Ölproduktion dieser neuen Horizontalschächte
   war 4,3-mal höher als die der nahe gelegenen Vertikalschächte. Insgesamt lag
   die Produktion der neuen Schächte vor dem Wasserdurchbruch (ein Wasser-

anteil von 20 Prozent) um das 2,1fache höher als die der Vertikalschächte im selben Feld. Auch mit der neuen Technologie wird man aber nur 18 Prozent des OOIP ausbeuten können.

- Qaru Alam, ein weiteres Ölfeld im Süden Omans, enthält schweres, viskoses Öl. Die Gesamtfördermenge dürfte bei zwei Prozent des OOIP liegen, obwohl es eine starke, natürliche Grundwasserschicht gibt. Heute wird die Produktion durch Injektion von Wasserdampf gestützt.

- Das Rima-Feld förderte 1993 91.000 Barrel pro Tag, aber der durchschnittliche Wasseranteil lag bei 60 Prozent. Damals waren 14 der 90 Schächte mit versenkbaren Elektropumpen ausgestattet. In anderen wurden bald Balkenpumpen installiert.

- Al-Huwaisah, mit geschätzten 1,6 Milliarden Barrel Reserven, wurde 1971 in Produktion genommen. Der Produktionshöhepunkt wurde 1973 mit 47.000 Barrel pro Tag erreicht. 2004 produzierte das Feld noch immer fast 200.000 Barrel pro Tag an Flüssigkeiten, aber 87 Prozent davon waren Wasser. Heute fördert Al-Huwaisah weniger als 30.000 Barrel pro Tag.

Diese kleineren, qualitativ eher mittelmäßigen Ölfelder in Oman sind vielleicht für die Zukunft des Öls in Saudi-Arabien nicht relevant. Aber sie könnten auch typisch sein für die zu erwartende Produktions-Performance der etwa 80 noch nicht produzierenden saudischen Felder.

Die Erfahrungen im Iran und in Oman bestätigen, dass große wie kleine Ölfelder im Nahen Osten ein Produktionsmaximum erreichen und dann einen Niedergang verzeichnen – genauso wie überall auf der Welt. Aber es gibt noch eine spezielle Lektion, die sich aus jeder dieser Fallstudien ergibt: ein konsistentes Muster, das man wohl auch auf die saudischen Felder anwenden kann – was durchaus beunruhigend ist:

- Wenn ein Ölfeld mit natürlichem Wasserdruck und zusätzlichen Wasserinjektionen betrieben wird, bleibt der Förderdruck in der Regel hoch. Das führt zu hoher Produktivität, bis die wirtschaftlich förderbaren Reserven erschöpft sind.

- Solange der Förderdruck über dem „Bubble Point" bleibt, kommt es kaum zu einem Rückgang der Ölproduktion.

■ Wenn der Förderdruck aber zu schwinden beginnt, fällt er bald steil ab, und die Ölproduktion lässt rapide nach.

Das war die Warnung, die in der SPE-Studie über die Unsicherheit der Förderung aus Karbonreservoirs beschrieben wurde: Steigere die Produktion durch aggressive Wasserinjektion, und die Produktion wird plötzlich und rasant sinken.

Parallelen aus der sowjetischen Ölkrise

Das Schicksal des russischen Super-Giganten-Felds Samotlor wurde schon kurz erwähnt und mit Prudhoe Bay in Alaska verglichen. Das schlechte Management nicht nur in Samotlor, sondern in sämtlichen Giganten-Feldern Westsibiriens durch zu aggressive Flutungsmaßnahmen und bei weitem zu hohe Produktionsmengen ist aber eine sorgfältigere Untersuchung wert. Natürlich verwendete man in der Sowjetunion minderwertiges Equipment, aber es gab dort viele höchst kompetente Manager. Ökonomische Notwendigkeiten trieben sie dazu, die Risiken zu ignorieren, die mit der Überstrapazierung von Ölfeldern verbunden sind.

Abbildung 13.1 zeigt die Produktionsprofile von zwei russischen Super-Giganten-Feldern, Samotlor und Romaskino.

Samotlor war das größte Ölfeld, das man in der früheren Sowjetunion je gefunden hat. Der Niedergang dieses großartigen Felds wurde ohne Zweifel durch die sehr aggressiven Produktionspraktiken beschleunigt, die wahrscheinlich große Mengen ansonsten nicht förderbaren Öls im Boden zurückgelassen haben. Ähnliche Praktiken wurden in den 1970er- und 1980er-Jahren in vielen anderen russischen Ölfeldern mit ähnlichen Ergebnissen angewendet. Das führte zu einem steilen Produktionsrückgang im ganzen Land. Diese sowjetische Ölkrise stellt in ihrer Gesamtheit, wenn man sie richtig einschätzt, einen bemerkenswert anschaulichen Vorläufer der künftigen saudischen Ölproduktion dar.

1991 veröffentlichte Thane Gustafson, Professor an der Georgetown University und früher politischer Analyst bei der Rand Corporation, ein Buch mit dem Titel *Crisis Amid Plenty*, das die sowjetische Ölindustrie analysierte. Zwar gab es damals noch große Geheimnistuerei über die russischen Ölfelder, aber Gustafson beschrieb erstaunlich detailliert, wie die Sowjets ihre großartigen Ölfelder in Westsibirien überstrapazierten. Als Gustafsons Buch erschien, waren die Fakten über die sowjetischen Ölaktivitäten noch Staatsgeheimnis.

1988 und 1989 war die sowjetische Ölproduktion gerade über zwölf Millionen Barrel pro Tag gestiegen, was einen historischen Rekord darstellte. Dieses erstaunliche Produktivitätswachstum schien einen CIA-Report von 1977 zu widerlegen, der besagte, der sowjetische Ölausstoß werde bald seinen Höhepunkt erreichen. Gustafsons wesentliche Erkenntnis war, dass dieser Produktionsanstieg das Resultat einer verzweifelten Anstrengung war, extrem kurzfristige Gewinne aus den westsibirischen Ölfeldern zu ziehen. Aggressive Wasserinjektionen wurden in allen großartigen Ölfeldern in Tuymen durchgeführt, um den Förderdruck zu stabilisieren. Das führte zu großen Fördermengen in den neuen Schächten, aber die Zuwächse waren nicht von Dauer:

- 1975 produzierte ein durchschnittlicher neuer Schacht in Westsibirien fast 11.000 Barrel pro Tag.

- Ein Jahrzehnt später war die Menge auf weniger als 3.000 Barrel pro Tag gesunken.

Nur das unermüdliche Bohren neuer Schächte und die Wasserinjektionsprogramme ermöglichten das Produktionswachstum. Seit Jahren hatte man keine großen neuen Ölvorkommen mehr gefunden, existierende Projekte brachten enttäuschende Ergebnisse, und die nachgewiesenen Reserven hatte man viel zu hoch angesetzt.

> Seit Jahren hatte man (in der Sowjetunion) keine großen neuen Ölvorkommen mehr gefunden, existierende Projekte brachten enttäuschende Ergebnisse, und die nachgewiesenen Reserven hatte man viel zu hoch angesetzt.

Der Rückgang der sowjetischen Produktivität je Schacht von 11.000 auf 3000 Barrel pro Tag ähnelt den Produktivitätsverlusten in Saudi-Arabien in den zurückliegenden zehn Jahren. Stabilisierte sich die Produktivität danach? Nein. Ende der 1990er-Jahre förderte ein russischer Produktionsschacht im Durchschnitt nur noch 60 Barrel pro Tag. Der Wasseranteil lag um ein Mehrfaches höher.

Kurz gesagt: Die sowjetischen Ölmanager verdoppelten die russische Ölproduktion zwischen 1978 und 1988, indem der Output der gigantischen Felder Westsibiriens auf das Dreifache hochgefahren wurde. Diese Beschleunigung kam das Land aber teuer zu stehen. Die sowjetische Gesamtproduktion fiel von 12,2 Millionen Barrel pro Tag 1989 auf ein Tief von 7,1 Millionen Barrel pro Tag nur sieben Jahre später.

1980 waren über 60 Prozent der sowjetischen Schächte mit altmodischen Förderpumpen ausgestattet, um „totes" Öl aus Reservoirs zu pumpen, wo es keinen Förderdruck mehr gibt. Aber diese altehrwürdige künstliche Fördermethode kam nicht mit den großen Wassermengen in diesen Feldern zurecht. Die Sowjets begannen daher ihre besten Schächte mit versenkbaren Elektropumpen (ESPs) auszustatten, um größere Mengen der wässrigen Flüssigkeit fördern zu können. 1985 verwendeten 45 Prozent aller westsibirischen Schächte ESPs, während es 1980 nur 18 Prozent gewesen waren.

Gustafson bemerkte mit Recht, dass man ein neues Feld schneller zum maximalen Output bringen kann, indem man Wasser einpumpt, das das Öl zu den Förderanlagen spült. Diese Methode führte in Samotlor innerhalb von zehn Jahren zum Maximum. Als man mit diesen Maßnahmen begann, dachten viele sowjetische Techniker, man könne damit einen höheren Anteil der Reserven tatsächlich fördern. Die meisten Experten aus dem Westen bezweifelten dies. Sie dachten, diese Maßnahmen würden die Lebensdauer eines Ölfelds tendenziell verkürzen, die Gesamtfördermenge vermindern und die Produktionskosten ganz erheblich erhöhen. Die westliche Sichtweise sollte sich als zutreffend erweisen.

Diese skeptische Meinung über frühe Wasserinjektionen war das Hauptargument der pessimistischen CIA-Analyse von 1977 über die Zukunft der sowjetischen Ölbranche. Die Geschichte hat die Einschätzung der CIA bestätigt. Auch die zeitliche Einschätzung war recht genau, denn Samotlor erreichte 1983 sein Produktionsmaximum. Die dortige Produktion war schon markant gesunken, als die Gesamrförderung der Sowjetunion ihren höchsten Stand erreichte.

Die Lehren aus der sowjetischen Ölkrise der 1980er-Jahre verdunkeln die Aussichten der saudischen Ölproduktion noch weiter. Es ist ernüchternd zu sehen, wie viele Parallelen es zwischen den Praktiken der sowjetischen Ölindustrie und den Erfahrungen in Saudi-Arabien gibt:

- Beide Länder verließen sich auf massive Fördermengen aus einer begrenzten Zahl von Feldern.

- Keines war in der Lage, signifikante Ölmengen aus zahlreichen Strukturen zu gewinnen, die man für exzellente zusätzliche Ölvorkommen gehalten hatte.

■ Beide machten aggressiven Gebrauch von Wasserinjektionen, um die Produktion auf ein höheres Niveau zu treiben, als es mit dem natürlichen Förderdruck möglich gewesen wäre.

Fallstudien liefern niemals perfekte Analogien für ein Geschäft oder eine technische Aktivität. Sie können interessante Vergleiche ermöglichen, aber niemals absolute Paradigmata. Dennoch sind Fallstudien (wie die Harvard Business School seit vielen Jahrzehnten bewiesen hat) die besten Werkzeuge für Manager, um aus den Erfolgen und Misserfolgen anderer geschäftlicher Unternehmungen zu lernen. Wenn man die Ähnlichkeiten zwischen den saudischen und den sowjetischen Produktionstrategien betrachtet: Was besagt der frühere Gebrauch von ESPs in sowjetischen und omanischen Ölfeldern über die wahrscheinlichen Ergebnisse eben dieser Technologie in Saudi-Arabien?

Die bedeutendsten Unterschiede zwischen den Produktionsmethoden in Russland und in Saudi-Arabien betreffen die Unterordnung klugen Managements gegenüber politischen Zwängen und das minderwertige Equipment, das für die sowjetische Ölproduktion typisch war. Im Gegensatz dazu hat Saudi Aramco die allerbesten Managementpraktiken eingesetzt und modernste Technologie bei dem Versuch eingesetzt, nach dem Prinzip von Versuch und Irrtum seine Produktionsstrategie zu optimieren. Ironischerweise könnten diese Unterschiede, indem sie die Effizienz der Ölförderung während der Phase der Wassereinspritzung erhöhen, zu einem noch schnelleren Absinken des Outputs beitragen. Die lange primäre Produktionsphase bringt zwar einen ungewöhnlich hohen Anteil des verfügbaren Öls an die Oberfläche, könnte aber sehr wohl zu einem allmählichen Rückgang führen.

Die Entwicklung nach der Krise der russischen Ölindustrie von 1994 bis 2004 könnte ebenfalls ein Hinweis auf die Zukunft Saudi-Arabiens sein. Nach dem Untergang der Sowjetunion wurde die zuvor staatliche Ölindustrie privatisiert. Eine Gruppe energischer Optimisten sicherte sich die Kontrolle über die meisten privatisierten Ölfirmen. Ihr Ziel war, die Profite durch Erhöhung der Produktion zu maximieren, ganz egal, ob diese hohen Fördermengen nachhaltig waren. Eines nach dem anderen begannen diese Unternehmen ihren Output zu erhöhen, indem sie horizontale Verzweigungen in existierende Schächte einbauten und zahlreiche neue Schächte bohrten.

Einige etwas schwerfälligere russische Ölfirmen haben ihre Produktion noch nicht signifikant erhöht. Lukoil ist der bekannteste Vertreter dieser Gruppe. Aber das Management von Lukoil hat seine wenig beeindruckenden Produktionszuwächse in mehreren öffentlichen Stellungnahmen verteidigt. Man erinnerte die Welt daran, dass jedes Ölfeld überstrapaziert werden kann und es dann auf ein weit geringeres Produktionsniveau zurückfällt, weil der Förderdruck sinkt. Um über lange Zeit stetige Fördermengen zu gewährleisten, müssen Ölfeldmanager die jeweilige Situation ihrer Felder sehr sorgfältig einschätzen, ein bestimmtes, nachhaltiges Niveau einhalten und dürfen es niemals überschreiten.

Überproduktion gefährdet die künftige Förderung in jedem Feld, selbst in so produktiven Ölregionen wie Westsibirien und Saudi-Arabien.

Die Oligarchen, die die meisten russischen Ölfelder besitzen und betreiben, dringen aggressiv in die zahlreichen, bisher nicht angezapften Ölreservoirs vor. Die Produzenten haben aggressiven Gebrauch von horizontalen Schächten und sehr leistungsfähigen ESPs gemacht. Folglich ist die russische Ölförderung überraschenderweise um mehrere Millionen Barrel pro Tag gestiegen. Diese Performance zeigt, dass es Maßnahmen gibt, um große Mengen Öl aus Reservoirs zu fördern, deren Primärproduktion schon vorbei ist. Diese Praktiken waren der Hauptgrund für den überraschenden Produktionsanstieg in Russland. Aber es handelt sich um vorübergehende, einmalige Maßnahmen, nicht um eine langfristige Lösung. Diese Aktionen sind zudem klar darauf ausgerichtet, den aktuellen Wert der Ölförderung zu erhöhen, nicht aber, die Produktion so lange wie möglich aufrechtzuerhalten.

Die Moral aus diesem letzten Kapitel der russischen Öl-Story: Das in den Reservoirs verbliebene Öl kann gefördert werden, und durch den Einsatz hochmoderner Schachtkonstruktionen sind sogar recht hohe Produktionsmengen möglich. Aber so etwas ist einfach nicht von Dauer. Daraus folgt, dass jedes Ölfeld sensibel auf die Fördermengen reagiert. Das Ignorieren dieses Konzepts und die Überproduktion gefährden die fünftige Förderung in jedem Feld, selbst in so produktiven Ölregionen wie Westsibirien und Saudi-Arabien.

Kapitel 14

Lesen zwischen den Zeilen der neuesten Aramco-Berichte

Auf den Ölfeldern Saudi-Arabiens steht nicht alles zum Besten

Die 2003 und 2004 erschienenen SPE-Studien enthalten weitere detaillierte Informationen über Zustand und Status der saudischen Ölfelder. Diese jüngsten technischen Berichte liefern zusätzliche Beweise und detailliertere Informationen, was das Ausmaß der Probleme betrifft, vor denen diese früher so problemlosen Giganten-Felder heute stehen.

Im Kontext der langen Reihe von SPE-Papieren zu diesem Thema, die seit den 1960er-Jahren erschienen sind, zeigen diese jüngsten Berichte neue Kratzer im sorgfältig polierten Bild eines unerschöpflichen Ölsystems auf, das für alle Zeiten hohe Ölmengen liefern kann.

Sie zeigen immer deutlicher den wahren Zustand dieser Ölfelder und die Herausforderungen auf, vor denen Saudi Aramco heute steht. Zweifellos werden diese Herausforderungen immer größer, nicht kleiner.

Update 2003: Die Aufrechterhaltung der Ölproduktion ist ein intensiver technischer Kampf

Auf der SPE-Jahreskonferenz vom Oktober 2003 in Denver, Colorado, präsentierten Autoren von Saudi Aramco zwölf Berichte. Einige von ihnen beschäftigten sich mit dem alles dominierenden Thema – wie man die Produktion der gigantischen Ölfelder Saudi-Arabiens langfristig aufrechterhalten kann. Wie es auch früher schon bei Berichten saudischer Autoren der Fall war, ging keine dieser Studien direkt auf dieses Thema ein. Insgesamt aber schilderten sie den intensiven technischen Kampf, den Saudi Aramco nun führen muss, um das Öl-Wunder am Leben zu erhalten.

Ein Bericht über Computersimulationsmodelle der Reservoir-Performance

Eine Studie diskutierte die jüngsten Simulationsarbeiten bei Aramco, basierend auf den Erfahrungen, die man aus der Konstruktion eines aus Millionen von Einzeldaten bestehenden Modells eines saudischen Karbonfeldes gewonnen hatte. Wie schon erwähnt, war die Bildung komplexer Reservoir-Modell in den vergangenen zehn Jahren ein Forschungsschwerpunkt (und führte zu einigen sehr signifikanten Fortschritten bei der dynamischen Datenintegration). Doch bis vor kurzem waren große Modellapplikationen, die ein ganzes Feld abbildeten, durch den Umfang der Arbeiten und ungenügende Rechnerkapazitäten eingeschränkt. Dieser Bericht beschäftigte sich mit dem größten Integrationsmodell, das in Saudi-Arabien je erstellt wurde.

In den vergangenen Jahren hatte Aramco mehrere neue Computermodelle entwickelt. Man versuchte, die Unzulänglichkeiten der älteren Modelle auszumerzen, um das künftige Flussverhalten in den Schächten und die Muster des Wasserzuflusses prognostizieren zu können. Der Bericht von 2003 stellte jedoch fest, dass offenbar jedes neue Modell daran scheiterte, die gewünschte Genauigkeit zu erreichen. Zudem wurden die Arbeiten immer komplexer.

Das jüngste in diesem Bericht vorgestellte Modell kombinierte historische Produktionsdaten aus 30 Jahren mit den neuesten Informationen über die realistischen Bedingungen auf den Ölfeldern (zum Beispiel schwankende Fördermengen, Wasseranteile, Bohrprogramme, Porosität, akustische Impedanzdaten und so weiter. In der Studie hieß es, von 70 produzierenden Schächten des Untersuchungsgebiets wiesen nun 48 signifikante Wasseranteile auf.

Die Studie erinnerte uns daran, dass diese Reservoir-Simulationsmodelle von großer Bedeutung sind, weil es sich um die einzigen Werkzeuge handelt, die derzeit eingesetzt werden, um die Zukunft der Ölproduktion in Saudi-Arabien zu bestimmen. Jedes neue Modellprojekt soll Saudi Aramco dem Ziel näher bringen, die Zukunft seiner Ölförderung genau prognostizieren zu können. Die Autoren bemerkten offen, dass die eingegebenen Daten, wie bei jedem Modell, einfach eine Schätzung der Zukunft sind, basierend auf den Annahmen der Modellerstellung. Die logische Folge blieb unerwähnt: Wenn die Annahmen nicht stimmen, dann stimmt auch der Output des Modells nicht.

Dieses Papier berichtete begeistert über Aramcos verbesserte Fähigkeiten zur Erstellung realistischerer Modelle. Die Techniker schienen große Fortschritte bei der Prognose der Wassermengen in etwa 70 Prozent der Schächte zu erzielen, die das Modell umfasste. Unerwähnt blieb, ob das Modell dem operativen Personal auch dabei half, das immer häufigere Auftreten rascher Wasserzuflüsse in den realen Ölfeldern in den Griff zu bekommen. Das Papier illustrierte lediglich, dass die beste Technologie der Welt endlich in der Lage ist, historische Produktionsdaten mit den ihnen zugrunde liegenden Ursachen in Einklang zu bringen. Das heißt nicht, dass sie die künftige Performance zuverlässig prognostizieren kann.

Die wichtigste Information in diesem Papier aber lautete: Die jahrzehntelangen Bemühungen, Reservoirmodelle zu entwickeln, die zuverlässig funktionieren, waren nicht besonders erfolgreich. Wie das Papier zutreffend feststellte, können Modelle über die künftige Performance erst dann bewertet werden, wenn diese Zukunft gekommen ist Trotz aller Bemühungen und trotz aller Begeisterung kann die Prognosequalität dieser Modelle erst beurteilt werden, wenn eine ziemlich lange Zeit verstrichen ist.

Update über die Auswirkungen der Wasserzuführungen

Ein weiteres Papier vom Oktober 2003 diskutierte den verbesserten Wissensstand der Aramco-Techniker über Wasserzuführungen und die Maximierung der Ölförderung durch solche Maßnahmen, ehe der natürliche Förderdruck eines Felds erschöpft ist. Das Papier erinnerte seine Leser daran, dass bei allen Wasserzuführungen, mit Ausnahme der geringfügigsten, Wasseransammlungen und schlechte Schwemmeffizienz normale Folgeerscheinungen sind, wenn ein Feld altert.

Als ich diesen Report sorgfältig studierte, merkte ich zu meiner Verwunderung, dass diese Autoren anerkannten, dass Aramco immer noch neue Lektionen über ein Wasserinjektionsprogramm lernte, das man schon vier Jahrzehnte zuvor begonnen hatte. Die Autoren schilderten auch, wie das „hocheffiziente" Wasserzuführungsprogramm in den wichtigsten saudischen Feldern nun darunter litt, dass man nicht genug über das Flussverhalten des eingepumpten Wassers wusste. Es wurde beschrieben, wie aufwendig es geworden war, „verbesserte Wasserinjektionstechniken für Zuführungen dieses gewaltigen Umfangs zu identifizieren und zu testen". Gerade in Ölfeldern mit massiven Wassereinpumpungen ist gutes Management dieser Maßnahmen am wichtigsten.

Update über moderne Fördermethoden

Ein im April 2003 erschienenes SPE-Papier beschäftigte sich mit modernen Fördertechniken. Forscher an der Universität Kuwait hatten herausgefunden, dass die Injektion von Kohlendioxid die beste Methode sein könnte, die Förderung in großen Karbonreservoirs wie Abqaiq und Ghawar zu erhöhen. Das injizierte Gas vermischt sich mit dem verbliebenen Öl und verbessert dessen Fließeigenschaften. In der Studie hieß es, diese CO_2-Injektion oder eine andere tertiäre Methode müsse zur Förderung des verbliebenen Öls eingesetzt werden, sobald die Wasser- und Gaseinpumpung nicht mehr effektiv sei.

Für viele ist es nach wie vor undenkbar, dass die Injektion vermischbaren Kohlendioxids in die Super-Giganten-Felder Saudi-Arabiens in Erwägung gezogen wird. Noch vor wenigen Jahren hätte man so etwas für Ketzerei gehalten. Das Papier erwähnte nicht, aus welchen Quellen Saudi-Arabien die riesigen Mengen CO_2 beziehen will, die für ein solches tertiäres Förderprogramm nötig wären.

Update zur Durchlässigkeit

Zwei in Denver präsentierte Papiere beschäftigten sich mit den Super-K-Intervallen in Ghawar. Die beiden Studien behandelten ein sehr spezielles Thema, nämlich die Auswirkungen hoch durchlässiger Super-K-Zonen auf die Prüfung von Schächten. Ohne das Verständnis dieses einzigartigen Super-K-Effekts, so hieß es, können solche Tests leicht falsch interpretiert werden.

Es hieß, man könne sich die Super-K-Dolomit-Intervalle in Arab D, Zone 2-B, am besten als „horizontale Pfannkuchen" von extrem hoher Durchlässigkeit vorstellen. Diese Zonen sind zwischen 1,50 und gut sechs Meter dick. Der Durchschnitt liegt bei nur 2,10 Metern. Diese Zonen sind nicht gleichmäßig im Reservoir verteilt, sondern konzentrieren sich in bestimmten Regionen. Sie enthalten oft Dolomitfragmente, die halb so dick sind wie ein Bleistift. Diese kleinen Dolomitschichten wirken als Superkanäle für den Flüssigkeitstransport. Die Studie enthielt die erstaunliche Feststellung, dass diese Super-K-Intervalle manchmal über 80 Prozent der gesamten Flüssigkeit liefern, die in einem Schacht jemals gefördert werden kann.

Die beiden Papiere beschäftigten sich auch mit der Notwendigkeit, die Implikationen der Super-K-Phänomene richtig zu verstehen, die man bei den jüngsten geostatistischen Modellbildungen in Ghawar gefunden hatte. Ein Papier beschrieb Bemühungen der Aramco-Techniker, die Lage und die Verteilung von Super-K-Intervallen in einem Reservoir zu identifizieren. Das neue Wissen könnte dann dazu verwendet werden, Injektions- und Produktionsschächte optimal zu platzieren, um die Wahrscheinlichkeit eines schnellen Wasserzuflusses zu verringern.

Diese Studie bezog sich, wie einige andere zuvor, auf ein kleines Untersuchungsgebiet (8 x 2,8 Kilometer) an der Westflanke Ghawars, in der Nähe einer großen Grundwasserschicht. In diesem Gebiet „herrscht die Super-K-Produktion vor". Die Studie beschränkte sich auf dieses kleine Gebiet mit „relativ wenigen Schächten" wegen der „Komplexität der Geologie, der enigmatischen Natur der Super-K-Zonen und der langen Produktionsgeschichte dieses Areals".

Das Papier besagte, die hohe Durchlässigkeit von Ghawars Super-K-Zonen sei geologisch nicht einfach zu charakterisieren, trotz intensiver Studien in den zurückliegenden 20, 30 Jahren. Das Diagramm eines Bohrschachts in diesem Gebiet zeigte, wie schwer es ist, die Super-K-Zonen zu bestimmen. In einem 30 Meter dicken Abschnitt von Arab D, Zone 2-B, der in einer Tiefe von etwa 2.300 Metern lag, gab es in sechs verschiedenen Schichten Super-K-Zonen. Die Komplexität der Super-K-Fließeffekte wird durch die Anwesenheit von Gesteinsverwerfungen und -brüchen mit hoher Durchlässigkeit erhöht, die ansonsten voneinander getrennte Super-K-Zonen miteinander verbinden.

Beide Papiere beschäftigten sich mit den Gefahren, die mit den Super-K-Zonen verbunden sind. Als die Ölsäulen in den riesigen Karbonreservoirs sanken, wurden die Super-K-Zonen vom Vor- zum Nachteil, vor allem wegen der umfangreichen Wassereinpumpungen während der Primärproduktionsphase in Ghawar und den anderen Giganten-Feldern. Ein Papier sprach von einer „sekundären Produktion mit Hilfe peripherer Wassereinpumpungen" in Ghawar und stellt zudem fest: „Super-K-Strukturen sind möglicherweise Probleme für das Management einer Sekundarförderung. Einige Stilllegungen von Schächten wurden auf Super-K zurückgeführt." Dem Papier zufolge ist die Stilllegung eines Förderschachts die einzige Lösung, wenn es dort zu hohen Wasserzuflüssen kommt, weil er über Super-K-Pfade mit einem Injektionsschacht verbunden ist.

Es ist schon seltsam, dass in Druckerzeugnissen davon die Rede ist, Saudi Aramco könne die Performance jedes Feldes auf 50 Jahre hinaus prognostizieren, und gleichzeitig die Veröffentlichung technischer Studien erlaubt ist, die eben diese Fähigkeiten in Zweifel ziehen.

Dieses SPE-Papier war das erste, in dem ich den Ausdruck „sekundäre Förderung" las. Der Ausdruck selbst war schon eine „rote Flagge". Dass aber zur Beschreibung der aktuellen Produktionsphase ausgerechnet Ghawar verwendet wurde, sagte mir, dass ich meine Sorgen um die Nachhaltigkeit der Ölproduktion in Saudi-Arabien bisher vielleicht zu vorsichtig ausgedrückt hatte.

Die Autoren dieser wichtigen Studie – zwei Professoren an der Stanford University und ein Angestellter von Aramco – lieferten noch einen erhellenden Kommentar zu einem Nebenaspekt des Themas: Die modellhafte Nachbildung historischer Flussmeterdaten, die Super-K-Verhalten anzeigten, waren nicht erfolgreich. Diese Unfähigkeit verurteilte die Modellbildung von Regionen, in denen es Super-K-Zonen gab, zur Ungenauigkeit und zum Scheitern.

Dieses Papier warf ein bezeichnendes Licht auf die Behauptungen Aramcos, seine Techniker könnten die Performance eines Felds wie Ghawar in den nächsten 50 Jahren sicher prognostizieren. Saudi Aramco hat offensichtlich großes Vertrauen in seine Fähigkeiten zur Modellbildung, aber es ist schon seltsam, dass in Druckerzeugnissen davon die Rede ist, man könne die Performance jedes Feldes auf 50 Jahre hinaus prognostizieren, und gleichzeitig die Veröffentlichung technischer Studien erlaubt ist, die eben diese Fähigkeiten in Zweifel ziehen.

Die SPE-Papiere: Bieten sie Lösungen, oder reflektieren sie Symptome?

Wie alle vorherigen SPE-Reports waren auch die Papiere über Saudi Aramco von 2003, jeweils für sich allein genommen, von geringer Aussagekraft. Wenn man sie aber im Kontext von mehr als 200 früheren Reports über Aramco sieht, die bis in die 1960er-Jahre zurückreichen, machen diese jüngsten Studien sehr deutlich, dass es um die Ölfeldern Saudi-Arabiens nicht zum Besten steht. Alte Probleme, von denen in früheren Studien die Rede war und die angeblich gelöst waren, tauchten wieder auf und waren noch immer ungelöst. Phänomene, die schon eine frühere Generation technischer Experten verwirrt haben, werden jetzt im Licht neuer technischer Fähigkeiten erneut diskutiert, um sie besser zu verstehen, aber ohne eine Antwort auf die fundamentalen Fragen zu liefern. Probleme, die Forscher seit zehn, 20 oder 30 Jahren beschäftigt haben, werden nun drängender. Die Tatsache, dass einige Techniker nun schreiben, Aramco müsse sich mit der erniedrigenden Möglichkeit befassen, mit tertiären Fördermethoden die letzten paar Millionen oder hundert Millionen Barrel aus den einst hochproduktiven, aber stark gealterten Ölfeldern zu holen, signalisiert eine echte Gefahr für die wichtigste Energiequelle der Welt. Dies sollte sorglosen Energieanalysten und Politikern als Weckruf dienen.

Zudem ist interessant, dass diese zwölf Papiere, die sämtlich von bestimmten technischen Problemen auf den saudischen Ölfeldern handelten, bei einem bedeutenden Branchenforum vor einem Publikum internationaler technischer Experten vorgetragen wurden und dass keine einzige Frage zu den allgemeinen Fähigkeiten Saudi-Arabiens als Öllieferant gestellt wurde. Es ist anzunehmen, dass die Konferenzteilnehmer sowohl die beschriebenen technischen Themen als auch deren Signifikanz in einem größeren Zusammenhang verstehen konnten. Aber es blieb keinerlei Eindruck auf der Konferenz zurück, diese Papiere könnten wichtig für das allgemeine Bild der saudischen Ölbranche sein.

Was hörten die Gäste wirklich, als diese Studien vorgestellt wurden? Waren die meisten Anwesenden so in Gedanken über ihre eigenen Präsentationen vertieft, dass sie nicht aufmerksam zuhörten? War der diskutierte Problemkreis so eng, technisch so speziell, dass das Publikum den Inhalt nicht in einen größeren Zusammenhang einordnen konnte? Sind diese Leute dem Konzept technologischer Wunder so verfallen, dass sie glaubten, die Aramco-Papiere enthielten Lösungen, statt Symptome zu reflektieren? Oder teilen sie wirklich die von Aramco-Offiziellen im ganzen Jahr 2004 vorgebrachte Ansicht, die SPE-Papiere seien von geringer Aussagekraft, weil sie eine einseitige Sicht von Problemen geringer Bedeutung enthielten, die von den Autoren übertrieben dargestellt wurden, weil sie gut aussehen wollten?

Als ich über diese Fragen nachdachte, fragte ich mich wieder einmal, ob ich nun nicht dabei war, zu viele Einzelpunkte miteinander zu verbinden. War ich zu zynisch geworden? Aber je mehr ich diese Themen studierte und je mehr ich mit erfahrenen Kollegen darüber diskutierte, desto mehr wuchs meine Überzeugung, dass ich tatsächlich die richtigen Punkte zusammenfügte, um die Zukunft des saudischen Öls zu beschreiben.

Ein neues Bild der Realität

Zahlreiche weitere Papiere aus den vergangenen beiden Jahren ermöglichen einen aufschlussreichen Einblick in die gegenwärtige Situation der Ölfelder Saudi-Arabiens.

Ich möchte die wichtigsten Erkenntnisse einiger dieser Papiere kurz zusammenfassen, die sich alle mit den Erfolgen Aramcos und seiner Subunternehmer bei der Bewältigung der in den Berichten beschriebenen Probleme befassen. Aber der Erfolg beim Beantworten von Fragen und Ersinnen von Lösungen begrenzt nicht das Ausmaß dieser Probleme oder stellt ihre Bedeutung in Frage.

Die negativen Effekte hoher Gasanteile im Öl

Eine Studie beschreibt erhöhte Gasanteile am Nordende von Ain Dar, eines der produktivsten Gebiete von Ghawar. Es heißt darin, in Ain Dar, von dem man früher angenommen hatte, es gebe dort keine Gasschicht, hätten sich nun zwei Gasschichten gebildet, eine im Norden und eine im Süden. In Schächten nördlich der nördlichen Gasschicht sind, der Studie zufolge, die Anteile von Wasser und Gas im Öl gestiegen.

In einigen Schächten gab es Gasanteile von nahezu 1.000 Kubikfuß pro Barrel Öl, während es in dieser Region früher nur 540 Kubikfuß gewesen waren. Der gestiegene Gasanteil wirkt sich negativ auf die Schachthydraulik und auf die Fördermengen aus.

Drei mögliche Ursachen wurden untersucht:

1. Eine Verbindung zwischen der Gasschicht und dem Produktionsschacht.

2. Ein Leck im tiefer gelegenen Khuff-Reservoir.

3. Aus Salzwasser ausgetretenes Gas.

Studien und Tests erwiesen alle drei Hypothesen als falsch. Die Forscher kamen zu dem Schluss, der wahrscheinlichste Grund seien schlechte und unzuverlässige Messungen. (Es ist immer einfacher, verwirrende und alarmierende Daten auf falsche Messwerte zurückzuführen als zuzugeben, dass das Reservoir inzwischen zu alt ist.)

Eine neue (und teure) Bohrstrategie

Ein weiteres, 2003 erschienenes SPE-Papier beschrieb bedeutende Veränderungen der Bohrstrategie in Shaybah (das neueste große Feld Saudi-Arabiens), 2002, nur vier Jahre nach der Produktionsaufnahme 1998. Shaybahs ursprünglicher Entwicklungsplan sah konventionelle Vertikalschächte vor. Mitte der 1990er-Jahre, als das Feld entwickelt wurde, entschied man sich jedoch für Horizontalschächte. Man hielt sie für notwendig, um angemessene Fördermengen zu erreichen und frühe Gasdurchbrüche in einem Feld mit schwacher Grundwasserschicht und großen Gasschichten zu vermeiden. Daher bohrte man einfache, etwa einen Kilometer lange Horizontalschächte in das Shu'aiba-Reservoir.

2002 ging man auf multilaterale, sehr lange Horizontalschächte über. Diese neuen Schächte, Maximum-Reservoir-Contact- oder MCR-Schächte genannt, sollten die folgenden Vorteile bringen:

- Eine verbesserte Schachtproduktivität.

- Die Senkung der Bohrkosten (in Dollar pro Meter) und der Produktionskosten (in Dollar pro Barrel).

- Eine bessere Nutzung der kleinen Gebiete mit flacher Oberfläche inmitten der riesigen Sanddünen.

Einige multilaterale Konstruktionen wurden erprobt. Aramco erreichte mit einer kombinierten Konstruktion mit einer Gesamtlänge von zwölf Kilometern den stärksten Reservoirkontakt, den es in Saudi-Arabien je gegeben hat. Bis April 2003 wurden acht MRC-Schächte in Shaybah gebohrt.

Die Studie bemerkte, diese neuen MRC-Schächte seien „nötig in Regionen mit geringer Durchlässigkeit", um den Druckabfall zu minimieren und die Schwemmeffizienz zu erhöhen. Es hieß auch, Porosität und Durchlässigkeit könnten in diesen langen Schächten variieren, sodass in einigen Verzweigungen früher Wasser eintritt als in anderen. Man forscht nun mit einer noch moderneren Art von MRC-Schächten, wo die Produktion jeder Verzweigung kontrolliert werden kann. Einzelne Verzweigungen können auch geschlossen werden, sobald es zu Wasserzufluss kommt.

Trotz niedriger Kosten pro Meter und Barrel sind diese Schächte in Shaybah daher sehr wahrscheinlich die teuersten, die in Saudi-Arabien je gebohrt wurden.

Die Wartungskosten werden fast mit Sicherheit weit höher liegen als bei Vertikal-
oder einfachen Horizontalschächten. Das Papier enthielt keine Daten über die
Produktionsmengen der Schächte, weder der konventionellen noch der MRC-
Variante, stellte aber fest, die MRC-Schächte stellten „einen Quantensprung für
die saudische Bohrstrategie in Shaybah dar". Man kann wohl sagen, dass Shaybah im Vergleich zu den alten Giganten-Feldern mehrere Quantensprünge re-
präsentiert, was Probleme, Komplexität und Kosten betrifft, und wahrscheinlich
auch bezüglich des Glaubens an die moderne Ölfeldtechnologie.

Reinigungsprobleme behindern die Ölförderung

Ein anderes kürzlich erschienenes SPE-Papier beschäftigte sich mit der Rei-
nigung der Bohrschächte in multilateralen Horizontalkonstruktionen nach der
Bohrung. Dies ist ein weiteres Problem mit hochmodernen Schächten in Re-
servoirs von geringer Ergiebigkeit. Das Papier beschrieb Schächte, die man im
Süden von Ghawar gebohrt hatte, wahrscheinlich am oberen Ende von Haradh.
Zur Reinigung der Schächte vor Produktionsbeginn verwendete Aramco Was-
ser und Enzymbehandlungen. Das Papier schätzt es als sehr schwierig ein, im
Norden von Haradh jemals große Ölmengen zu fördern, selbst mit moderner
Technologie und sekundären oder tertiären Förderprogrammen.

Probleme bei der Rehabilitation von Ölfeldern

Zwei weitere Papiere befassen sich mit den Problemen der erneuten Produktion in Qatif und Abu Sa'fah. Mit diesem Projekt will Aramco zusätzlich 650.000
Barrel pro Tag fördern. Die Papiere werfen ein bezeichnendes Licht auf die damit
verbundenen Probleme.

Eine 2003 erschienene Studie beschrieb Qatif als Feld mit geringem Förderdruck wegen Teermatten unterhalb der Ölzone und mit Gestein geringer
petrophysischer Qualität. Daher soll seitlich Wasser eingepumpt werden. Die
drei einzelnen Reservoirs enthalten zudem saures Öl und Gas mit einem hohen
Schwefelwasserstoffanteil. Das sind etliche große Probleme bei der erneuten
Entwicklung eines Felds, das in der Vergangenheit nur geringe Ölmengen geliefert hat.

Das Papier konzentrierte sich insbesondere auf die Risiken der Produktion
von Öl mit einem hohen Anteil von Schwefelwasserstoff (H_2S) in einem bewohnten Gebiet. Diese Risiken behindern das Projekt auf vielfältige Weise. Zum Beispiel wurden 45 mögliche Bohrstellen aus Sicherheitsgründen abgelehnt. Wenn

der H_2S-Anteil hoch ist, wird die Korrosionskontrolle schwierig und anspruchs-voll. Überwachung und Kontrolle der Operationen sind unerlässlich, auch Not-fallplanungen sind erforderlich. Im Interesse der Sicherheit werden alle Schächte mit unterirdischen Sicherheitsventilen ausgestattet, die etwa 100 Meter unter der Erdoberfläche liegen.

Diese Ventile werden durch ein Überwachungssystem kontrolliert, das die Daten aus den Schächten und die H_2S-Konzentration beobachtet. Steigt sie über 20 Millionstel, werden der betreffende Schacht oder auch sämtliche Schächte abgesperrt. Dabei handelt es sich um hochmoderne Geräte, deren Installation und Wartung teuer ist und die ebenfalls operationale Probleme verursachen können.

Eine zweites 2004 erschienenes Papier, das sich mit Qatif beschäftigte, be-traf die Trennung von Wasser und Öl in Qatif und Abu Sa'fah. Aramco musste wissen, ob und unter welchen Voraussetzungen Wasser aus den beiden Feldern wieder in die Reservoirs gepumpt werden kann. Das Haupthindernis liegt da-rin, das geförderte Wasser nicht mit dem Injektionswasser zu vermischen. Die in diesem Papier beschriebenen Probleme sind zur Abwechslung wirklich lös-bar und können gemanagt werden, wahrscheinlich ohne große Schwierigkeiten und Kosten.

Bemühungen zur Lösung der Wasserprobleme in anderen Ölfeldern

Ein 2003 erschienenes SPE-Papier beschäftigte sich mit Aramcos Versuchen, vorzeitige Wasserdurchbrüche im Offshore-Feld Zuluf zu verhindern. Seit Zu-luf 1972 in Produktion genommen wurde, wurden 220 meist vertikale Schächte gebohrt. Die dortigen Sände weisen eine hohe Durchlässigkeit von 3,5 Darcy auf. Da Zuluf heute ein extrem gealtertes Feld ist, reicht die Dicke der Ölsäule nicht mehr für erfolgreiche Vertikalschächte. Daher hat man sich auf Horizon-talschächte in den verbliebenen, dünneren Ölschichten konzentriert.

Zulufs neue Horizontalschächte haben ihre eigenen Probleme entwickelt. Das Wassermanagement ist heute ein unaufhörliches Problem „wegen hohen Rück-drucks mit vorzeitigen Wasserdurchbrüchen, was zu einem deutlichen Rück-gang der Produktivität einzelner Schächte führt". Das Problem scheint durch eine Beschädigung der Formation und wechselnde Durchlässigkeit entlang der horizontalen Schächte erschwert zu werden – ein Ergebnis „ungleichförmigen natürlichen Fließverhaltens".

Saudi Aramco versucht diese Probleme zu lösen und ein gleichförmiges Fließverhalten zu erreichen, indem man ein selbst entwickeltes Kontrollsystem in die Schächte einbaut und so deren Leben verlängert. Das System funktioniert als eine Art Drosselventil, „um eine zu hohe Förderung in hochproduktiven Zonen zu verhindern" (und damit den Zufluss von Wasser und Gas zu erhöhen) und um „den Druck im Schacht zu vermindern und somit mehr Öl aus den weniger produktiven Zonen zu fördern".

Der Bedarf an einer derart komplexen Technologie zur Lebensverlängerung der Horizontalschächte ist ein deutliches Zeichen, dass Zuluf den letzten Abschnitt der Primärproduktion erreicht hat und dass die Kosten für die Förderung jedes zusätzlichen Barrels kontinuierlich steigen.

Fortschrittliche Techniken zur Platzierung der Schächte

Ein 2004 erschienenes SPE-Papier beschäftigte sich mit den Horizontalschächten in Zuluf und dem komplizierten Prozess, sie durch die dünnen Sandschichten zu führen. Es beschrieb die fortschrittlichen Platzierungsmethoden von Schächten, die in bisher unberührten Reservoirs an den Seiten des Felds gebohrt wurden.

Der Khafji-Sand, der den größten Teil der Produktion in Zuluf geliefert hat, ist etwa 70 bis 100 Meter dick, mit einer durchschnittlichen Porosität von 30 Prozent und einer Durchlässigkeit von mehr als einem Darcy – kurz: ein exzellentes Reservoir. Die derzeitigen Zielregionen, die sogenannten „Khafji Stringers", liegen oberhalb einer Gas- und unterhalb einer Wasserschicht. Sie bestehen aus Sand und Schiefer mit kleineren Eisenanteilen und sehr dünnen Kohleschichten. Diese Sände sind nur gut drei bis etwa 13 Meter dick und haben nicht genug „Auflösung", um mit seismischen Daten sichtbar gemacht werden zu können.

Die Schächte weisen auch instabile Schiefer- und Kohleschichten auf. Es war sehr leicht, Zulufs Öl aus dem Boden zu holen, als man noch 70 bis 100 Meter dicke Ölsäulen anbohren konnte. Die Ausbeutung dieser dünnen, versteckten Stringer-Reservoirs ist ein schwieriges Unterfangen, auf das man sich nicht in einem Feld einlassen würde, wo noch eine umfangreiche Primärproduktion möglich ist.

Das Bedürfnis nach besserer Analyse der Daten über die Schacht-Performance

Ein weiteres, 2004 erschienenes SPE-Papier beschäftigte sich mit der Analyse von Performance-Daten komplexer Horizontalschächte in Reservoirs unterschiedlicher Heterogenität. Konventionelle Analysedaten interpretierten die Daten horizontaler Schächte nicht gut genug, um ihre künftige Performance einschätzen zu können. Dieser Mangel macht es schwierig, wichtige Entscheidungen zum Reservoirmanagement zu treffen.

Das Papier beschrieb, wie diese Herausforderung angegangen wurde, und präsentierte Fallstudien von drei Schächten in Ghawars Arab-D-Reservoir, wo makellose Performance früher die Regel war.

■ Der erste war ein ausgedehnter horizontaler Schacht in einem Gebiet mit vielen Gesteinsbrüchen und Verwerfungen. Ein Schachttest nach dem ersten Produktionsmonat erbrachte ungewöhnliche Daten, weil ein Gesteinsbruch „das Fließverhalten dominiert und der Rest der horizontalen Sektion als Verbindung fungiert". Das ist natürlich alles andere als eine ideale Situation für eine umfangreiche horizontale Förderanlage.

■ Die zweite Fallstudie beschrieb einen „horizontalen Wasserinjektionsschacht mit einer Länge von gut 700 Metern" in einem Gebiet mit relativ geringer Qualität für diesen Teil von Ghawar. Die ungewöhnlichen Testdaten dieses Schachts schrieb man der Tatsache zu, dass „die Reservoirqualität mit zunehmender Entfernung zum Schacht nachließ".

■ Die dritte Studie beschrieb einen Schacht, der als schräges Loch in einem Winkel von 50 Grad in eine volle Ölsäule gebohrt wurde. Er wurde komplettiert als „ein Horizontalschacht mit kurzem Radius in den oberen fünf Prozent des Reservoirs". Wegen nachlassender Bohrleistung war die horizontale Sektion auf 100 Meter beschränkt. Als der Schacht in Produktion genommen wurde, betrug der Wasseranteil sofort 42 Prozent. Das war alarmierend für eine Säule, die zu 100 Prozent aus Öl besteht. Aufgrund dieses Verhaltens und der Testdaten schrieben die Autoren den Wasserdurchbruch einem „aktiven Verbindungskanal in der Nähe" zu. Diese Erklärung basiert teilweise auf Hinweisen, „dass sich die Wasserfront in Richtung der Gesteinsbrüche bewegt."

Saudi Aramco scheint es nun ständig mit Komplexitäten und Heterogenitäten in Ghawars Arab-D-Reservoir zu tun zu haben. In einem Fall macht ein Gesteinsbruch die Absicht zunichte, eine Horizontalanlage zu installieren. In einem anderen Fall führt ein solcher Bruch zu sofortigen Wasserzuflüssen in einer Sektion, die zu 100 Prozent aus Öl besteht.

Diese Gesteinsbrüche bilden Pfade für die Migration des eingepumpten Wassers. Die Kernfrage dieses Papiers lautete: Waren die jüngsten Bemühungen, Öl aus dem Reservoir zu den Schächten zu schwemmen, noch effektiv, oder begünstigten sie nur die Zunahme von Wasserzuflüssen durch die Gesteinsbrüche.

Probleme durch Horizontalschächte

Aramcos Bevorzugung horizontaler Schächte macht die üblichen Praktiken der Ölförderung noch schwieriger. Ein SPE-Papier von 2004 beschrieb die Probleme mit effektiver Säureanwendung oder der Frakturierung des Matrix-Gesteins rund um die horizontalen und multilateralen Förderanlagen in den Feldern Abu Sa'fah und Berri.

In beiden Feldern wurden periphere Wasserinjektionen vorgenommen. Ein Druckabfall in Abu Sa'fah und eine entsprechende Zunahme des Wasseranteils führten dazu, dass Saudi Aramco alle 61 produzierenden Schächte des Felds mit versenkbaren Elektropumpen ausstattete. Zudem wurden 29 neue Horizontalschächte ebenfalls mit solchen Pumpen ausgerüstet. Die Arbeit in Abu Sa'fah ist ein entscheidender Teil des Rehabilitationsprojekts in Qatif. Säureanwendungen waren nötig, weil die Durchlässigkeit in den Formationen niedrig war.

Das Hauptproblem war dabei die gleichförmige Verteilung der Säure über die ganze Länge des Schachts und die Durchdringung der ganzen Formation. In Abu Sa'fah waren die Schächte nur zehn Meter von einer Wasserschicht entfernt. Das Problem war also auch, die Säure davon abzuhalten, weitere Löcher zu öffnen, die zu einer Zunahme des Wasserzuflusses führen könnten.

In der Regel waren die Säureanwendungen recht erfolgreich. Ein zuvor toter Schacht wurde mit einer Förderung von 6.200 Barrel pro Tag wieder in Produktion genommen. Die Produktion von 45 Schächten in Abu Sa'fah wurde um durchschnittlich 1.600 Barrel pro Tag gesteigert, was einem Gesamtzuwachs von 5.723 Barrel entsprach. Das Papier lieferte keinen Hinweis darauf, wann diese Maßnahmen durchgeführt wurden oder ob seither schon genug Zeit vergangen ist, um die Dauerhaftigkeit der Säurebehandlungen beurteilen zu können. Die Erfahrung zeigt jedoch, dass Säureanwendungen nicht zu langfristigen und nachhaltigen Produktionsanstiegen führen – nicht einmal in Saudi-Arabien.

Saudi Aramcos Außendarstellung widerspricht seinen analytischen Publikationen

Das provokativste einschlägige Papier, das ich in letzter Zeit gelesen habe, war ein im Dezember 2003 erschienener Artikel, verfasst von Dr. Nansen Saleri, Chef von Aramcos Reservoir-Managementteam, und zwei seiner Kollegen, S. P. Salamy, langjähriger Ölingenieur, und S. S. Al-Otaibi, seit 22 Jahren für Aramco tätig, der für die Überwachung von Aramcos Gas-Reservoirs zuständig war.

Zwei Monate nach Veröffentlichung des Artikels wählte Aramco Dr. Saleri als einen von zwei führenden technischen Experten aus, die nach Washington reisen und den Teilnehmern am CSIS-Workshop (sowie via Medien der ganzen Welt) versichern sollten, dass es auf den großen saudischen Feldern keine Probleme gibt, dass die Lektüre der SPE-Studien reine Zeitverschwendung ist und dass Saudi-Arabien problemlos und sicher für weitere 50 Jahre 15 Millionen Barrel pro Tag fördern kann.

Im Artikel vom Dezember 2003 diskutierten Dr. Saleri und seine Mitautoren eine Reihe neuer Technologien, die die Bohr- und Förderoperationen in Saudi-Arabien grundlegend veränderten. Fortschritte wie MRC-Schächte und andere Techniken hätten dazu geführt. Die Autoren bemerkten, dass die Absicht des Artikels nicht darin liege, die Zukunft zu beschreiben, sondern das zu schildern, was schon passiert sei.

Den Autoren zufolge waren in wenigen Jahren Innovationen, die man kurz zuvor für außerordentlich gehalten hatte, zu routinemäßigen Aktivitäten geworden.

Das Papier erklärte eloquent, warum MRC-Schächte ein solcher Durchbruch waren, verglichen mit den einzelnen oder multilateralen Horizontalschächten, die noch zehn Jahre zuvor als die Spitze des Fortschritts gegolten hatten. Durch die Verwendung der MRC-Schächte ist eine Kontaktlänge eines einzelnen Schachts von fünf Kilometer auf den saudischen Ölfeldern fast schon zur Routine geworden. Angesichts des Alters der wichtigsten Felder ist die Umstellung von herkömmlichen auf MRC-Schächte vergleichbar mit dem Unterschied zwischen dem Fischfang mit einem einzigen Haken und dem Fischen mit einem kraftvollen Boot und einem Netz.

Bei allem Lob für die Vorteile der neuen Technologie räumten die Autoren ein, dass die Platzierung der Schächte erheblichen Analyseaufwand der Ingenieure vor dem Bohren durch die vor kurzem gebildeten multidisziplinären Aramco-Teams erfordert. Die endgültigen Entscheidungen dieser Teams, wo die Schächte platziert werden, gelten bestenfalls als „notwendige Kompromisse zwischen mehreren Faktoren".

Es geht nicht mehr darum, einfach ein Loch zu bohren und dem Öl beim Heraussprudeln zuzusehen. Die komplexen Schächte sind heute die beste Methode, wie Saudi-Arabien das verbliebene Öl in seinen alternden Feldern fördern kann, und wahrscheinlich die einzige Möglichkeit, die Produktionsmengen so hoch zu halten, dass die Exportmöglichkeiten etwa zehn Millionen Barrel pro Tag erreichen. Das Papier beschreibt die Suche Aramcos nach der besten Möglichkeit, das wertvolle Öl mit 42° API in Shaybah zu fördern, und die Entscheidung für die MRC-Schächte. Als dieses problematische Feld in den frühen 1990er-Jahren zur Produktion vorbereitet wurde, standen MRC-Schächte noch nicht zur Verfügung. Da es im Shu'aiba-Reservoir eine starke Gasschicht oberhalb und eine Wasserschicht unterhalb des Öls gibt, war die Anwendung von Horizontal- und MRC-Schächten die praktischste Möglichkeit, Gas- und Wasserzuflüsse zu mindern und die angestrebten Produktionsmengen „in engen Formationen, wo die typische Durchlässigkeit nur zwischen zehn und 40 Millidarcies liegt" zu erreichen. Vielleicht hat Saudi Aramco die Produktion in Shaybah um fast 30 Jahre verschoben, einfach weil die frühere Schachttechnologie eine wirtschaftliche Produktion nicht ermöglicht hat.

Trotz all des Lobs für die neue Technologie räumten Dr. Saleri und seine Kollegen freimütig ein, dass es noch zu früh sei, um wirklich zu wissen, wie die langfristige Performance dieser MRC-Schächte aussehen wird. Sie stellten fest, dass eine vollständigere Auswertung der MRC-Schächte mehr Zeit erfordern wird, definiert als „typischerweise drei bis fünf Jahre kontinuierlicher Produktionsgeschichte".

Als Dr. Saleri im Februar 2004 nach Washington kam, hatte sich seine Mission verändert. Jetzt sollte er der Welt sagen, dass es in Saudi-Arabien keine Produktionsprobleme gibt und dass das Land noch mindestens 50 Jahre lang mehr Öl liefern könnte, als die Welt wahrscheinlich braucht. Seine Botschaft beim Washingtoner CSIS-Forum unterschied sich wesentlich von dem Artikel, an dem er ein paar Monate zuvor mitgearbeitet hatte. Und ich wundere mich immer noch darüber, in welchem Ausmaß er den Wert der SPE-Papiere zurückwies.

Sein schriftlicher Artikel schilderte offen die Unsicherheiten, was die Performance der neuen technischen Werkzeuge betrifft. Er beschrieb, dass diese komplexen Schächte und die modernen Bohrtechnologien nötig sind, um die Produktion in den großartigen, aber stetig alternden Ölfeldern hochzuhalten. Nur ein paar Monate nach der Veröffentlichung des Artikels hatte Saleri aber kein Problem damit, führenden Energieplanern in den USA zu erzählen, dass Saudi-Arabien noch mindestens 50 Jahre lang doppelt so viel produzieren könnte wie heute. Er wies auf ziemlich hochmütige Weise genau die Unsicherheiten über die Zukunft der saudischen Ölproduktion zurück, die er in seinem eigenen Artikel anerkannt hatte.

Beim Mittagessen nach der CSIS-„Debatte" versuchte Saleri den Wert und die Glaubwürdigkeit von SPE-Papieren herunterzuspielen, indem er behauptete, sie tendierten dazu, die diskutierten Probleme zu übertreiben, damit die Autoren „klug aussehen", indem sie diese scheinbar schwierigen Fragestellungen beantworten. Bei manchen dieser Papiere mag er Recht haben (obwohl schwer zu glauben ist, dass sich eine solche Voreingenommenheit auf mehr als 200 Papiere bezieht). Ingenieure schätzen Anerkennung ebenso wie jeder andere. Vielleicht sind sie nicht immun dagegen, ein wenig technischen Hype einzuflechten, wenn sie über ihre Errungenschaften berichten. Die auf den SPE-Konferenzen vorgestellten und in der Zeitschrift der Gesellschaft veröffentlichten Artikel werden von anderen Experten geprüft, bevor sie publiziert werden. Dieser Prozess soll Übertreibungen eliminieren, die entweder egoistischen oder kommerziellen Interessen dienen könnten. Die Papiere werden nach den Kriterien der Objektivität, der technischen Bedeutung, der Qualität der Beweisführung und des Beitrags zu einer bestimmten Disziplin bewertet.

Es ist nicht so einfach, eine ganze Serie von Papieren abzulehnen, die ständig die gleichen Themen und ähnliche Probleme ansprechen. Sie berichten über tatsächliche Dinge und Ereignisse. Die von Aramco autorisierten SPE-Papiere liefern kleine Punkte auf der ganzen Landkarte der saudischen Ölförderung. Wenn wir die Punkte miteinander verbinden, ist das entstehende Bild ein Abbild der Realität.

Kapitel 15

Aramco beschwört „unklare Logik", um die Zukunft des saudischen Öls zu managen

An einem bestimmten Punkt schwindet der stetige, hohe Förderdruck, der die hohen Förderquoten eines typischen saudischen Ölschachts ermöglicht. Immer mehr der produktivsten Sektionen der besten Felder Saudi-Arabiens sind erschöpft. Die massiven Wasserinjektionsprogramme, die schon vor Jahrzehnten begonnen haben, werden schließlich all das leicht erreichbare Öl zu den Förderschächten schwemmen.

Diese letzte Phase wird sich in allen Giganten- und Super-Giganten-Feldern abspielen. Wenn es so weit ist, wird in allen Reservoirs, die Saudi-Arabien zur „Öl-Supermacht" der Welt gemacht haben, noch viel Öl im Boden liegen. Aber die dieses Öl antreibende Energie wird verschwunden sein, so wie die Kohlensäure aus einer Sodaflasche entweicht. Wenn der Förderdruck in den wichtigsten Feldern unter den „Bubble Point" fällt, entweicht sofort das im Öl gelöste Gas und führt zur Bildung einer Gasschicht am oberen Ende des Reservoirs. Wenn sich das Gas aus dem Öl löst und der Förderdruck weiter sinkt, fließt immer weniger Öl und Wasser zu den Förderschächten.

Unabhängig von der Größe eines Ölfelds gilt: Wenn der Reservoir-Druck unter den „Bubble Point" sinkt und dann geringer wird als der „Sättigungsdruck", vereinigen sich die Gasblasen und formen eine kontinuierliche Gasschicht, die zum Förderschacht fließt. Wenn sich der Druckabfall beschleunigt, fließt immer mehr Gas zum Schacht, was die Gasbildung und -förderung beschleunigt und den Druck noch schneller fallen lässt. Bei nachlassendem Druck beginnt sich das Wasser unter der Ölschicht mit dem Öl zu vermischen.

Das verbliebene Öl wird von einem sprudelnden in einen unbeweglichen Zustand transformiert, wie eine Dose schales Cola. Mit künstlichen Methoden (zum Beispiel mit Pumpen) kann immer noch Öl produziert werden, aber ein hoher Anteil der geförderten Flüssigkeit ist Wasser, kein Öl. Dieses Kapitel wirft einen Blick auf die Ära, wenn es nicht mehr einfach sein wird, in Saudi-Arabien hohe Ölmengen zu fördern. Dieses Szenario wird bald zur Realität werden, weil Saudi Aramco eine „unklare Logik" anwendet, um den unvermeidlichen Niedergang abzuwenden. In gewisser Hinsicht hat dies schon begonnen.

Die Suche nach dem „zurückgebliebenen Öl" auf den großen Feldern

Die Förderung dieses verbliebenen Öls ist eine Herausforderung, die die Eigentümer anderer alter Ölfelder schon seit Jahren kennen. Die üblichen Bezeichnungen für diese Operationen sind „sekundäre" und „tertiäre" Produktion oder Förderung. Sie bezeichnen eine Welt viel höherer operativer Kosten, weit mehr Schächten und eines starken Rückgangs der Produktion der einzelnen Schächte, weil die herausgepumpte Flüssigkeit größtenteils nicht aus Öl, sondern aus Wasser besteht. Für die saudischen Giganten-Felder ist die sekundäre Förderung keine Option, weil sie in Form von Wasserinjektionen bereits durchgeführt worden ist. Auf den großen Festlandfeldern fielen primäre und sekundäre Produktion zusammen.

Letztlich werden einige der großartigen Felder ihr produktives Leben als tertiäre Gasfelder beenden, ebenso wie Brent in der Nordsee (beschrieben in Kapitel 13). Andere werden enden wie die Felder im Westen und Osten von Texas , die heute zwischen 90 und 99 Prozent Wasser und zehn bis ein Prozent Öl fördern. Die Wirtschaftlichkeit solcher Maßnahmen wird von der künftigen Entwicklung der Ölpreise abhängen.

Wie man das verbliebene Öl aufsammelt

Zurückgebliebenes Öl ist für Ölproduzenten eine vertraute und verlockende Situation. Zahlreiche SPE-Papiere beschäftigen sich damit, was passieren wird, wenn die Jubelrufe bei Aramco verstummen und das Öl nicht mehr frei fließt. Etliche Papiere erörtern die Optionen und Strategien, die Aramco zur Verfügung stehen, wenn es in Saudi-Arabien nur noch zurückgebliebenes Öl gibt.

Ein 1995 erschienenes SPE-Papier beschrieb ein gigantisches saudisches Karbon-Ölfeld mit drei „vergessenen Ölgebieten" Das Papier erklärte die Probleme, die auftreten, wenn der natürliche Wasserdruck und das injizierte Wasser nicht das gesamte theoretisch förderbare Öl zu den Förderschächten eines Super-Giganten-Feldes geschwemmt haben. (Das Feld wird in dem Papier nicht genannt. Da es sich um ein Karbonfeld handelt, muss es zu Ghawar, Abqaiq oder Berri gehören.)

Zweck dieses SPE-Papiers war das Studium der möglichen Aktionen, die man durchführen kann, wenn man auf zurückgebliebenes Öl stößt. Es beschrieb die Visualisierung durch ein Modell mit hoher Auflösung, das man konstruiert hatte, um das „wahre Ausmaß" des verbliebenen Öls zu definieren. Das Simulationsmodell wurde entworfen, um eine endgültige Ausbeutungsstrategie für das verbliebene Öl zu erleichtern.

Der Abschnitt des in dieser Studie beschriebenen Felds war „geologisch sehr komplex" (eine Bezeichnung, die auf fast alle verbliebenen Ölförderregionen in Saudi-Arabien zutrifft) und bedeckte eine Fläche von zwölf mal 13 Kilometern. Es gab dort 61 Schächte – 26 Ölförderschächte, 27 Injektions- und acht Beobachtungsschächte.

Es handelte sich um ein Gebiet, das bis 1986 kaum entwickelt worden war. Man hatte damals nur zwei Schächte dort gebohrt. Beide Schächte hatten etwa 10.000 Barrel pro Tag produziert. Die Gebiete östlich, südlich und westlich der Region waren schon seit Jahren in Produktion.

Die Wasserinjektion in diesen umgebenden Gebieten begann 1966. Bis 1980 hatte man dort 223 Millionen Barrel eingepumpt. Folglich nahm man an, das Wasser habe wahrscheinlich das gesamte Öl aus dem Reservoir geschwemmt. Eine sorgfältige Auswertung in den frühen 1990er-Jahren überzeugte die Aramco-Techniker davon, dass eine 15 Meter dicke Ölsäule vom Wasser nicht erreicht worden war.

Neue Bohrungen führen zu kurzlebigen Ergebnissen

Nach dieser Studie begann Aramco mit einem vollständigen Entwicklungs-
programm, um das verbliebene Öl zu erreichen. Zahlreiche weitere Produkti-
ons- und Injektionsschächte wurden gebohrt, und die Produktivität wuchs fast
um das Zehnfache, als das verbliebene Öl gefördert wurde.

Erwartungsgemäß waren diese Produktionssteigerungen nicht für längere
Zeit haltbar. Wasserzuflüsse in die Öltaschen waren ein ständiges Problem. Zum
Beispiel wies ein 1989 komplettierter Schacht „1991 nur einen Wasseranteil von
27 Prozent auf, und dieser Anteil blieb in den nächsten drei Jahren konstant". Ein
anderer Schacht, der im Mai 1991 gebohrt wurde, wies zunächst einen Wasseranteil von 30 Prozent auf. Aber seine Produktion erreichte sechs Monate später
ihren Höhepunkt, während der Wasseranteil auf 60 Prozent stieg. Am Jahresen-
de lag er bei 70 Prozent, bevor der Schacht geschlossen wurde.

Dem SPE-Papier zufolge wurde dann ein Schacht an einem „sichereren" Ort
gebohrt, zwischen drei Injektionsschächten, wo man schon 122 Millionen Barrel
Wasser eingepumpt hatte. Untersuchungen ergaben, dass es in diesem Gebiet
noch große Vorkommen nicht geförderten Öls gab. Es gab noch eine Ölsäule
mit einer Dicke von mehr als 20 Metern. Man bohrte einen Schacht in diese
Säule. Der Schacht förderte Flüssigkeit, aber der Wasseranteil lag bei 63 Prozent.
Der Schachtdurchmesser wurde reduziert, und die Ölproduktion fiel auf ein viel
geringeres Niveau. Aber diese niedrigere Produktionsrate verhinderte jeden weiteren Anstieg des Wasseranteils.

Diese Fallstudie über tertiäre Produktion brachte drei wichtige Erkenntnisse:

1. Sie demonstrierte, dass große Mengen zurückgebliebenen Öls noch gefördert
   werden können.

2. Sie zeigte, dass die tertiären Methoden selten die hohen Fördermengen erreichen, die vorhanden waren, als der Förderdruck noch hoch war.

3. Und sie illustrierte, dass das beste Mittel gegen steigende Wasseranteile darin
   besteht, die Fördermenge zu drosseln.

Dieses neue Wissen darüber, wie Saudi-Arabien vorgehen muss, um das
verbliebene Öl zu fördern, erwuchs aus den gesammelten Reservoir-Daten aus
50 Jahren Produktion und beinhaltete eine massive Anstrengung, Daten über

Förderdruck, Wasseranteile, Wasser/Öl-Kontaktschichten, Wassersättigung und Flussmeterprofile miteinander zu kombinieren. Zum Glück wurden alle diese Eigenschaften und Performance-Faktoren über all die Jahre sorgfältig dokumentiert. Das befähigte die Experten, ein Produktionsprogramm zu konzipieren, um das verbliebene Öl auszubeuten.

Dieses Papier enthielt gute und schlechte Nachrichten. Die Ausbeutung des verbliebenen Öls erfordert Scharfsinn und ein wenig Glück. Es kann sehr schwer sein, Öltaschen zu identifizieren, und noch schwerer, das Öl zu fördern. Die Performance von Schächten, die gebohrt werden, um Taschen zurückgebliebenen Öls anzuzapfen, ist fast immer viel weniger prognostizierbar als die der Schächte zur Primärproduktion, die Aramco jahrzehntelang gebohrt hat. Die Welt der tertiären Produktion in den komplexen, heterogenen Reservoirs der Giganten-Felder Saudi-Arabiens könnte eher von zufälligen Erfolgen und Misserfolgen als von Vorhersagbarkeit gekennzeichnet sein.

Die Anwendung von unklarer Logik beim Management alternder Ölfelder

Saudi-Arabien hat jede Form modernster Dienstleistungen und Werkzeuge begrüßt, die die Ölindustrie liefern konnte. 2004 war Saudi Aramco der wichtigste Kunde Schlumbergers und zahlreicher anderer Ölserviceunternehmen. Die komplexen neuen Modellbildungskapazitäten Schlumbergers und Halliburtons erlauben es den saudischen Ingenieuren, sensible Bohr- und Produktionsstrategien zu entwickeln, um verbliebenes Öl in anderen Gebieten und Feldern zu fördern. Keines dieser Programme ist einfach oder billig. Da das Öl in diesen tertiären Schächten zudem selten wasserfrei ist, haben die Schächte meist keine lange Lebensdauer. Die Wasseranteile steigen rapide, was Aramco dazu zwingt, die Schächte zu schließen, und die Anwendung moderner Technologie erhöht die Kosten pro Barrel dieser Projekte zusätzlich.

Es gibt keine einfache Formel für die Prognose, wie lange Ölfelder bei großen Fördermengen der einzelnen Schächte produzieren können. Einige der weltbesten Reservoir-Ingenieure und Öl-Geologen sind überzeugt, dass hohe Fördermengen in jedem Ölfeld den finalen Produktionsrückgang nur beschleunigen, zu dem es früher oder später auf jedem Feld kommt. Optimistischere Ingenieure nehmen heute an, dass man große Fördermengen viel länger aufrechterhalten kann. Die jüngste Produktionsgeschichte in vielen anderen Ölfeldern der Welt spricht aber gegen eine solche optimistische Annahme.

Wenn man es schafft, den Förderdruck in einem Feld zu erhöhen, müssen die Betreiber wissen, wie prekär es ist, hohe Produktionsmengen aufrechtzuerhalten. Wenn man die lange und spannende Geschichte der Ölproduktion richtig versteht, dann sind drei Fragen von überragender Bedeutung:

1. Wann wird ein Ölfeld überstrapaziert?

2. Wann wird der Produktionshöhepunkt erreicht?

3. Wie schnell verläuft danach der Produktionsrückgang?

Diese Fragen sind der Heilige Gral der Reservoir-Ingenieure und der Produktionsmanager. Leider wird ein Heiliger Gral nur selten gefunden – oder niemals.

Bei meinem Besuch in Aramcos Hauptquartier im Februar 2003 sagte ein führender Aramco-Manager unserer Delegation, Aramco müsse nun „unklare Logik" anwenden, um sicherzustellen, dass das Königreich seine Öl- und Gasförderung maximieren kann. Ich hatte diesen Ausdruck nie zuvor gehört. Die Aussagen des Aramco-Managers waren eines der vielen kleinen Ereignisse, die mein Denken über das saudische Ölwunder in Skepsis umschlagen ließen. Er hatte diesen Ausdruck gebraucht, um zu erklären, warum die Firma so viele technische Wunderwerke integrieren musste, von denen man zehn Jahre zuvor noch nie etwas gehört hatte, um eine neue Strategie zur Maximierung der Gesamtfördermengen zu entwerfen.

Ich fragte den Manager, was der Ausdruck bedeute. Er meinte, am besten könnte man unklare Logik erklären, indem man sie mit klarer Logik vergleiche. Klare Logik, so meinte er, beschäftige sich mit Aussagen, die eindeutig richtig oder falsch sind. Dann gab er mir ein Beispiel: „Wenn ein Mann zehn Jahre alt ist, ist er jung. Richtig oder falsch? Ein Mann mit 20 ist jung. Richtig oder falsch? Ein Mann mit 30 ist jung. Richtig oder falsch? Ein Mann mit 100 ist jung. Richtig oder falsch?" Dann erklärte er, klare Logik beantworte Fragen innerhalb des Schwarz-Weiß-Bereichs eines Themas oder eines Problems: Ein Mann mit 20 ist jung. Richtig. Damit können wir alle ohne Zweifel und ohne Debatte übereinstimmen. Es ist klar, dass ein Mann mit 20 zu einer bestimmten Klasse gehört oder ein bestimmtes Attribut besitzt. Es gibt keine Zweideutigkeit. Aber im mittleren Bereich wird das Bild verschwommener, und die klare weicht der unklaren Logik. Die Fragen sind nicht mehr eindeutig zu beantworten. Ist ein Mann mit 45 jung oder alt? Unsere klaren Vorstellungen von Klassenzugehörigkeit und Attributen greifen hier nicht mehr. Und nun sprechen wir nicht mehr von einem Mann, sondern von einem Ölfeld. Ist Ghawar mit seinen 56 Jahren jung oder alt? (Ich denke, die Antwort auf diese Frage fällt nicht weiter schwer.)

Es ist die Alterung aller saudischen Felder, die den Gebrauch unklarer Logik nötig macht, um zu entscheiden, wie man diese Ressourcen für den Rest ihrer Lebensdauer am besten managen kann. Je stärker sie altern, desto schwieriger werden Prognosen über ihre künftige Performance. Für die Manager und Ingenieure ist nicht mehr eindeutig klar, was zu tun ist, um ein bestimmtes Ziel zu erreichen. Vielleicht ist nicht einmal klar, welche Ziele man überhaupt verfolgen sollte. Die Verantwortlichen sind gezwungen, mit komplexen Wahrscheinlichkeiten zu kalkulieren und die Hilfe von Experten zu suchen, die sich anderswo bereits mit ähnlichen Situationen beschäftigt haben.

> Kann es sein, dass Fragen nicht nur über die Öl-Zukunft Saudi-Arabiens, sondern über die künftige weltweite Energieversorgung weit unklarer sind, als die meisten erfahrenen Beobachter meinen?

Kann es sein, dass Fragen nicht nur über die Öl-Zukunft Saudi-Arabiens, sondern über die künftige weltweite Energieversorgung weit unklarer sind, als die meisten erfahrenen Beobachter meinen? Die dringendsten Fragen über die weltweite Energieversorgung, da sich der Ölkonsum nun mit schnellen Schritten auf 85 Millionen Barrel pro Tag zubewegt, betreffen die Nachhaltigkeit der saudischen Ölproduktion:

- Wann werden diese gigantischen Felder auswässern, wobei Milliarden Barrel Öl im Boden verbleiben?

- Wie erfolgreich wird Aramco dabei sein, alte Felder wieder in Produktion zu bringen?

- Welche neuen Technologien kann man anwenden, um die Milliarden Barrel zurückgebliebenes Öl zu fördern?

- Wird man je wieder neue Felder von nennenswerter Größe und Produktivität finden?

- Wird die neueste Technologie den Schlüssel liefern, in den bisher wenig ergiebigen Feldern die Produktion zu erhöhen?

- Welcher Anteil des verbliebenen Öls wird leicht zu fördern sein, indem man einfach neue und immer exotischere Schächte bohrt?

- Gibt es geeignete tertiäre Fördermethoden, mit denen man das saudische Ölwunder um ein paar Jahre verlängern kann?

- Wenn tertiäre Methoden nötig sind, wird das Königreich dann genügende Mengen Kohlendioxid zur Verfügung haben, um diese Vorgehensweise zu einer brauchbaren Option zu machen?

- Könnte man ein paar Jahre auf ein paar Jahrzehnte ausdehnen?

- Was würden all diese neuen Programme kosten?

Die relevanten Fragen zur Zukunft des saudischen Öls sind so zahlreich, dass man die Liste beliebig verlängern könnte. Aber die Fragen zu stellen ist einfach. Nicht so einfach ist es, Antworten zu formulieren, die zu effektiven Aktionen führen. Und leider können die wichtigsten Fragen nur auf äußerst unklare Art beantwortet werden.

Update zu den Fakten über die saudische Ölproduktion

Mitten im dicksten Nebel der Unsicherheit gibt es eine Hand voll klarer, eindeutiger Fakten, die uns dabei helfen können, uns ein klareres Bild über die Zukunft unserer Energieversorgung zu machen:

- Beginnen wir mit der unleugbaren Tatsache, dass in Saudi-Arabien und im restlichen Nahen Osten nur eine Hand voll Super-Giganten-Felder jemals entdeckt worden ist. Das Öl aus dieser kleinen Zahl riesiger Felder entspricht auch heute noch einem signifikanten Teil der gesamten Ölproduktion dieser Region. Zudem sind alle diese Super-Giganten alt bis sehr alt.

- Wie man überall auf der Welt sehen kann, erreichen alle alten Giganten-Felder einen Produktionshöhepunkt und bauen danach ab. Aber keinem von ihnen wird je das Öl ausgehen. In allen Fällen wird Öl im Boden verbleiben. Das sind klare Fakten.

- Eine wahrscheinliche, wenn auch nicht völlig klare Tatsache ist, dass man in Saudi-Arabien und im ganzen Nahen Osten wohl nicht mehr viele Giganten-

Felder finden wird. Es ist einfach schon zu lange her, dass ein solches Feld gefunden wurde, um noch an viele weitere Entdeckungen glauben zu können.

■ Eine weitere wahrscheinliche Tatsache, wenn auch ein wenig unklarer als die letzte: Die Nicht-OPEC-Länder mit Ausnahme der früheren Sowjetunion scheinen sich ihrem Produktionsmaximum zu nähern oder es schon hinter sich zu haben. Wenn es in der früheren Sowjetunion nicht bald neue Funde gibt, wird sich auch diese Versorgungsquelle einem zweiten Produktionsmaximum nähern, das niedriger sein wird als das erste.

Diese Fakten, einige sehr klar, andere weniger, sollten uns zeigen, wie dringend es ist, dass wir die Zukunft des saudischen Öls aus der Perspektive eines möglichen Niedergangs sehen. Es ist absolut sinnvoll, sich die beste Expertise zu sichern, um das Risiko eines Niedergangs der saudischen Ölproduktion wesentlich detaillierter einschätzen zu können und Klarheit in die Themen zu bringen, die heute noch unklar und problematisch aussehen.

Die Frage, wann und wie die saudische Produktion sinken wird, steht auf der Prioritätenliste ganz oben. Wenn wir diese und andere Fragen geklärt haben, können wir damit beginnen, die Zukunft der Energieversorgung realistischer einzuschätzen, als dies heute möglich ist – eine Zukunft, die fast mit Sicherheit von sinkendem Ölangebot gekennzeichnet sein wird.

Kapitel 16

Auf der Suche nach klareren Wahrheiten in den zuversichtlichen Behauptungen der Saudis

Eine Generation von Ölexperten hat in den vergangenen beiden Jahrzehnten angenommen, die Ölreserven Saudi-Arabiens seien so reichlich, dass sie die steigende Ölnachfrage der Welt so lange wie nötig decken könnten. Saudi-Arabien würde den Energiebedarf ganzer Völker befriedigen, die auf dem Weg sind, einen Lebensstil zu erreichen, wie ihn Amerikaner, Europäer und die Menschen in den reichen Gebieten Asiens schon seit mehr als 30 Jahren genießen.

> Nicht einmal die unklarste Logik kann ein plausibles Szenario schaffen, in dem die saudische Ölproduktion auf ein Niveau steigen könnte, das der Phantasie der Prognostiker entspricht.

Diese Einschätzung wird von den bedeutenden internationalen Energieprognosen reflektiert und bestärkt. Alle bedeutenden Modelle des Angebots und der Nachfrage im Ölsektor, konzipiert von der International Energy Agency, dem US-Energieministerium und verschiedenen politischen Gremien, waren und sind nachfragebezogen. Wenn die Prognostiker entschieden haben, wie viel Öl benötigt werden wird, und alle anderen möglichen Angebotsquellen erschöpft sind, wenden sie sich Saudi-Arabien zu, das die Lücke füllen soll. Dies hat zu Annahmen geführt, Saudi-Arabien werde in den kommenden 20 Jahren 15, 20 oder sogar 25 Millionen Barrel pro Tag produzieren.

In den zurückliegenden zehn oder 20 Jahren hat niemand kritisch angemerkt, dass diese Wachstumsprojektionen reine Phantasieprodukte sein könnten.

Basierend auf meinen Nachforschungen für dieses Buch scheint klar, dass nicht einmal die unklarste Logik ein plausibles Szenario schaffen kann, in dem die saudische Ölproduktion auf ein Niveau steigen könnte, das der Phantasie der Prognostiker entspricht. Eine solche Entwicklung ist extrem unwahrscheinlich. Wenn nicht eine Reihe neuer Giganten-Felder gefunden oder eine neue Technologie entwickelt wird, mit der man das verbliebene, schwer zu fördernde Öl in großen Mengen fördern kann, nähert sich Saudi-Arabien eindeutig seinem Produktionsmaximum und kann seine Förderung nicht wesentlich erhöhen. Aller Wahrscheinlichkeit nach hat die Produktion schon 1981 mit etwa 10,5 Millionen Barrel pro Tag ihr Maximum erreicht, das nicht langfristig aufrechtzuerhalten ist. Noch schlimmer ist, dass das Königreich derzeit vielleicht unabsichtlich seine alten Ölfelder überstrapaziert.

Wie real ist das Risiko, dass das eine oder andere große Ölfeld einen Produktionsrückgang oder gar einen Zusammenbruch erleidet? Sind diese Fragen zu unklar, um beantwortet zu werden? Oder könnten sich die klaren Daten, die man für eine eindeutige Antwort braucht, allmählich aus dem Nebel lösen? Ich bin überzeugt, dass wir dringend eine Datenreforminitiative brauchen, damit alle Beteiligten genaue, glaubhafte Zahlen über die Produktion und die Reserven erhalten.

Man braucht bessere Daten, um die Unsicherheit zu beseitigen

Glaubhafte Daten über die Produktion einzelner Felder, effizient gesammelt und veröffentlicht, würden schnell Klarheit in das unübersichtliche Bild der weltweiten Ölversorgung und -nachfrage bringen. Dies würde es Analysten und Planern ermöglichen, klare Antworten auf die drängenden Energiefragen zu finden und plausiblere Prognosen zu erstellen.

Wenn dieses Buch keinen anderen Zweck erfüllt, als zu einer dringend benötigten Reform der Energiedaten zu führen, hat es der Welt einen echten Dienst erwiesen. Es ist Zeit für alle Beteiligten der weltweiten Ölförderindustrie, diese Reform einzuleiten und eine neue Ära transparenter Informationen über die Produktionsmengen, Bedingungen und Einschränkungen dieser Mengen sowie die Details zu schaffen, die die berichteten Reserven belegen. Heute werden diese Daten unter Verschluss gehalten, nicht nur von Saudi Aramco und den meisten anderen staatlichen Ölfirmen, sondern auch von börsennotierten Unternehmen.

Der Mangel an Informationen ist der Hauptgrund, warum die Antworten auf die drängendsten Energiefragen so unklar sind. Das Sammeln zuverlässiger Informationen über die Ölproduktion und ihre Weiterleitung an Analysten und Planer würde nicht sofort klare Antworten auf die wichtigsten Fragen liefern. Aber es würde sicherlich unser Verständnis dieser Themen schärfen und es uns erlauben, die möglichen Antworten wesentlich präziser einschätzen zu können.

Kann eine Datenreform dieses Umfangs geschehen? Ohne Zweifel meinen die Ölproduzenten – nationale, börsennotierte und private –, dass transparente Daten nicht in ihrem Interesse sind und ihre Wettbewerbsfähigkeit und Marktmacht schädigen könnten. Aber für diese Ansicht gibt es keine faktischen Belege. Transparente Daten der einzelnen Felder waren in der Nordsee jahrzehntelang die Regel, und nicht eine einzige dort tätige Ölfirma hat je behauptet, dies habe ihre Wettbewerbsposition verschlechtert.

Und selbst wenn eine Öl exportierende Nation wichtige Gründe hätte, aus ihren Ölressourcen ein Staatsgeheimnis zu machen – sind diese Interessen wichtiger als das weltweite Interesse an der Planung einer vernünftigen Energiezukunft?

Obwohl die Barrieren gegen die Transparenz mächtig sind, ist der Bedarf dringend. Dringend genug, um die Interessen der einzelnen Produzenten dem Interesse der Energieverbraucher auf der ganzen Welt unterzuordnen. Eine Informationsreform ist möglich. Man kann Daten mitteilen, ohne den Interessen der Produzenten zu schaden. Wir können von einem einseitigen System nach dem Motto „Vertraut mir!" zu einem gegenseitigen nach dem Motto „Vertrauen und Prüfung" übergehen. Wenn das nicht geschieht, sind schwere Energiekrisen praktisch programmiert, die der Wirtschaft schweren Schaden zufügen werden.

Während der Arbeit an diesem Buch habe ich mich immer wieder gefragt: „Was bedeuten alle diese Informationen? Zu welchem Bild fügen sie sich zusammen?" Übertreibe ich vielleicht das Ausmaß der anscheinend komplexen und ernsthaften Probleme, die ich identifiziert habe? Könnten alle die stolzen Behauptungen über quasi unerschöpfliche Ölvorräte wahr sein, die saudische Offizielle 2004 immer wieder aufgestellt haben? Können so viele detaillierte, sorgfältig zusammengestellte SPE-Papiere, die vom Management Aramcos autorisiert worden sind, nur eine Ansammlung von Übertreibungen normaler operationaler Probleme sein mit dem Ziel, die Autoren klug erscheinen zu lassen?

> Es ist buchstäblich unmöglich, dass Saudi-Arabien, wie prognostiziert, 20 bis 25 Millionen Barrel pro Tag produzieren wird.

Nachdem ich überzeugt war, dass die Ergebnisse meiner Nachforschungen der Wahrheit entsprachen, verlagerte ich meine Bemühungen auf die Suche nach spezifischen Informationen zur objektiven Bestimmung, wie schnell die Ölproduktion Saudi-Arabiens sinken könnte. Je mehr ich darüber nachdachte, desto stärker wurde meine Überzeugung, dies sei derzeit anhand der verfügbaren Daten nicht möglich. Es gibt keine Berichte von neutraler Seite; nicht einmal über die Ölmengen, die jedes einzelne der wichtigsten Felder produziert, die Zahl der dort vorhandenen Schächte, die ursprünglichen Reserven und die Mengen, die man noch zu fördern erwartet. Daher kann man nur raten, wann das Öl Saudi-Arabiens zur Neige gehen wird. Vielleicht wäre eine Antwort auch dann unsicher, wenn wir alle Daten zur Verfügung hätten. Aber wir könnten zweifellos die jetzige Situation besser einschätzen.

Meine klarste Schlussfolgerung ist: Es ist buchstäblich unmöglich, dass Saudi-Arabien wie prognostiziert 20 bis 25 Millionen Barrel pro Tag produzieren wird. Dieses Szenario ist nicht völlig unvorstellbar, aber die Wahrscheinlichkeit ist so gering, dass sämtliche Energieplaner diese Möglichkeit ein für allemal aufgeben sollten.

Es ist nicht sicher, ob die derzeitige Ölproduktion aufrechterhalten werden kann

Kann Saudi-Arabien damit beginnen, seine Ölproduktion auf zehn, zwölf oder gar 15 Millionen Barrel pro Tag für die nächsten zehn, 20 oder gar 50 Jahre zu erhöhen, wie es die PR-Kampagne des Königreichs so lautstark verkündet hat? Die Zeit wird es zeigen. Wenn die in den SPE-Papieren geschilderten Fakten aber stimmen und wenn die Erfahrungen mit anderen reifen Ölfeldern relevant sind, lautet die Antwort: sehr unwahrscheinlich. Solche Behauptungen erfordern stärkere Belege als eine PowerPoint-Darstellung, die versichert, man werde dieses Produktionsniveau erreichen.

Wenn die Wahrscheinlichkeit eines Produktionsanstiegs niedrig ist, kann man dann zuversichtlich annehmen, dass Saudi-Arabien zumindest den aktuellen Output in absehbarer Zukunft stabilisieren kann (wie hoch er auch sein mag)? Leider ist die Antwort auf diese Frage nicht besser als: vielleicht. Nichts in den derzeit verfügbaren Daten stützt die Behauptung, dass Saudi-Arabien die aktuelle Produktion länger als fünf bis zehn Jahre aufrechterhalten kann.

> Es ist durchaus wahrscheinlich, dass Saudi-Arabien einige oder alle seine gigantischen Ölfelder derzeit überstrapaziert.

Es ist durchaus wahrscheinlich, dass Saudi-Arabien einige oder alle seine gigantischen Ölfelder derzeit überstrapaziert, und dies birgt das Risiko eines beschleunigten Rückgangs. Man kann dieses Risiko nicht quantifizieren, aber in vielen früher großartigen Ölfeldern, wo die gleichen Fördertechniken angewendet wurden wie heute in Saudi-Arabien, kam es zur Überstrapazierung. In zu vielen, um die Möglichkeit zu ignorieren, dass dies auch in Saudi-Arabien geschehen könnte.

Würden alle meine Sorgen verschwinden, wenn ich die massiven Auswirkungen der modernen Ölfeldtechnologie auf die von Saudi Aramco angestrebten Produktionssteigerung besser verstünde? Ich bin der Meinung, dass die „moderne Ölfeldtechnologie" vor allem hohe Fördermengen in alten Feldern gewährleistet. Die spezialisierte Energiebank, die ich vor über 30 Jahren gegründet habe, spielte eine entscheidende Rolle als Finanzberater der meisten Ölserviceunternehmen, die diese Technologien geschaffen und perfektioniert haben. Die Kommerzialisierung dieser technologischen Wunder hielt viele Öldienstleister in den mageren Jahren der Branche am Leben. Die Technik ermöglichte es, wesentlich mehr Öl aus einem einzelnen Schacht zu fördern. Verschiedene technologische Fortschritte haben in manchen Fällen dazu geführt, dass 20 bis 30 Prozent mehr vom gesamten OOIP gewonnen werden konnten. Aber alle diese Erfolge waren sehr feldspezifisch und wurden nicht in jedem Feld erreicht, wo die Techniken angewendet wurden.

Keiner dieser technologischen Durchbrüche schuf einen „Öl-Jungbrunnen". Den bräuchte man aber, um die optimistischen Prognosen zu erfüllen. Stattdessen führte die neue Technik dazu, dass das leicht zu fördernde Öl noch schneller produziert wurde. Wenn dann der Förderdruck nachließ, ging die Förderung stärker zurück, als man es in der Ölbranche je erlebt hatte.

Daher muss ich den Schluss ziehen, dass auch der aktuelle Öl-Output zumindest einiger der wichtigsten saudischen Felder irreversibel sinken könnte. Das könnte sogar bald in sämtlichen alten Feldern geschehen. Zudem entwickeln sich die „Rehabilitationsprojekte" der problematischen, stillgelegten Felder vielleicht nicht so erfolgreich wie geplant. Alle diese Eventualitäten sprechen stark dafür, dass sich die optimistischen Prognosen nicht erfüllen werden. Wahrscheinlich sind sie falsch.

Unklar bleibt allerdings, wann diese möglicherweise die ganze Welt erschütternden Ereignisse eintreten werden.

Die Zukunft des saudischen Öls ist ganz anders als die Prognosen

Die Offiziellen von Saudi Aramco sagen, alle Daten seien nun öffentlich zugänglich, die den Ölkonsumenten darlegen, im saudischen Ölsystem gebe es keine ernsthaften Probleme. Die erste Ausgabe des *Economist* von 2005 enthielt einen Artikel darüber, dass die größte und mächtigste Ölfirma der Welt nun einige ihrer Geheimnisse gelüftet habe. Der Artikel spricht von „lautstarken Personen von außen ... angeführt von Matt Simmons, einem Investmentbanker aus Texas ... (die) behaupten, auf den saudischen Ölfeldern gebe es bereits technische Probleme". Aber in der Geschichte heißt es weiter, dass Aramcos technische Experten „nun offen die zuvor geheim gehaltenen Daten über die einzelnen Felder diskutieren". Der Artikel behauptet, Aramcos Geologen hätten nun genau erklärt, wie sie 50 Jahre lang eine Ölförderung von 15 Millionen Barrel pro Tag aufrechterhalten wollen – sogar ohne neue Ölfunde, die den vorhandenen Reserven ihrer Ansicht nach weitere 200 Milliarden Barrel hinzufügen könnten.

Dr. Nansen Saleri, Aramcos leitender Reservoirmanager, wird mit der Aussage zitiert: „Wir haben 2004 mehr Daten veröffentlicht als in den 50 Jahren zuvor. Was die einzelnen Felder betrifft, publizieren wir mehr Daten als die börsennotierten Ölfirmen." Laut diesem Artikel ist die neue Offenheit Aramcos CEO Abdullah Jumah zu verdanken. Es heißt darin aber auch: Als Jumah zum Thema befragt wurde, ausländische Experten ins Land zu holen, die die beruhigenden Behauptungen überprüfen sollten, „... erschien ein stählernes Aufblitzen in seinen Augen: Warum sollten wir das tun? Wir haben noch niemals ein Barrel Öl nicht geliefert, das wir irgendwo irgendwem versprochen hatten!" Leider enthielt der Artikel keinerlei Angaben, nicht einmal Beispiele zu den neuen Daten, die Aramco angeblich veröffentlicht hatte.

Für Energie-Optimisten ist es eine natürliche Reaktion, die Behauptungen der saudischen Öl-Offiziellen wortwörtlich zu glauben. Saudi-Arabien war immer ein zuverlässiger Öllieferant und hat mit Sicherheit vor, das auch weiterhin zu bleiben. Aber die von den saudischen Offiziellen lautstark verbreiteten Zukunftsprognosen sind einfach zu optimistisch für die Realität, die sich nun zu zeigen beginnt. Da die saudischen Ölfelder altern und der Ölbedarf der Welt ständig steigt, wächst Monat für Monat und Jahr für Jahr die Wahrscheinlichkeit, dass wir uns dem Zeitpunkt nähern, dass dem Königreich das Öl ausgeht, das den größten Einzelbeitrag zur Ölversorgung der Welt geleistet hat – und dies zu den niedrigsten Kosten.

Wenn dieser Zeitpunkt gekommen ist, steht die Welt hinsichtlich der Energieversorgung und folglich auch ökonomisch vor einer ganz anderen Situation als der, die die derzeitigen Prognosen und Erwartungen schildern. Das Bedürfnis nach einem Energieplan für eine Welt nach dem Maximum der Ölförderung ist so dringend, dass die Bürger aller Nationen gemeinsam eine Energiedatenreform verlangen müssen. Die Zeit ist gekommen, zu vertrauen und zu prüfen – bevor die Dämmerung da ist und die Dunkelheit einzusetzen beginnt.

Kapitel 17

Die Konsequenzen: Wie wir mit sinkender Ölversorgung leben können

In einer Welt voller unklarer Daten und immer hitziger vorgetragener Meinungen über Energieversorgung und -nachfrage, ganz zu schweigen von einem langfristig fairen Ölpreis, gibt es einige Tatsachen über Saudi-Arabien, die man kaum ignorieren kann.

Zunächst kommt die gegenwärtige Ölförderung Saudi-Arabiens aus nur einer Hand voll, inzwischen sehr alter Felder. Zudem wurden in den zurückliegenden vier Jahrzehnten keine neuen, großen Ölvorkommen exploriert. Außerdem geht es bei den „neuen" saudischen Ölprojekten, einen Kapazitätsspielraum zu schaffen und den Rückgang in den alten Feldern zu kompensieren, nicht um neue Ölfelder. Stattdessen geht es um komplexe Neuentwicklungen alter Felder, die schon vor 20, 30 Jahren keine bedeutenden Ölmengen geliefert haben; zu einer Zeit also, da Aramco intensiv nach neuen Ressourcen suchte, um Diversifikation zu erreichen und die Hand voll Riesenfelder in der Ostprovinz zu entlasten.

Diese Fakten führen direkt zur Schlussfolgerung, dass die saudische Ölförderung schließlich absinken wird. Das ist unvermeidlich. Unsicher ist nur der Zeitpunkt. Hinzu kommt: Je höher die geförderten Ölmengen, desto schneller werden die großen Felder erschöpft sein, was den Niedergang der Produktion zusätzlich beschleunigt.

Die sicherste langfristige Produktionsstrategie für Saudi-Arabien und die anderen Produzenten im Nahen Osten ist die Senkung der Fördermengen in den großen Feldern. Kuwait hat kürzlich bekannt gegeben, in seinem Giganten-Feld Burgan, dem zweitgrößten Ölfeld der Welt, so vorzugehen. Je niedriger die Produktionsrate, desto problemloser kann ein Feld bedeutende Ölmengen liefern, ohne dass man auf künstliche Fördermethoden zurückgreifen muss.

Wenn Saudi Aramco Pumpen einsetzen wird, um sein Öl zu fördern, ist das nicht das Ende der saudischen Ölvorräte. Aber die Tage hoher Fördermengen aus wenigen Schächten sind dann vorbei. Dann wird man fast über Nacht zahlreiche zusätzliche Schächte brauchen. Die Ölförderung wird dann ebenso teuer werden wie in allen reifen Produktionsregionen der Welt.

Wenn man das „Produktionsmaximum" als die Fördermenge definiert, die problemlos über mindestens fünf Jahre beibehalten werden kann, dann hat Saudi-Arabien dieses Niveau vielleicht schon überschritten. Den letzten Beweis dafür wird zwar erst die Zeit liefern, aber diese Möglichkeit führt zur noch wichtigeren Frage, ob das weltweite Produktionsmaximum ebenfalls erreicht oder überschritten wird, wenn dies in Saudi-Arabien der Fall ist.

Meiner Meinung nach, die auf umfangreichem Datenmaterial über die Produktion im Rest der Welt basiert, trifft genau das zu. Das bedeutet nicht, dass der Welt das Öl ausgehen wird. Es wird immer noch eine Billion Barrel nutzbares Öl geben. Wenn man die weltweiten nichtkonventionellen Ölreserven hinzufügt, können wir vielleicht noch mehrere Billionen Barrel fördern.

Leider bedeutet es aber sehr wohl, dass die größten Ölproduzenten die ständig steigende Nachfrage nicht mehr ohne das Risiko decken können, ihre Felder schwer zu schädigen. Zudem: Je höher die Nachfrage steigt, desto schneller wird die Produktion zurückgehen, nachdem das Maximum überschritten ist.

Kann die Welt mit einer solchen Entwicklung leben? Schließlich war es das Ölwunder, welches das 20. Jahrhundert zu einer Ära von noch nie da gewesenem Wohlstand und persönlicher Freiheit in den Industrienationen gemacht und jeden Aspekt unseres Lebens, des Reisens und der Ernährung verändert hat. In diesen Genuss kam aber nur ein Bruchteil der Weltbevölkerung. Jetzt, im 21. Jahrhundert, wollen die „anderen 80 Prozent" nicht länger zurückstehen. Aus diesem Grund kommen so viele langfristige Modelle der Nachfrageprognose zu dem Ergebnis, dass die Welt im dritten Jahrzehnt des 21. Jahrhunderts 115 bis 130 Millionen Barrel pro Tag benötigen wird. Wenn man die einzelnen Annahmen betrachtet, die zu dieser Prognose führen, dann ist sie erstaunlicherweise sogar noch konservativ, denn man geht von sinkendem Bevölkerungswachstum, steigender Energieeffizienz und auch davon aus, dass der Ölverbrauch in Ländern wie Indien oder China nur einen Bruchteil der Werte in der EU, Japan, Korea, Australien oder Neuseeland erreichen wird.

Was passiert mit unserer globalen Gesellschaft, falls (oder wenn) die legitime und kaufkräftige Ölnachfrage das Angebot dauerhaft um zwei bis fünf Prozent übersteigt? Das könnte zu einem massiven Energiekrieg führen, in dem Nachbarn sich um das immer spärlicher werdende Angebot streiten – wenn man nicht schnell einen sorgfältigen Plan zum sparsameren Ölverbrauch entwickelt und umsetzt. Die Welt könnte leicht an einen Scheideweg zwischen friedlichem Wohlstand und finsterem Konflikt geraten. Wenn die weltweite Nachfrage das Angebot nur um bescheidene fünf bis zehn Millionen Barrel pro Tag übersteigt, könnte es dazu kommen. Aber noch ist es nicht so weit.

Es gibt eine Möglichkeit für die Welt, friedlich mit sinkendem Ölangebot zu leben. Wenn wir eine planvolle Methode entwickeln, mit weniger Öl auszukommen, als wir gern hätten, können wir Veränderungen in unserem Ölkonsum einleiten, die eine stabile Gesellschaft und eine stärkere Weltwirtschaft schaffen als heute. Diese Utopie zu verwirklichen ist nicht leicht, aber es ist sicherlich machbar, wenn wir unseren Ölbedarf drosseln und ihn mit dem Angebot in Einklang bringen.

Die Lektionen, die man daraus lernen kann, könnten auch zu einem allgemein besseren Verständnis der Grenzen anderer natürlicher Rohstoffe führen. Die Zukunftsforscher des Club of Rome haben schon vor 35 Jahren auf dieses Verständnis gehofft.

Die langfristigen Kosten des Öls

Wenn das Verhältnis zwischen Angebot und Nutzung des Öls angespannter wird, muss der Ölpreis steigen. Wir zahlen nun einen Preis, der den wahren Wert der Energiequelle reflektiert, die unsere wichtigsten Treibstoffe liefert – und dies zum ersten Mal, seit Öl zur wertvollsten natürlichen Ressource geworden ist.

Ein Ölpreis von 60 Dollar überrascht vielleicht die meisten Volkswirte, die mit einiger Leidenschaft glaubten, der Preis würde jahrzehntelang zwischen 15 und 25 Dollar verharren. Aber Öl für 60 bis 70 Dollar je Barrel ist immer noch billig. Ein Preis von 60 Dollar je Barrel entspricht nur etwa 1,40 Dollar pro Gallone. Mit anderen Worten: Die Ölpreise sind zwar sechs Mal höher als vor sechs Jahren, aber Rohöl ist immer noch der billigste natürliche Rohstoff der Welt. In den zurückliegenden 140 Jahren lagen die Ölpreise lächerlich niedrig. Gemessen an der Kaufkraft von 2005 lag der Preis in 90 Prozent dieser 140 Jahre unter 15 Dollar je Barrel. Wir haben den größten Teil des besten, leichten, schwefelfreien Öls fast geschenkt bekommen. 15 Dollar pro Barrel entsprechen nur zwei Cent pro Tasse. Bei 60 Dollar sind es knapp zehn Cent. Nichts sonst auf der Welt ist für zehn Cent pro Tasse zu haben.

Ölpreise von 60 bis 70 Dollar sind nicht hoch genug, um eine signifikante Nachfrageveränderung zu bewirken, und sie haben auch keinen Einfluss darauf, neue Ölquellen oder alternative Energien wirtschaftlich sinnvoll zu machen. Diese höheren Preise schaffen hoffentlich eine Finanzbasis, die es der Branche ermöglicht, die komplexe Infrastruktur zu modernisieren, die täglich 80 bis 85 Millionen Barrel Öl liefert. Ein großer Teil dieser „Wertschöpfungskette", das Öl aus dem Boden zu holen, es zu verarbeiten und rund um die Welt zu transportieren, ist alt und benötigt dringend Ersatz. Diese Infrastruktur umfasst die Verarbeitungsanlagen, die man braucht, um das Öl zu reinigen, Pipelines und Tanker sowie alternde Raffinerien, die modernisiert werden müssen, damit sie Öl von immer schlechterer Qualität zu leichten Endprodukten verarbeiten können.

Auch die Bohranlagen sind viel zu alt. Die etwa 3.000 Anlagen auf der ganzen Welt sind im Durchschnitt 25 Jahre alt. Diese Geräte sind ein bisschen so wie Autos: Sie laufen noch, wenn sie alt sind, aber niemals so sicher und effizient wie ein neues Gerät. In den nächsten zehn Jahren wird man viele dieser Anlagen ersetzen müssen. Wenn dies nicht geschieht, wird die Zahl der einsatzbereiten Anlagen sinken. Das Resultat wird eine noch viel stärkere Ölversorgungskrise sein.

Der Ersatz dieser Infrastruktur wird Billionen von Dollars kosten. Stetig steigende Einnahmen durch höhere Ölpreise sind ein idealer Weg, dieses Programm zu finanzieren. Wenn das globale Öl- und Gassystem in den nächsten zehn Jahren modernisiert und neu konstruiert sein wird, ist es das größte Bauprojekt der Welt und wird so viele Arbeitsplätze schaffen, dass sich die Weltwirtschaft höhere Ölpreise problemlos leisten kann.

Höhere Ölpreise öffnen auch für die OPEC-Länder ein Zeitfenster, um eine echte und dauerhafte Mittelklasse sowie eine Volkswirtschaft aufzubauen, die auch ohne Öl funktioniert. Die Gesamtbevölkerung der OPEC-Mitglieder wird bald 700 Millionen erreichen. Das durchschnittliche Bruttoinlandsprodukt pro Kopf in diesen Ländern ist fünf bis zehn Mal niedriger als in den ärmsten Ländern Europas. Wenn die Petrodollars durch die hohen Ölpreise fließen und durch den Kauf von Anlagen, medizinischen Produkten, Bildungssystemen für 700 Millionen Menschen und so weiter wieder in die OECD-Staaten strömen, wird es in Europa, China, Japan und Nordamerika einen Kaufrausch für Konsumgüter geben, wie man ihn noch nie erlebt hat. Es ist sinnlos anzunehmen, die Welt könne sich keine höheren Ölpreise leisten. Entscheidend ist, wofür die Petrodollars ausgegeben werden.

Höhere Ölpreise könnten für die Weltwirtschaft eher ein Segen werden als ein Fluch. Es war die lange Ära der extrem niedrigen Ölpreise, in der die weit verbreitete Armut in den OPEC-Staaten entstanden ist. Je eher die Menschen merken, dass höhere Ölpreise nützlich sind, solange die dadurch erzielten Einnahmen richtig reinvestiert werden, desto besser wird es den Konsumenten auf der ganzen Welt gehen.

Saudi-Arabien wird nicht an weltweiter Bedeutung verlieren, wenn seine Ölproduktion nachlässt

Oberflächlich betrachtet ist es einfach anzunehmen, Saudi-Arabien und der ganze Nahe Osten würden plötzlich in der Bedeutungslosigkeit versinken, wenn die Ölförderung nachlässt. Ich wende mich gegen diese Auffassung. Die Bedeutung des Landes für die Welt würde eher noch steigen, wenn die Energieplaner endlich akzeptieren, dass selbst die Fähigkeiten Saudi-Arabiens zur Produktion zusätzlicher Ölmengen begrenzt sind. Saudi-Arabien wird das Öl niemals ausgehen, ebenso wie die USA noch 35 Jahre nach Erreichen des Maximums riesige Ölmengen fördern. Wesentlich wichtiger ist es, die Lebensdauer der Ölproduktion im Nahen Osten zu verlängern, selbst wenn die Fördermengen sinken, statt so weiterzumachen wie bisher und irrtümlich zu glauben, dieses Öl werde auf absehbare Zeit ausreichen und immer billig zu haben sein.

Wenn die bisher verbreitete Meinung erschüttert ist und ihre Anhänger aus ihren Träumen erwachen, wird man die Bedeutung des Nahen Ostens aus einem anderen Blickwinkel sehen. Die Ölproduktion der ganzen Region wird viel wertvoller werden und wahrscheinlich einen massiven Explorations-Boom auslösen, der zumindest die Produktion auf einem niedrigeren Niveau stabilisieren wird. Kleine, aber dringend benötigte Felder werden so schnell wie möglich in Produktion gebracht werden. Das geschah auch in den USA nach Erreichen des Maximums 1970.

Als es sich Anfang 2004 herumzusprechen begann, dass ich an einem Buch arbeitete, das die verbreitete Ansicht über die Langlebigkeit und Grenzenlosigkeit des saudischen Öls in Frage stellt, traf die Nachricht offensichtlich einen empfindlichen Nerv bei der Führung von Aramco und im saudischen Ölministerium. Eine jahrelange PR Kampagne ist der Beweis dafür. Seltsamerweise wollte ich die gleichen Themen ansprechen, die saudischen Offiziellen schon vor 20 Jahren Sorgen machten, was im Senatsreport von 1979 klar zum Ausdruck kam, den ich in Kapitel 4 beschrieben habe (mehr Details dazu in Anhang C).

Die ursprünglichen Eigentümer Aramcos waren Anfang der 1970er-Jahre ebenso sicher, dass Saudi-Arabien wenige Jahre später 20 bis 25 Millionen Barrel pro Tag produzieren könne wie die gegenwärtigen Besitzer und die IEA, was ihren Ausblick auf das frühe 21. Jahrhundert betrifft. Es dauerte fast zehn Jahre stetig steigender Salzwasserzuflüsse und fallenden Förderdrucks, bis die phantastischen Visionen der früheren Eigentümer auf zehn bis zwölf Millionen Barrel pro Tag geschrumpft waren, und auch diese Menge galt nur bis Ende des 20. Jahrhunderts als förderbar. Dann, so nahm man damals an, würde auf diesen großartigen Feldern ein stetiger Produktionsrückgang einsetzen und zu einem Rückgang im ganzen Land führen, falls man keine großen neuen Funde machen würde.

Es ist großartig, den gegenwärtigen Enthusiasmus und Optimismus zu sehen, mit dem so viele erfahrene Öl-Offizielle in Saudi-Arabien versichern, die Super-Giganten des Königreichs würden dem Schicksal entgehen, das offenbar alle Ölfelder ereilt, wenn sie altern. Vielleicht führt ein geschickterer Einsatz modernster Methoden zu erfreulichen Ergebnissen. Es handelt sich aber um die gleichen Methoden, die das Produktivitätswachstum der meisten anderen Ölfirmen auf der ganzen Welt beendet haben und auf den Feldern, wo sie eingesetzt wurden, zu noch nie gesehenen Rückgangsraten führten. Für mich scheint es ausgeschlossen, dass sie in Saudi-Arabien zu anderen Ergebnissen führen werden.

Ob Aramcos Optimismus berechtigt oder weit überzogen ist, werden wir erst wissen, wenn der Produktionsrückgang eingetreten und als solcher erkannt worden ist. Wäre ich ein Planungsmanager in Saudi-Arabien oder anderswo im Nahen Osten, dann würde ich mir die Hilfe von Öl-Experten aus der ganzen Welt bei der Aufgabe wünschen, die Performance meiner Ölfelder zu beobachten, damit man den Unglückstag zumindest genau vorhersehen und so lange wie möglich hinauszögern könnte.

Nur durch transparente Produktionsberichte über die einzelnen Felder kann diese Hilfe von außen erwiesen werden. Wäre ich für die Ölproduktion in einem Land des Nahen Ostens verantwortlich, würde ich auch gründlich darüber nachdenken, die Fördermengen der alten, großen Felder zu reduzieren, bis sich herausgestellt hat, ob die neuen „Rehabilitationsprojekte" erfolgreich sind oder nicht. Dieser Erfolg lässt sich erst nach zwei bis vier Jahren beweisen, selbst wenn alle Schächte wie prognostiziert produzieren. Ebenso wie es 1979 geschah, gibt es keinen besseren Schutz für die Nachhaltigkeit des saudischen Öls als eine sorgfältige Steuerung der Produktionsmengen.

Wie kann die Welt „die Öl-Lücke füllen"?

Hohe Ölpreise sind zwar nicht das Ende einer gesunden Weltkonjunktur, aber sie füllen auch nicht automatisch die unerfreuliche Lücke zwischen einer steigenden Ölnachfrage und einem sinkenden Angebot. Kurzfristig kann diese Lücke geschlossen werden, indem man die Ölvorräte reduziert und die Effizienz des Ölsystems erhöht. Aber eine dauerhafte Lösung ist das nicht.

In den vergangenen zehn Jahren überstieg die Ölnachfrage mehrmals das Angebot, aber jeweils nur für kurze Zeit. Dieser Mangel wurde ausgeglichen, indem die OECD-Länder ihre vorhandenen Vorräte zwischen 1990 und 2005 um fast zehn Tagesrationen reduzierten. Es gibt immer mehr Hinweise darauf, dass sich das weltweite Ölsystem nun zu einer wirklich gefährlichen „Just-in-Time"-Versorgung entwickelt hat.

Nichtkonventionelle Ölquellen sind inzwischen kommerziell nutzbar und wurden in den vergangenen Jahren immer stärker entwickelt. Es gibt aber keine magische Preisschwelle für die plötzliche Wirtschaftlichkeit nichtkonventionellen Öls. Dieses Öl ist sehr schwer, und seine Umwandlung in verwendbare Petroleumprodukte ist sehr energieintensiv. Höhere Preise ändern daran nichts.

Wie in diesem Buch ausführlich dargelegt, hat die moderne Ölfeldtechnologie die Ölexploration und -produktion gründlich verändert. Es dauerte 30 Jahre, diese neuen Technologien zu erfinden, sie kommerziell nutzbar zu machen und auf den Ölfeldern der ganzen Welt anzuwenden. Heute gibt es aber selbst auf den Zeichenbrettern kaum neue Technologien, die mit den potenziellen Auswirkungen von 3-D- und 4-D-Seismologie, Horizontalschächten, multilateralen Anlagen, Unterwasserproduktionssystemen und Tiefsee-Equipment vergleichbar wären. Das alles passierte schon in den vergangenen 30 Jahren.

Es gibt immer noch viele Optimisten, die meinen, wir könnten einen Produktionsrückgang durch harte Arbeit und schnellere Verbreitung der neuen Technologien verhindern. Dies sind wunderbare und beruhigende Vorstellungen, aber leider werden sie nicht durch konkrete Pläne gestützt. Es gibt keine „Wunder", mit denen man die Lücke zwischen dem begrenzten Angebot und der wachsenden Nachfrage schließen kann. Die Wundertüte ist nun leer.

Das Rennen hat begonnen

In unserer Realität kann die nutzbare Energie nicht höher sein als das Energieangebot. Daher ist eine globale Lösung nötig, damit wir in unserem gegenwärtigen System Öl weit effizienter nutzen als bisher. Die globale Lösung ist die einzige reale Option zur Kompensation der Energielücke. Es gibt Möglichkeiten, unseren Ölverbrauch signifikant zu senken, aber sie brauchen Zeit, um ihre Wirkung zu entfalten.

In der Zwischenzeit müssen wir explorieren und alle neuen Angebotsquellen nutzen, wie klein sie auch sein mögen. Alle erdenklichen Ergänzungen des Angebots sind jedoch nur Überbrückungshilfen. Wir kaufen uns damit Zeit, um unsere Abhängigkeit vom Öl zu überwinden.

In dieser neuen Ölwelt müssen wir auch darauf achten, nicht in die Falle zu tappen und neue Treibstoffquellen anzuwenden, deren Produktion mehr Energie kostet, als diese neuen Energieträger dann liefern. Leider wird diese negative Energiebilanz den derzeitigen Techniken zur Gewinnung leichten Öls aus Teer und Ölsänden wohl zum Verhängnis werden. Einige Bio-Treibstoffe, wie aus Mais gewonnenes Ethanol, erfordern ebenfalls sorgfältige und ehrliche Energiebilanztests, um sicherzustellen, dass wir nicht zu viel rares und wertvolles Erdöl verwenden, um dieses Ölsubstitut herzustellen. Solange Bio-Kraftstoffe aus landwirtschaftlichen Abfällen gewonnen werden, kann man die Energiekosten zur Gewinnung dieser Abfallstoffe vernachlässigen. Wenn man aber Mais nicht als Nahrungsmittel pflanzt, sondern wegen seines Treibstoffgehalts, müssen die gesamten Erzeugungskosten gegen den Wert des Produkts aufgerechnet werden. Wenn wir dabei mehr Energie verbrauchen, als wir gewinnen, öffnet sich die Energielücke noch weiter.

Das Zeitalter der Exploration ist noch nicht vorbei

2004 und 2005 waren zwar die Jahre mit den geringsten weltweiten Explorationserfolgen seit fünf Jahrzehnten, aber das bedeutet nicht, dass wir schon alles Öl gefunden haben, das es zu finden gibt. Es gibt noch einige viel versprechende Gebiete, die bisher kaum oder gar nicht exploriert worden sind. Dazu zählen der gesamte äußere Kontinentalschelf Nordamerikas mit Ausnahme des zentralen und westlichen Bereichs des Golfs von Mexiko, Mexikos Campeche Bay, des Santa-Barbara/Ventura-Beckens vor der Küste Kaliforniens, Alaskas Cook-Region, einzelner Gebiete der amerikanischen und kanadischen Arktis und eines kleinen Gebiets vor der kanadischen Maritime-Provinz. Irgendwo in den riesigen Gebieten vor der Küste muss es noch Öl und noch dringender benötigtes Erdgas geben.

Die arktischen und antarktischen Regionen sind zwei weitere Gebiete, wo praktisch noch nie Bohrungen stattgefunden haben, ebenso die Tiefwasserregionen Afrikas mit Ausnahme von Nigeria, Äquatorialguinea und Angola.

Als man im Golf von Mexiko endlich Tests durchführte, fand man dort die größten je entdeckten Tiefwasserfelder. In solchen Tiefen wurden bislang fast keine weiteren Bohrungen durchgeführt, denn sie sind extrem teuer und dauern sehr lange.

Die Probleme mit den noch nicht explorierten Gebieten betreffen die Zeit, die es erfordern wird, diese Gebiete zu testen, und den Mangel an Offshore-Bohranlagen. Dieser Mangel verhindert sogar auf vielen bereits entdeckten Offshore-Feldern das Bohren einer ausreichenden Anzahl von Entwicklungsschächten.

Wenn die Exploration in diesen Gebieten zwei bis vier neue Ölvorkommen wie in der Nordsee entdeckt – was wahrscheinlich das Beste ist, worauf man hoffen darf, weil es 30 Jahre dauerte, die dortige Produktion auf knapp über sechs

Millionen Barrel pro Tag hochzufahren –, würde das unsere Energieprobleme nicht lösen. Bis die Produktion in diesen Gebieten auf zwölf bis 24 Millionen Barrel pro Tag gestiegen wäre, könnte die Förderung der derzeitigen Ölfelder um 20 bis 30 Millionen Barrel pro Tag gesunken sein. Aber jede neue Angebotsquelle ist wichtig, weil sie uns Zeit einbringt, eine wirkliche Lösung für die Energielücke zu finden.

Die wirkliche Lösung besteht in geringerem Ölverbrauch

Es gibt zwar Möglichkeiten, uns Zeit zu kaufen, aber die einzige wirkliche Lösung, wenn die Ölproduktion sinkt, besteht in der Schaffung einer neuen Weltordnung, in der Öl weit effizienter verwendet wird. Der Schwerpunkt liegt auf dem Transport, weil 60 bis 70 Prozent der weltweiten Ölproduktion als Treibstoff verwendet werden, und über 95 Prozent der Transportenergie kommen aus dem Öl.

Kurz gesagt: Wir müssen die Gütermengen reduzieren, die wir über große Entfernungen transportieren, und wir müssen die Güter so energieeffizient wie möglich transportieren. Arbeiter müssen näher an ihren Wohnorten arbeiten und nicht mehr so viele Stunden mit der Fahrt zur Arbeit vergeuden. Wir müssen unsere Nahrungsmittel dort anbauen, wo wir wohnen, und auch Fische und Fleisch dort erzeugen. Letztlich muss sich die Welt des 21. Jahrhunderts zum „Dorf" zurückentwickeln. Indem wir diese Veränderungen vollziehen, können wir unsere Produktivität erhöhen, unseren Lebensstil verbessern, und die Weltwirtschaft kann in der Tat stärker und beständiger werden als mit den heutigen Methoden, die nicht mehr funktionieren werden, wenn das Ölangebot sinkt.

Die Freisetzung der Arbeiter und Angestellten

Die einfachste und schnellste Veränderung, die die entwickelten Länder und vor allem die USA durchführen können, besteht in einer Veränderung der Arbeitswelt, wie sie heute für die meisten noch Realität ist. Die meisten Unternehmen halten immer noch an einem heute obsoleten impliziten Sozialkontrakt fest, der alle Mitarbeiter dazu zwingt, sich von 9.00 bis 17.00 Uhr unter einem Dach zu versammeln, wenn sie ihren Job behalten wollen. Die Technologie, flexible Arbeitszeiten und flexiblen Büroraum zu ermöglichen, ist heute bereits verfügbar. Die einzige nötige Veränderung betrifft die Einstellung der Arbeitgeber.

Angestellte sollten entsprechend ihrer Produktivität bezahlt werden, nicht nach dem antiquierten Stechuhrensystem, wo die Entlohnung der Zeit entspricht, die man am Arbeitsplatz verbringt.

Zu viele Menschen verbringen heute bis zu ein Drittel ihres Arbeitstages auf der Straße, um ins Büro oder in die Fabrik zu kommen. Wenn es zu Verkehrsstaus kommt, schneiden dabei sogar Autos mit geringem Benzinverbrauch schlecht ab. Unternehmen, die die Führungsrolle bei der Befreiung ihrer Belegschaft übernehmen, werden nicht nur eine weit zufriedenere Belegschaft haben, sondern auch eine bei weitem produktivere. Diese Vorreiter könnten sich als die größten Gewinner in einer Welt erweisen, die den Höhepunkt der Ölförderung hinter sich hat.

Die Einschränkung der Globalisierung

In der globalisierten Welt, die wir in den zurückliegenden Jahrzehnten geschaffen haben, kommt ein großer Teil der in Europa, Kanada und den USA verkauften Produkte aus Asien. Der Treibstoffverbrauch, um Güter aus China nach Europa und Nordamerika zu schaffen, ist heute fast so hoch wie der Verbrauch durch Automobile. Einige Formen des Gütertransports über große Entfernungen sind extrem treibstoffeffizient, andere sind vielleicht die am wenigsten effizienten Möglichkeiten des Treibstoffverbrauchs überhaupt. Der Transport auf dem Wasserweg ist zum Beispiel viel effizienter als der Schienentransport. Dieser wiederum ist wesentlich effizienter als der Transport mit Lastwagen. Und zwar um den Faktor drei bis zehn, abhängig von der Entfernung und der Direktheit der Zugverbindung.

Die Umladung von Gütern, die aus China an der amerikanischen Westküste ankommen, auf kleinere Schiffe könnte eine enorme Treibstofferrsparnis bringen. In den USA gibt es immer noch ein flexibles Transportsystem auf dem Wasser, weil viele Amerikaner an den Küsten oder an den großen Wasserwegen leben. Der Treibstoffverbrauch könnte um das 20- bis 30fache gesenkt werden. Der reduzierte Lkw-Verkehr wiederum wird zu weniger Staus auf unseren Straßen führen, was die Treibstoffnutzung unserer existierenden Autoflotte deutlich verbessern würde.

Die dritte Veränderung betrifft einen großen Teil unserer Nahrungsmittel. Bis vor zwei Jahrzehnten kam der größte Teil des Gemüses, des Fleischs und der Fische, die wir konsumierten, aus lokalen Quellen. Nur wenige Supermärkte hatten ganzjährig frische Produkte im Angebot. Die Produkte wurden in Dosen oder Flaschen abgefüllt, wenn sie am frischesten waren, oder eingefroren, damit man sie das ganze Jahr über essen konnte. Frischfisch war nur in Geschäften in der Nähe der Flüsse und Küsten erhältlich. Im Lauf der Zeit globalisierte sich die Nahrungsmittelbranche. Man füllte nicht mehr viel in Flaschen und Dosen ab. Es wurde zur Selbstverständlichkeit, dass selbst in den abgelegensten Gebieten der reichen Länder attraktive Nahrungsmittel aus aller Welt angeboten wurden.

Solange Treibstoff billig war, dachte niemand an den Energieaspekt der Nahrungsmittelglobalisierung. Ein großer Teil dieser Lebensmittel sah zwar attraktiv aus, aber da man sie weit transportieren musste, hatten sie nie einen wirklich frischen und vollen Geschmack. Um über große Entfernungen transportierten Fisch „frisch" zu halten, sind Zusatzstoffe und Kühlung erforderlich. Jeder Schritt dieses Prozesses erhöht die Energieintensität unserer Lebensmittel.

Vor drei, vier Jahrzehnten war es unmöglich, frischen Fisch in großer Entfernung vom Meer oder einem Fluss zu kaufen; es sei denn, er war tiefgefroren. Als die Beliebtheit von frischem Fisch zunahm, wurden die Bestände in Küstennähe schnell dezimiert. Die Fischereiflotten mussten weiter hinausfahren, um Erfolg zu haben. Ein Artikel in der *New York Times* vom 20. Dezember 2005 berichtete, dass man heute etwa 13 Gallonen Treibstoff braucht, um eine Tonne Hering, und 528 Gallonen, um eine Tonne Thunfisch zu fangen. Die Fischereibranche verbraucht heute 13 Milliarden Gallonen Treibstoff, um 80 Millionen Tonnen Fisch zu fangen. Das entspricht in etwa dem Ölverbrauch der Niederlande.

Wenn die Ölproduktion sinkt, wird der Luxus globalisierter Nahrungsmittel zu energieintensiv werden. Die Länder, die heute Lebensmittel aus allen Ecken der Welt importieren, werden wieder auf lokale Erzeugung und Konservierung zurückgreifen müssen. Zum Glück schmecken aus vollreifen Produkten hergestellte Konserven besser als die weitgereisten, hübsch aussehenden Importe.

Dies sind die praktischen Schritte, die man tun kann, um die Effizienz des Ölverbrauchs signifikant zu verbessern. Keiner dieser Schritte erfordert eine technologische Revolution, um wirksam zu werden. Sie erfordern nur eine veränderte Einstellung.

Würde man einen globalen Energiegipfel einberufen und neue, verpflichtende Richtlinien einführen, könnten alle diese Veränderungen innerhalb weniger Jahre erfolgen. Damit könnten wir uns noch ein paar Jahrzehnte „kaufen", um neue Energieformen zu entwickeln, die heute noch nicht existieren.

Was, wenn die Ölproduktion nicht sinkt?

Wir könnten diese Veränderungen nun unter der Annahme durchführen, dass ein Rückgang der Ölproduktion bevorsteht. Danach könnte es sich herausstellen, dass es keinen Rückgang gibt. Wären diese Veränderungen dann ein teurer Fehler? Die Antwort liegt auf der Hand. Wenn die Produktion ein, zwei Jahrzehnte nach Durchführung dieser Veränderungen nicht gesunken ist, wird die Umwelt sauberer sein, die Menschen werden besser leben und wahrscheinlich weniger Geld für Energie ausgeben, selbst wenn die Preise um ein Mehrfaches über den heutigen liegen sollten. Nichts spricht dagegen, die Veränderungen jetzt in die Wege zu leiten, außer, falls wir wie durch ein Wunder weiterhin unerschöpfliche Ölmengen fast kostenlos erhalten. Meiner Meinung nach ist eine solche Entwicklung extrem unwahrscheinlich.

Wir können den Wettlauf gegen das Produktionsmaximum gewinnen

Wenn wir das Risiko eines Produktionsrückgangs in Saudi-Arabien so ernst nehmen, wie wir es sollten, und wenn die Ölproduzenten im Nahen Osten schnell begreifen, dass geringere Produktionsmengen ihrer alternden Giganten-Felder die beste Versicherung gegen schmerzhafte und überraschende Produktionsrückgänge sind, steht einer der größten Umwälzungen der Weltwirtschaft nichts mehr entgegen.

Diese Veränderungen, aufgeklärte, progressive Schritte hin zu einer weniger energieintensiven Weltwirtschaft, in der Energie so teuer ist, wie sie es schon immer hätte sein sollen, eröffnen die Möglichkeit, dass das 21. Jahrhundert das beste in der Geschichte der Welt wird.

Wenn man die Unvermeidlichkeit eines Rückgangs der Ölproduktion ignoriert und dieses Ereignis uns unvorbereitet trifft, könnte die Abfolge unbeabsichtigter Konsequenzen leicht zu einer Spirale ständig schlechter werdender Bedingungen führen. Das würde nicht nur die Ölindustrie in Saudi-Arabien gefährden, sondern auch den Lebensstil, den wir alle genießen.

Anhang A

Methodologie

Exakte und zuverlässige Informationen über die saudischen Ölfelder von der Society of Petroleum Engineers

Die wichtigsten Argumente für die Hauptthese dieses Buchs – dass technische Probleme in den wichtigsten Ölfeldern eine bedeutende Produktionssteigerung verhindern und sogar die Aufrechterhaltung der gegenwärtigen Produktion gefährden – finden sich in über 200 seit Anfang der 1960er-Jahre veröffentlichten Studien der Society of Petroleum Engineers (SPE). Dieser Anhang beschreibt, auf welche Weise diese Papiere wertvolle Informationen lieferten.

Die Society of Petroleum Engineers (SPE)

Die SPE ist eine weltweite Technikervereinigung, der etwa 65.000 Öl-Ingenieure und andere Profis aus der Öl- und Gasbranche angehören. Sie gehört zu den größten Technikerorganisationen der Welt und ist wirklich international; knapp 50 Prozent der Mitglieder sind keine Amerikaner.

Die Präsentation und die Veröffentlichung technischer Studien gehört seit den späten 1950er-Jahren zu den Kernfunktionen der SPE. Die ersten Papiere über saudische Ölfelder erschienen 1961 und 1962.

Die auf den vielen von der SPE gesponserten Konferenzen und Symposien auf der ganzen Welt vorgestellten Studien werden ausgewählt, indem andere Experten eine Zusammenfassung des Papiers und dessen Thesen, eine Beschreibung des angesprochenen Problems und den Beitrag zur jeweiligen Forschungsdisziplin beurteilen. Die bei den Konferenzen vorgestellten Papiere werden in der Regel schon vorher veröffentlicht. Die besten von ihnen werden nach sorgfältiger redaktioneller Bearbeitung in einer der Zeitschriften der Organisation veröffentlicht, zum Beispiel im *Journal of Petroleum Technology*. Alle auf den Konferenzen präsentierten Studien werden in die Bibliothek der Gesellschaft in Richardson, Texas, aufgenommen. Die gesamte SPE-Bibloothek wurde digitalisiert, und Mitglieder können sich nun elektronische Kopien der Papiere und der veröffentlichten Artikel herunterladen. Dies hat den Zugang zum größten Wissensschatz über Öl sehr erleichtert, den es weltweit gibt.

Die SPE-Bibliothek enthält äußerst wertvolle Informationen über Themen, die für die Profis der Öl- und Gasindustrie von Interesse sind. Viele Papiere beschäftigen sich mit sehr speziellen technischen Fragen. Andere beschreiben Entwicklungsprojekte oder Fallstudien von Problemen, die sich auf bestimmten Ölfeldern ergaben, und was man tat, um sie zu lösen oder zu lindern. Eine Reihe von Fallstudien über ein bestimmtes Öl- oder Gasfeld oder eine ganze Region kann einen guten Überblick über die Fragen und Herausforderungen bieten, die sich den Technikern dort stellten.

Es gibt in der SPE-Bibliothek zwar seit 1961 Berichte über Saudi-Arabien, aber anfangs waren Papiere über einzelne saudische Ölfelder selten. Etwa bis 1977 veröffentlichte Aramco selten Informationen über bestimmte Aspekte der Ölgewinnung in Saudi Arabien, abgesehen von den jährlichen Produktionsdaten der dortigen Felder. Aramco schickte laufend Ingenieure zu den SPE-Veranstaltungen und anderen Branchenforen, aber nur, um zuzuhören, und nicht, um etwas zu präsentieren.

In den 1990er-Jahren gab es mehr Information über das Öl Saudi-Arabiens

In den 1990er-Jahren begann die SPE damit, ein jährliches Symposium in Bahrain abzuhalten. Als bedeutender Mitveranstalter dieses Treffens ermutigte Saudi Aramco seine Mitarbeiter dazu, technische Studien zu verfassen und dort zu präsentieren; sicherlich in der Absicht, der Welt zu zeigen, dass diese von Arabern geleitete Firma nun über erstklassige technische Fähigkeiten verfügte. Nach dieser Veränderung stieg die Zahl von von Aramco-Autoren verfassten SPE-Papieren ständig.

Auch feldspezifische Themen wurden nun weit häufiger angesprochen. Aber die Autoren vermieden es, ein Feld beim Namen zu nennen oder die genaue Lage eines „Untersuchungsgebiets" zu beschreiben. Einige ehemalige Aramco-Angestellte sagten mir, ein „Reinigungskomitee" bei Aramco und eine ähnliche Einrichtung im saudischen Ölministerium habe jeden Berichts sorgfältig redigiert, um sicherzustellen, dass er keine geografischen Details enthielt, mit denen man das jeweiligen Feld identifizieren konnte.

Die SPE-Bibliothek enthält etwa 500 technische Studien, die sich speziell auf die Öl-Aktivitäten in Saudi-Arabien beziehen. Der Wert dieser Papiere liegt in dem Zweck, für den sie geschrieben wurden – anderen Experten Informationen über die Probleme der Ölförderung in Saudi-Arabien zu geben, über die Lösungen, die gefunden wurden, und die Erfolge, die dabei erzielt wurden. Damit beteiligte sich Aramco an einem ausführlichen Dialog, der die Funktion hat, neue Erkenntnisse zu verbreiten und die besten Techniken bekannt zu machen.

Ein großes Verdienst dieser technischen Studien ist ihre Aufrichtigkeit. Natürlich werden diese Papiere, die von einem Ölunternehmen kommen, von Kommunikationsspezialisten, Rechtsberatern und führenden Managern geprüft, ehe sie abgeliefert und veröffentlicht werden. Und zweifellos wird in diesem Prozess einiges zensiert, was den Wahrheitsgehalt nicht eben erhöht. Dennoch legen diese Technikprofis großen Wert auf Aufrichtigkeit und Wahrheit, und die Prüfung durch andere Experten merzt Studien aus, die egoistischen oder kommerziellen Interessen folgen.

Es gibt also gute Gründe, die Informationen in den SPE-Papieren für vernünftig, zutreffend und verlässlich zu halten. Wenn aber die Informationen in Ordnung sind, gibt es dann andere mögliche Fehlerquellen, die die Hauptthese diese Buchs unterminieren könnten? Es gibt immer ein Irrtumsrisiko in der Einzelfeldanalyse, die Teil III dieses Buchs ausmacht. Vielleicht habe ich unabsichtlich die Bedeutung oder die Lehren falsch interpretiert, die man aus allen diesen technischen Untersuchungen ziehen muss. Das ist allerdings unwahrscheinlich, schon wegen des kumulativen Gewichts der Beweise und des Auftauchens ähnlicher Probleme in zahlreichen Studien.

Die neue Technologie führte zu besseren Einblicken in die Produktionsprobleme

Seit Mitte der 1990er-Jahre, als Aramcos EXPEC-Gruppe begann, wesentlich intensiver eine ganze Reihe neuer Techniken einzusetzen, erhielten die Autoren der SPR-Studien tieferen Einblick in die damit verbundenen Probleme. Das führte auch zu einer neuen Offenheit. Schließlich nannten die Autoren sogar in vielen Studien die tatsächlichen Namen der Ölfelder, um die es ging. Die früheren Studien hatten dies absichtlich vermieden, was es erschwert, die Produktionshistorie einzelner Felder nachzuvollziehen. Als die wahren Namen genannt wurden, war es aber recht unproblematisch, die Felder auch in früheren SPR-Studien zu identifizieren. Diese neue Offenheit war entscheidend für die Einzelfeldanalyse in Teil III dieses Buchs.

Als ich im April 2003 die ersten paar SPE-Papiere las, wusste ich noch nicht, worauf ich mich da eingelassen hatte. Nachdem ich mich zum ersten Mal durch alle relevanten Studien gearbeitet hatte – ein Papierstapel von fast einem Meter Höhe –, las ich jeden Report noch einmal, analysierte die präsentierten Konzepte und formte aus den Informationen meine Hypothesen. Erst als dieser Forschungsprozess abgeschlossen war begann ich das Ausmaß der künftigen Energieprobleme Saudi-Arabiens zu verstehen.

Diese Studien brachten mich zu der Überzeugung, dass die Langlebigkeit der hohen Ölproduktion in Saudi-Arabien, ein Stützpfeiler der weltweiten Energieversorgung, tatsächlich nicht gesichert ist. Die saudische Produktionskapazität steht am Scheideweg, und es könnte zu einem Rückgang kommen. Durch die agile Planung und Durchführung vieler neuer Projekte könnte Saudi-Arabien die aktuelle Produktion für einige Zeit aufrechterhalten. Es ist sogar möglich, dass das Königreich eine marginale Steigerung erreicht. Wahrscheinlicher ist aber, dass der Output sinken wird.

Dies sind allerdings noch die bestmöglichen Szenarien. Schon eine Reihe relativ unbedeutender Ereignisse könnten in eine andere Richtung führen; die wahrscheinlichsten davon sind steigende Wasserzuflüsse und nachlassender Förderdruck. Und wenn die Wende erst einmal eingetreten ist (wie es Malcolm Gladwell in seinem Bestseller *The Tipping Point: How Little Things Can Make a Big Difference* beschrieben hat), kann sich eine Situation sehr schnell in eine unerwartete Richtung entwickeln – mit völlig überraschenden Folgen. Ein Produktionsrückgang von 30 bis 50 Prozent innerhalb von höchstens fünf Jahren in einem oder in allen der wichtigsten Ölfelder Saudi-Arabiens ist nicht auszu-schließen. Vielleicht lässt sich der alte Spruch auch auf die saudischen Giganten- und Super-Giganten-Felder anwenden: Je größer sie sind, desto härter fallen sie.

Ich möchte den 400 oder 500 Autoren danken, die all diese technischen In-formationen zusammengetragen und klar ausgedrückt haben. Sie haben ihren Unternehmen, ihrem Berufsstand und dem Volk Saudi-Arabiens einen wert-vollen Dienst erwiesen. Wenn meine Arbeit Erfolg hat, wird sie den Wert ihrer Studien einem weit größeren Publikum zugänglich machen, und dies zu einem entscheidenden Zeitpunkt für alle Beteiligten der künftigen Energieversorgung.

Mit wenigen Ausnahmen habe ich nicht versucht, die jeweiligen Autoren der SPE-Studien ausfindig zu machen. Die Bezugnahmen auf SPE-Papiere im Text dieses Buchs beschränken sich auf das Thema, den Ort der Präsentation der Stu-die und das Datum. Ich hielt es für angebracht, die Titel der Studien und die Autorennamen wegzulassen, weil beide in der Regel recht lang sind und dem Leser keine unmittelbar nützlichen und relevanten Informationen liefern. Alle diese Angaben finden Sie aber im Literaturverzeichnis dieses Buchs.

Ein Rückschlag in der Informationspolitik von Saudi Aramco

Nachdem bei der CSIS-Konferenz von 2004 eine Debatte über die Zuverläs-sigkeit der saudischen Ölfelder begonnen hatte, spielten etliche führende Aram-co-Manager den Wert der SPE-Studien für die Einschätzung von Gegenwart und Zukunft der saudischen Ölindustrie herunter. Sie argumentierten, die SPE-Pa-piere seien fast immer negativ, weil die sich auf die Probleme konzentrieren, die auf Ölfeldern auftreten, und auf deren Klärung und Lösung. Aramco-Offizielle behaupten, diese technischen Studien seien irreführend, weil sie nicht die posi-tiven Entwicklungen schildern, die es in diesem riesigen Ölsystem ebenfalls gibt. Außerdem argumentieren die Kritiker, die Autoren tendierten dazu, das Ausmaß der Probleme zu übertreiben, um selbst umso klüger auszusehen, wenn die Pro-bleme gelöst werden.

Jeder unvoreingenommene Leser dieser Papiere wird den Versuch, deren Wert so abzuqualifizieren, für fast willkürlich naiv halten. Da die Papiere in ihrer Gesamtheit das ganze Spektrum des saudischen Ölproduktionssystems umfas-sen, kann man über die „guten Nachrichten" nur wenig mehr schreiben, als dass immer noch große Mengen Öl produziert werden. Und das ist weder eine Information mit Neuigkeitswert noch ein interessantes Thema für eine Konferenz von Technikern. Es ist nur ein Thema für professionelle Promoter: „Alles ist in Ordnung. Vertraut uns." Meiner Meinung nach haben wir allen Grund zu der Annahme, dass der Inhalt dieser Publikationen technisch korrekt und anständig präsentiert ist; und auch dafür, dass diese gesammelten Informationen die optimistischen Prognosen der saudischen Offiziellen zweifelhaft erscheinen lassen.

Was die Informationen der Ingenieure aufdecken

Die SPE-Papiere über Saudi Aramco bieten einen wertvollen und objektiven Einblick in die Funktionsweise der saudischen Ölindustrie. Zudem ist dies die objektivste Darstellung dieser Themen, die die Welt wahrscheinlich erhalten wird. Sie ist frei von den Verzerrungen, die man erwartet, wenn Veröffentlichungen mit der Freigabe von PR-Verantwortlichen, Ministern und Vorstandsmitgliedern ausgestattet sind. Die meisten Studien beschäftigen sich nur mit spezifischen Aspekten von Aramcos Öl-Operationen, meist mit einem genau definierten Problem, einer dafür vorgeschlagenen oder angewendeten Lösung und den damit erzielten Ergebnissen.

Als Gesamtheit betrachtet, werden diese Papiere aber zu einer technischen Geschichte der saudischen Öl-Operationen, mit ständig wiederkehrenden Themen, allgemeinen und lokalen Konflikten, Triumphen und Rückschlägen, Helden und Schurken. Wie jede Geschichte ist auch diese unvollständig, voller Lücken und ungelöster Rätsel. Aber in ihrer Gesamtheit bietet sie vielleicht das realistischste Abbild des Zustands, der Möglichkeiten und Aussichten der saudischen Ölindustrie, das Außenstehenden jemals zur Verfügung stand.

Ein Auszug aus einer Beschreibung der Öl-Operationen in Saudi-Arabien

Für viele Leser sind die Erörterungen in den SPE-Papieren ungewohnt und lesen sich manchmal wie eine fremde Sprache. Daher kann es sogar für viele Branchenbeobachter hilfreich sein, einmal ein Beispiel für die Belege zu sehen, die ich in Teil III dieses Buchs geschildert habe. Der folgende Abschnitt stammt aus dem SPE Papier Nr. 85 „Water Injekction, Arab-D Member, Abqaiq Field, Saudie Arabia", das 1961 erschienen ist. Es gehört zu den frühen Papieren, die die saudische Ölbranche beschreiben, und ist eine der seltenen frühen Studien, die ein bestimmtes Feld nennen.

„Auf dem Abqaiq-Feld in Saudi-Arabien begann man 1956 mit peripheren Wasserinjektionen. Zunächst arbeitete man mit drei Schächten. Seit 1958 wurde die Injektionsmenge bis auf das heutige Niveau von 30.000 bis 40.000 Barrel pro Tag erhöht. Die volumetrische Effektivität des injizierten Wassers liegt bei 50 Prozent und soll auf 70 bis 80 Prozent steigen.

Die Wasserquelle, die Wasia-Formation, ist eine produktive Grundwasserschicht. Das Wasser ist korrosiv, doch die Korrosion wird kontrolliert. Das Wasia-Injektionssystem ist ein geschlossenes Drucksystem.

1961 gab es in Abqaiq 61 produzierende Schächte. Der Abstand zwischen den Schächten lag durchschnittlich bei 1.700 Metern. Der ursprüngliche Förderdruck in 2.200 Metern Tiefe lag bei 3.395 psi. Der „Bubble Point" lag bei 2.545 psi. Die einzige Produktionsregion war Arab D, auf die man in 3.200 Metern Tiefe stieß. Dieses bemerkenswerte Produktionsintervall war etwa 60 Meter dick, wies im Durchschnitt eine Porosität von 20 Prozent und eine hervorragende Durchlässigkeit auf.

Die Produktion in Abqaiq begann 1946. Acht Jahre später startete man mit dem Programm zur Druckstabilisierung, weil der Förderdruck sich rapide dem Bubble Point näherte. Dabei wurde in der Nähe des Reservoir-Zentrums Gas injiziert. 1957 endete dieses Programm, und man begann mit der peripheren Wasserinjektion.

1961 waren zwei Wassereinpumpungsschächte in Betrieb, zudem wurde in einem Schacht Meerwasser eingepumpt. Bis zu diesem Zeitpunkt hatte man schon 230 Millionen Barrel Wasser aus der Wasia-Schicht eingepumpt, ohne messbaren Druckverlust. Stattdessen stieg der Förderdruck des Reservoirs um 100 psi. Der Schacht mit der Meerwasserinjektion wurde getestet, um die Entwicklung künftiger Wasserzuflüsse nicht nur für Abqaiq, sondern auch für die anderen saudischen Giganten-Felder zu testen, wenn die Grundwasserschichten auf dem Festland erschöpft sind.

Die nächstbilligste Alternative zur Pflege des Reservoirs wäre die Verwendung unbehandelten Meerwassers. Die zweitbeste Lösung wäre eine einfache mechanische Filterung dieses Meerwassers. Der dritte und teuerste Plan wäre eine chemische Aufbereitung. Dieses Meerwassertestsystem kostet zehn Mal mehr als die Injektion aus dem Wasia-System, was aber immer noch nur 0,06 Doller je Barrel des in Abqaiq geförderten Öls entspricht."

Weitere Informationen beschreiben die Simulation der Reservoir-Performance.

Ein anderes, schon früh erschienenes Papier, SPE # 414, beschrieb die erste intensive Reservoir-Modellbildung in Saudi-Arabien. Dieses Papier, Mitte der 1960er-Jahre erschienen, beschrieb die frühen Versuche, die künftige Performance saudischer Ölfelder modellhaft zu simulieren. Aramco hatte gerade analoge Computer gekauft, um solche Modell zu erstellen.

Die Reservoirs, die sämtlich in der Arab-D-Formation lagen, wurden in Feldern am Rand des Golfs von Arabien in der Ostprovinz Saudi-Arabiens gefunden. Das Gebiet umfasste insgesamt nur etwa 35.000 Quadratmeilen. Dieses aufschlussreiche Papier enthielt alles, was man damals über die beiden besten Ölfelder Saudi-Arabiens wissen konnte. Wesentliche Informationen aus dieser Studie sind weiter unten zusammengefasst.

Die Studie stellte dar, dass Arab D in den frühen 1960er-Jahren schon die produktivste Ölregion des Nahen Ostens war. Die besten Ölzuflüsse kamen aus Schächten, die im Nordosten von Ghawar und in Abqaiq gebohrt wurden. In Ghawar gab es vom Nordosten bis zum Südwesten eine nachlassende Qualität des Öl enthaltenden Gesteins. Die hohe Produktivität der Schächte im Nordosten Ghawars fehlte im mittleren und südlichen Bereich dieses Ölfelds fast vollständig.

Unter Anwendung der neuesten analogen Modellbildungstechniken hatte Aramco 1962 sieben Ölstrukturen entlang der Ghawar-Struktur identifiziert. Die Ölsäule schien von Ain Dar im Norden bis Haradh im Süden kontinuierlich zu sein. Gleich neben Ain Dar gab es eine achte Struktur namens Fazran, die offenbar kein Teil von Ghawar war. (In späteren Jahren wurde Fazran als nördliche Grenze von Ghawar identifiziert.)

Der Studie zufolge produzierte Ghawar 1961 etwas mehr als 700.000 Barrel Öl pro Tag aus etwa 90 Schächten in den Gebieten Ain Dar, Shedgum und

Uthmaniyah. Die durchschnittliche Förderung pro Schacht lag bei 7.700 Barrel pro Tag.

Die Studie enthielt auch einige Daten über Abqaiq, Saudi-Arabiens zweitwichtigstes Ölfeld. In der Spitze produzierte Abqaiq über eine Million Barrel pro Tag in einem Gebiet mit einer Länge von 57 Kilometern und einer Breite von elf Kilometern. Abqaiq ist nur etwa elf Kilometer von Ghawar entfernt. 1961 lag die Produktion Ghawars bei 365.000 Barrel Öl pro Tag. Damals wurden täglich 300.000 Barrel Wasser und 176 Millionen Kubikfuß Gas injiziert.

Trotz der reichlichen Förderung in Ghawar und Abqaiq gab es Probleme. Erstens lag der Förderdruck im Süden von Abqaiq einige Jahre lang unterhalb des Bubble Point. Schon damals beobachtete man eine Durchlässigkeitsbarriere aus Teer unterhalb der Öl/Wasser-Kontaktschicht in sämtlichen Schächten. Damals dachte man, das teerähnliche Material habe keine Auswirkungen auf die Performance des Reservoirs. Zweitens hatte man bei der Modellbildung von Ghawar in der ganzen Shedgum-Region keinen Teer entdeckt. An der Ostflanke Ain Dars wurde ein Simulationsprogramm durchgeführt. Das Bohren neuer Schächte in größerer Entfernung zur Öl/Wasser-Kontaktschicht hatte die förderbaren Reserven Ain Dars um eine Milliarde Barrel erhöht.

Schlussfolgerung

Diese frühen SPE-Papiere enthalten wertvolle Daten über die Entwicklung der wichtigsten Ölfelder Saudi-Arabiens. Wenn man diese frühen Studien in den richtigen Zusammenhang bringt, sind sie ebenso aufschlussreich wie die in den vergangenen Jahren veröffentlichten Berichte. In ihrer Gesamtheit erzählen diese Papiere eine nie zuvor bekannt gewordene Geschichte über das alternde Ölsystem Saudi-Arabiens.

Anhang B

Technische Daten

Die neun Tabellen und die Abbildung in Anhang B enthalten Informationen, die die Aussagen dieses Buchs sachlich untermauern.

Die Daten in den Tabellen B.1 bis B.5 und B.7 beziehen sich direkt auf die wichtigsten Aspekte der saudischen Ölfelder.

Tabelle B.6 beschreibt den komplexen Prozess der Einschätzung nachgewiesener Reserven.

Die Tabellen B.8 und B.9 sowie die Abbildung B.1 liefern einen Überblick über Bedeutung, Status und Schicksal der größten Ölfelder der Welt. Diese Felder sind ein entscheidender Teil des Gesamtkontexts, der den Rückgang der saudischen Produktionskapazitäten zu einem dringlichen Thema macht.

Tabelle B.1: Bis 2000 in Saudi-Arabien entdeckte Ölfelder

Jahr der Entdeckung	Name des Felds	Jahr der Entdeckung	Name des Felds
1930er-Jahre		1967	Dorra
1938	Dammam	1967	Al-Lulu
1940er-Jahre		1968	Jurayb'at
1940	Abu Hadriya	1968	Jurayd
1940	Abqaiq	1968	Shaybah
1945	Qatif	1969	Barqan
1948	Ghawar	1969	Marzouk
1949	‚Ain Dar	1970er-Jahre	
1949	Haradh	1971	Harmaliyah
1949	Fadhili	1971	Mazalij
1950er-Jahre		1972	Shutfah
1951	Uthmaniyah	1973	Abu Jifan
1951	Safaniya	1973	Qirdi
1953	Hawiyah	1973	El Haba
1954	Al-Wafrah*	1973	Maharah
1956	Khursaniyah	1974	Nakr
1957	Farran	1974	Ramlah
1957	Khurais	1974	Rimthan
1957	Manifa	1974	Kurayn
1960er-Jahre		1975	Dibdibah
1960	Khafij*	1975	Ribyan
1963	Abu Sa'fah	1975	Lawhah
1963	Hout*	1975	Watban
1963	Fawaris al-Janub*	1976	Hasbah
1964	Berri	1976	Suban
1965	Zuluf	1976	Sharar
1966	Jaham	1978	Harqus
1966	Habari	1978	Jaladi
1966	Janubi Um-Qdir	1978	Wari'ah
1967	Jana	1979	Jawb
1967	Kidan	1979	Dhib
1967	Karan	1979	Shamin
1967	Marjan	1979	Faridah

Jahr der Entdeckung	Name des Felds	Jahr der Entdeckung	Name des Felds
1979	Lughfah	1993	Al Wajh
1979	Hamur	1994	Abu Markhah
1980er-Jahre		1994	Layia
1982	Tinat	1995	Abu Rakiz
1982	Maghrib	1995	Burmah
1983	Jauf	1996	Abu Shidad
1983	Farhah	1996	Usaylah
1984	Sahba	1996	Shiblah
1989	Hawtah	1996	Mulayh
1989	Dilam	1997	Tinat South
1990er-Jahre		1997	Khuzama
1990	Hilwah	1997	Wudayhi
1990	Raghib	1997	Waqr
1990	Ghinah	1998	Sidr
1990	Nuayyim	1998	Sham'ah
1990	Hazmiyah	1998	Kahla
1991	Kahf	1999	Shaden
1992	Midyan	1999	Niban
1993	Umm Jurf	2000er-Jahre	
1993	Umiuj	2000	Ghazal
1993	Nisalah	2000	Manjurah

*Bezeichnet Felder auf dem Festland und auf See in der Zone, die im Auftrag der saudischen Regierung von Saudi Texaco und Saudi Aramco Gulf Operation betrieben wird

Quelle: Simmons & Company International, World Oil, Oil & Gas Journal

Tabelle B.2: Vereinfachter Überblick über die geologischen Formationen in Saudi-Arabien

Formation	Produktiv	Öl/Gas	Wichtigste Felder
Lawhah			
Mishrif			
Rumaila			
Ahmadi			
Wara			
Mauddad			
Safaniya	Ja	Öl	Safaniya
Khafji	Ja	Öl	Safaniya, Zuluf, Marjan
Shu'aiba	Ja	Öl, Gas	Shaybah
Zubair			
Upper Ratawi			
Lower Ratawi			
Arab A			
Arab B			
Arab C			
Arab D			Ghawar, Khurais, Khursaniyah
Zone 1			
Zone 2-A			
Zone 2-B	Ja	Öl	Ghawar, Abqaiq
Zone 3			
Hanifa	Ja	Öl	Abqaiq, Berri, Khurais
Hadriya			Berri
Fadhili	Ja	Öl	Berri
Khuff	Ja	Gas	Ghawar tief, Shaybah
Unayzah	Ja	Gas, Öl	Hawtah
Jauf	Ja	Gas	Ghawar tief

Quelle: Simmons & Company International

Tabelle B.3: Beiträge der einzelnen Ölfelder zur saudischen Ölproduktion, 1951 – 1981
(in 1.000 Barrel pro Jahr)

	Ghawar	Abqaiq	Safaniya	Berri	Zuluf	Andere	Gesamt
1981	5.694	652	1.544	504	658	786	9.839
1978	4.280	738	1.221	586	141	608	7.574
1975	4.205	762	827	334	82	365	6.575
1972	2.668	931	909	313		592	5.412
1969	1.427	568	407	19		400	2.821
1966	921	490	588			407	2.406
1963	780	380	289			143	1.592
1960	727	266	174			52	1.219
1957	506	295	27			66	894
1954	545	319				102	966
1951	126	438				107	761

Quelle: Oil & Gas Journal, verschiedene Ausgaben, Simmons & Company International

Tabelle B.4: Parameter der Arab-D-Produktivität in einzelnen Gebieten Ghawars

Parameter	Ain Dar	Shedgum	Uthmaniyah	Hawihay	Haradh
Tiefe der Öl/Wasser-Kon-taktschicht (in Fuß)	6430 - 6665	6444 - 6689	6347 - 5570	6152 - 6576	6000 - 6620
Durchschnitt-liche Dicke der Reservoir-Sän-de (in Fuß)	204	194	180	180	140
Ölviskosität (in Zentipoise)	0,62	0,62	0,73	0,85	0,89
Durchschnitt-liche Porosität des Reservoir-Gesteins (in Prozent)	19	19	18	17	14
Durchschnitt-liche Durch-lässigkeit des Gesteins (in Millidarcies)	617	639	220	68	52
Durchschnitt-licher Produk-tivitätsindex, Ölvolumen in Barrel pro Tag und Druck in psi	141	138	92	45	31

Quelle: Übernommen von Greg Croft, Inc.

Tabelle B.5: Parameter der Produktivität in den Öl-Reservoirs von Abqaiq, Safaniya und Zuluf

Parameter	Feld und Reservoir				
	Abqaiq Abath D	Safaniya, Safaniya	Safabiya, Khafji	Zuluf, Safaniya	Zuluf, Khafi
Tiefe der Öl/ Wasser-Kontaktschicht (in Fuß)	7155	5480	5500	5745	6110
Durchschnittliche Dicke der Reservoir-Sände (in Fuß)	227	136	137	57	100
Ölviskosität (in Zentipoise)	0,36	6,40	4,55	4,7	1,64
Durchschnittliche Porosität des Reservoir-Gesteins (in Prozent)	18,5	26	25	28	30
Durchschnittliche Durchlässigkeit des Gesteins (in Millidarcies)	410	5700	5250	NA	2430
Durchschnittlicher Produktivitätsindex, Ölvolumen in Barrel pro Tag und Druck in psi	110	136	146	9,5	100

Quelle: Übernommen von Greg Croft, Inc.

Tabelle B.6: Schritte zur Etablierung nachgewiesener Reserven

Nötiges Wissen:	Aktion oder Prozess
Existenz potenzieller Reservoir-Strukturen	Beobachtung: Schwerkraft, Magnetismus und Seismik, Dateninterpretation
Ölvorkommen in den Reservoir-Strukturen	Bohren eines Schachts, Messung der Förderung
Typ und Qualität der Flüssigkeiten	Sammlung und Analyse von Flüssigkeits-mustern
Potenzielles Ölvolumen Dicke der Ölsäule Ausmaß des Öl-Reservoirs	Interpretation von Tests verschiedener Schichten und Zonen, Bohren von Testschächten
Qualität des Reservoir-Gesteins (Porosität, Durchlässigkeit usw.)	Interpretation der Testdaten, Analyse von Bohrkernen
OOIP	Kombination der Ergebnisse des Volumens und der Qualität
Ölflusspotenzial	Flusstests der Schächte
Druckunterstützung durch Grundwasser-vorkommen	Flusstests der Schächte und Untersuchung des Förderdrucks
Nachgewiesene förderbare Reserven	Kombination von OOIP und Fluss-Perfor-mance-Daten Anwendung von Faustregeln zum Reservoir-Typ Ermittlung der technologischen Erfordernisse Abschätzung von Entwicklungs- und Produktionskosten Wirtschaftlichkeitsanalyse

Quelle: Matthew R. Simmons, Simmons & Company International

Tabelle B.7: Die Fluktuation der berichteten Reserven und die Produktion der wichtigsten saudischen Ölfelder, 1973 – 1977

Feld	Reserven Produktion	1973	1974	1975	1976	1977
Abqaiq	Reserven	8,248	7.848	7.530	7.752	3.861
	Produktion	1.094	870	762	825	856
Abu Sa'fah	Reserven	6.363	6.363	6.319	6.297	3.737
	Produktion	109	121	60	100	130
Berri	Reserven	5.703	5.476	5.243	5.121	6.388
	Produktion	622	639	334	807	787
Ghawar	Reserven	67.865	66.473	64.775	63.240	45.521
	Produktion	3,841	4.453	4.205	5.189	5.287
Safaniya	Reserven	24.952	12.601	12.229	11.927	14.361
	Produktion	962	1.019	827	621	1.435

Quelle: Oil & Gas Journal, verschiedene Ausgaben, 1950 – 1982

Tabelle B.8: Produktion der größten Giganten-Felder der Welt, 1971 und 2000, in 1.000 Barrel pro Tag

Feld	Land	Jahr der Entdeckung	1971	2000
Ghawar	Saudi-Arabien	1948	2.058	4.500*
Romashkino	Russlan	1940er	1.600	
Kirkuk	Irak	1927	1.096	900*
Lugumilla	Venezuela	1926	940	
Burgan	Kuwait	1938	900	1.500*
Cantarell	Mexiko	1976		1.211
Daquing	China	1959		1.108
Zakum	Abu Dhabi	1063		800*
Rumaila Nord	Irak	1958		700*
Abqaiq	Saudi-Arabien	1940	893	600*
Shaybah	Saudi-Arabien	1975		600*
Prodhoe Bay	USA	1968		550
Shenghi	China	1962		547
Marlim	Brasilien	1985		530*
Marun	Iran	1964	893	
Gach Saran	Iran	1928	882	
Agha Jari	Iran	1938	859	
Safaniya	Saudi-Arabien	1951	792	500*
Zuluf	Saudi-Arabien	1965		500*
Bachaquero	Venezuela	1930	740	
Murban	Abu Dhabi	1960	540	
Rumaila Süd	Irak	1953	480	500*
Bu Haas	Abu Dhabi	1962		450*
Berri	Saudi-Arabien	1964		400*
Samotlor	Russland	1961		320
Ekofisk	Norwegen	1971		310
Bibi Hakimeh	Iran	1961	542	
Sarir	Libyen	1961	441	
Minas	Indonesien	1944	408	

Hassi Messaound	Algerien	1956	387	
Tia Juan	Venezuela	1928	373	
Zelton (Nasser)	Libyen	1959	360	
Gialo	Libyen	1961	358	
Gesamt-produktion			15.433	16.256

Quelle: „The World's Giant Oilfields", Simmons & Company International

Notiz: Eine Auslassung bedeutet, dass das Feld im betreffenden Jahr nicht zu den 20 größten der Welt gehörte.

* Schätzung

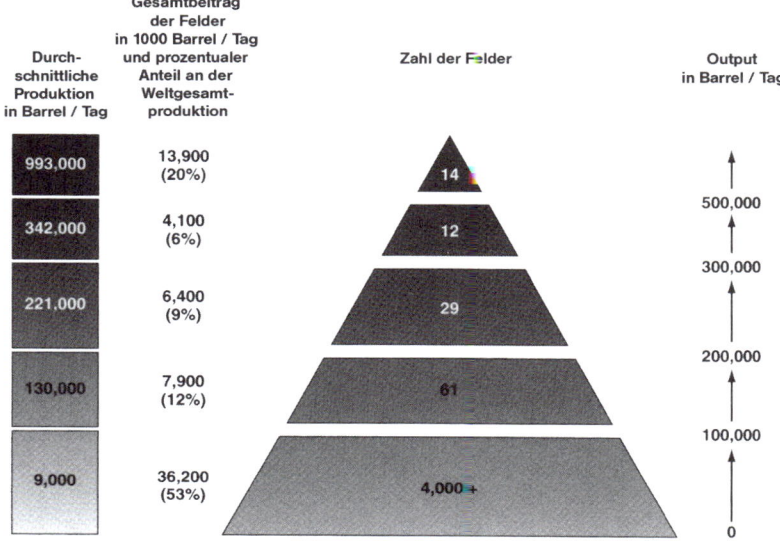

Abbildung B.1: Die Ölpyramide – die Bedeutung der Giganten-Felder
Quelle: Simmons & Company International

Tabelle B.9: Alter und Produktionsbeitrag der Giganten-Felder 2000

Feldgröße in Produktionsvolumen	Anz. der Felder	Gesamtproduktion (Barrel pro Tag)	Jahrzehnt der Entdeckung					
			vor 1950er	1950er	1960er	1970er	1980er	1990er
1.000.000 +	4	8.000.000	2	1		1		
500.000 - 1.000.000	10	5.900.000	2	3	3	1	1	
300.000 - 500.000	12	4.100.000	3	1	6	1	1	
200.000 - 300.000	29	6.450.000	8	4	6	9	1	1
100.000 - 200.000	61	7.900.000	5	8	13	13	11	11
Gesamt	116	32.350.000	20	17	28	25	14	12

Quelle: „The World's Giant Oilfields", Simmons & Company International

Anhang C

Die Senatsanhörungen von 1974 und 1979

Der rauchende Colt

Nachdem die Arbeiten an diesem Buch im Prinzip abgeschlossen waren, erhielt ich Zugang zu den Berichten über die Senatsanhörungen von 1974, die ich in Kapitel 3 kurz erwähnt habe, und zum Senatsbericht von 1979. Diese Berichte beinhalten die „rauchenden Colts", die meine Erkenntnisse aus den SPE-Papieren bestätigen und bestärken, dass sie weder irreführend noch übertrieben sind. Wäre mein Buch nicht schon im Druck gewesen, dann hätte ich ein Kapitel über diese wichtigen Erkenntnisse hinzugefügt.

Schon am Beginn meiner Nachforschungen über die Mysterien der saudischen Ölressourcen gaben mir Freunde zwei sehr interessante Informationen, die ich in meiner Beschreibung der historischen Entstehung des saudischen Öl-Wunders und des Beginns von Problemen durch das phänomenale Produktionswachstum verwendete. Dabei handelte es sich um:

Die kurze Geschichte, die mir mein Freund Jeff Gerth von der *New York Times* über einen Artikel schickte, der dort am 4. März 1979 erschienen war. Sein Autor war Seymour Hersh, und er behandelte die Senatsanhörungen von 1974 (siehe Kapitel 3).

Eine kurze Zusammenfassung der Senatsanhörungen von 1979, die mir mein Freund Herman Franssen schickte.

Ich hielt beide Geschichten für interessant genug, um sie in diesem Buch zu erwähnen, aber ich versuchte zunächst nicht, einen vollständigen Bericht über die Anhörungen zu bekommen. Die Berichte kamen ans Licht, als meine Assistentin Judy Gristwood sorgfältig alle Quellen nachprüfte, aus denen ich zitiert hatte. Da wir auch einige Passagen aus dem Senatsreport von 1979 zitiert hatten, begann sie nach den richtigen Bezeichnungen für diese Anhörungen zu suchen. Schließlich fand sie die vollständigen Dokumente in der Bibliothek der Universität von Houston. Der offizielle Report vom April 1979 trug den Titel: „The Future of Saudi Arabian Oil Production: A Staff Report to the Subcommittee on International Economic Policy of the Committee on Foreign Relations, United States Senate".

Nachdem ich diese bürokratische Prosa einige Male gelesen hatte, wurde mir klar, dass der Bericht einige bemerkenswerte Tatsachen über die wachsenden Probleme auf den saudischen Ölfeldern enthielt, deren Beschreibung ich auch in den SPE-Papieren gefunden hatte. Aber dieser Bericht war schon im April 1979 erschienen. Das hieß, dass hochrangige US-Regierungsvertreter die Probleme kannten, kurz nachdem Aramco sie entdeckt hatte.

Der Senatsbericht von 1979 beschrieb detailliert, wie Aramco seine Reserven einschätzte und warum 70 Millionen Barrel, die früher als nachgewiesene Reserven gegolten hatten, in die Kategorien „wahrscheinlich" und „möglich" herabgestuft worden waren. In leicht zu verstehenden Zahlen stellte der Bericht dar, dass die nachgewiesenen Reserven in Saudi-Arabien Anfang 1979 bei 110 Milliarden Barrel lagen. Mit den wahrscheinlichen Reserven waren es 177,5 Milliarden. Wenn man die möglichen Reserven hinzufügte, kam man auf 248 Milliarden Barrel aus einer Gesamtmenge OOIP von etwa 530 Milliarden.

Der Report berichtete auch über starke Revisionen der geschätzten nachhaltigen Produktionsmengen. Sie hatten sich in folgenden Schritten halbiert:

▪ In den frühen 1970er-Jahren dachten Aramcos Eigentümer, die Ölfelder Saudi-Arabiens könnten bequem 20 bis 25 Millionen Barrel pro Tag liefern.

▪ Als die Produktion stieg, häuften sich vorzeitige Wasserdurchbrüche, und der Förderdruck ließ stärker nach als erwartet. Daher senkte Aramco seine Schätzung der nachhaltig möglichen Tagesförderung auf 16 Millionen Barrel.

▪ Da man keine neue Generation von Ölfeldern fand, wurde diese Zahl bald auf zwölf Millionen gesenkt.

■ Als der Senatsreport von 1979 geschrieben wurde, wurden sogar diese zwölf Millionen in Frage gestellt, denn immer mehr erfahrene Experten waren überzeugt, es sei gefährlich, so große Mengen zu fördern.

Der Bericht erwähnte, das hochproduktive „Nord-Ghawar", das Ain Dar, Shedgum und Nord-Uthmaniyah umfasste, trage den größten Teil zu Ghawars Tagesproduktion bei – 4,4 von mehr als fünf Millionen Barrel. Sollte diese hohe Produktion beibehalten werden, dann werde es dort zwischen 1989 und 1992 zu einem irreversiblen Rückgang kommen. Würde man in diesen Feldern unbegrenzt investieren, dann könnte man die aktuellen Fördermengen noch zwei bis drei Jahre aufrechterhalten!

Ein letzter, sehr interessanter Punkt in diesem erstaunlichen Bericht stand in einem Abschnitt mit der Überschrift: „Neue Entdeckungen in Saudi-Arabien". Aramcos Besitzer hatten 1979 festgestellt: „Die Prognose künftiger Funde in Saudi-Arabien ist unsicher". Einer der vier Besitzer soll angenommen haben, es gebe in ganz Saudi-Arabien noch ein Potenzial unentdeckter Reserven von 33 Milliarden Barrel. (Die Geschichte hat gezeigt, dass diese Einschätzung bemerkenswert präzise war.)

Der Report enthielt zudem einen kurzen, aber interessanten Kommentar über die Wahrscheinlichkeit, dass wichtige Aramco-Manager wussten, dass Abqaiq schon 1972 überstrapaziert wurde. Dieser Kommentar steht in einer Fußnote der Senatsanhörungen von 1974. Dabei handelte es sich wohl um die „Anhörungen unter Ausschluss der Öffentlichkeit", von denen Seymour Hersh 1979 in der *New York Times* schrieb. Da ich schon immer gedacht hatte, die Anhörungen seien nichtöffentlich gewesen, staunte ich, als ich ihre offizielle Bezeichnung erfuhr.

Einem weiteren Freund, Dan Kish, habe ich es zu verdanken, dass ich schon bald den zweibändigen Report über eine bemerkenswerte Reihe von Senatsanhörungen zwischen Januar und Juni 1974 in Händen hielt. Diese Anhörungen begannen und endeten unter Ausschluss der Öffentlichkeit. Zusätzlich gab es im Februar und im März 1974 vier öffentliche Anhörungen. Die Anhörungen endeten ohne Beschluss. Die meisten Zeugen schworen unter Eid, es gebe keine Probleme; einige wenige sagten aus, die Nachhaltigkeit der vier wichtigsten saudischen Ölfelder sei bedroht. Die beste Entscheidung im Zusammenhang mit diesen Anhörungen war die Veröffentlichung der Protokolle aller Sitzungen, auch der nichtöffentlichen, im August 1974. Leider war das nur zwei Wochen, bevor Präsident Nixon auf dem Höhepunkt der Watergate-Affäre zurücktrat, was alle anderen Nachrichten in den Hintergrund drängte.

Ich war sprachlos, als ich die Berichte durchlas. Es war wie ein Blick auf die Zeit vor 30 Jahren und darauf, wie die Senatoren einige der wichtigsten Ölmanager der Welt eindringlich befragten, ob die Aramco-Eigentümer die saudischen Ölfelder absichtlich überstrapazierten. Interne Dokumente von erfahrenen Technikern stellten fest, dass Felder wie der Norden Ghawars und Abqaiq von Überproduktion bedroht waren, aber die meisten der als Zeugen befragten Manager stritten dies ab. In einem Fall behaupteten Personen, ein wichtiges, mit ihren Initialen gekennzeichnetes Memorandum sei eine Fälschung.

Als ich diese 30 Jahre alten Dokumente las, wunderte ich mich darüber, dass erfahrene Ölmanager, die man befragte, warum sie die freien Ölkapazitäten der Welt dahinschwinden ließen, immer wieder beteuerten, sie hätten den durch niedrige Ölpreise verursachten, ständigen Nachfrageanstieg unterschätzt. Im Jahr 2005 war das für mich wie ein Déjà-vu-Erlebnis.

Ich staunte auch, dass diese explosiven Daten niemals das Interesse der Öffentlichkeit erregt hatten. Jeff Gerth schlug mir vor, ein im Selbstverlag publiziertes Buch von Jerome Levinson, dem Leiter der Anhörungen von 1974, zu lesen, das den Titel trägt „Wer macht die amerikanische Außenpolitik?" Darin beschreibt Levinson sehr detailliert, warum diese wichtige Geschichte der Öffentlichkeit so lange verborgen blieb.

Als ich Levinsons Buch, den gesamten Bericht über die Anhörungen von 1974 und den Report von 1979 gelesen hatte, war ich endlich in der Lage, mir ein Gesamtbild der damaligen Ereignisse zu machen. Die Anhörungen von 1974 erfolgten im Anschluss an eine Serie enthüllender Artikel über Aramco, geschrieben von Jack Anderson, der in den 1960er- und 1970er-Jahren zu den führenden investigativen Reportern des Landes gehörte.

Die Artikel erschienen im Januar 1974 in der *Washington Post* und beruhten auf Geheimdokumenten, die Anderson von einem Insider bei Aramco oder bei einem der vier Eigentümer zugetragen worden waren. (Der Zuträger wurde nie identifiziert, soll aber ein hochrangiger Chevron-Mitarbeiter gewesen sein.) Zum breiteren Kontext gehörte natürlich auch der erste „Ölschock" von 1973, als König Faisal auf den Yom-Kippur-Krieg reagierte, indem er das „Öl-Schwert" zog und ein Öl-Embargo gegen die USA verhängte.

Nach Veröffentlichung des zweiten dieser Aufsehen erregenden Artikel in der *Washington Post* beschloss das Unterkomitee des Senatsausschusses für auswärtige Angelegenheiten, eine Sitzung einzuberufen und Jack Anderson über die Bedeutung und den Wahrheitsgehalt der Informationen zu befragen, die er erhalten hatte.

In einer nichtöffentlichen Sitzung am 28. Januar 1974 beantragte Anderson zunächst, vereidigt zu werden, weil Aramco bereits die Wahrheit seiner Artikel bestritt. In ruhigen Worten beschrieb er, dass eine Person oder eine Gruppe wichtiger Aramco-Manager sich Sorgen mache, Aramco verhalte sich nicht im besten Interesse der USA, und daher beschlossen habe, Anderson die Informationen zu geben – unter der Voraussetzung, dass ihre Identität streng geheim bleiben würde.

Die Senatoren, die diese erstaunliche Geschichte hörten, waren über Andersons Aussage so erschrocken, dass sie alle vier Aramco-Eigner vorluden.

Drei der vier Eigner (Exxon, Texaco und Mobil) begruben das Komitee unter einer Flut von Papieren, die sich aber fast alle für die von Anderson angesprochenen Themen als irrelevant erwiesen. Der vierte Eigner, Chevron, nahm eine weit aggressivere Haltung ein, legte nur ein Dokument vor und teilte mit, dies sei die einzige Information, die man herausgeben werde.

Die Komiteemitglieder waren über diese Reaktion erbost und luden die acht wichtigsten Chevron-Mitarbeiter vor. Bald danach flogen Levinson und sein Assistent nach San Francisco, ausgestattet mit der Vollmacht, nach weiteren Daten zu suchen. Andersons Informant hatte Levinson gesagt, wo er suchen sollte, und schon am ersten Morgen landete er einen Volltreffer.

Gleichzeitig erkannte Chevrons Unternehmensführung ihren epochalen Fehler. Man bat eine Rechtsanwaltskanzlei aus San Francisco, den Untersuchern vollen Zugang zu allen Dokumenten zu geben. Das Versprechen wurde restlos eingehalten.

Im weiteren Verlauf der Anhörungen wurden einige der wichtigsten Vorwürfe Andersons nie voll bestätigt. Dazu gehörte die Behauptung, hochrangige Aramco-Offizielle hätten den Verantwortlichen im saudischen Ölministerium Anfang 1973 im Geheimen gesagt, es sei ratsam, den Ölpreis auf etwa sechs Dollar je Barrel steigen zu lassen. Nicht bestätigt wurde auch die Existenz eines Briefs in den Chevron-Unterlagen, der besage, den Ölfeldern von Ghawar und

Abqaiq werde durch die hohen Fördermengen dauerhafter Schaden zugefügt. Die Leute, die dieses Memorandum geschrieben haben sollen, sagten alle unter Eid aus, sie hätten es nie geschrieben, und es müsse sich um eine Fälschung handeln.

Meiner Meinung nach wurden die wirklich aufschlussreichen Dokumente von William Messick geschrieben, Chevrons leitendem Reservoir-Ingenieur. Man nahm an, niemand wisse über den wahren Zustand der wichtigsten saudischen Felder besser Bescheid als er. Mit seinen Berichten wollte er die Aramco-Eigner darauf aufmerksam machen, dass der Förderdruck in den wichtigsten saudischen Feldern unter den „Bubble Point" fallen könnte. Das war ein klarer Hinweis, dass die dortigen Fördermengen Ende 1972 und Anfang 1973 zu hoch waren.

Mit dieser Information in den Händen war es dann aufschlussreich, die Aussagen einiger anderer Aramco-Manager zu lesen, die die Wahrheit dieser Vorwürfe bestritten. Bei weiteren Befragungen durch das Komitee gaben diese Manager aber schnell zu, dass ihnen das technische Hintergrundwissen fehle, um zu verstehen, was Messick über „Reservoir-Mechanik" geschrieben hatte.

Nach der Lektüre des umfangreichen Berichts von 1974 staunte ich noch mehr, dass die Medien die wichtigen Nachrichten in diesen Anhörungen ignoriert hatten. Es gab einige Gründe, warum die Anhörungen nicht ins öffentliche Bewusstsein drangen. Erstens endete im Sommer 1974 die durch das arabische Öl-Embargo verursachte Krise. Zweitens erreichte die Watergate-Krise gerade ihren Höhepunkt. Drittens hatten zu viele Experten der beteiligten Ölfirmen unter Eid ausgesagt, es gebe keine wirklichen Probleme. Jerome Levinson, Leiter der Anhörungen von 1974, erlitt 1977 einen Herzanfall. Auf Anraten seines Arztes nahm er eine weniger anstrengende Tätigkeit auf. Daher war er an der nächsten Untersuchungsrunde nicht mehr beteiligt, die zum Senats-Report von 1979 führte.

Nach der Publikation meines Buchs hatte ich Zeit, alle Berichte über die Senatsanhörungen noch einmal sorgfältig zu lesen und die Daten in wichtigen Dokumenten aus Chevrons Beständen zu studieren. Dabei stieß ich auf etliche massive Widersprüche. In einigen internen Unterlagen von Chevron wurden Probleme der Überproduktion in wichtigen Feldern deutlich benannt. Das stand in krassem Widerspruch zu den beeidigten Aussagen einiger Verantwortlicher, keines der Ölfelder werde überstrapaziert. Die letzte und nach meiner Meinung wichtigste Anhörung fand am 20. Juni 1974 statt. Sie dauerte den ganzen Tag, weil man Verantwortliche sowohl von Exxon als auch von Chevron in den Zeugenstand rief.

Die Aussagen waren widersprüchlich. Bis auf einen sagten alle Verantwortlichen aus, die Behauptung, die saudischen Felder würden überstrapaziert, sei schierer Unsinn. Nach Ansicht fast aller unter Eid aussagenden Manager waren die Gerüchte über Probleme auf den saudischen Feldern auf Verwirrung zurückzuführen, auf Vorurteile oder böse Absichten der jeweiligen Autoren.

W. W. Messick, leitender Reservoir-Ingenieur von Chevron, sagte allerdings offen und ohne Umschweife aus. Er war auch schon bei den Befragungen zur Vorbereitungen dieser Anhörungen sehr offen gewesen. Zudem war er der Autor der aufschlussreichsten Berichte über die einzelnen Felder. (Ich habe den Verdacht, er war auch der Zuträger, der Jack Anderson die entscheidenden Papiere schickte.)

In seiner Aussage unter Eid beschrieb Messick recht detailliert die Probleme auf Aramcos Ölfeldern. Er sprach von ständig steigenden Wassereinpumpungen, um das geförderte Öl zu ersetzen, von nachlassendem Förderdruck in den wichtigsten Feldern und von den durch die Wasserinjektionen verursachten Korrosionsproblemen.

In einem entscheidenden Teil von Messicks Befragung stellt Levinson die Frage: „Sie haben speziell erwähnt, dass dies (das Bedürfnis, die aktuelle Produktion zu maximieren) in Shedgum und Uthmaniyah mit den dringlichsten Problemen verbunden war, wobei Shedgum etwa drei Millionen Barrel am Tag produzierte.“

Messicks kurze Antwort auf Levinsons entscheidende Frage lautete: „Im Prinzip korrekt“.

Diese Anhörung brachte die Senatoren in diesem Unterkomitee in eine unangenehme Lage. Keiner von ihnen wollte den Anschein erwecken, er stehe wichtigen amerikanischen Geschäftsinteressen entgegen. Keiner hatte technisches Hintergrundwissen über die Themen, die Messick beschrieb. Außerdem erzählten alle anderen Manager auf überzeugende Weise die gleiche rosige Geschichte: „Auf diesen Feldern gibt es keine Probleme. Das Öl wird uns nicht ausgehen. Alle Bedenkenträger haben die wichtigsten Punkte nicht verstanden.“

Am Abend des 20. Juni beendete Senator Church die vierte und letzte Anhörung. Alle Mitglieder des Unterkomitees waren froh, dass die Anhörungen mit einer positiven Note geendet hatten und dass sie sich nun heißeren Themen wie Watergate zuwenden konnten. Senator Church erkannte an, dass verschiedene Ansichten vorgetragen worden waren. Er erkannte ebenfalls an, dass es sich bei Andersons Vorwürfen um sehr ernste Dinge handelte. (Anderson selbst war der Meinung, es handle sich um ein mit Watergate vergleichbares journalistisches Phänomen.)

Ironischerweise beendete Senator Church die Anhörungen mit den Worten: „Nach den Aussagen ehrenwerter und glaubwürdiger Männer sind wir zu dem Schluss gekommen, dass seine (Andersons) Quelle ihm falsche Informationen geliefert hat." Damit brach er einen Vorgang ab, der den verbreitetsten Energie-Mythos – billiges Öl aus dem Nahen Osten für unbegrenzte Zeit – hätte entlarven können. Er tat dies mit den Worten: „Meine Herren, vielen Dank für Ihr Kommen. Es tut mir sehr leid, dass dies Sie und uns so viel Zeit gekostet hat, aber es ist wichtig, die Wahrheit festzustellen." Die Anhörungen endeten nur deshalb mit einer so optimistischen Note, weil sie das mussten. Wäre das Komitee zu dem Schluss gekommen, dass die schnell steigende Produktion die Ölreserven des Nahen Ostens gefährdete, hätte dies vielleicht eine Panik an den Ölmärkten und äußerste Verwirrung in den vom Öl abhängigen Ländern ausgelöst.

Nach dem Ende der Anhörungen war das Thema erledigt. Die Dokumente, die 31 Jahre später so hilfreich für mich waren, wären nie an die Öffentlichkeit gedrungen, hätte Levinson Senator Church nicht davon überzeugt, alle Anhörungen und Dokumente zu publizieren.

Jack Anderson, der Ende 2005 starb, soll gesagt haben, die Aramco-Story hätte zum größten journalistischen Erfolg seiner Karriere werden können, wenn das Komitee seine Geschichte geglaubt hätte. In seiner vor einigen Jahren veröffentlichten Autobiografie wird die Aramco-Geschichte nicht einmal in einer Fußnote erwähnt. Das legt nahe, dass sogar Anderson sie vergessen oder angenommen hat, falsch informiert worden zu sein.

Man könnte es für eine globale Tragödie halten, dass diese Dinge nie die Aufmerksamkeit der Öffentlichkeit gefunden haben. Ich wundere mich immer noch, dass die Presse diesem Thema so wenig Aufmerksamkeit gewidmet hat, abgesehen von den vier Artikeln in der *Washington Post* vom Januar 1974. Als ich mit Jerome Levinson darüber sprach, bezeichnete er dies als größte Frustration in seiner ansonsten glanzvollen Karriere. Levinson und sein Stellvertreter waren sicher, dass es sich bei der ganzen Aramco-Geschichte um eine riesige Vertuschungsaktion handelte.

Levinson nannte einige Gründe, warum die Anhörungen öffentlich kaum zur Kenntnis genommen wurden. Erstens erschien es extrem weit hergeholt für jeden, der vom Öl des Nahen Ostens etwas verstand oder zu verstehen glaubte, dass alle diese Giganten-Felder empfindlich auf Überproduktion reagieren sollten. Das Konzept von der Unerschöpflichkeit des saudischen Öls steckte so tief in den Köpfen, dass diese Geschichte unmöglich wahr sein konnte. Zweitens wurde die Ölkrise von Watergate überschattet. Vier der fünf Senatoren in diesem Komitee stiegen danach rasch in den Präsidentschaftswahlkampf ein. Und schließlich gab es da noch die sehr überzeugenden Aussagen äußerst angesehener Chefs von Ölfirmen, es gebe auf diesen Feldern keine Probleme.

Die Hintergründe des Senats-Reports von 1979 waren noch seltsamer als die der Anhörungen von 1974. An Weihnachten 1977 veröffentlichte die *New York Times* eine Titelgeschichte mit der Überschrift „US-Experten befürchten, Probleme auf den saudischen Ölfeldern könnten die Fördermengen begrenzen", verfasst von Seymour Hersh, dem wichtigsten investigativen Reporter der Zeitung. Der Artikel berichtete, einige führende Energieexperten, darunter hochrangige Mitglieder der Carter-Administration, nähmen an, die Produktionskapazität der großen saudischen Ölfelder sei durch Salzwasserkorrosion und nachlassenden Förderdruck massiv beeinträchtigt.

Die Geschichte konzentrierte sich auf einen aktuellen Disput zwischen Aramco und dem Weißen Haus über den Zustand der saudischen Ölfelder. Hersh bezog sich nicht ausdrücklich auf die Anhörungen von 1974 – das kam erst später –, aber einige der damaligen Themen kamen zur Sprache.

In einem früheren Artikel hatte Hersh die Frage aufgeworfen, ob die saudische Ölproduktion von fast zehn Millionen Barrel täglich dauerhaft sein könne und ob die Felder überstrapaziert wurden. Die Rede war von massiven Anstiegen der Wasseranteile und von sinkendem Förderdruck.

Hersh berichtete auch, dass drei Untersuchungskommissionen der US-Regierung unabhängig voneinander die Zuverlässigkeit der jüngsten Berichte über die saudische Ölproduktion erforschten. Eine davon habe ich in Kapitel 4 beschrieben. Die zweite wurde von der CIA geleitet und beschäftigte sich mit wichtigen Sicherheitsfragen innerhalb der saudischen Energie-Infrastruktur. Die dritte und meiner Meinung nach aufschlussreichste betraf die Untersuchung Aramcos und seiner amerikanischen Besitzer. Geleitet wurde das Projekt von Senator Frank Church, dem Vorsitzenden des angesehenen Senatskomitees zu auswärtigen Angelegenheiten.

Hersh berichtete auch, dass die Aramco-Offiziellen die Existenz jeglicher Probleme auf den Ölfeldern abstritten. Stattdessen behaupteten diese großen Öl-Moguls (Manager der heutigen Unternehmen Chevron und Exxon), die Offiziellen der Carter-Administration wollten Sorgen um die Nachhaltigkeit der saudischen Ölproduktion schüren, um Carters Initiative zu fördern, einen Plan für die energiepolitische Unabhängigkeit der USA zu entwerfen. Der wichtigste Aspekt der Story war aber, dass sich die US-Regierung damit beschäftigte, Nachrichten über neue Produktionsprobleme in Saudi-Arabien zu untersuchen.

Fast ein Jahr später schrieb Hersh seinen dritten und letzten Artikel über das Öl Saudi-Arabiens, wobei er auch die geheimen Senatsanhörungen von 1974 enthüllte. Der Artikel war viel kürzer als der von 1978, aber er brachte die Anhörungen von 1974 ins öffentliche Bewusstsein.

Etwa zur gleichen Zeit veröffentlichte das Church-Komitee sein in kruder Sprache geschriebenes 33-seitiges Dokument „Staff Report to the Subcommittee on International Economic Policy of the Committee on Foreign Relations". Der Report präsentierte die Ergebnisse einer 18-monatigen Untersuchung der saudischen Ölressourcen. Im Gegensatz zum Report von 1974 fehlten hier aber sämtliche Originaldokumente. Man hatte beschlossen, alle untersuchten Dokumente dem Zugriff der Öffentlichkeit für 50 Jahre vorzuenthalten. Ich habe noch niemanden der damals Beteiligten gefunden, der sich noch daran erinnert, warum man diese Daten für derart sensibel hielt. Ich denke, dass das Komitee die Geheimhaltung dieser Daten irgendwann aufheben wird.

Was man der gequälten Prosa des Reports entnehmen kann, wenn man die wichtigsten Informationen zusammenfügt, ist dies: Die Manager, die Aramco in den späten 1970er-Jahren leiteten, auch damals noch hauptsächlich amerikanische Angestellte der vier Eignerfirmen, hatten die Vorstellung als pure Phantasie zurückgewiesen, Saudi-Arabiens Ölfelder könnten 20 bis 25 Millionen Barrel pro Tag produzieren. In den frühen 1970er-Jahren hatten die Aramco-Eigner ihren saudischen „Partnern" noch voller Überzeugung erklärt, dieses Niveau sei problemlos erreichbar.

Diese „realistischeren Manager" sagten den Untersuchern ganz offen, auch die kürzlich revidierte Spitzenpoduktionsmenge von 16 Millionen Barrel pro Tag sehe viel zu hoch aus. Selbst 12,5 Millionen, ironischerweise in etwa die Menge, die Saudi Aramcos Schätzungen von 2005 entspricht, sei nur noch für etwa zehn Jahre aufrechtzuerhalten.

Die Anpassungen der Reservenschätzungen waren ebenfalls erheblich. Aramco-Manager, als Zeugen vorgeladen, sagten den Untersuchern, man habe 70 Milliarden Barrel früherer „nachgewiesener Reserven" nun als wahrscheinliche oder mögliche Reserven eingeordnet; als Öl also, das man eines Tages unter anderen finanziellen und technischen Voraussetzungen fördern könnte. Nach den Kriterien der SEC hätte es in Saudi-Arabien 110 Milliarden Barrel an nachgewiesenen Reserven gegeben. Aber 61 Prozent davon lagen in den vier wichtigsten Feldern, die 87 Prozent der saudischen Ölproduktion lieferten. (Diese Zahlen ließen ernsthafte Zweifel an den restlichen 39 Prozent „nachgewiesener Reserven" aufkommen, weil sie alle in Ölfeldern lagen, die entweder gar nicht oder nur kleine Mengen produzierten.)

Die erstaunlichste Feststellung in diesem Report war aber eine andere: Bei einer gleich bleibenden Fördermenge von 9,8 Millionen Barrel pro Tag nach 1979 würde es in den drei besten saudischen Ölfeldern, Nord-Ghawar, Abqaiq und Berri, in den frühen 1990er-Jahren zu einem irreversiblen Produktionsrückgang kommen. Überflüssig zu sagen, dass es damals keine neu entdeckten Ölfelder oder Explorationsprojekte in Saudi-Arabien gab, die diese Verluste kompensieren konnten. Der Bericht enthält eine pessimistische Einschätzung der Chancen, signifikante zusätzliche Reserven zu finden. Nach dem besten Wissen des Aramco-Managements im Frühjahr 1979 war es unwahrscheinlich, dass man große Mengen neuen Öls finden würde. Schon zu lange war die intensive Exploration erfolglos gewesen.

Einige Kritiker meines Buchs haben auf die Tatsache hingewiesen, dass die Produktion seither nicht so schnell gesunken sei, und dies als Argument interpretiert, die Darstellung der Probleme im Report von 1979 sei übertrieben gewesen. Meine Antwort darauf: Die Senkung der erwarteten künftigen Förderung von 20 oder 25 zunächst auf 16 und dann auf zwölf Millionen Barrel pro Tag spricht für ein weit besseres Verständnis der Eigenarten und der Performance dieser riesigen Ölfelder. Man hatte sie beim rapiden Produktionsanstieg der 1970er-Jahre einem Test unterzogen, wodurch ihre Grenzen aufgedeckt wurden. Außerdem verharrte die saudische Förderung nicht bei fast zehn Millionen Barrel pro Tag, sondern wurde während des größten Teils der 1980er-Jahre massiv reduziert. Diese Kürzungen veränderten den Zeitplan der Reservoir-Ausbeutung. Der Zeitraum möglicher hoher Fördermengen verlängerte sich um einige Jahre.

Als ich den erstaunlichen Report von 1979 erstmals las, stellte ich mir zwei Fragen: Erstens, warum es so schwierig war, diesen Report und seine Schlussfolgerungen zu verstehen, vor allem für jemanden, der gerade zwei Jahre mit dem Studium technischer Papiere verbracht hatte, die zu ähnlichen Schlussfolgerungen gelangten. Und zweitens, warum diese explosiven Erkenntnisse, wie schon die Anhörungen von 1974, der öffentlichen Aufmerksamkeit fast völlig entgangen waren.

Es war nicht einfach, die Hintergründe des Reports von 1979 aufzudecken. Viele Beteiligte, die ich fand (als die erste Ausgabe dieses Buchs schon im Druck war), konnten sich kaum noch an die damalige Zeit erinnern.

Es war sehr ungewöhnlich, dass die neuen Daten 50 Jahre unter Verschluss gehalten werden sollten. Der Grund dieser Entscheidung entzieht sich meinem Verständnis immer noch. Ein Gerücht besagt, Senator Jacob Javitts habe darauf gedrängt, die Daten geheim zu halten, um seine Unterstützer aus New Yorker Ölfirmen vor Beschuldigungen zu schützen, sie würden die saudischen Ölfelder absichtlich überstrapazieren. Andere meinten, die Ergebnisse dieser neuen Untersuchungen hätten klare Beweise für eine Vertuschungsaktion bei den Anhörungen von 1974 erbracht. Als der Bericht von 1979 erschien, lag die iranische Ölindustrie praktisch am Boden, und die USA wollten keine weiteren Probleme für die entscheidende Ölversorgung aus dem Nahen Osten tolerieren.

Warum also ist dieser Bericht so schwer zu verstehen? Es steckte wohl Absicht dahinter. Einige entscheidende Beteiligte an dieser längst vergessenen Geschichte sagen, der Report sei auf meisterliche Weise in einer Sprache verfasst worden, die ihn schwer lesbar machen sollte. Wenn das wirklich beabsichtigt war, erzielten die Autoren damit einen vollen Erfolg! Sie schafften es, die Themen zu verwischen, wichtige Informationen im Dunkel zu verbergen und Schlussfolgerungen zu vermeiden.

Der Report wurde veröffentlicht, geriet aber bald in Vergessenheit. Zum Glück besaß mein Freund Herman Franssen eine Kopie der zweiseitigen Zusammenfassung. So gelangte ich an den vollständigen Report, der wiederum Hinweise auf die Anhörungen von 1974 enthielt. Hätte ich diese Dokumente nicht gefunden, dann würden mir heute drei Jahrzehnte alte und klare Bestätigungen fehlen, dass meine Besorgnis über die Nachhaltigkeit der saudischen Ölproduktion keine Übertreibung darstellt. Verantwortliche Offizielle in den höchsten Rängen der US-Regierung haben in den 1970er-Jahren die gleichen Fragen gestellt, die ich heute stelle.

Nord-Ghawar, Abqaiq, Berri und die anderen saudischen Ölfelder haben ihre Produktionsmengen der späten 1970er-Jahre von 9,8 Millionen Barrel pro Tag nicht beibehalten. Sie alle machten eine lange Phase der Erholung und der Rehabilitation während des Nachfragerückgangs der 1980er-Jahre durch.

Voll hochgefahren wurde die Produktion erst wieder Ende 1990 nach Saddam Husseins Invasion in Kuwait. Diese Produktionsdrosselung hat sich für die weltweite Ölversorgung als sehr vorteilhaft erwiesen, weil der vor fast drei Jahrzehnten von Aramco prognostizierte Rückgang ab 1992 nicht eingetreten ist.

Es ist schade, dass die Welt vor 25, 30 Jahren die Gelegenheit nicht genutzt hat, die Begrenzungen der Ölressourcen im Nahen Osten zu verstehen. Der Mythos, man könne dort Öl in jeder gewünschten Menge produzieren, war nur eine Übertreibung, aber er führte zu einer großen Krise auf den Ölfeldern, die fast zwei Jahrzehnte dauerte. Der Zusammenbruch der Öl- und Gasbranche hatte seine Wurzeln in der Ansicht, der Nahe Osten könne 20 Millionen Barrel am Tag liefern.

Es macht mich traurig, wenn ich darüber nachdenke, wie anders sich die weltweite Energiesituation heute darstellen würde, hätten diese Themen vor vielen Jahren die angemessene öffentliche Aufmerksamkeit gefunden. Um wie viel gesünder könnte die Öl- und Gasbranche heute sein, wären die Beteiligten nicht fast 20 Jahre lang zu Schrumpfungsmaßnahmen gezwungen gewesen?

Vielleicht ist es eine der schlimmsten, wenn auch unbeabsichtigten Folgen von Watergate, dass es wegen der zeitlichen Nähe das Bekanntwerden von „Ölgate" verhindert hat. Zumindest handelt es sich um ein bedeutendes Energiedokument, das für 25 oder 30 Jahre verschwunden war.

Literaturverzeichnis

Dieses Literaturverzeichnis besteht aus zwei Teilen. Der erste Teil umfasst die von der SPE präsentierten und publizierten Studien. Die Studien sind nach Erscheinungsjahren und den fortlaufenden Nummern geordnet, die die SPE vergibt. (Mehr Informationen zu diesen Papieren und direkten Zugang zur SPE-Bibliothek finden Sie unter http://www.spe.org.) Der zweite Teil enthält andere Quellen, die ich verwendet habe. Sie sind alphabetisch nach Autorennamen geordnet.

Die technischen Papiere der Society of Petroleum Engineers

1960 – 1969

SPE #80: L.B. Miles „History of the Exploration and Development of the Khursaniyah Field, Saudi Arabia," 1961.

SPE #84: JJ. Rebold, „Evaluation of Water-Oil Displacement Efficiency Using Subsurface Logs." 1962.

SPE #85: R. Malinowski, „Water Injection, Arab-D Member, Abqaiq Field, Saudi Arabia," 1961.

SPE #414: W.L. Wahl. L.D. Mullins, R.H. Barham, W.R. Bartlett, „Marching the Performance of Saudi Arabian Oil Fields With an Electrical Model," 1962.

SPE #1430: G.I. Chierici, G. Pizzi, G.M. Ciucci, „Water Drive Gas Reservoir: Uncertainty in Reserves Evaluation From Past History," 1967.

SPE #2256: E.J. Bonet, Paul B. Crawford, „Aquifer Behavior with Injections," 1969.

SPE #2370: Michel Gillman, „Primary Results of a Geological and Geophysical Reconnaissance of the Jizan Coastal Plain in Saudi Arabia," 1968.

SPE #2698: M.A. Adelman, „A Long-Term Oil Price Forecat," 1969.

1970 – 1979

SPE #1897: S.W. Poston, S. Ysrael, A.K.M.S. Hossain, E.F. Montgomery III, H.J. Ramey Jr., „The Effect of Temperature on Irreducible Water Saturation and Relative Permeability of Unconsolidated Sands," 1970.

SPE #3323: Joel D. Fischer, „Capital Requirements of the Petroleum Industry Domestic and Worldwide," 1971.

SPE #3617: Willard G. Owens, „Protection of an Aquifer – A Case History," 1971.

SPE #3725: R.E. Old, Jr., A.M. Saidi, M.S. Zarghamee, „Analysis of Statistical Methods used in Studying Reservoir Behavior," 1972.

SPE #3960: D.H. Tehrani, „An Analysis of Volumetric Balance Equation for Calculation of Oil-in-Place and Water Influx," 1972.

SPE #4626: T.C. Boberg, E.G. Woods, W.J. McDonald, H.I. Stone, Osmar Abib, „Application of Inverse Simulation to a Complex Multireservoir System," *Journal of Petroleum Technology*, July 1974.

SPE #8409: John S. Brown, Herbert W. Engelhardt, „A Case Study of Start-Up Management for Large Seawater Injection Project," 1979.

SPE #7865: Harold A. Papazian, „Chemistry From Wellhead Measurements," 1979.

1980 – 1989

SPE #7763: J.S. Brown, L.R. Dubreuil, R.D. Schneider, „Seawater Project in Saudi Arabia – Early Experience of Plant Operation, Water Quality and Effect on Injection Well Performance," *Journal of Petroleum Technology*, October 1980.

SPE #9584: Kazuo Fujita, „Pressure Maintenance by Formation Water Dumping for the Ratawi Limestone Oil Reservoir, Offshore Khafji," *Journal of Petroleum Technology*, April 1982.

SPE #9590: Abdullah A. Shamdan, Mohammed B. Hibshi, Douglas G. Lang, Maurice W.J. Preston, „Seismic Data in Sand Dune Regions Data Quality in the Rab-Al-Khali," 1981.

SPE #9591: Munim M. Al-Rawi, „Geological Interpretation of Oil Entrapment in the Zuhair Formation, Randhatain Field," 1981.

SPE #9592: Lee D. Entsminger, „Sedimentary Response to Tectonic and Eustatic Changes: An Example from the Mid-Cretaceous Wasia Formation, Saudi Arabia," 1981.

SPE #9594: Augustus O. Wilson, „Jurassic Arab-C & D Carbonate Petroleum Reservoirs, Qatif Field, Saudi Arabia," 1981.

SPE #10090: Mohammed Ibrahim El-Hattab, „GUPCO's Experience in Treating Gulf of Suez Seawater for Waterflooding the El Morgan Oil Field," 1981.

SPE #11107: Edmund Y. Chen, Fahad Eid Al-Helal, „Saudi-Arabia's Master Gas System – Its Overview and the Corrosion Control Progrms," 1982.

SPE #11454: Linus R. Litsey, William L. MacBride Jr., Khalifa M. Al-Hinai, N.B. Dismukes, „Shuaiba Reservoir Geological Study, Yibal Field, Oman," 1988.

SPE #11447: G.M. Chornoboy, H.W. Engelhardt, „A Production and Operational Review of the Khurais Gas Lift Project," 1983.

SPE #11456: K.D. Newell, R.D. Hennington, „Potential Petroleum Source Rock Deposition in the Middle Cretaceous Wasia Formation, Rub'al Khali, Saudi Arabia," 1983.

SPE #11461: James P. Brill, Thomas R. Sifferman, Brian Samaron, Srihsak Arirachakaran, „Simulation of a Major Oilfield Gas-Gathering Pipeline System," 1983.

SPE #11491: Challa R.K. Murty, Mohammed Fathalla, Faisal M. Al-Mahroos, „Reservoir Performance Analysis of Arab 'D' Zone (Bahrain Field)," 1983.

SPE #11515: I.I. Al-Habbash, A.M.H. Gutek, „Naphtha Injection and Reproduction in Qatif Field: A Case History," 1983.

SPE #13705: S.M. Shamaldeen, S.M. Farouq Ali, „An Experimental Study of Techniques for Increasing Oil Recovery from Oil Reservoirs with Tar Barriers," 1985.

SPE #15683: P.R.A. Wells, „Hydrodynamic Trapping of Oil and Gas in the Cretaceous Nahr Umr Lower Sand of the North Area, Offshore Qatar," 1987.

SPE #15686: E.F. Chiburis, „The Analysis of Amplitude vs. Offset To Detect Hydrocarbon Contracts in Saudi Arabia," 1987.

SPE #15697: J.A. Samahiji, A.N. Chaube, „Evolution of Bahrain Field in Relation to Western Arabian Gulf Basin," 1987.

SPE #15764: M.A. Kasnick, „Khuff Gas Production Experience," 1987.

SPE #16288: M.L. Roberts, „OPEC and Adam Smith: Part II," 1987.

SPE #16293: M. Kelly, „Oil Price Stability: An Impossible Dream?," 1987.

SPE #17749: T.F. Al-Fariss, „Future Prospects of Saudi Natural Gas," 1988.

SPE #17930: J.A. Bazzari, „Well Casing Leaks History And Corrosion Monitoring Study, Wafra Field," 1989.

SPE #17938: S.M. Al-Dawas, A.M. Krishnamoorthy, „Evolution of Reservoir Simulation for a Large Carbonate Reservoir," 1989.

SPE #18521: Parke A. Dickey, „Discussion of Hydrodynamic Trapping in the Cretaceous Nahr Umr Lower Sand of The North Area, Offshore Qatar," 1988.

SPE #19035: M.S. Bazanti, S. Desai, „Sand Production Model for Safania Field, Saudi Arabia," 1988.

SPE #19488: Y. Yokoyama, E. Arima, „Pilot Development of Tight Limestone Reservoir in the Khafji Field," 1989.

1991 – 1992

SPE #21004: A.S. Harouaka, H.K. Asar, A.A. Al-Arfaj, A.H. Al-Husaini, W.A. Nofal, „Characterization of Tar From a Carbonate Reservoir in Saudi Arabia: Part I – Chemical Aspects," 1991.

SPE #21345: K. Kumamoro, „Application of Short-Radius lateral Drilling Technology in the Divided Neutral Zone Between Saudi Arabia and Kuwait." 1991.

SPE #21357: F.F. Sabins, „Digital Processing of Satellite Images of Saudi Arabia," 1991.

SPE #21358: L.E. Wender, F.F. Sabins, „Geologic Interpretation of Satellite Images, Saudi Arabia," 1991.

SPE #21365: M.A.S.Z. Farooqui, S. Holland, „Corrosion-Resistant Tubulars for Prolonging GWI Well Life," 1991.

SPE #21370: M. Rahman, M.B. Sunbul, M.D. McGuire, „Case Study: Performance of a Complex Carbonate Reservoir Under Peripheral Water Injection," 1991.

SPE #21372: B.J. Rouser, Y.A. Al-Askar, T.H. Hassoun, „Monitoring Sweep in Peripheral Water-flood: A Case History," 1991.

SPE #21376: M.A. Abu-Ali, U.A. Franz, J. Shen, F. Monnier, M.D. Mahmoud, T.M. Chambers, „Hydrocarbon Generation and Migration in the Paleozoic Sequence of Saudi Arabia," 1991.

SPE #21381: E. Arima, S. Hirokawa, „Field Performance of a Horizontal Well," 1991.

SPE #21393: J.C. Doornenbal, P.F.L. DeGroot, S.M Salf, B.M. Schroot, „Geology and Hydrocarbon Potential of the Tihama Basin, Republic of Yemen," 1991.

SPE #21394: G.S. Ferguson, T.M. Chambers, „Subsurface Stratigraphy, Depositional History, and Reservoir Development of the Early-to-Late Permian Unayzah Formation in Central Saudi Arabia," 1991.

SPE #21449: D.S. Evans, R.B. Lathon, M. Senaip, T.C. Connally, „Stratigraphy of the Wajid Sandstone of Southwestern Saudi Arabia," 1991.

SPE #21457: H.M. Al-Sabti, „Lithology Determination of Clastic Reservoir Facies From Well Logo, Saudi Arabia," 1991.

SPE #22929: B.T. Huag, W.I. Ferguson, T. Kydland, „Horizontal Wells in the Water Zone: The Most Effective Way of Tapping Oil from Thin Oil Zones?,"1991.

1993 – 1994

SPE #25531: H.J. Bayona, „A Review of Well Injectivity Performance in Saudi Arabia's Ghawar Field Seawater Injection Program," 1993.

SPE #25576: F.O. Meyer, R.C. Price, „A New Arab-D Depositional Model, Ghawar Field, Saudi Arabia," 1993.

SPE #25578: M.D. McGuire, R.B. Koepnick, J.R. Markello, M.L. Stockton, I.E. Wate, G.S. Kompanik, M.J. Al-Shammery, M.O. Al-Amoudi, „Importance of Sequence Stratigraphic Concepts in Development of Reservoir Architecture in Upper Jurassic Grainstones, Hadriya and Hanifa Reservoirs, Saudi Arabia," 1993.

SPE #25580: G.S. Kompanik, R.J. Heil, Z.A. Al-Shammari, M.J. Al-Shammery, „Geological Modelling for Reservoir Simulation: Hanifa Reservoir, Berri Field, Saudi Arabia," 1993.

SPE #25592: K.A. Al-Buraik, J.M. Pasnak, „Horizontal Drilling in Saudi Arabian Oil Fields, Case Histories," 1993.

SPE #25595: A.M. Ezat, „Horizontal Drilling and Completion Fluids Design Criteria," 1993.

SPE #25597: Habib Manouar, W.S. Huang, „Horizontal Well Design in Wafra Field, Ratawi Oolite Reservoir," 1993.

SPE #25607: G.A. Grover Jr., „Abqaiq Hanifa Reservoir: Geological Attributes Controlling Hydrocarbon Production and Water Injection," 1993.

SPE #25609: M.H. Tobey, H.I. Halpern, G.A. Cole, J.D. Lynn, J.M. Al-Dubaisi, P.C. Sese, „Geochemical Study of Tar in the Uthmaniyah Reservoir," 1993.

SPE #25611: H.M. Al-Sabti, K.A. Al-Bassam, „3D-Electrofacies Model, Safaniya Reservoir, Safaniya Field, Saudi Arabia," 1993.

SPE #25631: Antonio Valle, Anthony Pham, P.T. Hsueh, John Faulhaber, „Development and Use of a Finely Gridded Window Model for a Reservoir Containing Super Permeable Channels," 1993.

SPE #25638: C.J. Heine, „Reservoir Characterization Integrating Borehole Imagery and Conventional Core Data, Unayzah Fm., Hawtah Field, Central Saudi Arabia," 1993.

SPE #27625: Zaki, Harari, Shu-the Wang, Salih Saner, „Pore Compressibility Study of Arabian Carbonate Reservoir Rocks," 1993.

1995 – 1996

SPE #29814: S.T. Luthy, G.A. Grover, „Three Dimensional Geologic Modeling of a Fractured Reservoir, Saudi Arabia," 1995.

SPE #29816: Roy Nurmi, Elliott Wiltse, Ajay Sapru, „Middle East Reservoir Characterization Improved by Data from Horizontal Wells," 1995.

SPE #29821: M.G.R. Edwards, R. Pongratz, „Performance of Hydraulic Fracturing and Matrix Acidizing in Horizontal Wellbores – Offshore Qatar," 1995.

SPE #29836: Adrian A. Douglas, Abdulla I. Al-Daalouj, „Wire Line Formation Pressure Testing and Sampling: Field Applications in Saudi Arabia," 1995.

SPE #29837: K.A. Zainalabedin, C. Cao Minh, „Applications of the Array Induction Tool in Saudi Arabia," 1995.

SPE #29844: A.E. Bird, K.S. Chu, „Intelligent Scraping Experience Using Ultrasonics in Two 60"/56" Dual Diameter 100 km. Seawater Transmission Pipelines in Saudi Arabia," 1995.

SPE #29852: J.S. Liu, A.A. Al-Abdulkarim, R.M. Barber, J. Fontanilla, „Modeling of Downdip Oil Pockets Trapped Behind Flood Front," 1995.

SPE #29854: G.R. Greaser, T.C. Doerr, C. Chea, N. Parvez, „Use of Fine Gridding in Full Field Simulation," 1995.

SPE #29878: Mahmood Rahman, Haider Al-Awami, „Horizontal Well Applications in Complex Carbonate Reservoirs," 1995.

SPE #30016: G. Wu, K. Reynols, B. Markitell, „A Field Study of Horizontal Well Design in Reducing Water Coning," 1995.

SPE #36181: H.A. Nasr-El-Din, H.R. Rosser, J.A. Hopkins, „Simulation of Injection Water Supply Wells in Central Arabia," 1996.

SPE #36210: R.S. Johnson, M.R. Khater, S.A. Razzaque, M.S. Al-Fozan, T.Z. Al-Mutairi, M.M. Qidwai, „Proven Technology Yields High Impact Results – A Case History of Water Shut-Off in the PNZ's south Umm Gudair Field," 1996.

1997 – 1998

SPE #37270: W.J. Carrigan, H.A. Nasr-El-Din, S.H. Al-Sharidi, I.D. Clark, „Geochemical Characterization of Injected and Produced Water From Paleozoic Oil Reservoirs in Central Saudi Arabia," 1997.

SPE #37692: Joseph Olarewaju, Saleem Ghori, Alhasan Fuseni, Mohammed Wajid, „Stochastic Simulation of Fracture Density for Permeability Field Estimation," 1997.

SPE #37701: Ahmed M. Al-Otaibi, „Integration of 3D Seismic Data in Reservoir Modeling and Assessing Uncertainty in Lithology Distributions in the Nuayyim Field of Central Saudi Arabia," 1997.

SPE #37778: A. Valle, J.J. Faulhaber, T.H. Keith, P.T. Hsueh, „Development of an Integrated Reservoir Characterization and Simulation Model For a Heterogeneous Carbonate Reservoir, Arab-D Reservoir, East Flank of Ghawar Field," 1997.

SPE #38798: R.W. Hintermaier, „Production Water Management," 1997.

SPE #38902: W.M. Cobb, F.J. Marek, „Determination of Volumetric Sweep Efficiency in Mature Waterfloods Using Production Data," 1997.

SPE #38904: C.S. Kabir, A.G. Del Sgnore, A.A. Al-Fares, „Performance Evaluation of Horizontal Wells in a Tight Carbonate Reservoir," 1997.

SPE #38927: H. Hermansen, L.K. Thomas, J.E. Sylte B T. Aasboe, „Twenty-Five Years of Ekofsk Reservoir Management," 1997.

SPE #39645: S.A. Turaiki, S.H. Raza, "Successful Applications of the Latest Technology for Improved Oil Recovery in Saudi," 1998.

SPE #49270: K.O. Temeng, M.J. Al-Sadeg, W.A. Al-Mulhim. „Compositional Grading in the Ghawar Khuff Reservoirs," 1998.

1999

SPE #50739: H.A. Nasr-El-Din, H.A. Al-Anazi, S.K. Mohamed, „Stimulation of Water Disposal Wells Using Acid-In-Diesel Emulsion: Case Histories," 1999.

SPE #50740: H.R. Rosser Jr., H.A. Nasr-El-Din, N.A. Al-Shammari, A.M. Al-Dha-feeri, „Injection Water Treatment at the Source: Biocide-Enhanced Corrosion Inhibitor Squeeze Treatments of Water Supply Wells in a Central Arabia Oil-field," 1999.

SPE #51893: B. Agarwal, H. Hermansen, J.E. Sylte, L.K. Thomas, „Reservoir Characterization of Ekofisk Field: A Giant, Fractured Chalk Reservoir in the Norwegian North Sea – History Match," 1999.

SPE #52965: Robert H. Caldwell, David I. Heather, „Evaluation Issues Created by Technology Advances," 1999.

SPE #53147: Habib Menouar, Abdulaziz Al-Majed, Syed Sajid Hasan, „Effect of Non-Uniform Formation Damage on the Inflow Performance of Horizontal Wells," 1999.

SPE #53207: M.W. Waite, J.R. Weston, D.W. Davis, C.J. Pearn, „Identification of a High-Producing Ratawi Reservoir Extension in Wafra Field Using 3-D Seis-mic Data," 1999.

SPE #53208: D.W. Davis, H.H. Habib, „Start-up of Peripheral Water Injection," 1999.

SPE #53259: A.H. Al-Hosan, F.H. Al-Awami, M. Mohammed Ali, „Practical and Ef-ficient Approach to Construct a Detailed Field Model for a Giant Field," 1999.

SPE #53351: S.N. Dasgupta, M.R. Hong, M.T. Al-Nasser, „Integrated Characteri-zation of Complex Khuff-C Carbonate Reservoir in Ghawar Field," 1999.

SPE #53373: P.T. Hsueh, T.R. Pham, E.H. Bu-Hulaigah, „A Review of Different Methods in Initializing & History Matching a Reservoir Model with Tilted Oil-Water-Contact," 1999.

SPE #56428: Nobuo Nishikiori and Yasuyuki Hayashida, „Investigation and Modeling of Complex Water Influx Into the Sandstone Reservoir, Khafji Oil Field, Arabian Gulf," 1999.

SPE #56533: S.K. Mohamed, H.A. Nasr-El-Din, Y.A. Al-Furaidan, „Acid Stimula-tion of Power Water Injectors and Saltwater Disposal Wells in a Carbonate Reservoir in Saudi Arabia: Laboratory Testing and Field Results," 1999.

SPE #56534: Krishna Ravi, Ewout N. Biezen, Stephen C. Lightford, Ashley Hibbert, Chris Greaves, „Deepwater Cementing Challenges," 1999.

SPE #56580: A.K. Permadi, P. Permadi, J Pamungkas, „A New Approach for Economic Evaluation of Horizontal and Vertical Wells in A Sensitive Forma-tion," 1999.

SPE #56714: C.J. Witt, A. Crombie, S. Vaziri, „A Comparison of Wireline and Drillstem Test Fluid Samples from a Deepwater Gas-Condensate Exploration Well," 1999.

SPE #57322: M.S. Al-Blehed, G.M. Hamada, „Emerged Horizontal Drilling Technology and Its Applications in Saudi Arabia Oil Fields in the Last Ten Years," 1999.

SPE #57542: Abdel-Alim H. El-Sayed, Mohammed M. Amro, „Production Performance of Multilateral Well," 1999.

2000

SPE #58736: K.C. Taylor, H.A. Nasr-El-Din, „Flowback Analysis of Acid Stimulation of Seawater Injection Wells: Case Histories," 2000.

SPE #59459: G. Stewart, A.C. Clark, S.A. Mc Bride, „Field-Wide Production Optimization," 2000.

SPE #59464: Fathi, A. Ansari, „Full Field Model Study of a Dense Highly Fractured Carbonate Reservoir," 2000.

SPE #59471: F.T. Blaskovich, „Historical Problems with Oil Field Rejuvenation," 2000.

SPE #61038: John L. Thorogood, Finn Hovde, Dag Loefsgaard, „Risk Management in Exploration Drilling," 2000.

SPE #62547: Necmettin Mungan, „Enhanced Oil Recovery with High Pressure Nitrogen Injection," 2000.

SPE #62771: Naji A. Al-Umair, „The First Multi-Lateral/Dual Completion Well in Saudi Arabia," 2000.

SPE #62789: M.M. Amro, „Causes and Remedies of Drillstring Failures While Drilling Medium Radius Horizontal Wells (Field Study)," 2000.

SPE #62825: H.A. Al-Anazi, H.A. Nasr-El-Din, M.K. Hashem, J.A. Hopkins, „Matrix Acidizing of Water Injectors in a Sandstone Field in Saudi Arabia: A Case Study," 2000.

SPE #62902: Hisham M. Al Qassab, John Fitzmaurice, Zaki A. Al-Ali, Mohammed A. Al-Khalifa, G.A. Aktas, Paul W. Glover, „Cross-Discipline Integration in Reservoir Modeling: The Impact on Fluid Flow Simulation and Reservoir Management," 2000.

SPE #62931: Sunil Kokal, Mohammed Al-Dokhi. Selim Sayegh, „Phase Behavior of Gas Condensate/Water System," 2000.

SPE #63193: Karl Demong, „Unique Multilateral Completion Systems Enhance Production While Reducing Cost and Risk in Middle East Offshore Wells," 2000.

SPE #64297: F.J. Santarelli, Eiliv Skomedal, Per Markestad, H.I. Berge, Havard Nasvig, „Sand Production on Water Injectors: How Bad Can it Get?", 2000.

SPE #64533: M.W. Waite, J.R. Weston, D.W. Davis, C.J. Pearn, „Identification and Exploitation of a High-Producing Field Extension With Integrated Reservoir Analysis," 2000.

SPE #65172: S.V. Kolbikov, H.F. Vaughn, A.A. Usmonaov, S.E. Chalov, „Improved Oil Recovery Based On Optimal Waterflood Pressure," 2000.

SPE#66223: N. Nishukiori, Y. Hayashida, „Investigation of Fluid Conductive Faults and Modeling of Complex Water Influx in the Khafji Oil Field, Arabian Guld," 2000.

2001

SPE #64989: M.H. Alquam, H.A. Nasr-El-Din J.D. Lynn, „Treatment of Super-K Zones Using Gelling Polymers," 2001.

SPE #66389: Robert E. Phelps, Jonathan P. Strauss, „Simulation of Vertical Fractures and Stratiform Permeability of the Ghawar Field," 2001.

SPE #66551: Eirik Sorgard, John P. Villar, „Reducing the Environmental Impact by Replacing Chemistry with Physics," 2001.

SPE #68066: Ali H. Dogru, William T. Dreiman, Kesavalu Hemanthkumar, Larry S. Fung, „Simulation of Super-K Behavior in Ghawar by a Multi-Million Cell Parallel Simulator," 2001.

SPE #68096: B. Agarwal, H. Hermansen, J.K. Sylte, I.K. Thomas, „Reservoir Characterization of Ekofisk Field: A Giant Fractured Chalk Reservoir in the Norwegian North Sea – History Match," 2000.

SPE #68128: A.A. AL-Jandal. M.A. Farooqui, „Use of Short Radius Horizontal Recompletions to Recover Un-Swept Oil in a Maturing Giant Field," 2001.

SPE #68140: Mohammed Y. Al-Qahtani, Ismail M. Buhidma, „Improved Near-Well Reservoir Characterization of a Complex Gas Condensate Reservoir In Saudi Arabia by Integrating Core, Log, Seismic and Extended Well Test Data," 2001.

SPE #68152: T.M. Okasha, H.A. Nasr-El-Din, W.S. Al-Khudair, „Abatement of Water Production from Upper Permian Gas Wells in Saudi Arabia Using a New Polymer Treatment," 2001.

SPE #68166, Mohammed I. Al-Eid, Sunil L. Kokal, William J. Carrigan, Jaffar M. Al-Dubaisi, Henry I. Halpern, Jamal I. Al-Juraid, „Investigation of H$_2$S Migration in Marjan Complex," 2001.

SPE #68603: Ferruh Demirmen, „Subsurface Appraisal: The Road From Reservoir Uncertainty to Better Economics," 2001.

SPE #68721: R. Quttainah, J. Al-Hunaif, Umm Gudair Dumpflood Pilot Project, „The Applicability of Dumpflood to Enhance Sweep and Maintain Reservoir Pressure," 2001.

SPE #68728: S.S. Lee, C.A.M. Veeken, Ante M. Frens, „Multi-Lateral Well Modeling to Optimize Well Design and Cost," 2001.

SPE #69651: M. Valjak, D. Novakovic, Z. Bassiouni, „Physical and Economic Feasibility of Water Flooding of Low-Pressure Gas Reservoirs," 2001.

SPE #69881: Roberto F. Mezzomo, Jose M. Luvizotto, Cesar L. Palagi, „Improved Oil Recovery in Carmopolis Field: R & D and Field Implementations," 2001.

SPE #70037: Mohamed A. Naguib, Khaled A. Aziz, Ahmed Hussein, „Optimizing Field Performance Using Reservoir Modeling and Simulation," 2001.

SPE #70040: G.M. Hamada, M.N.J. Al-Awad, M.S. Almalik, „Log Evaluation of Low-Resistivity Sandstone Reservoirs," 2001.

SPE #71339: B.A. Stenger, T.R. Pham, A.A. Al-Sahhaf, A.S. Al-Muhaish, „Assessing the Oil Water Contact in Haradh Arab-D," 2001.

SPE #71478: Imran Abbasy, „Field Testing Coriolis Mass Flowmeter in Central Ghawar, Saudi Arabia," 2001.

SPE #71534: P.B. Warren, S. Hussain, S. Ghamdi, „Background and Operational Experience of Multiphase Metering in the Safaniya Field-Offshore Saudi Arabia," 2001.

SPE #71576: Abdulla H. Al-Ghamdi, Rayed M. Al-Zayer, Isa A. Al-Samin, Abdulaziz A. Al-Gattan, „Interpretational Complexities and Operation Complications Affecting Pressure Transient Analysis in Zuluf Field, Saudi Arabia," 2001.

SPE #71578: Faisal Al-Thawad, Saud Bin-Akresh, Rashid Al-Obaid, „Characterization of Fractures/Faults Network from Well Tests; Synergistic Approach," 2001.

SPE #71628: Emmerick Joe Pavlas Jr., „MPP Simulation of Complex Water Encroachment in a Large Carbonate Reservoit in Saudi Arabia," 2001.

SPE #71688: Mohammed Y. Al-Qahtani, Zillur Rahim, „Optimization of Acid
Fracturing Program In the Khaff Gas Condensate Reservoir of South Ghawar
Field Saudi Arabia by Managing Uncertainties Using State-of-the Art Tech-
nology," 2001.

SPE #72110: T. Babadagli, A. Al-Bemani, F. Boukadi, A.W. Iyoho, „EOR Posibili-
ties for Developmant of a Manner Light-Oil Reservoir in Oman," 2001.

2002

SPE #73695: Nansen G. Saleri, „Learning Reservoirs: Adapting to Disruptive
Technologies," 2002.

SPE #73702: R.L. Thomas, H.A. Nasr-El-Din, J.D. Lynn, S. Mehta, M. Muhareb,
N. Ginest, „Channel vs. Matrix Sandstone Acidizing of a HT/HP Reservoir in
Saudi Arabia," 2002.

SPE #73724: J. Ricardo, Kirk M. Bartko, Ali H. Habbtar, „Pushing the Envelope:
Successful Hydraulic Fracturing for Sand Control Strategy in High Gas Rate
Screenless Completions in the Jauf Reservoir, Saudi Arabia," 2002.

SPE #73959: A.F. Bird, H.R. Rosser, M.E. Worrall, K.A. Mously, O.I. Fageeha,
„Technologically Enhanced Naturally Occurring Radioactive Material Asso-
ciated with Sulfate Reducing Bacteria Biofilms in a Large Seawater Injection
System," 2002.

SPE #74690: H.A. Nasr-El-Din, J.D. Lynn, M.K. Hashem, G.E. Bitar, A.A. Al-Ali,
„Lessons Learned from Descaling Wells in a Sandstone Reservoir in Saudi
Arabia," 2002.

SPE #74713: Mohammed I. Al-Eid, Sunil L. Kokal, William J. Carrigan, Jaffar
M. Al-Dubaisi, Henry I. Halpern, Jamal L Al-Juraid, „Investigation of H_2S
Migration in the Marjan Complex," 2001.

SPE #76642: L. Consentino, Y. Coury, J.M. Daniel, E. Manceau, C. Ravenne, P.
Van Lingen, J. Cole, M. Sengul, „Integrated Study of a Fractured Middle East
Reservoir with Stratiform Super-K Intervals – Part 2: Upscaling and Dual-
Media Simulation," 2002.

SPE #77201: Karl DeMong, Hussein Al-Yami, Steven Lambe, „The Application
of Pressure Isolated Multilateral Junction Improves Economics in Offshore
Arabian Gulf," 2002.

SPE #77227: Hamoud A. Al-Shammari, Darrell G. Nordquest, „Revised BOP and Well Control Policies in the Kingdom of Saudi Arabia," 2002.

SPE #77371: R.E. Oligney, M.J. Economides, „Natural Gas The Excruciating Transition," 2002.

SPE #77552: Mahbub Ahmed, M.Y. Al-Qahtani, Rahim Zillur, „Quantifying Production Impairment Due To Near-Wellbore Condensate Dropout and Non-Darcy Flow Effects in Carbonate and Sandstone Reservoirs With and Without Hydraulic Fractures in the Ghawar Field, Saudi Arabia," 2002.

SPE #77566: T.R. Pham, U.F. Al-Otaibi, Z.A. Al-ali, P. Lawrence, P. Van Lingen, „Logistic Approach in Using an Array of Reservoir Simulation and Probabilistic Models in Developing a Giant Oil Reservoir with Super-Permeability and Natural Fractures," 2002.

SPE #77642: B.A. Stenger, M.S. Ameen, Sa'ad Al-Qahtani, T.R. Pham, „Pore Pressure Control of Fracture Reactivation in the Ghawar Field, Saudi Arabia," 2002.

SPE #77677: Zillur Rahim, Kirk Bartko, M.Y. Al-Qahtani, „Hydraulic Fracturing Case Histories in the Carbonate and Sandstone Reservoirs of Khuff and Pre-Khuff Formation, Ghawar Field, Saudi Arabia," 2002.

SPE #77743: Nabeel I. Al-Afaleg, Saad Al-Garni, Basem Ahmed Rathmeh, Asaad Al-Towailib, „Successful Integration of Sparsely Distribued Core and Welltest Derived Permeability Data in a Viable Model of a Giant Carbonate Reservoir," 2002.

SPE #77768: H.A. Nasr-El-din, J.D. Lynn, M.K. Hashem, G. Bitar, „Field Application of a Novel Emulsified Scale Inhibitor System to Mitigate Calcium Carbonate Scale in a Low Temperature, Low Pressure Sandstone Reservoir in Saudi Arabia," 2002.

SPE #77778: S.M. Ma, A.S. Al-Muthana, R.N. Dennis, „Use of Core Data in Log Lithology Calibration: Arab-D Reservoir, Abqaiq and Ghawar Fields," 2002.

SPE #78228: Salem P. Salamy, Thomas Finkbeiner, „A Poroelstic Analysis to Address the Impact of Depletion Rate on Wellbore Stability in Openhole Horizontal Completions," 2002.

SPE #78538: A.S. Harouaka, B. Mtawaa, W.A. Nofal, „Characterization of Tar From a Carbonate Reservoir in Saudi Arabia: Physical Aspects," 2002.

SPE #78574: R. Nutakki, J. Heaviside, R. Noman, I.J. Al-Othman, „Reservoir Management and Simulation of Al-Rayyan – an Offshore Carbonate Oil Field Under Strong Aquifer Drive," 2002.

SPE #79048: Robert E. Phelps, Jonathan P. Strauss, „Capturing Reservoir Behavior by Stimulating Vertical Fracture and Super-K Zones in the Ghawar Field," 2002.

SPE #79718: Emmerick Joe Pavias Jr., „Fine-scale Simulation of Complex Water Encroachment in a Large Carbonate Reservoir in Saudi Arabia," 2002.

2003

SPE #80437: Ridha B.C. Gharbi, „Integrated Reservoir Simulation Studies to Optimize Recovery from a Carbonate Reservoir," 2003.

SPE #81008: Necmettin Mungan, „High Pressure Nitrogen Injection for Miscible/Immiscible Enhanced Oil Recovery," 2003.

SPE #81425: Mohammed I. Al-Eid, Sunil L. Kokal, „Investigation of Increased Gas-Oil Ratios in Ain Dar Field," 2003.

SPE #81443; Makki A. Al-Zubail, Redha H. Al-Nasser, Saleh A. Al-Umran, Saeed S. Al-Saeed, „Rigless Water Shut-off Experience in Offshore Saudi Arabia," 2003.

SPE #81451: A.A. Al-Dejain, A.A. Al-Ghamdi, Zainalebedin G. Ahmad, „Sour Crude Production Practices in Inhabited Onshore Saudi Arabian Field," 2003.

SPE #81463; ,Leste O. Aihevba, Mohammed Al-Harthy, John Passmore, „Managing the Challenges of Voidage in a Mature Carbonate Water Flood," 2003.

SPE #81477: Rasmin Y. Eyvazzadeh, Stephen G. Cheshire, Rami H. Nasser, David G. Kersey „Optimizing Petrophysics: The Ghawar Field, Saudi Arabia," 2003.

SPE #81484: T.M. Okasha, J.J. Funk, S.M. Al-Enezi, „Wettability and Relative Permeability of Lower Cretaceous Carbonate Rock Reservoir, Saudi Arabia," 2003.

SPE #81487: N.G. Saleri, S.P. Salamy, H.K. Mubarak, R.K. Sadler, A.S. Dossary, A.J. Muraikhi, „Shaybah-220: A Maximum Reservoir Cotact (MRC) Well and Its Implications for Developing Tight Facies Reservoirs," 2003.

SPE #81492: H.A. Abass, A.H. Habbtar, A. Shebatalhamed, „Sand Control during Drilling, Perforation, Completion and Production," 2003.

SPE #81502: K. Kumar, Ayda E. Abdulwahab, Ali AL-Muftah, Victor Alcobia, Alvaro Carvalho, „Bahrain Field – An Integrated Simulation Study of 15 Reservoirs," 2003.

SPE #81517: Abdulla Al-Ghamdi, Saud A. BinAkresh, Saleh A. Bubshait, „Characterization of Conductive Faults and Fractures Responsible for Interreservoir Communication in the Shedgum Leak Area of the Giant Ghawar Field, Saudi Arabia," 2003.

SPE #81545: David Shiflett, Vishnu Simlote, Scott Burns, Tommy Thompson, „Water Flood Conformance in a Highly Faulted Carbonate Reservoir," 2003.

SPE #81554: Hamdah S. Al-Enezi, Radhad A. Al-Qattan, Satyendra P. Sinha, Stan E. Roe, „Evaluation of a New opportunity in a Matured Oil Reservoir," 2003.

SPE #81559: Hussain Al-Rasheedi, Terrance V. Chapman, Dr. Mehmet Oskay, Waleed Al-Khamees, „Using Knowledge Mapping Techniques to Bulid a Living Full-Field Model of an Oil Field," 2003.

SPE #82210: Mohamed A. Al-Muhareb, Hisham A. Nasr-El-Din, Elsamma Samuel, Richard P. Marcinew, Mathew Samuel, „Acid Fracturing of Power Water Injectors: A New Field Application Using Polymer-free Fluids," 2003.

SPE #82224: B. Palsson, D.R. Davies, A.C. Todd, J.M. Somerville, „ A Holistic Review of the Water Injection Process," 2003.

SPE #82271: R.L. Thomas, H.A. Nasr-El-Din, „Field Validation of a Carbonate Matrix Acidizing Model: A Case Study of Seawater Injection Wells in Saudi Arabia," 2003.

SPE #83966: Irfan Ahmed, „Use of Finite Difference Sector Model to Analyse Well Test in the Ormen Lange Gas Field," 2003.

SPE #84079: H. Qassab, M. Khalifa, R. Pavlas, N. Afaleg, H. Ali, A. Kharghoria, Z. He, S.H. Lee, A. Datta-Gupta, „Streamline-based Production Data Integration Under Realistic Field Conductions Experience in a Giant Middle-Eastern Reservoir," 2003.

SPE #84080: Marco R. Thiele, Rod P. Batycky, „Water Injection Optimization Using a Streamline-Based Workflow," 2003.

SPE #84130: K.M. Bartko, H.A. Nasr-El-Din, Z. Rahim, G.A. Al-Muntasheri, „Acid Fracturing of a Gas Carbonate Reservoir: The Impact of Acid Type and Lithology on Fracture Half Length and Width," 2003.

SPE #84258: Zillur Rathim, Mohammed Y. Al-Qahtani, Kirk M. Bartko Harvey Goodman, W.K. Hilarides, W.D. Norman, „The Role of Geomechanical Earth Modeling in the Unconsolidated Pre-Khuff Field Completion Design for Saudi Arabian Gas Wells," 2003.

SPE #84279: Joe Voelker, Jim Liu, Jef Caers, „A Geostatistical Method for Charac-
    terizing Superpermeability From Flow-Meter Data: Application to Ghawar
    Field," 2003.

SPE #84293: Harmohan S. Gill, Rayed Al-Zayer, „Pressure Transient Derivative
    Signatures in Presence of Stratiform Super-K Permeability Intervals, Ghawar
    and Arab-D Reservoir," 2003.

SPE #84361: Bassam Al-Awami, K. Hemanthkumar, Fatema Al-Awami, Mansour
    Mohammed Ali, „Application of Stream Conversion Methods to Generate
    Compositional Streams from the Results of a Multi-Million Cell Black Oil
    Simulation Study of the Shaybah Field," 2003.

SPE #84371: Tareq M. Al-Shaalan, Larry S.K. Fung, Ali H. Dogru, „A Scalable
    Massively Parallel Dual-Porosity Dual-Permeability Simulator for Fractured
    Reservoirs with Super-K Permeability," 2003.

SPE #84516: Hisham A. Nasr-El-Din, Saad Al-Driweesh, Ghaithan A. Al-Mun-
    tasheri, Richard Marcinew, Johan Daniels, Mathew Samuel, „Acid Fracturing
    HT/HP Gas Wells Using a Novel Surfactant Based Fluid Systems," 2003.

SPE #84590: Jack Allen, S. Qing Sun, „Control on Recovery Factor in Fractured
    Reservoirs: Lessons Learned from 100 Fractured Fields," 2003.

SPE #84923: N.G. Saleri, S.P. Salamy, S.S. Al-Otaibi, Saudi Aramco, „The Expan-
    ding Pole of the Drill Bit in Shaping the Subsurface," 2003.

SPE #84939: F.C.J. Mijnssen, D.G. Rayes, I. Ferguson, S.M. Al Abri, G.F. Mueller,
    P.H.M.A. Razali, R. Nieuwenhuijs, G.H. Henderson, „Maximizing Yibal's Re-
    maining Value," 2003.

SPE #85307: A.S. Dossary, Saudi Aramco, A.A. Mahgoub, Schlumberger, „Chal-
    lenges and Achievements of Drilling Maximum Reservoir Contact (MRC)
    Wells in Shaybah Field," 2003.

SPE '85332: D.S. Qudaiby, F.N. Nughaimish, A.H. Sunbul, A.A. Ansari, D.E. Hem-
    bling, O.A. Faraj, Saudi Aramco, B.A. Voll, Baker Oil Tools, „New Technology
    Application to Extend The Life of Horizontal Wells By Creating Uniform-
    Flow-Profiles: Production Completion System: Case Study," 2003.

2004

SPE #83910: A.H. Dogru, A.A. Hamoud, S.G. Barlow, Saudi Aramco, „Multiphase
    Pump Recovers More Oil in Mature Carbonate Reservoir," *Journal of Petro-
    leum Technology*, February 2004.

SPE #86516: Hisham Nasr-El-Din, Nabil S. Al-Habib, Adib A. Al-Mumen, Saudi Aramco; Mohammed Jemmali, Mathew Samuel, Schlumberger, „A New Effective Stimulation Treatment for Long Horizontal Wells Drilled in Carbonate Reservoirs," 2004.

SPE #86663: Ramzi F. Hejazi, Tahir Husain, „Oily Sludge Degradation Study Under Arid Conditions Usind Landfarm and Bioreactor Technologies," 2004.

SPE #87013: Faisal Al-Thawad, Saudi Aramco; Dominic Agyapong, Raj Banerjee, Schlumberger; M.B. Issaka, Saudi Aramco, „Pressure Transient Analysis of Horizontal Wells in a Fractured Reservoir: Gridding Between Art and Science," 2004.

SPE #87039: Rashid Al-Obaid, Saud Bin Akresh, Abdulaziz Al-Ajaji, „Inter-Reservoir Communication Detection via Pressure Transient Analysis: Integrated Approach," 2004.

SPE #87206: M.B. Al-Otaibi, H.A. Nasr-El-Din, M.A. Siddiqui, Saudi Aramco, „Wellbore Cleanup by Water Jetting and Specific Enzyme Treatments in Multilateral Wells: A Case Study," 2004.

SPE #87440: K.U. Raju, J.A. Nasr-El-Din, V.V. Hilab, S. Siddiqui, S. Mehta, Saudi Aramco, „Injection of Aquifer Water and GOSP Disposal Water into Tight Carbonate Reservoirs," 2004.

SPE #87454: H.A. Nasr-El-Din, N.A. Al-Saiari, H.H. Al-Hajji, M. Samy, M. Garcia, W. Frenier, M. Samuel, „A Single-State Acid Treatment to Remove and Mitigate Calcium Carbonate Scale in Sandstone and Carbonate Reservoirs," 2004.

SPE #87622: Hisham A. Nasr-El-Din, Arthur S. Metcalf. „Workovers in Sour Environments: How Do We Avoid Coiled Tubing Failures", 2004.

SPE #87979: A. Al-Fawwaz, O. Al-Yosef, D. Al-Qudaihy, Y. Al-Shobaili, H. Al-Faraj, C. Maeso, I. Roberts, „Increased Net to Gross Ratio as the Result of an Advanced Well Placement Process Utilizing Real-Time Density Images," 2004.

SPE #88467: S.M. Ma, F.A. Al-Ajmi, A.M. Al-Shari, A.M. Al-Behair, „Looking Behind Casing: Evaluation and Application of Cased-Hole Resistivity in Saudi Arabia," 2004.

SPE #88590: A.M. Al-Dubais, A.H. Kharari, M. Jemmali, F.S. Al-Hadyani, S. Wilson, M. Samuel, „Field Cases to Demonstrate Application of Through Tubing Inflatable Anchoring Packer to Selectively Stimulate Vertical Dump Water Injector Wells with Cross Flowing Zones," 2004.

SPE #88678: S.B. Akresh, R. Al-Obaid, A.A. Al-Ajaji, „Inter-Reservoir Communication Detection via Pressure Transient Analysis: Integrated Approach," 2004.

SPE #88986: N.G. Saleri, S.P. Salamy, H.K. Mubarak, R.K. Sadler, A.S. Dossary, A.J. Muraikhi, Shaybah-220: „A Maximum Reservoir Contact (MRC) Well and Its Implications for Developing Tight Facies Reservoirs (Revised Paper)," 2004.

SPE #89417: K.C. Taylor, H.A. Nasr-El-Din, S. Metha, „Anomalous Acid Reaction Rates in Carbonate Reservoir Rocks," 2004.

SPE #89447: M.B. Al-Otaibi, H.A. Nasr-El-Din, M.A. Siddiqui, „Chemical Treatments to Enhance Productivity of Horizontal and Multilateral Wells: Lab Studies and Case Histories," 2004.

SPE #89764: D.G. Kersey, H.A. Al-Ali, R.Y. Eyvazzadeh, C. Philipps, T.L. Tjan, „Log Reprocessing: Petrophysical Lessons from the Giant Oil and Gas Fields of Saudi Arabia," 2004.

SPE #89967: S. Kokal, M. Al-Dokhi, M. Al-Zubail, S. Al-Saeed, „Ashaltene Precipitation in a Saturated Gas-Cap Reservoir," 2004.

SPE #90520: Shameem Siddiqui, Aon A. Khamees, „Dual-Energy CT-Scanning Applications in Rock Characterization," 2004.

SPE #90902: Zillur Rahim, Mark Petrick, „Sustained Gas Production From Acid Fracture Treatments in the Khuff Carbonates, Saudi Arabia: Will Proppant Fracturing Make Rates Better? Field Examples and Analysis," 2004.

SPE #90985: W.A. Jentsch Jr., Arlie M. Skov, „Changing Dnamics in the Oil and Gas Industry: A Call for Public Awareness and Understanding," 2004.

Andere Quellen

Aitani Abdullah M., „Big Growth Seen Ahead for Saudi Gas Utilization," *Oil and Gas Journal*, 29. Juli 2002.

Arab Petroleum Research Center, The, *Arab Oil & Gas*, Paris, 16. Oktober 2004 und 1. Dezember 2004.

Ashley Stephen, *On the Road to Fuel-Cell Cars, Scientific American*, März 2005.

„Big Oil's Biggest Monster," *The Economist*, 8. Januar 2005.

Bishop, Jim, *FDR's Last Year: April 1944-1945*, Pocket, 1975.

Conaway, Charles F., *The Petroleum Industry: A Nontechnical Guide*, Penwell Publishing Company, Tulsa Oklahoma, 1999.

Cordesman, Anthony H., und Obaid, Nawaf *Saudi Petroleum Security:* Challenges and Responses, 2004.

DeGolyer und McNaughton, *Twentieth Century Petroleum Statistics* Dallas, Texas 2003.

„Drowning in Oil," *The Economist*, März 1999.

Gladwell, Malcolm, *The Tipping Point: How Little Things Can Make a Big Difference*, Little Brown & Co., Boston, 2002.

Greg Croft Inc., *The Ghawar Field and Saudi Arabia*, www.gregcroft.com/ghawar. ivnu, 20. Juli 2004.

Gustafson, Thane, *Crisis Amid Plenty: The Politics of Soviet Energy Under Brezhney and Gorbachev* (Rand Corporation Research Study), Princeton 1991.

Hersh, Seymor, „Sudi Oil Capacity Questioned," *New York Times*, 4. März 1979.

Hyne, Norman J., *Nontechnical Guide to Petroleum Geology Exploration, Drilling, and Production*, 2nd edition, Pennwell Corporation, Tulsa, Oklahoma, 2001.

Levinson, Jerome, *Who Makes American Foreign Policy?*, Witches Brew/Levinson, 2004.

Meadows, D.H., D.L. Meadows, Jorgen Randers, W.W. Behrens III, *The Limits to Growth*, Signet New American Library, New York, 1972.

Nawwah, Ismail I., Speers, Peter C. und Hoye, Paul F., *Aramco and Its World: Arabia and the Middle East*, Saudi Aramco, 1981.

„Reservoir Characterization" (Brochure, Exploration " Producing Technology Series), Saudi Aramco Exploration and Producing Organization, undated.

„Reservoir Management" (Brochure, Exploration " Producing Technology Series), Saudi Aramco, 2002.

Sander, Nestor, *Ibn Saud: King by Conquest*

Saudi Aramco, *Facts & Figures 2002*, 2002.

Saudi Aramco, *A Year in Review – 2003*, 2003.

Saudi Aramco, *Journal of Technology*, Sommer 2003.

Saudi Aramco, *Highlights of 2003 Operations*, 2004.

Schlumberger, *Middle East Well Evaluation Review*, 16. November 1996.

Schlumberger Limited, *The Oilfield Glossary,* www.glossary.oilfield.slb.com

Simmons, Matthew R., *The World's Giant Oilfields*, Simmons & Company International, Houston, 2001.

Ninety-Third Congress, Second Session of Multinational Petroleum Companies and Foreign Policy, *Multinational Corporations and Unites States Foreign Policy: Hearings before the Subcommittee on Multinational Corporations of the Committee of Foreign Relations, United States Senat*, Washington, D.C., 1974.

Ninety-Sixth Congress, First Session, *The Future of Saudi Arabian Oil Production*, A Staff Report to the Subcommittee on International Economic Policy of the Committee on Foreign Relations, United States Senate, Washington D.C., April 1979.

Staats, Eltner B., Comptroller General, United States General Accounting Office, *Critical Factors Affecting Saudi Arabia's Oil Decisions*, Washington D.C., 12. Mai 1978.

„3D Seismic" (Broschure), Saudi Aramcos Exploration Organization, Winter 1994.

„Upstream Operations" (Broschure, Exploration & Producing Technology Series), Saudi Aramco Exploration and Producing Organization, undated.

„We Woz Wrong," *The Economist*, 18. Dezember 1999.

Stichwortverzeichnis

A

Abqaiq   33, 51, 58, 68, 69, 70, 73, 76,
77, 78, 85, 86, 89, 98, 100, 111, 112,
117, 130, 131, 132, 133, 149, 154,
159, 161, 164, 165, 166, 172, 182,
189, 193, 194, 205, 231, 232, 233,
234, 235, 236, 237, 241, 249, 250,
256, 257, 261, 266, 268, 270, 272,
291, 297, 300, 319, 323, 324, 325,
326, 328, 336, 348, 359, 368, 385,
421, 422, 423, 426, 428, 429, 431,
433, 435, 441, 442, 444, 449, 451

Abu Hadriya   69, 70, 72, 165, 270, 271,
272, 426,

Abu Sadr   291

Abu Sa'fah   74, 78, 168, 157, 159, 161,
265, 266, 270, 323, 324, 358, 374,
375, 378,

Agha Jari   62,

Ain Dar   70, 71, 72, 76, 77, 118, 149,
182, 200, 202, 203, 204, 205, 212,
216, 220, 227, 302, 325, 372, 422,
423, 426, 430, 441

Alaska   82, 83, 96, 189, 294, 319, 344,
347, 348, 360, 409

Al-Naimi, Ali Bin Ibrahim   7, 127, 142

Alternde Ölfelder   155

Arabian America Oil Company   69

Arab D   8, 9, 58, 114, 132, 159, 162,
165, 166, 205, 206, 207, 208, 209,
217, 224, 234, 235, 248, 263, 264,
271, 287, 288, 298, 301, 358, 368,
369, 377, 378, 421, 422, 428, 430

Aziz, Abdul   7, 37, 43, 44, 45, 46, 47,
48, 49, 50, 51, 52, 62, 63, 64, 65, 66,
90

B

Berri   8, 33, 59, 74, 78, 98, 100, 111,
112, 117, 130, 131, 149, 150, 157,
158, 161, 164, 165, 166, 182, 231,
232, 242, 243, 244, 245, 246, 247,
248, 249, 250, 256, 268, 270, 271,
272, 300, 319, 325, 326, 328, 336,
348, 358, 378, 385, 426, 428, 429,
433, 434, 449, 450

Bohrungen   22, 66, 68, 69, 70, 126,
130, 132, 154, 178, 205, 247, 253,
254, 257, 271, 286, 290, 294, 298,
301, 302, 303, 308, 328, 352, 357,
386, 409

Brent   248, 341, 343, 351, 352, 353, 384

C

Cantarell   344, 346, 434

Computersimulation   217, 258, 327, 329, 366

D

Dammam   7, 66, 67, 68, 69, 70, 165, 233, 426

Daqing   344, 345

Davies, Fred   63, 66, 67

DeGolyer, Everett Lee   49, 70, 83, 84, 85

Durchlässigkeit   132, 159, 165, 166, 168, 204, 205, 207, 208, 216, 227, 228, 233, 234, 235, 244, 245, 252, 253, 256, 258, 260, 264, 272, 277, 284, 289, 303, 319, 328, 331, 337, 368, 369, 373, 375, 376, 378, 380, 421, 423, 430, 431, 432

E

Ekofisk   187, 351, 353, 434

Elektropumpen   169, 270, 280, 357, 359, 362, 378

Erdgas   6, 15, 19, 42, 54, 75, 149, 158, 170, 181, 198, 255, 285, 289, 295, 297, 298, 299, 301, 303, 304, 305, 307, 309, 311, 337, 409

EXPEC   152, 153, 154, 155, 156, 228, 418

Exploration   12, 25, 56, 59, 65, 67, 73, 74, 82, 83, 126, 140, 151, 152, 161, 169, 172, 176, 273, 284, 285, 287, 289, 291, 298, 301, 305, 308, 409, 449

F

Fadhili   8, 70, 72, 165, 242, 246, 263, 270, 271, 272, 426, 428

Faisal (König)   7, 46, 50, 51, 52, 90, 91, 92, 94, 442

Forties   341, 351, 352, 353

G

Gach Saran   62, 354, 434

Gas   24, 54, 56, 70, 75, 76, 77, 78, 83, 89, 104, 105, 106, 115, 118, 128, 145, 148, 149, 153, 158, 161, 162, 163, 165, 167, 168, 170, 171, 173, 175, 177, 180, 181, 182, 185, 187, 188, 189, 194, 195, 209, 210, 215, 222, 223, 229, 234, 239, 240, 241, 242, 243, 246, 252, 253, 254, 257, 258, 259, 260, 263, 264, 266, 269, 278, 281, 282, 284, 289, 290, 291, 292, 297, 298, 299, 300, 301, 302, 303, 304, 305, 306, 307, 308, 309, 311, 312, 313, 319, 320, 323, 331, 337, 342, 352, 353, 354, 368, 372, 374, 376, 379, 380, 383, 384, 421, 423, 427, 428, 429, 433

Gasinjektion   76, 209, 353,

Geologie 9, 34, 46, 58, 153, 175, 176, 203, 206, 208, 218, 234, 244, 256, 283, 287, 369

Ghawar 5, 8, 9, 24, 25, 29, 33, 51, 56, 58, 68, 70, 71, 72, 73, 77, 78, 79, 85, 86, 89, 93, 98, 100, 102, 103, 111, 112, 115, 117, 118, 130, 131, 132, 133, 149, 150, 154, 155, 156, 159, 161, 164, 165, 166, 167, 170, 171, 172, 182, 189, 193, 194, 198, 199, 200, 201, 202, 203, 204, 205, 206, 207, 208, 209, 210, 211, 212, 213, 214, 215, 216, 217, 218, 219, 220, 221, 222, 223, 224, 225, 226, 227, 228, 229, 231, 232, 233, 234, 249, 256, 261, 262, 263, 267, 270, 271, 272, 284, 288, 289, 290, 298, 300, 301, 302, 303, 304, 305, 308, 319, 323, 325, 326, 328, 336, 338, 339, 344, 346, 354, 358, 368, 369, 370, 372, 374, 377, 378, 385, 389, 422, 423, 426, 428, 429, 430, 433, 434, 441, 442, 443, 449, 450

Globale Ölnachfrage 94

Golf von Mexiko 57, 58, 83, 173, 321, 409

Golf von Persien 49, 74, 150

Gravität 283

H

Haradh 69, 70, 71, 72, 150, 200, 203, 204, 205, 206, 221, 222, 225, 226, 227, 289, 300, 305, 308, 374, 422, 426, 430

Hawtah 8, 59, 75, 113, 163, 168, 169, 255, 272, 273, 274, 275, 276, 286, 287, 288, 289, 290, 427, 428

Hersh, Seymour 88, 89, 439, 441, 447, 448,

Holmes, Major Frank 62, 63, 65,

Horizontalschächte 133, 158, 226, 250, 254, 259, 260, 327, 332, 356, 357, 358, 373, 374, 375, 376, 377, 378, 379, 408

I

Ibn Saud 7, 37, 38, 43, 44, 47, 48, 49

Irak 33, 42, 43, 49, 62, 63, 101, 106, 135, 169, 212, 221, 238, 279, 293, 434

Iran 33, 42, 43, 62, 63, 84, 92, 97, 98, 100, 101, 106, 250, 353, 354, 355, 359, 434

J

Jafin 291

K

Karbonreservoirs 165, 255, 267, 287, 319, 348, 349, 350, 356, 360, 368, 369

Kashagan 57

Khafji 233, 239, 251, 252, 253, 277, 278, 279, 376, 428, 431

Khurais 8, 31, 73, 261, 262, 263, 264, 265, 266, 268, 426, 428,

Khursaniyah 8, 73, 74, 165, 270, 271, 272, 426, 428

Kirkuk 62, 434

Kuwait 26, 31, 32, 33, 37, 53, 56, 57, 63, 74, 92, 106, 167, 168, 212, 221, 237, 238, 250, 276, 277, 279, 280, 311, 368, 402, 434, 451

M

Madraka 291

Magnetismus 282, 432

Manifa 73, 165, 250, 426

Marjan 8, 74, 78, 130, 161, 165, 167, 168, 232, 250, 251, 253, 254, 272, 426, 428

Mazalij 262, 291, 426

Meerwasserinjektion 78, 150, 421

Mexiko 57, 58, 73, 83, 124, 125, 127, 173, 290, 294, 321, 346, 409, 434

N

Neue Schachttechnologie 357

Nordsee 57, 93, 96, 124, 187, 189, 248, 341, 346, 348, 350, 351, 352, 353, 384, 395, 409

Norwegen 350, 351, 434

O

OECD 12, 31, 38, 53, 54, 55, 123, 340, 405, 407

Offshore-Felder 8, 57, 74, 78, 93, 167, 168, 232, 250, 251, 254, 299, 355, 409

Ölfunde 5, 49, 61, 63, 65, 67, 69, 70, 71, 73, 75, 77, 79, 81, 82, 113, 126, 242, 294, 346, 348, 398

Ölmarkt 12, 83, 92, 98, 101, 104, 106, 124, 125, 125

Ölpyramide 8, 436

Ölreserven 5, 6, 11, 15, 16, 19, 21, 33, 42, 56, 58, 109, 110, 111, 112, 113, 115, 117, 119, 121, 123, 125, 127, 129, 131, 133, 135, 136, 137, 139, 155, 161, 175, 179, 198, 265, 287, 313, 317, 318, 319, 320, 321, 323, 325, 327, 328, 329, 331, 333, 337, 393, 402, 446

Oman 33, 42, 43, 169, 257, 353, 356, 357, 358, 359,

OOIP 227, 318, 319, 327, 332, 342, 344, 346, 348, 349, 350, 351, 354, 358, 359, 397, 432, 440

OPEC 7, 38, 52, 92, 94, 101, 104, 105, 107, 109, 118, 119, 120, 121, 122, 123, 124, 125, 126, 127, 128, 129, 130, 134, 135, 138, 180, 317, 322, 332, 338, 391, 405

Ostprovinz 285, 287, 288

P

Philby, Harry St. John 45, 63, 64,

Porosität 165, 166, 168, 190, 204, 216, 228, 233, 234, 244, 245, 260, 272, 284, 289, 302, 303, 319, 366, 373, 376, 421, 430, 431, 432

Powers 153, 154, 155, 156, 264

Prudhoe Bay 82, 164, 319, 344, 345, 360

Q

Qatif 8, 70, 72, 157, 158, 161, 165, 261, 264, 265, 266, 267, 268, 269, 270, 300, 323, 324, 358, 374, 375, 378, 426

R

Rebold, J. J. 193, 194, 195

Rehabilitation 268, 269, 280, 374, 451

Reserven 8, 9, 12, 14, 49, 56, 57, 70, 102, 110, 112, 113, 115, 117, 118, 119, 126, 134, 138, 139, 152, 171, 172, 176, 177, 178, 179, 180, 189, 197, 198, 204, 224, 227, 254, 256, 262, 289, 311, 318, 319, 320, 321, 322, 323, 324, 325, 326, 327, 328, 330, 332, 338, 344, 345, 356, 359, 361, 362, 394, 395, 396, 398, 423, 425, 432, 433, 440, 441, 449

Rohöl 12, 13, 58, 65, 73, 128, 148, 152, 153, 157, 164, 165, 167, 181, 184, 234, 241, 253, 255, 257, 267, 269, 270, 298, 300, 326, 404

Roosevelt, Franklin D. 7, 47, 48, 49, 50, 65, 90

Russland 79, 124, 125, 134, 135, 344, 345, 363, 364, 434

S

Safaniya 3, 9, 73, 78, 79, 85, 86, 89, 98, 111, 112, 117, 130, 131, 161, 164, 165, 167, 171, 172, 193, 194, 231, 232, 234, 237, 238, 239, 240, 241, 249, 250, 252, 270, 272, 277, 286, 299, 324, 328, 426, 428, 429, 431, 433, 434

Samotlor 344, 345, 360, 362, 434

Sander, Nestor 68

Sandstein 167, 239, 288, 303

Saud (König) 7, 37, 38, 43, 44, 47, 48, 49, 51

Saudi Aramco 5, 12, 14, 16, 17, 19, 26, 31, 33. 56, 69, 72, 75, 102, 103, 109, 111, 116, 120, 129, 136, 137, 140, 141, 142, 143, 145, 146, 147, 149, 150, 151, 152, 153, 155, 156, 157, 159, 160, 161, 162, 163, 165, 167, 168, 169, 171, 173, 175, 187, 193, 197, 204, 209, 212, 216, 218, 220, 222, 223, 225, 226, 228, 229, 235, 237, 250, 261, 264, 265, 267, 268, 270, 281, 286, 292, 293, 301, 303, 305, 308, 310, 314, 319, 322, 327, 336, 350, 357, 363, 365, 366, 367, 370, 376, 378, 379, 380, 384, 387, 395, 397, 398, 402, 416, 419, 420, 427, 448

Schwerkraft 282, 432

Seismische Untersuchungen 283, 288

Shaybah 8, 59, 74, 75, 103, 162, 163, 165, 181, 249, 255, 256, 257, 258, 259, 260, 261, 268, 291, 301, 308, 317, 336, 356, 373, 374, 380, 426, 428, 434

Shedgum   70, 72, 77, 118, 149, 182,
    200, 202, 203, 204, 205, 209, 212,
    216, 217, 220, 227, 234, 300, 325,
    422, 423, 430, 441, 445

„Sieben Schwestern"   69, 306

SOCAL   63, 64, 65, 66, 67, 69, 74, 111,
    153, 157, 162, 306

Society of Petroleum Engineers (SPE)
    14, 15, 16, 17, 19, 25, 28, 59, 70,
    76, 99, 110, 116, 130, 131, 134, 140,
    142, 146, 162, 166, 168, 182, 193,
    194, 197, 198, 200, 208, 209, 214,
    215, 216, 219, 220, 221, 222, 229,
    231, 233, 235, 236, 237, 240, 242,
    243, 245, 247, 251, 253, 254, 259,
    260, 267, 268, 272, 273, 274, 275,
    276, 278, 285, 286, 288, 304, 314,
    317, 330, 337, 348, 357, 360, 365,
    366, 368, 370, 371, 373, 374, 375,
    376, 377, 378, 379, 381, 385, 386,
    396, 415, 416, 417, 418, 419, 420,
    421, 422, 423, 439, 440

Sowjetunion   345, 360, 361, 362, 363,
    391

Standard Oil of California   45, 63

Steinecke, Max   66, 67, 68

Super-Giganten-Felder   8, 26, 68, 70,
    76, 98, 99, 100, 109, 113, 115, 122,
    131, 132, 148, 164, 166, 249, 262,
    287, 314, 336, 338, 339, 340, 341,
    342, 343, 344, 346, 348, 351, 354,
    360, 368, 383, 390, 419

Super-K-Zonen   114, 166, 167, 368,
    369, 370

T

Takhman   291

Transport   148, 308, 312, 410, 411

U

UER   318

Unklare Logik   6, 383, 384, 385, 387,
    388, 389, 391

Utad   291

Uthmaniyah   70, 72, 118, 133, 149,
    154, 194, 200, 203, 204, 212, 215,
    216, 218, 219, 220, 221, 222, 224,
    227, 300, 325, 423, 426, 430, 441,
    445

W

Wafra   279, 280, 426

Wahabiten   45

Warid   291

Wasser   8, 13, 19, 47, 53, 54, 55, 58, 64,
    67, 73, 76, 77, 78, 89, 97, 104, 105,
    106, 115, 116, 131, 132, 135, 138,
    148, 178, 180, 181, 182, 183, 184,
    185, 186, 187, 188, 189, 190, 191,
    192, 193, 194, 195, 202, 208, 209,
    210, 211, 212, 213, 214, 215, 216,
    217, 218, 219, 221, 222, 223, 224,
    225, 226, 228, 232, 234, 235, 236,
    238, 240, 241, 243, 244, 245, 246,
    247, 250, 252, 254, 257, 258, 259,
    260, 265, 268, 274, 275, 277, 278,
    280, 283, 290, 298, 302, 307, 309,
    311, 312, 320, 323, 342, 347, 349,

356, 357, 358, 359, 362, 368, 372,
373, 374, 375, 376, 378, 383, 384,
385, 386, 411, 421, 423, 430, 431

Wasserinjektion   78, 115, 133, 150,
167, 181, 257, 258, 269, 278, 331,
346, 351, 356, 357, 358, 359, 360,
361, 362, 363, 378, 384, 385, 421,
445

Y

Yemen 33

Yerbin 290

Yibal 257, 356, 357, 358

Z

Zaki Yamani, Ahmed   7, 52, 89, 91,
118, 119

Zuluf 8, 9, 74, 78, 103, 130, 161, 165,
168, 171, 232, 250, 251, 252, 270,
272, 299, 375, 376, 426, 428, 429,
431, 434

Zurückgebliebenes Öl 355, 385, 389

JIM ROGERS

ROHSTOFFE
DER ATTRAKTIVSTE MARKT DER WELT

*WIE JEDER VON ÖL, KAFFEE UND CO.
PROFITIEREN KANN*

»Würde man Warren Buffett
und Bill Bryson zusammen in
ein Auto setzen und drei Jahre
auf Weltreise schicken, würden
sie vielleicht auch so schreiben
wie Jim Rogers.«
B-O-T Editorial Review Board

FinanzBuch Verlag

Jim Rogers

Rohstoffe
der attraktivste Markt der Welt

302 Seiten, Hardcover
Preis € 24,90 (D); € 25,60 (A); SFr 43,70
ISBN 3-89879-110-6

Alles, was Jim Rogers in seinem Leben anpackte, wurde zu einem durchschlagenden Erfolg. Bereits mit 37 Jahren beendete er offiziell sein Arbeitsleben, nachdem er mit seinem Quantum Fonds in nur zehn Jahren eine Rendite von mehr als 4000 Prozent eingefahren hatte. Sein Partner dabei war kein Geringerer als der legendäre George Soros. Jim Rogers hatte sich bewiesen, dass er gut war in seinem Geschäft, doch das genügte ihm nicht. Rogers fasst all seine Erfahrungen zusammen und zeigt dem Leser, worauf es bei Investments ankommt.